A Theory of Local Autonomy

지방자치론

정문기

박영사

머리말

1990년대 중반 대학원에 진학을 앞둔 즈음에 전국동시지방선거가 재개되었습니다. 대학원에서 무엇을 공부할 것인지 고민하던 시점과 겹쳐 막연하게 관심 분야로 적시했던 것이 지방자치였습니다. 이후 학위논문도 지방 분야로 작성하였고, 2007년 성균관대학교에 부임하며 지방자치와 관련한 강의를 지속해 왔습니다. 2020년을 전후하여 일시적인 건강의 문제와 코로나의 확산은 오히려 몸과 마음을 되돌아 보는 시간이 되었으며 집필의 시간적 자산이 되었습니다. 매일 3-4시간 규칙적으로 논의의 흐름을 놓지 않고 꾸준히 에너지와 노력을 기울이고자 하였습니다. 그 과정은 단순히 집필 내용의 축적만이 아닌 나 자신을 성찰하고 알아가는 과정이기도 하였습니다. 이 모든 것이 녹아들어 이제야 지난 15여 년간 지방자치를 강의해 오면서 기록하고 준비한 자료들이 나의 시각으로 조금의 체계와 형식을 갖추어 한 권의 책으로 정리된 듯합니다.

한 개인이 주민으로서 일상생활을 영위하는 이웃과 지역사회를 알아야 사랑하게 되고 변화를 이끌 수 있다는 것이 이 책을 집필하며 내린 결론이자 메시지입니다. 학부와 대학원에서 지방자치와 행정을 강의하며 자신의 손으로 직접 뽑은 단체장과 지방의원의 이름을 묻습니다. 대부분의 학생들이 광역지방자치단체장과 달리 기초지방자치단체장과 지방의원의 이름을 쉽게 떠올리지 못합니다. 지방선거가 일회성 행사로 끝나기도 하지만, 주민으로서 학생들은 지역사회에서 어떤 정책과 사업이 일어나는지를 잘 모르는 것과도 연관되어 있습니다. 학생들이 각자 거주하는 지역의 주민이라고 보았을 때, 일반적인 주민들의 인식과 이해의 수준도 크게 차이가 없을 것입니다. 한 학기 수업이 끝나가며 학생들은 자신이 살고 있지만, 평소 그냥 지나쳤던 우리 동네에 관심을 갖고 주민참여예산 등을 알리는 동주민센터의 현수막과 각종 프로그램을 주의 깊게 보게 되었다고 얘기를 합니다. 조그만 변화가 시작되는 것입니다.

주민이 변하면 지역사회가 변하고, 지역사회가 변하면 국가 전체가 변합니다. 우리나라에서 지방자치가 1990년대에 재개된 이후 지속된 자치―분권 논쟁의 근본에는 중앙과 지방 간 '내 탓이오'가 아닌 '네 탓이오'의 목소리가 크게 지배했다고 봅니다. 중앙집권의 오랜 전통과 제약이 제도적―인식적으로 뿌리 깊게 자리하지만, 지역주민과 지방자치단체가 '내 탓이오'를 통해 지역의 변화를 이끌 때 우리나라의 지방자치는 한 단계 더 성장할 수 있는 동력이 생길 것입니다.

나 하나 꽃 피어

― 조동화 ―

나 하나 꽃 피어
풀밭이 달라지겠느냐고
말하지 말아라
네가 꽃 피고 나도 꽃 피면
결국 풀밭이 온통
꽃밭이 되는 것 아니겠느냐

나 하나 물들어
산이 달라지겠느냐고도
말하지 말아라
내가 물들고 너도 물들면
결국 온 산이 활활
타오르는 것 아니겠느냐

그럼 왜 지방자치일까요? 지방자치는 나와 이웃의 삶과 일상에 대한 응답입니다. 내가 살아가는 일상의 공공문제를 남에게 맡기는 것이 아닌 나와 이웃이 함께 고민하고 해결방안을 모색하는 과정입니다. 내 삶이 개별성을 지닌 동시에 이웃과 함께 하는 집합성을 지니기에 공동의 노력과 책임은 민주주의의 기본적인 권리이자 책무입니다. 내 삶과 연결되어 가장 가깝게 일상에서 반복적으로 일어나는 물리적 공간이 지방이며, 그 지방에서 나와 이웃이 함께 주체가 되어 자율과 책임 하에 통치하는 것이 지방자치가 아닐까 합니다. 하지만 우리나라의 현실은 지방정부 대비 중앙정부의 우위, 민 대비 관 우위의 제도와 인식이 지배적이며 지방자치제도에서도 드러나고 있습니다.

이상의 문제의식 하에 이 책은 우선, 지방자치 및 지방자치제도의 이해와 지방에 대한 인식 및 애정을 높이는 기회를 제공하고자 하였습니다. 일상적 삶이 영위되는 내가 살고 있는 곳의 제도와 시스템의 이해 없이 애정을 갖기 힘듭니다. 더불어 지방의 많은 문제는 제도 및 재정과도 연관되지만 본질적으로는 사람의 문제라는 관점에서 지방의 정치지도자와 주민의 관계에 초점을 두고 논의하였습니다. 지방을 위해 일할 참된 일꾼을 뽑고, 그 사람이 주민들과 소통하고 협력을 이끌어 내는 일이 지방을 살리는 궁극적인 출발점이 아닐까 합니다. 이처럼 주민들이 스스로 통치하고 통치받는 경험이 쌓여갈수록 자치의식은 증대하고 지역에 대한 애착심과 정체성도 강화되며 주민들을 위한 제도나 정책의 요구의 가능성이 높아질 것입니다. 이를 통해 궁극적으로 지방의 변화를 이끌고 지속가능한 지방이 되는 논의를 담고자 하였습니다.

구체적으로 이 책은 지방자치에 대한 기본적인 주제들을 다루면서도 시대적 흐름을 반영하는 몇몇 주제들을 담고자 하였습니다. 즉, 지방자치의 개요, 지방자치기관(집행기관과 의결기관), 선거제도 및 지방행정체제, 정부간관계, 주민참여 등 지방자치를 이해하는 기본적인 요소들을 논의하였습니다. 이에 더하여 주민참여의 비중을 확대하고 점차 중요성이 증대하고 있는 (지역)공동체와 지역문화를 다루었습니다. 주민들의 삶의 질과 지역공공문제 해결에 있어 공동체와 지역문화적 접근이 더욱 중요해지는 시대적 상황과 요구를 반영하고자 하였습니다. 다시 말해, 문화활동은 공동체형성에 기여하고, 이러한 참여와 공동체(활동)는 지방자치를 활성화시킨다고 보았습니다.

책의 구성과 내용의 범위를 고민하면서 여전히 포함하지 못한 현안들이 있고 담지 못한 부족함이 있습니다. 우리나라를 포함한 서구 선진국들이 겪고 있는 지방의 인구감소 문제 및 대안과 관련한 논쟁입니다. 국가 차원의 인구감소는 중앙정부만이 아닌 지방정부가 직면한 중대한 도전입니다. 특히, 지방의 고령화와 자연적 인구의 감소만이 아닌 청년층의 사회적 이동이 지방의 활력을 더욱 감소시키고 있습니다. 더불어 2022년 대통령선거 이후 기존의 자치분권 및 균형발전과 관련한 제도적 변화가 진행 중입니다. 중앙정부 차원의 제도 변화 및 지방정부 차원에서 다양하게 전개되고 있는 이슈들은 추후에도 지속적으로 관심을 가지고 논의를 발전시켜 나가야 할 것입니다.

이 길을 걷는 여정에서 여러 사람의 지지와 도움이 함께 했습니다. 사람의 바른 길을 가르쳐 주신 하석 박원규 선생님, 그리고 참된 학자의 길을 몸소 보여주신 성균관대의 김현구 교수님께 큰 절을 올립니다. 자료수집에서 세세한 교정까지 도움을 준 성균관대 행정학과 및 국정전문대학원, 도시발전연구소의 김서린 박사와 김지영, 정보영 박사과정생 그리고 길상혁 석사과정생의 도움에도 진심으로 감사의 마음을 전합니다. 특히, 편집 및 참고문헌 등 원고 전체를 꼼꼼히 챙겨준 박관태 박사과정생과 멋지게 표지디자인을 해준 황기웅 석사과정생에게 고마움을 따로 전하고 싶습니다. 더불어 가장 가까운 곳에서 묵묵히 신뢰와 지지를 아끼지 않은 아내 주성순, 딸 윤희, 아들 경환에게도 사랑과 감사의 마음을 전합니다. 책의 편집과 교정을 꼼꼼히 맡아 주신 박영사의 양수정 님과 정연환 님께도 고마움을 전합니다.

2023년 2월
정 문 기

목 차

PART 01 지방자치의 개관

CHAPTER 01 ──────────────────────────────── 3
지방의 이해와 책의 구성

제1절 지방의 이해 ··· 3
    1. 지방의 개념: 지방이란? 3
    2. 지방의 중요성: 왜 지방인가? 6
제2절 우리나라 지방행정(자치)구조 ······························· 14
제3절 책의 구성과 간략 소개 ··· 16

CHAPTER 02 ──────────────────────────────── 29
지방자치의 기초와 맥락

제1절 지방자치의 의의 ·· 30
    1. 지방자치 및 관련 개념 30
제2절 지방자치의 형태: 단체자치와 주민자치 ·············· 41
    1. 단체자치 41
    2. 주민자치 42
    3. 비교: 최근 경향 43
제3절 지방자치의 구성요소 ·· 44
    1. 주민 45
    2. 자치구역 45
    3. 지방자치단체(지방정부) 46
    4. 자치권 48
제4절 지방자치의 효용과 한계 ·· 54
    1. 지방자치의 효용 54

  2. 지방자치의 한계   59

CHAPTER 03 ──────────────────────────────────── 65

지방자치제의 변천

제1절 외국의 지방자치제의 변천 ··· 65
  1. 영국   66
  2. 미국   68
  3. 프랑스   70
  4. 독일   71
  5. 일본   74
  6. 시사점   79

제2절 우리나라 지방자치제의 변천 ······································ 81
  1. 지방자치·분권의 역사적 변천   82
  2. 우리나라 지방자치제 변천의 특성   98

PART 02   지방자치단체기관, 지방선거 및 지방행정체제

CHAPTER 04 ──────────────────────────────────── 103

지방의회

제1절 지방정부의 기관구성 ·· 104
  1. 유형: 기관분립형, 기관통합형, 절충형   104
  2. 제도와 실태   110

제2절 지방의회의 지위와 보수 ·· 112
  1. 지위   112
  2. 보수   113

제3절 지방의회의 권한과 의무 ·· 115
  1. 지방의회의 권한   115
  2. 지방의원의 의무   128

제4절 지방의회의 조직과 운영 ·· 131
  1. 의회조직 및 사무기구: 의장 및 부의장, 위원회, 전문위원,

　　사무기구　131
　2. 운영: 집회와 회기　136

CHAPTER 05 ——————————————————————— 143
지방자치단체장과 집행기관
　제1절　지방자치단체장 ·· 143
　　1. 지위　144
　　2. 권한　145
　　3. 역할　151
　　4. 우리나라의 지방자치단체장　156
　제2절　집행기관과 지방공무원 ··························· 158
　　1. 집행기관　158
　　2. 지방공무원　169

CHAPTER 06 ——————————————————————— 179
지역사회 권력구조와 지방선거
　제1절　지역사회 권력구조와 지방정치 ················ 180
　　1. 지역사회 권력구조 및 지방정치　180
　　2. 생활정치의 대두　186
　제2절　지방선거제도 및 실제 ··························· 192
　　1. 지방선거의 의의와 기능　192
　　2. 지방선거제도의 구조　193
　제3절　한국의 지방선거제도 ···························· 199
　　1. 간략 역사　199
　　2. 선거권과 피선거권　202
　　3. 선거구 획정: 선거구의 유형(대·중·소선거구) 및 획정　203
　　4. 지방선거와 정당의 관여　206
　　5. 단체장과 지방의원의 선출: 다수득표제, 지역구 및 비례대표제의
　　　 선출　209
　　6. 한계와 과제　210

CHAPTER 07 ──────────────────────────── 217

지방행정체제

제1절 지방행정체제의 의의 ································· 218
1. 개념과 범위   218
2. 중요성   219
3. 계층, 구역, 기능배분의 관계   219

제2절 지방자치단체의 계층과 구역 ···················· 220
1. 지방자치단체의 계층: 단층제와 중층제   221
2. 지방자치단체의 구역   225

제3절 우리나라의 지방행정계층과 구역 ··············· 233
1. 지방행정체제 개편의 변천   233
2. 우리나라의 행정계층과 자치계층   241
3. 지방행정체제 개편의 특성과 시사점   243

PART 03   정부간관계

CHAPTER 08 ──────────────────────────── 249

정부간관계: 모형, 기능-사무배분, 국가의 지도-감독, 지방의 국정참여

제1절 정부간관계의 개념과 중요성 ···················· 250
1. 정부간관계의 개념   250
2. 정부간관계의 중요성   251

제2절 정부간관계 모형 ································· 255
1. 기존 접근: 대리인모형과 동반자모형   256
2. 세분화된 모형   257
3. 우리나라의 정부간관계 모형의 탐색   263

제3절 우리나라의 중앙-지방의 사무·기능배분 ········ 267
1. 사무배분 방식 및 원칙   267
2. 사무배분제도의 변천   271
3. 사무배분 및 현황: 국가사무와 지방사무   272

  4. 시·도의 사무와 시·군·구의 사무 **277**
  5. 평가 **280**

제4절 **중앙의 관여 및 통제: 지도·감독을 중심으로** ······································ **281**
  1. 중앙의 지도·감독의 목적 **282**
  2. 중앙의 관여와 통제: 제도와 실제 **284**
  3. 평가 **288**

제5절 **지방자치단체의 국정참여 및 정부 간 협의제도** ······························ **290**
  1. 입법과정의 참여: 청원, 공청회, 청문회 등의 의견제시 **291**
  2. 지방자치단체의 장 등의 지방협의체 **292**
  3. 행정부시장·부지사 회의 **293**
  4. 행정협의조정위원회 **293**
  5. 중앙지방협력회의 **294**
  6. 소결 **296**

CHAPTER 09 ──────────────────────────────── 297

중앙─지방의 재정관계: 자체재원

제1절 **지방재정의 관련 개념** ·· **298**
  1. 소득·소비·재산과세 **298**
  2. 보통세와 목적세 **299**
  3. 직접세와 간접세 **299**
  4. 일반회계와 특별회계 **300**
  5. 경상수입과 임시수입 **300**
  6. 자체재원과 의존재원 **300**
  7. 국세와 지방세 **301**

제2절 **지방세** ··· **301**
  1. 지방세의 근거와 원칙 **301**
  2. 지방세의 세목 **305**
  3. 지방세의 실태 및 한계 **310**

제3절 **지방세외수입** ·· **314**
  1. 세외수입의 의의 및 특성 **314**
  2. 세외수입의 유형 **315**
  3. 지방세외수입의 실태와 한계 **320**

제4절 **지방채** ··· **321**

1. 지방채의 의의와 특성   321
2. 지방채의 실태와 한계   323

CHAPTER 10 —————————————————————————————— 327

중앙-지방의 재정관계: 의존재원

제1절 지방재정조정제도 ·· 327
1. 개념   327
2. 기능   328

제2절 의존재원의 유형 ··· 332
1. 지방교부세: 보통교부세, 특별교부세, 부동산교부세,
   소방안전교부세   333
2. 보조금   341
3. 특별회계보조금   345
4. 조정교부금   347

제3절 지방재정의 측정 ··· 348
1. 재정자립도   348
2. 재정자주도   349
3. 재정력   350
4. 추세 및 실태: 우리나라의 재정자립도, 재정자주도,
   재정력의 비교   351

CHAPTER 11 —————————————————————————————— 359

지방자치단체 간 관계: 협력과 갈등

제1절 지방자치단체 간 관계의 개념 및 중요성 ·································· 360
제2절 지방자치단체 간 협력 ··· 362
1. 개념   362
2. 협력(광역행정)의 유형   363
제3절 지방자치단체 간 갈등과 분쟁 ··· 378
1. 의의: 지방자치단체 간 갈등과 분쟁   379
2. 갈등의 대상과 원인   380
3. 갈등의 해결방식   384
4. 과제   390

PART 04   주민참여, 공동체 및 지역문화

CHAPTER 12 ─────────────────────────────── 395

주민참여: 이론

제1절   주민참여의 의의 ··· 396

1. 주민참여의 개념   396
2. 주민참여의 필요성   399

제2절   주민참여의 유형 ··· 403

1. 실질적 참여와 형식적 참여   403
2. 제도적 참여와 비제도적 참여   409
3. 자발적(능동적) 참여와 비자발적(수동적) 참여   410
4. 개별적 참여와 집합적 참여(집단적 참여)   411

제3절   주민참여의 요인 ··· 412

1. 개인적 요인   413
2. 사회적 관계: 공동체와 사회적 자본   416
3. 제도와 정부의 태도   417

제4절   주민참여의 한계와 활성화 ··· 418

1. 주민참여의 한계   418
2. 주민참여 활성화 방안의 탐색   420

CHAPTER 13 ─────────────────────────────── 427

주민참여: 실제

제1절   주민자치위원회와 주민자치회 ·· 428

1. 간략 역사   428
2. 주민자치위원회   429
3. 주민자치회   431
4. 주민자치위원회와 주민자치회의 비교와 시사점   436

제2절   주민참여예산제도 ·· 438

1. 주민참여예산제도의 개념과 목적   438
2. 주민참여예산제도의 변천과 현황   439
3. 주민참여예산제도의 한계   444

제3절 주민의 직접참정제도 ·· **445**
   1. 주민발의(Citizen Initiatives)　**445**
   2. 주민투표(Citizen Votes)　**447**
   3. 주민소환(Recall)　**451**

제4절 주민의 감사청구와 주민소송제 ··· **453**
   1. 주민의 감사청구　**453**
   2. 주민소송　**455**

제5절 기타 주민참여제도: 공청회, 민원과 청원, 위원회 등 ············ **457**
   1. 공청회　**458**
   2. 민원과 청원　**458**
   3. 위원회　**460**

CHAPTER 14 ———————————————————— 463
지역공동체

제1절 지역공동체의 의의 ·· **464**
   1. 공동체의 개념　**464**
   2. 지역공동체의 개념과 구성요소　**468**

제2절 지역공동체와 지방자치 ·· **470**

제3절 지역공동체의 유형 ·· **474**
   1. 주도주체에 따른 분류　**474**
   2. 사업성격에 따른 분류　**476**
   3. 대상 지역에 따른 분류　**477**

제4절 지역공동체 관련 제도와 정부의 역할 ·································· **478**
   1. 중앙정부의 역할　**478**
   2. 지방자치단체의 역할　**480**

제5절 지역공동체사업의 실태: 마을기업과 청년 대상 공동체(마을만들기)
   사업을 중심으로 ··· **484**
   1. 마을기업　**485**
   2. 청년 대상 공동체(또는 마을만들기) 사업　**489**

제6절 정부 역할의 한계 및 과제 ·· **492**

CHAPTER 15 ──────────────────────────── 497

지역문화

제1절 **지역문화와 정부** ·· **498**

    1. 문화와 정부의 역할　**498**

    2. 지역문화의 개념 및 중요성　**503**

제2절 **지역문화 관련 정책 및 제도** ································· **509**

    1. 지역문화정책 및 관련 제도의 변천　**509**

    2. 지역문화 관련 제도　**511**

제3절 **생활문화 및 생활문화공동체** ······························ **522**

    1. 생활문화의 개념 및 특성　**523**

    2. 생활문화공동체　**526**

참고문헌 ·· **531**

찾아보기 ·· **557**

박스글 목차

지역 불균형 심화, 이러다 다 죽어! ……………………………………………………… 10

서울로 대학 가면 장학금…이러니 지방이 소멸하는 것 ………………………………… 12

유럽의 지방정부 관계자에게 듣는 국가균형발전과 지방분권 ………………………… 38

'베끼기 조례' 대부분…얼룩진 지방자치 …………………………………………………… 118

기초의회, '조례 베끼기' 멈추고 '창의 의정' 나서라 ……………………………………… 119

국민권익위원회의 지방의회청렴도 조사 …………………………………………………… 130

햇빛·바람·연금으로 청년 유입…신안군, 신재생에너지 조례개정 …………………… 149

미국 캘리포니아주 스톡턴시장의 '기본소득 실험': 인구 30만 스톡턴, 125명에

월 500달러 지급 ……………………………………………………………………………… 154

20대 공무원들이 꼽은 전문성 향상 걸림돌은 …………………………………………… 175

여성 공무원 수의 증대와 조직문화의 변화 ……………………………………………… 176

'늦둥맘' ○○○ "마을 바꾸다 출마, 해결하는 정치할 것" ……………………………… 190

지방선거 정당공천 폐지해야 풀뿌리 민주주의 산다 …………………………………… 208

지방선거, 대의민주주의 실종 ……………………………………………………………… 211

중앙–지방협력회의 하향식 운영에 전국 시·도지사 뿔났다 …………………………… 295

경마 중단으로 1천600억 지방세 감소, 지자체 세수입에 빨간등 …………………… 307

지방세 안 내고 해외 명품쇼핑? "공항서 압류당합니다" ……………………………… 313

가로등 정비한다고 지방채 발행하나? 해도 너무한다 ………………………………… 325

유럽 최대 경제 강국 독일의 지방분권: 16개 모든 주 경제·재정력 격차 해소…

지방재정조정제도 큰 역할 ………………………………………………………………… 330

'특별연합' 날린 경남만의 '행정통합' …………………………………………………… 375

다시 불붙은 한예종 유치전…고양·송파·과천 등 "우리가 최적지" ………………… 381

만나면 신문 얘기, 이런 게 지역신문 하는 재미죠 …………………………………… 400

[인터뷰–지역 언론의 길을 묻다] 무주신문 ○○○ 대표·○○○ 편집국장 ………… 400

'주민참여포인트제도': 市政 참여도 제고 및 지역경제 활성화에 기여 …………… 424

쇼핑센터에서 주민투표를 한다고? ·· 424

주민자치회의 기능, 구성과 위원, 지방자치단체와의 관계 ················ 433

[청소년 발언대] 청소년 제안을 정책으로 '참여예산제' ·················· 442

인천시 '온라인 시민청원' 끝에 새봄초등학교 문 열어: 민선 7기 대시민 소통창구

   온라인 시민청원 성과 '쾌거' ·· 459

오래 살고 싶은 마을이 바로 도시재생 ·· 473

백범 김구의 '문화강국' ·· 499

"대한민국은 서울밖에 없나"···○○○ 미술관 입지 선정에 지역 반발 ·············· 508

[문화 메트로폴리탄 경기도를 꿈꾼다] 31개 도시 31가지 매력: 골라 즐기는 재미 있는

   경기도 만들자 ··· 519

'난생 처음 그린 그림으로 그림책 '꽃길' 내고 전시회 연 여주시 금사면 할머니들' ······ 525

PART 01

지방자치의 개관

CHAPTER 01   지방의 이해와 책의 구성
CHAPTER 02   지방자치의 기초와 맥락
CHAPTER 03   지방자치제의 변천

지방의 이해와 책의 구성

지방의 개념이나 범위는 모호하다. 일상생활 속에서 사용되는 지방은 보통 사람들의 인식 속에 중앙 또는 중심지, 즉 우리나라의 경우에는 서울 또는 수도권에 대비한 개념으로 위치한다. 하지만 지방자치와 지방자치 이론 측면에서 지방은 다소 상이한 접근을 요한다. 그럼 지방이란 무엇이고, 어떠한 차이를 보이는가? 이 장은 지방자치를 이해하는 첫걸음으로 지방의 의의와 중요성을 고찰한다. 유럽이나 미국과 달리 지방자치의 전통이 짧고, 중앙 우위의 통치와 지배가 대다수 국민의 삶과 의식에 깊게 자리 잡은 우리나라의 맥락에서 지방의 개념과 위상에 대한 본질적인 이해는 이 책 전체를 관통하는 지방자치를 올바로 이해하고 분석하기 위한 기초이자 토대가 될 것이다. 지방의 기초적인 이해 하에 다음은 우리나라의 지방행정 (자치) 구조를 간략하게 소개하고 이 책의 구성을 논의한다.

제1절 　지방의 이해

1. 지방의 개념: 지방이란?

지방자치는 '지방'과 '자치'라는 두 낱말이 결합된 용어이다. '지방'이라는 개념은 일상생활 속에서 널리 사용되지만 지방자치론에서 다뤄지는 의미는 다소 주의를 요한다. 우리나라의 일상생활 속에서 사용되는 지방이라는 일반적인 의미와 지방자치론 상의 지방의 의미는 구별이 되는 바 명확한 개념화가 필요하다. 우선, 이 절에서는 책 전반의 핵심 개념인 '지방'에 대한 일상 속 의미와 지방자치론 상의 의미를 비교하여 정리한다. 이를 통해 '서울(또는 수도권) 이외의 지역'으로서의 '지방'의 일반적 개념이 아닌 중앙정부에 대비한 지방(정부)의 의미와 '서울(수도권)도 지방자치의 논의에서는 지방으로 포함되는 것'을 강조하고자 한다.

1) 지방의 일반적 의미

지방은 사전적으로 "서울 밖의 지역", "어느 한 방면의 땅", "중앙의 지도를 받는 아래 단위의 기구나 조직을 중앙에 상대하여 이르는 말"을 의미한다(표준국어대사전). 우리나라의 맥락에서 지방이라고 얘기할 때는 일반적으로 전자의 의미로서 서울이라는 '중심지'와 대비하여 지칭하는 중심 이외의 또는 중심을 벗어난 '변방'이라는 개념으로서 널리 사용된다. 역사적으로도 중앙의 왕이나 임금의 직접적인 통치가 어려운 곳은 '지방장관'을 파견하여 그 공간을 통치하였듯이 지방은 '중심 이외의 지역'으로서 의미를 가진다. 우리나라에서 서울은 조선시대 이래 수도로서 정치·행정·경제·문화 등 제 분야의 중심지가 되었고, 일반적인 한국인의 의식이나 일상생활 속에서 나머지 지방과 구분되어 인식되는 경향을 보여 왔다. 지방과 분리하여 인식되는 서울은 국민의 의식 속에 교육을 위해서건, 직장을 위해서건 또는 출세를 위해서건 정서적으로나 공간적으로나 소속되어야 하는 곳으로 뿌리 깊게 자리 잡고 있다. 조선시대 국립 최고 교육기관이자 공직 진출의 주요 통로였던 성균관을 포함해 오늘날 학생과 학부형들이 선호하는 대학들의 대부분이 서울에 위치하고, 주요 기업의 본사 중 70%가 위치하는 상황에서 지방과 대비한 서울은 일자리, 부, 권력 등을 위해 기회만 된다면 소속되고 싶은 공간으로 한국인의 인식에 만연해 있다. '서울 콤플렉스'나 '지방은 식민지'[1]라는 자조적인 표현처럼 서울에 대비하여 인식되

---

1) 강준만(2008)의 '지방은 식민지다'를 참조.

는 지방이라는 장소는 많은 경우 상대적으로 열등하고 수준이 낮은 곳으로 많은 국민들에게 인식되고 있는 실정이다. 미국 또는 유럽 등의 국가와는 달리 우리나라의 맥락에서 지방은 '서울 밖의 지역'으로서 다양한 측면에서 서울과 차별적인 의미로서 인식되고 있다.

한편, 서울은 경기도와 인천지역을 포함한 수도권이라는 개념으로 비수도권과 구별되기도 한다. 즉, 서울을 포함한 수도권 지역을 제외한 나머지 지역은 비수도권 지역으로 구분하여 '지방'으로 지칭되기도 한다. 수도권과 비수도권의 격차가 줄어들지 않는 상황에서 양 지역 간의 구분은 무엇보다 문화적 – 경제적 격차 등을 내포하는 것으로 많은 비판이 제기되는 실정이다.

2) '지방자치론'에서 지방의 의미

지방의 또 다른 사전적 의미는 한 국가 내 영토 중 "어느 한 방면의 땅"[2]으로서, 지방자치를 논의함에 있어 주민의 일상생활이 영위되는 지리적 토대인 공간으로서 의미와 함께 중앙(정부)과의 관계에서 설정된다. "어느 한 방면의 땅"으로서의 지방은 국가를 이루는 3대 요소 중 하나인 영토 내 한 방면의 땅을 차지하는 곳이다. 이러한 측면에서 서울은 지방에 속한다. 또한, 지방은 "중앙의 지도를 받는 아래 단위의 기구나 조직을 중앙에 상대하여 이르는 말"과 같이 중앙은 국가 전체 행정을 관할하여 전국적으로 통일된 행정 및 정책을 담당하는 역할을 하고, 지방은 "한 방면의 땅"의 범위 내에서 현지성을 반영한 행정 및 역할을 담당하는 행정적 단위이다. 다시 말해 지방은 일반 주민이 거주하는 지리적 공간이자, 중앙정부와 비교한 지방 단위의 정부가 소재하는 곳으로서 행정적 의미도 지닌다. 앞서 일상적 의미에서 "서울 밖의 지역"으로서의 지방과 대비되는 개념으로, 서울 또는 수도권이라는 물리적 공간도 지방의 영역에 포함된다. 예를 들어, 광역지방자치단체로서 서울특별

---

[2] 이 책에서 지방과 지역은 혼용해서 사용한다. 엄밀히는 지방(locale)과 지역(region)은 구분되는 개념이다. 특히, 지역개발론에서는 지역을 몇 개의 지방으로 묶어 사용하기도 한다. 하지만 이 책에서는 '어느 한 방면의 땅'으로서 물리적·지리적 공간의 특성을 감안하여 혼용해서 사용하기로 한다. 또한, 지방자치의 논의에서 지역정치와 지방정치, 지역주민과 지방 주민 등과 같이 언어 관습에서 통용되어 사용되고 있기도 하다.

시는 중앙정부가 아닌 지방정부로서 서울이라는 '한 방면의 땅' 또는 관할구역 내에서 지방자치나 지방행정을 담당하는 역할을 한다.

따라서 이 책에서 논의되는 지방은 일반 주민이 일상생활을 영위하는 '어느 한 방면의 땅'으로 국가를 이루는 영토의 일부가 되며 또한, 중앙(정부)과 대비한 어느 한 방면의 땅을 관할하는 주체로서 지방(지방정부)으로서 접근한다. 여전히 대다수 한국인들에게 깊게 자리한 서울 중심의 인식과 중앙정부 우위의 정치-행정의 전통은 지방의 위상과 역할에 대한 낮은 관심과 지지로 나타난다. 다음에는 '왜 지방인가'라는 질문을 통해 지방의 중요성을 논의하고 지방의 위상과 역할에 대한 인식의 전환이 필요함을 제시한다.

2. 지방의 중요성: 왜 지방인가?

지방은 보통의 사람들이 발을 딛고 살아가는 일상의 현장이다. 주택, 교통, 환경, 문화, 복지, 일자리 등 행정의 문제가 일차적이며 직접적으로 생겨나고, 해결을 요하는 곳이다. 지방이라는 현장을 제대로 알지 못하고서는 정책-행정을 적실하게 구현할 수 없다. 다음은 지방에 대한 관심과 연구가 필요한 이유를 일반적 측면과 우리나라의 특수성을 반영한 측면으로 구분하여 논의한다.

1) 일반적 측면

지방의 가치 또는 중요성을 한 마디로 내리기는 어렵다. 각국이 처한 정치-행정체계 및 민주화, 시민의식, 경제발전 등의 수준에 따라 지방의 위치 및 지방을 바라보는 관점이 다양하기 때문이다. 민주주의 국가 등에서 일반적으로 제시되는 지방의 가치 또는 중요성에 대해 간략하게 정리하면 다음과 같다.[3]

첫째, 지방은 사람들의 일상생활이 일어나는 곳이자 현장이다. 보통의 사람들이 만나고 관계를 맺고 생활을 영위하는 곳이 지방 또는 지역사회 속 마을이고 동네

---

3) 지방의 가치 또는 중요성은 2장 4절에 지방자치의 효용과 밀접히 연관되며 더욱 세분화해서 논의한다.

이다. 거시 차원의 세계화나 자본주의화, 그리고 정치적 담론도 중요하지만, 보통의 사람이 태어나고 성장하며 살아가는 일상생활 속 마을과 동네가 역동적으로 되살아나야 정치와 행정도 존재 의의가 있다. 생활 속 지근거리에서 주민생활서비스 제공, 주민편의 반영, 주민 삶의 질과 직결되는 역할을 하는 것이 지역사회이자 지방자치단체이다.

둘째, 다원주의 사회로 진화하며 개개의 지방은 그곳만의 개별성과 다양성이 점차 중요해지고 있다. 오늘날 다원주의 사회로의 이행은 시민의식의 변화와 밀접하게 연관된다. 내 삶에 직접적 영향을 미치는 지역사회에 대한 인식의 증대는 중앙 일변도의 획일적 지배의 전환을 요구하고 있다. 또한, 도시와 농산어촌이 가진 지방의 특색이나 생활환경은 상이하다. 도시는 도시만의, 농산어촌은 농산어촌만의 상이한 지리적 풍토와 환경을 간직하며, 상이한 발전방식이 지방의 경쟁력으로 이어진다. 한 국가 내 상이한 위치에 존재하는 각기 다른 지방은 개별성과 다양성을 살리면서도, 국가 내 전체성 및 통일성의 유지가 강조되고 있다. 전통적인 중앙정부의 역할에 더하여 지방의 개별성과 다양성의 존중을 통해 중앙과 지방이 상호공존하고 상생할 수 있는 중앙-지방의 협력적 생태계의 요구가 증대한다.

셋째, 지방은 중앙(정부)에 대한 견제와 균형의 역할을 한다. 인류가 국가 또는 조직을 형성한 이래 절대 권력은 부패하고 저항에 직면해 쇠퇴와 멸망에 이르렀다. 즉, 권력의 속성상 한 곳에 집중되면 권력의 오남용이 일어나고 대다수 국민들의 삶을 피폐하게 만들었음을 인류의 역사는 보여준다. 민주주의 국가에서 권력의 집중을 막기 위한 삼권분립 이외에도 중앙정부에 대한 지방의 견제와 감시를 통한 권력의 수직적 통제는 권력의 부패를 사전적으로 방지하고 민주주의를 확대하는 중요한 제도적 장치이다. 권력을 좀 더 국민에 가깝게 분권화함으로써 권력의 오-남용을 막을 수 있는 최소한의 기반을 마련하고자 하는 것이다.

넷째, 지방은 혁신과 정책실험의 장으로서 문제해결의 최일선으로 역할한다. 앞서 언급했듯이 지역주민의 일상생활이 영위되는 곳이 지방 속 마을과 동네이고, 그 속에서 공공문제는 발생하고 해결책을 요구한다. 지방의 문제를 지방 주민이 주체가 되어 생활 속에서 발굴하고 해결책을 스스로 찾는다. 지방의 특색을 반영한

개별적—실험적 방안의 토론과 적용을 통해 다양한 혁신과 정책실험에 기반한 문제
해결의 기회를 가진다.

다섯째, 중앙집권체제 하에서 중앙정부 단독 또는 우위의 공공문제 해결은 다
양한 도전에 직면하고 있다. 한 국가나 사회가 직면한 이와 같은 문제들에 대한 전
통적인 접근은 중앙정부와 관료제에 기반한 문제해결이 주를 이루었다. 국가 특히
정부의 존립의 근거가 국민의 생명의 보호, 사회질서유지와 안전이라는 전통적인
역할에 변함이 없다. 하지만 세계화, 정보화, 지방화가 진전됨에 따라 중앙정부 단독
의 문제해결은 한계에 직면하게 되었다. 중앙집권 정부가 아무리 효율적으로 운영
된다고 하더라도 기존에 존재하지 않았던 새로운 사회문제의 발생과 문제의 사회적
파급력이 커지면서 중앙정부 단독의 문제 대응에는 한계가 노정되었다. 이를 '정부
실패'라고 할 것이다. 하지만 신자유주의의 심화와 더불어 2008년 미국 금융위기에
서 보이듯이 '시장기제'도 공공문제 해결에 한계를 드러냈다. 이러한 사정을 반영하
여 중앙정부 단독의 의사결정과 문제해결 접근이 아닌 다양한 주체, 특히 지방자치
단체의 역할에 대한 관심이 증대하고 있다. 중앙정부와 지방자치단체가 서로 부족
한 역량을 보완하고 협력함으로써 지역의 특수한 상황을 반영한 문제 대응에 효과
적일 수 있는 것이다.[4]

2) 한국의 맥락에서 '왜 지방인가?'

이상과 같이 일반적으로 언급되는 지방의 가치와 중요성에 더하여 우리나라의
맥락과 실태를 반영하여 추가적으로 지방에 대한 관심과 연구의 필요성을 논의한다.
우리나라 지방의 특수성은 서울 중심 일극체제의 한계와 오랜 중앙집권의 전통으로
축약된다. 다시 말해 서울 집중의 문제와 이로부터 초래되는 한국인의 지방에 대한
인식, 그리고 중앙에 집중된 권한 및 권력으로 인한 지방 역할의 한계로 크게 구분
하여 논의할 수 있다.

---

[4] 우리나라의 경우 2010년대 중반 메르스 사태 또한 중앙정부와 지방정부 간 정보 공유의 미비와 소통
   의 부재로 인해 정확한 현장상황 파악의 한계와 현장과의 공조의 부재로 이어졌다. 이로 인해 중앙과
   지방의 공동문제 해결을 위한 대응과 방안마련도 지연되었다.

(1) 서울을 포함한 수도권의 집중화 현상의 문제

우리나라의 수도인 서울에는 권력, 자본, 문화, 교육, 인구 등 사회의 모든 부문이 집중되어 있다. 서울과 같이 사회의 제 분야가 한 곳에 과도하게 집중된 나라는 전 세계적으로 찾기 힘든 것으로 평가된다.

가장 근본적인 문제는 우리나라 인구의 50% 이상이 수도권에 거주하고 있고, 이 수치는 지속적으로 증가 추세에 있다는 점이다. 수도권의 인구 집중은 심각한 지방의 인구변화와도 연관된다. 우리나라는 2020년에 출생아 수보다 사망자 수가 많은 데드크로스가 일어나, 인구의 자연감소가 처음으로 시작되었다. 또한, 2019년 12월 수도권의 인구는 우리나라 전체 인구의 절반을 넘어서기 시작했다. 수도권의 인구 집중이 지속되고 있는 반면 지방의 인구감소와 지방소멸의 우려는 더욱 증가하고 있다. 수도권 인구 집중의 주된 원인은 20대 청년층의 유입이다. 즉, 2020년 수도권 유입인구 중 75%가 20대 청년층이었고, 구직과 대학 진학이 주된 이유였다(이영재, 2020). 수도권 인구집중은 한편으로 지방 인구감소의 가속화를 초래하며, 이로 인해 기본적인 지방의 기능조차 지속하기 힘든 지방자치단체가 늘어나고 있다. 정부는 저출산-고령화 대책, 지역균형발전, 각종 일자리 창출 및 산업정책 등을 추진해오고 있지만 지방의 인구유출 및 수도권 인구집중의 흐름을 반전시키지 못하고 있다.

경제자본, 문화, 교육의 측면에서도 수도권과 비수도권의 양극화는 심각하게 나타나고 있다.[5] 자본의 측면에서는 대표적으로 대부분의 대기업 본사들이 수도권에 위치해 있다. 노무현 정부 이래로 공공기관의 지방이전을 통해 경제활동의 분산을 추진하기도 했으나 정권 교체 등으로 지속적 추진에 한계를 맞기도 했다. 문화적 측면에서는 대부분의 문화공연과 활동 등이 수도권을 중심으로 일어나며 문화시설의 편중에 대한 비판도 다양하게 제기되고 있다. 소득의 증가와 여가시간의 증대

---

5) 수도권과 비수도권의 양극화를 수치로 살펴보면 다음과 같다. 수도권과 비수도권의 면적은 11.8%와 89.2%, 지역 내 총생산(2020년 기준)은 51.7%와 48.3%, 지방세(2018년 기준)는 56.9%와 43.1%, 1,000대 기업수(2019년 기준)는 74%와 26%, 신용카드 사용액(2020년 기준)은 81%와 19%로 나타나 수도권의 집중도가 매우 심각한 것으로 나타났다(KBS 자체 분석 자료 중, 시사기획 창, 2021. 4).

등으로 사람들의 문화적 욕구 및 활동이 증가하는 상황에서 문화의 양극화로 인한 지방 문화의 박탈감은 개선되지 않고 있다. 교육의 측면에서도 대학 및 교육시설의 편중이 높아 청년층의 서울 및 수도권으로의 유입과 구직 행위의 지속적 증대로 이어지고 있다. 서울 및 수도권의 편중은 1960년대 산업 고도화의 추진이래 일시적인 현상이 아닌 수십 년간 고착되어 나타나 주택, 환경, 교통 등 다양한 사회적 문제를 초래하는 실정이다.

지역 불균형 심화, 이러다 다 죽어!

　　전 세계를 강타한 넷플릭스 오리지널 한국 드라마 '오징어 게임'에서 오일남 할아버지가 외친 말이다. 주최 측에서 약자들을 미리 제거한다는 명분으로 암묵적으로 실시된 생존게임에서, 참가자들은 강자들을 중심으로 팀을 만들어 싸움에 임하고 팀에 속하지 못한 참가자들은 홀로 고군분투하는 모습을 보인다. (중략)

　　전 세계적 흐름과 같이 우리나라 역시 발전을 거듭할수록 수도권 과밀화 문제가 거세지고 있다. 2003년 국가균형발전이 국가적 아젠다로 설정된 지 17년이 흘렀지만 수도권과 비수도권의 격차는 점점 커지고 있다. 수도권 인구가 비수도권 인구를 능가하여 전체 인구 50% 이상을 차지함과 동시에, 사망률이 출산율을 앞지를 정도로 저출산 문제가 심각해지고 있다. 이에 직격탄을 맞는 것은 지방이지만, 지방의 문제는 중앙으로 이어지고 지역격차는 결국 국가경쟁력 하락으로 이어지기 때문에 지역 불균형의 심화를 바로잡지 못한다면 우리나라의 생존 역시 불확실하다.

　　속리산에 사는 사촌동생에게 생일선물로 스타벅스 기프티콘을 보낸 적이 있다. 사촌동생은 "형, 우리 동네에는 스타벅스가 없어"라며 되돌려줬다. 필자는 이 말이 수도권과 지방의 현실 격차를 잘 보여주고 있다고 생각한다. 모두가 알겠지만 수도권에서 스타벅스는 못 찾기가 힘들 정도로 매우 많다. 스타벅스의 경우 가장 유동인구가 많은 곳 중에 하나이며 현대 문화공간의 대표적인 예라고 할 수 있다. 대표적 문화공간인 스타벅스는 무려 61%가 수도권에 쏠려 있으며, 이는 지방은 말할 것도 없고 다른 지방 광역시에 비해서도 월등한 수치이다.

　　하지만 스타벅스를 비롯하여 수도권 사람들이 당연하게 누리는 문화, 여가 공간이 지방에는 없다. 그 이유는 문화 공간 창업 여건과 관련되어 있다. 스타벅스를 창업하기 위해서는 해당 장소에 인구 10만명 이상, 혹은 유동인구가 많은 특수한 장소가 요구되기 때문에 인구 수요가 적은 지방에는 스타벅스가 존재할 수가 없다. 이익을 고려하는 기업의 입장에서 인구 메리트가 존재하지 않는 지방보다는 빚을 내서라도 유동인구가 많은 수도권에 지점을 내는 것은 당연한 일이다.

스타벅스와 같이 영화관, 백화점, 음식점, 놀거리 등도 마찬가지이다. 심지어 언텍트 시대에 더욱 각광받고 있는 배달문화에서도 이 차이는 더욱 커지게 되었다. 먹방이 하나의 트렌드가 되고 유튜브 등 sns를 통해 이 열풍은 매우 커졌지만 지방에는 배달대행업체 및 해당음식점들이 존재하지 않는다. 즉 일자리뿐만 아니라 생활의 질적 차이 역시 심각해지고 있고 그만큼 지방 사람들은 그 시대의 트렌드와는 거리가 멀어지고 있으며 상대적 박탈감을 느끼기에 충분하다.

그렇기에 청년들이 지방을 떠나는 것은 자연스러운 현상이 되었다. 이러한 불가피한 선택은 곧 지방의 인구감소로 이어지고, 기업들은 인구수요가 많은 수도권에 입지하기 위해 더욱 노력을 가하는 악순환이 나타난다. 지방의 인재들이 어떻게 해서든 서울로 가려고 하며, 이는 대학을 시작으로 직장 생활로 이어진다. 2시간이 훌쩍 넘는 통근시간에도 불구하고 수도권에 있는 직장에 취직하기 위해 애를 쓴다. 기업 본사를 포함한 대부분 인프라가 서울 및 수도권에 집중되어 있고, 지방이 그 대안이 될 수 없으니 어쩔 수 없이 불합리함을 감수하게 된 것이다. 결과적으로 서울 및 수도권에서 태어나지 못한 것부터 경쟁에서 도태되었다는 말이 나올 정도로, 현대 사회에서 서울과 지방은 경쟁조차 할 수 없는 곳이라는 인식이 생겨났으며, 지역 주민들조차 본 고장에 대한 기대를 하기 어려운 상황이 도래했다.

자료: 이용석. (2022.1.5). 일부 발췌 및 편집.

(2) 한국인의 의식 속에 자리 잡은 지방에 대한 뿌리 깊은 콤플렉스(열등감)의 극복

서울 또는 수도권 우위의 사회적 분위기는 지방에 대한 콤플렉스를 초래하고, 지방에 대한 자긍심과 애착도의 저하로 이어지고 있다. 한 개인의 내면에 내재된 자긍심은 사회에 만연한 분위기나 정서와 동떨어져 생기지 않는다. '말은 나면 제주로 사람은 태어나면 서울로 보내라'라는 속담은 한국 국민의 사고와 일상 속에 뿌리 깊게 자리한 사회적 정서로 청년이나 일반 국민이 서울에 대해 갖는 이미지에 지대한 영향을 미친다. 서울은 집값이나 물가가 비싸더라도 살아야 할 곳, 살고 싶은 곳이 아니라 직장을 구하고, 문화적 혜택을 누리고, 교육을 위해서는 살아야 할 곳이라는 이미지로 한국 사회에서 널리 내재화되어 있다. 이는 학교에서 우열반이 있듯이, 한국 사회에서는 수도권과 비수도권과 같은 지역 구분을 국민들의 인식에 자리 잡게 하였다. 앞서 제시한 객관적인 현상(지표)도 그러하다. 오랜 세월 지속되어온 서울 지향의 인식과 행태는 오늘날에도 메가트렌드의 현상으로 지속되고 있다.

서울로 대학 가면 장학금 ··· 이러니 지방이 소멸하는 것

"농어촌 지역은 점점 더 위축되고 대도시 지역은 인구가 늘어나고 있는 건 전 세계가 공통 적이에요. 하지만 한국처럼 수도 서울이라는 한 곳에 모든 권력과 자본과 문화가 모두 집중 된 그런 나라는 없습니다 ··· 최근 지방소멸 문제, 서울과 지방의 균형 문제를 다루는 언론 기사들이 늘어나고 있어요. 하지만 대안은 새로울 게 없어요. 지역의 일자리를 만들고, 지 방 대학을 육성하고, 서울에 있는 것들을 지역으로 분산해야 하고 ··· 그동안 해왔던 얘기뿐 입니다."

■ 그가 내놓은 핵심 처방은 '서울에 기대지 말라'는 것이다.

"왜 지방분권이 실현되지 않았을까요. 지역 사람들이 주도적으로 해결하겠다는 게 아니 라 서울 사람들이 해결해 줄 거라는 의식이 가장 큰 요인입니다. 서울 사람들이 지방의 문 제를 해결해줄까요? 역사를 보면 한 국가 내에서 한 지역의 문제를 이웃 지역에서 해결해 주지 않아요. 다른 나라의 문제를 옆 나라가 해결해주지 않습니다. 서울 사람들이 해결해 주리라는 기대를 하고 있다면 지방은 소멸하지 부활하지 않는다는 게 이 책의 핵심 주제 입니다."

■ 그는 지역 인재를 서울로 많이 보내는 학교가 '좋은 학교'로 평가되는 현실을 예로 들었다.

"무작정 서울 상경하거나 서울에 정착해 성공한 모델을 중요한 가치로 여기죠. 지방의 엘 리트들도 '지방은 소멸하지만 나는, 내 자식들은 서울 가서 성공할 수 있어' 하고 생각하죠. 지방에서 '좋은 학교'의 기준은 아이들을 서울로 많이 보내는 학교죠. 지방정부에서는 그런 학교에 수많은 지원을 하고, 서울지역 대학에 다니는 학생을 위한 기숙사도 만들어주고 장 학금도 주죠. 지역에 남는 아이들에게 오히려 열등감을 주는 일인데도 말이죠."

"지방대학 = 문화적 열등감 상징 ··· 청년이 가장 큰 희생자"

" (중략) 서울의 아파트값이 왜 그렇게 과도하게 비쌀까요? 투기, 금리에 핵심이 있는 게 아니라 서울에 너무 집중돼 있기 때문이죠. 돈도, 문화도, 직장도, 학교도 서울에 있으니까 사람들이 서울에 몰릴 수밖에요. 근본 대책은 뭐냐. 결국은 서울을 분산시켜서 지방의 청년 들이 서울로 가지 않도록 정책을 만들어 주는 정책이 병행돼야죠. 그런 정책은 찾아보기 힘 들죠. 해법으로 내놓은 게 수도권에 신도시를 만드는 것으로 귀결되니 자해하는 거예요. 너 무 비만해서 건강이 나빠지고 있는데 더 비만해지는 거죠."

■ 그는 "지방소멸시대의 가장 큰 희생자는 청년"이라며 청년들을 지역으로 돌아오게 하기 위한 방안으로 '대학문화 복원'을 제시했다. 하지만 "가능성은 회의적"이라고 전망했다.

"지방대학 육성과 좋은 일자리를 지역에 만드는 것은 당연히 해야 할 일이죠. 빠진 게 있어요. 지금 청년들이 가장 두려워하는 것은 돈 없고 배고프고 집이 없는 것보다, 주류에서 멀어져 비주류가 되고 사회의 큰 흐름에서 벗어나는 겁니다. 정부에서 많은 돈을 들여 재래시장에 청년 창업하게 하는 사업을 많이 했는데 성공한 게 거의 없어요. 문화적인 자긍심을 느낄 수 있도록 하는 문화정책을 소홀했기 때문입니다. 각 지역에 있는 대학들이 문화적인 구심점이 될 수 있도록 해야 하는데 쉽지 않아요. 이미 지방대학이 문화적 열등감의 상징이 돼버렸거든요 … 지방민들의 봉건적인 사고방식을 바꿔야만 기대하는 지방부활 시대가 가능합니다. 대통령이나 정치인들의 지방분권 청사진도 필요하긴 하죠. 궁극적으로는 지방 사람들이 자기 지방의 문제를 나를 위해서, 내 후손을 위해서, 내가 사는 지역을 위해서 주도적으로 참여하지 않으면 해결되지 않습니다."

자료: 심규상. (2021.4.7). 일부 발췌 및 편집.

(3) 관 우위의 중앙집권 전통의 극복

우리나라는 지방자치가 실시된 지 약 30여 년에 이르지만, 여전히 중앙 우위의 통치 또는 중앙집권의 전통이 정치－행정 측면에서 다양하게 관찰된다. 우선, 지방정치는 중앙정치에 예속되어 있다는 비판을 면치 못하고 있다. 지방정치를 종속시키는 정당구조와 선거제도, 다시 말해 일당 독점의 지역주의 구도와 이로 인한 일당 독점의 지역주의 정치문화로 인해 지방정치인들은 중앙정치에 눈치를 보고 예속되는 경향이 높게 나타난다. 행정의 측면에서도 정책의 주요한 결정 및 계획이 중앙정부에서 이뤄지고, 지방은 집행 및 관리 수준에 머무는 경우가 많다. 지방의 살림을 꾸려가는 재정의 분권은 지방자치를 구현하는 데 핵심적 요소로 평가받는데, 이러한 재정 수준이 '2할 자치'라고 불릴 정도로 지방의 재정자율성이 낮은 상황이다. 또한, 이전의 일부 정권에서 정치－행정시설의 이전을 통해 중앙권력의 탈서울을 추진하기도 했으나 현재는 행정복합도시인 세종특별자치시의 건설을 통해 일부 중앙부처의 이전이 진행된 정도이다.

제2절   우리나라 지방행정(자치)구조

국가와 지방의 행정체계는 단방제 또는 연방제를 채택하느냐에 따라 달리 나타난다. 연방제를 채택하고 있는 국가의 행정체계는 연방정부와 주정부를 골격으로 하여 주정부의 하부에 지방정부를 두게 된다. 연방제의 대표적인 국가로 미국과 독일을 들 수 있다. 미국의 경우 주정부 아래에는 카운티, 시, 타운의 체제를 가진다. 카운티는 주의 하부 행정기관으로서 역할을 하고 실질적인 지방자치는 시나 타운의 단위에서 실시된다. 반면 독일의 경우 행정체제는 주−크라이스−게마인데로 조직되며 크라이스는 주의 하위 행정기관이면서 주정부와 게마인데를 연결하는 지방자치단체로서 지위를 가진다. 크라이스와 게마인데는 각각 독립적인 법적 지위를 가지고 권한과 사무를 행사한다. 하지만 크라이스는 우리나라의 광역지방자치단체와 달리 게마인데의 상급기관으로 감독과 지휘권을 행사하기보다는 게마인데가 수행하기 어려운 사무와 기능을 보완하는 지위와 역할을 하는 것으로 평가받는다. 반면에, 프랑스와 같은 단방제 국가는 통상 중앙정부가 국가로 지칭되며 중앙의 결정에 의해 지방정부가 지정되거나 소멸하게 된다. 중앙정부 우위의 중앙집권의 전통이 강하게 나타나는 것이다. 지방자치와 분권제도의 도입 및 확대로 지방자치단체는 단층 또는 중층으로 설치되고, 중앙과 지방의 권한과 재원의 배분이 중앙의 결정에 의해 크게 영향을 받는다.

우리나라는 단방제국가로 오랫동안 강력한 중앙집권의 전통을 유지해 왔다. 국가와 지방의 행정체계는 중앙정부−광역지방자치단체−기초지방자치단체로 구성된다. 광역지방자치단체와 기초자치단체는 지방자치단체로서 2계층의 중층제의 골간을 유지하면서 예외적으로 단층제도 두고 있다.[6] 즉, 제주특별자치도와 세종특별자치시는 광역지방자치단체의 지위를 가지지만, 단층제로서 기초지방자치단체를 설치하지 않고 있다. 광역과 기초지방자치단체는 각각 법인격을 가지며 독립된 법적

---

6) 이와 같은 자치계층에 더하여 행정상의 목적으로 행정계층을 또한 두고 있다. 관련한 상세한 논의는 제7장 지방행정체제에서 참조.

지위를 가지지만, 일반적으로 우리나라의 광역지방자치단체는 기초지방자치단체의 상급기관으로 지휘-감독권을 가지고 더 많은 사무권도 허용되고 있다. 또한, 광역과 기초지방자치단체는 주민에 의해 선출되는 단체장 중심의 집행부와 지방의원으로 구성되는 의결기관인 지방의회가 설치되어 있다. 다음 장에 구체적으로 진행될 지방자치와 분권에 대한 논의는 기본적으로 이와 같은 국가와 지방의 행정체제의 이해로부터 출발한다.

우리나라의 광역지방자치단체로는 1특별시, 6광역시, 7도, 2특별자치도, 1특별자치시로서 총 17개가 있다.[7] 기초지방자치단체로는 74시, 83군, 69자치구가 설치되었다. 우리나라 지방자치단체의 유형과 계층을 표로 제시하면 다음과 같다.

그림 1-1 우리나라의 자치계층구조

출처: 행정자치부(2015a: 178). 발췌 및 보완.

우리나라에서는 1990년대 지방자치제의 재개 이후 중층제와 단층제 등의 자치계층의 다각화와 행정구역의 통합을 통해 지역의 특성 및 환경변화에 부합하는 지방행정체제개편을 위해 노력해 왔다.[8] 오늘날 전 세계적으로도 산업화 및 도시화의

---

7) '강원특별자치도 설치 등에 관한 특별법'이 2022년 6월에 제정되고, 2023년 6월에 시행되면서 특별자치도는 기존 제주특별자치도에 이어 강원특별자치도로 두 개가 되었다. 더불어, 2022년 12월 기준 전라북도를 '전북특별자치도'로 변경하는 '전북특별자치도 설치 등에 관한 특별법' 제정안이 국회의 행정안전위원회 법안심사를 통과하여 진행 중이다. 경기도와 충청북도 등도 특별자치도를 추진하면서 다른 지자체에도 확산되는 추세이다. 관련하여, 특별자치도의 취지와 난립에 대한 논란도 지속되고 있다.

8) 상세한 논의는 7장 지방행정체제에서 진행한다.

가속화에 따라 지방행정구역 및 계층의 개편에 대한 논의가 활발하다. 이러한 지방
행정체제개편은 '주민 삶의 질 향상'이라는 행정의 본질이자 근본적인 목표를 달성
하기 위한 시대적−환경적 변화에 대한 대응이다. 하지만 이 또한 지방자치의 본질
과 가치를 훼손하지 않는 범위 내에서 주민의 의지를 반영한 접근이어야 할 것이다.

제3절 책의 구성과 간략 소개

이 책은 총 4개의 편과 15개의 장으로 구성된다. 구체적으로 제1편은 지방자치
의 개관으로 지방 및 자치의 기초 및 역사를 다룬다. 제2편은 지방자치단체기관과
지방행정체제로 지방의회, 지방자치단체장과 집행기관, 지방선거 및 지방행정체제
를 포함한다. 제3편은 정부간관계로 모형 및 기능배분, 자체−의존재원, 지방자치단
체 간 관계를 논의한다. 제4편은 주민참여의 이론과 실제, 지역공동체, 지역문화로
구성된다. 이하에서는 각 장의 핵심 내용을 간략하게 소개한 후 책의 구성을 논의
한다.

제1편 지방자치의 개관

제1편은 지방자치를 이해하는 첫걸음으로 지방자치의 기초와 본질을 다룬다.
앞서 논의했듯이 지방자치가 구현되는 물리적 공간으로서 지방의 개념과 중요성,
우리나라 지방행정구조 등을 1장에서 간략하게 소개하였다. 지방의 이해를 바탕으
로 2장은 지방자치의 기초와 의의를, 3장은 지방자치의 역사를 다룬다. 지방자치는
시대적 변화에 따른 중요성에도 불구하고 일반 국민과 중앙 정치인들에게 인식되고
구현되는 데 어려움이 따르고 있다. 지방자치제도의 구체적인 실제에 접근하기에
앞서 지방자치의 의미 및 변천 그리고 관련 주요 개념을 다각적으로 고찰할 것이다.
구체적으로 각 장별 핵심 내용을 정리하면 다음과 같다.

제1장은 앞서 살펴보았듯이 지방자치의 본격적인 논의에 앞서 지방자치론의 관점에서 지방은 무엇이고 왜 지방인가를 논의하였다. 지방자치라는 개념에 사용되는 지방은 우리가 일반적으로 생각하는 서울(또는 수도권)에 대비되는 개념이 아니다. 여기서 지방이라는 개념은 국가 또는 중앙정부에 대비하여 국가의 통치 또는 중앙정부의 지배가 아닌 지방정부(지방자치단체)에 의한 통치를 지칭하는 의미로 사용된다. 따라서 지방자치의 논의에서 사용되는 지방에는 서울도 포함된다. 서울특별시도 지방자치단체로서 서울이라는 지방의 지리적 명칭이 되는 것이다. 그럼 왜 지방인가? 또는 왜 중앙(정부)이 아닌 지방(정부)인가? 이 질문은 서울에 대비한 개념인가? 중앙정부에 대비한 개념인가? 지방 논의의 중요성(필요성)을 통해 행정의 영역에서 왜 지방에 대한 관심이 증대하고 지방의 가치를 논의해야 하는 이유를 살펴보았다. 다음으로 우리나라의 지방을 이해하기 위한 중앙과 지방의 행정계층을 간략하게 논의한 후 중앙에 대비한 지방으로 광역과 기초지방자치단체의 위치와 주요 개념들을 살펴보았다.

제2장은 지방자치의 개괄로서 지방자치와 관련한 기초적인 개념들과 맥락을 고찰한다. 세부적으로 지방자치의 개념과 목적, 유형(단체자치와 주민자치), 구성요소, 효용과 한계 등을 다룬다. 지방자치라는 개념에 대해 학자들과 국제기구는 표현상의 차이를 보이지만, 대체로 지방자치를 '일정한 공간(지역) 내 주민들이, 지방자치단체를 구성하여, 국가(중앙정부)의 일정한 감독 및 제약 하에, 지역 내 공공문제나 공공사무를, 주민들의 자율적인 의사와 책임 하에 처리하는 것'으로 접근하고 있다. 이를 바탕으로 지방자치 구성요소로 주민, 구역(지역), 지방자치단체, 자치권을 논의한다. 또한, 지방자치가 무엇인가라는 질문과 더불어 가장 빈번하게 제기되는 질문은 '왜 지방자치인가'일 것이다. 지방자치라는 통치체제는 중앙집권과 같이 절대적인 가치를 지니는 것은 아니다. 지방자치의 효용이 국가적 특수성과 시대적 상황에 따라 상이할 수 있음이다. 이러한 지방자치의 양면성에 대한 통합적 분석과 이해를 통해 지방자치의 현실적 효용을 보다 적실하게 평가할 수 있다.

제3장은 우리나라에 앞서 지방자치와 분권을 경험해 온 주요 국가들의 지방자

치의 역사와 변천을 간략하게 살펴본 후 대한민국의 정부 수립 이후 최근까지 진행된 우리나라 지방자치와 분권의 역사를 시대별‒정권별로 논의한다. 우선, 지방자치와 관련한 기존 연구들에서 대표적으로 소개되는 주요 국가들인 영국, 프랑스, 미국, 독일, 일본의 경험을 통해서 주민자치와 단체자치의 전통이 시대적 요구와 문제를 반영하여 끊임없이 진화하고 있고, 중앙집권화 및 지방분권화의 흐름이 혼합되어 나타나고 있음을 고찰한다. 이러한 지방자치 및 분권의 경향은 지방행정역량 및 지방경쟁력의 강화, 주민참여 증대 및 민주성의 확대, 지역별 재정격차 완화와 재정부담의 해소 등의 시대적 요구에 부응하는 중앙과 지방의 권한과 역할의 재조정을 반영한다. 우리나라는 대한민국 정부의 수립 이후 초대 이승만 정권 하에 제정된 지방자치법으로 지방자치의 틀과 기초가 마련되는 계기가 되었지만 이후 실시된 지방선거는 정권의 재창출이라는 정치적 목적을 달성하는 수단으로 연기되거나 악용되었다. 4·19혁명으로 잠깐 활성화되었지만 곧 이은 군사정변으로 약 30년간 지방자치제가 실질적으로 중단되었다. 1980년대 지속된 민주화의 흐름 속에 1990년대 어렵게 지방자치제도가 부활되어 오늘에 이르고 있다. 지방자치제도가 실시된 지 약 30여 년에 이르지만 여전히 중앙과 지방의 권한 및 기능의 배분, 지방재정권한의 확대, 주민참여의 보장 및 활성화 등이 반복되는 과제로 남아 있는 실정이다.

제2편 지방자치단체기관, 지방선거 및 지방행정체제

제2편은 지방자치와 관련한 제도로서 지방자치단체의 기관(집행기관과 의결기관), 지방선거와 지방정치, 지방행정체제를 다룬다. 지방자치단체와 관련한 기관으로 4장은 주민의 대표기관이자 의결기관인 지방의회를, 5장은 지방자치단체장과 집행기관을 각각 논의한다. 지방이 스스로 책임 하에 다스리기 위해서는 공식적 주체인 지방자치단체의 집행부와 의결기관의 권한, 기관구성, 위상과 역할에 대한 이해가 중요하다. 6장은 이러한 지방자치단체장과 지방의회 의원을 선출하는 지방선거제도와 지방정치를 다루고 7장은 지방행정체제를 논의한다. 각 장의 핵심적인 내용은 다음과 같다.

　　제4장은 지방자치단체의 기관구성, 지방의회의 지위·권한·의무, 그리고 조직과 운영을 다룬다. 지방자치단체의 기관구성은 집행기관과 의결기관의 구성과 관계를 다루는 것으로 크게 기관분립형, 기관통합형, 절충형 등의 기관 형태로 구분된다. 기관구성은 단방제 또는 연방제의 국가 형태에 따라 다양하게 진화해 오고 있다. 우리나라는 기관분립형을 골격으로 다양한 기관구성을 주민투표에 의해 선택할 수 있도록 2022년 지방자치법의 전부개정을 통해 문호를 열어두고 있다. 지방의회는 주민의 대표기관으로서 지방 차원에서 최고의 의사결정기구로서 위치한다. 주민에 의해 선출된 최고 의사결정기관으로서 지방의회는 지방 차원의 법률이라고 할 수 있는 조례를 제·개정하고 예산안 심의 및 결산 승인 등 주요한 의사결정의 역할을 담당한다. 또한, 집행기관을 감시·통제하는 행정사무의 감사 및 조사권을 가진다. 우리나라의 지방의회는 기관분립형의 상호 견제와 균형의 원리를 채택하고 있지만 지방자치단체장 우위의 강시장－약의회의 구조 하에서 현실에서는 여러 가지 난관에 부딪히고 있다. 관련하여 지방의회의 전문성 강화와 권한 확대에 대한 다양한 제도적 변화가 진행 중이다. 끝으로, 어떤 기관 형태가 최선인지에 대한 정답은 없다. 지방자치와 분권의 가치와 제도 하에 주민 삶의 질을 극대화하기 위하여 주민참여를 확대하고, 민의를 충실히 반영하며(민주성), 자치행정의 효율적 수행을 위한 지방정부기관의 구성이 바람직하다.

　　제5장은 지방자치단체를 구성하며 실질적인 지방행정서비스를 집행하는 지방자치단체장과 집행기관을 다룬다. 1990년대 지방자치가 부활하면서 지방행정의 주요한 변화 중 하나는 중앙에 의해 임명되던 관선 지방자치단체장을 주민이 직접 선출하는 것이었다. 지방자치단체장은 주민의 의사와 이해를 직접적으로 반영한 지방정책과 행정의 실질적인 책임을 맡아 지방공무원과 집행기관을 감독·관리하는 중요한 역할을 담당한다. 지방자치단체장의 비전과 역량이 주민들의 삶의 질과 지역발전에 어느 때보다 더 큰 영향을 미치게 된 것이다. 이러한 배경 하에 지방자치단체장의 지위와 권한, 그리고 역할을 세부적으로 살펴본다. 또한, 지방자치단체장을 정점으로 지방정책과 행정서비스를 지근거리의 현장에서 집행하는 역할을 맡은 집

행조직 및 지방공무원과 관련한 제도를 논의한다. 정치적으로 선출된 지방자치단체 장과 단체장의 지도·감독·관리 하에 지방행정을 담당하는 지방공무원의 민주성, 효율성, 투명성, 전문성 등의 가치는 지방자치제의 실시 이후 중요성이 증대하고 있다.

제6장은 지방정치를 주민들의 일상 속 생활정치로 접근하고 현행 지방선거제도의 실제를 논의한다. 지방을 변화시키기 위해서는 지방권력의 교체가 활발히 일어나야 한다. 지금까지 지방자치 및 분권의 논의는 많은 부분을 중앙과 지방의 관계에 초점을 두었다. 중앙에서 지방으로 사무이양과 재정권의 확대와 더불어 주민참여와 행정체제개편, 단체장과 의회의 관계를 규정하는 기관 형태가 논의되었다. 하지만 상대적으로 낮은 관심을 받은 것이 지방권력의 교체와 지방정치의 활성화이다. 이러한 배경 하에 '누가 지방을 통치하는가'라는 지방권력구조 및 지방정치에 관한 이론을 간략히 살펴본 후 선거제도를 고찰한다. 우리나라 지방정치의 맥락에서 특정 지역 내 일당독주체제의 문제뿐만 아니라 지방의 토호와 유지들의 지방권력의 독점으로 인한 폐해가 널리 지적되어 왔지만 제도적 개선은 미흡했다. 일당 권력 집중화의 문제는 권력의 사유화로 이어지고 지방 내 건전한 토론의 장 및 균형 있는 정책형성을 막았다. 시민이 선거를 통해 대표자를 선택한다고 하지만 지방 내 젊은 인재의 유입과 양성을 막는 현행 선거 및 정치·행정시스템도 그 책임으로부터 자유로울 수 없다. 진정한 의미의 지방자치 구현을 위해서는 지방정치, 특히 생활정치가 더욱 활성화되고, 이를 위해 지방선거제도의 개편을 통한 제도적 개혁이 뒷받침되어야 할 것이다.

제7장은 지방행정체제 중 행정구역과 계층을 중심으로 다룬다. 국가 내 행정서비스의 원활한 수행과 제공을 위해 각국은 중앙정부 체제와 분리하여 지방행정체제를 구성하고 있다. 지방행정체제는 오늘날 지방의 인구변화, 경쟁력 강화, 행정의 효율성 및 민주성의 제고 등의 요구와 밀접하게 연관되어 논의된다. 일례로 지방의 인구가 감소하는 지역에서는 기본적인 행정서비스 제공의 비용이 상승하고 지방경쟁력이 저하되는 상황에서 행정구역의 개편 또는 조정의 논의가 대두되고 있다. 하지만 지방행정체제는 그 나라의 정치－경제－사회－문화적 전통을 반영하는 경로

의존성으로 인해 개편과 관련하여 지방정치인과 주민들로부터 강력한 저항에 부딪힌다. 이러한 배경 하에 지방행정체제의 논의를 지방의 자치권이 미치는 물리적 공간으로서의 행정구역과 행정기능의 원활한 배분과 실행을 위해 설치한 수직적 계층의 성격을 가지는 계층구조를 중점적으로 다룬다. 이외에도 지방행정체제 논의의 범주는 지방자치(예, 읍면동 주민자치), 기능배분, 특별지방정부, 기관구성 등 다양한 영역을 포함하고 있기도 하다.

제3편 정부간관계

제3편은 중앙과 지방자치단체 간의 관계와 지방자치단체 상호 간의 관계를 다룬다. 한국과 같이 중앙집권의 전통이 오래된 국가에서 정부간관계는 지방자치와 지방의 역할을 이해하는 중요한 맥락이자 가장 지대한 영향을 미치는 외부 변수 중 하나이다. 중앙집권이 강할수록 중앙의 권한-기능-재정의 배분을 통한 지방과의 권한 공유 및 확대는 지속적 관심의 대상이다. 이러한 지방분권은 또한 한 국가의 발전 측면에서도 다양하게 논의된다. 세계화-도시화가 가속되는 가운데 중앙정부의 권한과 역할의 재정립이 요구되는 시점이다. 지방분권은 단순히 행정의 효율성 측면이 아닌 주권자로서 주민들의 위상을 재정립하는 중요한 주춧돌이다. 이러한 배경 하에 8장은 정부간관계의 개념, 중요성, 모형 등과 관련한 이론적 논의 후 우리나라의 맥락에서 중앙과 지방의 기능 및 사무의 배분, 중앙의 지도-감독, 지방의 국정참여 등을 다룬다. 다음으로는 지방자치 및 정부간관계에서 가장 큰 쟁점사항으로 다뤄지는 재정관계 또는 재정적 권한의 배분을 9장과 10장에서 자체재원과 의존재원으로 각각 구분하여 다룬다. 이와 같이 중앙과 지방의 수직적 정부간관계를 논의한 후 11장은 지방자치단체 상호 간 관계를 살펴본다. 각 장의 핵심적인 내용은 다음과 같다.

제8장은 정부간관계의 개념 및 중요성을 고찰하고 이론적 모형을 다각도로 살펴본 후 우리나라의 측면에서 정부간관계를 권한과 기능-사무의 배분, 중앙의 지

도 및 감독, 그리고 지방의 국정참여 및 협의를 중심으로 다룬다. 정부간관계는 여전히 개념적 정의와 범위가 모호한 측면이 있지만 한 국가 내의 중앙과 지방정부 간의 관계 및 지방정부와 지방정부 간의 관계를 일반적으로 포함한다. 공공목적 달성 및 공공문제 해결을 위한 정부간관계, 즉 권한－기능－재원의 적절한 조정과 분배 관심이 증대하고 있다. 특히, 우리나라에서는 중앙에 집중된 권한－기능－재원을 지방과 공유하거나 지방에 이전하는 논의가 주축이 되었다. 중앙집권의 오랜 전통 하에서 지방자치의 실시는 지방정부의 위상과 역할을 재정립하는 계기가 되고 있다. 즉, 지방정부가 단순히 중앙정부의 지방 단위 집행기관이 아닌 어느 정도 독자적인 권한과 재원의 운용을 통해 지방의 특색에 맞는 행정을 펼칠 것을 요구받고 있다. 더불어 지방간 차이와 다양성을 존중하면서도 국가 차원의 일관적이며 통일성 있는 행정서비스 제공을 위한 중앙과 지방정부 간의 유기적인 관계를 다루는 정부간거버넌스의 논의도 활발하다. 결국 정부간관계의 논의는 중앙과 지방정부의 권한－역할 등 올바른 관계의 재정립을 통해 행정과 정책이 주민의 삶과 복리에 기여하는 측면을 다룬다. 세부적으로 우리나라의 정부간관계를 중앙과 지방의 사무 및 기능배분, 즉 국가사무와 지방사무를 통해 중앙정부가 결정－집행하는 사무 및 기능의 범위를 다룬다. 사무 및 기능배분에 더하여 중앙 및 상급 정부는 지도－감독을 통해 광범위하게 하위 지방정부를 통제 및 관리하고 있다. 우리나라에서는 지방자치의 실시에도 여전히 다양한 형태의 지도－감독이 잔존하고 있다. 한편, 지방자치단체는 중앙으로부터 '지도 및 감독'의 대상이 되기도 하지만 국정과정에 참여하거나 정부 간 협의를 통해 정부 간 이해관계를 조율하거나 조정하기도 한다. 요약하면 중앙 및 상급 정부의 통제 및 관리의 기능은 중앙집권의 전통이 여전히 지방에 광범위하게 영향을 미치고 있음을 보여주며, 현실에서 드러나는 지방자치단체의 국정참여의 실상은 여전히 제한적이고 형식적임을 제도적－실증적으로 뒷받침한다.

　　제9장은 중앙과 지방의 재정관계 중 지방이 자체적으로 거둬들이는 자체재원을 중심으로 다룬다. 자체재원은 지방재정의 자율성이 보장되지만 여전히 조세법률주의와 다양한 제도적 제약으로 인해 지방의 특색과 요구를 반영한 재원의 확보에

한계가 있어 왔다. 지방자치가 실시되고서도 지방은 여전히 자체재원으로 지방의 살림을 꾸리기 힘든 상황이다. 또한, 지방자치단체들 간 재정격차 또는 재정 불균형도 지속되고 있다. 역대 정부들은 이를 시정하기 위한 노력을 기울였지만 지방재정은 크게 개선되지 않았고, 재정분권은 늘 최우선 과제로 논의되고 있다. 지방의 재정 자율성이 확대되어야 한다는 지방자치단체와 재정의 낭비를 지속적으로 비판하며 권한 이양에 미온적인 중앙정부 간 재정분권에 관한 해묵은 논쟁은 반복되고 있다. 재정분권의 논쟁에는 지방재정의 적정규모, 중앙에 대한 의존성 증대와 자율성 감소, 재정의 방만한 운영 등 책임성 미흡, 지방자치단체 간 재정 불균형의 심각, 지방의 자주적 재정 확충 방안 모색 등이 반복적으로 등장하지만 열악한 지방재정은 여전히 개선되지 못하고 있다. 결국 핵심은 지방재정운영의 자율성 확보와 책임성(건전성) 강화라는 두 마리의 토끼를 어떻게 균형 있게 잡느냐에 달려 있다.

제10장은 지방재정조정제도를 통해 이뤄지는 이전재원(의존재원)의 유형 및 성격 그리고 실태를 논의한다. 지방자치제의 실시 이후 역대 정부는 중앙과 지방의 수직적 재정 불균형과 지방 간 수평적 재정 불균형의 개선을 위해 다양한 노력을 추진해 왔다. 이러한 노력의 중심에는 재정력이 높은 중앙정부가 지방으로의 이전재원을 통해 재정격차를 완화하고 부족한 재원을 충당하는 지방재정조정제도가 위치한다. 지방자치단체는 이전재원에 대한 높은 의존도가 지방자치의 정신을 훼손시키며 지방의 자율적－창의적 정책혁신이나 사업 추진에 한계로 작용한다고 지속적인 개선을 요구하고 있다. 역대 정권별로 의존재원의 합리적인 조정을 위한 노력을 기울였지만 여전히 수치로 드러나는 의존재원의 비율은 높게 나타나고 있음을 보여준다.

제11장은 지방자치단체 상호 간의 관계를 협력과 갈등의 측면을 중심으로 다룬다. 행정수요의 다양화와 재정부담 증대 등으로 지방자치단체 단독의 사무처리 및 서비스 제공보다는 타지방자치단체와의 협력에 대한 수요와 중요성이 증대하는 추세이다. 즉, 지방자치단체의 목적 달성 및 지방자치단체 간 문제해결에 있어 광역행정을 통한 처리 논의가 활발하다. 광역행정의 요구와 중요성이 증대함에도 단순히 협력만 일어나는 것이 아닌 갈등과 분쟁도 다양하게 일어나고 있다. 관련하여 우선

지방정부 간 협력을 다룬다. 협력의 이점은 다양하지만 핵심은 효율적으로 질 좋은 서비스를 제공하는 데 있다. 하나의 지방자치단체가 제공하기 힘든 서비스를 이웃 지자체와 협력을 통해 낮은 비용으로 질 좋은 서비스를 제공할 수 있다. 하지만 지역의 한정된 자원과 역량 하에서 주민의 지방행정 수요의 증가와 지역발전의 욕구 등은 때로는 지역 간 갈등과 분쟁으로 이어지기도 한다. 특히, 비선호시설뿐만 아니라 선호시설의 입지와 관련하여 지역이기주의는 다양한 형태의 갈등을 초래하고 있다. 오늘날 지방정부 간 관계에서 갈등과 분쟁이 발생하지 않기를 바라는 것이 아닌 갈등과 분쟁의 합리적 해결방법을 고민하고 능동적으로 대처하는 것이 지방정부 간 관계의 주요 측면이라 할 것이다.

제4편 주민참여, 공동체 및 지역문화

제4편은 지방자치의 근간이라고 할 수 있는 주민참여, 공동체, 지역문화를 다룬다. 주민자치는 지방자치의 근본적인 측면이다. 주민이 주권자로서 지방을 대표하는 단체장과 지방의회 의원을 선출하고, 그들에 대한 감시를 하며, 때로는 주민이 직접 참여하여 지방의 중요한 정책과 제도를 제안-결정한다. 주민자치는 점차 논의가 증대하고 있는 분야이지만, 우리나라의 맥락에서 드러나는 주민참여와 자치의 수준은 여전히 낮은 것으로 평가된다. 중앙과 지방 차원에서 분권과 자치 논의의 궁극적 목적은 주민이 주권자로서 실질적인 자리매김을 하는 데 있다. 관련하여 12장은 주민참여의 개념, 유형 등을 이론적인 측면에서 고찰하고, 13장은 우리나라에서 제도화되어 시행 중인 주민참여의 실제를 논의한다. 14장은 마을이나 동네 차원에서 주민이 관계를 맺고 참여의 장이 되는 지역공동체를 논의하고, 마지막으로 15장은 시대적 변화에 따라 관심과 중요성이 증대하고 있는 문화를 통한 행복 증진 및 지역발전의 맥락에서 지역문화를 다룬다. 각 장의 세부적인 내용을 소개하면 다음과 같다.

제12장은 주민참여의 의의, 유형, 영향요인, 제약 및 활성화 방안을 이론적인

측면에서 다룬다. 오늘날 인구의 대규모성, 지리적-물리적 한계, 사안의 복잡성과 시급성, 국가와 사회의 분화 등에 따라 대의민주주의제가 발달하게 되었다. 하지만, 대의민주주의 하에서 주민을 대표하여 선출된 정치인들은 주권자인 지역주민의 의사와 이해를 적실하게 담아내는 데 한계를 드러내고 있다. 주민참여는 대의민주주의의 한계를 보완하는 차원에서 논의가 활발하다. 주권재민의 민주주의 시스템에서 주민참여는 민주시민으로서의 의식이나 전통을 배양하고 확산하는 훈련의 장으로서 역할을 하며 지방의 존립과 지속가능한 발전에 있어 주민의 책임을 인식하고, 습득하는 장이기도 하다. 주민참여의 확대는 정부의 제도화와 실질적 참여의 기회 보장, 그리고 주민들의 인식 변화 및 능동적 참여가 관건이다. 또한, 주민참여는 정부관료제에 대한 패러다임적 전환을 의미한다. 정부의 입장에서는 기존 관료제의 내부적 문화에 주민들이라는 정책수요자 또는 정책수혜자의 참여라는 전환을 요한다. 단적으로 주민참여는 정부 또는 관료 또는 정치인의 주요 의사결정 권한의 공유 또는 축소를 초래하기도 한다. 기존 정부와 관료의 고유권한으로 관행화되었던 영역에 주민참여를 촉진하는 제도의 도입은 조직 내 저항에 직면하고 운용과정에서 형식적으로 흐를 수 있다. 제도의 변화만으로는 관료제의 관행을 바꾸기 힘든 측면이 있다. 일차적으로 주민참여를 촉진하는 제도의 설계가 중요하지만 단체장-의회와 지방공무원들의 의식변화도 수반되어야 한다. 현행 주민참여는 제도의 미비와 더불어 운영상에서 제도의 취지를 충분히 살리지 못하는 경우가 많다. 주민참여의 제도와 관료사회의 이해관계는 주민참여율 및 대표성과 함께 주민참여 논의에 근간이 된다. 더불어 주민들의 관심과 참여를 확대하기 위한 주민인식의 변화 및 다양한 교육 및 참여프로그램의 활성화가 필요하다.

　제13장은 주민참여의 이론적 논의(12장)를 바탕으로 우리나라의 맥락에서 주민참여제도 및 현실적 운용을 논의한다. 우리나라는 대의민주주의 한계를 보완하고 주민들의 실질적인 참여를 보장하기 위하여 지방자치제의 재개 이후 다양한 주민참여제도를 도입하였다. 앞서 이론적 논의에서 언급하였듯이 주민참여의 궁극적 목적은 주민이 지방정부의 정책과 운영에 그들의 선호와 이해를 실질적으로 반영하기

위한 영향력을 행사하는 것이다. 이러한 참여제도는 주민주권을 강화하기 위한 방안이지만 한편으로는 지방행정의 안정과 지속을 위해 발의 요건 및 절차 등을 엄격히 규정하기도 하였다. 오늘날 주민참여제도는 정보통신기술의 발전으로 그 방식과 운영에 있어 끊임없는 진화가 진행 중이다. 지방정부는 행정의 민주성 증대를 위해 참여의 혁신과 변화를 꾀하고 있다. 이 장에서는 현재 지방정부에서 실시 중인 주민참여제도 중 주민참여예산제도, 직접민주제도(주민발의, 주민투표, 주민소환), 공청회, 민원·청원제도, 위원회제도 등을 중심으로 다룬다.

제14장은 지역공동체의 개념과 중요성을 논의한 후 중앙-지방정부의 공동체 관련 제도와 지원을 살펴본다. 정보통신기술의 발전으로 물리적 공간을 뛰어넘는 다양한 가상공간을 통한 공동체 등이 운영되고 있지만, 이 장은 지방자치의 관점에서 공동체를 지역이라는 물리적 공간의 측면에 한정해서 논의한다. 지역공동체는 지역주민들로 구성된 집합체로서 오늘날 정부와 개별 주민의 중간 위치를 점하면서 정부와 개인이 해결하기 힘든 영역에서 다양한 공적 역할을 수행하고 있다. 가령, 한국의 맥락에서는 지방의 고령화와 저출산, 지방소멸, 지방쇠퇴 등은 중앙 및 지방자치단체 주도의 접근들이 한계를 드러내면서 지역공동체의 회복과 역할이 보완적 역할을 할 수 있음이 밝혀지고 있다. 먹고사는 문제, 고령층 등 돌봄의 문제, 청년의 일자리 문제, 주거환경 개선의 문제 등 지방이 직면하고 있는 현안에 대해 정부와 지방자치단체에만 전적으로 의존하는 것이 아닌 주민들의 집합체로서의 공동체적 접근과 역량의 가치가 새롭게 조명되고 있다. 이러한 공동체적 관계와 활동을 통해 주민들은 지역사회의 주체로서 공공의 문제를 위해 참여하고 책임을 지는 지방자치의 본질적 가치를 실천하게 된다. 사회가 파편화-단절화될수록 지역공동체적 접근은 지방자치에서 더욱 중요한 위치를 점하게 될 것이다. 이러한 공동체의 형성 및 발전은 개별 주민들의 이해와 필요에 의존하기도 하지만, 중앙-지방자치단체도 공동체의 형성 및 활성화를 위해 다양한 제도적·정책적 지원 및 사업을 펼치기도 한다.

제15장은 지역문화의 개념과 중요성, 그리고 관련 정책 및 제도를 고찰한다. 지역문화는 오늘날 주민의 행복을 증진시키고, 지역의 브랜드나 가치를 높이며, 사

회발전을 견인하는 매개체로 그 가치와 의미가 강조되고 있다. Jacobs(1992), Florida(2005), Landry(2012) 등 도시 및 지역발전 분야 연구자 및 학자들은 지역의 창의성과 혁신의 동력이자 지속가능한 성장의 원천으로 문화의 중요성을 널리 강조해왔다. 우리나라도 지방자치가 본격적으로 실시된 이후 지역문화에 대한 제도적—정책적 노력을 통해 문화에 기반한 사회적 가치 구현과 지역발전을 위해 지속적 노력을 기울이고 있다. 지역 내 문화활동을 통해 주민들은 지역사회의 문제해결에 대한 관심과 참여가 증대하고, 지방자치의 활성화에 기여할 수 있다. 즉, 지역 내 문화적 가치의 실현과 확대는 지역의 특성을 반영한 지방자치의 구현에 밀접하게 연관된다. 관련하여 이 장은 지역사회발전과 지속가능을 위한 공공재로서 문화를 간략하게 살펴본 후 지역문화의 개념과 중요성을 논의한다. 또한, 지역문화의 진흥을 위한 관련 제도의 고찰 및 지방자치 측면에서 중요한 의의를 가지는 생활문화와 생활문화공동체를 논의한다.

이상의 논의를 도식화하면 다음과 같다.

그림 1-2 책의 구성

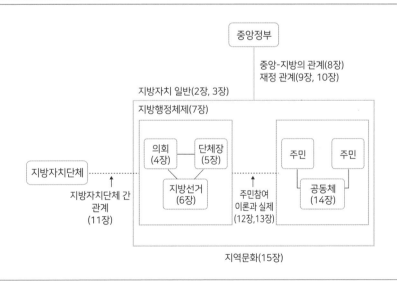

CHAPTER 02

지방자치의 기초와 맥락

　　이 장은 앞서 논의한 지방에 대한 기초적인 이해를 바탕으로 지방자치의 개념과 이론적 맥락을 확대하여 고찰한다. 세부적으로 지방자치의 개념, 목적, 구성요소, 유형(단체자치와 주민자치), 효용과 한계를 차례대로 다룬다. 지방자치의 개념은 학자별, 국가별로 상이하게 발전되었지만, 어느 정도 공통요소를 내포하고 있다. 즉, 지방자치를 구성하는 기본 요소인 주민, 구역(지역), 지방자치단체, 자치권 등을 필수적으로 내포하고 있으며, 이러한 요소들은 지방자치를 정의하고 이해하는 중요한 키워드로서 역할을 한다. 또한, 지방자치는 각국마다 다양한 모습으로 나타난다. 지방자치의 형태로 일반적으로 언급되는 것은 단체자치와 주민자치이다. 오늘날 단체자치와 주민자치의 구분은 점점 모호해지고 있으나 지방자치를 이해하는 단서로서 논의의 가치가 있다. 이상의 배경 하에 지방자치제가 지니는 효용과 한계가 국가적 특수성과 시대적 상황에 따라 상이할 수 있음을 논의한다. 즉, 지방자치라는 통치체제가 중앙집권과 같이 절대적인 가치를 지니는 것이 아니라고 보았을 때, 지방자치의 양면성에 대한 종합적 분석과 이해는 지방자치의 현실적 효용을 보다 적실하게 조망할 수 있도록 한다.

지방자치의 의의

1. 지방자치 및 관련 개념

1) 지방자치의 개념

지방자치를 논함에 있어 지방은 앞 장에서도 논의했듯이 단순히 지리적 위치 또는 '한 방면의 땅'이라는 물리적 공간 이상의 의미를 지닌다. 중앙집권과 대비되는 지방자치라는 용어에서 말하는 지방은 자치권이 행사되는 지리적 공간이다. 중앙 차원의 행정부·입법부·사법부는 한 국가 내 권력의 중심을 차지하며 중앙집권이라는 정치체제를 유지하려는 경향이 높은 반면, 지방자치는 주민들의 대표로 구성된 지방자치단체를 통해 지방의 실정을 고려한 주민 또는 지방자치단체에 의한 통치를 의도한다. 이러한 측면에서 지방은 사람들이 일상생활을 영위하는 물리적 공간이자, 중앙정부에 대비되는 지방자치단체를 설치하여 지방자치와 행정이 일어나는 구역이다.

한편, 자치의 개념은 일반적으로 '자신의 일과 운명을 스스로가 주인이 되어 책임지고 처리하는 것'으로 자율과 책임을 동시에 내포한다. 지방자치의 논의 시 '자치'는 지방 내 주민 또는 주민이 선출한 대표자로 구성된 지방정부의 권한과 책임하에 지방의 일과 운명을 '스스로 다스리는 것'이다. 국가 전체의 통일성과 획일성에 근거한 중앙의 통치가 아닌 생활 속 지근거리에서 주민들의 의사를 반영하여 스스로 자율과 책임 하에 자신의 문제를 해결하는 것이다. 다만, 자치의 개념은 오늘날 주민을 포함한 지방자치단체가 상위법에서 허용된 범위 내에서 행사하는 것으로 보는 게 일반적이다.

이상의 지방과 자치개념의 개별적 접근 하에 지방자치의 개념은 국가별 및 학자별로 다양하게 정의되고 있다. 국가적 상황 및 학자의 관점에 따라 다양하게 접근되지만 일정 부분 공통점을 가지며 뉘앙스의 차이만 있을 뿐 몇 가지 기본적인 요소들을 내포하고 있다. 지방자치의 개념에 빈번하게 등장하는 요소들은 일정한 구역

(지역), 주민 또는 지방자치단체, 중앙의 상위법률과의 관계, 지역의 공공문제나 사무, 자율과 책임, 주민복리 등이다. 다음에서 살펴보는 바와 같이 표현상 차이에도 불구하고 기본적인 요소나 본질은 대동소이하다고 할 수 있다. 일부 국내외 학자들과 국제단체에서 제시되고 있는 지방자치의 개념을 간략하게 소개하기로 한다.

정세욱(2001: 5)은 지방자치를 "일정한 지역을 기초로 하는 단체가 그 지역 내의 사무를 자주재원을 가지고 당해 지방 주민의 의사와 책임 하에 자주적으로 처리하는 과정"으로 정의하고 있다. 김병준(2019: 3)은 지방자치를 "특정 지역으로서의 지방이 또는 그 지방에 사는 사람들이 스스로 다스림"으로 보았다. 최창호·강형기(2016: 44)는 지방자치를 "일정한 지역의 주민이 지방자치단체를 구성하여, 국가와의 협력 아래, 그 지역의 공동문제를, 자기 부담에 의하여, 스스로(또는 그 대표자를 통하여) 처리함으로써, 주민복리와 국가발전에 기여하는 것"으로 정의하였다. 이달곤 외(2012: 5)는 지방자치를 "일정한 지역을 중심으로 지역주민이 직접 또는 지방정부를 구성하여 법률의 범위 안에서 중앙정부와의 관계 속에서 지역의 문제를 자기 책임 하에 처리하는 것"으로 개념화하였다. 임승빈(2018: 3)은 "일정한 지역공동체의 주민이 자치단체에 참여하여 지역의 공동사무를 자기 책임 하에 스스로 또는 대표자를 통하여 처리하는 정치분권화제도"로 접근하였다.

국제기구에서도 지방자치를 규정하고 있는데 대표적으로 유럽평의회(Council of Europe)에서 제정한 '유럽지방자치헌장'(European Charter of Local Self-Government)과 국제 지방정부연합(International Union of Local Authorities, IULA)의 '세계지방자치선언'(IULA World Wide Declaration of Local Self-Government)이 널리 언급된다.

유럽연합 소속 국가들로 구성된 유럽평의회는 1985년 10월 제정된 유럽지방자치헌장에서 지방자치의 의미와 행사 주체를 각각 규정하였다. 구체적으로 지방자치와 관련하여 "지방자치는 지방정부의 책임 하에 지역주민들의 이익에 부합하여(맞게) 법률의 범위 내에서 공공사무의 상당 부분을 규제하고 관리할 수 있는 지방정부의 권리와 능력을 의미"하는 것으로 규정하고 있다.[1]

---

1) 1편 제3조에 규정되어 있다. 영어 원문의 출처는 (Part I, Article 3-Concept of Local Self-Government)로서 1항은 지방자치의 개념을, 2항은 지방자치권의 실행 주체와 그들의 선출 방식(직

　　한편, 국제지방정부연합[2]은 1993년 캐나다 토론토 회의에서 채택한 '세계지방자치선언'에서 지방자치를 명시하고 있다. 지방자치원칙이라는 선언 하에 지방자치를 "지방정부의 책임 하에 지역주민들의 이익에 부합하여 공공사무를 규제하고 관리할 수 있는 지방정부의 권리와 의무"라고 명시하였다.[3]

　　이상에서 살펴본 바와 같이 국내 학자들과 국제기구는 지방자치의 개념과 관련하여 다소 차이를 보이지만 많은 부분에서 공통점을 보이고 있음을 알 수 있다. 지방자치를 이해함에 있어 지역주민, 지방정부의 권한과 의무, 주민들의 책임과 이익의 고려, 지방의 공공사무 및 목적, 법률의 제약 등을 기본적인 요소로 내포하여 강조점을 달리하여 개념화하고 있다.

　　국내 학자들과 국제기구의 정의를 간략하게 정리하면 〈표 2-1〉과 같다.

　　지방자치의 논의에 기반하여 이 장에서 지방자치란 '일정한 공간(지역) 내 주민들이, 지방자치단체를 구성하여, 국가(중앙정부)의 일정한 감독 및 제약 하에, 지역 내 공공문제나 공공사무를, 주민들의 자율적인 의사와 책임 하에 처리함'을 일컫는다. 지방자치의 맥락에서 지방은 앞서도 언급했듯이, 영토 내 '한 방면의 땅'으로서 중앙과의 관계에서 설정된다. 중앙-지방의 관계라는 표현에서 보듯이 중앙은 국가행정의 중추적 역할을 담당하는 차원에서 중앙정부에 해당하고, 반면 지방은 중앙행정

　　접, 보통, 평등, 비밀선거)을 규정하고 있으며, 법률에 규정된 직접참여나 투표 등에 영향을 미칠 수 없음을 규정하고 있다. 1항의 지방자치의 개념에 대한 원문은 다음과 같다. "Local self-government denotes the right and the ability of local authorities, within the limits of the law, to regulate and manage a substantial share of public affairs under their own responsibility and in the interests of the local population."(출처: https://rm.coe.int/168007a088)

2) 국제지방정부연합(International Union of Local Authorities, IULA)은 1913년 벨기에에서 국제적 지방자치단체 연합조직(당시 명칭: the Union Internationale des Villes)으로 설립되었다. 2004년 IULA는 당시 양대 지방자치단체 기구 중 하나였던 UTO(세계도시연맹)와 통합하여 세계지방연부연합(United Cities and Local Governments)이라는 새로운 기구로 탄생하였다(출처: https://www.uclg.org/en/centenary). UCLG는 UN 193개 회원국가 중 140개국 250,000여 개의 도시 및 지방자치단체가 가입해 있으며, 세계 도시 및 지방정부 간의 네트워크를 통해 민주적, 효과적, 혁신적 지방정부를 위한 우수사례의 공유와 지원을 확대하고 있다.

3) 세계지방자치선언(IULA World Wide Declaration of Local Self-Government) 제2조 제1항. 영어 원문의 출처는 Article 2: Concept of local self-government이다. 구체적인 원문 규정은 다음과 같다. "Local self-government denotes the right and the duty of local authorities to regulate and manage public affairs under their own responsibility and in the interests of the local population."(출처: www.bunken.nga.gr.jp/siryousitu/eturansitu/charter/iula_decl_txt.html)

| 표 2-1 | 지방자치의 개념 정리 |

학자 또는 기관	정의
정세욱 (2001: 5)	지방자치란 일정한 지역을 기초로 하는 단체가 그 지역 내의 사무를 자주재원을 가지고 당해 지방주민의 의사와 책임 하에 자주적으로 처리하는 과정
최창호·강형기 (2016: 44)	일정한 지역의 주민이 지방자치단체를 구성하여, 국가와의 협력 아래, 그 지역의 공동문제를, 자기 부담에 의하여, 스스로(또는 그 대표자를 통하여) 처리함으로써, 주민복리와 국가발전에 기여하는 것
최봉기 (2011: 3)	지방자치란 한 국가 내의 일정한 지역에서 이루어지는 정치행정을 그 지역사회 주민들의 자율의사에 따라 처리하도록 하는 것
임승빈 (2018: 3)	일정한 지역공동체의 주민이 자치단체에 참여하여 지역의 공동사무를 자기 책임 하에 스스로 또는 대표자를 통하여 처리하는 정치분권화제도
김병준 (2019: 3)	특정 지역으로서의 지방이, 또는 그 지방에 사는 사람들이 스스로 다스림
이달곤 외 (2012: 5)	일정한 지역을 중심으로 지역주민이 직접 또는 지방정부를 구성하여 법률의 범위 안에서 중앙정부와의 관계 속에서 지역의 문제를 자기 책임 하에 처리하는 것
Council of Europe (1985: 1편 제3조 제1항)	지방자치는 지역주민들의 책임과 이익에 부합하여(맞게) 법률의 범위 내에서 공공사무의 상당 부분을 규제하고 관리할 수 있는 지방정부의 권리와 능력
IULA (1993: 선언문 제2조 제1항)	지역주민들의 책임과 이익에 부합하여(맞게) 공공사무를 규제하고 관리할 수 있는 지방정부의 권리와 의무

이 실질적으로 집행되는 지리적－물리적 단위이다. 지방은 또한 일반 주민이 거주하는 지리적 공간이자, 중앙정부와 비교한 지방 단위의 정부가 소재하는 곳이다. 다음으로 자치는 주민을 포함한 지방자치단체가 상위법에서 허용된 범위 내에서 자치권을 행사함을 가리킨다. 지방은 본질적으로 주민이라는 인적 구성요소를 가진다. 지방 차원의 자치는 본질적으로 지방이라는 지리적 범위 내에 거주하는 주민들에 의한 통치를 의미한다. 대의민주주의 하에서 주민의 통치를 위해 지방주민의 대표들로 구성된 지방자치단체와 지방의회를 구성하기도 한다. 주민, 구역, 자치권, 지방자치단체는 지방자치 구성의 필수요소로서 뒤에서 상세히 논의하기로 한다.

현행 한국의 지방자치나 지방분권에 관한 법령에는 지방자치의 법적 정의가 명시적으로 제시되지 않았다. 다만, 지방자치제의 운용과 세부사항을 규정하는 지방자치법은 지방자치의 목적을 담고 있어 지방자치를 이해하는 단서를 제공한다. 지방자치법은 이 법의 목적으로 "지방자치단체의 종류와 조직 및 운영에 관한 사항을 정하고, 국가와 지방자치단체 사이의 기본적인 관계를 정함으로써 지방자치행정을 민주적이고 능률적으로 수행하고, 지방을 균형 있게 발전시키며, 대한민국을 민주적으로 발전시키려는 것을 목적으로 한다."라고 규정하였다.[4]

또한, 대한민국 헌법의 규정에 의하여 지방자치는 헌법으로 보장된다.[5] 지방자치와 분권에 관한 헌법적 보장의 강화는 지방자치단체 및 학계에서 지속적으로 논의된 이슈로서 비록 좌초되었지만 문재인 정부는 2018년 당시 헌법 개정을 통해 한국이 지방분권국가임을 천명하고 지방자치와 분권을 확대하는 내용을 담고자 하기도 하였다.

2) 관련 개념: 지방행정, 지방분권, 지방정치

지방자치의 개념과 관련하여 일반적으로 널리 혼용되는 지방행정, 지방분권, 지방정치의 개념을 살펴보기로 한다.

(1) 지방행정과 지방자치

지방행정은 '일정한 지리적 구역(지방)을 대상으로 한 행정'으로 중앙정부의 행정(중앙행정)과 대비되어 개념화된다. 국가 전체를 대상으로 하는 중앙행정과 달리 국가 내 일정한 물리적 – 지리적 공간에 한정된 지방을 대상으로 하는 속성을 가진다.

지방행정은 또한 지방행정기관에 의해 수행된다. 지방행정기관으로는 일반적으로 보통지방행정기관(대표적으로 지방자치단체)과 특별지방행정기관으로 대별된다. 보통지방행정기관은 통상 법인격을 가지며 주민생활 전반의 종합적인 행정기능을 담당한다. 반면, 특별지방행정기관은 중앙정부 부처의 지방 소재 일선기관으로서 특정 업무와 사무를 수행하기 위해서 설치된다. 즉, 특별지방행정기관은 국가(중앙정부)가

---

4) 지방자치법 제1조.
5) 헌법 제117조 ① 지방자치단체는 주민의 복리에 관한 사무를 처리하고 재산을 관리하며, 법령의 범위 안에서 자치에 관한 규정을 제정할 수 있다. ② 지방자치단체의 종류는 법률로 정한다.
  헌법 제118조 ① 지방자치단체에 의회를 둔다. ② 지방의회의 조직·권한·의원선거와 지방자치단체의 장의 선임방법 기타 지방자치단체의 조직과 운영에 관한 사항은 법률로 정한다.

처리해야 할 사무를 지방에 기관을 설치하여 직접 처리하는 방식이다. 이와 달리, 보통지방행정기관은 지방자치단체로서 지방 고유사무를 처리하거나 또는 중앙정부의 지방 일선기관으로서 위임사무를 담당하는 이중적 지위를 가진다.

이를 좀 더 세분화하여 지방 단위에서 수행하는 행정의 방식에 따라 세 가지 유형, 즉 관치행정, 위임행정, 자치행정으로 구분하기도 한다(정세욱, 2001: 51; 최창호·강형기, 2016: 50). 첫째, 지방에서 중앙정부가 직접 처리하는 방식으로 관치행정의 형식이다. 처리 주체는 지방이 아닌 국가로서, 지방에 설치한 국가(중앙정부)의 직속기관인 특별지방행정기관을 통해 행정을 수행하는 방식이다. 둘째, 국가(중앙정부)의 사무나 기능을 직접 처리하는 것이 아닌 별개의 법인격을 가진 지방자치단체 또는 집행기관(장)의 위임을 통해 처리하는 위임행정의 형식을 들 수 있다. 이때 지방자치단체는 중앙의 일선 지방행정기관으로 감독과 통제를 받게 된다. 셋째, 독립된 법인격을 가진 지방자치단체가 지방의 고유사무를 직접 처리하는 자치행정의 방식을 들 수 있다. 오랜 기간 주민이 중심이 된 지방자치, 즉 주민자치의 전통을 간직한 국가에서는 지방의 고유사무를 스스로 처리하는 지방행정이 발달되었다. 지방행정의 유형 중 자치행정의 방식이 앞서 논의한 지방자치로서의 의미를 지닌다.

그림 2-1   지방에서의 행정처리방식과 지방행정의 개념

출처: 정세욱(2001: 50)에서 인용.

지방행정의 개념은 각국의 중앙집권(또는 분권) 및 지방자치의 수준에 따라 상이하게 사용되고 있다. 주민 중심의 지방자치 전통이 오래된 미국이나 유럽의 국가들은 위임사무나 특별지방행정기관 등이 거의 존재하지 않는다. 이들 나라에서 지방행정은 통상 지방자치와 유사하게 쓰인다. 반면, 중앙집권의 전통이 강한 국가에서는 지방의 단체장이나 주요 공직이 중앙정부에 의해 임명되는 상황에서 지방행정은 관치행정 또는 위임행정이 주를 이룬다. 이때 지방행정은 주민이나 주민의 대표자에 의한 자치행정 또는 지방자치와는 상관없이 사용되는 것이다. 우리나라도 1961년도 군사정변 이후 1990년대 지방자치가 실시되기 이전까지는 중앙정부가 임명한 임명직 지방단체장에 의한 지방행정이 지속되었고, 관치행정과 위임행정이 중심이 되는 특성을 보였다고 할 수 있다.

(2) 지방분권과 지방자치

지방분권은 '중앙의 권한이나 책임을 지방으로 이양(배분)'[6]하는 것으로서, 중앙에 집중된 권한뿐만 아니라 기능을 지방으로 이양하는 것을 의미한다. 지방으로의 이양은 궁극적으로 주민주권, 시민주권을 실현하기 위함이다. 지방분권을 통해 주민의 대표로 구성된 지방자치단체가 어느 정도의 자율권 또는 자치권을 행사하여 주민의 요구와 의사를 반영한 정책이나 서비스를 제공하는 취지를 가진다.

지방분권은 지방이 스스로 통치하는 지방자치의 법적─제도적 기반을 제공한다. '분권 없이 자치도 없다'라는 말은 분권과 자치의 관계를 명확하게 보여주는 표현이다. 중앙과 지방의 관계에서 지방으로의 권한과 사무의 이양 없이 지방자치는 온전한 모습으로 실행되기 힘들다. 중앙집권 그 자체가 나쁜 것이 아니다. 중앙집권이 시대적 과제 및 도전, 시대정신, 시대적 소명(강형기, 2016: 30)에 능동적으로 대응하기 힘든 측면이 있기 때문이다. 하지만 지방분권도 정치체제의 정치─문화─역사─

---

6) 지방분권의 사전적 의미는 "중앙정부에 모든 권력을 집중시키지 않고 지방자치단체의 자치권을 일부 인정하는 일"이라고 정의하였다. 분권과 분산의 개념은 구별될 필요가 있다. 분권(decentralization)이 중앙의 정치─행정권한을 하위의 정부수준으로 하향이양(transfer)한다면, 분산(deconcentration)은 어느 한 곳에 집중된 인적·물적자원이나 시설을 그 이외의 곳으로 재배치(relocation)하는 것을 의미한다. 분산을 하더라도 주요 권한이 한 곳에 집중되어 있다면 여전히 집권(centralization)의 정도가 높게 나타난다. 즉, 분산이 곧바로 분권을 가져오는 것은 아니다.

사회적 맥락 하에서 국가 전체의 법적—제도적 범위 내에서 정의되고 기능하는 한계가 존재한다.

　　지방자치와 분권 논의에서 강조점은 상이하다. 먼저 지방분권은 로커스(locus)가 중앙과 지방의 관계이고, 권한과 기능의 배분이 포커스(focus)이다. 즉, 중앙에 집중된 권한을 지방으로 이양하는 것이 지방분권의 핵심이다. 반면, 지방자치는 로커스가 지방 차원의 스스로 다스림으로써 지방정부와 주민의 관계인 반면, 지방정부 주도의 정부관료제와 주민참여 등과 같은 주민이 주체적으로 다스림(통치)은 포커스로 볼 수 있다. 지방자치는 지방자치단체와 주민의 관계에서 주민이 권한을 가지고 스스로 통치하는 체계에 중점을 둔다. 지방분권의 확대를 위해 지방이 중앙에 권한과 재정권의 이양을 요구하듯이, 지방자치(특히, 주민자치)의 활성화를 위해 주민도 지자체에 폭넓은 권한과 자율성을 요구한다. 중앙집권의 전통을 오래 유지한 국가에서 지방자치로 전환 시 일차적으로 지방분권은 널리 회자되지만 주민자치는 상대적으로 지자체의 주목을 덜 받는다. 지방자치단체 및 지방자치단체장의 입장에서도 지방 권한의 확대를 위한 분권 논의가 지자체 자체의 권한을 주민과 나누고 공유하는 주민자치의 증대보다 더 큰 관심사로 여기기 때문이다.

　　우리나라에서 지방자치의 논의 시 중앙—지방 간 권한과 기능의 배분에 초점을 둔 지방분권의 비중은 매우 크다. 중앙집권의 전통이 강한 우리나라의 정치—행정의 역사는 지방분권의 추진—확대가 지방자치의 논의 시 필연적으로 동반되기 마련이다. 대표적으로 역대 정권에서 지속적으로 추진해 온 특별법의 제정과 개정이 이를 반영한다. 지방분권을 법률에 의해 명시적으로 포함하고 있는 것은 이명박 정부 당시 특별법으로 제정된 '지방행정체제개편에 관한 특별법'이다. 이 법[7]에 따르면 지방분권이란 "국가 및 지방자치단체의 권한과 책임을 합리적으로 배분함으로써 국가 및 지방자치단체의 기능이 서로 조화를 이루도록 하는 것을 말한다"라고 정의하여 중앙과 지방정부 간의 권한과 책임, 그리고 기능에 관하여 언급하였다. 박근혜 정부에서는 '지방분권특별법'과 '지방행정체제개편에 관한 특별법'이 통합되어 '지방

[7) 지방행정체제개편에 관한 특별법 제2조 제1항.

분권 및 지방행정체제개편에 관한 특별법'으로 변경되었다. 이 법은 다시 문재인 정부 당시인 2018년 3월 20일 '지방자치분권 및 지방행정체제개편에 관한 특별법'으로 개정되며 '지방분권'이라는 용어를 자치와 분권을 결합하여 '지방자치분권'으로 확대하였다.[8] 이 법에[9] 따르면 지방자치분권이란 "국가 및 지방자치단체의 권한과 책임을 합리적으로 배분함으로써 국가 및 지방자치단체의 기능이 서로 조화를 이루도록 하고, 지방자치단체의 정책결정 및 집행과정에 주민의 직접적 참여를 확대하는 것"을 일컫는다. 중앙과 지방의 권한 및 책임의 배분을 다루는 분권과 주민의 참여 및 결정을 강조하는 자치가 결합되어 법적으로 규정되어 있음을 보여준다.

유럽의 지방정부 관계자에게 듣는 국가균형발전과 지방분권

유럽은 봉건제도의 영향으로 각 도시의 자치권과 개성이 강하다는 특징을 갖고 있다. 그러나 유럽 또한 중앙집권체제의 대두와 현대화 과정을 거치면서 중심도시로 사람과 돈이 몰리고 있었다. 이번 취재에서 만난 유럽의 지방정부 관계자들은 거대도시의 확장은 세계적인 추세라고 입을 모았다. 그러나 '인구의 절반 이상이 수도권에 몰려 살고 모든 대기업과 명문대학이 수도에만 소재해있는 한국의 상황은 특수한 것'이라며 국가균형발전이 가능하려면 역사의 흐름을 파악하고 현 시대에 걸맞는 정치체계를 만들어 내야 한다고 제언했다. 인터뷰는 오스트리아 비엔나와 이탈리아 피렌체에서 각각 진행된 것이다.

■ 유럽의 특징이라고 하면 수도가 아닌 도시가 '나라'만큼 인지도가 높다는 것입니다. 피렌체 또한 제가 온 전주 인구의 절반 수준인 38만이지만 국제적 위상이 높은 편입니다. 가장 놀라운 것은 유럽 각 도시 인구가 굉장히 적음에도 자생력이 강하다는 것이었습니다. 한국은 세계 12위의 경제대국으로 성장했지만 서울과 지방의 격차가 너무 큰 상황입니다. 유럽 국가들과 한국지방도시의 차이점은 어디서부터 생겨났을까요.

△ 알프레도 에스포지토 피렌체 시 전략기획실장(이하 알프레도) = 한국은 알면 알수록 '단일체적'성격이 강한 나라입니다. 국민들이 같은 이슈를 바라보고 같은 목표를 가지고 있다는 느낌일까요. 그래서 '도시'보다는 국가가 발전하는 형태로 역사가 전개되어왔다고 느꼈습니다. 국민들이 같은 역사를 공유하고 있다. 그리고 이 역사는 서울을 중심으로 형성됐다는 게 결과적으로는 지방자치와 지방의 역사가 소외되는 결과를 낳았을 수도 있다고 짐작해

---

8) 보다 자세한 논의는 제3장 지방자치제의 변천과 제7장 지방행정체제개편을 참조.
9) 지방자치분권 및 지방행정체제개편에 관한 특별법 제2조 제1항.

봅니다. 물론 개인 사견이지만요. 반면 이탈리아는 오랜 시간 각 가문을 중심으로 발전해왔고 강한 개성을 지니고 있습니다. 피렌체 인구가 적어보일 수도 있지만 토스카나 지방을 아우르면 그리 적은 인구는 아니라고 생각합니다. 아시아 국가들의 인구밀도가 높은 편이죠.

△ 요하네스 슈미드 오스트리아 지자체 연합 사무총장 대행(이하 요하네스) = 오스트리아는 기본적으로 연방제 국가이고 한국은 대통령에게 모든 권한과 권력이 주어지는 단방제 국가입니다. 한국의 고속성장과 각 기업이 갖춘 고도의 기술력은 빠른 인구증가와 도시화에서 얻었다고 생각합니다. 반면 그 과정에서 지역이 소외됐다면 그 또한 해결해야 할 문제지요. 단순한 차이점 비교보다는 지방자치의 역사를 짚어보고 한국 또는 전북에 맞는 대안을 지방정부 연합체가 제시해야 할 시점으로 봅니다.

■ 지방자치가 강한 국가의 단점이나 특색이라면 어떤 것이 있을까요.

△ 알프레도 = (웃음)지역감정이 굉장히 강합니다. 전북일보 취재진이 오기 전에 저 또한 한국이나 전북을 인터넷 기사를 통해 접했는데 한국도 이탈리아처럼 긴 세월 동안 지역감정이 있고 이것이 투표로 나타난다는 기사를 보았습니다. (중략) 이런 현상은 이탈리아인의 관점에서 보면 지역갈등(?)이라고 보기 힘들 정도로 이탈리아는 북부와 남부의 지역감정이 극심합니다. 실제 피렌체에서도 특정 지역의 사람이 대학을 이쪽으로 올 경우 집도 못 구할 정도로 갈등의 골이 깊어요. 물론 지방끼리는 뭉치는 통합의 지방자치 실현 연대가 되는데 북부-남부는 그게 어려워요. 역사적인 배경도 있지만 서로 각자 한 민족 한 공동체라는 의식이 적다고 할까요. 좋은 점은 인구유출이 그만큼 적습니다. 태어난 곳에서 죽음까지 함께하는 사람이 많죠. 지역에 대한 자부심도 높고요.

△ 요하네스 = 오스트리아는 지역감정은 없지만, 지방선거가 과열되는 양상이 심해지고 있습니다. (중략) 그만큼 지역 이슈에 유권자들의 관심이 많습니다. 자신의 삶에 영향을 직접적으로 주는 것이 지방의회 의원들이니까요. 비엔나 시도 마찬가지고 오스트리아는 시장이 곧 지방의회 의장이고요. 보통 시장은 경력과 연륜이 깊은 시의원이 선출됩니다. 이 중 일부는 중앙으로 진출하는 데 중앙으로 진출한다고 막 권한이 비대해진다기 보단 책임이 많아진다고 보면 돼요. 그렇다 보니 지방의회 선거가 국가의 가장 큰 이벤트입니다.

■ 서울이 곧 한국이다. 할 정도로 한국의 모든 인프라는 서울에 있습니다. 이러한 현상은 어떻게 보시는지.

△ 알프레도 = 한국인은 이동이 잦은 것 같습니다. 그래서 서울이 커졌는지는 모르겠지만 분명한 것은 한 도시에 인구의 절반이 모여 산다는 것입니다. 그리고 다른 지방도시는 소멸 위기에 있다는 것은 전망이 밝지 않은 현상임에 확실합니다. 우선은 먹고사는 문제를 지방

에서 해결할 수 있도록 기업들의 인식이 변화해야 하지 않을까 생각해요.

△ 요하네스 = 오스트리아는 2~3년 전만 해도 난민 문제로 골머리를 앓았습니다. 그때 느낀 것은 사람은 돈벌이가 있는 곳에 자연스레 모인다는 거예요. 쫓아내도 돈벌이가 있고 소비가 용이하면 그 도시에 사람이 모이는 것입니다. 너무 당연한 이야기지만, 지방자치의 존재 이유는 지역주민 삶의 질을 높이기 위함이니 중앙정부와 긴 시간 논의를 거쳐서라도 서울에만 있는 인프라와 일자리를 나눠야 한다고 봅니다.

자료: 김윤정. (2020.1.13.). 일부 발췌 및 편집.

(3) 지방정치와 지방자치

지방정치는 지방권력의 소재와 지방의 의사결정권을 누가 어떻게 행사하느냐 등에 초점을 둔다.[10] 미국에서 1950－60년대 활발했던 초기 지방정치에서의 논쟁은 '누가 지방을 지배하느냐'였다. 대표적으로 엘리트론과 다원주의론이 주축이 되어 이후 다양한 이론들이 확대－재생산되었다. 지방정치는 지방을 대표할 지방의회 의원 및 단체장의 선출뿐만 아니라 이들이 주민의 의사를 대변한 정책 및 행정서비스를 구현하게 하기 위한 영향력과 과정을 포괄적으로 다루게 된다. 이 과정에서 주민주권의 반영과 주민의 토론－참여가 중요하고 지방이 스스로 통치하는 지방자치의 핵심 통로로서 역할을 한다. 더불어 오늘날 다양한 이해관계의 상충 및 갈등의 조정을 위해 지방정치지도자 및 각종 시민사회의 정치적 조정 및 중재의 역할이 중요해지고 있다.

지방정치는 지방자치와 밀접한 관계를 맺고 있다. 지방정치는 다양하게 나타나지만 가장 단적으로는 지방자치단체와 지방의회를 이끌어갈 정치지도자의 선출과 그들의 지방통치와 관련된다. 지방의 정치지도자들이 지방의 주민생활서비스와 관련한 주요한 정책결정 및 재원배분을 담당한다고 보았을 때 지방정치는 지방자치가 올바로 서기 위한 주요한 한 축이 된다. 이러한 맥락에서 우리나라의 지방정치는 여러 측면에서 비판이 제기되고 있다. 중앙정치에 지방정치를 종속시키는 정당구조

---

10) 자세한 논의는 제6장 지역사회 권력구조와 지방선거를 참조.

와 선거제도로 인해 일당 독점의 지역주의 정치문화가 팽배하다. 지역별 일당 독점의 지역정치 구도로 인해 단체장과 지방의원이 동일 정당에서 배출되어, 견제와 균형의 지방정치가 활성화되지 못하고 있다. 이는 지방자치단체장의 절대적 우위와 제왕적 지위라는 비판으로 이어지고 있다. 지방자치의 올바른 위상의 정립을 위해서도 지방정치의 혁신이 절실히 요구된다.

제2절 지방자치의 형태: 단체자치와 주민자치

지방자치(제)는 중앙집권(제)과 같이 정치체제 중 하나로서 한 국가의 정치·경제·문화·역사의 소산이다. 이를 반영하여 지방자치는 국가별로 상이한 형태와 성격을 띠며 전개되었다. 지방자치는 국가별 상이한 지방자치의 전통을 반영하여 크게 주민자치와 단체자치로 구분된다. 주민자치와 단체자치로 구분하는 논쟁은 궁극적으로 중앙정부-지방정부-주민의 관계를 어떻게 바라보느냐로 귀결된다.[11]

1. 단체자치

중앙집권의 전통이 오래된 국가와 일정한 지역 내 특수성과 통치권을 반영한 자치권이 강조되는 국가와는 지방자치의 성격과 양상이 차이를 보인다. 중앙집권체제 하에 전국적으로 행정기관이 잘 정비되어 국가적 통일성을 유지한 국가에서 지방정부는 중앙정부의 지역 내 소재 일선 행정기관으로서 위치하며 그에 따른 역할이 강조되었다. 즉, 지방정부는 중앙정부가 직접 처리할 수 없는 사무를 위임받아(위임사무) 처리하며 중앙의 지휘-감독을 받는다. 또한, 지방정부는 국가로부터 법인격을 부여받고 일정한 자치권의 범위 내에서 자치사무를 처리한다. 이처럼 중앙집권

---

11) 주민자치와 단체자치의 구분은 논란이 지속되고 있는 부분이다. 구분이 필요하다는 주장에서부터 혼용되어 나타나 구분의 실익이 없다는 주장까지 다양하게 제시되고 있다.

의 전통이 강한 국가에서는 지방정부가 중앙의 일선 행정기관이자 법인격을 가지고 자치사무를 처리하는 이중적 지위 및 성격을 가지는 단체자치의 형태와 속성이 강하다. 따라서 단체자치적 성격이 강한 국가에서는 지방으로의 권한 배분과 이양, 집행부와 의결기관의 기관구성 및 권한−책임 배분 등 중앙과 지방과의 관계나 기관 간 관계 정립을 담은 공식적 제도 중심의 자치가 강조된다(김필두·한부영, 2016: 20). 단체자치적 전통의 대표적인 국가로서 중앙집권의 전통이 강한 프랑스와 독일을 들 수 있다.

2. 주민자치

주민자치는 지역 단위의 주민들이 자치조직을 구성하여 주요한 의사결정을 내리고 통치하는 방식으로, 지방정부는 지방 고유의 자치사무를 중심으로 처리한다. 대표적으로 영국과 미국은 주민자치의 전통이 강한 형태이다. 중앙정부가 전국단위의 통치력이 약했던 영국은 봉건 영주가 일정 관할구역을 통치하며 지역 단위 자치의 전통이 강하게 자리 잡았다. 그리고 일부 상공업이 발달한 도시 지역은 국왕으로부터 고도의 자치권을 허용받는 헌장(charter)의 형태로 지역 내 자율적 통치를 보장받기도 했다. 이처럼 영국의 경우 근대국가의 성립 이전부터 주민 중심의 주민총회를 통한 지역의 주요한 의사결정의 전통이 뿌리를 내리고 있었다. 근대국가의 탄생 이후에도 이와 같은 지역 단위의 오랜 전통에 따라 지방자치, 특히 주민자치는 천부적 권리로 인정되고 제도적으로 보장받게 되었다.

미국은 유럽의 이주민들이 초기 정착한 뉴잉글랜드를 중심으로 타운을 형성하고 타운홀 미팅을 통해 주민 주도의 지역사회의 의사결정 및 통치가 근간을 이뤘다. 또한, 각 주의 연합을 통해서 연방국가로 탄생한 미국은 상대적으로 지역의 자율성과 주민의 의견을 반영한 대의기관으로서 지방의회의 역할을 강조한 주민자치적 전통이 강했다.

3. 비교: 최근 경향

주민자치와 단체자치의 개념화 및 구분이 고정된 것은 아니다. 근대국가의 형성과 20세기 초·중반의 1－2차 세계대전, 1970－90년대 복지국가의 논쟁과 신자유주의를 거치면서 단체자치와 주민자치는 국가의 역할 변화에 따라 보다 복잡한 양상을 띠고 전개되었다. 단체자치와 주민자치의 양상이 점차 혼합－수렴되는 경향이 다양하게 나타난 것이다. 주민자치의 전통이 강한 영국은 1980년대 보수당이 지배한 대처 정부 하에서 중앙집권이 확대되는 경향(신중앙집권화)를 보였다.[12] 반면 단체자치의 전통이 오래된 프랑스는 1980년대 미테랑 정부 이후 몇 차례 헌법개정 등을 거쳐 지방분권을 확대하는 경향(신지방분권화)을 보이며 지방의 자율성과 권한을 확대하고 있다. 각국이 처한 정치적·사회적 변화 및 시민들의 인식 변화를 반영하여 중앙과 지방 간 권한의 재조정이 일어나고 있으며, 단체자치와 주민자치의 이분법적 구분이 약화되는 경향을 보이는 것을 알 수 있다.

오늘날 지방정부는 한 국가 내 일정 지역공간을 점유한 법인으로서 중앙의 상위법률에 일정한 제약을 받고 있다. 하지만 중앙의 일방적인 통치와 지배가 한편으로 지방의 자치권을 전적으로 제약할 수 없으며 주민들의 의사에 반한 지방의 통치는 정책의 실효성과 지속성을 담보할 수 없다. 앞서 논의하였듯이, 지방자치를 도입한 전 세계 국가들은 근대 초나 20세기 초－중기보다 단체자치와 주민자치가 더욱 혼재되어 나타나는 경향을 보인다. 국가적 통일성 유지와 주권재민정신 확대의 기본적인 기조 하에 중앙으로부터의 권한 배분과 지방의 역할 재설정, 그리고 주민의 참여와 의사결정권한이 역동적으로 작동하고 있는 것이다.

우리나라의 지방자치도 여전히 강력한 단체자치적 전통 속에 주민자치의 특성들이 확산되는 경향을 보인다. 1990년대 지방자치의 재개 이후 중앙정부 중심의 중앙집권적 전통 하에 중앙의 권한과 사무를 지방자치단체에 이양 및 배분하는 단체자치의 특성이 강하게 나타났다. 단체자치는 중앙－지방간 권한 배분, 선거제도, 지

---

12) 상세한 논의는 제3장 지방자치제의 변천 참조.

방자치단체 행정 – 조직 설계 등과 관련한 자치제도 정착 중심의 자치, 즉 '제도 중심의 자치'를 의미하기도 한다(행정자치부, 2015b: 1). 한편, 단체자치에 대한 반성으로 주민주권의 확대 및 주민참여를 강화하는 주민자치적 경향이 확산되고 있다. 가령, 우리나라는 2015년 당시 지방자치 20년을 맞아 행정자치부(2015b)가 지방자치 패러다임의 변화로 '제도 중심의 자치'에서 '생활자치'로 전환되어야 함을 언급하기도 하였다. 다시 말해 지방자치의 발전을 위한 다음 단계로서 주민이 지방의 통치와 행정서비스의 결정 과정에 주인으로 참여하고. 일상생활에서 직접 체감하는 '생활 중심의 자치'의 개념이 대두되었다(곽현근, 2017; 김필두 · 한부영, 2016; 남재걸, 2018; 행정자치부, 2015b). 주민이 참여하고 체감하는 '생활자치'의 활성화를 위한 방안으로 최근에는 무엇보다 마을공동체 회복과 같은 '공동체 활성화'가 강조되고 있다.

제3절   지방자치의 구성요소

지방자치를 구성하는 요소는 연구자별로 다양하게 제시된다. 이 절에서는 지방자치 구성의 필수요소에 초점을 두어 주민, 구역(지역), 지방자치단체, 자치권에 한정하여 논의한다. 한 국가 내 일정한 공간은 지방자치가 실행되는 물리적 – 지리적 영역이다. 일정한 물리적 공간에는 일상생활을 영위하는 주민이 존재한다. 그 공간에서 주민의 이해와 의견을 반영하여 의사결정을 내리고 다스리는 행위를 자치권이라고 할 수 있다. 오늘날 자치권은 주민이 직접 행사하는 직접민주주의 형태가 아니라, 법인격을 부여받은 지방자치단체 및 지방의회가 주민을 대리하여 행사하는 권한으로 나타난다. 이러한 구성요소는 지방자치의 정신과 현실적 실행을 위한 근본적인 요소로서 이를 세부적으로 살펴보면 다음과 같다.

1. 주민

주민은 지방자치를 구성하는 필수 불가결한 요소로 지방자치의 주체이자 객체(대상)로서의 양면성을 지닌다. 주민은 일정한 물리적 공간에서 거주 및 일상을 영위하면서 지방자치단체를 구성하는 대표자(단체장, 지방의원)를 선출하는 주권자이다. 또한, 지방자치단체가 제공하는 행정서비스나 사무의 대상(객체)이 되기도 한다. 따라서 주민이 없는 지방자치는 성립되기 어렵다. 우리나라의 지방자치법에는 주민의 자격을 '지방자치단체의 구역 안에 주소를 가진 자는 그 지방자치단체의 주민이 된다.'로 규정하고 있다.[13)]

2. 자치구역

자치구역은 주민이 거주하는 공간이자, 자치권이 미치는 범위로서 지리적 의미를 지닌다. 구역과 관련한 우리나라의 지방자치법은 "지방자치단체의 명칭과 구역은 종전과 같이 하고, 명칭과 구역을 바꾸거나 지방자치단체를 폐지하거나 설치하거나 나누거나 합칠 때에는 법률로 정한다."라고 명시하여 기존의 구역과 같이 하였다.[14)] 또한, 구역과 관련한 사항, 즉 명칭 및 구역의 변경 또는 지방자치단체의 폐치분합의 경우 법률에 따르도록 하여 제한을 두고 있다. 지방자치의 실시로 일정한 자치구역(관할구역) 내 자치권이 강조됨으로써 구역의 설정과 범위와 관련하여 갈등과 분쟁이 심화되는 경향을 보이고 있다. 구역 또는 지리적 경계를 넘는 공공문제 또는 광역사무가 증대하고 있기 때문이다.

---

13) 지방자치법 제16조 주민의 자격에 대한 규정.
14) 지방자치법 제5조 제1항.

3. 지방자치단체(지방정부)

1) 지방자치단체의 의의와 유형

지방자치단체는 일정 구역 내에서 국가로부터 부여된, 즉 법률의 한도 내에서 공적 권한을 행사하는 집합적 성격을 가진 공공조직이다. 지방자치제를 도입한 국가에서는 일반적으로 주민이 직접 선출한 지역의 대표자를 통해 지방정부를 구성하며 그들로 하여금 주민복리 증진을 위한 행정서비스를 제공토록 한다.

지방자치단체의 형태는 보통지방자치단체와 특별지방자치단체로 대별된다. 보통지방자치단체는 지역 내 주민과 관련된 포괄적－종합적인 사무를 담당하며, 광역과 기초의 중층제나 단층제의 형태로 설치된다. 보통지방자치단체는 지역 단위의 종합지방행정기관으로서 중앙의 사무를 처리하기도 하고, 자치권을 행사하는 법인격의 주체로서 지역 현안 또는 사무를 처리하기도 한다. 반면, 특별지방자치단체는 종합적인 사무가 아닌 특정 사무(가령, 상하수도, 범죄, 소방)를 담당하기 위해 한 지방 내 또는 인접한 복수 지방에 걸쳐 설립된다. 특별지방자치단체는 단일의 보통지방자치단체가 재정적－물리적으로 해결하기 힘든 특정 서비스를 담당하는 측면에서 종합적 사무 및 서비스를 담당하는 보통지방자치단체와 구별된다. 특별지방자치단체가 복수의 관할구역에 걸쳐 설치되는 경우 통상 이해관계가 걸린 관련 복수의 보통지방자치단체의 합의 과정과 중앙정부의 승인 과정을 거치도록 하고 있다.

우리나라 지방자치법[15]에 따르면 지방자치단체는 법인 중 공공목적 실현의 성격을 지닌 공법인으로서의 지위를 가지며 일정한 지역 내 포괄적－종합적 사무를 담당하는 보통지방자치단체로서 역할을 한다. 또한, 지방자치법은 지방자치단체의 종류 및 광역－기초지방자치단체의 설치도 구체적으로 명시하고 있다. 지방자치단체로는 정부의 직할로 두는 특별시, 광역시, 특별자치시, 도, 특별자치도가 광역지방자치단체로 분류된다. 기초지방자치단체로 시, 군, 자치구를 두고 있는데, 시는 도의 관할구역 내에, 군은 광역시 또는 도의 관할구역 내에, 그리고 자치구는 특－광역시

---

15) 지방자치법 제3조 제1항.

의 관할구역 내에 두는 것으로 규정하고 있다.[16)

2) 지방자치단체와 지방정부의 비교[17)

지방자치단체와 지방정부의 명칭은 국가마다 다소 상이하게 사용되고 있다. 미국, 독일과 같이 연방제를 채택하고 있는 나라에서는 연방정부(federal government), 주정부(state government), 지방정부(local government)에서 보듯이 지방정부라는 명칭을 사용한다. 반면 일본은 지방공공단체로, 우리나라는 지방자치단체로 각각 지칭한다. 즉, 우리나라의 맥락에서는 지방자치단체라는 명칭이 헌법과 지방자치법에 규정된 공식적 용어이다.

지방자치단체와 지방정부의 명칭과 관련하여 논란이 진행되고 있지만, 차이를 인정하되 학문적－현실적으로는 통용되는 개념으로 접근하는 것이 일반적이다(김병준, 2019; 이달곤 외, 2012; 임승빈, 2018). 우선 지방자치단체는 단체로서의 기구, 성격, 작동원리 등에 초점을 둔다면 지방정부는 제도적 정당성, 기관 간 권한 및 재원의 배분, 권력관계, 관리적 측면 등을 내포하는 동태적인 과정 등에서 차이를 지적하는 논의가 있다(이달곤, 2004: 4; 임승빈, 2018: 4). 한편, 지방정부든 지방자치단체이든 기본적으로 중앙정부(또는 연방정부)에 대비하는 개념으로 영토 내 일정한 구역(또는 지역)을 관할하고 통치하는 지방정부로서의 역할을 한다[18)는 면에서 큰 차이가 없는 것으로 접근하기도 한다.

우리나라의 맥락에서 지방자치단체의 명칭을 지방정부로 변환하려는 노력은 지방자치단체와 학계를 중심으로 지속적으로 추진되었다. 이러한 노력은 우리나라의 중앙집권적 성격을 반영한다. 즉, 지방자치가 실시되었음에도 불구하고 여전히 중앙집권적 통치가 강한 상황에서 '자치·분권'을 확대하는 의지의 반영이자 상징적

---

16) 지방자치법 제3조 제2항.
17) 영어로는 지방자치단체는 local autonomous entity로 지방정부는 local government로 쓴다.
18) 행정안전부는 어린이를 대상으로 지방자치를 알기 쉽게 설명하기 위해 '행정안전부 어린이'라는 웹사이트를 운용 중이다. 지방자치의 소개에서 지방자치단체가 일정한 지역을 단위로 설립되어 '지방정부로서의 역할'을 한다고 명시하고 있다(출처: 행정안전부 웹사이트, https://www.mois.go.kr/chd/sub/a03/introduce/screen.do).

의미로서 대표되고 있다. 가령, 문재인 정부 하에서 2018년 추진된 '지방분권개헌'의 헌법개정에서도 지방자치·분권의 확대를 위해 지방정부로의 명칭 변경을 담았다. 지방 차원에서도 춘천시는 민선 7기에 선출된 시장이 '춘천시정부'라는 명칭을 시정소식지와 보도자료 등에 사용하여 '분권·자치'의 의지를 드러내기도 했다(박수혁, 2018). 물론 시의회 내에서는 지방정부라는 명칭이 지방자치법을 위배한 것이라는 일부 주장이 제기되기도 했다. 이처럼 지방정부와 지방자치단체라는 명칭은 우리나라의 맥락에서 중앙과 지방의 관계, 특히 분권·자치의 확대 그리고 헌법—법률적 규정과 현실적—학문적 활용 등과 관련하여 미묘한 긴장을 내포하는 개념이다. 이러한 배경 하에 이 책에서는 지방자치단체와 지방정부라는 개념을 혼용해서 사용한다. 지방자치단체는 약칭하여 '지자체'라고도 쓴다.

4. 자치권

자치권은 '지방의 사무를 스스로 처리할 수 있는 법률적 능력'을 일컫는다. 오늘날 지방자치제가 도입된 민주주의 국가에서 자치권이 지방자치의 구현을 위해서 헌법이나 법률로 인정되고 있으나 국가별로 자치권의 수준은 상이하게 나타난다. 중앙정부 차원에서 지방의 자치권한을 제한하려는 경향과 지방정부로부터의 끊임없는 자치권의 확대 요구 등의 흐름은 한 국가의 정치—경제—사회적 변화를 반영하여 역동적으로 일어나고 있다. 다만, 역사는 독재정부가 들어서거나 중앙집권화를 강화하고자 하는 사회에서는 자치권의 말살 또는 축소로 이어지고 있음을 보여주고 있다.[19] 이하에서는 자치권의 시원과 유형을 세부적으로 살펴본다.

1) 자치권의 시원

자치권이 지방의 고유권한인가, 아니면 국가로부터 부여받은 권한인가를 다투는 자치권의 시원(始原)에 대한 논쟁이 오래되었다. 자치권의 시원에 대해서는 다양

---

19) 자세한 논의는 후술하는 제3장 지방자치제의 변천 중 우리나라 지방자치의 역사 참조.

한 학설이 제시되고 있지만 통상 고유권설, 전래설, 제도적 보장설로 구분이 되며 상이한 입장을 취한다. 오늘날은 일반적으로 제도적 보장설이 널리 인정되고 있다.

첫째, 고유권설은 자치권을 지방자치단체의 고유한 권한으로 접근하는 관점이다. 자연법사상에 기반한 개인의 기본권과 같이 자치권을 지방의 고유한 권한이자 기본권으로 보는 시각이다. 중세 유럽의 봉건제 하에 지방은 봉건적 특권이나 헌장을 통한 자치권의 획득과 같은 고유의 자치권한을 가지고 통치되었으며 근대국가의 탄생으로 지방제도가 정비되면서 자치권도 또한 기존 지방의 고유권한의 연장선상에서 인정되는 것으로 보았다. 하지만 자연법사상이 쇠퇴하고 전제군주정치가 지배하던 중앙정부가 민주적 통치로 전환되어 자치권이 헌법상으로 보장되면서 고유권설은 점차 효력을 상실하였다.

둘째, 전래설은 자치권이 국가가 부여하고 위임하는 범위 내의 권한이라는 주장이다. 고유권설과 달리 지방자치자치단체의 자치권은 국가의 주권과 별개 또는 전(前)국가적으로 존재하는 것이 아닌 그 범위(법률의) 내에서 승인되고 부여된다는 입장이다. 대표적으로 1850년 프로이센 헌법의 '시읍면은 법률이 정하는 국가감독 아래 자기의 사무를 처리한다'와 1919년 바이마르공화국 헌법의 '지방자치단체는 법률의 범위 안에서 자치권을 가진다'의 내용을 들 수 있다(서원우, 1994). 이 전래설의 근저에는 지방자치단체는 국가에 의해서 만들어지는 피조물이고 국가로부터 부여된 권한으로서 자치권이 허용된다는 시각이 자리잡고 있다. 다시 말해 지방자치단체의 자치권은 국가의 존립 및 그의 범위 내에서만 인정되고 행사되며, 따라서 국가의 법률 범위 내에서 존립하고 권한이 귀속된다고 본다. 하지만 이러한 자치권의 한계에도 지방자치단체는 독립된 법인격을 가지며 그 권한의 범위에서 자율과 책임의 정신에 기반하여 자치권을 행사하는 것을 허용하는 것으로 본다.

셋째, 제도적 보장설은 국가의 주권 하에 자치권이 부여되지만 헌법에 의해 지방자치의 본질이나 정신이 특별히 보호된다는 입장이다. 제도적 보장설은 독일의 칼 슈미트가 바이마르헌법상 지방의 자치권을 제도적으로 보장하는 논의에서 출발하였다. 전래설에 따른 국가, 특히 입법부의 법률적 권한에 의한 자치권의 왜곡이나 침해로부터 자치권을 보호하기 위하여 보다 더 엄격한 헌법상으로 자치권을 규정하고 보호하는 노력이자 시각을 반영한다.

오늘날 고유권설은 대부분의 국가에서 인정받지 못하고 있다. 자치권은 국가주권 또는 법률에 의해 승인받지만 헌법에 의해 지방자치의 본질적 가치나 내용을 침해할 수 없는 측면에서 제도적 보장설이 통설로 인정된다.

2) 자치권의 유형

자치권의 유형으로는 크게 자치입법권, 자치행정권, 자치조직권, 자치재정권, 자치사법권 등이 일반적으로 논의된다. 연방제를 취하고 있는 독일이나 미국의 경우 주 단위에서 부분적인 자치사법권을 인정하고 있지만, 우리나라에서는 자치사법권이 인정되지 않는다. 따라서 자치사법권을 제외한 자치입법권, 자치조직권, 자치행정권, 자치재정권을 중심으로 세부적으로 살펴보기로 한다.

(1) 자치입법권

자치입법권은 지방자치단체의 운영 및 지방사무와 관련하여 자치법규를 제·개정할 수 있는 권한이다. 헌법과 지방자치법에서는 '법령의 범위 안에서'라는 규정을 두어 상위법의 범위 내에서 지방자치에 관한 규정을 제·개정할 수 있도록 하고 있다.[20]

우리나라 지방자치단체의 자치법규로는 조례와 규칙이 있다. 지방자치법상 조례는 법령의 범위에서 그 사무에 관하여 지방의회의 의결로 제정·개정·폐지할 수 있는 규범이다.[21] 규칙은 지방자치단체장 법령 또는 조례의 범위에서 그 권한에 속하는 사무에 관하여 제정하는 규범이다.[22] 다만, 조례제정과 관련 주민의 권리 제한 또는 의무 부과에 관한 사항이나 벌칙을 정하는 조례의 경우에는 법령의 범위가 아닌 법률의 위임이 반드시 있어야 하는 것으로 한층 강화된 규정을 두고 있다. 상위

---

20) 헌법 제117조 제1항과 지방자치법 제28조.
21) 지방자치법 제28조 제1항과 제4조 제1항.
22) 지방자치법 제29조.

법과 관련하여 지방자치법은 "시·군 및 자치구의 조례는 시·도의 조례나 규칙을 위반하여서는 아니 된다."[23]라는 조례와 규칙의 입법한계를 두어 기초지방자치단체의 자치법규는 광역지방자치단체의 자치법규를 위반할 수 없음을 규정하고 있다. 지방자치단체의 자치입법권의 행사에 있어 상위 법률우위와 법률유보의 원칙이 적용됨을 보여준다. 또한, 무엇보다 '법령의 범위'에서 '대통령령, 총리령, 부령' 등 법규명령에 의한 제약이 지방자치단체의 자치법규의 제·개정과 운용에 실질적으로 지대한 영향을 미치고 있다.

우리나라는 위와 같이 조례와 규칙의 제정권을 인정하고 있지만 여러 가지 한계가 존재한다. 첫째, 조례나 규칙의 제정은 법령의 범위 및 상급기관의 조례나 규칙을 위반하지 않는 한에서 가능하다. 즉, 상위법규 우위에 의한 한계라고 볼 수 있다. 특히, '법령의 범위 내'에서라는 개념이 모호하며, 지방자치단체의 시대적 변화 및 지방의 특수성을 반영한 입법활동을 제한하는 것으로 비판받는다. 둘째, 주민의 권리 제한 또는 의무부과에 관한 사항이나 벌칙을 정하는 경우 개별 법률의 위임을 요구하는 법률유보의 원칙에 의한 한계가 있다. 민주국가에서 국민의 권리나 자유의 제한은 대표기관인 의회의 법률로 제한하는 것이 국민 전체의 기본권의 보호를 위한 법치국가의 원리에도 부합하지만, 과도하게 지나친 제한은 시대의 변화와 현실에 부합하지 못하는 문제점으로 지적받고 있다. 셋째, 사무와 관련 자치입법권은 지방의 고유사무와 단체위임사무에 한정하여 적용됨으로써, 기관위임사무 등에 대해서는 지방의회에 의한 입법활동이 제한받는다.

(2) 자치행정권

자치행정권은 '지방자치단체가 지방의 사무나 기능을 자주적으로 처리할 수 있는 권한'을 말한다. 지방자치단체가 중앙정부 및 상급행정기관의 지도·감독이나 간섭 없이 자주적으로 처리할 수 있는 사무를 자치사무(또는 고유사무)라고 한다. 이러한 지방의 권한에 속하는 사무를 처리하기 위하여 지방자치단체는 인력·조직 및 재원을 필요로 한다. 인력·조직 및 재원이 자주적으로 확보 및 운용되지 않으면, 지방자

---

23) 지방자치법 제30조.

치단체는 지방에서 요구되는 행정서비스를 실질적으로 제공하기 어렵다. 관련하여 후술하는 자치조직 및 자치재정에 관한 권한도 넓게는 자치행정권에 포함되는 개념으로 볼 수 있지만, 세부적인 논의를 위해 분리하여 제시한다.

　　우리나라는 2022년 1월 13일 전부개정 지방자치법의 시행 이전에는 9장 '국가의 지도·감독'이라는 제목 하에 지방의 통제와 감독을 명문화하기도 하였다. 전부개정을 통해 이 제목은 삭제되어 '국가와 지방자치단체 간의 관계'로 변경되어 주민행정서비스 제공과 균형발전을 위해 국가와 지방자치단체 간 협력의 의무를 명시적으로 밝히고 있다. 하지만 세부 법 조항에는 여전히 지도·감독을 명시적으로 담고 있어 수직적 관계에 기반한 국가의 다양한 통제와 관여를 허용하고 있다.[24] 가령, '조언이나 권고, 지도, 자치단체에 자료제출 요구,[25] 국가사무나 시·도 사무처리의 지도·감독,[26] 위법·부당한 명령·처분의 시정,[27] 지방자치단체의 장에 대한 직무이행명령,[28] 자치사무에 대한 보고나 서류·장부 또는 회계 감사[29]' 등을 통해 시정명령, 취소 또는 정지, 직무이행명령, 대집행, 행·재정상 필요한 조치, 감사 및 보고 등 폭넓고 다양한 통제와 관여가 허용되고 있다. 앞서, 자치입법의 제약과 더불어 지도·감독 등의 규정을 통해 지방자치단체 및 단체장의 자치행정권에 직·간접적으로 관여 및 통제가 가능하도록 되어 있다.[30]

---

24) 자세한 논의는 제8장 정부간관계를 참조.

25) 지방자치법 제184조 제1항.

26) 지방자치법 제185조.

27) 지방자치법 제188조.

28) 지방자치법 제189조.

29) 지방자치법 제190조.

30) 김석태(2016)는 1990년대 중반 지방자치단체장과 지방의회 의원의 동시선거를 통해 본격적인 지방자치의 재개를 즈음하여 그리고 그 이후로 지방에 대한 통제가 지속적으로 진행되었다고 주장한다. 그는 다양한 예시로서, "조례로 정할 수 있는 벌칙의 범위 축소를 통한 지방 입법권 제한(1994년), 직무이행명령제 도입(1994년), 종래 별정직이었던 읍·면·동장의 일반직 전환을 통한 단체장의 인사권 제한(1994년), 재정통제 강화를 위한 재정진단 제도 도입(1995년), 포괄사업비 폐지로 인한 예산 운영의 재량 제한(1995년), 지역갈등에 대한 직권조정제도(1999) 등"과 "사회보장기본법 제26조에서 지방의 자체적인 복지사업에 대한 사전적 통제, 지방교부세 배분에서 인센티브나 페널티제 강화와 교부세 감액제도 추가, 중앙정부 주도의 도(道)의 조정교부금 개편과 시군세 중 하나인 지방법인소득세의 도·시·군 공동세 추진 등의 사례 등"을 들고 있다(김석태, 2016: 14−15).

(3) 자치조직권

자치조직권은 지방자치단체가 자치행정을 실행하는 데 필요한 조직(기구) 및 인력을 구성 및 운영할 수 있는 권한이다. 지방자치단체는 자치행정의 실행을 위해 행정기구, 공무원, 소속행정기관 등 다양한 조직 및 인력을 필요로 한다. 이와 같이 지방자치단체는 지방의 행정환경의 변화 및 실정에 맞는 조직을 스스로 능동적으로 설치 또는 폐지, 그리고 운영할 수 있는 권한이 요구된다.

관련하여 우리나라는 지방자치법에 부단체장, 행정기구, 공무원, 소속행정기관 등에 관한 사항을 대통령령으로 정하도록 하고, '행정기구와 정원관리 등에 관한 규정'을 통해 지방자치단체의 조직·인력에 관한 내용을 규정하고 있다. 이러한 규정에 따라 지방자치단체의 조직 및 인력(정원, 직급)에 관한 많은 내용들은 인구 규모별로 실·국 등의 규모가 일률적으로 정해지고, 직종·직급별 비율의 획일화가 일어난다. 또한, 조직·인력의 변경의 경우 행정안전부 장관의 승인이나 보고의 의무와 필요 시 중앙정부의 권고 등도 인정하고 있다. 기초지방자치단체의 경우에는 관련 사항들에 대해 광역지방자치단체장의 승인 또는 협의를 거쳐야 하기도 한다.

이상과 같이 자치조직권이 매우 제한적으로 허용되는 상황에서 지방자치단체는 행정환경 및 행정수요의 변화에 부합하는 기구 및 정원의 관리－운영이 어렵다는 비판이 제기되고 있다. 구체적으로, 지역 경제 및 환경변화에 따른 새로운 기구의 신설 및 비효율적 기구의 조정이 어렵고, 조직 내 기피업무와 전문성의 저하, 부서 간 연계협력의 저조 등의 문제점이 지적되고 있다(송인엽·이환범, 2020; 최창호·강형기, 2016: 229). 결국 자치조직권은 지방자치제 하의 조직·인력의 자율적 운영의 요구와 지자체 조직의 남설 및 방만한 인력운영으로 인한 비효율성에 대한 우려 사이에서 어떻게 균형을 유지할 것인가로 귀결된다.

(4) 자치재정권

자치재정권은 자치행정의 실현에 필요한 경비 등 물적자원을 조달·관리할 수 있는 권한이다. '자치재정권이 없으면 지방자치도 없다'라고 할 정도로 자치재정권은 실질적인 지방자치 구현을 위한 가장 근본적이고 핵심적인 권한이다. 지방자치단체는 우리나라의 지방자치 수준과 관련하여 흔히 '2할 자치'라는 자조적인 비판을 많이 한다. 지방이 중앙에 의존하지 않고 거둬들이는 지방세가 국세 대비 8:2의 수준에 머무르고 있는 현실을 반영한 것이다. 지방자치가 1990년대 재개된 이후 지방자치단체는 자치권의 개선 및 확대를 지속적으로 요구해오고 있지만, 그중에서도 자치재정권이 지방에서 가장 강력하게 요구하는 권한에 속한다.[31)]

제4절   지방자치의 효용과 한계

지방자치가 무엇인가라는 질문과 더불어 가장 빈번하게 제기되는 질문은 '지방자치는 왜 필요한가'일 것이다. 중앙집권적 전통이 오래 지속된 국가에서는 일반 국민의 중앙정부에 대한 선호와 의존적 사고가 뿌리 깊게 자리 잡아 지방자치의 필요성 또는 효용에 대해 더 많은 논쟁이 제기되기도 한다.

지방자치는 중앙집권과 같이 통치체제 중 하나로서 절대적인 가치를 지니는 것은 아니다. 즉, 지방자치의 효용은 국가적 특수성과 시대적 상황에 따라 상이할 수 있고 실질적 운용에 따라 그 가치는 달리 평가될 수 있다. 이러한 지방자치의 양면성 또는 긍정−부정론자에 대한 통합적 분석과 접근을 통해 지방자치의 현실적−실체적 양상을 보다 적실하게 이해할 수 있을 것이다.

1. 지방자치의 효용

지방자치의 효용(또는 필요성)에 대해 정치−행정적 측면의 논의가 가장 활발하게 진행되었다. 행정학과 정치학에서는 지방자치의 효용을 민주성과 효율성의 측면에서 오랜 논쟁을 지속해 왔다. 특히, 지방자치와 민주주의의 논쟁은 관계긍정설과 관계부정설의 입장 하에 첨예한 대립을 보였다. 관계긍정설은 지방자치를 민주주의

---

31) 지방재정에 관해서는 제9장 자체재원과 제10장 의존재원에서 세부적으로 논의한다.

의 훈련의 장으로서 긍정적으로 보는 반면, 관계부정설은 지방자치가 민주주의와 필연적 관계가 아님을 지적한다. 이러한 논의 등을 포괄한 지방자치의 효용에 대해 선행연구들은 일반적으로 정치적, 행정적, 경제적, 사회적 측면으로 구분하여 제시하고 있다(강용기, 2021; 강형기, 2016).

1) 정치적 측면의 효용

민주국가의 헌법에는 주권은 국민에게 있고(주권재민, 인민주권), 모든 권력은 국민으로부터 나온다는 기본적인 가치를 규정하고 있다. 헌법의 기본적인 정신 또는 가치가 오늘날 대의민주주의 제도의 형태로 구현되는 상황에서 권력의 실질적인 주체와 관련 주민의 대표자와 주민 간에 괴리가 존재하는 게 현실이다. 주민의 의사와 이해를 직접적으로 반영한 권력의 행사에 대해 대의민주주의제는 많은 한계를 노정하고 있다. 지방자치는 이와 같이 주권재민과 민주주의의 현실적 한계를 부분적으로 보완하는 기능을 한다. 국가와 주민의 관계 측면에 더하여 중앙정부와 지방정부의 수직적 측면에서도 정치적 권력의 분립 및 상호견제의 역할을 들 수 있다.

(1) 주권재민, 민주주의의 훈련 및 교육의 장, 자율과 책임의 시민의식 고취

주민이 스스로 통치하고 책임지는 지방자치는 민주주의의 훈련 및 교육의 장으로서 역할을 한다. 민주주의의 이념 및 가치는 일반 국민들의 의식과 행동 속에 내재화되어 일상생활 속에서 구현될 때 빛을 발한다. 주민들이 그들의 대표자를 선출하고, 주요 현안에 적극적으로 목소리를 내고 참여하는 과정은 바로 생활 속 민주주의가 구현되는 실천적 현장이다. 민주주의를 인류가 발전시켜온 위대한 통치체제 중 하나라고 보았을 때 본질적 가치는 일상생활 속에서 구현될 때 실질적 의미를 찾을 수 있다. 이를 통해 지방자치는 민주시민으로서 시민의식 성장의 기회를 제공하고 점증하는 시민의식과 요구를 적실하게 반영하는 통로의 역할을 한다. 지방자치, 특히 주민자치의 핵심은 주민에 의한 참여와 통치이다. 지방자치가 추구하는 주민의, 주민에 의한, 주민을 위한 의사결정의 가치는 지방차원에서 민주주의를 확대−강화하는 토대가 된다. 지방선거 및 지방 차원의 다양한 자치활동을 통해 풀뿌리

민주주의를 활성화하는 장이 된다.

(2) 수직적 권력분립 및 공간적 견제와 균형

지방분권에 기반한 지방자치는 중앙과 지방의 수직적 권력분립을 통해 견제와 균형을 추구한다. 행정-입법-사법의 삼권분립이 국가 차원의 수평적 권력분립이라면 중앙의 권한과 기능의 배분을 의미하는 지방분권-자치는 수직적 권력분립의 방편이다. 권력의 수직적 분산을 통해 중앙정부 독점의 폐해와 문제점을 견제하고 감시할 수 있다. 중앙권력의 독점에 대한 폐해로 몽테스키외는 프랑스의 대혁명 이후 지방으로의 수직적 권력분립, 즉 지방분권을 통해 중앙과 지방 간의 권력이 균형을 이룬 '절제된 정부'의 부재로 정치적 격변과 불안정이 초래되었다고 지적하고 있다(김석태, 2019: 127).

2) 행정적 측면의 효용

(1) 지역 실정을 고려한 특화된 행정의 가능

지방자치제 하에서 지방자치단체는 공공문제에 대해 중앙정부보다 지역사회와 주민의 특수성이 반영된 집합적 의사결정을 할 가능성이 높다. 지근거리인 지방에서 발생하는 공동의 문제 또는 공동의 목적을 중앙정부보다 신속하고 정확하게 파악하고 효율적으로 대응할 여지가 크다. 즉, 지역 맞춤형 행정을 통해 공공의 문제해결 가능성이 크고 시민의 욕구에 가까운 행정을 펼칠 수 있다. 이와 관련하여 강형기(2016)가 언급한 '문제해결 역할'로서의 행정의 의미는 이와 유사하다. 다시 말해 "현대 국가에 있어 행정이란 단순히 법령의 집행이 아니라 문제해결과정으로 인식하여야 하며 행정의 목표를 시민의 만족에서 구해야 한다."(강형기, 2016: 23) 즉, 행정을 문제해결과정으로 파악할 수 있으며 이를 통한 시민의 만족을 강조한다.

(2) 행정서비스의 효율성 및 투명성 제고

행정서비스의 효율적 제공과 대응성이 증대한다. 중앙정부가 지방의 모든 사무를 담당하는 것은 가능하지도 않고 효율적이지도 않다. 지방의 특색을 반영한 행정서비스의 발굴과 지역 실정을 정확하게 알고 실행되는 정책과 서비스는 행정과 정책의 효율성을 제고할 수 있다. 또한, 지근거리에서 결정 및 집행되는 정책이나 행정서비스에 대한 주민들의 관심과 참여는 적극적인 정보공개와 감시를 가능하게 하여 행정의 투명성을 강화시킬 수 있다. 행정의 투명성 강화는 행정의 낭비와 비효율을 줄이고 책임성의 강화로 이어진다.

(3) 현장기반 정책의 혁신 및 실험 가능

지방의 다양한 혁신적 실험을 통해 국가 및 지방정책의 혁신과 확산이 가능하다. 지방의 자율성에 기반한 지방자치는 우선적으로 지방에 한정된 정책이나 혁신의 실험을 저렴한 비용으로 가능하게 한다. 중앙정부 차원의 새로운 정책의 실험과 도입은 규모나 파급력으로 인해 수많은 이해당사자들의 갈등 및 저항 등 사회적 비용이 크게 든다. 지방의 정책실험은 비용이 지방에 한정되는 성격을 가지며 결과도 신속하게 파악할 수 있다. 이러한 정책실험의 성공과 실패는 타지방자치단체가 벤치마킹하거나 습득하는 기회를 제공한다. 아울러 성공적인 혁신정책의 확산은 궁극적으로 국가 차원의 정책도입으로 이어지기도 한다. 지방자치의 부활 이후 우리나라의 지방 차원에서 발굴 및 확산된 정보공개, 주민참여예산, 무상급식 등은 지방의 정책실험과 정책확산의 성공적인 사례로 평가된다.

3) 경제적 측면의 효용

지방자치는 국가 및 지역발전의 동력으로 역할을 한다. 지방자치와 분권이 발달한 선진국에서 도시나 지방은 단순히 국가 경제체제 내에만 머무는 것이 아닌 전 세계 차원의 경제적 경쟁을 하게 된다. 지방정부와 단체장이 직접 해외의 기업이나 국가와 경제적 거래나 협상을 통해 도시나 지방의 상품이나 브랜드를 홍보하고 판매하는 활동이 다양하게 펼쳐지고 있다. 예를 들어, 한국의 서울이나 일본의 오사카현의 단체장들이 이웃 국가들을 대상으로 적극적인 관광객의 유치를 위해 활동을 펼쳤다. 이와 같이 지방자치의 활성화를 통한 지역 자체의 창의적, 열정적 노력은 지역의 일자리 창출 및 소득 증대의 지역경제발전에 주요한 역할을 한다. 이는 특정 지역의 경제활동의 활성화에 기여할 뿐만 아니라 국가 전체의 경제발전으로도 이어진다.

우리나라의 경우 현재보다 한 단계 도약하기 위해서는 기존의 국가 주도 발전의 관행을 넘어서는 변화의 힘 또는 동력이 필요한 것으로 평가받는다. 한국전쟁 이후 1960년대부터 1990년대까지 한국이 경험한 지속적 성장의 원동력은 국가 중심의 강력한 리더십과 행정의 역할이 컸다. 1990년대 후반 각종 세계경제위기를 경험하며 한국의 미래성장동력의 원천으로 이전에 보여 주었던 중앙정부 중심의 역할은 한계가 드러나고 있다. 각종 정책 및 세제혜택을 통한 부동산 경기진작과 청·장년 고용 및 일자리 창출은 세계화와 자본주의의 심화에 따라 개인별 실질소득의 증가 및 국민들의 삶의 질 향상으로 연계되지 못하고 있다. 수출 증가와 경제성장은 지속되지만 고용 및 실질소득으로 반영되지 못하는 실정이다. 세계화와 다국적기업의 급속한 성장 속에 국가중심 또는 국가 주도의 발전만으로는 한계가 있는 것이다. 대안으로 지방의 잠재력과 가능성의 증진을 통해 국가-지방의 동반성장의 기회를 모색해 볼 만하다(최봉기, 2011).

4) 사회적 측면의 효용

(1) 지역사회 공동체 형성, 지역정체성과 애향심 고취

지방자치는 일정한 지리적 공간을 바탕으로 공동의 유대감과 의식을 공유하는 지역사회 공동체의 형성에 도움을 준다. 주민 및 지역사회의 자율과 책임 하에 스스로 다스리는 자치의 기본정신은 한 사람의 개인이 아닌 주민들의 집합체 또는 집단에 의한 다스림이 필연적으로 중요하다. 이러한 가치의 지향은 크게는 지역사회, 작게는 동네 단위에서 주민들의 집합체로서의 공동체형성이 활발하게 일어나게 한다. 지방자치단체의 정책적 차원이거나, 주민들의 자발적인 의식이나 행위이거나, 자치의 확대는 지역 내 공동체의 형성에 긍정적인 토대로 작용하는 것이다. 특히, 인접한 공간에서 유사한 생활문화를 유지-발전시키면서 지역주민들은 그 지역만의 공동체 의식이 형성되고 공동체적 일체감이 증대한다. 이와 같이 자율과 책임 하에 주민들이 스스로 다스리는 경험의 축적을 통해 '우리 동네, 우리 지역'이라는 지역정체성과 애향심의 증대에 영향을 미친다.

(2) 지역문화의 계승 및 발전

지방자치는 지역 고유의 문화를 계승-발전시키는 계기가 된다. 소득증대와 여가의 중요성이 확산되면서 지역문화는 먹고 사는 문제를 넘어 주민들의 일상적 삶의 질에 지대한 영향을 미치고 있다. 지역 내 주민들의 문화적 욕구의 충족은 지근 거리의 지방자치단체와 지역사회가 더욱 적실성 있게 충족시킬 수 있다. 지역문화는 장소적 고착성이 높고 지역별 다양성으로 인해 중앙정부에 의해 일률적이고 획일적으로 관리되고 발전할 수 없다. 지역사회와 주민들이 주체가 되어 지역문화를 발굴하고 지역 전통을 계승하는 속에 지역문화는 시대적 상황에 맞게 끊임없이 재탄생하게 된다. 이러한 지역문화의 계승 및 발전은 지역민의 삶의 질을 향상할 뿐만 아니라 지역이미지 및 브랜드의 제고에도 기여하고 앞서 언급한 지역의 경쟁력 향상에도 기여한다.

(3) 다원적 사회로 전환 및 다양성 존중

지방자치는 지방의 개성 및 특성을 인정하는 다원적 사회로의 이행을 반영하고 촉진시킨다. 정보·통신기술 및 교통의 급격한 발전은 중앙 중심의 일극중심사회의 가치를 퇴색시키고 있다. 사회적 다원성뿐만 아니라 개인의 개성 및 다양성에 대한 가치도 또한 확산되고 있다. 개인 및 사회의 다원화가 지속되는 가운데 지방자치는 중앙 주도의 획일적-일방적-하향적 국가 및 사회의 발전에 대안적-보완적 역할을 한다.

2. 지방자치의 한계

이상과 같이 지방자치의 예상되는 효용과 달리 지방자치의 한계를 비판하는 주장들도 다양하게 제기된다.[32] 특히, 정치-행정적 측면에서 민주주의 가치의 현실적 구현 측면과 행정의 효율성 측면은 다양한 논쟁을 일으켰다. 지방차치의 한계

---

[32] 대표적으로 Langrod(1953) 등은 지방정부, 지방자치와 민주주의의 관계를 비판적으로 논의하고 있다. 한편 이러한 주장을 관계부정설이라고도 한다.

에 대해 정치-행정적 측면과 경제-사회적 측면으로 대별하여 논의하면 다음과 같다.

1) 정치-행정적 측면의 한계

(1) 주민들의 낮은 관심과 참여

지방자치의 핵심은 주민들에 의한 스스로 다스림(자율적 통치)과 그에 따른 책임을 지는 것이다. 주민들이 지역의 공공문제나 목적을 위해 참여하여 토론하고 결정을 내린 후 책임을 지는 일련의 과정은 주민들의 적극적인 노력과 시간을 요한다. 오늘날 전 세계적으로 사회의 파편화 및 개인주의가 심화되는 상황에서 공공목적 또는 공공가치의 달성을 위한 주민들의 관심 및 참여는 점점 감소하는 추세이다. 주민들의 자율과 책임에 기반한 다스림이라는 지방자치의 규범적 가치에도 불구하고 현실 속 주민의 관심과 참여가 미흡한 자치는 존립의 타당성이 지속적으로 비판받고 있다.

국내외 연구들은 주민참여도가 낮은 것으로 지적하고 있다(Putnam, 2000; 곽현근, 2017; 김지영·정문기, 2021; 김찬동·이정용, 2014). 우리나라의 맥락에서도 지방자치제의 실시 이후 낮은 주민참여도는 지속적으로 제기되는 이슈이다. 이유로는 주민 개개인의 측면과 제도적 측면을 병행해서 지적할 수 있다. 우선, 주민자치에 대한 주민의 낮은 관심과 참여의 문화는 주민자치를 위협하는 중대한 요인이다. 지방자치단체 또한 각종 위원회 및 주민의견 청취제도 등을 도입하고 있지만, 지방정책의 수립과 집행에 있어 선언적 표명에 그치고 실질적인 집행에 소극적이다. 주민의 참여와 감시가 결여된 상태에서 주민의 통제가 적실하게 이뤄지기 어려운 경우가 많다.

(2) 일부 소수에 의한 지배 및 특정 이익의 대변

지방자치가 지역주민에 의한 통치라고 보았을 때 과연 다수 일반 주민들의 이해와 의견을 반영하여 지배되는가의 문제가 제기된다. 앞서 주민들의 낮은 관심과 참여가 예외가 아닌 일반적인 현상으로 보았을 때 지방자치는 일부 직접적 이해관계가 높은 소수의 입장이나 주장이 강하게 반영될 여지가 크다. 예를 들어, 지역

경제의 주축을 차지하는 주요 경제단체나 대기업들은 지역의 정책방향과 결정에 직·간접적으로 영향을 미친다. 피터슨이 '도시한계론(City Limits)'에서 지적하였듯이, 자본주의 사회에서 기업은 세제혜택 등 유리한 지역으로 자유롭게 이동하는 경향을 보인다. 지역의 주요 기업은 일자리 및 소득 등 지역경제에 미치는 영향으로 인해 지방정치지도자들과 공무원의 입장에서도 기업친화적 정책의 경향을 보이기 마련이다. 또한, 토지 및 지역개발 세력의 지역 내 영향력도 무시할 수 없다. 이와 같이 지역 내 주요한 정책결정과 재원의 배분이 특정 소수의 이해나 이익에 편중되어 나타날 수 있다.

우리나라의 맥락에서 지방자치단체장은 지방의 가장 강력한 의사결정자로서 지역 내 자원배분과 의사결정에 제한이 적어 비효율이 빈번히 발생한다. 지방의회와 지역주민의 통제가 부실한 상황에서 단체장은 지방의 중요 의사결정에 제한이 적다. 이러한 과정에서 과도한 축제의 남발, 호화청사 논란 등 자원배분의 비효율적 낭비가 많은 비판을 받는다. 또한, 지방정치가 중앙정치에 예속되어 지방정치가 실종되는 경우가 빈번히 발생하고 있다. 중앙정당의 지방공천제의 실시로 당리당략에 따른 정당지배가 지방정치에서 만연하다. 특히, 단체장과 지방의회의 다수당이 동일 정당에서 배출되는 경우 중앙정당의 당리당략에 의해 지방정책과 정치가 구현되는 경우가 많다. 또한, 젊고 유능한 인재의 지방 공직 진출의 기회가 적고, 지방공무원의 줄서기식 자치가 자주 발견된다. 더불어 지방정치인들의 정치적 스캔들(비리, 의장직 쪼개기, 금품수수 등)이 발생한다.

(3) 지역 이익에 매몰되는 지역이기주의

지방자치는 국가 전체의 이해나 정책에 앞서 지방 우선의 지역이기주의로 흐를 수 있다. 또한, 인접한 지방자치단체와도 공동의 문제해결을 위한 협력 대신 장기적인 갈등의 지속 또는 고착으로 흐를 수 있다. 대표적으로 지방자치 실시가 확대되면서 지역 간 비선호시설의 입지와 관련한 지역 간 갈등과 분쟁이 증가하고 해결의 과정도 더욱 어려워진다.

우리나라는 정부 간 협력의 어려움으로 국가 전체의 통합이 때로는 어렵고 지역 간 이기주의의 심화가 빈번하게 발생하고 있다. 정부 간 이해의 충돌이나 갈등 발생 시 조정이나 타협이 어려운 상황이 빈번하다. 일례로 방폐장의 입지와 관련 중앙과 지방정부의 갈등, 지방정부 간 갈등은 국가 전체의 주요한 정책집행에 있어 조정의 난관에 직면하여 심각한 지역이기주의의 양태를 보였다. 이는 지방자치단체 자체 및 지역이기주의의 문제에 더불어 중앙과 지방의 문제해결 능력 또는 협상자세 및 능력의 부재 등이 혼합되어 나타났다고 볼 수 있다.

(4) 행정의 지연 또는 중복-낭비로 인한 비효율성 발생

지방자치 하에서 지방의 고유사무는 원칙적으로는 지방의 자율과 책임 하에 처리하도록 하고 있다. 하지만, 지방의 고유사무 처리와 관련 지역 내 다양한 이해관계의 차이와 대립을 조정하고 타협하는 과정에서 행정의 지연과 중단이 일어나기도 한다. 때로는 유익한 토론과 논쟁을 넘어 반대를 위한 반대나 시간 끌기 등 행정의 비능률을 초래하기도 하는 문제가 발생한다.

또한, 국가 전체의 통일이 필요한 사무나 서비스에 있어서 중복이나 낭비가 발생하기도 한다. 지방이 지방의 실정을 적실히 반영하여 적은 비용으로 행정사무나 서비스의 효율적인 처리가 가능하기도 하지만 국가의 위임사무의 처리에 있어서는 전국적으로 동일한 수준의 양질의 서비스가 어렵기도 하다. 특히, 광역과 기초지방자치단체의 중층제 하에서는 행정의 중복과 낭비가 발생할 수 있으며, 권한과 책임의 소재도 불명확해지기도 한다.

(5) 지방자치단체 역량의 미흡

지방자치를 실시하는 지방자치단체 간 행·재정적 역량의 차이가 발생하면 궁극적으로 주민 삶의 질에 지역 간 격차로 이어지고 불평등이 심화될 수 있다. 대표적으로 도시와 농촌은 인구의 규모뿐만 아니라 행·재정적 규모에서도 차이가 발생한다. 이는 지방자치단체 간 역량의 격차로도 이어진다. 오늘날 공공문제가 더욱 복잡해지고 사악해지는 상황에서 규모가 작은 지방자치단체는 문제해결에 못 미치는 자치역량의 문제가 빈번히 대두된다.

2) 경제-사회적 측면의 한계

(1) 지역경제의 광역적 대응의 어려움

경제발전을 위한 물적 기반으로 도로, 항만, 공항, 물류시설 등 대규모의 사회인프라(SOC)는 필수적이다. 대규모의 사회기반시설의 건설은 하나의 관할구역이 아닌 여러 지역에 걸치는 광역적 사업이고 시설의 효과도 광범위하게 나타난다. 따라서 기초지방자치단체의 수준이 아닌 광역지방자치단체의 역할이 필요하고, 때로는 중앙정부 수준의 계획과 자원의 투입이 요구되기도 한다. 일정 구역에 한정하는 지방자치단체의 권한과 기능만으로는 경제발전을 위한 대규모의 사회기반시설의 확충이 어렵다.

(2) 지역 간 격차 또는 불균형의 증대

지방으로의 권한 이양 및 책임 증대에 기반한 지방자치는 지역 간 불균형 경제발전을 심화시킬 수 있다. 무엇보다 지역 간 인구의 규모, 인적 및 물적 자본 등의 구조적 차이가 발생하는 상황에서 도시와 농촌, 대도시와 중소도시 간 지역경제발전의 유형과 수준의 격차가 심화될 수 있다.

우리나라는 지역 간 빈익빈 부익부 등 격차의 현상이 심화되어 나타난다. 대표적으로 지방재정을 구성하는 자주재원은 지역경제, 부동산 경기변동, 인구 구성의 다원성 등으로 인해 수도권과 비수도권, 도시와 농어촌 지방정부 간 자원의 차등이 발생한다. 이를 보전하기 위한 지방재정조정제도에도 불구하고 지방의 인적·물적 자원의 구조적 불균형으로 지방정부 간 격차가 다방면으로 나타나고 있다. 지역 간 빈익빈부익부의 문제는 지방정부가 제공하는 서비스의 질과 수준에도 영향을 미치게 되어 국가적 통일성을 유지하기 어려운 문제로 이어질 수 있다.

(3) 지역 간 경쟁의 심화와 제로섬 게임화

지방자치는 지방의 자율과 책임을 강조하며 지역경제발전에 있어서도 자체적인 전략과 정책을 강조하게 된다. 지방이 경제발전주체가 됨으로써 외부 기업의 유치 및 기존 기업의 유지를 위해 지역 간 경쟁이 심화되는 경향이 나타난다. 새로운 기업의 유치와 기존 기업의 유출을 막기 위해 지방자치단체는 각종 세제혜택 및 기반시설을 경쟁적으로 약속하게 된다. 기업의 이윤추구 및 자유로운 이전의 속성상 결국 국가 전체적으로는 제로섬 게임의 악순환에 빠질 수 있다. 보다 더 큰 문제는 지역의 실질적인 경제성장으로 이어지느냐의 의문도 제기된다. 미국의 1970−80년대 지역 간 기업유치경쟁은 과도한 세제지원 및 시설제공에도 불구하고 실제 고용률 증대나 기업투자로 이어지지 않아 많은 비판을 받았다. 지방자치 하에서 경제발전을 위한 사활을 건 지역 간 경쟁은 실질적인 경제효과에 의문을 제기하며 국가 전체적으로는 승자와 패자가 공존하는 제로섬 게임의 문제가 발생하기도 한다.

(4) 지역주의적 배타성으로 인한 사회적 통합의 저해

지역정체성과 애향심이 과도하게 지나치면 오히려 타 지역에 대한 배타성으로 나타날 수 있다. 지역 우월주의에 기반한 다른 지역에 대한 배타적 감정이나 자세는 지역 간 갈등이나 협력의 부재로 이어질 수 있다. 한 국가 전체적으로 보면 사회적 통합성이나 연대감의 저하로 이어지고 지역 간 분열의 결과를 초래할 수도 있다. 지방의 색채와 자치의 전통이 강한 스페인의 카탈루냐지방의 경우 타지방과 분리하여 독립하고자 하는 움직임이 지속되기도 한다.

CHAPTER 03
지방자치제의 변천

지방자치제도는 각국이 처한 시대적 상황과 문제들에 대응하여 끊임없이 진화해 왔다. 연방국가와 단일국가, 중앙집권과 지방분권 등 국가체제와 권력분립의 정도에 따라 중앙과 지방의 관계, 지역 내 통치주체 및 권력, 주민과 지방자치단체의 관계와 역할은 협력 및 갈등의 다층적인 모습으로 나타나고 있다. 다시 말해, 지방자치제도는 각국의 정치·경제·문화·역사적 특수성을 반영하여 상이하게 형성 및 변천해왔고 현재도 진행 중이다.

이 장은 우리나라 지방자치제의 경험과 변천을 역사적 측면에서 다룬다. 이에 앞서 우리나라보다 먼저 지방자치제도를 형성하여 발전시켜온 주요 선진국들의 역사적 변천을 살펴보고 시사점을 논의한다.

제1절 외국의 지방자치제의 변천

민주주의 국가체제를 갖춘 나라들은 다양한 형태의 지방자치와 분권을 형성-발전시켜 오고 있다. 지방자치와 관련한 기존 연구들에서 대표적으로 소개되는 국가들은 영국, 미국, 프랑스, 독일, 일본이다. 영국, 프랑스, 독일은 중세 봉건제와 근대 절대왕정을 거치면서 주민자치와 단체자치의 전통을 유지 발전시켜온 대표적인 국가로서 평가된다. 미국은 주민자치적 전통을 유지해 온 연방국가로서 연방정부와 주정부의 정부간관계에 대한 논의가 활발하였다. 반면, 일본은 서구 열강에 의한 문호개방과 유럽식 제도개편(메이지유신)을 거치며 지방자치제도가 도입되고 다양한 변천을 거듭해오고 있다. 강력한 중앙집권의 전통을 유지해 온 일본은 우리나라와 역사적-지리적 근접성 등으로 인해 지방자치제도의 이해에 다양한 시사점을 주는 것으로 평가받는다.

1. 영국

서구 주민자치의 전통을 대표하는 영국은 잉글랜드, 웨일즈, 스코틀랜드, 북아일랜드의 네 개의 지역으로 구성되어 있다. 네 개의 지역이 각기 고유한 전통과 특성을 유지해 온 영국은 분리-독립을 요구하는 스코틀랜드 및 북아일랜드와 대립과 논쟁을 지속하며 상이한 수준의 자치권과 행정구역을 발전시켰다. 영국은 일반 법률과 구분되는 성문헌법이 없으며, 따라서 지방자치와 관련한 별도의 헌법 규정 없이 법률과 관습법에 따르고 있다. 지방정부는 원칙적으로 영국의회가 제정한 법률이 개별적으로 수권한 사무만을 처리하도록 하는 '월권행위금지의 원칙(Principle of Ultra Vires)'의 적용을 받는다.

영국에서 근대적 의미의 지방정부의 기능과 위상이 형성된 것은 1835년에 제정된 '지방법인법(Municipal Corporation Act)'에서 비롯된다. 이 법에 따라 제한적이지만 선거에 의해 지방의회를 구성하고 178개의 지방자치단체가 설치되었다. 이전에도 지역별로 행정구역으로 카운티(county), 패리쉬(parish), 버로우(borough), 특별지방행정기구 등이 존재했으나, '지방법인법'을 통해 근대적 의미의 선출직 의회를 통한 지방자치단체의 구성이 시작되었다는 점에서 의미가 크다(장은혜, 2018: 29).

지방행정체제 및 지방제도와 관련하여 주목할 만한 개편은 1970년대 들어서 일어난다. 우선 1972년 지방정부법의 개정을 통해 런던광역시를 제외한 잉글랜드와 웨일즈 지방에서 상위지방자지단체인 카운티와 하위지방자치단체인 디스트릭트의 2계층 구조(two tier structures)로 재편되었다(김권일, 2021). 또한, 6개의 카운티를 통합하여 메트로폴리탄 카운티를 설치하였고, 36개의 디스트릭트를 통합하여 메트로폴리탄 디스트릭트로 변경하였다(장은혜, 2018: 31). 런던은 대런던의회(the Greater London Council, GLC)와 32개의 버로우가 관할하도록 하였다.

주민자치적 전통 하에 지방의 자율적 지배를 존중하던 영국의 지방자치는 1970년대 말 대처 정부가 들어서며 중앙집권화의 경향이 강하게 나타난다. 1979년에 취임한 보수당 대처수상은 시장경제원리에 기반한 신자유주의 이념을 공공부문 및 정부혁신에 도입하였다. 제2차 세계 대전 이후 지속된 복지시스템의 확대는 1970년대 들어 전 세계적 오일쇼크와 더불어 정부 재정지출 부담의 가중으로 이어졌고, 중앙정부 주도의 정부혁신을 강력하게 추진하는 계기가 되었다. 정부혁신의 일환으로 대처 정부는 지방정부의 능률성 향상이라는 가치 하에 중앙정부 주도로 지방계층의 축소 및 통·폐합을 추진하였다. 대표적으로 1985년 잉글랜드 지방의 대런던의회(GLC)와 6개 메트로폴리탄 카운티를 폐지하고 단층제로 전환하였다(김권일, 2021). 또한, 지방정부 재정지출을 강력하게 통제하였으며, 이로 인해 지방정부의 저항과 반발을 불러일으키기도 하였다.

하지만, 보수당의 중앙집권화의 정책은 1997년 토니 블레어 노동당 정부가 들어서며 지방분권개혁으로 변경되게 된다. 대표적으로, 이듬해에 주민투표를 통해 런던광역시(Great London Authority)를 광역자치단체로 부활하였다. 2000년 5월 선거에서는 대런던시 시장과 의원을 분리하여 선출하고, 기관분립형의 형태를 취하기도 하였다. 또한, 노동당 정부는 유럽평의회(Council of Europe)의 '지방정부 헌장'의 서명을 통해 보충성의 원리에 기반한 지방분권의 확대 등을 추진하였다. 노동당 정부의 지방분권개혁은 지방의 공동체 및 민주주의 확대와 지방의 경쟁력 강화를 통한 지역발전 및 국가발전을 도모하고자 한 것이다.

이후 영국에서는 지방행정체제개편이 지속적으로 진행되어 오고 있다. 큰 방향은 광역지방자치단체 간 또는 기초지방자치단체 간의 통합을 통해 통합기관(unitary authorities)의 구성이었다. 잉글랜드뿐만 아니라 웨일즈와 북아일랜드에서 최근까지 활발하게 추진되었다. 북아일랜드는 2015년에 26개의 디스트릭트를 11개로, 웨일즈는 22개의 통합기관을 10-12개로 통폐합하였다(장은혜, 2018: 36).

2. 미국

미국의 지방자치는 유럽에서 이주한 초기 정착민들의 타운미팅에서 비롯된다. 미국 동부 뉴잉글랜드 지역에 정착한 영국인들은 타운미팅을 통해 대표자를 선출하고 과세권을 포함한 자치권을 허용받았다. 토크빌은 '미국의 민주주의'[1]에서 타운미팅이 지방자치와 미국민주주의의 토대로서 역할을 하였다고 지적하고 있다.

미국은 1865년 지방정부를 '주정부의 피조물(creatures of state)'이라고 하는 딜론의 규정(Dillon's Rule)에 따라 주정부의 결정에 의해 지방정부의 존치가 결정되는 것으로 확립되었다(Wright, 1974). 하지만 지방의 자율권도 인정하고 있는 데 일부 주에서는 '홈룰헌장(Home Rule Charter)'을 통해 일정 범위 내에서 지방의 권한을 인정하고 있다. 미주리 주가 1875년 미국 최초로 '헌장'을 도입하면서 지방자치가 지방정치 및 행정에서 인식이 확대되기 시작했다(윤인숙, 2018).

19세기 말과 20세기 초를 거치며 지방정부의 인사와 관련한 엽관제(spoils system)의 폐해, 시장이나 지역 정당의 보스에 의한 부패 및 각종 정경유착으로 대변되는 '조직정치(machine politics)'[2] 등이 만연했다. 이에 대한 비판으로 사회 전반의 개혁운동으로 '진보주의운동(Progressive Reform Movement)'이 확산되고 지방정치와 행정측면에

---

1) 프랑스인 토크빌이 1831-1832년 미국을 방문하여 경험한 미국의 당시 사회상황과 정치제도를 약 5년간에 걸쳐(1835-1840) 집필한 책이다. 프랑스 대혁명(1789년) 이후 각종 군소 혁명(1830년 7월 혁명, 1848년 2월 혁명 등) 등으로 체제의 전복과 왕정-공화정의 대립이 극심했던 프랑스의 상황과 비교할 때 미국의 사회적 평등, 주권재민, 주민의 대표자 선출 등의 법률과 정치적 제도는 토크빌에게 자유주의 및 공화정에 대한 인식변화에 지대한 영향을 미쳤다. 미국의 일상생활 속 사회적 평등과 정치제도와 민주주의에 깊은 영향을 받은 이 책은 프랑스, 영국 등 자유주의의 사상과 제도에 큰 반향을 일으켰다. 지방자치와 관련하여 토크빌은 뉴잉글랜드 지방의 방문에서 타운제도와 시민에 의한 자치기구의 관찰을 통해 시민이 권력의 원천이며 권력을 직접적으로 행사한다고 지적하였다. 이와 관련하여 임효선은 '한 자유주의 사상가의 정치사회학'에서 토크빌은 "자신의 운명을 수정하는 능력을 갖춘 시민의 능동성"에 대한 강한 신념을 가지고 있었다고 평가하고 있다(임효선·박지동, 2017: 28).

2) 여기에서 machine은 '권력 또는 통제력을 행사하는 일종의 조직(a group of people who control and organize something)'(출처: 캠브리지 사전)의 의미를 가진다. 19세기 이민계층 등의 유입으로 급격하게 팽창한 미국의 일부 도시(예: 시카고, 뉴욕)에서 발생한 문제들을 강력한 정치지도자가 계층적이고 규율이 강한 정치조직을 통해 근린단위까지 영향력을 미치고, 선거에서 정치적 지지를 확보하는 과정에서 발생하였다. 선거에서 이긴 강력한 정치지도자에 의해 선거에 기여가 큰 사람이나 조직에 대한 정치적 보상(임명, 재정지원 등)이 빈번하게 일어나고, 이러한 부패 및 불법한 사례에 대한 비판이 제기되었다.

서는 부패 정치인의 낙선운동 등 부패 및 무능을 척결하고 올바른 권력을 창출하는 정치개혁운동이 활발하였다. 정치개혁운동은 크게 선거구의 중·대선거구제화, 의회-시정관리관 기관형태(council-manager form), 홈룰헌장채택의 확대 등으로 나타나 이후 미국의 지방정부 형태 및 제도, 지방자치 및 정치에 지대한 영향을 미쳐오고 있다.

연방정부와 주의 권한과 역할이 구분되고 존중되던 전통은 뉴욕에서 1929년 10월 발생한 주식시장의 대폭락과 잇따른 대공황으로 인해 연방정부의 역할확대로 이어진다. 많은 기업의 도산과 대량실업, 그리고 디플레이션은 주정부를 넘어 연방 차원의 역할이 중요해지며, 기존과 다른 연방정부의 역할을 촉구하는 계기가 되었다. 즉, 대공황 이전 연방정부와 주정부의 독자적 권한과 영역의 관계를 중시하던 연방주의(federalism)체제와 문제해결방식이 한계에 직면하면서 연방정부의 역할 증대와 연방정부-주정부-지방정부의 정부간관계를 통한 사회에 만연한 경제문제의 해결이 중요하게 대두되었다(Wright, 1990). 연방정부는 정부의 역할을 강조하는 케인즈 정책의 도입과 연장선상에서 뉴딜정책을 도입하여 경제공황을 극복하고자 하였다.

1960년대 존슨정부의 '위대한 사회(Great Society)'의 건설 및 복지정책의 확대는 연방정부의 권한과 역할을 더욱 증대시키면서 정부간관계의 관심과 중요성의 증대로 이어졌다. 하지만 존슨정부 이후 닉슨정부에서는 복지국가에 대한 비판과 반성, 그리고 70년대 석유파동 등을 겪으며 80년대 레이건 정부는 '신연방주의(New Federalism)'를 기치로 내세웠다. 연방정부의 역할 및 규모 축소, 사업별보조금(categorical grants)의 포괄보조금(block grants)으로의 통·폐합과 재정지원의 축소, 주정부로의 권한 재정립 등 연방-주정부 간의 새로운 국면의 전환이 추진되었다.

이상과 같이 미국의 건국 초기에는 연방정부와 주정부가 어느 정도 독자적인 권한과 영역을 유지하는 '이원연방제(Dual Federalism)'가 발전되어 오다가 1920-30년대 경제대공황을 겪으며 연방정부와 주정부의 긴밀한 관계가 강조되었다(Wright, 1990). 복지국가의 실패와 신연방주의의 과정을 겪으며 연방주의의 공식적-법적 관계의 강조에서 비공식적-행정(관리)적 관계 등 연방-주-지방정부 간 광범위한 측면에서 정부간관계가 논의되고 있다. 오늘날 미국은 연방정부와 주정부의 권한과 기능에 대해 법률적 논쟁이 여전히 지속되고 있다. 대표적으로 캘리포니아와 연방정부의 환경규제에 관한 입장 차이는 법률적 논쟁을 지속해 왔다.

3. 프랑스

프랑스는 1789년 대혁명을 통해 근대적 형태의 지방제도 및 행정구역(데파르망, 아롱디스망, 코뮌)을 설정하게 된다. 혁명의 혼란기에 쿠데타를 통해 정권을 잡은 나폴레옹1세는 강력한 중앙집권체제를 구축하고 지방자치단체에는 데파르망 지사(Prefet)의 임명을 통해 지방을 중앙의 지배와 감독 하에 놓이게 하였다. 이후 1830년과 1848년의 7월 혁명과 2월 혁명을 거치며 주권재민이 실질적으로 확보되고, 지방의 원선거 및 코뮌 권한의 확대를 담은 지방제도의 개혁으로 이어졌다. 하지만 여전히 강력한 중앙집권의 전통 하에 지방자치단체는 중앙의 일선 지방행정기관으로서 단체자치의 단일국가로서의 동일성을 강력하게 유지해 왔다.

강력한 중앙집권체제의 전통을 가진 프랑스는 1980년대에 대대적인 지방분권개혁에 착수하게 된다(강명원, 2021; 최진혁, 2015). 1982년 미테랑 사회당 정부는 지방분권개혁을 추진하게 되는데 '지방자치단체의 자유와 권리에 관한 법(1982년)' 및 '국가와 지방자치단체, 지방자치단체간 권한배분법(1983년)'을 제정하였다(전훈, 2018). 구체적으로 중앙-지방 간 권한 배분, 보충성의 원칙, 재원이양 및 지방세제, 지방행정체제 개편 등을 추진하였다. 기존 자치계층인 데파르트망-코뮌의 2계층제를 레지옹-데파르트망-코뮌의 3계층제로 전환하여, 레지옹이 광역지방자치단체의 역할을 담당케 하였다(전훈, 2018).

1995년에 집권한 자크 시라크 우파정부도 지방분권개혁을 지속적으로 추진하게 된다(최진혁, 2008). 2003년에는 지방분권형 헌법개정을 통해 제1조에 국가조직의 분권화를 명시하였다. 2010년 12월 사르코지 정부는 효율적인 지방행정을 위해 지방행정체제를 개편하게 되는데 레지옹과와 데파르트망의 수를 대폭적으로 조정하고자 하였다. 2016년 프랑스 내 22개의 레지옹을 13개로 축소하여 광역화하고 코뮌의 통폐합을 추진하였다. 장기적으로는 헌법개정으로 데파르트망의 폐지를 통해 레지옹-코뮌의 2계층으로 축소하는 방향을 구상하기도 하였다.

이상과 같이 프랑스는 지방분권의 핵심 내용을 헌법 차원에서 보장하고 개정한 측면을 보여준다. 지방자치 및 분권의 전반적인 개혁 방향은 지방의 권한 확대와 보충성에 기반한 지방자치단체 간 권한의 조정, 재원이양 및 광역화로의 지방행정 체제개편을 들 수 있다(최진혁, 2015).

4. 독일

독일은 연방국가로서 연방헌법인 '기본법'을 통해 국가적 통일성을 유지해 오고 있다.[3] 연방을 구성하는 16개의 주는 자체 주헌법, 주의 수상과 각부 장관을 두며 높은 수준의 분권 체제로 운영된다. 그리고 연방주의에 입각한 지방자치가 보장되고, 연방-주-지방자치단체의 행정체계로 구성된다.[4] 근대국가의 탄생, 2차 세계대전, 독일 통일과 EU의 탄생 등의 시대적 변화를 겪으며 연방정부-주정부 간의 권한 재조정, 주간 재정력 격차의 문제 및 지방자치단체의 재정부담 증가, 주민참여 및 행정구역 개편 등이 주요한 현안으로 대두되었다. 연방제국가의 통일성을 유지하면서 주의 자율성과 책임을 강조하는 연방주의와 지방자치는 독일의 지방자치 및 분권의 핵심을 이루고 있으며 시대에 따라 변천을 거듭해오고 있다(안광현, 2021). 근대국가의 성립 시기 이후 오늘날까지의 진행되어온 세부적인 변천 내용은 다음과 같다.

---

3) 독일 기본법은 지방자치단체의 자치권과 법적 지위, 권리구제를 규정하고 있다. 즉, 기본법 제28조 제1항은 각 주의 헌법이 보통·직접·자유·평등·비밀선거에 의한 지방자치단체의 대표를 선출해야 할 것을 규정하고, 제28조 제2항은 각 주의 헌법은 게마인데가 법률의 범위 내에서 자신의 책임 하에 지역사회의 모든 사무를 규율할 권리가 보장되도록 해야 하는 것으로 규정하고 있다. "게마인데 (Gemeinde)에게는 지역공동체의 모든 사무를 법률의 범위 내에서 자신의 책임 하에 규율할 권리가 보장되어야 한다"라고 명시하였다(정남철, 2018: 49).

4) 지방자치단체는 크라이스(Kreis, 군)와 게마인데로 대별된다. 게마인데는 주민과 지근거리에서 행정 서비스를 제공하는 기초지방자치단체로서 자치권 행사의 기본 단위이다. 일종의 크라이스는 게마인데의 연합체로서 보다 광역행정을 담당하는 역할을 한다. 크라이스는 게마인데 보다 상위에 존재하지만 엄격한 의미의 수직관계가 아닌 게마인데의 보완적 기능을 담당하는 수준이다. 오늘날 광역행정의 수요가 점증하고, 규모가 작은 게마인데의 행-재정적 한계로 인해 크라이스의 역할이 높은 관심을 받고 있다(이규영, 2002).

　　독일은 1871년 베르사유 궁전에서 비스마르크의 주도로 독일제국을 선포하며 연방국가로 수립되었다. 독일에서 지방자치가 헌법 차원에서 본격적으로 보장되기 시작한 것은 1919년 8월 제정된 바이마르공화국 헌법으로 평가된다. 지방자치권의 규정 및 보통·평등·직접·비밀선거에 의한 지방선거를 규정하였다. 하지만 1920년대 후반 세계적인 대공황으로 국가체제의 위기를 겪으며 지방자치권의 축소로 이어졌다. 특히, 1930년대 중반 이후 나치당의 득세와 국가사회주의의 등장으로 국가권력 중심의 통치가 확산되면서 중앙집권제가 강화되고 지방자치권은 사실상 소멸상태에 이른다.

　　1945년 2차 세계대전의 패전 이후 독일의 각 주는 승전국인 영국, 프랑스, 미국, 소련 등에 의해 분할 통치되며 각국의 모델이 반영된 지방자치의 형태가 운용되었다. 영국, 프랑스, 미국의 통치를 받던 서독은 지방분권과 민주주의 원칙 하에 지방자치의 형태를 취하였으나, 소련의 지배를 받던 동독은 중앙집권적 정부형태를 채택하였다. 이러한 영향은 오늘날 각 주의 상이한 지방기관구성 형태에도 반영되어 이어져 오고 있다. 예를 들어, 주별로 기초지방자치단체인 게마인데의 시장을 의회에서 선출하거나, 의회의 장이 시장을 겸하거나, 시민이 시장을 직접 선출하는 등 다양한 형태를 취한다.

　　이후 1960-80년대를 거치며 행정구역 개편과 지방재정제도의 개선이 이뤄진다. 즉, 1960년대 후반과 1970년대 들어 전후 급격한 경제성장으로 인한 도시화와 산업화, 그리고 동독인들의 대거 이주로 주거 구조의 대대적인 전환이 요구되었다. 이에 대응한 지역단위의 도시계획과 행정의 효율성을 반영한 크라이스(군)와 게마인데의 최적 규모의 논의도 증대하였다. 또한, 사민당 브란트 수상의 복지국가 확대와 그에 따른 복지정책의 직접적인 수행주체인 지방정부의 행정역량강화의 필요성, 행정기능의 지방이양 등의 배경 하에 행정구역 개편의 필요성은 증대하였다 (Wollman, 2004: 113-114). 대폭적인 행정구역의 개편을 통해 군과 게마인데의 축소로 이어졌다.[5] 구역 통합의 과정에서 물론 국가의 개입으로 인한 전통적 지역공동체의

5) 이기우(2006: 1)는 행정구역의 개편을 통해 크라이스는 427개에서 237개로(44% 감소), 독립시는 135개에서 91개로(33% 감소), 게마인데는 24,411개에서 8,513개로(65% 감소) 감소하였고, 게마인데의

붕괴에 대한 우려로 일부 지역과 주민들의 저항과 반발이 일어나기도 했지만, 대체로 무난하게 통합에 이른 것으로 평가받는다.

대대적인 행정구역의 통합은 독일 통일의 결과 구동독 지역의 행정체제 개편에 대한 요구에서 비롯된다. 구동독 지역에서 청년들의 도시 및 서독으로의 대거 이동으로 구동독 농촌지역의 급격한 인구감소 및 경제의 침체 등으로 구역 개편의 요구가 급증하였다. 1990년 10월 3일 독일 통일 이후 구동독 내 5개 주의 지방자치단체들의 구역 통합이 활발히 진행되게 된다. 1990년에서 2008년 사이 5개 주 내 군은 대폭적인 통합의 결과 190개에서 64개로 약 2/3가 줄었다(박해육, 2008: 41).

1990년대는 또한 지방자치제도의 개혁이 동시에 일어났다. 1980년대 광산업의 퇴조와 1990년대 동서독의 통일로 인한 재정부담의 증가, 정보통신기술의 발전으로 인한 정보화사회로의 진전, 관료화된 지방행정의 효율성 증대 및 아래로부터의 주민참여의 요구를 반영하는 지방자치제도의 개혁이었다. 개혁의 일환으로 민영화, 사무위탁과 같은 신공공관리론의 경향이 확산되고, 아래로부터의 시민참여의 강화와 시장 직선제의 확대를 담은 지방자치법의 개정이 진행되었다(정남철, 2018: 61). 대표적으로, 주민발안이나 주민투표의 도입과 같은 직접민주주의 제도 등의 도입을 통해 점차 감소하는 주민의 참여와 관심을 다시 증대시키고자 하였다.

2000년대 들어 독일 지방정부는 지방자치제도의 위기와 도전에 직면하고 있다(정남철, 2018: 104). 1990년대 동서독의 통일로 인한 재정문제 등이 지속되고, 재정부담을 초래하는 국가사무가 주와 지방으로 이양되면서 지방의 부담이 가중되고 있다. 또한, 게마인데의 인구변화와 노령화가 가속화되고 있으며, 이에 따른 사회기반시설 재원배분(예를 들어, 학교나 유치원에서 양로원 시설 확대)의 재고가 필요해졌다. 앞서 언급한 지방자치에 대한 시민참여 약화와 정치적 무관심도 지속되고 있다. 이를 반영하여 독일의 연방정부와 주정부는 기본법의 개정을 통해 연방과 주의 국가사무와 입법권의 배분문제를 다루는 연방주의개혁을 2차례(2006년, 2008년)에 걸쳐 단행하였다(정남철, 2018). 이를 통해 연방과 주간의 '국가권력의 수직적 분권'이 시대적 상황을 반영하여

평균 주민 수는 1,510명에서 7,242명으로 증가하였다고 하였다.

변천하고 있다.

이상과 같이 독일은 시대적 상황 변화에 대해 연방주의의 개혁과 지방분권을 추진하면서도 국가적 통일성과 불가분성을 강조하고 있다. 주와 지방정부의 재정부담 및 행정역량의 강화를 위해 두 차례의 대대적인 행정구역 개편 이외에도 주별로 행정구역 개편 논의는 지속적으로 진행 중이다. 독일의 행정구역 개편은 단순히 구역 간 지리적 통합을 통해 규모를 확대하는 것에 머물지 않고 기능 및 재원의 이양을 동시에 진행하면서 지방정부의 행정역량의 증대 및 지역경쟁력의 강화를 꾀하고 있다(박해육, 2008).

5. 일본

일본은 서구 열강에 의한 문호개방과 메이지유신을 거치며 천황 중심의 강력한 중앙집권체제를 확립하였다. 이를 반영한 일본제국헌법에는 지방자치의 내용을 담지 않았고, 법률로써 지방제도의 기틀을 마련하였다. 2차 세계대전에서 패망 이후 미군정기에는 일본국헌법의 개정을 통해 지방자치를 헌법에 명문화하고, 민주화와 분권화를 담은 지방자치의 확대를 요구받았다. 하지만 미군정이 물러나고 50년대 중후반 이후 80년대까지 지속된 경제부흥 및 국가 중심의 고도 경제성장기를 겪으며 중앙 우위의 중앙집권체제는 여전히 유효하게 작동했다. 다만, 공해 및 환경오염 등 지역문제의 대응을 위한 혁신지방제나 주민의 자각 및 시민운동이 70－80년대에 활성화되기도 하였다. 1990년대에는 거품경제의 붕괴로 인한 국가 경제의 쇠퇴, 고령화와 인구감소 및 지방 재정부담이 가중되는 상황에서 중앙과 지방의 관계 재정립 및 기관위임사무의 전면 폐지를 통한 사무배분의 합리화 등 중앙정부 주도의 지방분권이 강력하게 추진되었다.

이상과 같은 전반적인 흐름을 일본 제국주의헌법과 지방제도의 정립, 미군정기와 일본국헌법의 성립, 경제부흥기 및 신중앙집권화, 중앙정부 주도의 지방분권 추진기로 구분하여 논의한다. 일본은 전반적으로 중앙집권체제의 토대 하에서 최근에 중앙주도의 지방분권의 노력이 지속되고 있음을 알 수 있다. 또한 일본은 한반도와의 지리적 인접성과 역사적 관계로 인해 우리나라의 지방자치제도 및 지방행정체제에 다양한 영향을 끼친 것으로 평가된다. 따라서 이하에서는 메이지유신 이후 일본의 지방자치제도의 변천에 대해 시기별로 구분하여 세부적으로 살펴본다.

1) 일본제국주의헌법과 지방제도의 정립

근대화 이전 '막부'와 '번'이라는 봉건체제의 일본은 서구열강에 의해 문호를 개방하고 서구제국주의를 모방한 근대화를 도입하였다. 1860년대 근대국가의 성립과 더불어 제정된 일본제국주의헌법(메이지헌법)은 강력한 천황중심의 중앙집권체제의 건설을 지향하였으며, 따라서 지방자치에 관한 명문규정을 두지 않았다. 지방자치에 관한 규정은 헌법이 아닌 법률차원에서 정비되는데 1878년(명치 11년) 군구정촌편제법(郡區町村編制法), 부현회규칙(府縣會規則), 지방세규칙(地方稅規則)과 1880년 구정촌회법(區町村會法)의 제정, 1888년 시제정촌제(市制町村制) 및 1890년의 부현제-군제(府縣制, 郡制)의 변화를 거치게 된다(이상윤, 2018: 27; 최환용, 2020: 313). 시제정촌제는 봉건시대의 자연촌락을 행정적 필요에 따라 합병하여 시정촌을 국가의 기관위임사무를 담당하는 일선기관화하고 중앙의 지휘감독을 받도록 하는 제도의 변화였다. 부현제와 군제를 통해서는 광역지방단체로서 국가의 행정기관의 역할을 담당하도록 하였다. 메이지정부의 지방제도 개편은 여전히 지방에서 세력을 형성하고 있던 지방귀족들의 권한과 영향력을 약화시키고 중앙정부의 재정수입을 확보하기 위한 차원이었다.[6] 이러한 과정을 통해 일본은 근대적 지방제도의 기틀을 마련하였다. 이후 1921년에 '군'이 폐지되고, 1943년 동경도제(東京都制)가 도입되어 1945년 2차 세계대전에서 패망하기 전까지 각종 제도개편을 통해 도도부현과 시정촌으로 행정체제가 자리잡았다.

2) 미군정기와 일본국헌법의 성립

2차 세계대전 패망 후 1951년 미군 점령기 사이에 점령군사령부는 제국헌법(시

---

6) 메이지정부는 1867년 탄생 이후 호적법을 제정 시행하게 된다. 호적법을 통해 전국의 지방 단위의 인구, 가구 등을 파악하여 지방제도 개편을 위한 기틀을 마련하였다.

행 1947년 5월 3일)을 개정하여 오늘날까지 지속되고 있는 일본국헌법을 만들었다. 또한, 점령군사령부는 일본국헌법에 지방자치 관련 규정의 도입을 요구하였고 이를 반영하여 지방자치의 제도적 보장이 확보되었다. 일본국헌법 제8장[7]에는 지방자치의 본지, 지방공공단체 조직－운영, 의회의 설치, 주민의 직접선거, 법률의 범위 내에서 조례제정, 행정사무처리, 특정 지역에 적용되는 특별법은 주민 다수의 승인 필요 등을 담고 있다. 일본국헌법과 더불어 지방자치법도 1947년 5월 3일에 시행되었다. 이후 점령군사령부의 자치권 강화 지시 등을 담은 수차례의 개정을 통해 분권화 및 민주화의 흐름이 지속되었다. 특히, 일본의 지방자치와 분권정책에 주요한 영향을 미치는 샤프권고와 고베권고가 미군정기에 있었다. 미국 콜롬비아대학교 교수인 샤프를 대표로 하는 미국사절단이 일본의 세제개정에 대해 권고하였고, 이를 반영한 고베권고가 작성되었다.

샤프권고는 당시 도도부현－시정촌의 행정체제로 인한 사무배분의 복잡성과 비효율성, 세제배분과 활용의 문제점을 지적하였다. 샤프권고는 사무배분의 기준과 원칙을 담은 것으로 샤프3원칙으로 불린다(최환용, 2020: 324). 구체적으로 첫째, 행정 책임 명확화의 원칙으로 중앙정부, 도도부현, 시정촌의 3단계 행정기관에 각각의 사무를 분리하여 배분하고 행정의 책임구분을 명확히 한다. 둘째, 능률의 원칙으로 사무의 배분은 사무처리에 적합한 규모, 능력, 재원을 갖춘 행정기관에 각각 배분한다. 셋째, 보충성의 원칙으로 주민에게 직결되어 지근거리에서 처리하는 것이 바람직한 사무는 시정촌의 행정기관이 담당하도록 한다. 이에 대응하여 '지방행정조사위원회(고베위원회)'가 구성되고 행정사무의 배분과 관련한 고베권고를 준비하였다.[8] 하지만 중앙정부 부처의 저항 및 소극적 태도와 점령군 사령부의 정책변화로 실제로는 구현되지 못했다. 더불어 경찰－소방－교육제도가 정비되는데 경찰법, 교육위원회법,

---

7) 일본국헌법 제8장 제88조－제91조

8) 고베권고의 주요 내용으로는 "① 그 사무의 성질상 당연히 국가가 처리해야 하는 국가의 존립에 필요한 사무를 제외하고는 지방공공단체의 구역 내 사무는 가능한 지방공공단체의 사무로 하고, ② 국가의 관여에 대해서도 지방공공단체 또는 그 주민에게만 관계가 있는 사무에 대해서는 국가는 원칙적으로 관여해서는 아니된다"고 했다. 또한, "③ 부현과 시정촌 간의 사무배분에 관해서는 주민에게 직결하는 기초적 지방공공단체인 시정촌에게 원칙적으로 배분하는 것"으로 하였다(최환용, 2020: 324).

지방재정법, 지방공무원법 등이 제정되었다(강용기, 2021: 99).

3) 경제부흥기 및 신중앙집권화

미군정이 물러나고 일본은 1952년 이래 한국전쟁의 영향을 받은 경제의 부흥 및 고도성장기를 거쳐 경제대국에 오른다. 이전 미군정기에 추진된 민주화 및 분권화의 지방자치제도를 무력화하는 중앙집권화로의 회귀가 시도되었다. 지방자치법 개정을 통해 도도부현의 지휘-감독권을 강화하고, 도도부현과 시정촌의 기능을 구분하고, 지방재정법의 개정으로 지방사무경비를 전액 지방공공단체가 분담하는 원칙을 도입하며, 경찰법의 개정을 통해 시정촌자치경찰제가 폐지되고 경찰의 중앙집권화가 강화되었다. 이 시기에는 지역격차 해소, 규모의 경제 및 종합화를 강조하는 지방의 광역화가 추진되고, 능률화 및 합리화에 역점을 둔 일본식 중앙집권체제가 재확립되며 신중앙집권화의 경향을 보이게 된다. 대표적으로, 부현의 통폐합을 통해 전국을 7-9개의 지방으로 나누는 도주제 및 시정촌의 광역행정화 등이 추진되었다. 하지만 중앙정부의 일방적-획일적 발전정책 및 고도 경제성장의 명암으로 미나마타병과 이타이이타이병과 같은 공해 및 환경문제와 교통의 혼잡 등 지역문제가 대두되었다. 지방의 문제에 대한 주민들의 자각이 확대되고, 주민중심의 생활정치가 태동하게 된다. 또한, 중앙정부에 전적으로 의존하거나 맡겨두는 것이 아닌 지방의 특수성이 반영된 지방의 운동 또는 제도개혁운동이 관심을 받기 시작했다. 특히, 혁신지자체운동은 노인 대상 무상의료 서비스 제공 및 아동수당 제도도입과 같은 복지제도의 혁신과 환경기준 강화와 같은 혁신을 주도하고, 중앙정부의 태도 전환의 전기가 마련되기도 하였다.

4) 중앙정부 주도의 지방분권 추진기

1980년대 후반 거품경제의 붕괴가 시작되며 1990년 이후로 일본은 '잃어버린 20년'에 들어간다. 1990년대 초반부터 글로벌화와 일본의 국제적 경제 위상의 추락, 동경일극 집중화의 폐해에 대한 다극분산형 발전의 요구증대, 지역의 창의성과 자립성의 강화를 위한 중앙-지방 간 관계의 조정, 지방제도 개혁을 통한 지방의 발전과 경쟁력 강화 등의 방안 중 하나로 지방분권개혁의 요구가 점증하였다.

지방분권개혁의 대대적 추진은 1990년대부터 진행된 '지방분권추진법'과 '지방분권일괄법'을 통해서였다. 1995년 5월 제정된 지방분권추진법은 5년 한시법으로 이후 2006년에는 지방분권개혁추진법으로 계승되어 지속적인 분권 추진의 기틀을 마련하였다(김순은, 2001). 지방분권추진법에 따라 분권추진 기구로 지방분권추진위원회가 설치되고 강력한 지방분권정책을 추진하기 위한 제도적 기반이 마련되는 계기가 되었다. 위원회의 활동 결과 1999년 7월에는 '지방분권의 추진을 위한 관계 법률의 정비 등에 관한 법률(일명 '지방분권일괄법')'이 제정되었다. 이를 통해 지방분권과 관련한 중앙부처의 총 475건의 법률이 일괄적으로 개정되었다(최환용, 2017). 제1차 지방분권개혁의 추진 결과 대표적으로 기관위임사무의 폐지를 통해 지방자치단체의 사무를 자치사무와 법정수탁사무로 재편하고 국가의 관여에 관한 새로운 원칙이 신설되었다. 다시 말해, 그간 중앙의 지방정부 관여 및 통제의 수단으로 널리 비판받아온 기관위임사무를 전면적으로 폐지하여 자치사무와 법정수탁사무로 조정하고, 필치규제[9]의 재조정, 지방사무관제도를 폐지하였다. 2000년대 이후에도 일본은 지방분권일괄법의 방식을 통해 지방분권을 지속적으로 추진하게 되는데, 이러한 방식은 분권개혁 방향의 일관성 유지 및 효율적인 권한 이양에 기여를 한 것으로 평가받는다(최환용, 2017). 요약하면, 지방분권개혁의 지속은 기관위임사무의 폐지, 중앙-지방의 관계의 재조정 등에서 대대적인 개혁이 진행되었지만, 여전히 하향식 분권 추진이라는 평가를 받고 있다.

지방자치-분권개혁에 더하여 지방정부의 행정체제 측면에서는 자치단체의 통합을 통한 광역화가 메이지정부 이래로 지속되었다. 광역적 연계의 강화의 측면에서 도주제, 부현합병론, 시정촌 합병론 등이 일반적으로 제기되었으나 의견의 차이로 간극을 좁히지 못했다(김순은, 2001: 111-112). 1990년대 도입된 지방자치단체 간 협력과 행정구역 개편을 용이하게 하기 위한 지방행정체제 개편과 관련한 제도로는 크게 광역연합제도(1994), 중핵시제도(1994), 시정촌 합병제도(1995)를 들 수 있다(이상

---

9) 중앙정부의 법령에 근거하여 행정기관 및 일정 직원 등의 설치를 일률적으로 의무화한 제도로서 지방에 대한 중앙정부의 수직적 관계를 반영한다.

윤, 2018). 첫째, 광역연합제도는 광역행정 수요에 공동으로 대응하기 위한 복수의 지방자치단체 간의 협력제도이다. 기초지자체인 시정촌단위뿐만 아니라, 광역지자체 간의 협력도 포함한다. 지방자치단체 간 광역연합을 통해 기존 일부사무조합의 한계를 보완하고 종합적인 광역적 기능을 수행하는 목적을 가진다(금창호, 2018). 둘째, 1994년 지방자치법의 개정을 통해 중핵시 제도를 도입하고 대도시 지역의 분권을 촉진하고 자율성을 높이고자 하였다. 셋째, '시정촌 합병의 특례에 관한 법률(1995년)'을 통해 시정촌 합병을 촉진하고자 하였다. 예를 들어 시정촌의 합병이 대대적으로 일어나는데 1999년에서 2014년 사이 3,229개였던 시정촌이 1,718개로 약 47%의 시·정·촌이 줄었다(이상윤, 2018).

요약하면, 1870년대 메이지유신 이후 약 150여 년간 진행된 일본의 지방행정체제 개편에서 광역지방자치단체인 도도부현은 거의 변화가 없었고, 시정촌은 지속적인 합병을 통해 규모가 큰 도시(지정시, 중핵시, 특례시 등)가 증가하고 전체 시정촌의 수는 대폭 감소하는 경향을 보였다. 시정촌 통합의 이면에는 세계에서 가장 가파르게 증가하는 고령화와 지방 인구감소로 인한 만성적 지방재정적자와 광역적 연계를 통한 행정의 효율화에 대한 고민이 반영되어 있다고 볼 수 있다.

6. 시사점

앞서 살펴본 국가들의 사례는 지방자치 및 분권이 각국이 처한 정치적—사회적 상황에 따라 상이한 수준과 양상을 보이며, 고정되지 않고 지속적으로 진화하고 있다는 것이다. 근대국가의 탄생, 세계적인 대공황, 세계대전 등과 같은 대대적인 시대적 격변과 개별 국가가 처한 내부의 정치적—경제적 동인이 복합적으로 작용하여 중앙과 지방의 권력 및 권한의 배분, 주민의 권리 및 민주주의, 지방행정체제 등의 변화가 지속되고 있음을 보여준다. 각국이 처한 지방자치 및 분권의 정도 및 변화는 일률적으로 평가하기 어렵다. 개별 국가 고유의 정치적—역사적 특수성과 국민들의 인식이 상이한 배경으로 작용하기 때문이다. 그럼에도 주요국의 사례를 통해 지방자치 및 분권과 관련한 어느 정도 유사한 흐름을 도출할 수 있다.

첫째, 시대적 변화 또는 도전에 대응하여 각국에서는 중앙과 지방의 권한 및 기능의 재조정이 활발하게 일어나고 있다. 단순하게 표현하면 중앙집권의 전통을 가진 국가에서는 지방분권의 확대로, 지방분권의 오랜 전통을 가진 국가에서는 중앙집권의 확대화의 경향을 보인다고 할 수 있다. 대표적으로 강력한 중앙집권의 전통을 가진 프랑스는 1980년대 진보성향의 미테랑 정부의 지방분권의 추진 이래로 보수당의 집권 하에서도 지방분권의 기조를 지속적으로 유지하는 흐름을 보였다. 반면, 주민자치와 지방의 자율성이 강조되던 영국에서는 1970년대 후반 보수당의 대처수상의 집권으로 중앙의 권한을 확대하는 일련의 조치들을 통해 신중앙집권화의 경향을 보인 것으로 평가받는다. 이러한 흐름은 중앙집권체제이든 또는 지방분권체제이든 새롭게 대두되는 시대적 도전 또는 문제에 대해 기존 체제에 고착되는 것이 아닌 대안적 시스템의 접목을 모색한다는 것이다. 중앙과 지방의 역할 및 권한의 재조정이 활발하게 일어나고, 정부간관계가 더욱 중요해지는 이유이기도 하다.

둘째, 지방행정체제 개편이 활발하게 일어나고 있다. 대표적으로 영국, 프랑스, 독일, 일본에서 지난 수십 년 동안 행정구역의 통합 논의가 활발히 진행되었다. 점증하는 지방재정의 부담, 광역수요의 증대에 따른 지방행정역량강화의 필요성, 지방경쟁력 증대의 요구 등을 반영하여 각국은 중앙정부가 주도하거나 지방정부의 주도 하에 행정구역 통합의 흐름을 보이고 있다. 실제 근대국가 이전부터 지속되어온 일본의 자연촌락, 독일의 소규모의 게마인데 등은 수백 명에서 수천 명 단위의 기초지자체로서 통합 이후에도 행정서비스의 효율성 측면에서는 여전히 규모의 적정성에 대한 논란은 있을 수 있다. 행정구역의 통합에서 주목할 점은 단순히 지리적 – 물리적 통합에 그치는 것이 아닌 기능의 재배분까지 동시에 논의된다는 것이다. 통합을 통한 지방행정역량의 확대 및 기능 – 권한의 실질적 확대로 이어지고 있음을 알 수 있다. 더불어 행정구역 변경의 추진이 일회성이나 단기적이 아닌 오랜 기간에 걸쳐 지속적으로 추진되고 있다는 점이다. 지방행정체제의 개혁 측면에서 또한 지방정부 기관구성의 다양화가 일어나고 있다. 대표적으로 영국은 전통적으로 지방의회의 의장이 집행기관의 장을 겸임하였지만, 런던광역시의 경우에는 시장을 주민이 직접 선출하고 강력한 집행권한을 갖도록 기관구성의 다양화가 진행되었다.

셋째, 주민참여의 기회가 확대되는 경향을 보인다. 일정한 요건을 갖춘 주민들에 의한 지방선거의 실시를 통한 대표자의 선출은 일반적인 현상이다. 추가적으로 주민주권과 참여의 확대를 위해 직접민주제도를 가미한 주민발안, 주민소환, 주민투표제를 강조하고 있다.

이상과 같이 각국의 지방자치 및 분권의 변천은 국가적 통일성을 유지하며 시대적 도전과 문제에 대한 능동적 대응을 반영한다. 개별 국가들은 중앙집권 및 지방분권의 전통 하에 지방행정역량강화와 효율적 서비스의 제공, 지방경쟁력의 강화, 주민참여 증대 및 민주성의 확대, 지역별 재정격차 완화와 재정부담의 해소 등의 시대적 요구에 능동적으로 대응하는 지방자치 및 분권제도의 개선을 지속적으로 추진해 오고 있다.

제2절 | 우리나라 지방자치제의 변천

우리나라 지방자치제도는 정치적－사회적 변화와 더불어 진화 중이다. 우리나라 지방자치제의 본격적인 출발점은 1949년 지방자치법의 제정 이후로 볼 수 있다. 해방 이후 초대 이승만 정권의 수립, 4·19혁명, 군사정변과 지방자치의 중단, 80년대 민주화 물결과 90년대 지방자치의 재개 등 일련의 정치적－사회적 변화는 지방자치제도의 변천과 밀접히 연관되어 있다. 이하에서는 해방 이전의 맥락을 간략하게 살펴본 후 각 정권별 지방자치제의 변천에 대해 제도적 측면을 중심으로 논의한다.[10]

---

10) 우리나라 지방자치의 역사를 고찰하기 위해서는 헌법과 지방자치법을 중심으로 한 제도적 변화와 이에 따른 자치행정 및 주민생활의 변화 등의 다양한 측면을 고려할 필요가 있다(홍정선·방동희, 2019). 우리나라의 지방자치는 근본적 가치를 담은 헌법과 지방자치의 전반적 내용을 규정한 지방자치법이 기본법으로서 역할을 한다. 따라서 이하의 논의는 이러한 제도적 변천을 중심으로 고찰하기로 한다.

1. 지방자치·분권의 역사적 변천

1) 해방 이전: 조선 후기와 일제 강점기

조선 후기의 행정구역은 1894년 갑오경장 이후 단행된 갑오개혁을 통해 기존의 8도와 부·목·군·현의 지방제도를 폐지하고 23부와 336군으로 변경되었다. 행정구역의 변경과 더불어 갑오개혁은 지방의 핵심 세력이었던 양반과 토지－토호세력의 권력을 일반 백성으로 전환－재편하고자 하였다. 하지만 오랜 기간 지속되어 일상 생활화된 물리적－지리적 행정구역의 급진적인 개편은 일반 백성들과 관료 등전 사회적으로 수용되기 힘든 변화였다. 급진적 개혁은 얼마 지나지 않아 다시 기존의 8도제로 행정구역이 원상회복되었다. 하지만, 갑오개혁의 정신은 지방제도의 개편을 통해 지방의 토호나 유지의 기득권(정치권력)을 일반 백성에게 돌리고자 하는 제도개편으로서 근대적 의미를 띤 자치를 위한 첫 시도로서 가치가 크다.

2) 해방 이후 이승만 정부 시절

일본의 패망과 1945년 해방 이후 3여 년의 혼란기를 거치며 1948년 5·10 총선거로 마침내 제헌국회가 구성되고 7월 17일에 대한민국 헌법(제헌헌법)이 제정－공포되었다. 제헌헌법에 기반하여, 8월 15일 이승만을 초대 대통령으로 하는 대한민국 정부가 수립되었다. 제헌헌법 제8장에는 지방자치를 명문화[11]하고 있다. 구체적으로 지방자치단체의 사무처리, 자치에 관한 규정, 조직과 운영, 의회 등에 관한 내용을 담고 있으며 구체적인 내용은 법률로써 정하도록 하였다.[12]

제헌헌법에 따라 지방자치의 내용을 법률로서 담은 지방자치법은 다음 해인 1949년 7월 4일에 제정되었다. 지방자치법의 신규제정의 취지로 '지방자치단체의 조직·사무와 주민의 권리·의무 및 지방의회의 조직·회의·의원의 선거 등에 관한

---

11) 제헌헌법 제8장 제96조와 제97조
12) 헌법에 규정된 지방자치에 관한 규정은 이후 제3차, 제5차, 제7차, 제8차 개정헌법에서 변경이 있었다(홍정선·방동희, 2019). 하지만 제헌헌법에서 지방자치단체의 사무와 관련 주민의 복리사무가 추가되어 현행 헌법의 모습을 유지하고 있다.

사항을 정하려는 것'으로 명시하고 있다.[13] 제정된 지방자치법의 주요 내용은 기초
지방자치단체로 시·읍·면제, 도와 서울특별시의 지자체장, 기초지방자치단체장은
의회에서 선출, 도의 하급행정기관으로 군의 설치 등을 들 수 있으며 주요 내용은
다음과 같다.[14]

- 지방자치단체는 도와 서울특별시, 시·읍·면을 설치하였다. 도와 서울특별
  시는 정부의 직할하에 두고 시, 읍, 면은 도의 관할구역 내에 둔다. 지방자치
  단체의 명칭과 구역은 종전의 부를 시로 개칭하는 이외에는 모두 종전에 의
  한다.
- 시 또는 읍은 그 대부분이 도시의 형태를 갖추고 시는 인구 5만 이상 읍은
  2만 이상이 되어야 한다. 읍, 면을 시로 하거나 면을 읍으로 하는 법률을 제
  정할 때에는 관계읍, 면의회의 의결을 얻어야 한다.
- 도의 하급행정단위로 '군'을 두고, 인구 50만 이상의 시에 구를 두고, 시·
  읍·면의 하부행정단위로 동·리를 두었다. 당시에 '군'은 '도'의 하부에 설치
  한 국가기관으로 군수는 국가공무원으로 임명하였다.
- 지방자치단체의 기관구성은 의결기관과 집행기관을 분리하는 기관분립형을
  채택하였다. 서울특별시장과 도지사는 대통령이 임명하고, 시·읍·면장은
  지방의회에서 무기명 투표로 선출하도록 하였다.[15] 재적의원 3분지 2 이상
  의 출석과 출석의원 3분지 2 이상의 득표자를 당선인으로 한다.
- 지방자치단체의 장은 당해 지방자치단체를 통할하고 대표한다.
- 지방의원은 임기 4년의 주민직선으로 선출하고 명예직 신분으로 하였다.

지방자치법은 제정 5개월 뒤인 12월에 제1차 개정으로 이어졌다. 지방의회의
성립 시까지 의회의 의결을 요하는 사항에 대한 권한대행과 관련하여 서울특별시와
도에 대해서는 내무부장관의 승인과 시읍면에 대해서는 도지사의 승인을 얻도록 하

---

13) 법제처 국가법령정보센터의 지방자치법 제·개정 이유에서 인용.
14) 법제처 국가법령정보센터의 지방자치법 제·개정 이유에서 인용.
15) 기초와 달리 광역지방자치단체장을 임명직으로 한 것은 지방자치가 여전히 시기상조라는 인식을 반
영하였다(이기우, 2009: 30에서 재인용).

였다. 또한, 시읍면장의 선임과 관련하여 시장은 대통령이, 읍·면장은 도지사가 임명하는 등의 부분적 개정을 담았다.

　　지방자치법의 통과에도 지방자치와 관련한 후속 조치는 지연되었다. 즉, 이승만 대통령은 이듬해에 지방자치법의 통과에도 "치안 및 국가안정, 국가건설과업의 효율적 수행"을 이유로 지방선거를 실시하지 않고 연기하였다. 지방선거에 부정적이었던 이승만 대통령은 1952년 한국전쟁 중에 선거실시로 입장을 선회하였다. 이유로는 1952년에 있을 국회의 간접선출방식(간선)에 의한 대통령선거에서 재집권이 힘들 것을 우려한 것이 가장 대표적이라고 지적된다.[16] 다시 말해, 간선이던 대통령 선출방식을 국민이 직접 선출하는 직선개헌으로 변경하여 재집권을 모색하지만, 야당이 다수당으로 있던 국회의 반대로 무산되었다. 이 과정에서 국회의 입장을 무력화시킬 필요에 따라 친정부 외곽세력을 통해 국회에 압력을 가하였다. 즉, 전국적 차원에서 지방선거를 실시함으로써 직선제 개헌의 지지를 확대하고자 하였고, 이에 따라 지방선거(지방의회만)를 한국전쟁 중인 1952년에 전격적으로 실시하였다. 한국전쟁 중 피란 및 치안불안으로 선거가 어려운 서울·경기·강원·전북을 제외한 나머지 지역에서 단체장은 임명제를 유지한 채 4월과 6월에 각각 시·읍·면의 기초의원선거와 광역의원선거만 실시하였다. 대한민국정부의 수립 후 최초의 지방선거였지만, 대규모 부정선거를 통해 여당 성향의 지방의원이 압도적 우세로 당선되었다. 지방선거에서 당선된 지방의원들은 국회 앞에서 대통령 선거제도 개선을 요구하는 시위에 동원되게 된다. 결국 대한청년단을 앞세운 여당이 직선제와 내각제를 가미한 대통령선거제도를 도입하였다.

　　4년 뒤인 1956년 2월에는 지방자치법의 개정을 통해 기초자치단체장의 선출을 직선제로 변경하였다. 즉, 시읍면의 지방의회에서 간선으로 선출하던 단체장을 주민

---

16) 1950년 총선에서 야당이 압승하자 2년 뒤에 있을 대통령 선거에서 야당이 다수당을 차지하고 있던 당시로서는 이승만의 재선에 빨간불이 켜졌다. 이승만 정권은 1950년에 2년 뒤 지방선거를 실시하겠다고 발표했다. 이에 대해 손봉숙(1985: 73)은 "1950년 6·25로 인하여 지방선거는 연기되었다가 1952년에 와서야 시·읍·면의원선거(1952.4.25.)와 도의원선거(1952.5.10.)가 실시되었다. 치안불안을 이유로 선거를 연기해오다 전쟁 중에 지방선거를 실시하게 된 것은 당시 이승만대통령이 정부통령 직선제개헌을 위한 정치적인 지지기반을 확보하기 위한 전략의 일환이었다고 볼 수 있다."고 지적하고 있다.

직선제로 선출하고, 서울특별시장과 도지사는 여전히 대통령이 임명하는 제도를 유지했다. 이러한 개정을 통해 동년 8월 8일에 시읍면장과 지방의원을 동시에 뽑는 제2차 지방선거가 실시되었다. 하지만 2년 뒤인 1958년 12월에 다시 한번 지방자치법의 개정을 통해 시읍면장의 주민직선제를 읍면장은 도지사가 임명하고 시장은 대통령이 임명하는 임명제로 되돌려 놓았다.[17] 기초지방자치단체장을 직선제에서 임명제로 전환한 것은 장기집권을 위한 선거의 승리에 대한 우려가 크게 작용하였다. 그해 5월에 실시된 국회의원 선거에서 집권여당인 자유당이 승리하긴 했지만, 서울 등 대도시에서 참패하는 여촌야도(與村野都)가 드러났던 것이다. 따라서 시읍면장을 여당 인물로 임명함으로써 다가올 1960년의 대통령선거에서 유리한 기반을 조성하고자 하였다.

3) 장면 정부 시절

1960년에 실시된 대통령선거는 부통령부정선거로 대표되는 3.15부정선거와 4.19혁명으로 이승만정권이 물러나고 민주당 정부인 장면정권(1960–61년)이 집권하였다. 대중에 의한 정권교체를 통해 집권한 장면정권은 지방자치의 취지를 살린 지방자치법개정을 단행하였다. 이 개정법에 따라 1960년 12월 서울특별시장과 도지사, 시읍면장과 지방의원 선거가 최초로 전국적으로 실시되었다. 이로써 1949년 지방자치법이 제정된 이후 최초로 모든 단위의 단체장과 지방의원을 선출하는 지방자치의 출발을 경험하였다. 이 시기에는 지방자치법에 정당공천의 규정을 두지 않아 사실상 정당공천이 허용되었으며, 주요 개정내용은 다음과 같다.[18]

- 선거연령을 21세에서 20세로 하고 자치단체의 장의 피선거연령을 25세로 함.
- 도지사·서울특별시장·읍면장과 동리장을 직선제로 하고 임기를 4년으로 함.

---

17) 당시의 개정은 지방자치를 전반적으로 후퇴시키고 있음을 알 수 있다. 법제처 국가법령정보센터의 지방자치법 개정 이유에 따르면 기초지방자치단체장의 선거제를 폐지하고 임명제로 전환하는 것에 더하여 동리장의 선거제도를 폐지하여 임명제로 전환하였다. 또한 지방의회가 법정회의 일수를 초과하여 회의를 할 경우 감독관청이 폐회을 명할 수 있도록 하였고, 지방의회의 폐회 중에는 위원회도 개최할 수 없도록 하였다.
18) 법제처 국가법령정보센터의 지방자치법 제·개정 이유에서 인용.

- 내무부장관은 도지사·서울특별시장이 법령에 위반한 때에 징계를 요구할 수 있게 함.
- 지방의회 회의일수를 12월의 정기회를 제외한 회의일수를 정함.

4) 박정희 정부 시절

우여곡절 끝에 전면적으로 지방자치가 실시되었지만 1년 뒤인 1961년 5·16 군사정변으로 중단되었다. 즉, 군사정변에 성공하여 집권한 군사혁명위원회는 그해 9월 1일 '지방자치에 관한 임시조치법'을 제정하여 지방자치를 중단하였다. 이 임시조치법은 "지방행정 능률지향 선언, 읍·면 자치제 대신 군 자치제의 채택, 지방의회의 해산 및 그 기능의 상급 감독기관의 대행, 지방자치단체장의 임명제와 국가공무원에 의한 충원, 임시조치법과 상충되는 지방자치법 규정의 효력상실"을 규정하여 지방자치를 완전히 무력화시켰다. 이로써 지방자치단체의 종류로는 광역수준에서 '도와 서울특별시'와 기초수준에서는 '시와 군'으로 설정되었다. '군'에는 자치단체가 아닌 행정기능을 수행하는 '읍과 면'을 두고, 군수가 읍장과 면장을 임명하도록 하였다. 또한, 군사정부는 1972년 유신헌법의 제정을 통해 조국의 통일까지 지방의회의 구성을 유예하는 내용을 부칙에 규정하여 지방자치를 영구히 중단시켰다.

5) 전두환 및 노태우 정부 시절

전두환 정부는 1980년 10월에 헌법 전부개정(8차)을 통해 부칙조항[19]에 지방의회의 구성은 지방자치단체의 재정자립도를 감안하여 순차적으로 구성하되, 그 시기는 법률로 정한다고 규정하였다. 여전히 지방의회에 대한 미온적인 태도와 단체장의 임명제에 대한 입장을 반영하고 있음을 알 수 있다. 1987년에는 6월 시민항쟁과 이에 따른 6·29선언으로 대통령직선제 도입을 포함한 제9차 헌법개정[20]이 이뤄졌

---

19) 헌법(제8차 개정) 부칙 제10조에는 "이 헌법에 의한 지방의회는 지방자치단체의 재정자립도를 감안하여 순차적으로 구성하되, 그 구성시기는 법률로 정한다."로 규정하였지만, 87년 제9차 개정헌법에서 삭제된다.
20) 제9차 개정된 헌법은 2022년 현재 현행 헌법으로서 시대적 변화에 발맞춘 변화의 요구가 지속되고 있다. 특히, 지방자치의 발전과 확대를 위해 홍정선·방동희(2019: 11)는 "국가권력과 자치권의 상호

다. 헌법개정을 통해 지방자치가 제도적으로 보장되는 계기가 되었고, 이전에 반복
되었던 지방의회의 구성 유보조항(부칙)을 삭제하였다. 개정된 헌법에 기반하여 노태
우 정부 하에서는 1988년 3월 8일에 지방자치법 전부개정(5.1 시행)이 이뤄졌으며, 지
방자치실시의 법적 토대가 마련되었다. 전부개정은 지방자치단체의 종류, 지방의원
의 지위(명예직), 지방의회의 구성시기 등 대폭적인 변화를 반영하고 있다. 개정의 주
요 골자는 다음과 같다.[21]

- 지방자치단체의 종류를 특별시·직할시·도, 시·군·구(*특·직할시 산하의 구 설치)
  로 함.
- 지방자치단체장은 선거에 의해 선출하되 따로 법률로 정하기까지는 정부가
  임명함.
- 지방의원의 지위는 4년 임기의 명예직으로 정함. 정수를 특별시·직할시·도
  는 25인 내지 70인, 시·구는 15인 내지 25인, 군은 10인 내지 20인으로 함.
- 지방의회는 기초지자체인 시·군·자치구부터 구성, 지방의원 선거는 동법
  시행일(5.1)로부터 1년 이내(89년 4월 30일 이내)에 실시하고 시·도의회는 기초
  의회가 구성된 날로부터 2년 이내에 실시함.

이듬해인 1989년 12월 여소야대 정국하에서 야당 중심으로 추진한 지방자치법
개정은 지방정치의 민주화와 균형 있는 지역발전을 위해 지방자치제도를 조속히 실
시할 것을 담았다. 관련하여 주민 직접선거에 의한 지방자치단체장의 선출과 지방
선거의 실시 시기를 명시하였는데, 지방의회는 1990년 6월 30일 이내, 단체장은
1991년 6월 30일 이내 실시하기로 하였다.[22] 이후, 여야 정치권은 선거 실시의 구체
적인 내용 및 일정에 관한 이견을 보였고, 그 결과로 법정기한인 1990년 6월 30일
이내의 지방의원 선거가 어려워졌다. 정당추천여부, 비례대표제의 도입 여부, 광역
의원정수 등과 관련하여 여야정치권은 첨예한 대립을 보이며 이견을 좁히지 못했다.

관계, 지방재정의 보장, 폭넓은 자치입법권, 제한된 국가감독권, 지방자치단체의 넓은 제소권 등"에
관한 내용을 헌법적 차원에서 보장할 것을 주장하고 있다.

21) 법제처 국가법령정보센터의 지방자치법 제·개정 이유에서 인용.

22) 법제처 국가법령정보센터의 지방자치법 제·개정 이유에서 인용.

또한, 중앙정치 지형의 변동이 일어나는데, 1990년 2월에는 여당인 민자당, 김영삼과 김종필이 각각 이끌던 민주당과 공화당의 3당 통합으로 여대야소 정국으로 또다시 전환되면서 여당인 민자당은 법정기한 내 지방의원선거 실시에 더욱 더 강한 부정적인 태도를 취했다. 특히, 정당공천과 관련하여 집권여당은 공천배제를, 야당인 평민당은 공천지지를 보이면서 1990년 6월 30일 이내 실시하기로 한 지방의회의원 선거는 무산되었다.

　　여야의 극심한 대립 속에 1990년 12월 31일 마침내 여야는 지방자치법 개정의 합의에 이른다. 주요 내용으로 지방선거의 실시 시기를 지방의원은 1991년 6월 30일 이내, 단체장은 1992년 6월 30일 이내로 규정하였다. 이 개정에 따라 예정했던 대로 1991년 3월과 6월에 시·군·자치구의원 및 시·도의원 선거로 각각 분리되어 실시되어 지방의회를 부활했다. 마침내, 1961년 군사정변 이후 중단되었던 지방선거가 30여 년만에 실시되어, 단체장을 제외한 지방의원 선거만 실시되는 반쪽짜리 지방자치가 재개되는 계기가 되었다. 반면 1992년 6월 30일 이내로 실시하기로 한 단체장의 선거는 1992년 1월 10일 연두 기자회견에서 노태우 대통령이 지방자치단체장 선거 연기방침을 발표하면서 또 다시 실시되지 않았다.[23] 이 시기까지 지방자치제의 도입 논의는 형식적이고 명목적이었다.

---

23) 연두기자회견문에는 당시 정치적 맥락으로 내각제나 이원집정부제로의 개헌에 대한 정치권의 논란과 노태우 대통령의 반대의사가 명확히 드러난다. 더불어 연설문상 제시된 연기의 이유로는 "올해는 국회의원 선거와 대통령 선거에 더하여 두 차례의 지방자치단체장 선거가 예정되어 있는 해입니다. 이에 대해 많은 국민들이 과연 한 해 동안 네 차례의 선거를 어떻게 치를 수 있을 지 우려하고 있습니다. 벌써부터 수많은 인력이 선거에 동원되고, 늘어나는 정치자금 등으로 가뜩이나 어려운 우리 경제가 큰 부담을 안게 될 것이라는 소리가 높습니다. 그동안 온 국민이 고통을 나누며 어렵게 이루어 온 사회안정의 기반마저 크게 흔들릴 것을 걱정하고 있습니다. 새 공화국에 들어 민주주의 시대를 여는 과정에서 우리 경제가 치른 대가는 참으로 뼈아픈 것이었습니다. 우리 경제가 더 이상 큰 대가를 치르게 되면 그 기반 자체가 무너지게 되며, 경제가 무너지면 민주주의도 설 자리를 잃게 됩니다. 저는 그동안 이 문제와 관련해서 각계각층 많은 인사, 많은 전문가를 만났습니다. 그들은 한결같이 우리의 실정으로 볼 때 한 해에 선거를 네 번씩 치르고는 경제와 사회의 안정을 바랄 수 없다는 의견이었으며, 이에 대한 대통령의 결단을 촉구했습니다. 저는 고심하고 고심한 끝에 올해로 예정된 지방자치단체장 선거를 연기하는 것이 좋겠다는 판단을 내렸습니다."(출처: 행정안전부 대통령기록관) (https://www.pa.go.kr/research/contents/speech/index.jsp?spMode＝view&catid＝c_pa02062&artid＝130779). 이와 같이 당시의 정치·사회·경제적 맥락을 이유로 제시하고 있지만, 상대적으로 지방자치의 가치나 중요성에 대한 인식은 국정운영에 있어 중요한 철학이나 가치로 자리 잡지 못했음을 보여준다.

6) 김영삼 정부 시절

1993년 2월 출범한 김영삼 정부는 다음 해인 1994년 3월 "지방자치제도의 정착·발전을 도모하기 위하여 지방의회 운영의 효율성과 의원의 원활한 의정활동을 제도적으로 보장하고, 도시와 농촌 간의 균형적인 발전이 이루어질 수 있도록 하며 기타 지방자치제도의 시행과정에서 제기되었던 제도적 미비점 등을 합리적으로 조정·보완"하기 위한 취지로 지방자치법을 개정하였다.[24] 이 시기는 1995년 지방자치단체장과 지방의회 의원의 동시선거를 통해 지방자치의 본격적인 실시를 앞둔 시점으로서 지방자치 관련 규정에 대해 대폭적인 개정이 이뤄졌다. 대표적으로 지방의회 운영의 효율성과 의정활동의 제도적 보장, 도농복합형태의 시(市)설치의 근거, 직무이행명령제도 신설, 지방자치단체장의 선거를 1995년 6월 30일 이내에 실시하는 내용 등을 구체적으로 담았다. 개정의 주요 골자를 세부적으로 정리하면 다음과 같다.[25]

- 현행의 시와 군을 통합한 지역이나 인구 5만 이상의 도시형태를 갖춘 지역이 있는 군을 도농복합형태의 시로 할 수 있도록 하고, 이러한 시에는 읍·면·동을 두도록 함.
- 지방자치단체의 장이 지방자치단체의 주요 결정사항 등에 대하여 별도 법률이 정하는 바에 따라 주민투표에 붙일 수 있도록 함.
- 지방의원의 의정자료의 수집·연구와 이를 위한 보조활동에 소요되는 비용 등을 보전하기 위하여 매월 의정활동비를 지급할 수 있도록 함.
- 지방자치단체 및 그 장이 위임받아 처리하는 국가사무와 시·도의 사무에 대하여 국회와 시·도의회가 직접 감사하기로 한 사무를 제외하고는 각각 당해 지방의회가 그 감사를 행할 수 있도록 하고, 이 경우 국회와 시·도의회는 필요한 경우 당해 지방의회의 감사결과를 요구할 수 있도록 함.

---

24) 법제처 국가법령정보센터의 지방자치법 제·개정 이유에서 인용.
25) 법제처 국가법령정보센터의 지방자치법 제·개정 이유에서 인용.

- 지방의회는 의회 등의 내부운영에 관하여 필요한 사항을 회의규칙 등 의회의 규칙으로 정할 수 있도록 함.
- 시·도의회와 시·군 및 자치구의회의 정기회 및 임시회의 회기를 현행보다 각각 5일을 연장하고, 연간 회의 총일수도 각각 20일을 연장함.
- 지방의회 사무직원은 지방의회의 의장의 추천에 의하여 당해 지방자치단체의 장이 임명하도록 함.
- 지방자치단체의 장은 지방의회의 재의결사항이 법령에 위반된다고 인정되는 때에는 대법원에 소를 제기할 수 있도록 함.
- 특별시와 직할시의 부시장과 도의 부지사는 대통령령으로 정하는 바에 의하여 2인을 둘 수 있도록 하고, 이 경우 1인은 정무직 또는 별정직 지방공무원으로 보하되 그 자격기준은 당해 지방자치단체의 조례로 정하도록 하며, 정무직 또는 일반직 국가공무원으로 보하는 부시장과 부지사는 시·도지사의 제청으로 내무부장관을 거쳐 대통령이 임명하되 제청된 자에게 법적 결격사유가 없는 한 30일 이내에 그 임명절차를 종료하도록 함.
- 시·군·자치구의 부시장·부군수·부구청장은 일반직 지방공무원으로 보하고, 당해 시장·군수·구청장이 임명하되, 이 법 시행 후 최초로 선출된 시장·군수·구청장의 임기만료일까지는 부시장·부군수·부구청장은 일반직 국가공무원으로 보하도록 함(안 제101조제4항, 부칙 제5조).
- 읍·면·동장을 일반직 지방공무원으로 보하되, 이 법 시행 당시 재직 중인 읍·면·동장은 임기만료일 또는 퇴임일까지 신분을 보장함.
- 지방자치단체 상호 간 또는 지방자치단체의 장 상호 간의 분쟁 등의 조정을 위하여 내무부장관 또는 시·도지사 소속하에 지방자치단체분쟁조정위원회를 설치하도록 함.
- 지방자치단체의 장이 법령에 의하여 그 의무에 속하는 국가위임사무 및 시·도위임사무의 관리 및 집행을 명백히 해태하고 있다고 인정되는 때에는 주무부장관 또는 시·도지사가 직무이행명령을 할 수 있도록 하고, 지방자치단체의 장은 이 직무이행명령에 이의가 있는 때에는 대법원에 소를 제기할

수 있도록 함.

■ 지방의회의 재의결 사항이 법령에 위반된다고 판단되는 때에는 지방자치단체의 장은 대법원에 소를 제기할 수 있고 그 의결의 집행을 정지하게 하는 집행정지결정을 신청할 수 있도록 하는 한편, 이 경우 당해 지방자치단체의 장이 제소를 하지 아니하는 때에는 내무부장관 또는 시·도지사는 당해 지방자치단체의 장에게 제소를 지시하거나 직접 제소 및 집행정지결정을 신청할 수 있도록 함.

■ 지방자치단체의 장의 선거실시 시기를 1995년 6월 30일 이내에 실시하도록 함. 이 법에 의한 최초의 지방자치단체의 장의 임기는 당선일부터 15일이 경과한 날부터 개시되며, 그 임기는 1998년 6월 30일에 만료토록 함(부칙 제3조).

실제 지방의회와 단체장을 선출하는 동시선거가 비로소 1995년 6월 27일 실시되었다. 하지만 1994년 지방자치법 개정과 1995년 6월 단체장 동시선거 기간 사이에도 선거연기에 대한 논란은 지속되었다. 특히, 여권 정치인들과 중앙공무원들을 중심으로 지방자치 준비기간의 부족과 행정구역 개편의 선행실시 필요성을 제기하며 단체장 선거의 지연을 강력하게 제기하였다. 하지만 예정대로 1995년 단체장과 지방의원 동시선거가 1961년 중단 이후 재개되었다. 이후로 지방선거는 국회의원 선거주기를 감안하여 1998년 제2회 전국동시지방선거 이후 매 4년마다 실시되고 있다.

7) 김대중 정부 시절

김대중 대통령은 지방분권과 국가균형발전에 적극적인 의지를 표명했다. '중앙행정권한 및 사무의 지방이양을 위한 법률' 및 지방이양추진위원회를 설치하여 추진하였다. 또한, 1999년 8월 지방자치법의 개정을 통해 주민들의 조례제정 및 개폐청구제도와 주민감사청구제도를 도입하여 주민의 권리를 신장하고 주민자치를 확대하고자 하였다. 중앙과 지방자치단체 간 또는 지방자치단체 상호 간 갈등과 분쟁을 조정하는 제도적 장치를 보강하였으며, 지방자치단체장 또는 지방의회의 의장이 상호교류와 협력을 확대하고 공동문제의 협의를 위한 전국적 협의체를 설립할 수 있는 법적 근거를 마련하기도 하였다.

8) 노무현 정부 시절

국회의원 시절부터 지방자치와 분권에 확고한 신념을 가졌던 노무현 대통령은 지방자치와 분권에 대한 광범위한 제도 및 정책을 수립 및 개정하였다.[26] 지방분권과 지방자치에 관한 기본적인 정책방향은 '지방분권로드맵'에서 포괄적으로 제시되었다. 참여정부의 핵심정책은 신행정수도이전, 국가균형발전, 지방분권추진이다. 수도이전은 부분적인 부처의 이동이 진행되었다. 국가균형발전과 관련하여 공공기관의 지방이전이 혁신도시, 기업도시의 설립과 병행되어 추진되었다. 지방분권추진은 '지방분권추진로드맵'을 통한 분권 방향제시 및 지방분권추진위원회 등 각종 위원회가 설립되었다. 하지만, 지방분권 및 기타 정책은 기존의 이해당사자들로부터 강력한 저항에 부딪힌다. 수도권 이전과 관련하여 당시 한나라당의 강력한 저항과 헌법재판소의 관습법 위반, 그리고 수도권의 저항이 대표적이었다. 이에 따라, 전체 수도이전은 무산되고, 행정중심복합도시인 세종시의 건설을 통해 부분적인 부처의 이동이 진행되었다. 또한, 지방분권의 확대와 관련 중앙 정치인은 여야구분 없이 행정구역 통합을 통한 70여 개의 광역도시화, 지방선거의 후보자들에 대한 정당공천제, 수도권 지역의 규제완화 요구에 따른 기술산업의 입지조건 완화가 저항의 일환으로 진행되었다.

참여정부의 지방분권 노력은 선분권·후보완과 같이 노무현 대통령의 강력한 정치적 결단이 반영되었다. 지방분권의 저항이 심한 가운데 갑론을박 논쟁으로 더

---

26) 노무현 정부 시절 지방분권 추진은 7대 기본방향과 20대 주요과제로 요약된다. 노무현 정부 시절 천명한 기본방향은 10여 년 뒤 문재인 정부의 지방분권 추진 로드맵의 토대가 되기도 하였다. 7대 기본방향과 20대 주요과제를 간략하게 정리하면 다음과 같다. 1) 중앙과 지방정부간 권한 재배분－지방분권 추진기반강화, 중앙권한의 획기적 지방 이양, 지방교육자치제도 개선, 지방자치경찰제도 도입, 특별지방행정기관 정비: 2) 획기적 재정분권의 추진－지방재정력 확충 및 불균형 완화, 지방세정제도 개선, 지방재정의 자율성 강화, 지방재정운영의 투명성, 건전성 강화: 3) 지방정부의 자치행정역량강화－지방자치권 강화, 지방정부 내부혁신 및 공무원 역량강화: 4) 지방의정 활성화 및 선거제도 개선－지방의정활성화, 지방선거제도 개선: 5) 지방정부의 책임성 강화－지방정부에 대한 민주적 통제체계 확립, 지방정부에 대한 평가제도 개선: 6) 시민사회의 활성화－다양한 주민참여제도 도입, 시민사회 활성화 기반강화: 7) 협력적 정부간 관계정립－중앙과 지방정부 간 협력체제 강화, 지방정부 간 협력체제 강화, 정부간 분쟁조정 기능강화.

이상 지연될 수 없는 상황인식을 반영한 것이다. 이 시기에는 약 10여 차례의 지방자치법의 개정이 추진되었다. 개정의 주요 골자를 정리하면 다음과 같다.[27)

- 지방의회의원 신분의 명예직 규정 삭제(2003.7.)
- 주민투표법 제정으로 인한 지방자치법 개정(2004.1.)
- 인구 50만 이상의 대도시에 대한 행·재정 및 국가의 지도·감독상의 특례 허용근거의 신설(2004.1.)
- 주민소송제도의 도입(2005.1.)
- 지방의원의 회기수당을 월정수당으로 전환(2005.8.)
- 지방자치단체의 종류 중 '특별자치도' 신설(2006.1.). 제주특별자치도 설치에 관한 특별법을 통해 제주도를 폐지하고 제주특별자치도 변경
- '주민소환에 관한 법률' 제정과 지방자치법의 개정(2006.5.)
- 주민소환제도 신설(2006.5.)

9) 이명박 정부 시절

이명박 정부는 2008년 출범 당시부터 '지방행정체제개편'에 대통령의 의지가 반영되어 강력하게 추진되었다. 지방행정체제 개편의 기본방향은 행정구역의 광역화 및 단층제로의 전환을 통해 행정의 효율성 및 지방의 경쟁력 강화였다. 2010년 10월 '지방행정체제 개편에 관한 특별법'의 제정 및 '지방행정체제 개편위원회'의 출범을 통해 기초지방자치단체의 자율적 통합을 유도했다. 이러한 흐름 속에 창원－마산－진해가 최종적으로 통합되었고, 2010년 7월 통합창원시가 출범하였다. 또한, 재정분권의 측면에서 2010년 지방소득세와 지방소비세의 도입을 통해 지방재정 확충에 대한 지방의 지속적인 요구에 대응했다. 교육의원의 폐지와 특별지방행정기관의 정비도 추가적으로 진행했다. 지방자치법상으로는 지방자치단체의 유형으로 특별자치시를 신설하고,[28) 2012년 세종특별자치시가 특별법에 따라 출범하였다. 또한,

---

27) 법제처 국가법령정보센터의 지방자치법 제·개정에서 발췌－정리하였음.
28) 2011년 5월 지방자치법 개정.

2011년 7월 지방자치법의 개정을 통해 지방의회의 집행부 견제기능을 강화하고, 지방의회 운영의 효율성을 제고하는 내용을 규정하였다.

10) 박근혜 정부 시절

박근혜 정부는 '국민행복시대'의 슬로건을 내걸었지만, 누리과정의 갈등[29] 및 지방 복지의 다양한 실험을 통제하면서 일부 지자체와 첨예한 갈등을 일으켰다. 대표적으로 2016년 6월 중앙정부 단독의 지방재정 개혁안의 강행으로 일부 지방자치단체의 강력한 반발을 초래했다. 지방과의 절차적 합의나 소통의 부재의 문제가 심화된 사례이다. 일례로 정부의 지방재정 개편 강행에 반발하여 경기도 3개 지자체(성남, 수원, 화성)가 2016년 7월 27일 헌법재판소에 대통령과 행정자치부를 대상으로 권한쟁의심판을 청구했다. 정부가 추진 중인 지방재정 개혁안이 헌법에 명시된 지방자치 권한, 특히 지방재정권을 심각하게 훼손한다고 청구서에서 지적하고 있다. 위헌과 관련하여 3곳의 지자체장들은 "입법권자인 국회가 제정한 법률에 의해 형성되고 제한받아야 하는 자치재정권이 중앙정부가 마음대로 바꿀 수 있는 시행령에 의해 형성, 제한돼 심대한 침해를 받고 있다"고 적시하였다.[30] 박근혜 정부는 또한 기존 '지방분권특별법'과 '지방행정체제개편에 관한 특별법'을 통합하여 '지방분권 및 지방행정체제개편에 관한 특별법'으로 변경하였다. 이 특별법은 문재인 정부에서 '지방자치분권 및 지방행정체제개편에 관한 특별법'으로 명칭이 변경되었다. 그리고 2014년 3월 지방자치단체 정원관리를 위한 '기준인건비제'가 도입되었다.

---

29) 누리과정은 만3-5세 유아를 대상으로 한 국가 수준의 공통 교육과정을 일컫는다. 정부는 지방교육의 지원을 위해 지방교육재정교부금을 매년 각 교육청에 배부하는데 누리과정을 신설하면서 이 교부금에서 충당하도록 함으로써 지방교육의 재정부담을 가중시켰다. 이에 따라 일부 지방교육청에서는 누리과정 예산을 편성하지 않아 중앙정부와 갈등으로 이어지기도 하였다.

30) 수원, 화성, 성남시 공동 권한쟁의심판 청구서 참조(2016. 7. 27.).

11) 문재인 정부 시절

2017년 5월에 출범한 문재인 정부는 그해 10월 26일 자치분권 로드맵(안)의[31] 제시를 통해 '연방제에 버금가는 강력한 지방분권'을 천명했다. 이를 위한 추진기반으로 2018년 3월 지방분권형 개헌안을 국회에 제출했지만, 국회에서는 야당의 절차상의 문제제기와 분권형 대통령제의 우선 논의 주장 등으로 여야의 논의는 진전되지 못했고, 결국 야당의 투표불참 등으로 인한 의결정족수 미달로 개헌안은 자동폐기되었다. 지방분권형 개헌안은 비록 폐기되었지만, 기존에 학계, 지방자치단체 협의회, 시민단체 등이 지속적으로 요구해온 우리나라의 지방자치·분권의 확대를 위한 주요한 방향을 핵심적으로 담고 있다. 구체적으로 "1) 지방분권국가 지향의 구체적인 조항 추가, 2) 지방자치단체의 명칭을 지방정부로 변경, 3) 사무배분은 주민에게 가까운 지방정부가 우선하는 보충성의 원칙 신설, 4) 자치입법권의 강화 측면에서 '법령의 범위 안에서'를 '법률에 위반되지 않는 범위'로 변경, 5) 자치재정권의 강화를 위해 자치사무 수행 경비 자기부담 원칙 명시, 사무위임 시 위임자 비용부담 원칙 명시, '법률에 위반되지 않는 범위에서' 지방세조례주의 도입, 재정조정제도 신설, 6) 주민참여 강화 측면에서 자치권 유래를 주민으로 명시하고 주민발안·투표·소환의 헌법적 근거 신설, 지방조직·운영에 대한 주민참여권 명시, 7) 중앙과 지방의 소통강화를 위해 국가자치분권회의 신설, 지방정부의 국회에 대한 법률안 의견제시권 도입 등"을 담고 있다(박경준, 2018).[32]

또한, 지방자치·분권과 관련한 '자치분권 3법(즉, 지방자치법 전부개정안, 지방일괄이양법제정안, 경찰법)'이 2020년 12월 국회에서 통과하여 중앙과 지방의 관계, 지방의회 권한의 강화 및 책임성 확보, 주민주권의 구현, 자치경찰제 등에 관한 제도화가 강화되었다. 우선, 1988년 이래 30여 년 만에 지방자치법 전부개정안이 통과되었다. 본회의에서 의결된 전부개정안에는 주민주권의 구현을 위한 주민조례발안제 도입

---

31) 비전은 '내 삶을 바꾸는 자치분권'이며, 목표는 '연방제에 버금가는 강력한 지방분권'의 추구이다. 이를 위해 ① 중앙권한의 획기적 지방이양/ ② 강력한 재정분권 추진/ ③ 자치단체의 자치역량 제고/ ④ 풀뿌리 주민자치 강화/ ⑤ 네트워크형 지방행정체계 구축을 세부적으로 담고 있다.

32) 박경준(2018)의 '지방분권 개헌…지방자치단체를 지방정부'로에서 인용함.

등 주민참여 보장, 지방의회의 전문인력도입과 지방의원 겸직금지 등 지방의회 권한 강화 및 책임성의 확보, 인구 100만 이상의 대도시에 대한 특례시 지정 근거, 중앙-지방협력회의 신설 등이 담겼다. 둘째, 지방일괄이양법제정안은 중앙정부의 권한 및 사무를 지방으로 이양하는 내용을 담은 46개 관련 법률의 일부개정을 일괄하여 하나의 법률에 담아 제정한 것이다. 부처별로 쪼개져 이양의 논의가 지지부진했던 분권과제를 하나의 법률로 담아 신속히 추진하고자 하는 의의를 가진다. 중앙행정권한 및 사무의 획기적인 지방이양의 일환으로 국가사무 400여 개를 지방자치단체로 일괄이양토록 하였다. 셋째, 그간 이전 정부에서 논의가 지속되어온 자치경찰제 실시를 담은 경찰법이 통과되었다. 이 개정을 통해 광역단위의 자치경찰제 도입의 법제화가 완료된 것으로 평가받는다.

12) 윤석열 정부 시절

윤석열 정부는 지방정책과 관련하여 '대한민국 어디서나 살기 좋은 지방시대'라는 국정목표를 설정하였다. 이러한 국정목표 하에 3가지 약속과 10가지 국정과제를 세분화하고 있다. 키워드를 '지방시대'로 설정하고 3가지 약속으로 '지역주도 균형발전', '혁신성장 기반 강화를 통한 지역의 좋은 일자리 창출', '지역 스스로 고유한 특성을 살리도록 지원'하는 방향을 제시하고 있다. 이러한 3가지 약속하에 지방분권, 재정력 강화, 균형발전 등과 관련한 10개의 국정과제[33]를 제시하였다.

또한, 윤석열 정부는 지방분권과 지역균형발전을 통합해서 추진하는 방향을 설정하였다. 기존에 '지방자치분권 및 지방행정체제 개편에 관한 특별법'과 '국가균형발전 특별법'으로 분리되었던 분권과 균형발전 관련 법률을 통합하여 '지방자치분권 및

---

33) '진정한 지역주도 균형발전 시대'의 약속과 관련한 국정과제로는 '지방시대 실현을 위한 지방분권 강화, 지방자치단체 재정력 강화, 지역인재 육성을 위한 교육혁신, 지방자치단체의 자치역량·소통·협력 강화'를 들 수 있다. '혁신성장 기반 강화를 통해 지역의 좋은 일자리'의 약속과 관련한 국정과제로는 '기업의 지방 이전 및 투자 촉진, 공공기관 이전 등 지역 성장거점 육성, 지역 맞춤형 창업·혁신 생태계 조성'이 포함되었다. 마지막으로 '지역 스스로 고유한 특성을 살리기 위한 지원'의 약속과 관련한 국정과제로는 '지역특화형 산업 육성으로 양질의 일자리 창출, 지역사회의 자생적 창조역량강화, 지방소멸 방지, 균형발전 추진체계 강화'를 들 수 있다(출처: 대한민국 정책브리핑. https://www.korea.kr/archive/expDocView.do?docId=40075).

지역균형발전에 관한 특별법'을 제정 추진 중이다.[34] 이 특별법은 윤석열 정부의 지방분권과 지역균형발전의 기본 방향과 정책의지를 반영한 것으로 앞서 제시한 '지방시대'라는 국정목표 및 국정과제와 긴밀히 연계되어 있다. 이 특별법의 주요 내용은 첫째, 지방시대 종합계획, 시·도 종합계획, 부문별 계획 및 초광역권발전계획의 수립, 둘째, 지역균형발전시책 및 지방자치분권과제의 추진, 셋째, 지방시대위원회의 설치 및 기능, 넷째, 지역균형발전특별회계의 설치 등으로 요약될 수 있다(법제처, 2022).

이상의 시대별·정권별 논의를 연도별로 간략하게 정리하면 〈표 3-1〉과 같다.

표 3-1 우리나라 지방자치제의 변천

연도	주요 내용
1948년 8월	• 제헌의회의 지방자치법 제정 논의 시작 • 국회의 즉각적 실시 주장과 행정부의 대통령령으로 1년 이내의 기간에 실시 시기를 정하여 시행하자는 의견의 대립으로 지연됨
1949년 7월 4일	• 최초로 지방자치법 제정-공포 • 정부는 치안 및 국가안정, 국가건설과업의 효율적 수행을 이유로 지방자치제의 실시를 연기하려 했음
1952년 4월과 5월	• 지방의원 선거 단독 실시로 지방자치의 첫 발을 내디딤. 시-읍-면장은 여전히 임명제 유지 • 4월 25일 시-읍-면의원 • 5월 1일 시-도의원 첫 선거 실시 • 서울, 경기도, 강원도, 전북은 치안 불안으로 제외됨
1956년	• 2회 지방선거 • 시-읍-면의원 선거 및 1회 지자체장(시-읍-면장) 선거 실시
1958년	• 제4차 '지방자치법 개정' 시·읍·면장 직선제 폐지 및 임명제로 환원됨
1960년 12월	• 4.19혁명 이후 민주당 정부는 11월 '지방자치법 개정'으로 완전한 민선자치제의 기틀 마련 • 12월 12일 서울특별시·도의회 의원선거 • 12월 19일 시·읍·면의회 의원선거 • 12월 26일 시·읍·면장 선거 • 12월 29일 서울특별시장·도지사 선거 실시

---

34) '지방자치분권 및 지역균형발전에 관한 특별법'은 2022년 11월 1일 국무회의를 통과하여 12월 기준으로 국회 행정안전위에 상정되어 있다.

1961년	• 5.16 군사정변-지방자치의 중단 • 군사혁명위원회는 지방의회 해산. 그 기능을 상급기관장(읍면은 군수, 시도는 내무부 장관)이 대신하도록 함
1962년 12월	• 헌법개정으로 지자체장의 선거제 관련 규정 삭제 • '지방의회의 구성시기는 법률로 정한다'는 부칙 규정을 신설하였으나 후속 제정조치는 없었음 • 강력한 중앙집권 체제 구축
1972년	• 헌법개정 • 지방의회의 구성을 조국통일이 될 때까지 보류함으로써, 지방자치의 부활은 요원해짐
1988년 4월	• 지방자치법 전면개정(지방의원, 지자체장 선거시한 규정)
1991년 3월과 6월	• 시-군-구의원 선거 및 시-도의원 선거
1995년 6월	• 제1회 전국동시 지방선거 (단체장 및 의회 동시)
2006년	• 제주특별자치도 설치 및 국제자유도시 조성을 위한 특별법 • 제주특별자치도 출범. 단층제로 변경
2012년 7월	• 세종특별자치시 설치 등에 관한 특별법(2010년) • 세종특별자치시 출범
2019년	• 지방자치법 전부개정안 국회 제출
2020년 12월 8일	• 지방자치법 전부개정안 국회 통과
2022년 1월 13일	• 전부개정 지방자치법의 시행
2022년 6월 10일	• 강원특별자치도 설치 등에 관한 특별법 제정(시행: 2023년 6월 11일)

출처: 기록으로 보는 지방자치의 발자취(행정안전부 국가기록원, http://theme.archives.go.kr/next/localSelf/growthEra.do). 발췌 및 편집－보강.

2. 우리나라 지방자치제 변천의 특성

이상에서 살펴본 우리나라 지방자치제의 역사적 변천을 관통하는 핵심은 지방자치가 정권유지의 수단으로 악용되었고 중앙은 기득권을 쉽게 놓지 않으려고 하는 점이다. 중앙집권의 오랜 전통하에서 지방자치의 현실 속 구현은 오랜 시간의 적응과 정착을 요구하는 정치적－행정적 도전이었음을 보여준다. 시민사회, 일부 정치권, 지역사회로부터의 지방자치의 요구 및 확대는 지속적으로 제기되었지만, 중앙정치권과 공무원의 의지가 미약했으며, 때론 연기 및 중단을 반복하기도 하였다. 1990년대 지방자치제가 본격적으로 실시되었지만 지방으로의 권한 및 기능 이양은 여전히 더디게 진행되고 있다. 보다 세부적으로 해방 이후 오늘날까지 진행된 우리나라 지방자치의 역사를 관통하는 특성을 간략하게 도출하면 다음과 같다.

첫째, 지방자치제의 도입은 지방으로부터가 아닌 민주화 투쟁의 산물이었다. 지방과 지방 주민의 민주의식의 성장과 역량의 증대에 따른 지방자치제의 도입이 아닌 중앙정치의 독재에 항거한 민주화의 연장선상에서 제도화가 추진되었다. 즉, 많은 경우 야권의 민주주의 확대 요구 방향을 반영하였다.

둘째, 지방자치가 정권에 따라 정권 유지의 수단으로 전락하기도 하였다. 대표적으로 이승만 정부 시절 권력 유지의 수단 및 도구로서 지방선거를 실시하고 지방자치제를 도입한 점을 들 수 있다. 1949년 지방자치법의 제정으로 주민에 의한 지역의 대표자 선출의 제도적 기반이 마련되었지만 이승만 정부는 지방자치의 출발점이라고 할 수 있는 지방선거에 적극적이지 않았다. 한국전쟁 중인 1952년에 지방의회 의원 선거를 치르게 된 것도 지방자치의 구현이 아닌 곧 있을 대통령선거를 유리하게 전환하기 위한 목적에서 진행되었다. 지방자치단체장의 선거는 그로부터 4년 뒤에서야 기초수준인 시읍면에서만 도입 – 시행하였다. 이 또한, 2년 뒤 지방자치법의 개정을 통해 기초수준의 단체장 선거를 폐지하기에 이른다. 박정희 정부에서도 헌법의 부칙 개정을 통해 지방의회의 구성시기를 법률로 정하거나(1962년 헌법 전부개정) 조국 통일 시까지 구성하지 않는 내용(1972년 유신헌법)을 규정하기도 하였다.

셋째, 한국의 지방자치는 중앙집권의 오랜 전통하에 지방의 지속적 분권 요구와 중앙의 집권 유지라는 갈등과 협력의 애증적 관계로 발전되었다. 중앙정치, 특히 국회정치는 지방자치에 그다지 적극적이지 않은 경향을 보인다. 중앙 정치권은 지방자치 및 지방분권의 요구 등을 정치적 유불리 및 당리당략적 차원에서 접근하며 지방자치의 진전에 소극적인 태도를 보인 것으로 평가된다.

넷째, 중앙부처는 지방자치와 분권을 행정 – 재정적 비효율성(재정적 낭비)의 측면에 초점을 두고 지방으로의 권한 및 기능의 이양에 부정적이거나 소극적인 경향을 보여 왔다. 김대중 정부 이래 중앙의 사무 및 기능이양은 대통령 직속 위원회 등의 권고 및 이양의 확정에도 실질적인 이양이 제한적으로 이뤄졌고 재정권의 배분이 미약하였다. 지방소비세 및 지방소득세의 도입과 지방교부세율 인상의 조치가 있었지만, 지방의 재정의존도는 여전히 개선되지 않고 있다.

다섯째, 지방을 이끌어갈 젊고 참신한 지역의 일꾼을 선발하기가 어렵다. 또한, 지방 정치지도자(단체장과 지방의원)의 청렴도가 낮다. 각종 선거관련 부정과 비리 및 공공사업와 관련한 부정과 비리가 빈번하게 발생한다. 정당공천제는 책임정치 등의 긍정적 측면에도 불구하고 현실적으로는 지방에서 젊고 참신한 인재의 지방정치지도자로서 성장할 기회를 제공하지 못하였다. 따라서 중앙정당 및 지역국회의원에 충성도가 높은 인물들이 대거 당선되는 경향을 보인다. 지방자치단체장이 '지방의 제왕'으로 불릴 정도로 지역정책이나 주민생활서비스에서 막강한 영향력을 행사하는 지방의 실정에서 유능한 지방정치지도자의 성장과 선발은 지방자치의 정착과 성장을 위해 주요한 도전이자 과제이다.

여섯째, 주민참여제도를 지속적으로 확대해 오고 있으나, 실질적인 영향력은 제한적이었다. 지방자치제의 도입 초기에는 지방선거 실시 여부가 주된 논의였다면 1995년 단체장과 지방의회의원의 동시선거 실시 이후에는 주민주권의 보장과 주민참여의 확대를 위한 노력이 활발히 진행되어 오고 있다. 대표적으로 직접민주제도의 성격을 띤 주민발안, 주민투표, 주민소환이 도입되어 주민주권의 보장을 강화하고자 하였다. 하지만 지나치게 엄격한 요건으로 제도의 취지를 현실에서 살리지 못한 한계가 존재하는 것으로 비판받는다.

PART 02

지방자치단체기관, 지방선거 및 지방행정체제

CHAPTER 04   지방의회

CHAPTER 05   지방자치단체장과 집행기관

CHAPTER 06   지역사회 권력구조와 지방선거

CHAPTER 07   지방행정체제

지방의회

　지방자치단체를 구성하며, 지방정치 및 정책결정에서 중요한 기관 중 하나가 지방의회이다. 대의제 민주주의 하에서 지방의회는 주민의 의사를 직접적으로 반영하는 주민의 대표기관으로서 지방 차원에서 최고의 의사결정기구로서 위치한다.

　우리나라는 1991년 30여 년 만에 지방의회의원의 선거를 통해 지방자치가 부분적으로 부활하였고, 지방의회는 이후로 지방 차원의 주요한 입법기능 및 의결기능을 담당하고 있다. 지방의회는 지방 차원의 법률이라고 할 수 있는 조례의 제·개정, 예산안 심의 및 결산 승인 등 주요한 의사결정의 주체이다. 이외에도 집행기관을 감시·통제하는 행정사무의 감사 및 조사권을 가진다. 하지만 입법권과 행정권의 분리를 통한 상호견제와 균형의 원리를 채택한 우리나라는 원칙적인 지방의회 본연의 권한에도 불구하고 지방의회와 단체장 간 기관분립형의 상호견제와 균형의 원리가 현실 속에서 원활하게 작동하지 않은 것으로 비판받고 있다. 지방자치단체장 우위의 강시장－약의회의 구조 하에서 지방의회는 여러 가지 도전에 직면하고 있다.

　어떤 기관의 형태가 최선인지에 대한 정답은 없다. 지방자치 및 분권의 가치와 제도 하에 주민 삶의 질을 극대화하기 위하여 주민참여를 확대하고, 민의를 충실히 반영하며, 자치행정의 효율적 수행을 위한 지방정부기관의 구성이 바람직하다. 최근 우리나라는 집행기관과 의결기관의 관계나 형태와 관련한 기관구성 형태의 다양화 여부를 주민이 직접 선택하고 지방의회의 전문성과 역량강화를 위한 제도적 개선이 지방자치법 전부개정을 통해 반영되었다. 이러한 맥락 하에 본 장은 지방정부의 기관구성, 지방의회의 지위·권한·의무, 그리고 조직과 운영을 다룬다.

제1절　지방정부의 기관구성

　　지방정부의 기관구성은 지방자치와 분권을 구현하는 정부시스템의 구성에 관한 논의이다. 지방정부기관, 즉 집행기관과 의결기관의 구성형태에 따라 주민주권의 구현, 지방정치-행정의 관계, 정책과 행정의 견제와 균형, 행정서비스의 효율성 등이 상이하게 나타난다. 다시 말해, 지방자치단체의 양대 기관인 집행기관과 의결기관의 구성은 지방의 권력구조 및 정책-행정의 실행과 밀접한 연관을 가지며, 궁극적으로 주민 삶의 전반에 직·간접적으로 상이한 영향을 미친다. 지방자치단체의 기관구성은 기능 및 권한의 분리 여부, 즉 집행기능과 의결기능의 분리 여부와 기관 간 권한의 배분과 지자체장의 선출방식 등에 따라 일반적으로 기관분립형과 기관통합형으로 대별되며, 이를 혼합한 절충형이 있다.

1. 유형: 기관분립형, 기관통합형, 절충형

　　기관형태를 구분하는 기준으로 집행기관의 분리 여부와 지방의원에 의한 집행기능의 직접적 수행여부가 일반적으로 고려된다. 기관분립형은 집행기관과 의결기관이 분리되며 지방의원과 별개로 선출된 집행기관의 장(시장 등)이 행정업무를 전담한다. 반면, 기관통합형은 집행기관과 의결기관이 통합되어 있으며 지방의원이 집행부서를 책임지고 담당한다. 절충형은 집행기관과 의결기관이 분리되어 있지만 일반적으로 지방의회의 의사를 반영한 전문 행정인을 고용하여 집행기관을 총괄 및 책임지도록 하는 형태이다.

1) 기관분립형

기관분립형은 집행기관과 의결기관을 별도로 설치·운영하는 형태이다. 집행기관의 장인 지방자치단체장과 의결기관의 구성원인 지방의원을 일반적으로 주민들이 직접 선출한다. 집행기관과 의결기관은 각각 독립된 기관으로서 고유의 권한과 역할을 맡는다. 하지만 양 기관의 권한의 정도는 차이가 날 수 있다. 즉, 집행기관의 장인 지자체장의 권한이 지방의회보다 강력한 경우 강시장-의회형태라고 할 수 있고, 지방의회가 상대적으로 강한 경우 약시장-의회형태라고 불리기도 한다. 추가로 강시장-의회형은 전문적 행정역할을 담당하는 수석행정관(Chief Administrative Officer)을 두어, 시장은 정치적 역할에 치중하는 강시장-수석행정관-의회형도 존재한다.

우선, 강시장-의회형 하에서 지방정부는 시장의 권한이 의회보다 상대적으로 강하게 허용된다. 시장은 지방자치단체 전체를 대표하는 지위뿐만 아니라 행정전반에 강력한 권한을 행사한다. 즉, 공무원의 인사권, 예산편성 및 제출권, 의회의결의 거부권 등이 허용된다. 지방의 규모가 크고, 행정문제가 복잡하여 정치적 리더십 및 행정의 전문성이 요구되는 대도시 지역에서는 강시장-의회형태의 기관구성이 활발하다.

반면, 약시장-의회형 하에서 지방자치단체장은 행정운영과 권한의 행사에 있어 지방의회로부터 어느 정도 통제와 제한을 받는다. 즉, 지방의회가 일부 공무원에 대한 인사권을 가지며, 행정운영의 감독권을 행사한다.

끝으로, 시장-수석행정관-의회형 하에서 지방정부는 정치와 행정의 기능이 시장과 수석행정관으로 각각 분산되어 담당하도록 하고 있다. 미국의 일부 거대도시에서 시장은 정치적 기능을 전담하고, 수석행정관은 행정의 집행과 관리를 전문적으로 담당하여 시장의 역할을 분담하여 업무의 부담을 덜어 주도록 하고 있다. 수석행정관은 일반적으로 지방의회에 의해 임명되어 행정운영에 대한 전반적인 총괄 및 감독, 예산편성 및 집행을 담당하는 역할을 담당한다.

이러한 기관분립형은 의결기능과 집행기능이 지방자치단체장(집행기관)과 지방의회(의결기관)로 분리되어 다음과 같은 장점이 지적된다.

첫째, 지방의회와 지방자치단체장 간 상호 견제와 균형을 통해 권력의 독주−남용과 행정의 남용을 막을 수 있다. 이러한 상호 견제와 균형이 원활하게 일어날 경우 양 기관은 지역발전을 위한 정책 및 사업의 추진에 있어 선의의 건전한 경쟁관계를 형성할 수 있다.

둘째, 지방자치단체장이 집행기관을 총괄·감독·책임짐으로써 행정의 통합성과 안정성을 확보할 수 있다. 즉, 지방자치단체장에게 행정권한이 통합적으로 허용됨으로써 행정기관 내부의 부처할거주의의 우려를 줄일 수 있다.

셋째, 오늘날 지방 차원의 복잡한 행정현상과 문제에 대해 지방자치단체장의 강력한 리더십이 발휘될 경우 신속하고 효율적으로 대처할 수 있다. 특히, 전 국가차원의 감염병이 빈번히 발생하는 위기의 상황에서는 역량을 갖춘 지방자치단체장의 신속하고 강력한 리더십이 주민의 생명 및 감염병의 피해를 줄이는 데 지대한 역할을 한다.

반면, 집행기관과 의결기관이 분리됨으로써 기관 간 갈등이 지속되고 행정의 지연과 같은 단점도 제기되는데 구체적으로 논의하면 다음과 같다.

첫째, 집행기관과 의결기관이 분리되어 기관 간 갈등과 대립이 일어날 여지가 높아진다. 특히, 이념적 성향이나 가치가 확연히 다른 정당이나 세력이 양 기관을 각각 지배할 경우 정치적 갈등으로 인해 지방의 정책이나 행정 전반에 합리적 대화나 소통보다는 반대를 위한 반대로 이어져 소모적인 대립이 장기화되고, 결국 피해는 주민들에게 돌아간다.

둘째, 정책과 행정의 지연으로 비효율이 발생할 수 있다. 지역의 현안이나 문제와 관련하여 신속한 의사결정이나 예산집행을 필요로 하는 경우 양 기관이 분리되어 있어 정책이나 행정의 지연이 일어나 신속한 대응이나 문제해결이 어려울 수 있다. 특히, 앞서 언급한 양 기관의 이념적−정치적 갈등이 구조적으로 만연화된 경우 행정의 소모나 지연은 더욱 악화될 수 있다.

셋째, 행정책임의 소재와 관련하여 서로 회피하거나 공방을 일으킬 수 있다. 정책이나 사업 추진을 위한 예산규모나 집행시점의 적실성과 관련하여 집행기관과 의결기관은 상호 책임주체를 전가하거나 회피하는 경우가 발생하기도 한다. 특히, 양기관 간 정보의 비대칭성, 즉 의결기관인 의회가 집행기관보다 일반적으로 행정정보접근에 한계가 있는 상황에서 부족한 정보 하의 의사결정에 대한 책임 공방도 빈번히 일어난다.

2) 기관통합형: 내각제형과 위원회형

기관통합형은 주민에 의해 선출된 의회가 의결기능과 집행기능을 동시에 책임지고 담당하는 형태이다. 즉, 집행기관과 의결기관이 분리되지 않고 전통적인 의결기관으로서의 지방의회가 집행기능까지 담당한다. 집행기능을 담당하는 지방자치단체장은 주민의 직접선거를 통해 별도로 선출하지 않고 지방의원 중에서 한 명이 겸직해서 맡는 경우가 많다. 이러한 의회 우위의 기관통합형은 전통적으로 지방정부의 책임자로서 역할과 책임이 주민의 대표로 선출된 지방의회에 있는 것으로 보는 것에서 비롯되었다. 반면, 집행기관은 주민의 의사를 대리한 지방의회가 내린 정책과 예산의 의사결정을 집행하는 기관에 불과한 것으로 보았다.

기관통합형은 세부적으로 지방의회의 다수당이 내각 또는 집행위원회를 독점하는 내각제형태와 지방의원 모두가 개별 행정부서에 배정되어 지휘－감독하는 위원회형으로 대별된다. 영국 대부분의 지방에서 채택하고 있는 내각제형과 미국 카운티에서 도입하고 있는 위원회형(Commission Form)을 대표적으로 들 수 있다.

일반적으로 제시되는 기관통합형의 장점은 다음을 들 수 있다.

첫째, 집행기관과 의결기관이 분리된 경우 발생할 수 있는 기관 간 갈등과 대립이 기관통합형에서는 상대적으로 줄어든다. 따라서 행정의 낭비나 소모적 지연을 줄이고 효율성을 제고할 수 있다.

둘째, 주민의 대표기관인 지방의회가 주민의 이해나 의사를 보다 정확하고 적실하게 반영한 정책이나 행정을 추진할 수 있다. 지방의 주민에 의해 선출된 지방의원이 주요한 정책의 방향 및 결정을 할 뿐만 아니라 집행도 동시에 담당하여 행정의 민주성을 제고할 수 있다.

셋째, 의결기능과 집행기능이 통합되어 있어 행정의 책임성과 대응성을 높인 다. 기관통합형 하의 지방의원은 주요한 사안이나 정책에 대한 결정과 더불어 집행 도 직접 담당함으로써 재선을 고려하는 지방의원의 입장에서는 주민의 이해나 평가 에 민감하게 대응한다.

하지만 기관통합형은 의결기능과 집행기능이 하나의 기관인 지방의회에서 담 당함으로써 발생하는 여러 가지 한계도 또한 존재한다.

첫째, 지방의회가 의결 및 집행기관의 기능을 동시에 담당함으로써 정치·행정 의 독점이 일어난다. 즉, 지방의회에 정치 및 행정권한이 모두 집중됨으로써 권력의 독점과 전횡의 폐해를 감시하고 통제할 기제가 부족하다. 다시 말해, 상호 견제와 균형이 어렵게 된다.

둘째, 지방의원이 개별 집행부서와 관련한 전문적 지식이나 경험이 부족한 경 우 행정의 총괄 및 관리가 어려워진다. 행정의 전문성 저하는 결국 주민들의 행정서 비스의 방향과 질에도 부정적인 영향을 미칠 수 있다. 특히, 지방의 규모가 큰 대도 시에서는 복잡한 행정현상과 문제를 전문적으로 대처하기에 어려울 수 있다.

셋째, 위원회형의 경우 집행부서를 책임지고 운영하는 위원들 간 출신 정당이 나 성향이 다른 경우 행정의 총괄 조정이 어려울 수 있다. 즉, 특정 위원회의 위원들 은 자신이 담당하는 특정 부서의 입장과 이해를 대변하는 경향이 발생하고 집행부 와의 조정이 어려운 경우 행정의 지연 또는 파행이 발생할 우려가 있다.

3) 절충형: 시행정관-의회형

절충형은 지방자치단체의 기관구성에 있어 기관분립형과 기관통합형의 요소를 상호 결합·조화시킨 형태이다. 의결기능과 집행기능을 의결기관과 집행기관으로 분리하되, 집행기관이 의결기관인 지방의회의 감독과 통제 하에 놓이게 된다.

절충형은 집행기관과 의결기관의 갈등과 마찰을 줄이면서 상호 협조체계를 유지할 수 있고, 기능의 분리를 통해 집행기관은 행정의 전문성을 높이지만 지방의회의 권한과 통제를 동시에 받는 장점이 있다. 반면, 기능은 분리되어 있으나 주요 권한은 지방의회에 소재하고 있어 행정의 책임소재가 불명확할 수 있다.

절충형의 사례로 미국의 경우 중소규모의 도시에서 의회가 행정을 전문적으로 책임지고 운영할 시지배인을 임명하는 의회 – 지배인형(Council – Manager Form)을 도입하였다. 시지배인은 의회에 의해서 임명 및 해고되며 의회의 의사와 의지를 반영하여 집행기관을 담당한다. 의회가 허용한 범위 내에서 예산 및 인사 등 행정 전반의 실질적인 운영 및 관리를 맡는다.

4) 소결

영국과 미국을 비롯한 서구의 국가들은 오랜 시간을 거치면서 지방정부의 기관구성에서 다양한 변천을 경험하고 있다. 각국의 역사적 – 정치적 – 사회적 수요와 특성을 반영하여 차이가 나지만 대체로 지방정부의 대표성을 강화하고, 집행권을 확대하는 방향으로 개혁이 진행되었다(김순은, 2016). 먼저, 지방정부의 대표성 강화는 지방정부가 주민의 대표기관으로서 지위를 강화하는 방향이다. 이러한 대표성의 강화는 지자체장 등의 주민에 의한 선출을 포함한 주민의 선거권의 확대 및 선출직 공무원의 증대로 나타났다. 집행권의 확대는 집행기관의 분리 또는 강화를 통해 행정서비스의 낭비와 부조리를 줄이고 지방정부의 효율성과 전문성을 확보하기 위한 노력의 일환이었다. 집행기관의 장인 시장의 권한이 확대되고, 전문적 관리역량을 갖춘 시지배인제도 등의 도입이 대표적인 사례이다.

이상과 같이 지방정부의 기관구성은 결국 지방의 역할, 주민의 권리, 행정서비스, 지역의 특성 등을 종합적으로 고려하여 결정되어야 할 문제이다. 국가 차원의 획일적 기관구성의 규정을 지양하고 시대적 변화와 주민의 욕구 및 대표성을 반영하여 지역주민에 의한 기관구성의 자율적 기회를 확대하는 방향으로의 제도개선이 요구된다.

2. 제도와 실태

우리나라 지방자치단체의 기관구성은 집행기관과 의결기관이 각각 분리되어 있으며, 집행기관의 장인 지방자치단체장과 의결기관인 지방의회의원들은 주민들에 의해 직접 선출된다.[1] 그리고 집행기관과 의결기관의 권한과 역할이 명확히 구분되며, 기관 간 상호 견제와 균형의 원칙과 정신을 강조하는 기관분립의 형태를 지닌다. 하지만 우리나라는 견제와 균형의 원칙을 강조하는 기관분립형의 채택에도 불구하고 현실 속에서는 지자체장의 권한이 막강한 집행부 우위의 기관형태의 양상을 보여왔다. 즉, 강시장-약의회형으로 지방자치단체장 우위의 획일적 기관분립형에 가깝다.

우리나라는 여러 가지 이유로 인해 상호 견제와 균형의 원리가 이행되기 어려운 강시장-약의회의 실태를 보인다. 첫째, 제도적으로 지방자치단체장의 권한이 막강하다. 단체장은 인사권, 예산편성 및 제출권의 행사와 관련하여 지방의회의 통제나 영향을 거의 받지 않으며 재의요구권까지 허용되고 있다. 둘째, 지방자치단체장은 국가의 일선지방행정기관의 장으로서 국가로부터의 위임사무, 특히 지방자치단체장이 관할하는 기관위임사무는 지방의회의 감시 및 통제로부터 상대적으로 자유롭다. 지방자치단체의 사무와 예산 중 지방의회의 통제 범위 밖의 사무와 예산의 비중이 높다. 셋째, 집행부 우위의 행정문화와 주민들의 인식도 부분적으로 작용하고 있다. 중앙정부 차원의 대통령제를 포함한 집행부 우위의 오랜 정치·행정문화와 인식이 지방 차원에서도 널리 만연해 있다고 볼 수 있다. 넷째, 일당독점의 지역주의 정치문화에서 지자체장과 지방의회는 상호 견제와 균형이 원활하게 작동하지 않

---

1) 우리나라는 1950년대에 기초자치단체장을 지방의회에서 선출하는 간선제를 채택하기도 하였다. 1949년 지방자치법의 제정 당시 광역지방자치단체로서 서울특별시와 도, 기초지방자치단체로서 시·읍·면을 두었다. 읍면에서는 주민직선으로 지방의원을 선출하였고, 읍면장은 읍면의회에서 선출하는 방식을 채택하였다. 즉, 기관구성 측면에서는 통합형에 가까웠다. 지방자치법의 개정을 통해 1956년에는 읍면의원과 읍면장 모두 주민직선으로 선출하였다. 이후 1958년에는 임명제로 바뀌었다가 1960년 선거에서는 주민직선제로 다시 전환되었다. 1961년에 '지방자치에 관한 임시조치법'으로 읍면은 기초지방자치단체로서의 지위가 박탈되었다. 대신 '군'이 기초지방자치단체의 지위를 부여받으며 읍면은 군의 하부행정기관으로 전환되었다.

는다. 또한, 정당공천제도의 공고화 및 지방정치의 중앙정치 예속화가 지속되는 가운데 단체장 및 지방의회의 일당독점화는 견제와 균형원칙의 구현을 더욱 어렵게 하고 있다.

이러한 기관구성은 2022년 전부개정 지방자치법이 시행되기 이전에는 지자체의 수준(광역‒기초지자체)이나, 지자체의 규모(대도시‒중소도시), 성격(도시‒농어촌), 산업‒경제적 특성 등에 구분 없이 전국적으로 동일한 형태를 규정하였다. 즉, 기관구성의 획일성에 더하여 지방주민들은 지역의 특성에 맞는 기관구성을 위한 권한이 허용되지 않았다. 이와 관련 지방자치단체, 시민사회, 학계 등은 기관구성의 자율성과 주민의 선택권을 강조하며 제도의 개선을 지속적으로 요구해 왔다. 이를 반영하여 전부개정 지방자치법은 지역사회의 선택권을 보장하여 기관구성의 획일성을 극복하고 지방자치단체 기관구성의 다양화를 허용하는 법적 근거를 마련하였다. 구체적으로 기관구성의 특례로서 지방자치단체의 의회 및 집행기관의 구성형태를 따로 법률로 정하는 바에 따라 달리 할 수 있도록 하며, 이 경우에는 '주민투표법'에 따른 주민투표를 실시하여 주민의 의견을 듣도록 하고 있다.[2] 지방의 요구와 시대의 흐름을 반영한 노력으로 볼 수 있다.

지방의 기관구성형태의 다양화 논의는 오늘날 한국의 지역사회가 직면하고 있는 현실을 적극적으로 반영할 것이 요구된다. 지방의 고령화‒저출산의 심화와 지방소멸의 우려, 저성장 시대 지방경제의 침체, 지역 및 국가 간 경쟁이 심화되는 환경 속에서 지방의 상황 및 특성을 반영하지 못하는 획일적 기관분립형을 지속적으로 고수할 것인가는 기관구성에 있어 중대한 도전 중 하나이다. 지역별 특성을 반영한 기관구성형태의 다양화 및 국가 전체의 통일성‒조화를 동시에 추구하는 기관구성에 대한 활발한 논의 및 지역사회 차원의 합의가 진행될 필요가 있다.

---

2) 지방자치법 제4조. 보다 자세한 내용은 제13장 주민투표 부분을 참조.

제2절   지방의회의 지위와 보수

지방의회는 일반적으로 선거를 통해 주민들에 의해 선출된 개별적−독립적 의원들로 구성된 '주민의 대의기관'으로서 민의를 수렴하고 대표하는 지위를 가진다. 또한, 지방의회는 조례 등을 제정하는 입법기관으로의 지위를 가진다. 주민의 대표이자 입법기관으로서의 지위에 더하여 지방의회는 집행기관과 입법기관의 기관구성의 형태에 따라 각기 다른 지위가 부여된다. 집행기관과 의결기관이 분리된 기관분립형의 경우 의결기관인 지방의회는 집행기관을 '견제 및 감시'하는 지위도 함께 가진다. 우리나라의 경우 헌법에서 지방의회의 설치를 명문화하고 있어 헌법기관으로서의 지위도 고려할 수 있다. 이러한 지방의회의 지위를 우리나라의 기관분립형의 맥락에서 헌법기관으로서의 지위, 주민의 대의기관으로서의 지위, 자치입법 및 의결기관으로서의 지위, 집행부의 감시기관으로서의 지위로 구분할 수 있다.

1. 지위

1) 헌법기관으로서의 지위

우리나라의 헌법은 지방자치단체에 지방의회의 설치를 명문화하고 있다. 구체적으로 헌법은 지방자치단체에 지방의회의 설치를 규정하고 있으며, 지방의회의 조직·권한·의원선거에 관한 사항을 법률로 정하도록 규정하고 있다.[3]

2) 주민의 대의기관으로서의 지위

지방의회는 주민의 대의기관이다. 주민의 직접선거에 의해 선출된 대표자로서

---

3) 우리나라 헌법 제8장은 지방자치를 담고 있다. 제8장은 제117조와 제118조로 구성되어 있으며, 제117조는 지방자치에 관하여 지방자치단체의 역할, 자치규정의 제정 근거, 종류를 제시하고 있다. 제118조는 지방자치단체에 설립하는 의회에 대한 내용이다. 헌법의 규정에 따라 지방의회의 조직 등과 지방자치에 관하여 규정하고 있는 법률이 대표적으로 지방자치법이라고 할 수 있다.

지방의원은 주민의 의사와 이익을 반영하는 입법기능을 담당하는 역할을 지닌다. 지방자치법은 헌법규정에 따라 의회의 설치 내용을 담고 있다. 즉, 지방의회와 관련 지방자치법은 '지방자치단체에 주민의 대의기관인 의회를 둔다.'라고 명시적으로 규정하고 있다.[4]

3) 자치입법 및 의결기관으로서의 지위

우리나라는 집행기관과 의결기관의 구성에 있어 기관분립형을 채택하고 있으며, 지자체장과 지방의원을 분리하여 선출한다. 기본적으로 지방의회는 지방의 주요 정책을 심의－의결하고 지자체장은 의결된 정책을 실제 집행하는 역할로 구분할 수 있다. 지방의회는 지방의 주요 정책과 관련하여 조례를 발의하고 심의－의결하는 입법기관으로서 역할을 한다.

4) 집행부의 감시기관으로서의 지위

우리나라의 지방의회는 기관분립형의 '견제와 균형'의 원리를 따른다. 지방의회는 주민에 의해 직접 선출되어 구성되며, 지방자치단체장과 집행기관을 감시－견제하는 기관분립형태를 지닌다. 즉, 집행기관의 집행행위에 대해 감시하고 견제하여 주민의 복리증진에 복무하도록 한다.

2. 보수

지방의원은 현재 유급제로서 의정비를 매월 지급받는다. 의정비는 의정활동비, 월정수당, 여비로 대별된다. 지방자치법은 지방의원에게 지급되는 비용(의정활동비, 월정수당 등)의 내용을 세부적으로 규정하고 있다.[5]

---

4) 지방자치법 제37조.
5) 지방자치법 제40조 제1항.

1. 의정(議政) 자료를 수집하고 연구하거나 이를 위한 보조 활동에 사용되는 비용을 보전(補塡)하기 위하여 매월 지급하는 의정활동비
2. 지방의회의원의 직무활동에 대하여 지급하는 월정수당
3. 본회의 의결, 위원회 의결 또는 지방의회의 의장의 명에 따라 공무로 여행할 때 지급하는 여비

우선 의정활동비는 기본급 또는 필요경비로서 지방자치법 시행령에서 광역의회와 기초의회를 구분하여 각각 다른 액수로 정해진다. 지방자치법 시행령(별표 5)에는 지방의원의 의정활동비 지급범위를 의정자료수집·연구비와 보조활동비의 명목으로 구분하고 있다.[6] 이 범위 내에서 해당 지방자치단체는 의원들의 의정활동비를 정한다. 일반적으로 실제 책정되는 규모는 지급범위 중 법정상한금액을 책정하는 것으로 통계자료는 보여준다.

다음으로 월정수당은 지방의원의 직무활동과 관련하여 지급하는 수당이다. 기존 '회기수당'으로 지급되던 경비를 '월정수당'의 명목으로 변경한 것이다. 의정활동비와 달리 월정수당은 지방자치단체별로 매우 편차가 크게 나타난다.

이상의 비용은 지방자치단체의 의정비심의위원회가 결정하며 그 금액의 범위 내에서 조례로 정하도록 하고 있다.[7] 다만, 위의 경비 중 "본회의 의결, 위원회 의결 또는 지방의회의 의장의 명에 따라 공무로 여행할 때 지급하는 여비"는 의정비심의위원회 결정 대상에서 제외하고 있다.[8]

이러한 지방의원의 의정비제도는 지방자치가 본격적으로 재개된 1991년 이후 여러 차례 제도적 변화를 겪었다. 1949년 지방자치법의 제정 당시 지방의원은 '명예직'으로 규정되었고, 2003년 7월 개정으로 '명예직'이라는 규정을 삭제하였다. 다시

---

6) 가령 시행령에 따르면 광역의원의 경우 월 1,500,000만 원(의정자료수집·연구비 월 120만 원, 보조활동비 30만 원 이내)와 기초의원의 경우 월 1,200,000만 원(의정자료수집·연구비 월 90만 원, 보조활동비 20만 원 이내)으로 각각 차이가 난다. 2021년 기준 월정수당과 의정활동비를 포함한 의정비는 광역의원은 1인 평균 59,820,000원, 기초의원은 1인 평균 40,620,000원이었다(행정안전부, 2021d).
7) 지방자치법 제40조(의원의 의정활동비 등) 제2항.
8) 지방자치법 제40조(의원의 의정활동비 등) 제2항.

말해, 지방자치법의 제정 이후 2003년까지 지방의원의 지위에 대한 무보수의 명예직과 상근전문직에 대한 논란이 진행되었다. 2003년 지방자치법의 개정을 통해 상근전문직으로 전환되면서, 의정활동비, 회기수당, 여비를 대통령령의 범위 내에서 조례로 정할 수 있도록 하였다. 노무현정부는 지방분권 확대와 지방의회의 활성화의 일환으로 2005년 지방자치법의 개정으로 월정수당을 규정하고, 2006년 시행령의 개정을 통해 이전에 '회기수당'을 직무활동에 대한 '월정수당'을 지급받는 것으로 전환하였다. 2018년에는 월정수당 결정을 지방자치단체의 자율화로 변경하였다.[9]

제3절 지방의회의 권한과 의무

1. 지방의회의 권한

지방의회는 주민의 의사를 대표하여 지방자치단체의 중요사항을 의결하는 의결기관이다. 우리나라 지방의회는 본연의 권한이라고 할 수 있는 입법권한과 기관분립형의 맥락에서 집행기관을 견제 및 감시하는 권한을 가지며, 이와 관련 발의·의결에 관한 권한과 감시·통제에 관한 권한을 가진다.

지방자치단체의 주요 사항과 정책을 심의－의결하는 의결권은 지방의회의 본질적인 기능이라고 할 수 있다. 지방의회의 의결사항은 필수적 의결사항과 임의적 의결사항으로 구분된다. 필수적 의결사항은 지방자치법이 열거하여 규정하는 법정 의결사항이며, 임의적 의결사항은 필수적 의결사항 이외에 조례로 따로 정하는 바에 따라 지방의회가 의결하는 사항이다.[10] 동조항에 따른 지방의회의 필수적 의결사항은 다음과 같다.

---

9) 이상의 제도를 '지방의원 유급제도입' 또는 '지방의원 보수체제 정비'로 칭한다(송광태, 2020; 황아란·송광태, 2008).
10) 지방자치법 제47조 제1항은 필수적 의결사항이고 제2항은 임의적 의결사항임.

- 조례의 제정·개정 및 폐지
- 예산의 심의·확정
- 결산의 승인
- 법령에 규정된 것을 제외한 사용료·수수료·분담금·지방세 또는 가입금의 부과와 징수
- 기금의 설치·운용
- 대통령령으로 정하는 중요 재산의 취득·처분
- 대통령령으로 정하는 공공시설의 설치·처분
- 법령과 조례에 규정된 것을 제외한 예산 외의 의무부담이나 권리의 포기
- 청원의 수리와 처리
- 외국 지방자치단체와의 교류·협력
- 그 밖에 법령에 따라 그 권한에 속하는 사항

이상의 의결사항 중 지방자치입법권에 해당하는 조례의 제정·개정 및 폐지 그리고 집행부가 편성·집행하는 예산의 심의·확정 및 결산의 승인은 뒤에 논의할 행정사무의 감사 및 조사와 더불어 지방의회의 본질적이고 대표적인 권한으로 분류할 수 있다. 따라서 지방의회 권한의 논의는 조례의 제·개정 및 폐지권, 예산의 심의·확정 및 결산의 승인권, 행정사무 감사 및 조사권에 초점을 두고 논의한다.

1) 조례의 제정·개정 및 폐지권

국회가 국가 차원의 법률을 제정하듯이, 조례는 법령의 범위 내에서 지방의회가 만드는 지방 차원의 법이다. 즉, 특정 지방의 수요와 특수성을 반영하여 특정 지방에만 적용되는 법으로 규칙과 더불어 자치법규라고 불린다. 다만, 상위법령의 범위 내에서라는 제약이 필수적으로 따라 붙는다.

구체적으로 지방자치법은 지방자치단체의 조례 제정과 관련하여 "법령의 범위에서 그 사무에 관하여 조례를 제정"할 수 있도록 하고 있다.[11] 이러한 조례 제정도

---

11) 지방자치법 제28조 제1항.

주민의 권리를 제한하거나 의무를 부과하는 사항이나 벌칙을 정하고자 할 때에는 법령의 범위가 아닌 법률의 위임이 있어야 하는 것으로 규정하여 보다 엄격하게 규정하고 있다. 또한, 전부개정 지방자치법에는 "법령에서 조례로 정하도록 위임한 사항은 그 법령의 하위 법령에서 그 위임의 내용과 범위를 제한하거나 직접 규정할 수 없다"라고 하여 이전보다 지방의회의 자치입법권을 강화하고자 하였다.[12]

반면, 조례의 제정·개정 및 폐지의 의결권은 지방의회의 전속적인 권한이지만, 조례의 발의권은 지방의회뿐만 아니라 지방자치단체장[13] 및 주민[14]에게도 허용되고 있다. 주민에 의한 조례제정개폐청구제도는 1999년 8월 지방자치법의 개정을 통해 도입되었고, 주민의 민의를 직접적으로 구현하는 자치입법을 보장하기 위함이었다. 일정 수 이상 주민의 연서로 청구요건을 갖춘 후 지방자치단체장에게 제출하고, 지방자치단체장이 지방의회에 부의하는 형식을 취하였다. 하지만, 전부개정 지방자치법은 지방자치단체장에게 제출하는 조항을 폐지하고 지방의회에 직접 제출할 수 있도록 하여 주민주권을 강화하고자 하였다.[15] 구체적으로, 개정 지방자치법은 주민의 조례제정개폐청구권을 명시적으로 규정하고, 주민의 조례 제정·개정·폐지 청구와 관련 청구권자, 청구대상, 청구요건 및 절차 등에 관한 사항을 지방자치법과는 따로 법률로 정하도록 하였다.[16]

하지만, 지방의회의 조례제정의 질과 양의 측면에서 다양한 비판이 제기되었다. 지방의회의 본질적 권한이자 역할이라고 할 수 있는 조례제정활동이 너무 빈약하다는 것이다. 더불어 주민 실생활 속 체감형 조례의 제정도 활발하지 못한 점이 지적되었다. 이와 같은 지적 속에 지방의원들의 조례발의가 증가하는 경향을 보이지만, 타지방의 '조례베끼기'나 지방의 실정에 맞지 않은 조례제정 등으로 또 다른 비판이 제기되기도 하였다. 조례건수 올리기가 아닌 지방주민의 수요와 특성을 적실히 반영한 공개토론 및 숙의를 통한 조례의 제정이 더욱 요구되고 있다. 더불어

---

12) 지방자치법 제28조 제2항.
13) 지방자치법 제76조 제1항.
14) 지방자치법 제19조 제1항.
15) 보다 자세한 논의는 제13장 주민발의 부분을 참조.
16) 지방자치법 제19조.

예산이 수반되는 조례의 입법화의 경우 지방자치단체장과 집행부 공무원의 이해와 설득을 구하는 노력이 요구된다.

'베끼기 조례' 대부분 ⋯ 얼룩진 지방자치

(앵커) 국회의 일이 법을 만드는 것이라면, 지방의회는 자치 법규인 조례 제정이 가장 중요한 책무입니다. 그런데 의회가 만드는 조례, 대부분은 베낀 것으로 드러났습니다. 지방의원하기 참 쉽다는 말이 나올 법한데, 지방자치의 의미까지 깎아내리는 못된 관행입니다.

(기자) 지난해 말 제정된 도의원들의 소송비 지원에 관한 조례입니다. 두 달 앞서 만들어진 경기도의 조례를 제목부터 목적, 세부 사항까지 거의 통째로 베꼈습니다. 차이라면 일부 단어가 바뀌거나, 같은 말을 조금 다르게 표현하는 정돕니다.

지난 2월 도의회를 통과한 '전라북도 바둑 활성화 지원 조례'는 전남에서 제정됐던 조례를 그대로 가져왔습니다. 한 개 조항이 추가된 걸 빼고는 단어 하나, 토씨 하나 틀리지 않습니다. 이 베끼기 조례안이 마치 자신의 생각인 것처럼 발의한 의원만 무려 다섯 명. 하지만 당사자는 불과 석달 전 제정된 조례 내용은 커녕 발의한 사실조차 헷갈려 합니다.

(기자와 A도의원(공동발의) 인터뷰)

- 어떤 배경에서 제정이 된 건가요?

= 제가 안 했는데. 제가 발의자가 아닌데….

- 발의자로 올라가 있거든요.

= 제가 내용을 정확하게는…이렇게 쭉 읽어보긴 했는데 정확한 내용은 기억을 못해요.

(기자) 공청회 한 번 없이 졸속으로 만들어진 조례는 이렇게 의원들의 실적으로 포장됐습니다. 일선 시·군 의회의 조례 베끼기는 더 노골적입니다. 도내 대부분 시.군이 제정한 남북교류협력에 관한 조례, 복사 후 붙여넣기를 한 수준입니다.

(○○군의회 전 의원 인터뷰)

(베끼는 경우가) 거의 대다수라고 봐요. 99%…. 뭔가 일을 한다고 보여주기는 해야겠고 자기가 아는 건 없고 공부는 하기 싫고..이렇게 하니깐 베껴 쓰는 거죠.

(기자) 지방자치 시행 이후 전라북도는 6백 개가 넘는 조례를, 일선 시·군 별로도 적게는 3백 개에서 많게는 4백 개가 넘는 조례를 제정했지만 상당수는 이처럼 베껴진 법안입니다. 지역의 실정과 특색에 맞는 자치입법을 할 수 있도록 한 조례는 지방자치의 근간입니다.

하지만 이런 취지가 무색하게 실적용 베끼기 조례만 난무하는 지방의회.. 그 권한과 책임을 내던지고, 의미까지 스스로 깎아내리고 있는 건 아닌지 되돌아볼 일입니다.

자료: 김아연. (2020.6.10.). 일부 발췌 및 편집.

기초의회, '조례 베끼기' 멈추고 '창의 의정' 나서라

'기초의회는 일하지 않는다'는 인식이 널리 퍼져있다. 하지만 실체가 드러난 적은 없었다. 기껏해야 발의 건수나 회의 참석률이 평가 기준이었다. 의원들의 성과를 제대로 검증해보고 싶었다. 우리가 주목한 것이 조례였다. 부산 기초지자체 조례 10개 중 9개꼴로 다른 지자체 것을 베꼈다는 결과가 나왔다. 본업에 소홀했다는 것이 확인된 것이다.

(본 신문은) 7월부터 부산 기초지자체 조례 대부분이 다른 지자체 것을 베낀 현실을 드러내고 그 원인과 대안을 진단한 기획 기사 '우리 동네 일꾼 성적표'를 보도했다. 부산 16개 기초지자체 조례 4,393개를 모두 조사한 결과, 지자체 한 곳에만 있는 조례는 310개 (7.1%)에 불과했다. 나머지 조례는 사실상 다른 지자체와 내용이 토씨 하나 다르지 않았다. 지역 상황을 고려한 맞춤형 조례를 발굴한 것이 아니라 다른 조례를 손쉽게 베껴 왔다는 뜻이다.

이런 실정은 기초지자체가 스스로 조례를 평가한 보고서에서도 고스란히 드러난다. 부산 지자체 5곳이 2016년부터 9차례에 걸쳐 진행한 입법평가 보고서를 분석해 보니, 평가 대상 조례 226개 중 개정이나 폐지를 권고한 조례가 절반(113개)에 달했다. 엄연히 조례에 정한 업무가 제대로 이행되지 않거나, 20년 넘게 예산이 편성되지 않는 등 온갖 부실 조례 사례 가 쏟아진 것이다.

조례 베끼기와 부실 조례 양산이 반복될수록 그 피해는 주민들이 보게 된다. 중앙정부나 광역지자체는 지역 특징을 꼼꼼히 따져 가며 맞춤형 행정 서비스를 제공하는 데 한계가 있다. 이를 보완하는 곳이 기초의회다. 대의 민주주의의 뿌리로 간주되는 이유다. 기초의회가 다른 지역과 똑같은 조례를 찍어내는 것은 스스로 무용론에 불을 지피는 꼴이다.

그동안 의원들이 입법 지원을 제대로 받지 못했던 것은 사실이다. 부산 기초의원들은 설문조사에서 '입법 지원 조직의 전문성 및 인력이 부족'(70.7%)하다고 토로했다. 하지만 조례 발의에만 급급했던 관행에 대한 변명이 될 수 없다. 취재 중 만난 부산의 한 기초의원은 이렇게 고백했다. "지금도 노력한다면 얼마든지 양질의 조례를 제정할 수 있습니다. 결국 의원들에게 그럴 의지와 노력이 부족한 것입니다." 기초의원들이 따갑게 받아들여야 할 대목이다. (중략)

자료: 이상배. (2021.10.4.). 일부 발췌 및 편집.

이상의 비판과 더불어 지방의회의 조례 제정·개정 및 폐지권과 관련하여 다양한 제약이 존재한다.

첫째, 지방의회는 법령의 범위 내에서 지방의 사무와 관련하여 발의 및 의결권을 행사한다. 지방의회가 처리할 수 있는 사무의 폭이 한정되어 있다는 의미이다. 이와 관련하여 지방의회는 '법령의 범위 내'라는 문구를 '법률에 위반되지 않는 한'으로 변경을 지속적으로 요구하고 있다.

둘째, 기초자치단체인 시·군 및 자치구의 조례나 규칙은 상위지자체인 시·도의 조례나 규칙을 위반해서는 안 되는 것으로 규정하여 기초지자체의 입법의 한계가 존재한다.[17]

셋째, 지방의회의 의결사항은 집행부의 인사권, 조직권, 예산권을 침해하지 못하도록 규정하고 있다. 기관분립형의 기관구성 하에서 상호 견제와 균형의 지방권력구조와 관련하여 지자체장과 지방의회 간 갈등과 대립이 빈번히 일어나는 부분이다.

넷째, 집행기관장뿐만 아니라 중앙정부 또는 상급지방정부의 재의요구권을 폭넓게 허용하고 있다. 집행기관장인 해당 지자체장은 지방의회의 의결사항에 대해 거부권을 행사할 수 있다.[18] 또한, 지방의회의 의결이 법령에 위반되거나 공익을 현저히 해친다고 판단되면, 주무부장관은 시도의회의 의결에 대하여, 시도지사는 시군구의 의결에 대하여 해당 지자체장에게 재의를 요구하게 할 수 있다.[19] 더 나아가 전부개정 지방자치법에는 주무부장관이 기초지방자치단체장에게 직접 재의를 요구할 수 있도록 하여 중앙정부의 재의 요구권한을 확대하였다.[20] 이는 중앙정부의 관여 및 통제를 최소화하는 것이 아닌 오히려 확대한 것으로 비판받는다(홍준현, 2021: 22).

2) 예산심사 및 결산승인권

지방의회는 예산의 심의·확정 및 결산의 승인권을 가진다.[21] 예산은 지방의

---

17) 지방자치법 제30조.
18) 지방자치법 제32조 제3항.
19) 지방자치법 제192조 제1항.
20) 지방자치법 제192조 제2항.
21) 지방자치법 제47조 제1항.

살림을 꾸려나가는 재정자원배분에 관한 계획이다. 예산의 심의는 집행부의 사업계획의 타당성−효율성 검토 및 예산의 효율적인 배정−운용을 논의하는 의회의 주요한 기능 중 하나이다. 즉, 예산의 편성 및 제출은 지방자치단체장 및 집행부의 고유권한이지만, 이에 대한 심의 및 의결권은 지방의회의 전속적 권한이라고 할 수 있다. 이를 통해 지방의회는 집행부의 사업 및 예산계획에 대해 감시와 견제를 한다. 주민들의 행정수요의 다양화 및 증가, 지역경제의 안정과 성장이 요구되는 상황에서 한정된 지방 자원의 합리적·효율적 배분에 대한 요구가 증대하고 있다.

지방자치법에는 지방자치단체장의 예산편성 및 의회제출기한을 광역지방자치단체와 기초지방자치단체로 구분하여 명시적으로 제시하고 있다. 광역지자체장은 다음 회계연도 시작 50일 전까지, 기초지자체장은 40일 전까지 해당 지방의회에 예산안을 편성하여 제출해야 한다.[22] 예산안이 제출되면 광역의회는 회계연도 시작 15일 전까지, 기초의회는 10일 전까지 예산안을 의결해야 한다. 예산안의 심의 및 의결 시 지방자치단체장의 동의 없이 지출예산 각 항의 금액을 증가시키거나 새로운 비용항목을 신설할 수 없다.[23] 지방자치단체장이 이상의 기간에 예산안을 제출한 후 부득이한 사정으로 예산안의 일부 내용을 수정하는 경우 수정예산안을 작성하여 지방의회에 다시 제출할 수 있도록 하고 있다.[24]

또한, 지방자치단체장은 계속비나 추가경정예산 등이 발생하는 경우 지방의회의 의결을 받아야 하며,[25] 예비비의 지출은 다음 해 지방의회의 승인을 받아야한다.[26][27]

지방의회의 예산과 관련한 집행부의 견제와 감시기능이 중요함에도 현실 속에

---

22) 지방자치법 제142조 제1항.
23) 지방자치법 제142조 제2항과 제3항.
24) 지방자치법 제142조 제4항.
25) 지방자치법 제143조와 제145조.
26) 지방자치법 제144조 제2항.
27) 지방자치단체의 회계연도는 매년 1월 1일에서 12월 31일까지이다. 계속비는 한 회계연도를 넘어 경비를 계속해서 지출하는 경우이다. 추가경정예산은 회계연도 내에 지방자치단체장이 예산을 변경하는 경우에 작성하는 예산이다. 예비비는 예측할 수 없는 예산 외의 지출이나 예산초과지출에 충당하기 위하여 세입세출예산에 계상하는 금액이다.

서 드러나는 예산심의 및 의결과정은 그 실효성에 대한 비판이 다양하게 제기되고
있다.

첫째, 당파적 자원 배분 및 예산심의의 형식화가 일어난다. 단체장과 지방의회
의 다수당이 동일 정당일 경우 예산의 심의과정은 형식적으로 진행될 가능성이 높
다. 당초의 예산이 상호 원하는 방향으로 편성될 여지가 높아 위원회의 심의과정에
서 협상이나 조정의 여지가 줄어든다. 결과로 예산항목과 규모의 큰 변동 없이 통과
될 여지가 높은 경향을 보인다. 이는 개별 지방의원들이 당지도부 등 소속정당의
당론으로부터 자유로울 수 없는 점과도 연동된다(박동규·윤창근, 2018: 219).

둘째, 의원 간 예산 끼워넣기, 나눠먹기식 예산, 선심성 예산의 배정 등이 일어
난다. 예산은 지역 전체를 고려해야 함에도 때로는 의원의 해당 지역구에 더 많은
예산을 배정하려는 경향이 발생한다. 예산결산특별위원회 내 계수조정위원회는 현
재 비공개로 진행되고 있으며 예산안 조정과정에서 '쪽지예산, 나눠먹기식 예산, 선
심성 예산, 일괄삭감' 등이 빈번하게 일어나는 것으로 지적받고 있다(이성숙 외, 2017:
185).

셋째, 예산자료의 검토 및 분석에 요구되는 지방의원 역량부족의 문제가 지속
적으로 제기되고 있다. 이는 전문지원인력의 부족과 의원들 자체의 전문성 부족이
복합적으로 작용한 결과로 지적된다. 관련하여 이성숙 외(2017: 182)의 전문성 제고방
안에 관한 연구는 지방공무원과 지방의원의 상이한 인식결과를 제시하고 있다. 경
기도의 공무원과 지방의원을 대상으로 실시한 조사에서 예산심의의 전문성을 확보
하기 위한 방안으로 두 그룹 모두 의회 내 예산정책담당관실을 통한 보좌기관의
전문성 강화는 동의하는 것으로 나타났다. 반면, 지방의원의 전문성 강화를 위한 교
육-훈련의 필요성에 대해 지방공무원은 높게 인식하고 있으나 지방의원은 자신의
전문성 강화를 위한 교육의 필요성에 대해서는 지배적으로 부정적인 의견을 보였다.
이러한 결과는 또한, 충청북도 공무원과 지방의원의 인식 조사를 통해서도 유사한
결과로 나타났다(이승기, 2006: 67).

넷째, 예산결산특별위원회의 한시적 운영으로 전문성과 지속성이 떨어진다. 예

산결산특별위원회의 임기는 통상 회기연도인 1년으로 되어 있다. 예산결산특별위원회의 상설화 및 상시적 운영을 통해 심층적이고 지속적인 예산의 감시와 통제의 필요성이 지적되고 있다.

다섯째, 앞서 언급한 단체장의 제출기한, 위원회 및 본회의의 의결기한 등 심의기간이 짧아 촉박한 심의 일정의 문제점이 지적된다. 하지만, 지방의원과 달리 지방공무원은 예산심의기간의 확대에 대해 동의하지 않는 것으로 인식하고 있다(이승기, 2006; 주기완, 2017). 지방공무원은 지자체의 자율적 예산편성 규모가 크지 않아 예산심의의 내용이 많지 않고, 따라서 현행 지방의회의 예산심의기간이 부족하지 않다고 지적한다. 예를 들어, 세입예산 중 국고보조금이 약 40%를 차지하고, 세출예산에서도 경직성 경비, 시·도비 보조 등은 거의 정해져 있거나 변경이 불가능한 것이 대부분이다. 지방의회의 예산편성에서 상당부분은 지방의원의 심의권한 밖이라는 것이다. 지방자치단체 및 지방의회가 재량으로 편성－조정할 수 있는 실질적인 가용재원이 제한적이어서 예산심의의 제약으로 작용할 수밖에 없는 현실을 반영한 것으로 보인다(주기완, 2017: 92).

여섯째, 예산심의는 집행부가 제공하는 자료와 정보에 크게 의존할 수밖에 없는 상황이고, 예산의 삭감 이외의 증액 및 신설 등의 조정은 집행부의 협의 없이 불가능한 점이 또한 지방의회의 제약으로 작용한다.

3) 행정사무 감사 및 조사권

지방의회의 주요한 기능 중 하나는 집행부의 견제와 감시이다. 집행부의 견제와 감시의 일환으로 우리나라의 지방자치법은 지방의회의 행정사무감사 및 조사권을 규정하고 있다. 즉, 지방의회는 지방자치단체의 행정사무와 관련 감사를 실시하고, 특정사안에 대해 조사를 실시할 수 있도록 하였다. 더불어 행정사무의 감사를 통해 지방자치단체의 사업과 활동의 효율성을 제고하고, 주요 안건 및 예산 등의 심의에 필요한 자료와 정보를 획득하게 된다. 이를 통해 지방의회의 행정사무의 감사와 조사는 궁극적으로 주민의 의사와 이익을 반영한 지방자치가 구현되도록 하는 의의를 가진다.

감사의 대상사무에는 일정 정도 제한이 있다. 즉, 지방자치단체 및 그 장이 위임받아 처리하는 국가사무(통상 기관위임사무라 칭함)와 시·도의 사무에 대하여 국회와 시·도의회가 직접 감사하기로 한 사무는 제외된다.[28] 기관위임사무는 조사의 대상이 또한 되지 않는다. 행정사무의 감사는 매년 1회 실시하며 정례회기간 중에 실시한다. 감사 일수는 법적으로 규정되어 있는데 시·도의회는 14일, 시·군 및 자치구의회는 9일의 범위에서 각각 감사를 실시한다. 조사는 본회의의 의결로 본회의나 위원회에서 특정 사안과 관련하여 조사하게 할 수 있으며, 재적의원 3분의 1 이상의 찬성이 있어야 가능하다.[29]

지방의회는 감사 또는 조사를 위해 서류 및 자료의 제출, 현지확인, 지방자치단체장 또는 관계 공무원이나 그 사무에 관계되는 사람의 출석 및 증언-의견진술 등을 요구할 수 있다.[30] 이와 관련 감사과정의 실효성을 확보하기 위하여 고발 및 과태료를 부과할 수 있도록 하고 있다. 즉, 거짓 증언을 한 사람은 고발을 할 수 있고, 정당한 사유 없이 정해진 기한까지 서류제출을 않는 경우, 정당한 사유 없이 불출석하는 경우, 선서나 증언을 거부한 경우에는 500만 원 이하의 과태료를 부과할 수 있도록 하고 있다.[31]

감사 또는 조사의 결과는 본회의의 의결로 처리하며, 시정이 필요하면 시정을 요구하고 관련 기관에서 처리하는 것이 인정되는 경우에는 이송하여 처리한다.[32] 해당 기관은 시정요구를 받거나 이송받은 사항의 처리 후 그 결과를 지방의회에 보고해야 한다.[33]

지방의회의 행정사무감사 및 조사를 통한 견제와 감시 역할의 중요성에도 불구하고 감사대상 사무의 한계, 감사역량 및 전문성 부족, 집행부와 지방의회의 권력관계, 감사기간의 적실성, 중복감사 등의 한계가 지속적으로 지적되고 있다(이영균·이재영, 2009).

28) 지방자치법 제49조 제3항.
29) 지방자치법 제49조 제1항과 제2항.
30) 지방자치법 제49조 제4항.
31) 지방자치법 제49조 제5항.
32) 지방자치법 제50조 제1항과 제2항.
33) 지방자치법 제50조 제3항.

첫째, 감사대상이 되는 사무에 제한이 존재한다. 지방자치단체가 수행하는 다양한 사무 중 앞서 언급했듯이 지방자치단체 및 그 장이 위임받아 처리하는 국가사무와 시·도의 사무에 대하여 국회와 시·도의회가 직접 감사하기로 한 사무는 제외되어 실제 지방의회가 감사하는 사무의 폭이 매우 제한적이다. 조사권은 지방자치단체의 고유사무(자치사무)로 한정하여 범위가 더욱 협소하다고 할 수 있다.

둘째, 지방의원의 감사역량 및 전문성 부족이 지속적으로 제기되고 있다. 지방의원의 개인적 역량에 더하여 전문적 지원인력체계가 충분히 확보되지 못하고 있다. 이러한 감사역량 및 전문성의 부족으로 심층적 정책질의 및 대안의 논의가 결여되기도 한다.

셋째, 집행부와 동일한 정당이 지배하는 지방의회에서 실질적 견제와 감시를 위한 감사가 실현되기 힘들다. 일당이 집행부와 지방의회를 지배하는 경향이 높은 우리나라의 지방권력구조에서 지방의회는 지방자치단체장이 추진하는 정책이나 사업에 대해 강력한 비판과 통제를 하기 어려운 실정이다.

넷째, 역대 지방자치법의 개정을 통해 감사기간이 증가했으나 감사기간의 충분성에 대한 논란이 있다. 이로 인해 행정사무감사의 준비부족, 형식적 감사 등의 한계가 지적된다.

4) 기타 권한

앞서 논의한 지방의회의 대표적인 권한 이외에도 서류제출요구권, 청원수리·처리권, 선거권 및 자율운영권 등이 있다.

(1) 서류제출요구권

지방의회는 본회의와 위원회의 의결을 통해 안건의 심의와 직접적으로 관련된 서류의 제출을 지자체장에게 요구할 수 있다.[34] 위원회가 서류를 요구한 경우에는 의장에게 보고하도록 하고 있다.[35]

---

34) 지방자치법 제48조 제1항.
35) 지방자치법 제48조 제2항.

(2) 청원수리 · 처리권

청원권은 국민의 기본권 중 하나이다. 우리나라의 헌법은 모든 국민은 법률이
정하는 바에 따라 국가기관에 문서로 청원할 권리를 가지며 국가는 청원을 심사할
의무를 진다고 규정하고 있다.[36] 이에 따라, 청원권행사의 절차와 청원의 처리를 규
정하는 청원법을 두고 있다. 청원법은 청원대상기관으로 국가기관, 지방자치단체와
그 소속기관 등을 밝히고 있으며, 지방의회는 이와 관련 청원수리 · 처리권을 가진다.
지방차원에서 청원이란 '주민이 해당 지방자치단체에게 불만이 있거나 희망하는 일
이 있는 경우 문서를 통해 시정하거나 실현하기를 요구하는 행위'를 일컫는다.[37]

청원법에는 주민이 청원할 수 있는 사항을 담고 있다. 구체적으로 청원사항은
피해의 구제, 공무원의 위법 · 부당한 행위에 대한 시정이나 징계의 요구, 법령 · 조
례 · 규칙 등의 제정 · 개정 · 폐지, 공공의 제도 또는 시설의 운영, 기타 국가기관 등의
권한에 속하는 사항을 포함한다.[38] 또한, 감사, 수사, 재판의 진행 등 청원에서 제외
되는 내용을 담고 있다.[39] 지방자치법에도 또한 "재판에 간섭하거나 법령에 위배되
는 내용의 청원"에 대해서는 명시적으로 청원의 대상에서 제외시키고 있다.[40]

청원은 지방의회에 제출하며 일정한 절차를 거쳐 진행된다. 지방의회에 청원하
기 위해서는 청원자의 성명 및 주소를 적은 청원서를 지방의회의원의 소개를 받아
제출해야 한다.[41] 접수된 청원서를 지방의회 의장은 소관위원회나 본회의에 회부하

---

36) 헌법 제26조.
37) 민원은 "민원인이 행정기관에 대하여 처분 등 특정한 행위를 요구하는 것"이다(민원처리에 관한 법률
    제2조). 민원인은 다양한 방식, 즉 문서 · 전화 · 인터넷 또는 민원실을 방문하여 민원을 신청할 수 있
    다. 청원과 민원 모두 자신의 희망사항을 국가기관 등에 제기하지만 신청방식과 내용면에서 차이를
    보이고 있다. 민원은 청원과 달리 지방의원의 소개가 필요 없고 희망사항의 내용면에서도 차이가 난
    다(윤혜진 · 박순종, 2019: 238).
38) 청원법 제5조.
39) 청원법(제6조)에는 청원의 불수리사항으로 다음과 같은 내용을 규정하고 있다. 첫째, 감사 · 수사 · 재
    판 · 행정심판 · 조정 · 중재 등 다른 법령에 의한 조사 · 불복 또는 구제절차가 진행 중인 때, 둘째, 허위
    의 사실로 타인으로 하여금 형사처분 또는 징계처분을 받게 하거나 국가기관 등을 중상모략하는 사
    항인 때, 셋째, 사인 간의 권리관계 또는 개인의 사생활에 관한 사항인 때, 넷째, 청원인의 성명 · 주소
    등이 불분명하거나 청원내용이 불명확한 때 등이다.
40) 지방자치법 제86조.
41) 지방자치법 제85조.

여 심사를 진행한다.[42] 소관위원회나 본회의가 요구하면 청원을 소개한 지방의원은 청원의 취지를 설명해야 하며, 위원회가 청원을 심사하여 본회의에 부칠 필요가 없다고 결정하면 그 결과를 의장에게 보고하고, 의장은 청원자에게 결과를 알려야 한다.[43] 지방의회가 채택한 청원으로 지방자치단체장이 처리하는 것이 타당하다고 인정하는 경우 의견서를 첨부하여 지방자치단체장에게 이송하고 그 처리결과는 지체없이 지방의회에 보고되어야 한다.[44]

이상과 같이 지방의회 청원처리제도의 구비에도 불구하고 현실적으로 지역주민의 관심이 낮고 실제 제출되는 청원건수가 적은 것으로 나타난다(행정안전부, 2020d).[45] 또한, 접수된 청원 중 지방의회 내 안건으로 채택되지 않고 처리된 경우가 많은데, 이는 지역주민에 대한 홍보 및 정보제공의 부족과 지방의회의 낮은 관심과 대응성을 반영한다고 볼 수 있다(윤혜진·박순종, 2019: 238).

(3) 선거권 및 자율운영권

지방의회는 내부 기관의 주요 직위, 즉 의장, 부의장, 위원장 및 검사위원(결산관련) 등을 선출할 권리를 가진다.[46] 또한, 회의 및 의사의 진행과 관련한 자율운영권을 가진다. 구체적으로 의사진행·징계에 관하여 회의 규칙을 정하고,[47] 회의(개·폐회 등)와 회기를 결정하며,[48] 필요시 회의공개를 비공개하는 결정을 할 수 있다.[49]

---

[42] 지방자치법 제87조 제1항.
[43] 지방자치법 제87조 제2항과 제3항.
[44] 지방자치법 제88조.
[45] 참고로 지방의회백서에 담긴 청원처리실적(제7기 지방의회. 2014.7.–2018.6.)의 통계치는 아래의 표와 같다.

표 4-1　청원처리실적(제7기 지방의회)

구분	접수	처리				철회	계류중	불수리
		계	상임위종결	본회의회부	이송			
시·도	313	273	21	111	141	10	28	2
시·군·구	322	296	103	59	134	13	3	10

출처: 행정안전부. (2020d: 235). 제7기 지방의회백서(2014.7.–2018.6.). 발췌 및 편집.
[46] 지방자치법 제57조, 제150조 등.
[47] 지방자치법 제101조.
[48] 지방자치법 제56조.
[49] 지방자치법 제75조.

(4) 의회규칙제정권

지방의회는 내부운영과 관련하여 지방자치법에 정한 것 외에 필요한 사항을 규칙으로 정할 수 있다.[50) 예를 들어, 지방의회 의원간담회 운영에 관한 규칙을 들 수 있다. 이 규칙은 의회 운영 및 집행기관(단체장 포함)과의 현안을 협의하기 위해 개최하는 의원간담회에 관한 필요사항을 규정하는 것으로서, 의회 운영의 내실화 또는 의정활동의 활성화를 기하고자 하는 목적을 가진다.

2. 지방의원의 의무

지방의원은 지역주민에 의해 선출된 공직자로서 법과 양심에 따른 공익의 실현과 직무의 수행이 요구된다. 2006년 지방의원의 유급제 실시 이후 더욱 강화된 의무와 윤리실천이 요구되고 있으며, 지방자치법은 지방의원의 의무를 명시적으로 열거하여 규정하고 있다.[51) 즉, 겸직금지, 직무의 성실수행, 청렴 및 품위유지, 지위남용 금지, 영리행위 금지, 기타(모욕 등 발언의 금지, 발언방해의 금지) 등으로 구분된다.

첫째, 겸직금지의 의무로서 지방자치법[52)에 적시된 직을 겸할 수 없다.[53) 전부

---

50) 지방자치법 제52조.
51) 지방자치법 제43조와 제44조, 제95조와 제96조.
52) 지방자치법 제43조 제1항.
53) 지방자치법 제43조는 아래에 해당하는 직에 대해 지방의원의 겸직을 금지하고 있다.
   1. 국회의원, 다른 지방의회의원
   2. 헌법재판소 재판관, 각급 선거관리위원회 위원
   3. 「국가공무원법」 제2조에 따른 국가공무원과 「지방공무원법」 제2조에 따른 지방공무원(「정당법」 제22조에 따라 정당의 당원이 될 수 있는 교원은 제외한다)
   4. 「공공기관의 운영에 관한 법률」 제4조에 따른 공공기관(한국방송공사, 한국교육방송공사 및 한국은행을 포함한다)의 임직원
   5. 「지방공기업법」 제2조에 따른 지방공사와 지방공단의 임직원
   6. 농업협동조합, 수산업협동조합, 산림조합, 엽연초생산협동조합, 신용협동조합, 새마을금고(이들 조합·금고의 중앙회와 연합회를 포함한다)의 임직원과 이들 조합·금고의 중앙회장이나 연합회장
   7. 「정당법」 제22조에 따라 정당의 당원이 될 수 없는 교원
   8. 다른 법령에 따라 공무원의 신분을 가지는 직
   9. 그 밖에 다른 법률에서 겸임할 수 없도록 정하는 직

개정 지방자치법은 기존에 의원의 겸직금지 대상이 불명확하여 분쟁이 빈번히 발생함에 따라 지방의원이 겸직할 수 없는 기관·단체의 범위와 의미를 명확하게 정비하였다. 또한, 지방의회 의장이 의원의 겸직신고 내용을 연 1회 이상 공개하도록 하고, 겸직의무의 위반 시 그 겸한 직의 사임을 권고할 수 있도록 하였다.[54]

둘째, 공익우선의 의무로서 지방의원은 공공의 이익을 우선하여 양심에 따라 그 직무를 성실히 수행하여야 한다.

셋째, 청렴 및 품위유지의 의무로서 지방의원은 청렴의 의무를 지며, 의원으로서 품위를 지켜야한다. 즉, 직무관련 여부를 떠나 사례·증여·뇌물을 받아서는 안 되며, 그 직위에 상응하는 품위를 지킬 의무를 진다.

넷째, 직위남용금지의 의무로서 지방의원은 지위를 이용하여 재산상의 권리·이익 또는 직위를 취득하거나 다른 사람을 위하여 그 취득을 알선해서는 안 된다.

다섯째, 영리를 목적으로 하는 거래의 금지의무이다. 지방자치법[55]에 적시된 기관·단체 및 그 기관단체가 설립·운영하는 시설과 영리를 목적으로 하는 거래를 해서는 안 된다. 즉, 해당 지자체가 출자·출연한 기관·단체, 해당 지자체의 사무위탁기관·단체, 해당 지자체로부터 운영비, 사업 등을 지원받는 기관·단체, 조합의

---

② 「정당법」 제22조에 따라 정당의 당원이 될 수 있는 교원이 지방의회의원으로 당선되면 임기 중 그 교원의 직은 휴직된다.

③ 지방의회의원이 당선 전부터 제1항 각 호의 직을 제외한 다른 직을 가진 경우에는 임기 개시 후 1개월 이내에, 임기 중 그 다른 직에 취임한 경우에는 취임 후 15일 이내에 지방의회의 의장에게 서면으로 신고하여야 하며, 그 방법과 절차는 해당 지방자치단체의 조례로 정한다.

④ 지방의회의 의장은 제3항에 따라 지방의회의원의 겸직신고를 받으면 그 내용을 연 1회 이상 해당 지방의회의 인터넷 홈페이지에 게시하거나 지방자치단체의 조례로 정하는 방법에 따라 공개하여야 한다.

⑤ 지방의회의원이 다음 각 호의 기관·단체 및 그 기관·단체가 설립·운영하는 시설의 대표, 임원, 상근직원 또는 그 소속 위원회(자문위원회는 제외한다)의 위원이 된 경우에는 그 겸한 직을 사임하여야 한다.

1. 해당 지방자치단체가 출자·출연(재출자·재출연을 포함한다)한 기관·단체
2. 해당 지방자치단체의 사무를 위탁받아 수행하고 있는 기관·단체
3. 해당 지방자치단체로부터 운영비, 사업비 등을 지원받고 있는 기관·단체
4. 법령에 따라 해당 지방자치단체의 장의 인가를 받아 설립된 조합(조합설립을 위한 추진위원회 등 준비단체를 포함한다)의 임직원

54) 지방자치법 제43조 제4항과 제6항.
55) 지방자치법 제43조 제5항.

임직원 등이 해당한다.

여섯째, 영리행위의 금지의무로서 지방의원은 소관 상임위원회의 직무와 관련된 영리행위를 해서는 안 된다. 영리행위의 범위는 조례로 정하도록 하고 있다.

기타의 의무로서 모욕이나 발언방해의 금지의무를 진다. 지방의원은 본회의나 위원회에서 타인을 모욕하거나 타인의 사생활에 대한 발언이 금지되며, 회의 중에 폭력－소란행위로 타인의 발언을 방해해서는 안 되며, 의장이나 위원장의 허가 없이 연단이나 단상에 올라가서는 안 된다. 그 밖에도 본회의나 소속 위원회의 출석의무와 법령·의회 규칙 등을 준수할 의무를 진다.

국민권익위원회의 지방의회청렴도 조사

국민권익위원회는 매년 중앙정부와 지방정부(집행기관 및 의결기관)에 대한 청렴도를 조사한다. 매년 1년간의 부패경험과 부패인식에 대해 직무관련공직자(지방의회 또는 지방자치단체 및 산하기관의 직원), 민간단체 및 전문가, 지역주민(이통장 등 주민 대표 및 일반주민)을 대상으로 전화조사 및 온라인을 통해 설문조사를 실시한다. 기초의회는 인구 10만 명 이상 의회 중 일정 년도를 주기로 번갈아가며 실시한다. 2021년 조사의 경우 광역의회는 17개 전체와 64개의 기초의회를 대상으로 실시하였다.

지방의회 청렴도는 크게 의정활동과 의회운영으로 구분하여 실시한다. 먼저, 의정활동과 관련해서는 부패인식(의정활동, 인사관련 권한남용, 특혜 등)과 부패경험(금품·향응·편의수수, 특혜를 위한 부당한 개입·압력 등)을 측정한다. 다음으로, 의회운영과 관련해서는 예산운영의 적절성과 부패통제(의회운영의 투명성, 부패예방노력 및 이해충돌방지제도운영 실효성)으로 구분하여 측정한다.

2021년 결과에 따르면 의정활동의 부패경험 측면에서는 부당한 업무처리 요구, 사적 이익을 위한 정보요청, 특혜를 위한 부당한 개입·압력의 순으로 청렴도가 낮게 나타났다. 부패인식의 측면에서는 공정한 의정활동 수행, 선심성 예산편성, 이해관계 직무 회피의무 준수 등의 순서로 청렴도가 낮게 응답되었다.

또한, 지방자치단체수준별로는 기초의회가 광역의회보다 의정활동과 의회운영에서 모두 청렴도가 낮은 것으로 응답되었다.

자료: 국민권익위원회. (2021). 발췌 및 편집.

| 제4절 | 지방의회의 조직과 운영 |

　　지방의회는 원활한 운영과 기능을 수행하기 위하여 의장과 부의장으로 구성되는 의장단, 각종 위원회, 전문위원과 사무기구를 두고 있다.

　　의회의 기능 수행과 관련하여 지방의회의원의 전문성은 지속적인 비판을 받았고, 개선방안에 대한 논쟁은 지속되고 있다. 지방의회는 전문성을 강화하기 위한 방안으로 정책적 보좌기구와 인력의 한계를 지적하였다. 한편으로는 정책적 보좌기구의 한계만이 문제가 아닌 지방의원 개개인의 전문성 향상을 위한 노력의 부재를 비판하는 주장도 제기되었다. 이러한 논란 속에 전부개정 지방자치법에는 지방의회의원의 전문성을 강화하기 위한 방안으로 정책지원 전문인력을 둘 수 있도록 하고 있다.[56] 지방의회는 지방의회의원 정수의 2분의 1 범위에서 정책지원 전문인력을 둘 수 있다.

　　또한, 지방의회 사무직원의 임명권과 관련하여 지방의회의 인사권 독립에 대한 요구는 지속적으로 제기되었다. 이를 반영하여 지방의회 운영의 자율성을 확대하고 집행부에 대한 감시와 견제기능을 강화하기 위해 전부개정 지방자치법에서는 지방의회 의장이 의회 소속 사무직원을 임면할 수 있도록 하였다.[57] 기존에 사무직원은 지방의회 의장의 추천에 따라 지방자치단체장이 임명하여 강시장－약의회 하의 인사권의 제약이 컸던 것을 개선한 것이다.

1. 의회조직 및 사무기구: 의장 및 부의장, 위원회, 전문위원, 사무기구

1) 의장 및 부의장

지방의회는 지방의원 중에서 의장과 부의장을 무기명 표결로 선출한다.[58] 광역

56) 지방자치법 제41조 제1항과 제2항.
57) 지방자치법 제103조.
58) 전부개정 지방자치법에서는 의정활동의 투명성을 강화하는 차원에서 지방의회의 표결방법으로 기

의회에는 의장 1명과 부의장 2명을 두고, 기초의회에는 의장과 부의장을 각각 1명씩 둔다. 지방의회 의장의 직무로는 의회를 대표하고 의사를 정리하며, 회의장 내의 질서를 유지하고 의회의 사무를 감독하는 것을 포함한다.[59) 지방의회는 의장이나 부의장의 불신임권한을 가진다. 즉, 의장이나 부의장이 법령을 위반하거나 정당한 사유 없이 직무를 수행하지 않는 경우에 지방의회는 재적의원 4분의 1 이상의 발의와 과반수의 찬성으로 불신임의결이 가능하다.[60)

지방의회의 의장과 부의장은 무기명투표로 재적의원 과반수의 출석과 출석의원 과반수 득표로 선출되며, 임기는 2년으로 하여 전반기와 후반기로 구분된다.[61) 일부 지방에서는 지방의회의 의장과 부의장의 선출과정 상에서 갈등과 비리가 빈번히 발생하고 있다. 각종 불법적인 행태로 언론에 많은 주목을 받는다. 가령, 한정된 의장 및 부의장직의 선출과 관련하여 임기 쪼개기, 의장직 나눠 먹기, 불법 금품수수행위 등의 문제가 꾸준히 발생하고 있다. 이에 윤리특별위원회 등 지방의회 스스로 자정의 노력이 일부 진행 중이기도 하지만 내부 의원 감싸기 등으로 인해 자체 정화의 실효성이 비판을 받는 실정이다.

2) 본회의와 위원회

지방의회는 합의제 의사결정기관으로서 본회의와 위원회를 설치하고 있다. 본회의는 의회에 제출된 모든 안건을 토론과 의결을 거쳐 최종적으로 결정한다. 의원 전원이 참석하여 토론-의결하는 본회의와 달리 위원회는 분야를 세분화하여 전문 영역을 다룬다. 위원회는 소수의 의원으로 구성되어 분야별 전문적인 논의를 통해 안건의 효율적-생산적 심의를 진행한다. 공공문제와 현안이 복잡하고, 높은 전문성을 요구함에 따라 본회의에서 광범위한 현안 전반을 토론-심의하는 것이 비효율

록표결제도 원칙을 도입하였다. 무기명 표결을 하는 의장·부의장 선거, 임시의장 선출, 의원의 불신임-자격상실-징계의결 등 일부의 사항을 제외하고는 본회의의 표결시 조례 또는 회의규칙에서 정하는 표결방식에 의한 기록표결로 가부를 결정하도록 하였다(지방자치법 제74조 표결방법).
59) 지방자치법 제58조.
60) 지방자치법 제62조.
61) 지방자치법 제57조.

적이므로, 특정 전문분야를 다루는 소수의 위원회중심의 토론과 심의가 더욱 중요해지고 있다. 위원회의 심사결과는 본회의의 전체 토론과 의결을 위한 판단자료가 되며, 본회의의 의사결정과정의 효율성과 실효성을 높이는 역할을 한다.

우리나라의 지방의회에는 소관 의안, 청원, 특정안건 등을 심사 및 처리하기 위하여 조례로 정하는 바에 따라 위원회를 두고 있다. 위원회는 크게 상임위원회와 특별위원회로 구분된다. 상임위원회는 일반적으로 집행기관의 소관분야와 일치하며, 상설로 설치되어 해당 위원회에 회부된 의안과 청원을 심사·처리한다. 특별위원회는 여러 개의 상임위원회의 소관과 연관되거나, 특정한 안건을 다룰 필요가 있는 경우 본회의의 의결로 설치하고 활동기간을 정한다. 특히, 전부개정 지방자치법은 지방의회의 책임성 확보를 위해 윤리특별위원회의 설치를 의무화하고 명시적으로 규정하고 있다.[62] 윤리특별위원회는 지방의원의 윤리강령과 윤리실천규범 준수 여부 및 징계에 관한 사항을 심사하는 역할을 한다.[63] 또한, 윤리특별위원회에는 민간전문가로 구성된 윤리심사자문위원회를 두어 "지방의회의원의 겸직 및 영리행위 등에 관한 지방의회의 의장의 자문과 지방의회의원의 윤리강령과 윤리실천규범 준수 여부 및 징계에 관한 윤리특별위원회의 자문"에 응하도록 하고 있다.[64] 의원은 하나의 상임위원회의 위원이 되며, 운영위원회나 특별위원회 위원직을 겸할 수 있다. 또한, 지방의회는 예산의 심의·의결 및 결산과 관련하여 예산·결산특별위원회를 설치하고 있다. 예산·결산특별위원회의 종합심사에 앞서 각 상임위원회는 소관 분야 예산안의 최초 심의인 예비심사를 실시하여 종합심사를 위한 기초적 판단자료를 준비한다. 예산·결산특별위원회는 종합심사를 통해 각 상임위원회별 예산을 지방자치단체 전체 예산의 관점에서 종합적으로 조율하고 조정하는 역할을 한다.

3) 전문위원

위원회에는 위원장과 위원의 자치입법활동을 지원하기 위하여 전문위원제를

---

62) 지방자치법 제65조.
63) 지방자치법 제65조 제1항.
64) 지방자치법 제66조.

도입하고 있다. 전문위원은 의안과 청원 등의 심사, 행정사무감사 및 조사, 그 밖의 소관 사항과 관련하여 검토보고 및 관련 자료의 수집·조사·연구를 진행하여 지방 의원의 입법활동을 전문적으로 지원하는 역할을 한다.[65]

전문위원의 직급과 정수는 '지방자치단체의 행정기구와 정원기준 등에 관한 규정'[66]에서 획일적으로 정하고 있다. 즉, 지방의원의 정수에 따라 전문위원의 총정수와 직급별(시·도는 4급과 5급이하, 시군구는 5급과 6급이하) 전문위원의 수를 규정하는 방식이다. 이에 따라 전반적으로 전문위원의 규모가 획일적으로 정해지며, 집행부의 관련 부서장보다 낮은 직급으로 인해 견제와 감독이 원활하지 않은 점도 지적된다(금창호, 2012). 전문위원은 일반직공무원뿐만 아니라 일반직의 직급에 해당하는 상당계급의 별정직지방공무원으로 임명할 수 있다.[67]

4) 사무기구: 사무처·사무국·사무과

지방의회에는 지방의원의 의정활동을 지원하고 의회의 사무를 처리하기 위하여 사무기구를 둔다. 사무기구로는 광역의회에는 사무처, 기초의회에는 사무국·사무과를 두고 있으며 직원은 지방공무원으로 보하고 있다. 1991년 지방의회가 재개된 이후 사무기구와 관련한 지방의회의 인사권의 독립과 정책지원전문인력의 도입에 대한 요구가 지방의회로부터 지속적으로 제기되었다.

인사권의 독립은 특히 지방의회 사무기구 직원의 인사권이 본질이다. 2022년 전부개정 지방자치법의 시행 이전에는 사무처 직원의 인사권을 지방자치단체장이 행사함으로써 지방의회 인사의 독립성, 의회운영의 연속성, 그리고 의회업무의 전문성 등의 저하에 대한 비판이 지속적으로 제기되었다. 구체적으로 사무처 직원의 임용·승진을 지자체장이 행사함으로써 그들은 집행기관 또는 지자체장과 연관된 업무나 사안에 대해서는 적극적 집행에 한계가 있었다. 사무기구 직원이 평균 2-3년의 근무기간을 마치고 집행기관으로 복귀하는 것을 감안할 때 그들은 지방의회 본

---

65) 지방자치법 제68조 제2항.
66) 지방자치단체의 행정기구와 정원기준 등에 관한 규정 제15조 제2항.
67) 지방자치단체의 행정기구와 정원기준 등에 관한 규정 제15조 제2항 [별표 5].

연의 견제와 감시의 입장에서 업무처리가 아닌 지자체장과 집행기관의 입장을 반영한 행태를 보일 수밖에 없었다. 이로 인해 사무기구 직원들은 견제와 감시와 같은 의회기능의 적실한 보좌가 어려웠고 지방의회 업무의 연속성과 전문성의 축적이 어려울 수밖에 없었다. 전부개정 지방자치법에서는 사무직원의 임면권이 지방자치단체장으로부터 지방의회의장으로 이관되었다. 즉, 지방의회의 의장은 법령과 조례·의회규칙으로 정하는 바에 따라 사무직원의 임면·교육·훈련·복무·징계 등에 관한 사항을 처리하며, 지휘·감독을 한다.[68] 사무기구의 직원은 지방공무원으로서 집행기관의 공무원과 같이 지방공무원법의 적용을 받는다.

5) 지방의원의 정책지원 전문인력: 정책지원관

전부개정 지방자치법상 지방의회의 전문성 및 입법지원 강화의 방안으로 '정책지원 전문인력'제도가 도입되었다.[69] 1990년대 지방자치가 재개된 이래로 지방의회는 개별보좌관제의 도입을 지속적으로 요구해왔다. 애초 개별 '보좌관'의 필요성을 제기한 지방의회에 대하여 제19대 국회의 논의과정에서 '정책지원 전문인력'이라는 개념을 도입하게 되었고 공식적으로 '정책지원관'으로 명칭하고 있다.[70] 이러한 명칭의 부여는 일반 국민과 국회의원이 가지는 개별 보좌관에 대한 거부감을 상쇄하는 일환이었다(이동영, 2020: 31). 정책지원 전문인력은 지방의원 정수의 2분의 1의 범위 내에서 조례로 정하는 바에 따라 둘 수 있다.[71] 정책지원 전문인력의 신분은 지방공무원으로 보하며, 직급·직무 및 임용절차 등 운영에 필요한 사항은 대통령령으로 정하도록 하였다.[72]

새롭게 도입된 지방의회 정책지원 전문인력은 조직적 역량의 보좌 및 의원개별보좌의 중간 형태를 지니는 것으로 지방의원의 의정활동을 지원하는 역할을 한다. 구체적으로 정책지원관은 정책 지방의회의원의 의정자료 수집·조사·연구, 지방자

---

68) 지방자치법 제103조 제2항.
69) 지방자치법 제41조.
70) 지방자치법 시행령 제36조 제3항.
71) 지방자치법 제41조 제1항.
72) 지방자치법 제41조 제2항.

치법에 규정된 의정활동[73] 지원 등을 하며, 세부사항은 이러한 범위에서 조례로 정할 수 있도록 하고 있다.

2. 운영: 집회와 회기

1) 집회: 정례회와 임시회

지방의회의 집회는 정례회와 임시회로 구분된다. 지방자치법은 지방의회가 매년 2회 정례회를 개최하도록 규정하고 있다.[74] 정례회의 집회일이나 정례회 운영에 필요한 사항은 조례로 정한다.[75] 기존 정례회의 집회일과 운영사항에 관해 필요한 사항이 대통령령이 정하는 바에 따르도록 한 내용을 전부개정 지방자치법에서는 삭제하여 의회가 지역의 특성에 맞게 조례에서 자율적으로 정하도록 하였다.

정례회는 매년 2차례 빠짐없이 정기적으로 소집하도록 되어 있다. 정례회는 통상 상반기(제1차 정례회)와 하반기(제2차 정례회)로 나뉘어 개최된다. 정례회의 집회일과 관련 지방자치법 시행령은 제1차 정례회를 5월·6월 중에, 제2차 정례회는 11월·12월 중에 열도록 규정하고 있다. 제1차 정례회는 대체로 전년도 결산 승인 및 기타 부의안건을 처리한다. 반면, 제2차 정례회는 다음 연도 예산안의 심의 및 의결, 행정사무감사, 기타 부의안건을 처리하게 된다. 제2차 정례회는 예산안심의−의결과 행정사무감사가 동시에 이뤄지기 때문에 집중적 심의와 감사에 있어 시간적 제약이 한계로 지적된다(이청수, 2017). 정례회의 운영과 관련 지방의회의 탄력적 운영의 확대가 요구되고 있다.

임시회는 특정한 안건을 처리하기 위하여 개최된다. 임시회의 소집은 상황에 따라 소집 주체와 방식이 다양하다.[76] 첫째, 지방의회의원 총선거가 실시되는 연도에는 총선거 후 최초로 집회되는 임시회를 지방의회 사무처장·사무국장·사무과장

---

73) 지방자치법 시행령 제36조 제1에는 지방자치법상 제47조부터 제52조까지와 제83조에 관련된 의정활동으로 규정하고 있음.
74) 지방자치법 제53조 제1항.
75) 지방자치법 제53조 제2항.
76) 지방자치법 제54조 제1항, 제2항, 제3항.

이 지방의원 임기 개시일부터 25일 이내에 소집하도록 되어 있다. 둘째, 지방자치단
체의 폐지, 설치, 분할, 합병을 통해 새로운 지방자치단체를 설치하는 경우의 최초의
임시회도 지방의회 사무처장·사무국장·사무과장이 지방자치단체가 설치되는 날에
임시회를 소집한다. 셋째, 지방자치단체장이나 조례로 정하는 수 이상의 지방의원이
요구할 경우 지방의회의 의장은 15일 이내에 임시회를 소집하도록 하고 있다. 임시
회 소집은 긴급할 때를 제외하고는 집회일 3일 전에 공고하여야 한다.[77]

2) 회기

지방의회는 연중 활동하는 것이 아니라 구체적인 활동기간을 정하여 활동을 한
다. 회기란 '지방의회의 집회(정례회와 임시회)가 개회하여 폐회되는 날까지의 일정기
간'을 의미하며, 이 기간에 의회는 활동능력을 가지게 된다. 다만, 본회의는 회기 중
에만 열릴 수 있지만, 위원회는 본회의의 의결 또는 지방자치단체장의 요구로 폐회
중에도 열릴 수 있다. 우리나라의 지방의회는 회기제를 채택하여 일정 기간 동안만
의회의 활동을 수행한다.

지방의회의 정례회—임시회의 회기 및 연간 회의 총일수는 지방자치단체의 조
례로 정하며, 개회—휴회—폐회와 회기는 지방의회의 의결로 결정한다.[78] 이러한
회기 동안에 본회의와 위원회가 개최되어 각종 조례의 제정·개정, 예산안의 심사
및 결산심사, 행정감시활동 등이 진행된다. 회기 및 집회(정례회와 임시회)에 관한 규정
을 둠으로써 연간 의회운영의 기본일정의 수립이 가능하다. 즉, 지방의원들의 측면
에서는 연간의정활동계획이 가능하며, 단체장 및 집행기관의 측면에서는 주요 안건
의 처리 및 업무수행을 위한 계획 및 준비가 가능하다. 또한, 일반 주민들도 의회운영
일정의 확인을 통해 각종 민원 및 현안의 처리과정에 대한 참여 및 감시가 가능하다.

그간 중앙에서 엄격하게 통제되던 지방의회의 총회의 일수와 회기는 2006년 4월
지방자치법의 개정으로 지방의 조례로 자율적으로 정하도록 하였다. 즉, 개정 이전
에는 지방의회의 연간 회의 총일수와 정례회—임시회의 회기가 일정 기간으로 제한

---

77) 지방자치법 제54조 제4항.
78) 지방자치법 제56조.

되었다. 예를 들어, 1994년에서 2006년 사이 시·도의회의 경우 연간 총회의일수를 120일, 시·군·자치구의회의 경우는 80일을 초과할 수 없도록 하였다. 2차례의 정례회의 개최일은 시·도의회에서는 40일 이내와 시·군·자치구의회에서는 35일 이내로 정하였다. 2006년 총회의일수와 회기의 자율화로 지방자치단체는 지방의 특성을 반영하여 다양하게 운영하고 있다. 예를 들어, 서울시의 경우 정례회와 임시회를 합산한 연간 총회의일수는 150일 이내이며, 정례회는 80일과 임시회는 20일 이내로 규정하였고, 경기도는 연간 총회의일수를 140일 이내로, 정례회는 65일과 임시회는 20일 이내로 규정하고 있다. 또한, 지방자치단체의 조례에는 회기의 연장이 필요한 경우 연장할 수 있는 규정을 두어 탄력적으로 운용하고 있다.

3) 안건의 처리절차: 조례안과 예산안을 중심으로[79]

지방의회의 안건처리는 의안이 제출되는 것으로부터 시작된다. 의안은 '의회에서 토의할 안건'을 의미한다. 통상적으로 의원이 의안을 낼 때는 발의라 하고 집행기관에서 의안을 내는 경우에는 제출이라고 칭한다. 위원회에서도 의안을 내기도 한다. 의원이 발의하는 의안은 조례안·결의안·건의안 등이고, 집행기관은 예산안·결산안·동의안 등의 제출권을 가진다. 통상 조례안은 재적의원 5분의 1이상 또는 10인 이상의 연서나 지방자치단체장의 제출로 발의된다.

조례안 관련 의안의 발의는 일정한 요건을 갖추어 회기 중이나 폐회기간에도 의장에게 제출할 수 있다. 소관상임위원회를 결정하고 본회의에서 보고하는 절차를 거친 후 해당 상임위원회에 회부된다. 상임위원회는 심사를 거쳐 결과를 심사보고서에 담아 의장에게 공문으로 보고한다. 본회에서는 위원회의 심사결과보고 후 토론을 거쳐 의결에 이른다. 의결된 의안은 지방자치단체장에게 이송되고 지방자치단체장은 공포 또는 재의요구를 할 수 있다.

반면, 예산안은 회계연도 시작 전 일정 기간까지 지방자치단체장이 예산안을 의회(사무기구)에 제출하면, 담당자는 본회의에 예산안의 제출사실을 보고한다. 본회

---

79) 시도의회의장협의회 웹사이트 중 지방의회 돋보기에서 참조함(http://ampcc.go.kr/local/council.php).

의에서 지방자치단체장은 예산안에 대한 제안 설명을 한다. 이후 예산안은 소관별 상임위원회에 회부되며 각 상임위원회는 예비심사-의결을 거쳐 의장에게 심사결과를 공문으로 보고한다. 예산안과 상임위원회 예비심사보고서는 예산결산특별위원회에 회부되어 종합심사 및 의결을 거친다. 이때 예산결산특별위원회는 상임위원회의 예비심사에 구속받지 않지만 최대한 존중하도록 하고 있다. 예산결산특별위원회 위원장은 심사결과를 의장에게 보고하며 본회의에 상정한다. 본회의에서는 상정된 예산안을 심의-의결 후 지방자치단체장에게 이송한다. 일반인에게 고시하며 행정안전부장관에게 지체없이 보고하도록 되어 있다.

4) 회의의 일반원칙

지방자치법은 지방의회의 회의의 진행과 관련하여 여러 원칙을 따르도록 규정하고 있다. 조례와 규칙을 제정·개정하는 입법기관으로서 회의의 진행과 의사결정을 민주적이고, 합법적이며, 공정하게 진행하기 위한 기본적인 원칙이라고 볼 수 있다. 지방자치법에서 규정하고 있는 회의의 원칙은 대표적으로 의사·의결정족수, 회의의 공개, 회기계속, 부결된 안건의 처리, 의장과 의원의 제척 등과 관련한 원칙으로 요약할 수 있다. 이와 같이 규정에 포함된 원칙 이외에도 회의 운영에 있어 관례화된 원칙(예: 다수결의 원칙 등)이 다수 존재하지만 앞서 언급한 원칙을 중심으로 논의한다.

(1) 정족수의 원칙: 의사·의결정족수의 원칙

회의를 개회하거나 회의에서 의결을 위해 필요한 최소한의 출석의원 수를 회의정족수라 하고 이를 준수해야 하는 원칙이다. 회의정족수는 의사정족수와 의결정족수로 구분된다. 의사정족수는 회의(본회의나 위원회 등)를 개회(개의)할 수 있는 정족수이다. 반면, 의결정족수는 회의에서 어떤 사항을 의결하는 데 필요한 출석의원의 정족수를 의미한다. 의결정족수는 또한 일반정족수와 특별정족수로 구분할 수 있다. 일반정족수는 헌법이나 법률 등에 특별히 달리 규정이 없을 때 필요한 정족수로서 통상 재적의원 과반수의 출석과 출석의원 과반수의 찬성으로 의결한다. 반면, 특별정족수는 특별히 의결에 필요한 의원수를 규정하고 있는 경우이다.

우리나라의 지방자치법은 의결정족수와 의사정족수를 명시적으로 규정하고 있다. 지방의회의 개의는 통상 재적의원 3분의 1 이상의 출석을 필요로 한다.[80] 의사정족수를 미치지 못하는 경우 지방의회의 의장은 회의를 중지하거나 산회를 선포한다.[81] 반면, 일반적으로 의결정족수는 재적의원 과반수의 출석과 출석의원 과반수의 찬성을 필요로 한다.[82] 물론, 의원의 자격심사나 의원의 징계 등과 같이 상황에 따라 의결정족수의 요건은 상이할 수 있는데 이를 특별정족수라고 한다.

(2) 회의의 공개원칙

지방의회의 회의는 특별한 사정이 아닌 경우 원칙적으로 공개하도록 하고 있다. 지방자치법은 비공개의 경우로 두 가지를 제시하고 있다.[83] 첫째, 지방의원 3명 이상이 발의하고 출석의원 3분의 2 이상이 찬성한 경우는 비공개회의를 진행한다. 둘째, 지방의회의 의장이 사회의 안녕질서 유지를 위하여 필요하다고 인정하는 경우에도 공개하지 않을 수 있다. 또한, 회의의 공개와 관련 비밀로 할 필요가 있는 경우를 제외하고는 회의 진행 상황을 기록한 회의록을 주민에게 공개하도록 하고 있다.[84]

(3) 회기계속의 원칙

회기계속의 원칙은 지방의회에 제출된 의안이 회기 중에 의결되지 못한 이유로 폐기되지 않도록 하는 원칙이다.[85] 다만, 지방의회의원의 임기가 끝나는 경우에는 회기계속의 원칙의 적용을 받지 않는다. 우리나라의 헌법은 국회와 관련 회기계속의 원칙을 규정하고 있다.[86] 이를 반영하여 지방의회 차원에서도 동일하게 회기 중에 의결이 완료되지 않은 의안에 대해 의원의 임기가 종료하는 경우를 제외하고는

---

80) 지방자치법 제72조 제1항.
81) 지방자치법 제72조 제2항.
82) 지방자치법 제73조 제1항.
83) 지방자치법 제75조 제1항.
84) 지방자치법 제84조 제4항.
85) 지방자치법 제79조.
86) 헌법 제51조.

폐기하지 못하도록 하고 있다.

(4) 일사부재의의 원칙

일사부재의의 원칙은 지방의회에서 부결된 의안은 같은 회기 중에 다시 발의하거나 제출할 수 없는 원칙을 의미한다.[87] 이 원칙은 동일 회기와 동일 안건에 적용되는 것으로 동일 안건을 다른 회기에서는 발의하거나 제출할 수 있는 것으로 해석할 수 있다.

(5) 의장이나 의원의 제척의 원칙

제척의 원칙은 지방의회의 의장이나 의원은 자신과 일부 가족의 직접적 이해관계가 있는 안건에 대하여 참여할 수 없도록 하는 원칙이다. 의장이나 의원의 제척은 이해관계가 있는 의원이나 의장의 참여배제를 통하여 공정한 판단을 보장하고 편파성의 우려를 사전에 차단하기 위한 조치의 일환이다. 구체적으로 지방자치법[88]은 지방의회의 의장이나 지방의회의원은 본인·배우자·직계존비속(直系尊卑屬) 또는 형제자매와 직접 이해관계가 있는 안건에 관하여는 그 의사에 참여할 수 없도록 규정하고 있다. 다만, 의회의 동의가 있으면 의회에 출석하여 발언할 수는 있도록 하고 있다.

---

87) 지방자치법 제80조.
88) 지방자치법 제82조.

CHAPTER 05

지방자치단체장과 집행기관

1990년대 지방자치제가 재개된 이후 중앙에서 임명하던 관선지방자치단체장제는 주민들이 직접 선출하는 민선지방자치단제장제로 변경되었다. 주민이 직접 뽑은 지방자치단체장은 주민의 의사와 이해를 직접적으로 반영한 정책과 행정의 실질적인 책임을 맡는다. 이를 위해 지방자치단체장은 집행기관의 장으로서 집행기관을 구성하고 소속 공무원을 관리·감독한다. 집행기관은 지방자치단체장을 정점으로 지방공무원이 지방정책과 행정서비스를 지근거리의 현장에서 집행하는 역할을 한다. 주민들은 일상 속 민원과 각종 문제들을 해당 지방공무원의 열정과 성실성을 통해 해결하며, 지방자치단체는 공공행정의 최일선 집행기관으로서의 역할을 담당한다. 이와 같이 지방자치단체장의 비전과 역량은 지역의 발전 및 주민의 삶에 직접적 영향을 미친다. 이상의 배경 하에 이 장은 지방자치단체를 구성하며 실질적인 지방행정서비스를 집행하는 지방자치단체장과 집행기관을 다룬다.

제1절 지방자치단체장

오늘날 지방은 지역주의와 지방분권, 세계화·도시화의 가속, 기후변화 및 감염병의 대유행, 정보통신기술의 급격한 발전 등 새로운 환경변화에 놓여 있다. 또한,

우리나라의 지방은 저출산과 고령화, 인구감소, 지역쇠퇴 등 다양한 도전에 직면하고 있다. 지방이 직면한 다양한 대내외적 환경변화와 도전의 상황에서 지방자치단체장의 역할과 적실한 권한의 행사는 어느 때보다 높은 관심과 주목을 받고 있다. 지역주민 및 지역사회를 통합하고 다른 정부와의 긴밀한 협조와 지원을 이끌어 내기 위한 지방자치단체장의 역량과 역할은 단순히 정치·행정적 측면만이 아닌 혁신－경영마인드의 측면까지 확장되고 있다. 이러한 측면을 고려하여 이 절은 지방자치단체장의 지위, 권한, 역할, 과제를 포괄적으로 고찰한다.

1. 지위

주민에 의해 직접 선출되는 우리나라 지방자치단체장의 지위는 대내외적으로 다양하게 나타난다. 지방자치단체장의 지위는 지방자치단체의 대표로서의 지위, 지방자치단체 집행기관의 장으로서의 지위, 그리고 국가의 일선 지방행정기관의 장으로서의 지위로 대별된다.

첫째, 지방자치단체의 장은 대내외적으로 지방자치단체를 대표하는 지위를 가진다. 지방자치단체장은 지방을 대표하여 각종 행사를 주관하거나 협약체결을 추진한다. 이를 통해 지방자치단체장은 국내외적으로 지방자치단체의 홍보 및 교류를 확대하여 지방의 이미지를 제고하고 위상을 높이며, 지역발전을 촉진하는 역할을 한다.

둘째, 지방자치단체의 장은 행정사무를 집행하는 집행기관의 장으로서의 지위를 가진다. 우리나라와 같이 집행기관과 의결기관이 분리된 기관분립형에서 지방자치단체장은 의결기관의 견제와 감시를 받는 집행기관의 장으로서의 지위를 갖는다. 집행기관의 장으로서 지방자치단체장은 집행조직과 인력을 지휘·감독·관리하여 행정사무를 실질적으로 집행한다.

셋째, 지방자치단체의 장은 국가의 일선 지방행정기관장으로서의 지위를 갖는다. 우리나라 지방자치단체는 독립된 법인으로서 자치권을 가지지만 또한, 국가의 사무를 위임받아 처리하는 지방 단위의 일선 지방행정기관으로서의 지위도 가진다.

중앙정부는 지방 단위의 특별지방행정기관[1]을 설치하여 국가사무를 직접 처리하기도 하지만 때로는 지방자치단체의 장에게 위임하여 처리하기도 한다. 다시 말해 지방자치단체장의 장은 국가의 사무 중 일부를 위임받아(위임사무) 실질적으로 집행하는데 이때 일선 지방행정기관장으로서의 지위를 갖는다고 본다. 우리나라와 같이 중앙의 행정체제 및 권한이 잘 갖춰진 후에 지방의 권한과 역할을 보장 및 확대해 가는 단체자치적 성격이 강한 나라에서 많이 나타난다. 지방자치단체장은 국가의 사무를 위임받아 처리하는 지방 단위 일선 행정기관장으로서 그 지위는 중앙과 지방의 관계에 지대한 영향을 미친다.

2. 권한

지방자치단체장의 권한은 지방자치단체의 수장으로서 지방자치단체 전체와 관련한 대표권, 집행기관과 관련한 권한, 의결기관인 지방의회와 관련한 권한으로 대별할 수 있다. 지방자치법은 지방자치단체장의 권한의 유형과 범위를 명시적으로 규정하여 담고 있다.

1) 지방자치단체의 통할대표권

지방자치단체의 장은 해당 지방자치단체를 대표하고, 사무를 총괄하는 통할대표권을 가진다.[2] 오늘날 세계화가 가속화됨에 따라 지방자치단체는 외국의 유사한

---

1) 정부조직법상 국가행정기관은 중앙행정기관, 특별지방행정기관, 부속기관, 합의제행정기관 등으로 구분된다. 중앙행정기관은 국가행정사무를 담당하기 위하여 설치되며, 전국적 사무를 담당한다. 정부조직법에 의해 설치되는 각 부·처·청이 해당한다. 일정한 지역 내에 행정을 담당하는 행정기관은 지방행정기관으로 칭하며 통상 보통지방행정기관과 특별지방행정기관으로 구분할 수 있다. 특별지방행정기관은 중앙행정기관의 소속 하에 지방에 설치한 국가행정기관 중 하나로서 특정 지방을 관할하여 국가사무를 처리한다. 가령, 지방국세청, 지방검찰청, 지방관세청, 교도소 등을 들 수 있다. 반면, 보통지방행정기관은 의결기관과 집행기관으로 구성되는 지방자치단체의 행정기관으로서 지방의 사무와 행정서비스를 집행하는 집행기관을 보통지방행정기관으로 부른다. 또한, 앞서 논의한 바와 같이 개념적으로 보통지방자치단체와 특별지방자치단체로 분리되기도 한다. 양자는 모두 지방의 사무를 담당하는 지방자치단체의 일종으로서 보통지방자치단체가 지방사무를 포괄적으로 담당 – 수행하는 것에 반해 특별지방자치단체는 특정 소수의 사무를 전담하는 측면에서 차이가 난다.

2) 지방자치법 제114조.

지방자치단체들과 활발한 교류와 협력관계를 맺고 있다. 지방자치단체장은 지방자치단체를 대표하여 교류협정이나 자매결연을 성사시키기도 한다. 또한, 지방자치단체장은 사무와 관련하여 지방자치단체의 고유사무뿐만 아니라 국가나 상위기관으로부터의 위임사무를 총괄한다.

2) 집행기관에 관한 권한

집행기관에 관한 권한으로는 크게 사무에 관한 권한, 소속 직원에 관한 권한, 예산 및 재정에 관한 권한으로 대별할 수 있다.

(1) 국가사무의 수행

국가사무는 법령에 다른 규정이 없으면 지자체장에 위임(기관위임)하여 행한다. 즉, 시·도와 시·군·자치구에서 시행하는 국가사무는 법령에 다른 규정이 없으면 시·도지사와 시장·군수·구청장에게 위임하여 행하도록 하고 있다.[3] 앞서 언급한 국가의 일선 지방행정기관장의 지위에서 위임사무를 수행하는 것을 의미한다.

(2) 사무의 관리 및 집행권

지방자치단체의 사무와 법령에 따라 지자체장에 위임된 사무를 관리하고 집행한다. 지방자치단체의 장은 지방자치단체 집행기관의 장으로서 그 지방자치단체의 사무인 고유사무(자치사무)와 법령에 따라 그 지방자치단체의 장에게 위임된 사무(위임사무)를 관리하고 집행한다.[4]

(3) 사무의 위임 등

지방자치단체장은 상급기관으로부터 사무를 위임받을 뿐만 아니라 또한 그 위임받은 사무나 지방자치단체의 사무를 위임할 수 있다. 우선, 지방자치단체장은 조례나 규칙에 따라 그 권한에 속하는 사무의 일부를 보조기관, 소속 행정기관 또는 하부행정기관에 위임하거나 관할 지방자치단체나 공공단체 또는 그 기관(사업소·출장

---

[3] 지방자치법 제115조.
[4] 지방자치법 제116조.

소 등 포함)에 위임-위탁할 수 있다.[5] 이때, 지방자치단체의 장이 위임받거나 위탁받은 사무의 일부를 다시 위임하거나 위탁하려면 미리 그 사무를 위임하거나 위탁한 기관의 장의 승인을 받아야 한다.[6] 또한, 조사·검사·검정·관리업무 등 주민의 권리·의무와 직접 관련되지 아니하는 사무를 법인·단체 또는 그 기관이나 개인에게 위탁할 수 있다.[7]

(4) 소속 직원에 대한 지휘·감독 및 임면권

지방자치법에 따르면 지방자치단체의 장은 소속 직원을 지휘·감독하고 법령과 조례·규칙으로 정하는 바에 따라 인사와 교육훈련, 즉 임면·교육훈련·복무·징계 등에 관한 사항을 처리하도록 규정하고 있다.[8] 다만, 광역지방자치단체 차원에서 시·도의 정무직 또는 일반직 국가공무원으로 보하는 부시장·부지사의 임명제청권은 시·도지사에게 두고 있다.[9] 한편, 그동안 논란이 되었던 지방의회 사무직원의 임용권한에 대해서는 2022년 1월 전부개정 지방자치법의 실시로 지방의회의장에게 이관되었다. 즉, 기존에 지방의회 사무직원의 임명은 의장의 추천에 따라 지방자치단체장이 담당하였지만, 전부개정 지방자치법에서는 지방의회의 장이 임용권을 갖도록 하였다.[10] 학계와 지방의회에 의해 지속적으로 제기되었던 사무직원 임명권한의 지방의회 의장으로의 이관의 논쟁을 반영한 결정이었다.

(5) 예산 및 재정에 관한 권한

지방자치단체장은 사무 및 행정서비스의 제공을 위한 예산편성권과 재정에 관한 권한을 가진다. 예산 및 재정에 관한 권한을 통해 앞서 논의한 사무 및 서비스의 관리집행에 실효성을 담보할 수 있다. 광역지방자치단체장은 예산안을 편성하여 매

---

5) 지방자치법 제117조 제1항과 제2항.
6) 지방자치법 제117조 제4항.
7) 지방자치법 제117조 제3항.
8) 지방자치법 제118조.
9) 지방자치법 제123조 제3항.
10) 지방자치법은 사무직원 중 별정직공무원, 지방공무원법상 임기제공무원, 대통령령으로 정하는 일반직공무원에 해당하는 공무원의 임용권은 지방의회 사무처장, 사무국장, 사무과장에게 위임한다(지방자치법 제103조 제2항).

년 회계연도 시작 50일 전, 기초지자체장은 회계연도 시작 40일 전까지 지방의회에 제출해야 한다.[11] 또한, 조례 또는 법률에 따라 지방채를 발행하는 등 지방재정의 관리권을 가진다.[12]

(6) 규칙제정권

지방자치단체장은 행정의 목적을 달성하기 위하여 규칙을 제정하는 규칙제정권을 가진다. 규칙은 상위법령이나 조례의 제약을 받는다. 즉 지방자치법에 따르면 지방자치단체장은 그 권한에 속하는 사무에 대해 규칙을 제정할 수 있는데 '법령이나 조례가 위임한 범위 내'에서만 가능한 것으로 규정하고 있다.[13] 또한, 기초지방자치단체의 규칙은 상급기관인 시·도의 조례나 규칙을 위반하지 않아야 한다.[14]

이상의 권한에 추가하여 광역자치단제장과 기초자치단체장 간에는 권한에 차이가 난다. 광역자치단체장은 기초자치단체가 처리하는 국가위임사무에 대한 지도·감독권, 부당한 명령·처분에 대한 명령·처분의 취소 및 정지권, 국가위임사무 또는 시·도위임사무의 관리 및 집행을 명백히 해태하고 있는 경우에는 직무이행명령권, 기초지방자치단체 간 분쟁발생 시에는 분쟁조정권 등을 가진다(최항순, 2006: 97).

3) 지방의회에 관한 권한

지방자치단체장은 지방의회에 대하여 의안발의, 재의요구, 선결처분 등과 같은 권한을 가진다. 우리나라는 집행기관과 의결기관이 분리된 기관분립형으로서 의결기관인 지방의회를 견제하기 위한 이와 같은 지방자치단체장의 권한을 인정하고 있고, 이로 인해 집행기관의 권한이 더욱 우월한 권력의 불균형이 빈번하게 지적되기도 한다.

---

11) 지방자치법 제142조 제1항.
12) 지방자치법 제139조 제1항.
13) 지방자치법 제29조.
14) 지방자치법 제30조.

(1) 의안발의권(발안권)

지방자치단체장은 지방의회의 의결을 요구하는 사항, 즉 의안을 제안할 수 있는 권한을 가진다.[15] 기본적으로 지방의회가 의안을 발안하는 것(의원입법)에 덧붙여 지방자치단체장도 행정입법을 통해 의안을 발의할 수 있는 것이다. 또한, 전부개정 지방자치법에서는 주민이 지방의회에 직접 의안을 발의할 수 있도록 하였다. 전부개정 전에는 주민은 지방의회에 직접 의안을 발의할 수는 없고 지방자치단체장을 통해서만 지방의회에 의안을 발안할 수 있었다.

햇빛·바람·연금으로 청년 유입 … 신안군, 신재생에너지 조례개정

지방인구소멸지역에 속해 있는 전남 신안군이 '신안군 신·재생에너지 개발이익 공유 등에 관한 조례' 개정을 통해 청년인구를 유입에 나서 눈길을 끌고 있다.

29일 신안군에 따르면 최근 '신·재생에너지 개발이익 공유 등에 관한 조례' 개정안이 신안군의회 본회의를 통과했다. 개정된 조례안은 신안군으로 전입하는 청년들의 태양광 이익 배당금 지급의 폭을 넓히는 것을 골자로 하고 있다. 기존 만 30세 이하 청년이 신안군에 전입할 경우 1년의 유예기간이 있었으나 조례개정으로 만 40세 이하는 전입 즉시 태양광 연금을 지급받을 수 있도록 했다. '청년이 돌아오는 신안'을 만드는 제도적인 근거를 마련했다는 게 신안군의 평가다.

그동안 신재생에너지 주민·군 협동조합은 '신안군 신·재생에너지 개발이익 공유 등에 관한 조례'에 따라 태양광발전사업 수익금을 주민들에게 지급하고 있다. 지난 4월 안좌도·자라도를 시작으로 11월 지도까지 총 4차례에 걸쳐 섬주민 6,500여 명에게 태양광발전 수익금을 지급했다. 1인당 11만원 ~ 51만원이 지급됐다. 군은 태양광발전 수익금 지급을 2022년 사옥도·임자·증도에 이어 2023년에는 비금·신의도 등으로 확대할 계획이다. 또 태양광 이익 배당금을 받는 마을을 지도에 표시하고 섬별로 분류해 향후 청년들이 전입했을 때 한눈에 알아볼 수 있도록 '신안군 신재생에너지 연금 지도'를 만들 계획이다. (중략)

* 주: 이름은 저자가 ○○○ 처리함.
자료: 박상수. (2021.12.29.). 일부 발췌 및 편집.

---

15) 지방자치법 제76조 제1항.

(2) 지방의회 의결에 대한 재의요구

지방자치단체장은 지방의회의 의결 후 이송받은 조례안에 대하여 '이의가 있으면' 이송 받은 날로부터 20일 이내에 이유를 붙여 지방의회에 재의결을 요구할 수 있다.[16] 재의요구의 사유에는 제한이 없지만, 조례안의 일부 또는 조례안을 수정하여 재의를 요구할 수는 없다.[17] 지방의회의 재의결은 재적의원 과반수의 출석과 출석의원 3분의 2 이상의 찬성으로 전과 같은 의결을 하면 그 의결사항은 확정된다.[18]

(3) 위법한 의결에 대한 재의요구와 제소

지방자치단체장은 지방의회의 의결이 "월권이거나 법령에 위반되거나 공익을 현저히 해친다"고 인정되면 의결사항을 이송받은 날로부터 20일 이내에 이유를 붙여 의회에 재의결을 요구할 수 있다.[19] 지방자치단체장의 재의요구에 대해 지방의회가 재적의원 과반수의 출석과 출석의원 3분의 2 이상의 찬성으로 전과 같은 의결을 하면 그 의결사항은 확정된다.[20] 그리고 재의결된 사항이 법령에 위반된다고 인정되면 대법원에 소(訴)를 제기할 수 있다.[21]

(4) 예산상 집행 불가능한 의결의 재의요구

지방자치단체장은 지방의회의 의결이 예산상 집행 불가능한 경비를 포함하고 있다고 인정되면 의결사항을 이송받은 날로부터 20일 이내에 이유를 붙여 재의를 요구할 수 있다.[22] 추가적으로 '법령에 따라 지방자치단체에서 의무적으로 부담하여야 할 경비', '비상재해로 인한 시설의 응급 복구를 위하여 필요한 경비'를 줄이는 의결을 할 때에도 재의요구의 대상이 된다.[23]

---

16) 지방자치법 제32조 제2항과 제3항.
17) 지방자치법 제32조 제3항.
18) 지방자치법 제32조 제4항.
19) 지방자치법 제192조 제1항.
20) 지방자치법 제192조 제3항.
21) 지방자치법 제192조 제4항.
22) 지방자치법 제121조 제1항.
23) 지방자치법 제121조 제2항.

(5) 선결처분권

지방자치단체장은 지방의회의 의결이 어려운 경우 주요한 결정을 의회의 의결 없이 내릴 수 있는 선결처분권을 가진다. 지방자치법에는 선결처분권을 행사할 수 있는 요건을 명시적으로 규정하고 있다. 즉, "지방의회가 성립되지 아니한 때(의원의 구속 등으로 의결정족수에 미달하게 될 때)와 지방의회의 의결사항 중 주민의 생명과 재산보호를 위하여 긴급하게 필요한 사항으로서 지방의회를 소집할 시간적 여유가 없거나 지방의회에서 의결이 지체되어 의결되지 아니할 때"에 선결처분을 할 수 있다.[24] 이러한 선결처분은 지체없이 지방의회에 보고하여 승인을 받아야 하고, 승인을 받지 못하면 그때부터 효력이 상실된다.[25]

3. 역할

지방자치단체장은 일정 구역 내 주민들의 삶의 질과 복리증진의 기본적인 책무를 지고 있다. 이러한 책무수행과 관련하여 지방자치단체장은 지역적 맥락, 민주적 운영, 현장 대응성, 종합적 지방행정 등의 측면에서 다른 중앙기관의 장과 상이한 역할이 요구된다 할 수 있다. 구체적으로 지방자치단체장의 역할을 지방의 정치지도자, 행정사무의 총괄 관리-집행자, 현재 및 미래의 비전제시자, 갈등조정자 등으로 대별하여 고찰하면 다음과 같다.

1) 지방의 정치지도자로서의 역할

지방자치단체장은 주민의 손으로 직접 뽑은 선출직 정치지도자이다. 지방자치단체장은 선출직 정치지도자로서 지방 내외의 관계에서 발생하는 다양한 정치적 이슈와 현안 등에 직접적으로 직면한다. 우선, 내부적으로는 주민여론의 수렴 및 조정의 역할을 맡는다. 지방선거 당시 내걸었던 공약뿐만 아니라 상대 후보가 제시한 공약이 지역의 발전과 미래에 필요하다면 적극적으로 수용하여 성실하게 이행할 것

---

24) 지방자치법 제122조 제1항.
25) 지방자치법 제122조 제2항과 제3항.

이 요구된다. 이를 통해 주민과 지역 전체에 대한 정치적 약속을 충실히 이행하여 지속적인 주민의 지지와 협력을 이끌어내는 역할을 한다.

지역 외부적으로도 인접한 지방자치단체, 상급정부(중앙 또는 광역지방자치단체), 정치권으로부터 상호협력과 지지를 확대하는 역할이 요구된다. 오늘날 하나의 지방자치단체의 지리적 공간을 넘는 정치-경제-행정적 수요는 지속적으로 증가하고 있다. 또한, 지방자치단체장은 지역의 정책과 사업을 집행함에 있어 중앙정부의 공감과 재원-인력의 지원을 이끌어내는 정치-경제적 타협과 지지를 확보하는 것이 중요하다(장유미·김영록, 2021). 중앙집권의 전통이 오래되고 굳건한 우리나라의 정치적 환경에서 지방자치단체장의 정치적 역할은 지역발전을 위한 정책과 사업의 추진에 있어 중요한 위치를 차지한다(이원종·유민봉, 2008). 관련하여 지방의 목소리와 의견의 국회입법과 정부정책과정에 반영을 위한 지방자치단체장협의체의 정치적 역할도 제고할 필요가 있다.

2) 정책의 추진 및 행정의 관리자로서의 역할

지방자치단체장은 집행기관의 장으로서 정책 및 행정관리의 역할이 강조된다. 지방자치단체장은 지역사회의 현안이나 문제의 대응-해결을 위한 정책을 입안하고 관리-집행하는 집행기관장의 지위와 연관된 역할을 담당한다. 지방자치단체는 중앙정부와 달리 지방의 특수한 환경과 수요를 반영한 정책을 발굴하고 집행하는데 적합하다. 지방자치단체장은 지방정책의 방향을 결정하고 실질적 집행력과 지속성을 담보하는 데 결정적인 역할을 한다. 따라서 정책의제의 결정, 정책결정과정의 참여주체, 정책결정권한의 부여, 재원배분 등에 대한 지방자치단체장의 철학과 가치는 지방정책에 지대한 영향을 미친다.

정책의 형성 및 결정상의 역할에 더하여 관리자적 역할은 집행부의 수반으로 집행기관(조직)을 관리하고 통솔하는 역할과 연관된다. 지방자치단체의 행정조직은 지방정책 및 행정서비스를 관리하고 집행한다. 제한된 지방재원과 주민들의 점증하는 행정서비스의 수요 하에서 지방자치단체장은 지방행정의 효율성과 대응성을 함께 고려해야 하는 도전에 직면하고 있다. 이와 관련하여 행정서비스의 민간위탁, 지방정부간 사무의 공동처리 및 다양한 협력방안을 다양하게 활용하는 시각의 확대도 요구되고 있다. 또한, 주민의 참여와 정보공개를 통한 행정의 투명성의 확대요구도 증가하고 있다. 이처럼 변화하는 행정환경에서 투명하고 효율적인 지방행정이 될 수 있도록 집행기관의 수장으로서 지자체장의 리더십 및 관리자적 역할이 중요해졌다.

요약하면, 주민들의 삶에 실질적으로 구현되는 작고 구체적인 정책 및 현장중심행정은 지방정책과 행정의 신뢰로 이어지며, 이는 지방자치단체장의 정책 및 행정의 관리자로서의 역할과 밀접하게 연관된다.

3) 공공혁신가로서의 역할

공공혁신가적 역할은 날로 심화되는 공공문제의 복잡성과 시민의 요구 증대에 혁신적으로 대응하는 역할이다(윤석인, 2022). 지방차원에서 공공문제에 대한 혁신적인 접근은 날로 중요해지고 있다. 도시화와 산업화의 진전으로 지역 내 문제는 복잡성, 상호의존성, 규모성 등 난제(wicked problems)로서의 성격을 가지는 경우가 많다. 예를 들어, 지방이 직면하고 있는 저출산·고령화, 인구감소와 지방소멸의 우려, 지역쇠퇴 등의 문제들은 기존의 인식과 접근으로는 더 이상 해결이 어려워지고 있다. 다시 말해 법과 제도의 제약을 받는 공직사회는 급변하는 정보통신기술과 시민의식의 변화에 능동적으로 대응하지 못한다는 비판이 널리 제기되고 있다. 더불어 공직사회는 민간영역의 창의적−혁신적 관리 및 문제해결방법의 도입과 적용도 상대적으로 더디게 일어나고 있다. 기존의 관행에 매몰된 문제정의 및 해결방법은 급변하는 정보과학기술이나 시민의 인식변화를 반영하지 못하게 된다. 오늘날 창의적인 아이디어와 문제해결방법의 과감한 도입을 통한 지방행정의 내부 및 지역사회의 혁신은 지속가능한 지역을 위한 필수불가결한 요소이다. 지방자치단체장의 공공혁신가적 마인드와 실천이 어느 때보다 절실히 요구된다.

이 과정에서 지방자치단체장의 철학과 의지는 지역의 정책실험과 혁신을 추동하는 원동력으로 작용한다. 정책실험이나 혁신적 접근은 공직사회에서는 이전에 가보지 않은 길이기에 수많은 저항에 직면하게 되고 실패에 따른 책임의 부담도 크다. 지방공무원 수준의 혁신적 노력만으로는 한계가 있는 것이다. 따라서 지방자치단체장의 결단과 추진의지가 중요한 것이다(윤석인, 2022; 이원종·유민봉, 2008). 가령, 지방의 제도적·재정적 한계에도 소수의 지방자치단체장은 기본소득, 공공배달앱, 지역화폐와 같은 다양한 정책실험을 진행하고 있다.

미국 캘리포니아주 스톡턴시장*의 '기본소득 실험': 인구 30만 스톡턴, 125명에 월 500달러 지급

캘리포니아주 인구 30만 명의 소도시 스톡턴이 시행하고 있는 '월 500달러' 보편 기본소득 정책이 미국에서 점차 주목을 받으면서 지지세가 확산되고 있다. 12일 CNBC 방송은 스톡턴시의 기본소득 정책에 다른 도시들도 동참하고 있다며, 전국으로 확산되길 바라는 사람들이 늘고 있다고 보도했다.

스톡턴은 '스톡턴 경제권 실증(SEED)' 프로그램을 통해 지난 2월부터 시민 125명에게 매달 500달러를 주고 있다. 지원 대상은 18세 이상의 시민 가운데 스톡턴시 중간가구소득(4만6,000달러) 이하인 지역에 사는 18세 이상의 시민 가운데 무작위로 선정된다. 그 외의 조건은 없다. 당초 18개월로 예정돼 있었지만 신종 코로나바이러스 감염증(코로나19) 사태 확산과 자선가의 기부로 24개월로 연장됐다.

마이클 텁스 스톡턴시장은 스탠퍼드대 재학 시절 마틴 루터 킹 목사의 책을 읽으며 보편적 기본소득 개념을 알게 됐고 2017년 시장이 된 뒤 본격적으로 이를 실행에 옮길 준비를 했다. 그리고 지난 2월 마침내 기본소득이 지급됐다.

긍정적 변화는 속속 포착된다. 택배 사원으로 일하는 30대 남성은 처음 500달러를 받았을 땐 장난인 줄 알았지만 이제 그 돈이 자신의 삶에 진정한 차이를 만들어내고 있다고 강조했다. 추가 수입으로 미래에 대해 생각할 수 있게 됐으며 더 의미있는 정규 일자리를 찾고 가족과도 더 많은 시간을 보내게 된 것이다. 차량공유업체 우버 운전사로 일한다는 한 여성은 먹고 살기 위해 어쩔 수 없이 일을 하면서 스트레스에 시달렸지만 기본소득 덕에 잠을 더 잘 자고 가족과 관계도 개선됐다고 말했다. (중략) 기본소득을 제공받는 사람들 대부분이 이 지원금을 아이들과 시간을 보내는데 사용하고 있다고 덧붙였다.

스톡턴시는 지역 수혜자뿐 아니라 국가 차원에서 기본소득의 긍정적 효과를 인정하고 적용하기를 바라고 있다. 이를 위해 SEED 프로그램은 기본소득을 받은 사람과 그렇지 않은 사람의 변화를 꾸준히 추적, 연구하고 있다.

* 주: 스톡턴시장 마이클 텁스는 20대 초반 시의원을 거쳐 20대 후반에 시장으로 당선. 2019년 30세에 스톡턴시의 기본소득 실험을 실시함(저자가 추가함).

자료: 미주한국일보. (2020.7.15.). 일부 발췌 및 편집.

4) 갈등조정자로서의 역할[26]

지역 내외적으로 발생하는 다양한 이해대립과 갈등에 대한 갈등조정자로서의 역할이다. 시민의식의 성장 및 행정서비스 요구의 증대 하에서 지역의 정책 추진 및 자원배분에서 점증하는 갈등과 대립을 조정하고 협상하는 역할이 강조되고 있다. 다시 말해, 정보통신기술의 발전 및 시민의식의 성장으로 시민들의 지역 현안에 대한 인식이 확대되고 행정서비스에 대한 요구가 증대하고 있다. 자원 및 재원의 제약 하에서 지방자치단체의 정책과 대응은 의도치 않게 정책의 수혜자와 피해자(winners and losers) 간 이해관계의 갈등으로 이어지는 경우가 많다. 예를 들어, 대도시에서는 재건축 및 재개발과정에서 관련 이해당사자들 간의 대립과 갈등이 장기화되는 경향을 보이고 있다. 또한, 지역 내 비선호시설의 입지와 관련 해당 지역주민의 강력한 저항과 반발에 직면하기도 한다. 비선호시설 또는 선호시설의 입지와 관련 복수의 인접한 지방자치단체는 첨예한 갈등과 대립이 상존한다. 인접한 지방자치단체 간 이해관계의 충돌과 갈등을 원만한 대화 및 협상으로 해결하는 지방자치단체장의 갈등조정역할의 중요성이 다양하게 제기된다. 이러한 과정에서 발생하는 지역 내외의 이해관계의 대립과 갈등을 조정하고 주민을 통합하는 지방자치단체장의 갈등조정자로서의 역량은 더욱 중요해지고 있다. 정책과 사업의 선택 및 추진상에서 발생하는 갈등과 분쟁의 사회적 비용을 최소화하는 지방자치단체장의 노력은 궁극적으로 사업의 성패와도 긴밀하게 연관되기 때문이다. 정리하면, 지역사회 내 주민의 이해와 갈등을 수렴 및 조정하고, 자원의 합리적 배분을 통해 지역 전체 발전을 도모하는 갈등조정자로서의 역할이 강조되고 있다.

이상의 역할들은 상호배타적이 아닌 혼재되어 나타나기 마련이다. 다양한 이해관계나 갈등의 대립을 조정하기 위해서는 기존의 관우위의 하향식 명령－조정이 아닌 이해당사자의 적극적 참여와 소통을 유도하는 혁신적 수단을 고려할만하다. 더불어 이러한 과정에서 정책 및 행정의 관리자로서 문제의 초기부터 어떻게 주민들

---

26) 수많은 이해관계의 대립과 충돌 속에서 갈등조정은 한편으로 정치지도자로서의 역할로 고려될 수도 있을 것이다. 하지만 지역 내에서 발생하는 갈등조정의 중요성을 고려하여 분리하여 논의하였다.

을 참여하게 하고 지방의 입장 및 다양한 이해관계를 조정−관리할 것인지에 대한 역할도 중요하다. 지자체장의 혁신적인 마인드와 접근은 지방공무원의 혁신적 문제해결과 대안모색을 이끌어내며 지역주민을 통합하고 발전을 이끄는 핵심적인 자산으로 역할을 한다.

4. 우리나라의 지방자치단체장

우리나라의 지방자치단체장은 강시장−약의회의 시스템 하에 해당 지역 내에서 강력한 권한과 영향력을 행사하는 것으로 평가받는다. 다시 말해 지방자치단체장은 적어도 지역 내에서는 지방을 관할하는 제왕적 지위와 권한을 누리는 것으로 언급되기도 한다. 이러한 지방자치단체장의 강력한 영향력은 법적−제도적 요인뿐만 아니라 우리나라 정치−사회문화와도 연관된다.

우선, 우리나라의 정치문화에서 전통적으로 집행부의 수반이 입법부인 의회의 권한보다 막강했다. 대한민국 정부의 수립당시 의회보다 집행부에 더 많은 정치적−행정적 권한이 부여되었다. 중앙정부 차원에서 대통령의 권한이 국회보다 강력하듯이 지방 단위에서도 지방자치단체장은 지방에서 막강한 영향력을 행사한다. 이는 지방자치단체장이 집행기관의 장으로서 행정적 권한을 가질 뿐만 아니라 지방의 대표로서 정치적 영향력도 겸해서 행사할 수 있기 때문이다.

둘째, 제도적으로 지방의회의 불신임의결 제도도 채택되어 있지 않고, 지방의회가 견제와 균형의 원리에 따른 주어진 역할을 충실히 이행하지 못하는 한계도 지적된다. 즉, 삼권분립의 정신 하에 지방의회는 단체장 및 집행부를 견제하고 감시해야 하는 역할을 해야 함에도 제대로 된 역할을 못하는 것으로 비판받는다. 특히, 우리나라는 정당공천제 하에서 지역별 특정 정당의 독식으로 인해 단체장과 지방의원들이 동일 정당에서 배출되는 경우가 많다. 단체장과 지방의회의 다수당이 동일한 정당에서 선출되는 상황에서 지방의원들은 단체장의 정책방향이나 결정에 적극적으로 반대하거나 다른 의견을 개진하지 못하는 실정이다. 즉, 지방의회는 지자체장과 집행부의 정책이나 결정을 단순히 의례적으로 통과시키는 기관이라는 자조적인 비판이 제기되기도 한다.

셋째, 유권자인 주민들에 의한 통제의 문턱이 높다. 직접민주제도라고 할 주민 투표, 주민발안, 주민소환의 제도가 있음에도 주민들이 추진할 수 있는 요건이 매우 까다롭다. 실제 직접민주제도가 도입된 이후로 통제가 이뤄진 통계는 매우 낮은 실정이다. 가령, 지방자치단체장의 주민소환의 경우에는 제도가 도입된 이래 주민투표까지 실시된 주민소환 사례는 5차례로, 주민투표율의 미달로 인해 한 명도 소환되지 않았다.[27] 제도의 실효성에 대한 지속적 비판과 주민의식의 성장 및 요구를 반영하여 2022년 1월에 시행된 전부개정 지방자치법에서는 직접민주제도의 요건을 완화하는 내용을 담고서 주민의 통제를 강화하고자 하였다.

넷째, 지역사회 내 시민사회 조직과 역량의 미흡으로 지자체장에 대한 견제와 통제력이 떨어진다. 서울 등 일부 대도시를 제외하고는 지역 내 시민사회는 규모가 협소하고 조직력도 떨어진다. 많은 지방, 특히 중소도시에서는 지방자치단체장의 호화청사건립이나 지역축제 등과 같이 일방적-낭비적 정책 추진과 관련하여 실질적인 이해당사자인 주민과 시민사회의 조직화된 반대와 시위 등의 실효성이 그다지 높지 않았다.

하지만, 지방자치단체장의 강력한 리더십이 긍정적으로 작용하면 지역발전을 주도하고 견인하는 긍정적인 역할을 하기도 한다. 중앙집권의 오랜 전통 하에서 지방은 여전히 높은 재정적-권한적 제약 아래 놓여있다. 지방의 종합행정을 책임지는 지방자치단체장으로서는 자율과 책임 하에 주민 삶의 질 향상과 지역발전을 추진하는데 다양한 제약에 직면하고 있는 것이 지방의 엄연한 현실이다. 지방이 직면하고 있는 행정수요의 증대와 난제적인 문제들의 대응과 해결에 있어 지방자치단체

---

27) 행정안전부가 2020년 1월에 공개한 '주민투표, 주민소환, 주민소송 운영현황'에 따르면 2019년 12월 말 기준 지방자치단체장과 지방의원을 상대로 주민투표까지 실시된 주민소환은 총 10건(지자체장: 5건, 지방의원: 5건)이다(행정안전부 웹사이트: https://www.mois.go.kr). 지방자치단체장과 관련한 주민소환은 전남 구례군(법정구속으로 인한 군정공백 유발), 강원 삼척시(원자력발전소 건립 강행), 경기도 과천시(보금자리지구 지정 수용 등), 제주특별자치도(제주해군기지 건설관련 주민의견 수렴 부족 등), 경기도 하남시(화장장 건립 추진 관련 갈등 등)에서 주민투표까지 실시되었고, 모두 투표율의 미달로 인해 소환이 무산되었다. 반면, 지방의원과 관련해서는 경기도 하남시의회의원 2명이 소환되었다. 보다 상세한 논의는 제13장 주민참여: 실제를 참조.

장의 갈등조정 및 해결 역량이 어느 때 보다 중요해지고 있다. 지역 내 경제개발 및 재개발-재건축과 관련한 주민들 간의 이해관계의 상충과 갈등, 선호 및 비선호 시설의 입지결정과정에서 드러나는 갈등과 분쟁, 한정된 자원 하에 점증하는 주민들의 선호나 수요의 조정 등이 어느 때보다 지자체장의 철학이나 전문적 역량의 중요성을 강조하고 있다.

이러한 지방자치단체장의 역할은 당해 지방 차원만이 아닌 이웃 지방정부와 국가 차원의 긍정적 영향으로 이어지기도 한다. 특히, 2020년 이후 몇 년간 지속된 코로나바이러스의 대유행과 같은 감염병이나 재해가 지속되는 상황에서 지방자치단체장의 위기대응역량은 더욱 중요해지고 있다. 강력한 리더십을 바탕으로 정부간관계에 적극적으로 나서고 지역사회 다양한 주체들의 협력과 지원을 이끌어낼 것이 요구된다. 지자체장의 리더십 여하에 따라 지역주민의 생명과 안전, 그리고 경제적 손실에 지대한 영향을 받기 때문이다.

제2절 집행기관과 지방공무원

지방자치단체의 집행기관은 주민이 일상을 영위하는 최일선에서 행정서비스를 제공한다. 앞서 언급한 지방자치단체장의 관리 및 감독 하에 지방공무원으로 구성된 집행기관은 지방 차원의 보건 및 복지, 환경, 문화, 지역발전 등 다양한 분야에서 행정서비스를 담당하고 있다.

1. 집행기관

지방자치단체는 행정기구와 지방공무원을 포함하는 지방행정기관을 두어 일정 지역 내 행정사무를 분장한다. 행정기구의 설치와 지방공무원의 정원은 적정한 운영과 타 지방자치단체와의 균형을 위해 행정안전부장관이 필요한 사항을 권고할 수 있도록 하고 있다. 세부적으로 '지방자치단체의 행정기구와 정원기준 등에 관한 규정'을 통해 행정기구와 지방공무원 정원의 기준 등에 관한 필요사항을 규정하였다. 지방행정기관 중 집행조직은 크게 보조기관, 소속행정기관, 하부행정기관 등으로 나뉜다.

1) 보조기관: 부단체장, 행정기구

보조기관이란 "지방행정기관의 의사 또는 판단의 결정이나 표시를 보조함으로써 행정기관의 목적달성에 공헌하는 기관"을 일컫는다.[28] 보조기관은 일반적으로 지방자치단체 본청 소속으로 지방자치단체장을 직접적으로 보조하는 부단체장과 본부-실-국-과 등을 포함한다.

(1) 부단체장

지방자치단체의 부단체장은 지방자치단체장을 보좌하여 행정사무를 총괄하고, 소속직원을 지휘·감독하며, 단체장의 권한을 대행하고, 상급정부와 매개하는 역할을 한다.

우선, 부단체장은 지방행정에 관한 전문적 지식과 풍부한 행정경험에 기반하여 정치적으로 선출된 지방자치단체장을 조언 및 보좌하고, 행정사무의 처리와 관련하여 소속공무원들이 원활하게 업무를 처리하도록 지휘·감독하는 역할을 한다. 둘째, 지방자치단체장의 궐위 시, 공소 제기된 후 구금상태에 있는 경우, '의료법'에 따른 의료기관에 60일 이상 계속하여 입원한 경우, 단체장이 선거에 입후보한 경우에는 부단체장이 지방자치단체장의 권한을 대행한다.[29] 부단체장은 지방자치단체의 장이 출장·휴가 등 일시적 사유로 직무를 수행할 수 없는 경우 그 직무를 대리하기도 한다.[30] 셋째, 부단체장은 중앙정부나 상급지방자치단체와의 매개자적 보좌역할을 한다. 중앙정부나 상급지방자치단체의 근무 경험을 바탕으로 해당 지방자치단체와 지방자치단체장 간의 협력 또는 소통의 연결고리 역할을 담당한다(박해육 외, 2012: 28).

---

28) 지방자치단체의 행정기구와 정원기준 등에 관한 규정 제2조 제8항.
29) 지방자치법 제124조 제1항과 제2항.
30) 지방자치법 제124조 제3항.

예를 들어, 광역지방자치단체의 부단체장 중 한 명(특히, 경력직 국가공무원)은 행정안전부장관에 의해 중앙의 공무원 중에서 임명된다.

부단체장의 임명과 정수, 그리고 직종은 광역과 기초지방자치단체, 지방자치단체의 규모에 따라 다르게 규정되어 있다. 우선, 특별시·광역시 및 특별자치시에 부시장, 도와 특별자치도에 부지사, 그리고 시에 부시장, 군에 부군수, 자치구에 부구청장을 각각 둔다.[31]

특별시의 부시장의 정수는 최대 3명까지이며 대통령령으로 정한다.[32] 즉, 서울특별시의 경우 부시장은 3명을 두고 있으며 차관급 공직자이다. 구체적으로 행정제1부시장과 제2부시장은 경력직 국가공무원(행정전문가들이 차지함, 서울시 경력직 공무원들이 주로 승진함)으로 서울시장의 제청으로 대통령이 임명한다. 정무부시장은 정무직 지방공무원으로 서울시장이 임명한다. 정무부시장은 정치권과 서울시의회, 대외 업무를 담당하는 업무 특성상 정계 진출 기회가 많다.

광역시와 특별자치시의 부시장 및 도와 특별자치도의 부지사의 정수는 최대 2명으로 하되, 다만, 인구 800만 이상의 광역시나 도는 최대 3명으로 하며 대통령령으로 정한다.[33] 우리나라는 현재 경기도에서 3명의 부단체장을 두고 있다. 행정부지사가 2명, 정무부지사가 1명이다. 행정1부지사와 행정2부지사는 국가직 고위공무원이고 정무부지사는 지방직 공무원에 보하도록 되어 있다. 나머지 시와 도는 2명의 부시장·부지사를 두고 있으며 경기도와 같이 국가직 공무원과 지방직 공무원에 각각 보한다.

이상의 특별시·광역시 및 특별자치시의 부시장, 도와 특별자치도의 부지사를 2명이나 3명을 두는 경우에 1명은 대통령령으로 정하는 바에 따라 정무직·일반직 또는 별정직 지방공무원으로 보하되, 정무직과 별정직 지방공무원으로 보할 때의 자격기준은 해당 지방자치단체의 조례로 정한다.[34] 그리고 정무직 또는 일반직 국가공무원으로 보하는 부시장·부지사(서울특별시 제외)는 시·도지사의 제청으로 행정

---

31) 지방자치법 제123조 제1항.
32) 지방자치법 제123조 제1항 제1호.
33) 지방자치법 제123조 제1항 제2호.
34) 지방자치법 제123조 제2항.

안전부장관을 거쳐 대통령이 임명한다.[35]

기초지방자치단체인 시·군·구의 경우 시의 부시장, 군의 부군수, 자치구의 부구청장은 일반직 지방공무원으로 보한다.[36] 이들은 해당 시장·군수·구청장이 임명하되, 그 직급은 대통령령으로 정하도록 하고 있다.

(2) 행정기구와 정원관리

지방자치단체는 그 사무를 분장하기 위하여 필요한 행정기구와 지방공무원을 두며, 행정기구의 설치와 지방공무원의 정원은 대통령령으로 정하는 기준에 따라 지방자치단체의 조례로 정하도록 하고 있다.[37] 행정기구와 지방공무원의 정원은 행정안전부장관이 필요한 사항을 권고할 수 있도록 하고 있으며, 이를 통해 행정기구와 정원이 적정하게 운영되고 다른 지방자치단체와의 균형이 유지되도록 하고 있다.[38] 상위법률과 대통령령에 따른 감독기관의 승인-보고의 의무와 상위기관의 시정 및 권고규정 등으로 인해 행정기구와 정원관리에 관한 지방의 조례 및 규칙은 재량권이 협소하게 허용되는 것으로 지적된다(송인엽·이환범, 2020: 3).

행정기구의 설치 및 정원기준을 규정하고 있는 '지방자치단체의 행정기구와 정원기준 등에 관한 규정'[39]에 따르면 지방자치단체장은 행정기구와 지방공무원의 정원을 관리할 때 다음의 기준에 따라야 한다.

- 소관 행정사무를 효율적으로 수행할 수 있도록 지역여건·업무의 성질과 양 등에 따라 정원을 적정하게 관리하여야 한다.
- 지방행정기관의 조직은 서로 기능상의 중복이 없도록 하여야 하며, 종합적이고 체계적으로 편성하여야 한다.
- 지방행정기관의 기능과 업무량이 변경될 경우에는 그에 따라 지방행정기관의 조직과 정원도 조정하여야 한다.

---

35) 지방자치법 제123조 제3항.
36) 지방자치법 제123조 제4항.
37) 지방자치법 제125조 제1항과 제2항.
38) 지방자치법 제125조 제3항.
39) 지방자치단체의 행정기구와 정원기준 등에 관한 규정 제3조.

추가적으로 동 규정은 기구의 설치 시 고려사항, 기구설치의 일반요건, 기구설치기준의 적용 등 지방자치단체의 행정기구의 설치와 관련한 구체적이고 세부적인 가이드라인을 제시하고 있다.

이상의 행정기구와 정원관리제도는 지방자치제의 실시 이후 다양하게 변천해 왔다. 행정환경의 변화와 행정수요의 증대에 능동적으로 대응하고 지방의 자율권을 높이고자 하는 주장과 지방자치단체 조직의 무분별한 확대 및 방만한 인력운용을 야기할 것이라는 입장이 혼재하면서 행정기구의 설치와 정원관리에 관한 중앙과 지방의 논쟁은 지속되고 있다. 우리나라의 행정기구와 정원관리제도는 역대 정부에서 개별승인제, 기준정원제(총정원제), 표준정원제, 총액인건비제, 기준인건비제로 제도적 변천을 거쳐 오고 있다.

우선, 1988년 지방자치법의 전면 개정으로 기준정원제가 실시되기 이전까지는 개별승인제를 채택하였다. 개별승인제 하에 지방공무원의 정원은 개별 지방행정기관들이 내무부장관의 승인을 받는 방식이었다. 지방공무원의 기구와 정원은 중앙정부의 일률적-획일적 통제 하에 놓여 있었다(박해육, 2013). 하지만 지방자치법이 1988년에 전면 개정되면서 기준정원제(또는 총정원제)가 실시되었다(금창호·권오철, 2007: 19-24).[40] 기준정원제는 우선 전국 지방자치단체를 15개의 유형으로 구분하고, 각 유형별로 기준정원을 설정하였다. 지방자치단체는 이러한 기준정원의 범위 안에서 정원을 관리하였다. 또한, 지방자치단체는 분야별, 직종별, 직급별 정원도 정해진 기준에 의하여 관리하도록 하였다.

1997년에는 표준정원제가 도입되어 정원에 관한 내용만 규정했던 기준정원제와 달리 행정기구와 정원을 통합하여 관리하였다. 즉, 표준정원제는 정원규정 외에도 행정기구 설치의 범위(실-국-본부 또는 과-담당관)를 설정하여 통합관리하였다. 표준정원제 하에서 정원의 산정은 지방자치단체의 정원규모를 현실화하기 위하여 기준정원제에서 적용했던 인구, 면적, 행정동수에 일반회계결산액과 읍면동수를 추가하였다. 더불어 지방자치단체별로 표준화지수를 개발하여 정원산정에 활용하였다.

---

40) 이하의 기준정원제와 표준정원제의 논의는 금창호·권오철(2007)의 논의에서 요약-정리하였다.

노무현 대통령 당시 2007년에는 총액인건비제를 도입하였다. 총액인건비제 하에서 중앙정부는 총정원과 인건비 총액을 이중으로 관리하고 그 범위 안에서 지방에는 기구나 직급설치 등에 관한 자율성을 부여하였다. 하지만 행정환경의 변화 및 행정수요에 대한 능동적·탄력적 대응의 필요성이 높아지고 지방의 행정기구·정원관리의 자율성에 대한 필요성이 증대함에 따라 정원관리의 자율성을 높이기 위한 새로운 제도의 요구가 제기되었다.

총액인건비제도는 2014년 기준인건비제도로 대체된다. 기준인건비제도는 2014년 3월 5일 '지방자치단체의 행정기구 및 정원기준 등에 관한 규정'을 개정하여 도입되었다. 기준인건비제는 총액인건비제 하 정원통제를 폐지하고, 인건비 총액(행안부가 결정)만 관리하는 제도로, 지방에는 기구설치, 직급, 정원관리 등에 대한 자율성을 확대하고자 하였다. 또한, 지방의 복지, 안전 및 지역별 특수한 행정수요를 고려하여 지방자치단체 인건비의 추가적인 자율범위를 1-3% 사이에서 탄력적으로 허용하며 지방의 재정력에 따라 결정하도록 하였다. 인건비와 관련 행정안전부는 지방자치단체의 인구 및 장애인수, 외국인수, 65세 이상 인구, 주간인구 등 10개의 행정지표를 활용하여 기준인건비를 산정하여 매년 12월 31일까지 지방자치단체에 통보한다.[41] 2018년도부터는 기준인건비를 초과하여 인건비를 집행하는 지방자치단체에 페널티로 적용하던 보통교부세 감액규정을 폐지했다.[42] 대신 기준인건비 한도 내에서만 보통교부세를 지급하는 방식으로 바뀌었다. 또한, 행정안전부는 기준인건비를 절감한 지자체에 대해서는 지방교부세를 인센티브로 추가 지급한다.

현재 시행 중인 기준인건비제는 이전의 행정기구 및 정원관리에 관한 규정보다

---

41) 「지방자치단체의 행정기구 및 정원기준 등에 관한 규정」 제4조 제1호에 따르면 기준인건비와 관련하여 "행정안전부장관은 지방자치단체의 행정수요, 인건비 등을 고려하여 매년 기준인건비를 산정하고 전년도 12월 31일까지 각 지방자치단체의 장에게 통보하여야 한다."(동규정 제4조 제2호).

42) 행정안전부는 2017년 12월 27일 「지방자치단체의 행정기구와 정원기준 등에 관한 규정」 일부개정령(안) 입법예고하며 개정이유를 다음과 같이 제시하였다. 개정이유로는 "지방자치단체 정원 관리 자율화의 일환으로 기준인건비 자율범위를 폐지하고, 이에 따른 책임성 강화를 위해 지방자치단체 조직운영 현황의 지방의회 제출을 의무화하며, 인구 10만 명 미만 시·군의 실·국 설치를 허용하고 과 설치를 자율화하는 한편, 인구 10만 명 이상 15만 명 미만 도농복합시와 인구 100만 명 이상 대도시의 실·국 설치기준 및 실·국장 직급기준을 개선하는 등, 지방자치단체의 조직 자율성을 전반적으로 강화하고 법령상 일부 미비점을 개선·보완하려는 것"이다.

지방의 자율성을 증대시키는 방향으로 개선되고 있다는 평가를 받지만, 기준인건비를 초과한 추가정원의 확보는 지방자치단체의 자체재원으로 부담해야 한다는 한계가 있다. 여전히 지방공무원의 인건비를 지방자치단체의 자체예산으로 충당하지 못하는 지방자치단체가 많은 상황에서 정원과 인력의 탄력적 운용은 현실성이 떨어진다는 비판이 제기되기도 한다. 이는 상대적으로 재정적 상황이 양호한 수도권의 지방자치단체와 상대적으로 열악한 비수도권의 지방자치단체와는 행정서비스의 질적 격차를 더욱 증가시킬 수 있다는 비판을 받는다(송인엽·이환범, 2020: 34).

2) 소속행정기관

우리나라의 지방자치단체는 소관사무의 처리를 위해 소속행정기관을 둘 수 있도록 하고 있다. 지방자치법에 따르면 지방자치단체는 소속행정기관으로 직속기관, 사업소 및 출장소, 합의제행정기관, 자문기관 등을 설치·운영할 수 있다.

(1) 직속기관

지방자치단체는 그 소관 사무의 범위 내에서 필요하면 소방, 교육훈련, 보건진료, 시험연구 및 중소기업지도 등과 관련한 기관을 직속기관으로 설치할 수 있다.[43] 이러한 직속기관의 설치는 대통령령이나 대통령령으로 정하는 바에 따라 조례로 정한다.[44] 예를 들어 지방의 농촌진흥을 위해 도지사·특별자치도지사 소속의 농업기술원을 설치할 수 있다. 농업기술원은 농업·농업인·농촌에 관한 지역적인 연구개발사업·농촌지도사업·교육훈련사업 및 국제협력사업을 분장한다.[45] 또한, 시·도지사 소속으로 두는 대학과 전문대학 등(즉, 지방공립대학)을 설립할 수 있으며, 조직과 분장사무는 시·도 조례로 정하는 바에 따라 시·도 규칙으로 정한다.[46]

(2) 사업소

지방자치단체는 특정 업무를 효율적으로 수행하기 위하여 필요하면 사업소를

---

43) 지방자치법 제126조.
44) 지방자치법 제126조.
45) 지방자치단체의 행정기구와 정원기준 등에 관한 규정 제16조.
46) 지방자치단체의 행정기구와 정원기준 등에 관한 규정 제17조.

설치할 수 있다.[47] 사업소의 설치는 대통령령으로 정하는 바에 따라 그 지방자치단체의 조례에 따른다.[48] 사업소의 설치는 5인 이상의 정원이 필요한 경우에 가능하며, 유사한 기능을 수행하는 사업소의 중복설치를 금하고 있다.[49] 사업소는 수돗물관리사업소, 체육시설관리사업소, 공원녹지관리사업소 등 다양한 형태가 있다. 특히, 사업소와 관련 시·도는 다음과 같은 경우 사업본부와 지역본부를 설립할 수 있다.[50]

■ 시·도는 상수도·도시철도 등 각종 사업의 집행과 관련하여 관할구역 안에 여러 사업장·지구·지소 형태의 지역사업소를 유지하고 있어 지휘체계가 필요할 때 효율적 사업의 집행과 시설관리를 위하여 사업본부를 설치·운영할 수 있다.

■ 시·도는 특정 지역과 관련된 정책의 타당성 확보와 현장에 맞는 정책 집행을 강화하기 위하여 정책기획 기능 등 본청의 기능을 현장에 위치한 별도의 장소에서 수행하게 하거나 본청의 기능을 사업소의 기능과 통합하여 수행할 필요가 있는 경우 지역본부를 설치·운영할 수 있다.

예를 들어, 서울, 부산, 인천, 경기도 등 주요 지방자치단체는 수돗물서비스와 관련한 여러 형태의 사업소의 지휘와 효율적 사업 집행 및 시설관리를 위해 상수도사업본부를 설치하여 운영 중이다. 즉, 수돗물의 안정적 공급과 급수서비스 질의 향상을 위한 업무를 담당하는 상수도사업본부 하에 수도사업소를 하부기관으로 두고 있다. 또한, 지역본부를 설치하여 지역 현장에 적합한 정책 집행을 수행하고 있다. 예를 들어 경상남도의 '서부권지역본부'는 경남 서부권 지역과 관련된 지역균형발전 정책의 타당성 확보와 현장에 맞는 정책집행을 강화하기 위하여 진주에 설치된 도청 소속기관이다.

---

47) 지방자치법 제127조.
48) 지방자치법 제127조.
49) 지방자치단체의 행정기구와 정원기준 등에 관한 규정 제20조 제2항.
50) 지방자치단체의 행정기구와 정원기준 등에 관한 규정 제20조 제4항과 제5항.

(3) 출장소

지방자치단체는 원격지 주민의 편의와 특정 지역의 개발 촉진을 위하여 필요한 경우 출장소를 설치할 수 있다.[51] 즉, 출장소는 관할 행정구역 내에서 행정관청의 본청사와 멀리 떨어진 지역에 거주하는 주민을 위하여 지근거리에서 일부 업무를 처리하는 업무를 담당한다. 출장소의 설치는 대통령령으로 정하는 바에 따라 그 지방자치단체의 조례에 따른다.[52] 출장소의 설치를 위해서는 원격지 주민의 편의를 위하여 소관 사무를 분장할 필요가 있고, 업무의 종합성과 계속성이 있으며, 관할구역의 범위가 분명할 것과 같은 요건을 필요로 한다.[53] 이러한 출장소는 시·도의 출장소, 시·군·구출장소, 읍·면출장소 등으로 구분될 수 있다. 예를 들어 충청북도 북부 출장소는 제천시 동현동에 위치하여 제천시와 단양군을 관할구역으로 한다. 인천 강화군 서도면 볼음출장소는 볼음도리에 위치하여 볼음도리지역을 관할한다. 전남 여수시 돌산읍 우두출장소는 우두리에 위치하여 평사리와 우두리를 관할구역으로 한다.

(4) 합의제행정기관

지방자치단체는 그 소관 사무의 일부를 독립하여 수행할 필요가 있으면 법령이나 그 지방자치단체의 조례로 정하는 바에 따라 합의제행정기관을 설치할 수 있다.[54] 지방자치법시행령은 지방자치단체가 사무의 일부를 독립하여 수행할 필요가 있는 경우를 구체적으로 제시하고 있다. 즉, 고도의 전문지식이나 기술이 요청이 되는 경우, 중립적이고 공정한 집행이 필요한 경우, 주민 의사의 반영과 이해관계의 조정이 필요한 경우에 지방자치단체는 합의제 행정기관을 설치할 수 있는 것으로 되어 있다.[55] 합의제행정기관이나 후술하는 자문기관은 일반적으로 위원회 등의 형태를 띤다. 합의제행정기관으로는 선거관리위원회, 인사위원회 등을 들 수 있다. 서

---

51) 지방자치법 제128조.
52) 지방자치법 제128조.
53) 지방자치법 시행령 제76조 제1항.
54) 지방자치법 제129조.
55) 지방자치법 시행령 제77조.

울시의 경우 2019년 시민민주주의의 활성화, 시민참여 숙의예산, 민관협치에 관한 사항 등을 심의·조정하는 '서울민주주의위원회'를 합의제행정기관으로 설치하기도 하였다.

(5) 자문기관 등

지방자치단체는 그 소관 사무의 범위에서 법령이나 그 지방자치단체의 조례로 정하는 바에 따라 심의회·위원회 등의 자문기관을 설치·운영할 수 있다.[56] 자문기관의 설치요건을 명시적으로 제시하고 있으며, 첫째, 업무 특성상 전문적인 지식이나 경험이 있는 사람의 의견을 들어 결정할 필요가 있을 것, 둘째, 업무의 성질상 다양한 이해관계의 조정 등 특히 신중한 절차를 거쳐 처리할 필요가 있을 것을 설치 요건으로 하고 있다.[57] 이러한 자문기관은 유사하거나 중복된 성격을 가진 다른 자문기관의 설치를 금지하고 있다.[58] 자문기관으로 지방자치단체의 도시계획위원회는 중앙 부처(국토교통부)의 소관법령(국토계획이용법 및 동법시행령)에 근거를 두고, 지방자치단체의 조례에서 구성·운영에 관한 구체적인 내용을 규정하고 있다.

3) 하부행정기관

지방자치단체는 행정서비스의 주민편의 제고와 효율적 처리를 위해 자치구가 아닌 구(즉, 행정구 또는 일반구)와 읍·면·동의 하부행정기관을 둔다. 지방자치법에 따르면 하부행정기관으로 특별시·광역시 및 특별자치시가 아닌 인구 50만 이상의 시에는 자치구가 아닌 구를 둘 수 있고, 군에는 읍·면을 두며, 시와 구(자치구를 포함한다)에는 동을, 읍·면에는 리를 둔다고 규정하고 있다.[59] 하부행정기관의 장은 각각 구청장, 읍장, 면장, 동장으로 한다.[60] 여기서 구청장은 인구 50만 이상의 시에 둘 수 있는 행정구의 장으로서 시장이 임명하며, 특·광역시의 선출직 자치구청장과는 구

---

56) 지방자치법 제130조 제1항.
57) 지방자치법 시행령 제78조.
58) 지방자치법 제130조 제4항.
59) 지방자치법 제3조 제3항.
60) 지방자치법 제131조.

분된다.

하부행정기관인 읍·면·동은 최일선 행정서비스기관으로서 오늘날 중요성이 증대하는 복지－보건 등 종합적인 업무를 담당한다. 주민의 일상에서 야기되는 각종 민원과 문제들을 지근거리에서 처리하여 주민편의를 증대시키고 행정의 대응성 및 효율성을 높이는 역할을 맡는다.

하부행정기관인 읍·면·동은 지방자치제의 실시 이후 그 명칭이 동사무소에서 동주민센터로, 동주민센터에서 행정복지센터로 변경되었다.[61] 1999년에 정부는 동기능의 개편을 통해 다수 기능을 본청으로 이관하고, 동사무소는 민원업무를 중심으로 담당하도록 하였다. 기존 동사무소의 통합을 통해 폐지된 동사무소의 공간을 주민자치센터로 활용하게 된다. 주민자치센터는 주민자치활동 강화와 주민자치 프로그램의 활성화의 장으로 역할을 하였다. 2007년 정부는 동사무소를 보건·복지·문화·고용·생활체육 등 행정서비스를 맞춤형으로 제공하는 통합서비스기관으로 전환하면서 명칭을 동주민센터로 변경하였다. 동주민센터는 2016년 또 다시 행정복지센터로 명칭이 변경되었다. 이 당시에는 읍·면사무소도 읍·면행정복지센터로 변경되게 된다. 행정복지센터로의 전환은 기존의 행정민원과 각종 업무의 신청주의에서 공무원이 주민의 일상 속 현안과 문제를 직접 찾아가는 발굴주의로의 전환을 가져오게 된다. 복지 및 보건의 사각지대에 놓인 노년층과 빈곤가정의 행정기관 접근성의 한계를 극복하기 위해 '찾아오는 행정'이 아닌 '찾아가는 행정'으로의 패러다임의 전환을 추구하였다. 특히, 서울은 '찾아가는 동주민센터(찾동)'라는 명칭 하에 선도적 역할을 하기도 했다. 오늘날 동주민센터는 단순 민원처리에 머무는 것이 아닌 복지와 보건, 동네 현안의 공동해결 등 최일선행정기관으로서 다양한 역할을 수행하고 있다.

---

[61] 2014년 정부는 책임읍면동제를 통해 복지사각지대의 해소 등 읍면동의 역할을 새롭게 모색하기도 하였다. 책임읍면동제는 2－3개의 읍면동을 하나의 그룹으로 묶고, 그중 하나의 읍면동이 상급기관에서 이관되는 기능과 역할을 중심적으로 관장하는 역할을 하는 모형이다(금창호, 2016: 8).

2. 지방공무원

1) 지방직공무원과 국가직공무원의 비교

지방공무원은 지방자치단체가 경비를 부담하는 공무원으로 지방자치단체장과 임용권을 위임받은 자에 의해 임명된다. 지방공무원의 유형으로는 경력직 공무원과 특수경력직공무원으로 나뉜다.[62] 지방공무원은 일반적으로 지방자치단체 본부나 소속기관에서 근무하며 지방사무를 주로 다룬다. 지방공무원의 급여는 국가공무원과 같이 봉급표 기준으로 동일하게 적용된다. 지방공무원과 국가공무원을 임용주체, 관련법, 근무기관, 담당사무, 보수부담 등의 측면에서 간략하게 비교하면 〈표 5-1〉과 같다(시도공무원교육원, 2009: 4-5).

표 5-1 지방직공무원과 국가직공무원의 비교

기준	지방공무원	국가공무원
임용주체	지방자치단체의 장과 임용권을 위임받은 자	대통령(소속장관)과 임용권을 위임받은 국가기관의 장
관련법	지방공무원법	국가공무원법
근무기관	지방자치단체 본부 및 소속기관	국가기관
담당사무	지방사무	국가사무
보수부담	지방비	국비
급여	봉급표기준 동일(단, 수당과 복지포인트에서 다소 차이남)	

출처: 시도공무원교육원(2009: 4-5). 일부 수정-보완.

---

[62] 경력직 공무원은 크게 일반직공무원과 특정직공무원으로 구분된다(지방공무원법 제2조). 일반직공무원은 행정일반 또는 기술·연구에 대한 업무를 담당하는 반면 특정직공무원은 교육공무원(예: 공립-전문대학근무), 교육전문직원, 자치경찰공무원과 기타 특수 분야업무를 담당하는 공무원으로 다른 법률에서 특정직공무원으로 지정하는 공무원이다. 또한, 특수경력직공무원은 경력직공무원 외의 공무원으로 정무직공무원과 별정직공무원으로 구분된다. 정무직공무원은 고도의 정책결정업무를 담당하거나 이를 보조하는 공무원과 선거로 취임하거나 임명할 때 지방의회의 동의가 필요한 공무원이다. 반면, 별정직공무원은 비서관·비서 등 보좌업무나 특정한 업무 수행을 위하여 법령에서 별정직으로 지정하는 공무원이다.

2) 지방공무원의 전문성 및 역량강화

(1) 지방공무원 전문성의 의의

지방분권과 자치가 확대되며 지방자치단체의 역량강화의 중요성이 지속적으로 대두되고 있다. 지방공무원제도 및 인적자본관리의 기본방향도 지방자치단체의 자치행정역량강화에 초점을 두고 있다.[63] 자치행정역량강화를 위해 공무원역량강화가 주요 과제로 제시되고 있으며, 이는 지방공무원의 낮은 전문성에 대한 비판과 밀접히 연관된다.

공무원의 전문성은 전통적 의미에서는 업무에 대한 전문적 지식－기술 및 풍부한 경험을 의미한다. 하지만, 오늘날 전문성은 단순히 법령의 해석과 기계적 적용능력만이 아닌 현장의 문제들을 능동적이고 창의적으로 해결하는 역량의 측면에서 중요성이 더욱 높아지고 있다. 실제 서울시 공무원을 대상으로 실시한 전문성의 인식조사에서 "지식과 경험에 바탕을 둔 업무처리능력과 창의적 개선 노력"이 가장 중요한 요소로 언급되기도 하였다(송석휘, 2015: 260). 다시 말해 분야별 전문지식의 응용을 통한 실질적인 문제해결력이 전문성의 중요한 요소로 인식되고 있는 것이다.

이러한 지방공무원의 전문성은 지역 문제의 복잡성과 행정수요의 증대 등으로 더욱 절실히 요구되고 있다. 공무원이 직면한 행정 내·외부 공공문제의 복잡성과 상호의존성 등의 증대로 공무원들은 단순히 공직 내부의 업무처리와 관련된 전문적 지식이나 경험을 넘어 대 주민 또는 지역사회를 대상으로 한 실질적인 문제해결 능력 또는 역량이 점차 중요해지고 있는 것이다. 즉, 지방공무원의 전문성은 지방정책 및 행정서비스의 대상자이자 이해관계자인 주민, 시민사회, 지역경제주체 등의 참여와 협력을 이끌어내는 거버넌스 측면의 전문성까지도 확대되고 있다.

요약하면, 오늘날 요구되는 지방공무원의 유형으로는 전문성을 겸비한 일반행정가로 압축된다(최병대, 2003). 지방 행정서비스의 수요와 변화를 반영하여 특정업무

---

63) 노무현 정부 당시 2003년 '지방분권추진로드맵'에 담긴 내용이다. 오늘날 지방공무원의 인사제도는 통제 중심의 인사관리에서, 직무중심의 인적자원관리로, 그리고 역량중심의 인적자원관리로 패러다임의 전환이 일어나고 있다(유민봉·박성민, 2014).

분야에 대한 통찰과 문제해결 역량을 갖춘 전문성뿐만 아니라 지방행정 전반의 종합적-통합적 시각을 갖춘 일반행정가로서의 역량이 동시에 요구된다.

(2) 지방공무원 전문성 강화 방안

지방공무원의 전문적 역량강화를 위해 공무원 인적자원의 관리 차원에서 다양한 노력이 진행 중이다. 일반적으로 논의되는 전문성 강화를 위한 노력으로서 우수한 인재의 채용, 교육훈련제도의 확대, 순환보직의 보완, 중앙과 지방 또는 지방 간 인사교류의 활성화, 지방공직의 공정성 확보 등에 중점을 두고 논의하면 다음과 같다.

첫째, 우수한 인재의 채용을 위한 명확한 지방공무원의 인재상을 정립하고 지역인재의 문호를 확대하고 있다. 중앙과 지방자치단체는 지방공무원 채용과정상의 자율성·공정성을 확보하기 위한 노력을 지속해 오고 있다. 지방공무원의 채용에서 계급과 직무가 아닌 역량중심 채용이 강조되고 있다. 역량중심 채용은 조직이 필요로 하는 직무수행에 있어 높은 성과를 창출할 수 있는 인재를 채용하는 것을 의미한다(권경득 외, 2018: 10). 지방공무원의 채용시험은 지방공무원법과 지방공무원임용령에 따라 모든 국민들에게 동일한 조건의 응시기회를 보장하는 공개경쟁채용시험과 특수분야의 전문인력(자격증, 관련 학위, 경력 소지자 대상)을 채용하기 위한 경력경쟁채용시험으로 구분된다. 이러한 지방공무원 채용시스템은 단답형의 지식위주의 시험과 하위직 중심의 폐쇄적 충원이라는 지적이 빈번히 제기되었다. 이에 대한 개선방안으로 시험 이외의 다양한 채용방식의 확대와 경력직 개방형 임용의 확대가 큰 방향으로 제시되고 있다(권경득 외, 2018: 36-37).

둘째, 지방공무원의 업무수행 역량을 강화하기 위한 다양한 교육훈련제도의 발굴과 시행이 진행 중이다.[64] 지방공무원 교육훈련을 통해 변화하는 행정환경 및 행정수요에 적합한 직무기술능력을 배양하고 공직윤리를 강화하여 주민의 봉사자로서 필요한 능력과 자질을 함양하고자 한다.

지방공무원의 교육훈련과 관련하여 행정안전부는 '지방공무원교육훈련 지침

---

[64] 지방공무원의 교육훈련에 관한 법령과 규칙으로는 지방공무원교육훈련법, 지방공무원교육훈련법 시행령, 지방공무원 교육훈련운영지침 등이 있다.

및 계획' 등 기본방향을 설정한다. 또한, 행정안전부 소속의 지방자치인재개발원(구 지방행정연수원)을 설립하여 중앙정부와 지방자치단체의 연결고리로서 자치분권을 선 도하는 지방행정 인재양성소의 역할을 한다. 광역시·도[65] 차원에서는 지방공무원 교육원을 통해 6급 이하 공무원을 대상으로 기본교육, 전문교육, 기타교육 등을 담 당한다. 기본교육은 신규임용자, 승진임용예정자 등을 대상으로 필요한 능력과 자질 을 교육하며, 전문교육은 직무와 관련한 전문적 지식과 기술을 담당한다. 기타교육 은 소속기관의 장 또는 공무원 자체로 직무관련 연구─교육을 하는 것을 의미한다 (지방행정연수원·시도공무원교육원, 2015: 101). 그리고 시·군·구의 기초지방자치단체는 교 육기관 등에 위탁교육 등 자체교육계획을 수립─시행한다.

셋째, 지방공무원의 전문성 저하의 중요한 원인 중 하나로 지적되는 잦은 순환 보직의 문제를 개선하기 위한 일련의 노력이 추진 중이다. 공직사회에서 순환보직 은 긍정적인 취지에도 불구하고 다양한 문제점을 드러내고 있다. 우선, 순환보직은 공무원의 보직 부적응을 해소하고, 승진기회를 제공하며, 능력발전의 기회가 되고, 융통성 있는 인사관리 및 조직개편에 유연하게 대응할 수 있는 긍정적 측면이 있다 (김광호, 2008: 70). 하지만, 우리나라의 지방자치단체는 잦은 보직의 전환으로 인해 업 무파악 및 숙지가 어려운 상황에서 전문성 축적에 장애, 업무의 인수·인계 시 정책 단절 및 비효율 발생, 책임소재 불분명의 문제점이 발생하고 있다(권경선, 2022; 김광호, 2008: 72). 정부는 순환보직의 한계를 개선하기 위하여 필수보직기간의 선정, 전문직 위제도, 전문직공무원제도 등을 두고 있다. 우선 필수보직기간과 관련 일부 업무나 사정을 제외한 지방공무원은 필수보직기간으로 2년이 경과해야 다른 직위에 전보할 수 있도록 되어 있다.[66] 이종수(2002)의 연구에 따르면 직급에 따라 차이가 나지만 평균재직기간이 2─3년이 될 때 직무의 전문성과 행정의 효율성을 확보할 수 있다 고 지적하기도 한다(김광호, 2008: 70). 전문직위제도는 "동일한 직위 또는 업무분야에 장기간 근무할 필요성이 있고, 업무 수행을 위해 요구되는 전문지식과 정보의 수준 이 높은 직위"로 3년 동안 전보를 제한한다(행정안전부, 2020e: 4─5). 이를 통해 전문성

---

[65] 지방공무원교육훈련법에 따라 광역시·도는 5년 단위로 법정계획인 교육훈련기본계획을 수립한다.
[66] 지방공무원임용령 제27조 제1항.

을 제고하고 업무수행의 효율성을 높이고자 하였다. 다음으로 전문직공무원제도는 순환보직에 따르는 일반직공무원과 다른 인사원칙을 적용하여 관리하는 새로운 직군을 두는 방식이다(권우덕·김영우, 2018: 120).

넷째, 중앙과 지방 또는 지방상호 간 인사교류의 확대를 통한 상호교류−협력의 기회를 높이고 공무원의 전문성을 높일 수 있다. 정부−광역−기초지자체는 "우수 지역인재를 균형 있게 활용하고 공무원 개인의 능력발전 및 역량향상의 기회제공을 위하여" 지방공무원의 인사교류를 실시하고 있다(행정안전부, 2020e: 14). 인사교류의 기본원칙으로는 관할구역 내 광역−기초, 기초−기초자치단체 상호 간을 원칙으로 하되 필요시 타 관할구역이나 중앙부처 등과 인사교류를 할 수 있다(행정안전부, 2020e). 또한, 동일계급 1:1 상호 교류와 교류기간 만료 시 원 지방자치단체로의 복귀를 원칙으로 하고 있다(행정안전부, 2020e). 이러한 인사교류를 통해 중앙공무원은 지방현장에 대한 이해를 높이고, 지방공무원은 중앙과 인적 네트워크 확대, 정책기획의 시각 및 역량증대를 가져온다(박경돈 외, 2022). 정부 간 인사교류의 확대는 중앙과 지방간 상호 원−원의 장을 마련하는 것이다. 하지만 우리나라는 지방분권과 자치가 확대됨에 따라 인사교류의 기회는 더욱 축소되는 것으로 나타난다. 지방자치단체장의 인사과정상의 정치화와 자율권 요구로 인해 인사과정의 교류가 줄어들고 있으며 기초지자체로 갈수록 인사교류의 단절은 더욱 심화되는 측면이 있다(윤견수 외, 2020). 중앙−광역−기초지방자치단체 간 공무원들의 인사교류가 축소되면서 기관 간 상호교류와 협력을 통한 공무원의 전문성 증진의 기회도 줄어드는 것으로 비판받는다.

다섯째, 지방 인사의 공정성 확보는 지방공무원의 사명감, 조직몰입 및 성과, 자치사무 수행, 공공서비스 제공 등에 직접적 영향을 미친다. 지방 인사의 공정성 확보를 위하여 지방자치단체장의 인사권의 합리적 운용을 위한 제도적 확보와 통제 등이 다양하게 도입되었다. 지방자치단체는 인사운영에 관한 중요한 사항을 심의·의결하는 지방인사위원회제도를 설치하고 있다. 2012년 지방인사위원회는 지자체 내 인사운영의 공정하고 투명한 시스템의 기능을 담당하기 위하여 위원회 구성에 있어 풀(pool)제를 도입하였다. 인사위원은 16−20명으로 구성되고, 회의는 위원장을 포함한 9명의 위원으로 개최하도록 하였다. 제척·기피·회피제도를 두어 인사위원회의 공정성을 확보하고자 하였다(행정자치부. 2015a: 279). 2013년에는 '지방공무원 임용령'을 개선하여 임용권자에 의한 위원회의 심의결과의 자의적 변경을 제한하였다(행정자치부. 2015a: 280).

3) 지방공무원 인사의 한계

이러한 일련의 노력에도 불구하고 지방 인사의 정치화는 지속적인 논란이 되고 있다(황해동, 2021). 다시 말해, 지방공무원의 역량과 능력보다는 지방선거 기간 중 특정 후보의 지지나 도움을 준 정도가 인사에 큰 영향을 미치는 것으로 지적된다. 지방 인사의 공정성 시비는 다음과 같이 다양하게 나타난다. 첫째, 지방선거 당시 도와준 선거참모의 편법적인 채용이다. 둘째, 자신을 지지한 공무원의 인사로 이전 단체장 시절 임명되었던 핵심 보직자들을 한직으로 좌천하는 경우이다. 셋째, 승진과 관련하여 금품수수를 하는 행위다. 또한, 유명무실한 지방인사위원회의 구성과 역할에도 문제점이 제기된다. 인사위원회는 인사의 주요 활동인 채용, 승진, 징계와 관련 심의−의결하는 합의제 행정기관이다. 인사의 주요 활동과 관련하여 인사위원회는 집행부의 인사기구나 부서에서 준비한 내용을 단순 통과시키는 거수기 역할을 해온 것으로 비판받는다. 인사위원회의 위원 구성뿐만 아니라 안건의 심의 및 의결에서 단체장의 입김이나 영향이 암묵적으로 반영되어진다는 것이다.

이와 같은 인사비리의 근본적인 원인으로 강시장−약의회 하 지자체장의 인사권한이 과도하게 집중되는 것이 지적되기도 한다. 지방자치단체장의 비서·보좌인력 채용 및 선거과정상의 지원−지지를 한 공직자의 인사과정상의 공정성과 투명성의 제고를 위한 제도개선이 지속적으로 요구되고 있는 상황이다.

20대 공무원들이 꼽은 전문성 향상 걸림돌은

20대 공무원들이 가장 많이 꼽은 전문성 향상 걸림돌은 '순환보직으로 인한 잦은 인사이동'과 '전공 및 적성과 무관한 인력배치'인 것으로 나타났다.

한국행정연구원이 발표한 '2020년 공직생활실태조사 결과'에 따르면 20대 공무원들은 순환보직으로 인한 잦은 인사이동(39.8%)을 가장 큰 전문성 향상 저해 요인으로 꼽았다. 다른 연령대(30대 33%, 40대 34.4%, 50대 이상 35.7%)와 비교했을 때 가장 높은 수치다.

특히 20대가 두 번째로 높게 꼽은 전문성 저해 요인은 '전공·적성과 무관한 인력배치'였다. 타 연령대가 '연공서열식 평가 및 승진'을 순환보직 문제 다음으로 언급한 것에 비춰보면 극명한 차이다. 조사에 따르면 20대의 16.7%가 전공·적성과 무관한 인력배치를 전문성 저해 요인으로 꼽았지만 30대(10.6%), 40대(10.9%), 50대 이상(13.2%) 등 다른 연령대에서는 3~4번째 요인에 불과했다.

또 20대 공무원들은 윗 세대에 비해 공직에 대한 자부심과 공직 가치에 대한 인식이 낮은 것으로 나타났다. 민주적 가치, 윤리적 가치, 전문직업적 가치 등 공공봉사동기 6개 지표의 평균 점수(5점 만점)을 연령별로 살펴보면, 50대가 3.67점으로 가장 높게 나타난 반면 20대는 3.19점으로 가장 낮았다.

국가와 국민을 위한 봉사가 중요하다는 인식에서도 20대는 가장 낮은 수준을 보였다. '국가와 국민을 위한 봉사는 나에게 매우 중요한가'란 공공봉사동기 관련 질문에 대해 '그렇다'고 응답한 비율이 20대는 42.3%로 가장 낮았다. 가장 높은 인식 수준을 보인 연령대는 50대 이상(71.5%)였다.

공직 자부심이 낮은 만큼 이직 의향도 높게 나타났다. 조사에 따르면 이직 의향에 대한 인식(5점 만점) 문항에서 20대는 3.15점을 기록해 이직 의향이 가장 높았다. 이어 30대(3.08점), 40대(2.95점), 50대(2.63점)으로 나타나 연령이 낮을수록 이직을 원하는 경향이 있는 것으로 파악됐다.

2020년 공직생활실태조사는 중앙부처 소속 공무원 2000명, 광역자치단체에서 근무하는 공무원 2000명 등 총 4000명을 표본 추출해 실시됐다. 연령대별 참여 비율은 20대 5.9%, 30대 27.3%, 40대 36.2%, 50대 이상 30.7%였다.

자료: 최현재. (2021.3.3.). 일부 발췌 및 편집.

여성 공무원 수의 증대와 조직문화의 변화

여성 공무원 비율이 크게 높아져 수도권과 부산 등 대도시 광역자치단체에서 여성 공무원 수가 남성 공무원을 추월한 것으로 나타났다. 여성 공무원 비율이 50%를 넘은 광역단체는 서울·부산·인천·광주·경기 등 5곳이고, 울산은 50%가 됐다. 퇴직자는 남자 공무원이 많고, 신규 공무원은 여성이 많기 때문으로 분석된다. 여성 공무원이 증가하면서 공직사회에도 여성 간부 공무원이 대폭 늘고, 숙직도 남녀가 동등하게 서는 등 양성 평등문화가 가속화하고 있다.

10일 행정안전부 지방인사통계통합시스템에 따르면 전국 17개 시도 중 지난해 12월 31일 기준 여성 공무원 비율이 50%를 넘은 곳은 부산(53.9%)·서울(51.7%)·인천 (51.3%)·경기(50.8%)·광주(50.3%)·울산(50.0%) 등 6곳이다. (중략) 전국 17개 시도 전체 여성 공무원 비율은 2019년 39.3%, 2020년 말 46.6%, 지난해 말 48.2%로 뚜렷한 증가세가 확인된다.

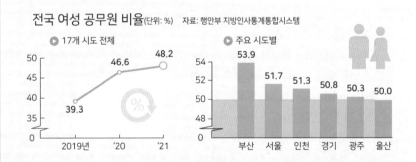

전국 여성 공무원 비율(단위: %) 자료: 행안부 지방인사통계통합시스템

이는 2020년 4월 소방직의 국가직 전환과 맞물려 퇴직 공무원은 남성이 많고 신입 공무원은 여성이 많아 곳곳에서 성비 역전 현상이 빚어지고 있는 것으로 분석된다. 여성 공무원 비율이 경남에서 가장 높은 창원시(54%)의 경우 지난해 퇴직 공무원(195명) 중 남성은 68.7%(134명), 여성은 31.3%(61명)로 남성이 2배 이상 많았다. 반면 신규 공무원(224명)은 여성이 55.8%(125명), 남성이 44.2%(99명)이었다. (중략)

여성 공무원이 급증하면서 여성 간부 공무원도 크게 늘고 있다. 광역단체 중 여성 비율이 가장 높은 부산시의 경우 5급 이상 간부 공무원(1,612명)의 여성 비율은 37.4%(603명)에 달한다. 4급 직위도 총무과장, 기획담당관, 예산담당관, 조사담당관, 홍보담당관 등의 핵심요직을 여성들이 차지하고 있다. 창원시 여성 간부 공무원 비율 역시 2018년 4월 11.1%(26명)에서 올해 1월 말 28.1%(68명)로 급상승했다.

공직사회의 양성 평등문화 확산도 가속화하고 있다. 경남 하동군은 이달 초 남녀 직원이 동등하게 숙직을 서는 통합 당직제도를 도입했다. 창원시도 지난해 1월부터 남녀 구분 없이 숙직 근무를 편성해 운영 중이다.

자료: 박영수. (2022.2.10.) 일부 발췌 및 편집.

제2편 제5장

CHAPTER 06

지역사회 권력구조와 지방선거

　지방은 누가 통치하고, 그 '누구'를 어떻게 결정하는가? 우리나라의 맥락에서 지방자치 및 분권의 논의는 많은 부분 중앙과 지방의 관계에 초점을 두었다. 구체적으로 중앙에서 지방으로 기능·사무이양과 재정권의 확대가 주된 논의였다. 상대적으로 낮은 관심을 받은 것이 지방정치와 지방권력의 주체 및 교체이다. 지방권력에서 특정 지역 내 일당 독주체제의 문제뿐만 아니라 지방의 토호와 유지들에 의한 지방권력의 독점으로 인한 폐해가 널리 지적되어 왔지만 제도적 개선은 미흡했다. 일당 권력 집중화의 문제는 권력의 사유화로 이어지고 지방 내 건전한 정치나 정책토론 장의 형성을 가로막았다. 일차적으로는 주민들의 제한된 선택에 기인한 측면이 있지만, 지방 내 다양한 인재의 양성과 출마의 기회를 제한하는 현행 선거 및 정치·행정시스템도 그 책임으로부터 자유로울 수 없다. 지방권력구조의 변화를 위해서는 제도권 내 기득권 중심의 지방정치가 주민들의 일상 속 생활정치로 활성화되며 지방선거제도의 개편을 통한 제도적 개혁이 뒷받침되어야 한다. 이를 통해 지방권력의 교체가 활발히 일어나야 한다. 이러한 배경 하에 이 장은 지역사회의 권력구조와 지방정치를 살펴본 후 지방선거제도를 논의한다.

지역사회 권력구조와 지방정치

지방정치는 중앙정치에 비해 일반시민뿐만 아니라 학자들 사이에서도 상대적으로 관심이 낮은 편이다.[1] 정치학에서는 1950-1960년대 미국에서 지역사회 권력구조(community power structure)와 지방정치가 높은 관심과 연구의 대상이 되었다(Harding, 2009). 하지만 이후 정치적 영향력과 방법론 등의 한계 및 비판 등으로 정치학에서 상대적으로 중요도가 떨어졌다(Judd, 2005; Peterson, 1981; Trounstine, 2009). 오늘날 정치학에서 지방정치는 상대적으로 주변부로 밀려났지만 지역주민의 삶의 질, 시민민주주의, 거버넌스 등에 관한 논의의 확대로 지방정치는 생활정치가 강조되며 지방자치와 분권 측면에서 관심이 증대하고 있다.

대의민주주의하에서 견제와 균형의 원리를 실현하기 위한 주민참여의 확대는 곧 시민민주주의 또는 생활정치의 활성화와 직결된다. 삼권분립의 정신을 도입하고 있는 지방의 집행부와 입법부의 견제와 균형의 작동이 현실적으로 원활하지 않은 상황에서 시민권능(empowerment)의 확대를 통한 시민민주주의의 활성화는 지역사회에서 생활정치의 구현을 통해서 가능하다. 정당 중심의 정당정치 또는 제도정치가 기존의 지방정치 논의의 핵심을 이뤘다면 주민의 일상 속 의제를 공공화하는 과정을 논의하는 생활정치가 또 다른 한 축으로 고려될 수 있는 것이다.

이 절에서는 지방정치와 지역사회 권력구조를 고찰하고 우리나라 지방정치의 현주소를 진단한다. 이를 통해 생활정치의 가능성을 간략하게 살펴본다.

1. 지역사회 권력구조 및 지방정치

지방은 누가 통치하는가? 지방주민이 스스로 다스리는 지방자치를 논의함에 있어 지방 통치의 주체와 권력구조의 논의는 불가분의 관계에 있다. 이러한 통치의

---

[1] 후술하는 지방선거 투표율에서 보여주듯이 대통령선거와 지방선거의 투표율은 최소 10%p 이상의 현격한 차이가 난다.

주체와 주체들 간의 상호관계의 문제는 지방정치의 분석을 필요로 한다. 정치를 데이비드 이스턴이 정의한 '사회적 가치의 권위적 배분'이라고 보았을 때 누가, 어떻게 가치를 배분하는가에 대한 논의는 지역주민의 삶에 직접적인 영향을 미친다. 따라서 지방의 주요 정치행위자(지도자)와 그들 간의 관계, 즉 권력구조를 파악하고 그들의 정치적-정책적 지향을 분석하는 것은 지방자치를 이해하는 데 중요한 단서를 제공한다. 여기에서는 우선 지방정치에 대한 일반적인 이론을 소개하고 우리나라 지방의 맥락에서 지방정치와 권력구조를 논의한다. 다음으로 오늘날 관심이 증대하고 있는 생활정치를 이론적·규범적 차원에서 가능성과 과제를 소개하기로 한다.

1) 주요 이론

한 국가나 사회를 누가 통치하는가에 대한 대표적인 이론은 엘리트론과 다원론으로 대별된다. 엘리트론은 기본적으로 소수의 엘리트가 권력을 행사하고 정책을 주도하는 반면 대다수의 국민은 정치나 정책에 무관심하고 수동적으로 받아들인다는 입장을 취한다. 엘리트이론은 세부적으로 고전적 엘리트론, Hunter의 명성접근법(Hunter, 1953), Mills의 지위접근법(Mills, 1956), Bachrach와 Baratz(1963)의 무의사결정론으로 대별된다.

19세기 말 유럽의 학자들에 의해 발전된 고전적 엘리트론은 특정 소수의 엘리트들이 지배층으로서 다수의 피지배층을 지배한다고 보았다. 엘리트들이 보유한 공권력, 부, 사회적 지위, 정보와 전문적 기술 등이 지배력의 근원이다. 이후 엘리트론은 미국 도시의 맥락에서 활발히 논의되었다. 즉, 지역사회의 주요한 정책을 누가, 어떻게 결정하는가에 대한 지역사회권력구조에 관한 연구는 지방정치(특히, urban politics)를 정치학에서 주요한 위상을 차지하게 하였다(Harding, 2009). 대표적인 연구 중 하나로 1950년대 Mills(1956)와 Hunter(1953)의 실증적 연구를 통해 지방 차원의 통치이론으로 발전하게 된다. Mills의 '지위접근법'을 통해 국가 차원에서 정부-군-기업체의 지도자들이 권력엘리트로서 주요 정책결정을 결정한다고 지적하였다.[2] 이들이

---

[2] Mills는 사회학적 관점에서 1956년에 'The Power Elite'를 출간했다. 경제, 정치, 군대의 엘리트들이 복합체를 이루어 국가의 주요 의사결정에 영향을 미친다고 지적하고 있다. Domhoff(2006)는 'Mills's

국가의 주요 지위를 독점하여 그들의 내부에서 주요 결정이 내려진다. 반면, Hunter
는 조지아주 애틀란타시의 실증연구를 통해 코카콜라의 고위임원 등 경제엘리트들
이 지역의 주요 정책에 영향력을 미치고, 정치에 관심이 낮은 일반 대중은 수동적으
로 수용하고 따른다고 지적하였다.[3] 이러한 소수의 경제엘리트들은 평소에 지방의
정치지도자들과 클럽 등을 통해 친밀한 관계를 유지하며 지역경제와 관련한 사업
및 정책을 공유하여 그들에게 유리한 정책환경을 조성한다. 한편, Bachrach와
Baratz(1963)의 무의사결정이론은 신엘리트론[4]으로 발전되며, 엘리트집단이 행사하
는 두 가지 유형의 권력을 논의하였다. 엘리트집단은 정책결정과정에 명시적으로
영향을 미치는 '가시적인 권력(overt power)'를 가질 뿐만 아니라, 그들에게 불리한 의
제나 현안은 '편견의 동원(mobilization of bias)'을 통해 아예 논의의 대상이 되지 않도록
하는 '비가시적인 권력(covert power)'를 가진다는 것이다. 즉, 이러한 편견의 동원을
통해 일반 시민들에게 지역 차원의 중요한 현안 또는 문제임에도 공론화되지 못하
도록 하는 권력을 행사하는 것이다. 엘리트의 입장에서는 주요 문제나 현안이 이해
당사자들에게 인식되어 갈등과 분쟁으로 커지고 확산되기 이전에 전혀 인식을 못하
거나 덜 중요한 것으로 여기게 하여 엘리트들의 지배를 더욱 공고히 한다는 주장이
다. '편견의 동원'에서 지역언론은 주요한 역할을 한다. 일반 주민들이 인식하고 때
로는 집단행동이 필요한 주요 지역현안들을 아예 보도조차 하지 않거나 축소·왜곡
하여 '공론화'를 막는 역할을 할 수 있다. 이는 Schattschneider(1975)가 언급한 '갈등
의 사회화'를 막기도 한다.

반면, 다원주의론은 엘리트론을 비판하며 다양한 시민과 이익집단에 권력과 정
치적 자원이 분산되어 있고, 정치나 정책적 결정은 이들의 이익이나 의사가 반영된
다고 주장한다. 다원론은 지역 내 엘리트의 존재를 부정하지 않는다. 즉, 엘리트론이

"The Power Elite" 50 Years Later'라는 제목의 리뷰를 통해 Mills의 논의가 여전히 미국의 주요 의사
결정에서 유효하다고 지적하였다.

3) Hunter의 명성접근법(reputational approach)은 Dahl(1961)에 의해 방법론상 비판을 받게 된다.

4) 신엘리트론은 후술하는 다원론을 비판하며 등장하였다. 이들은 다원론의 정책영역에 따라 영향력을
행사하는 다양한 개인 또는 집단을 비판하며 정책결정만이 아닌 애초에 정책의제로 조차 상정되지
않도록 지역주민의 관심과 의식을 유도하는 권력을 가진 엘리트의 역할을 강조하며 신엘리트론으로
분류된다.

주장하는 소수의 단일엘리트가 아닌 정책영역별로 각기 다른 다양한 엘리트들이 권력과 영향력을 행사한다고 보았다. 대표적으로 Dahl(1961)은 민주주의와 권력을 다룬 유명한 'Who governs?'의 책에서 엘리트론의 단일엘리트의 지배가 현실을 너무 단순하게 파악한다고 지적하였다. 실제 미국의 뉴헤븐시의 연구를 통해 정책영역별로 다양한 집단이 각기 다른 영향력을 미치는 '영향력의 특화(specialization of influence)'가 일어난다고 주장하였다. 또한, 정치에 관심과 영향력이 낮은 호모시비쿠스와 정치에 적극적이고 실질적인 영향력을 가진 호모폴리티쿠스를 구분하였다. 호모시비쿠스는 평소에는 정치과정에 적극적이지 않지만 호모폴리티쿠스의 정책정향에 의해 그들의 이익이나 일상이 위협받거나 분노하는 경우 정치적 자원, 즉 잠재자원(slack resources)을 행사하여 정치과정이나 정책에 영향력을 행사한다(Dahl, 1961: 223-224). 이와 같이 다원주의론은 지역의 주요 정책과정이 지역 시민이나 이익집단에게 열려 있는 권력의 개방성과 분산성을 인정하며 조직화된 집단이나 운동이 지방의 권력의 한 형태로 발전될 수 있다고 보았다.

이상에서 간략히 살펴 본 엘리트론과 다원론은 지방 내부의 정치-경제주체들의 정치과정의 역동성을 강조하는 '정치적 자율주의'로 분류된다. 미국의 맥락에서 1950-70년대 발전한 정치적 자율주의의 관점은 70년대 석유파동과 레이건정부의 신연방주의(New Federalism)의 흐름 속에서 지역경제의 개선을 위한 지역 간 경쟁의 심화로 이어졌다. 특히, 지역 내 기업의 유치와 유지를 위한 지역 간 경쟁이 심화되면서 지역경제정책은 지역발전을 위한 중요한 정책의제로 자리 잡게 되었다. 즉, 자본주의 하에서 자유롭게 이동하는 자본과 노동의 제약으로 인해 지방정부는 개발-성장정책을 우선시한다. 대표적으로 피터슨(1981)의 '도시한계론(City Limits)'은 지방정치의 접근에 있어 앞서 논의한 엘리트론과 다원론의 정치적 자율주의의 관점과 달리 시장경제의 구조적 요인을 강조하였다. 지방이 직면한 자본주의 시장경제의 구조적 제약 하에 지방정부의 정책은 정치적 이해관계보다 경제적 요인이 더 크게 영향을 미치게 된다는 것이다(Peterson, 1981).

추가적으로 지방의 권력구조 및 정치와 관련하여 성장기구론과 레짐이론을 들 수 있다. 성장기구론은 토지자산가(landlord)와 개발업자(developer)가 지역 내 주요 정책과정에 영향을 미친다고 보았다. 이들은 성장연합(growth coalition)을 형성하여 지역성장 위주의 정책에 영향을 미치며, 개발을 통한 자산의 교환가치의 극대화에 집중한다(Logan & Molotch, 1987; Molotch, 1976). 반면, 레짐이론은 지방정부가 시장을 주도하는 기업을 비롯한 사적영역과 연합을 통해 지역정책을 형성-결정한다고 보았다. 자본주의 시장경제구조 하에서 지방정부는 제한된 재원 하에서 점차 증대하는 행정수요에 직면하게 된다. 제한된 재원과 권한 하에서 지방정부는 필연적으로 일자리 및 투자의 여력을 가진 시장 또는 기업과 연대를 하게 되는 통치연합(governing arrangements)을 모색할 수밖에 없다(Stone, 1989; 2005). 즉, 레짐이론의 핵심 전제는 통치연합이 형성되고 지속되기 위해서는 추구하는 의제에 합당한 자원이 유지되어야 하는데, 경제주체들이 이러한 역량을 상대적으로 높게 보유하고 있다고 지적한다(Stone, 1989; 2005). 이러한 정치와 경제영역의 통치연합은 다양한 형태를 띠는데 Stone(1989)은 기업형, 현상유지형, 진보형으로 분류하기도 하였다. 지역 내 형성된 통치연합은 상당히 오랜 기간 안정적이고 지속적으로 지방정책에 영향력을 행사하게 되며, 이는 지역 내 구조적 역량으로 작용한다고 보았다.

2) 한국의 지역사회 권력구조 및 지방정치

일반적으로 지방정치의 주요 행위자로는 지방정치인(단체장과 의회)과 지방공무원, 시민(사회), 시장을 들 수 있다. 기존 연구들은 우리나라 지방의 맥락에서 지방정치와 권력구조의 정점에는 지방자치단체장이 자리하고 있음을 보여준다(정문기, 2009; 유재원, 2003). 우리나라의 지역사회는 시민사회의 형성이 낮고, 활성화도 취약하다. 또한, 지방 내 기업 등 시장의 영향력이 미약한 상황에서 지방정치의 주요 주체는 지방정치인과 지방공무원으로 압축될 수 있다. 하지만 지방공무원은 지방자치단체장의 임면권 등으로 인해 그리고 지방의회는 제도적 취약성과 낮은 전문성 등으로 인해 지방정치구조의 정점에는 지방자치단체장이 위치하는 구조적 특성을 지적할 수 있다.

한편 우리나라는 오랜 중앙집권의 전통으로 인해 중앙 우위의 정책결정구조가 지방정치구조에 지대한 영향을 미친다고 볼 수 있다. 지방선거제도상 허용되는 정당공천제와 선거구 획정, 중앙의 각종 감독 및 통제 권한, 의존재원의 높은 비중 등이 직간접적으로 지방정치구조에 영향을 미친다. 따라서 정부간관계의 핵심 통로가 되는 지방자치단체장이 지방권력의 중심에 위치할 수밖에 없는 구조를 형성하는 데 일정 정도 역할을 한다.

　기존의 실증적 연구도 지방자치단체장의 지역 내 영향력 및 정책결정권한을 밝히고 있다. 유재원(2003)은 청주시 등 사례연구를 통해 지방자치단체장이 지방정치 및 정책과정에 지배적인 영향력을 행사하는 반면 시장과 시민사회는 상대적으로 정치 및 정책과정에 주변에 위치한다고 지적하였다. 정문기(2009)는 전국 광역지방자치단체 공무원의 설문을 통해 지역경제개발관련 주요 의사결정자를 분석한 결과 광역지자체장이 지역경제개발정책의 의사결정에 가장 큰 영향력을 미치는 것으로 나타났다. 또한, 지역경제개발을 위한 지역 내 다양한 주체들의 협력을 이끄는데도 광역지자체장의 역할이 중요한 것으로 응답되었다.

　이상의 결과는 지역사회권력구조와 지방정치를 분석하는 데 가장 일반적으로 인용되는 엘리트론과 다원주의론 등이 우리나라 지방의 맥락 하에서는 신중히 접근되어야 함을 보여준다. 우리나라는 미국의 지방과 달리 지역 소재 기업이나 비즈니스와 같은 시장의 영향력이 그다지 크지 않다. 예를 들어, 피터슨의 도시한계론은 지방의 정책결정은 자본주의적 시장경제의 구조적 한계에 직면하여 개발정책에 우선을 둘 수밖에 없다고 하였다. 즉, 성장지향의 지방자치단체들은 관내 경제활동을 주도하는 기업이나 비즈니스의 유치 및 유지에 지방정책을 집중하게 되며, 이들은 기업중심의 지방정치구조 및 정책환경을 조성하게 된다는 것이다. 특히, 세계화가 심화되며 기업의 자유로운 이동이 활발해지는 상황에서 시장의 제약은 일시적인 현상이 아닌 장기적－구조적 제약으로 고착된다고 보았다. 레짐이론도 또한 재원이 부족한 지방정부가 사적영역과 통치연합을 형성한다고 지적하였다. 하지만 우리나라는 대기업이 위치한 일부 지역을 제외한 대부분의 지역에서 기업이나 시장이 지방정책에 실질적인 영향력을 행사하지 못하는 실정이다. 우리나라의 지방자치단체는 부족한 재원을 중앙 또는 상급정부를 통해 확충하는 상황에서 기업이나 자본의 제약에 기인하는 구조적 요인에 의한 지역사회권력의 형성이나 정책결정이 일부 지역을 제외하고는 상대적으로 낮게 나타난다. 이는 또한 민간영역보다 관우위의 정치—행정의 문화 속에서 지방자치단체의 정책주도와도 연관된다. 지방의회도 대체로 지방자치단체장과 동일한 정당이 지배하는 상황에서 지방자치단체장의 견제와 균형의 역할도 또한 미약한 상황이다. 여러 연구에서 지적되듯이 우리나라는 지방차원의 시민사회가 취약하고, 시민사회의 네트워크가 긴밀하게 연계되지 않은 상황에서 시민이나 시민사회의 감시와 통제가 여전히 미흡한 현실이다. 이러한 우리나라 지역사회의 정치—경제—사회적 특성으로 인해 지방자치단체장은 중앙정부와 중앙정치의 일정 정도의 구조적 제약 하에 위치하지만, '지역사회에서 제왕적 지위'라는 비판을 받기도 하면서 지역사회의 권력구조의 정점에 위치하여 지방정책의 결정에 지대한 영향을 행사한다.

2. 생활정치의 대두

오늘날 생활 속 민주주의, 생활자치와 같이 풀뿌리민주주의의 연장선상에서 주민의 참여와 연대를 강조하는 생활 속 정치 또는 생활정치에 대한 논의가 대두되고 있다. 중앙의 제도정치 및 지방 차원의 대의민주주의의 한계를 보완하고 지역 주민 삶의 실질적 개선을 위해 지역 고유의 맥락과 특성을 반영한 시민 및 시민사회의 역할이 증대한 것이다. 생활정치의 개념은 정치적 담론으로 활발히 논의되나 이론이나 제도적으로 확립된 수준은 아니다(정상호, 2009). 지난 1980년대 서유럽에서 생태, 환경, 인권, 성평등 등 신사회운동(New Social Movement)의 일환으로 지속되어 오면서 시민적 공공성과 성찰성을 강조하는 생활정치로 확대되고 있다. 이하에서는 우리나라의 지방정치의 활성화를 위한 규범적 차원에서 생활정치를 논의하기로 한다.

1) 생활정치의 의의와 특성

생활정치의 개념적 논의는 하버마스, 기든스 등의 학자들에 의해 진전되었다. 하버마스는 생활정치를 "정치의 추상성을 극복하고 구체적 생활이 정치의 대상이 되는 것"으로 정의하였다(정상호, 2009: 8). 즉, 하버마스는 시민의 일상생활 속 이슈나

의제가 정치의 대상이 되는 '시민적 공공성'의 개념을 제시하여 기존의 국가만이 공공성을 독점한다는 시각을 탈피하여 공공성의 개념을 확장한 것으로 의미가 매우 크다(이시재, 1995: 24). 따라서 공론장을 통한 논쟁과 사회적 합의, 그리고 공공영역의 민주적 확장이 생활정치의 주요 영역이 된다. 기든스에 의하면 생활정치의 본질은 "선택에 관한 정치이자 각 개인들이 자아(정체성)의 성찰에 기반하여 이루어지는 삶의 결정에 관한 정치이다"(정상호, 2009: 10). 기든스는 정치를 해방정치와 생활정치로 구분하면서 기존의 정치가 착취, 불평등, 억압, 권력으로부터의 해방을 강조하는 해방정치로 명명된다면 생활정치는 자아실현을 촉진하는 정당한 생활형식을 강조하였다(Giddens, 1997: 334). 이를 위해 기든스는 생활정치에 있어 새로운 형태의 연대와 협력을 강조하였다. 국내의 학자들도 생활정치를 분열되고 대립하는 중앙정치나 제도정치와 달리 생활세계에서 일어나는 구체적 문제를 주민들이 책임의식을 갖고서 대화와 소통을 통해 해결하는 과정으로 접근하고 있다(장미경, 2002; 정상호, 2009; 조대엽, 2015).

요약하면, 생활정치는 일상생활 속 의제를 개별적 개인 또는 사적 영역에만 머물게 하는 것이 아닌 집합적이며 공적인 의제로 발전시키는 시민적 공공성을 강조하며, 생활 속 의제의 형성–결정–집행 등의 전 과정이 주민의 실질적 자기결정권에 의해 이뤄진다. 이는 오늘날 강조되는 공론장에서의 토론과 숙의를 통한 거버넌스적 문제해결과도 밀접히 연관되며 지방자치의 토대가 된다(정상호, 2009; 조대엽, 2015).

기존의 정당정치 또는 제도정치에 대비한 생활정치의 특성으로는 일상생활 속 의제, 주민의 선택권, 토론과 합의 등으로 세부적 내용은 다음과 같다.

첫째, 이데올로기나 권력에 의해 양분된 이념정치, 제도정치를 지양하고 '주민의 삶과 직결된 일상생활 속 의제'를 다룬다. 전국 단위가 아닌 특정 지역의 특수성을 반영한 생활의제를 중심으로 다룬다.

둘째, 생활정치는 일상생활의 성찰에 기반한 '주민 삶의 자기선택'을 강조한다. 정부나 정치권의 하향식 의사결정이 아닌 일상생활 속 문제나 의제들의 주체적 선택을 통한 상향식 선택 또는 의사결정을 강조하게 된다.

셋째, 공론장에서의 토론과 합의를 통한 시민적 공공성을 형성한다. 생활 속 문제나 의제들을 공개적인 장에서 논의하는 과정을 통해 시민의 의식변화와 성장이 일어나며 연대와 협력의 경험이 축적된다. 이를 통해 시민적 공공성을 공유 및 증대시킨다.

2) 생활정치의 중요성

시민의 주체성에 기반한 시민적 공공성의 토대가 되는 생활정치는 지방분권과 자치의 시대에 다양한 중요성을 내포한다. 중앙과 지방간의 정치적 분권이 일시적-정치적 수사가 되지 않기 위해서는 생활 속 풀뿌리민주주의, 다양성이 존중되는 생활정치의 활성화가 요구된다. 생활정치의 중요성을 논의하면 다음과 같다.

첫째, 생활정치는 지역사회 또는 지역공동체 또는 내가 살고 있는 이웃의 이슈에 눈뜨게 한다. 거시적이고 추상적인 문제가 아닌 일상생활 속 건강한 먹거리, 깨끗한 공기와 환경, 도로교통과 안전한 거리 등과 같이 주민의 삶과 직결되는 직접적-구체적 중요 현안에 눈뜨게 한다. 다시 말해, 국가질서와 안보, 성장과 분배와 같은 거시민주주의의 요소보다 자기실현과 성찰과 같은 미시민주주의에 더 큰 초점을 둔다(조대엽, 2015). 이러한 문제들은 주민들이 관심을 가지고 직접적으로 참여하고 연대하여 지방정부 및 지역사회로 하여금 문제해결을 위한 정책결정과 재원의 배분을 이끌고, 주민들 또한 주체로서 행동하며 변화를 이끌고 성숙한 시민으로 성장하게 된다.

둘째, 지역사회에서 젊고 유능한 인재의 발굴과 정치적 성장의 기회를 제공한다. 유럽의 핀란드와 같은 나라에서 국가의 지도자는 학교와 지역에서 어린 시절부터 지역 현안과 관련한 생활 속 정치활동, 즉 '청년정치'의 기회 등을 다양하게 경험한다. 젊고 다양한 배경을 가진 지역의 인재들이 지역의 현안과 문제에 대해 참신한 아이디어와 새로운 정보기술의 접목을 통한 해결의 과정을 통해 중앙 차원의 정치적 리더가 되기 전에 지역사회에서 정치적 훈련과 성장의 기회를 가진다. 정치가 다양한 이해관계를 파악하고 조정하며 타협과 양보의 역량을 요구하는 바 동네나 지역사회 차원의 소규모적이고 실생활과 직결된 문제의 조정 및 해결의 경험은 젊고 유능한 인재들이 단계적인 정치경험을 축적하는 데 주요한 토대가 되는 것이다. 우리나라의 지방과 같이 저출산–고령화 및 청년들의 대도시로의 사회적 유출이 심각한 상황에서 생활정치의 활성화는 청년들이 지방의 문제를 고민하고 대안을 모색하며, 그 과정에서 갈등을 조정하는 역량을 키우는 기반으로 작동할 수 있다. 관련하여 중앙정부도 지방의 문제해결을 위한 다양한 지원과 정책을 수립하고 있다.[5] 다시 말해 지방쇠퇴의 문제해결을 위해 생활정치는 젊고 유능한 인재들의 관심을 제고하고 새로운 대안적 방안 모색을 위한 실험적–실천적 장을 마련해 줄 수 있다.

셋째, 중앙정치는 지방의 현안과 문제에 대한 고려가 낮다. 우선, 중앙이 지방을 바라보는 관점의 문제로 중앙정치는 중앙의 권력투쟁에 비교해 지방의 현안과 문제에 관심이 적다. 정치인의 이해는 지방의 이해와 반드시 함께 가는 것은 아니다. 또한, 중앙(정치)의 논리는 지방에 결코 호의적이지 않다. 중앙정치는 지방선거에는 관심이 있지만, 지역 주민의 삶에는 상대적으로 관심이 낮은 경향을 보인다. 우리나라의 지방정치는 각종 선거제도에 의해 중앙정당에 예속화되는 경향이 높고, 지방분권과 자치 이슈는 중앙정당의 관심에서 뒷전으로 밀려난 것으로 비판받는다. 지방선거의 과정에서 드러나는 정당공천제과 선거구 획정의 행태는 중앙정당 우선의 당리당략적 관행이 지속되고 있음을 보여준다.

넷째, 지방자치의 올바른 구현을 위해서 생활정치가 필요하다. 지방자치가 '주민과 지역사회가 자기 책임 하에 스스로 다스림'이라고 보았을 때 생활정치는 공적인 의제형성과 문제해결 과정에서 시민들의 조직화와 갈등의 조정이 일어나는 영역이다. 생활정치운동을 통해 주민들은 지역공동체의 발전에 대한 공동책임을 인식하고, 연대와 협력의 가치를 인식하고 실천하게 된다. 궁극적으로 지방통치의 주권자로서 지위를 되찾게 되는 토대가 된다. 일본의 마을만들기 운동이나 우리나라의 성미산마을의 사례는 지역주민의 조직화가 단순한 갈등이나 저항에 머무는 것이 아닌 공동체의 활성화와 주민의 권능(empowerment)의 증대로 이어질 수 있음을 보여준다

---

[5] 상세한 내용은 제14장 지역공동체 참조.

(정상호, 2009: 15).

　　이상과 같이 생활정치의 중요성에도 불구하고 우리나라의 맥락에서 생활정치의 개념은 중앙이나 지방 차원에서 제도화되어 구현되는 수준은 아니다. 일부 정치권에서 생활정치라는 용어를 기치로 내세우기도 하지만 정당정치의 체제 내에서 적극적으로 활성화되지는 못한 실정이다. 관련하여 하승우(2011:16)는 정당들이 사용하는 생활정치라는 용어는 정책의제의 개발에 초점을 둘 뿐 정치주체의 형성이나 의제형성과정에 시민들의 참여를 이끌지 못하는 측면에서 한계가 있다고 지적하였다. 그럼에도 지방자치의 경험이 축적되고 주민의 분권과 자치에 대한 의식이 성장하면서 지역사회 차원의 생활정치의 담론과 실질적 구현이 확대되리라 기대된다.

'늦둥맘' ○○○* "마을 바꾸다 출마, 해결하는 정치할 것"

　　줄곧 광주 광산구 비아동에서 마을운동을 한 ○○○ 후보는 이번에 처음으로 선거에 나서게 됐는데, "처음에는 개인적인 필요나 욕구에서 시작한 활동이었지만 내 아이와 옆집 아이를 함께 돌보면서 마을공동체를 알게 됐고 이 과정에서 문제점이나 애로사항도 알게 됐다"며 "자연스럽게 직접 정책이나 제도를 만드는 일을 해보고 싶다고 생각하게 됐다"는 사연을 말했다.

"늦둥이 낳은 뒤 마을에 도서관 만들려 노력하다가 정치 효능감 느껴"

■ 정치를 시작하시게 된 계기가 있다면 무엇일까요?

　　"저는 되게 평범한 삶을 살았어요. 사회운동에 참여하지도 않았고, 아이 둘 키우던 평범한 직장인이었어요. 근데 늦둥이를 낳고 보니까, 아이들을 더 잘 키워보고 싶다는 생각이 들더라고요. 제가 살던 광산구 비아동은 조금 낙후된 마을이에요. 당시에는 도서관에 가려면 수완이나 첨단 쪽으로 나가야 했어요. 그래서 2012년에 동네 엄마들을 모아서 아이들과 함께 책 볼 공간을 만드는 일을 추진하게 되었어요. 기금도 마련하고, 노력한 결과 2013년 6월에 비아까망이작은도서관을 만들게 되었죠. 동네 엄마들이 아이들하고 책 보려고 만든 공간이 잖아요? 처음부터 마을 공동체를 만들 생각을 가지고 시작한 일은 아니었어요. 그런데 작은 도서관이 동네 사랑방 역할을 하게 되니까 관심이 생기더라고요.

　　그래서 2014년부터 광산구 공익활동지원센터에서 활동하기 시작했어요. 교육도 받고 학습도 하고 공동체란 이런 거구나 느꼈죠. 처음에는 개인적인 필요나 욕구에서 시작한 활동이었지만, 내 아이와 옆집 아이를 함께 돌보면서 마을공동체를 알게 된 거예요. 이 과정에서 마을 활동가들이 느끼는 문제점이나 애로사항도 알게 됐어요. 자연스럽게 직접 정책이나 제도를 만드는 일을 해보고 싶다는 생각을 가지게 되었어요. 이후 … 마을공동체특별위원회 위원장을 맡게 되면서 정치에 뛰어들었죠."

■ 마을에서 하신 활동을 조금 더 듣고 싶습니다.

"도서관에 이어서 한옥카페도 만들게 되었어요. 지속가능한 사회적 경제를 위해 추진한 카페였어요. 이 과정에서 까망이협동조합을 결성했는데요. 현재 까망이협동조합은 비아시장으로 자리를 옮기려고, 이사를 준비하고 있어요. 최근 저희는 비아시장에서 '까망봉지 마이너스 프로젝트'라고 하는, 소위 장바구니 들고 다니기 캠페인을 하고 있어요. 에코백도 나누고, 서약서를 쓰신 분들께 고체비누도 나누어 드리고 있어요. 도서관에서 함께 성장한 청소년들이 매주 토요일이면 시장에서 캠페인을 함께 해주고 있습니다."

■ 이번 지방선거 출마를 결심하신 계기가 있다면요?

"작년 7월에 결심했어요. 개인적으로는 저의 성장, 업그레이드를 위해 선택한 측면도 있었고. 마을 활동가로서는 다른 마을 활동가들을 지원해 이 마을을 더 좋은 곳으로 만들어야겠다는 생각이 있었어요. 제가 도전하면, 제 후발주자들도 나올 거라고 생각했고요. 도서관을 만들던 시절 경험도 컸는데요. 도서관을 만들려면 돈이 있어야 하잖아요? 그래서 나눔행사 때 오뎅도 팔고 어묵이랑 부침개도 팔았어요. 주민분들께 헌 옷, 책, 신발 등을 받아서 알뜰 장터에서 팔기도 했고요. 그러다가 공모사업도 신청해 봤는데, 떨어지더라고요. 그래서 이 마을에 도서관이 필요하다는 이야기를 관이나 의회 측에 전달했어요. 당시 이 마을을 관할하는 시의원이 ○○○의원님이었는데요. 이분이 도움을 주셔서, 광주시와 광산구에서 예산을 줬어요. 돌이켜보면, 마을에서 느낀 정치 효능감이 확실히 선거 출마를 결심할 때 중요하게 작용하더라고요."

"주민의 문제, 나서지 않으면 안 바뀌더라 … 주민 필요 대변하고 해결하고 싶다"

* 주: 이름은 저자가 ○○○ 처리함.

자료: 김동규. (2022.4.14). 일부 발췌 및 편집.

제2절　지방선거제도 및 실제

　　지방선거제도는 일정한 지역 내 입법기관과 집행기관을 구성하는 대표자인 지방의원과 단체장을 선출하는 내용을 담고 있다.[6] 지방선거를 통해 선출된 대표자들은 일정 기간 해당 지역 주민들을 대리하여 주민의 삶과 직결되는 정치－행정적 의사결정과 집행을 담당한다. 누구를 어떻게 뽑을 것인가를 규정하는 제도로서 지방선거제도는 지방정치와 지방자치의 성패에 주요한 역할을 한다.

1. 지방선거의 의의와 기능

　　지방선거는 지방을 대표하여 일할 일꾼을 뽑는 공식적－법적 수단이자 절차이다. 대의제 민주주의를 표방하는 사회에서 지방선거라는 공식적인 절차 및 제도는 지역주민의 이익과 선호를 대변하리라 예상되는 후보자를 선출하는 과정이다. 구체적으로 선거란 '일반 대중이 자신을 대표하는 대표자나 공직자를 선출하는 공식적인 의사결정 절차'로 접근된다. 이러한 선거를 통해 일반 대중은 한 국가를 대표하는 국가 차원의 정치지도자나 공직자를 선출하기도 하고, 일정한 관할구역인 지역을 대표하는 지방의 정치지도자나 대표자를 뽑기도 한다. 우리나라에서는 국가 차원에서 대통령선거나 국회의원선거를 통해 통상 대통령이나 국회의원을 선출한다. 지방 차원에서는 일정한 지역 내에 거주하는 주민이 지역의 공직자나 대표자를 선출하는 지방선거를 치른다.[7] 우리나라의 지방선거는 광역과 기초지방자치단체의 지방자치단체장과 지방의원을 각각 선출하는 투표행위로 정의된다.

　　지방선거를 통해 선출된 지방의 정치적 지도자(단체장과 지방의원)는 지역주민들의

---

[6] 우리나라의 지방선거에 관한 규정은 대통령, 국회의원선거 규정을 담고 있는 1994년 통합된 공직선거법에서 다뤄지고 있다.

[7] 대통령선거－국회의원선거와 비교한 지방선거의 특성으로 상대적으로 낮은 관심도, 투표를 위한 정보의 양이 더 많음, 상대적으로 작은 선거구의 크기 등을 논의하였고, 이러한 특성이 지방선거결과에 직·간접적으로 영향을 미친다고 보았다(임정빈 외, 2018; 최진혁, 2018).

삶의 질과 지역발전이라는 일차적인 책무를 진다. 이들의 정치적 가치 및 철학, 그리고 역량은 일정 기간 동안 지방의 발전과 쇠퇴를 결정할 중요한 역할을 담당한다. 관련하여 세부적으로 지방선거의 기능으로는 주민을 대표하여 지방을 이끌어갈 대표선출의 기능, 주민(주권자)에 대한 책임정치 구현 기능, 민주시민의 행사 기능 등을 대표적으로 들 수 있다. 즉, 지방선거를 통해 주민은 자신을 대신해서 공공행정이나 정책을 실행할 대표자를 뽑는다. 이러한 지방선거는 오늘날 통상 보통·평등·비밀·직접선거의 기본원칙으로 치러진다.

2. 지방선거제도의 구조

지방선거제도는 일정한 관할구역의 주민을 대표하는 공직자 또는 대표자를 선출하는 공식적인 제도로서 선거제도의 설계에 따라 선거의 승자와 패자의 결정에 지대한 영향을 미친다. 각국의 지방선거제도는 국민의 대표기관이라고 할 수 있는 중앙차원의 의회(또는 국회)에 의한 법률로서 규정되는 경우가 많다. 따라서 지방선거의 승리를 통한 집행기관과 의결기관의 지배를 위해 중앙정당들은 지방선거제도의 설계나 변경과 관련하여 첨예하게 대립하는 경향을 보인다. 이하에서는 지방선거제도의 기본적인 내용을 이루는 선거권과 피선거권, 선거구, 후보 추천의 정당관여 여부 등을 중심으로 다룬다.

1) 선거권과 피선거권

선거권과 피선거권은 참정권의 일종으로 오늘날 대부분의 민주국가에서 관련 규정을 명시적으로 담고 있다.

선거권은 선거에 참여하여 대표자를 선출할 수 있는 권리이다. 오늘날 당연한 것으로 인식되는 보통선거 및 평등선거가 근대국가를 거치면서 지난 200여 년간 커다란 진전을 보여왔다. 대표적으로 성별, 연령, 부와 신분, 교육의 제약이 철폐되면서 오늘날 일정한 연령에 이르면 모든 국민이 1인 1표를 행사하는 보통선거 및 평등선거로 자리잡았다. 더하여 지방선거는 특정 지역에 일정 기간 거주한 주민들이 당해 지역의 선거에서 투표할 수 있는 특성을 지닌다.

선거권과 관련해서 선거연령, 시민권, 거주기간 등이 주요 이슈로 논의되고 있다. 선거연령은 영국, 미국, 독일 등 주요 선진국에서는 지난 100여 년간 하향 추세를 보여왔다. 선거연령의 하향 추세와 관련하여 사회적 책임이나 정치적 판단력의 여부, 세대별 대표성의 여부(저출산 하에 노령층에 비해 젊은 세대의 과소대표화), 투표율의 제고, 민주시민의식의 배양 등의 찬·반논쟁이 지속되고 있다. 2015년 기준 전 세계적으로 오스트리아, 브라질, 쿠바 등이 16세로 가장 낮으며, 싱가포르와 쿠웨이트 등 12개 국가가 21세로 가장 높은 연령규정을 두고 있다(중앙선거관리위원회, 2015). 일반적으로 OECD 등 147개국에서는 선거연령을 18세로 정하여 젊은 청년세대의 선거권을 확대해 오고 있다. 또한, 지역거주 요건의 측면에서는 외국인에 대한 선거권 부여에 대해 논란이 지속된다. 유럽이나 한국과 같이 세계화와 인구감소 등으로 인한 이민자, 난민 등 외국인 유입의 증가는 이들에 대한 선거권 부여 여부에 대한 사회적 토론과 합의를 더욱 증대시켰다. 점차 일정 기간 거주요건의 충족을 통해 외국인에게도 선거권을 확대하는 추세이다.

피선거권은 주민의 대표자로 입후보할 수 있는 권리이다. 피선거권도 선거권과 유사하게 연령, 시민권, 거주기간을 기본요건으로 하고 선거권이 있는 사람을 대상으로 피선거권이 부여된다. 피선거권은 다만 선거권에 비해 상대적으로 높은 연령을 요구하는 경향을 보인다.

2) 선거구제도

선거구는 선거가 실시되는 기본단위로서 지역적 단위이다. 선거구를 획정하는 기준은 국가별로 상이하다. 각국은 선거구의 획정기준으로 행정구역, 생활구역, 인구수, 교통, 지세 등을 복합적으로 고려하고 있으며, 행정구역과 인구수가 가장 보편적인 기준으로 고려된다. 다시 말해, 행정구역을 단위로 한 대표성을 강조하느냐 인구를 기준으로 한 인구대표성을 강조하느냐가 선거구 획정의 주요한 판단기준이 되는 것이다. 또한, 지역별 특성을 반영한 선거구 획정을 위해 각국은 선거구획정위원회를 설치하기도 한다. 선거구획정위원회는 선거 당시 지역의 정치, 경제, 사회인구

학적 변화를 반영하여 선거구 획정을 논의하는 역할을 한다.

선거구에서 선출되는 지방자치단체장과 지방의원의 선출방식에는 다소 차이가 난다. 일반적으로 단체장은 관할 선거구에서 최대 득표자 1명을 뽑는 비교다수득표제를 널리 채택하고 있다. 즉, 후보자 중 1표라도 더 많이 획득한 후보자가 당선되는 방식이다. 반면 지방의원을 선출하는 선거구의 유형은 선거구당 최대 득표자 1인을 선출하는 소선거구제, 2−4인을 선출하는 중선거구제, 5인 이상을 뽑는 대선거구제로 대별된다(중앙선거관리위원회, 2015: 119). 선거구제의 유형에 따른 장−단점을 비교하면 다음의 〈표 6−1〉과 같다(중앙선거관리위원회, 2015: 119)

표 6-1 선거구제의 유형에 따른 장-단점

유형	장점	단점
소선거구제 (1인선출)	• 다수당이 나타나기 쉬움 • 후보자 개인의 인물 파악이 쉬워 투표율이 비교적 높음 • 선거비용이 비교적 적게 들어감 • 같은 정당 내 후보자 난립이 적음 • 선거공영, 재·보궐선거의 실시나 관리가 쉬움	• 다수대표제로 낙선자의 사표가 많이 발생하고, 당선자의 잉여표로 소수당에 불리 • 지방 명망가에게 유리하고 신진 인사의 진출이 불리 • 선거구 획정 시 게리맨더링의 위협이 높음 • 선거간섭, 매수, 기타 부정가능성이 비교적 높음
중선거구제 (2-4인선출)	• 비교적 광범위한 지역에 기반을 둔 인물의 진출이 가능 • 대선거구제와 소선거구제의 상대적 결점을 완화 • 대정당이나 소정당의 공정한 진출이 용이	• 같은 정당 내 후보자간 경쟁이 과열되는 폐해가 우려 • 후보자가 많아 쉽게 알기 어려움 • 선거비용이 비교적 많이 들어감 • 선거공영이나 재·보궐선거를 실시하기 곤란 • 경우에 따라 소·대선거구제의 단점만 나타날 수 있음
대선거구제 (5인이상선출)	• 유권자의 후보자 선택범위가 넓어짐 • 소수대표제로 사표가 감소 • 신진인사나 새로운 정당이 나타나기 쉬움 • 정당정치 발전과 선거과열 방지	• 소수대표제의 결과 군소정당의 출현으로 인한 다당제는 지방정치의 불안정을 초래할 수 있음 • 선거구역이 넓어 선거비용이 많이 듦 • 다수의 후보로 유권자가 후보자를 파악하기 어려움 • 선거결과에 대한 무관심으로 투표율 저조 • 후보자 난립 및 같은 정당 내 후보자간 경쟁이 과열 • 선거공영이나 재·보궐선거의 실시 및 선거관리 곤란

출처: 중앙선관위(2015: 119). 발췌 및 보완.

지방의원의 유형은 선출방식에 따라 지역구의원과 비례대표의원으로 대별된다. 지역구의원은 출마한 선거구에서 주민의 투표를 통해 직접 선출한다. 앞서 언급한 선거구제의 유형(대·중·소선거구제)에 따라 하나의 선거구당 선출하는 의원의 정수는 달라진다. 반면, 비례대표의원은 선거구에 직접 출마하여 선출하는 지역구의원과 달리 각 정당이 획득한 득표수의 비율을 고려하여 지방의원을 배분하는 명부식 비례대표제가 가장 보편적으로 채택되고 있다(김종갑, 2012).[8] 정당은 비례대표의 후보자의 명단을 선거 이전에 미리 작성하여 공지하고 유권자는 지역구의원과 별도로 선호하는 정당명부에 투표하고 정당별 최종 득표율을 반영하여 각 정당에게 비례의석을 배분한다.

3) 후보 추천과 정당의 관여

오늘날 대의민주주의를 채택한 대부분의 나라에서 정당정치는 현대정치의 가장 중요한 특징 중 하나이다. 정당은 "공공 이익의 실현을 목표로 하여 정치적 견해를 같이 하는 사람들이 자발적으로 조직한 집단"으로 정의된다(위키백과). 이러한 정당은 복수 구성원의 집단적 조직으로서 공익 실현을 요건으로 하고 정치권력의 획득을 통해 정치에 영향을 미치고자 한다. 이 과정에서 정당은 선거에 후보자를 내고, 정책 등의 공약을 발표하며, 국민의 정치 참여를 유도하고, 당선을 통해 책임정치를 구현하는 역할을 한다. 이처럼 정당정치는 대의민주주의 구현에 주요한 토대가 되고 있으며 국가 단위뿐만 아니라 지방 차원의 선거에서도 후보 추천 과정에 정당의 관여는 다양하게 허용되고 있다. 예를 들어, 영국, 독일, 프랑스 등 많은 국가에서 지방선거에 있어 정당의 참여는 당연한 과정으로 받아들이고 있다. 반면 미국은 20세기 초반 엽관제 등 정당정치의 폐단이 지적되며 도시개혁운동(Progressive Reform Movement)을 거치면서 지방정치에서 정당배제의 흐름이 진행되었다. 이처럼 정당의 지방선거의 참여는 각 국가가 처한 정치적─역사적 경험을 반영하여 찬반양론이 다

---

8) 비례대표의 선출방식에는 명부식 비례대표제에 더하여 단기이양식이 있다. 단기이양식은 "다수득표 순위에 따라 당선인을 결정하되, 일정한 쿼터(quota) 이상 득표의 경우에는 득표 순위에 따라 다른 후보자들에게 표를 이양"하는 방식이다(임정빈 외, 2018: 15).

양하게 나타난다.

지방선거의 정당관여는 대표적으로 정당공천의 유무와 정당표방여부로 나타난다. 정당공천제는 정당이 일정한 절차(경선 및 내부심사 등)를 거쳐 지역의 단체장과 지방의원 후보를 추천하는 방식이다. 반면, 정당표방제는 정당의 참여는 허용하지 않지만 후보자의 소속정당에 대한 임의표방은 인정하는 방식이다. 지방선거 과정에 정당참여의 여부 및 방식에 대해서는 찬반양론 속에서 정당공천 허용, 정당공천 허용과 정당표방제의 혼합, 정당공천의 폐지와 정당표방제 허용, 정당공천의 폐지와 정당표방 금지 등의 다양한 방안들이 대안으로 제시되고 있다.

정당의 참여 중 가장 보편적으로 언급되는 정당공천제의 장·단점은 다양하게 제시되고 있다. 이론적 측면에서 장점으로는 책임정치의 확보, 후보 선택의 정보비용감소, 지방선거의 투표율 제고 등이 언급된다.

첫째, 정당의 참여로 정치-행정의 지속성과 책무성을 확보할 수 있다. 특정 정당이 지향하는 정치적 가치와 행정의 방향이 지속되면서 다음 선거에서 성과에 대해 책임을 물을 수 있는 책임정치의 구현이 가능하다.

둘째, 주민들의 후보 선택에 있어 정보비용이 감소한다. 정당의 참여와 공천이 이뤄지는 경우 주민들은 기존에 인지하고 있는 정당의 가치나 정보를 배경으로 후보자를 파악하고 상대적으로 적은 비용으로 후보들을 선택할 수 있다. 정당의 참여가 배제되면 주민들은 후보가 지향하는 정강이나 정책을 정당이 아닌 후보 개인별로 파악해야 하며 더 많은 노력과 관심을 쏟아야 후보자를 이해할 수 있다.

셋째, 정당의 참여는 주민들의 지방선거에 대한 관심과 참여를 증대시킨다. 대의민주주의 시스템을 도입한 국가에서 정당은 정치적 결사체로서 특정의 정치적 가치를 지향하며 의사를 대변한다. 특히, 유권자들인 주민들의 의사나 이해를 반영한 정당만이 선거에서 승리하고 지속가능할 수 있다. 이처럼 정당의 참여는 주민들의 정치적 관심을 증대시키며 이를 통해 일반적으로 지방선거의 투표율을 높인다.

반면, 정당참여의 단점으로는 후보자의 능력이나 전문성보다는 중앙당에 대한 충성심, 지방 현안-정책 보다 중앙의 입장-가치 우선, 지방의 자율성 저해 등의 폐단이 일반적으로 지적되고 있다.

첫째, 후보자의 능력이나 전문성보다는 중앙당에 대한 충성심이나 네트워크가 후보자 선정에 더 큰 영향을 미칠 수 있다.

둘째, 전국 단위의 선거와 달리 지방선거는 지방의 현안이나 정책이 주요 쟁점이 되어야 함에도 불구하고 중앙의 입장이나 가치를 반영한 선거로 흐를 수 있다. 지방선거가 중앙정치의 연장 또는 대리전 양상을 띠게 되면서 지방정치는 오히려 중앙정치에 더욱 예속화되거나 지방정치의 실종으로 이어질 수 있다.

표 6-2 정당참여의 긍정론과 부정론

구분	긍정입장(찬성론)	부정입장(반대론)
중앙-지방간 관계	지역주민의 욕구를 충족시켜주기 위해서는 중앙-지방간의 긴밀한 유대관계 속에 상호보완적 기능이 작용해야 하는데 정당이 매개체 역할	지방정치에 중앙정당이 개입함으로써 중앙집권적 권력형태가 지방에까지 영향을 주기 때문에 지방분권에 입각한 자치행정 본 의미 퇴색
책임정치와 정당문화	• 책임정치와 정당문화의 발전과 성숙을 촉진 • 입후보하는 후보자들의 자질과 역량에 대한 검증과 여과장치로서 유권자의 후보선택을 용이하게 함 • 후보난립을 막아줌	지방의회도 국회와 마찬가지로 여·야간의 대립으로 인한 소모적인 정치구도를 형성해 지역발전에 역행
지방자치의 정치·행정 일원론 vs. 이원론	지방자치가 단지 정치 중립적인 행정 영역에만 머물지 않고 지방의 정치적 욕구와 가치를 효율적으로 배분하기 위한 정치영역이기도 하기 때문에 대의민주주의를 기본 원리로 하는 현대 정치과정에서 정당의 선거참여는 필연적임	지방자치 또는 지방행정은 지역주민에 대한 공공서비스를 제공하고, 지역발전과 개발 등 지역적 기능에 초점을 맞추어야 하기 때문에 비정치적이고 탈정치적 성격을 지녀야 함
선거비용과 공천부패	• 정당의 선거운동을 통해 선거비용을 절감시켜 줌 • 유권자 입장에서는 후보자 선택의 기회비용을 줄여줌 • 지역적 기반만으로 지방정치의 공공영역에 영향을 미치는 지방토호 세력의 전횡을 차단하는 방파제 역할	• '공천장사'로 지칭되는 공천과 부정부패를 유발할 가능성 • 정치신인의 진입을 어렵게 만듦

출처: 김종업 외(2012: 7). 수정-보완.

셋째, 지방행정에 있어 지방의 자율성이 저해될 우려가 있다. 주민들의 의사를 반영한 자치적·자율적 지방의 통치나 행정보다는 정당의 지시나 지침에 따른 하향적 의사결정의 가능성이 높아진다.

지방선거의 정당참여 여부와 관련하여 이상의 찬반양론을 중앙-지방의 관계, 책임정치와 정당문화, 지방자치의 정치·행정일원론(이원론) 여부, 선거비용과 공천부패 측면으로 세분화해서 비교하면 〈표 6-2〉와 같다.

제3절 한국의 지방선거제도

1. 간략 역사

우리나라의 지방선거는 지방자치의 역사를 대변한다고 볼 수 있다. 지방자치의 내용을 담은 지방자치법의 제-개정에도 정권과 중앙정부는 지방선거의 연기, 지방의원선거의 부분적 실시와 단체장 선거의 차등실시 등을 통해 지방선거와 지방자치의 실시에 소극적 태도를 보였다.[9] 지방자치제라는 새로운 제도로 인해 발생하는 정치-행정의 충격완화라는 주장도 제기되었지만 중앙과 지방의 관계 변화, 즉 분권과 자치로의 정치시스템의 변화에 대한 대통령과 국회의원들의 의식 및 의지의 부족과 중앙정부의 미온적 태도를 반영한 측면이 크다. 이하에서는 1961년 군사정변으로 폐지되었다가 1991년 30년 만에 재개된 지방의원선거 이후 최근까지 진행된 우리나라의 지방선거제도를 간략하게 고찰한다.

우선, 1991년 3월과 6월에 시-군-구의원 선거 및 시-도의원 선거가 각각 실시되었다. 이는 1988년 4월 지방자치법 전면개정을 통해 지방의원, 지자체장의 선거시한을 규정한 이래로 여러 차례 지방선거가 미뤄지다가 마침내 실행으로 옮

---

9) 행정안전부 국가기록원. (연도미상a). 기록으로 보는 지방자치의 발자취(http://theme.archives.go.kr/next/localSelf/growthEra.do).

겨진 것이었다.[10] 1980년대 민주화 이후 지방선거가 재개되었으나 여전히 지방
자치단체장의 선거는 유보된 채 반쪽짜리 지방자치 재개의 시작이었다. 당시 지
방의원선거는 정당공천에 관한 명문규정을 두지 않아 사실상 정당공천이 진행되
었다.

　　이후 4년 뒤인 1995년 6월 27일 단체장 및 의회의원을 동시에 선출하는 제1회
전국동시지방선거가 마침내 시행되었다. 당시 선거는 1994년 3월 새롭게 제정된 '공
직선거 및 선거부정방지법'[11]에 따라 치러졌고, 기초지방의회의원만 한정하여 정당
공천을 금지하였다.

　　2002년 제3회 전국동시지방선거에서는 비례대표제의 도입으로 지역구 의원정
수 10%를 정당투표에 의한 비례대표로 선발하였다. 그리고 2003년 헌법재판소는
정당공천이 허용되지 않았던 기초의원선거가 정치적 자유의 표현을 과도하게 제한
하여 위헌으로 결정하고, 2005년 8월 공직선거법 개정으로 기초의원선거에도 정당
공천제가 도입되었다. 또한, 선거연령이 19세로 하향조정되었고 비례대표지방의회
의원선거에서 여성후보자추천의 순번을 규정하였다. 즉, 비례대표의원 후보자 추천
에 있어 후보자 중 50% 이상을 여성으로 추천하되 후보자명부의 순위에서 홀수 순
위마다 여성 1인이 포함되도록 하였다.

　　2006년 제4회 전국동시지방선거부터 광역뿐만 아니라 기초의원선거에 정당공
천제를 실시하였고, 기초지방의회 선거에서 중선거구제를 도입하여 시행하였다. 이
후 2012년 대통령 선거 당시 정당공천제 폐지는 박근혜 후보의 대선공약 등 여야가
합의에 긍정적인 입장을 보이는 듯 했다. 하지만 2년 뒤인 2014년에 치러진 제6회
지방선거에서는 야당을 중심으로 정당공천 폐지가 강하게 제기되었으나 여당의 반
대로 정당공천이 지속되었다(오영민, 2016: 55). 문재인 정부 하에서 2020년 20대 국회

---

10)　지방의회의원선거법에 근거하여 선거를 실시하였다.
11)　공직선거 및 선거부정방지법은 기존 개별 선거법으로 분리되어 있던 대통령선거법·국회의원선거
　　법·지방의회의원선거법·지방자치단체의장선거법을 단일법으로 통합한 것이다. 이를 통해 선거관리
　　의 효율성을 제고하고 공정하고 민주적인 선거문화를 정착하고자 하였다(공직선거및선거부정방지법
　　제정이유에서, 법제처 국가법령정보센터. 2021.8.13. 확인). 이 법은 2005년 8월 개정을 통해 명칭이
　　'공직선거법'으로 변경되었다. 따라서 2006년 지방선거는 변경된 '공직선거법'에 따라 실시되었다.

는 여러 가지 논쟁 끝에 선거연령을 19세에서 18세로 하향조정하였다. 이로써 OECD국가 중 가장 마지막으로 선거연령을 18세로 낮추었다. 또한, 선거권 연령이 18세로 하향조정됨에 따라 지방의회의원, 단체장, 국회의원의 피선거권의 연령 제한도 조정될 필요성이 제기되었다. 다시 말해 국회는 청년의 정치적 권리와 참여의 기회 보장이라는 사회적 요구를 반영하여 2022년 1월 18일 개정 – 시행된 공직선거법에서 선거권과 피선거권의 연령 제한을 25세에서 18세로 동일하게 하향조정 하였다. 이상의 내용을 표로 정리하면 아래의 〈표 6 – 3〉과 같다.

표 6-3 지방선거의 변화(1991년-2022년)

연도	주요 내용	
1991년	지방의회 의원 선거	• 기초 및 광역의회 선거 시행
	정당공천제	• 광역의회 의원의 정당공천제 도입
1995 & 1998년	4대 지방선거 실시	• 광역 및 기초단체장 선거 • 광역 및 기초의회 의원 선거
	정당공천제	• 기초자치단체장의 정당공천 허용 • 기초의회 의원의 정당공천 배제
	비례대표제	• 광역의회 선거에 비례대표제 채택
2002년	정당공천제(지역선거구)	• 광역의회 선거 도입
	비례대표제	• 광역의회 선거 도입
2006년	중대선거구제	• 기초지방의회 선거에 중선구제 도입
	정당공천제(지역선거구)	• 기초의회선거 도입
	비례대표제	• 기초의회 선거 도입 • 비례대표의 50% 이상을 여성으로 추천하도록 하는 할당제 도입
2010년	중대선거구제	• 정당추천 후보 기호배정에서 정당자율권
	정당공천제(지역선거구)	• 광역·기초 선거에 유지
	비례대표제	• 광역·기초 선거에 유지
2014 & 2018년	중대선거구제	• 중대선거구제를 유지하고 있으나 3-4인 선출에서 2인 선출로 축소하는 경향
	정당공천제(지역선거구)	• 광역·기초 선거에 유지
	비례대표제	• 광역·기초 선거에 유지

2020년*	선거권 연령 하향	19세에서 18세로 하향 조정됨
2022년*	지방의원, 단체장, 국회의원의 피선거권 연령 하향	25세에서 18세로 하향 조정됨

출처: 김종엽 외(2012: 11)을 토대로 2014년, 2018년, 2020년, 2022년을 추가─보완.
*선거권과 피선거권의 연령 제한을 하향조정한 것으로 공직선거법상 시행연도를 기준으로 함.

이상과 같이 우리나라의 지방선거는 정권의 변동에 따라 부침을 거듭해 왔음을 알 수 있다. 지방선거는 지방의원과 단체장 선거의 차등실시 및 연기에서 보듯이 정권의 유지 및 중앙집권의 관행이 맞물려 소극적으로 시행된 점이 크다. 특히, 지방선거제도는 정당공천제와 선거구 획정 등에서 보여지듯이 집권여당과 야당이 지방선거를 앞두고 각기 입장을 바꾸는 등 여전히 중앙정치가 지방정치 나아가 지방자치까지 폭넓게 영향력을 행사하고 있음을 보여준다. 이하에서는 선거권과 피선거권, 선거구 획정, 정당공천제 등을 세부적으로 살펴본다.

2. 선거권과 피선거권

지방선거의 선거권은 지방자치단체장과 지방의원을 선출하는 지방선거에 참여하여 투표할 수 있는 권리이다. 우리나라의 선거법은 선거권과 관련한 요건으로 연령, 거주요건, 시민권 여부에 대한 내용을 담고 있다.[12] 선거권과 관련한 선거연령은 2020년 20대 국회에서 여러 논란을 거쳐 선거일 현재 19세에서 18세 이상으로 하향되었다. 거주요건의 측면에서는 선거인명부작성기준일 현재 자치단체 관할구역에 주민등록이 되어 있어야 한다. 그리고 대한민국의 국민뿐만 아니라 영주의 체류자격 취득일 후 3년이 경과한 외국인으로 지자체의 외국인등록대장에 올라 있는 사람도 선거권을 가진다.

지방선거의 피선거권은 지방자치단체장과 지방의원으로 지방선거에 출마할 수 있는 권리이다. 우리나라의 선거법은 피선거권과 관련한 요건으로 연령, 거주요건,

12) 공직선거법 제15조.

시민권 여부에 대한 내용을 담고 있다.[13] 지방자치단체의 장이나 지방의회의원의 피선거권을 갖기 위해서는 선거일 현재 18세 이상의 국민이어야 한다. 그리고 선거일 현재 계속하여 60일 이상 해당 지자체의 관할구역에 등록되어 있는 주민이어야 한다.[14]

3. 선거구 획정: 선거구의 유형(대·중·소선거구) 및 획정

선거제도는 누구를 어떻게 뽑을 것인가에 대한 게임의 규칙을 규정하는 것으로서 정치투쟁과 타협의 산물이다. 선거제도의 개선은 이해당사자의 정치적 셈법, 특히 정당정치 하에서는 정당의 당리당략을 통한 유불리에 의해 첨예하게 좌우된다. 지방선거제도, 구체적으로 지방의회의 선거구 획정 및 의원정수 문제는 지방의원선거 결과에 미치는 직접적인 영향으로 인해 중앙정당뿐만 아니라 지방정치인들의 정치적 이해관계에 의해 크게 영향을 받았다. 정당과 정치인은 선거의 승리를 통해 자신의 이해를 극대화하고자 하는 공공선택이론의 주장처럼 우리나라의 현행 선거구 획정은 여야 거대정당의 정치적 타협의 산물로서의 특징이 지속적으로 나타나고 있다.

1) 선거구획정위원회

우리나라는 지방선거가 열리는 매 4년마다 지역의 대표자를 뽑는 선거구(지역구) 획정의 논의가 진행된다. 공직선거법은 시·군·구 지역의 공정한 선거구 획정을 위해 시·도에 '자치구·시·군선거구획정위원회(이하 선거구획정위원회)'의 설치를 규정하고 있다.[15] 지방선거 실시 이전 각 시도에서는 시·도지사가 학계·법조계·언론계·시민단체와 시·도의회 및 시·도선거관리위원회가 추천하는 사람 중에서 11명이내의 위원을 위촉하여 선거구획정위원회를 구성한다.[16] 선거구획정위원회는 공

---

13) 공직선거법 제16조.
14) 공직선거법 제16조 제3항.
15) 공직선거법 제24조의3.
16) 공직선거법 제24조의3의 제2항.

청회 등을 거치며 또한 선거구획정안의 준비 과정에서 국회에 의석을 가진 정당과 해당 자치구·시·군의 의회 및 장에 대하여 의견진술의 기회를 부여하여야 할 의무를 진다.[17] 위원회는 선거구 획정안을 마련한 후 지방선거일 전 6개월까지 시·도시지사에게 제출해야 한다.[18] 시·도의 광역의회에서 심의를 거쳐 조례의 개정을 통해 선거구 조정이 이뤄진다.

2) 선거구 및 의원정수의 획정

지방의회의원의 선거구 획정 및 선거구당 의원정수의 조정은 앞서 언급했듯이 선거구획정위원회를 거쳐 최종적으로 시도 광역의회에서 결정된다. 지방의회의원의 선거구는 '인구·행정구역·지세·교통 그 밖의 조건'을 고려하여 획정한다.[19] 광역의회의원은 시·도의원 지역구당 1명을 선출하고, 기초의원은 자치구·시·군의원지역구당 2-4인의 범위 내에서 선출하는 중선거구제를 채택하고 있다. 기초의원지역구의 명칭·구역·의원정수는 시·도의 조례로 정한다.[20]

자치구·시·군의원 지역구당 2-4인의 범위 내에서의 선출은 지역별 특성을 고려하여 선거구획정위원회와 광역의회에 재량권을 허용하는 측면이 있다. 즉, 광역의회는 선거구획정위원회의 제안을 고려하여 2인 선거구, 3인 선거구, 4인 선거구 등 지역별 재량권을 가진다. 하지만, 3-4인 선거구에 비해, 2인을 선출하는 2인 선거구는 지역정치의 다양성과 활성화에 제약을 미치는 측면이 있다. 지역구당 2인을 뽑는 중선거구제는 젊고 유능한 지역 인재들의 지방정치(의회) 입문을 막을 수 있고 소수 정당의 다양한 목소리가 지방정치에 반영되기 힘든 것으로 지적된다. 특히, 거대 여야정당이 지배하는 정치구도 하에서는 여야가 합심한다면 지방정치는 여당과 제1야당의 승자독식 체제 하에 놓이게 될 우려가 존재한다.

실제 한국의 지방은 양대거대정당 구조가 고착화되면서 기초의원선거구가 의원정수를 2인으로 확정하는 경향이 지속되고 있다. 즉, 시·도의 광역의회는 그동안

---

17) 공직선거법 제24조의3의 제4항.
18) 공직선거법 제24조의3의 제5항.
19) 공직선거법 제26조.
20) 공직선거법 제26조 제2항.

진행되어온 지방선거에서 자치구·시·군선거구획정위원회가 확정−제안한 3−4인 선거구제로의 확대를 거부하고, 그나마 존속되던 3−4인 선거구제를 2인 선거구제로 쪼개는 경향을 보여왔다. 이러한 이면에는 거대정당들의 기득권 유지의 노력이 반영된 것으로 비판받는다.

대표적 사례로 2014년 제6회 전국동시지방선거에서 중대선거구제는 4인에서 2인으로 쪼개기가 다수 발생했다. 결과, 거대정당인 당시 집권여당과 제1야당(당시 새누리당과 민주당)이 지방의회의 약 70%로 대다수 의석을 차지했다. 양당의 지방의회 독식은 2018년 제7회 전국동시지방선거에서 더욱 심화되는데, 기초의회의 경우 두 당(당시 자유한국당과 더불어민주당)이 90.46%(2,926석 중 2,647석)의 의석을 차지했다. 이전 선거에 이어 중대선거구의 쪼개기가 지속된 결과를 부분적으로 반영하고 있다. 예를 들어, 2018년 제7회 전국동시지방선거를 앞두고 서울시 선거구획정위원회는 2인 선거구제의 폐단을 지적하면서 공청회의 과정을 통해 4인 선거구제 확대를 결정했다. 하지만 서울시의회의 최종 결정에서 이 제안은 통과되지 않았다. 총 106석 중 71석을 차지한 민주당이 제7회 전국동시지방선거를 앞두고 자유한국당과 같이 4인 선거구제를 반대하였기 때문이다. 정치적 갈등과 반대가 심한 당시 민주당과 자유한국당이 선거구 획정과 관련해서 같은 입장을 취한 것은 정치적 기득권 유지의 대표적 사례라는 비판이 많았다. 중앙당의 침묵 하에 선거구 획정 권한을 가진 광역지방의회는 정치적 유불리에 치중하여 현재 2인 선거구제가 안고 있는 문제를 개선할 의지가 없어 보인다(김현미, 2022). 이에 대해 시민사회를 중심으로 한 개선요구는 지속적으로 제기되었고, 일부 국회의원도 법률개정안을 제출하였다. 하지만 국회는 2022년 6월 1일 제8회 전국동시지방선거를 앞두고 임시방편적으로 일부 지역에 대해 중대선거구제를 시범실시하는 방향으로 일부 개정하였다.[21] 이를 반영하여 실제 3−5인 중대선거구제의 시범실시 지역은 전국적으로 기초의원 지역구 총 30개였다. 하지만 그해 6월 1일 실시된 지방선거에서는 여전히 동일정당에서 복수의 후보가 추

---

[21] 2022년 4월 20일 공직선거법 일부개정의 이유에 따르면 "4인 이상 선출 선거구를 분할할 수 있도록 하는 규정을 삭제하고, 기초의원 중대선거구제 확대도입의 효과검증을 위하여 국회의원 선거구 기준 전국 11개 선거구 내 기초의원 선거구당 선출인원을 제8회 전국동시지방선거에 한정하여 3인 이상 5인 이하로 확대함(제26조제4항 및 부칙 제17조)"으로 밝히고 있다.

천되어 다수가 당선되면서 개정의 실질적 효력에 대한 다양한 문제가 지적되었다.

요약하면, 선거제도는 정치적 이해관계가 첨예한 정치영역이다. 중앙당뿐만 아니라 지방의 정치권도 정치적 유불리의 계산에 따라 선거구 획정이 왜곡되고 있음을 보여준다. 젊고 유능하며, 다양한 배경을 가진 지방인재의 선출을 제한하는 현행 지방선거구 획정제도의 개선이 시급하다.

4. 지방선거와 정당의 관여

1) 정당공천제의 의의: 개념과 역사

정당공천제는 중앙당이 지방선거에서 지자체장이나 지방의원의 공천에 관여하는 제도이다. 우리나라는 광역뿐만 아니라 기초자치단체수준까지 중앙당이 지방후보자 공천에 관여할 수 있다. 지방자치가 부활한 1991년 당시는 정당공천제의 명문규정을 두지 않아 정당공천이 허용되었으나 1995년 6월 제1회 전국동시지방선거에서는 기초지방의회의원만 한정하여 정당공천을 금지하였다. 하지만 2005년 8월 공직선거법[22]의 개정을 통해 기초지방의원까지 정당공천이 가능해졌다.[23] 2006년 제4회 전국동시지방선거부터 기초지방의원선출까지 정당공천제도가 실시되었다.

2) 정당공천제의 폐지 논쟁

우리나라에서 정당공천제 등 정당의 참여는 후보자의 검증, 여성의 비율확대, 책임정치의 구현 등과 같이 긍정적 역할에도 많은 비판이 제기되고 있다. 우리나라의 정당공천제는 지역구 국회의원에 의한 기초의원의 충성 강요 및 줄세우기, 금전

---

[22] 공직선거법 제47조.

[23] 2003년 1월 30일 헌법재판소의 전원재판부는 "기초의원의 정당표명 금지는 후보자의 정치적 자유의 표현을 과도하게 제한하는 것임으로 위헌이다"라고 판시하였다(2001헌가4). 헌법재판소의 결정은 국회의 입법개정으로 이어지는데, 2004년 3월 12일 선거법이 개정되었고, 해당조항(선거법 제84조)에서 기초의원의 선거후보자의 정당표방을 금지한 부분이 삭제되었다(주용학, 2007: 34). 따라서 2005년 6월 공직선거법 개정에는 기초지방의회의원의 정당공천제가 도입되었고, 그 해 치러진 제4회 전국동시지방선거에서 시행되었다(이승철, 2015: 2).

과 연관된 공천비리, 젊고 다양한 인재 진출의 한계(예: 소수정당 후보), 지역주민이 아닌 중앙당의 눈치, 지역주의 투표행태를 통한 지역별 특정 정당 후보의 무조건 당선가능성의 문제점이 지속적으로 제기되었다. 결과로 정당공천의 긍정적 기능으로 지적된 책임정치의 구현보다는 특정 정당의 지역독점이 더욱 강화되는 결과를 초래하고 있다.

이와 관련 지난 10여 년 동안 기초지방자치단체 차원의 정당공천제 폐지, 특히 기초지방의원에 대한 정당공천제 폐지와 관련한 논의가 시민사회와 지방협의체 차원에서 다양하게 진행되었다. 2017년 12월 전국시군자치구의회의장협의회가 1,559명의 기초지방의원들을 대상으로 실시한 여론조사에 따르면 의원들의 약 70%가 정당공천제의 폐지에 동의하는 것으로 나타났다(대한민국시군구자치구의회의장협의회, 2017). 폐지의 이유로는 지방자치의 중앙정치 예속 방지가 56.6%, 공천이 당선으로 이어지는 정치풍토 개선이 20.9%, 각종 비리와 공천 관행의 근절이 20.5%의 순으로 응답하였다. 정당공천제의 폐지에 대한 대안으로는 지역 주민추천제 도입이 39.6%, 정당표방제 허용이 25.7%, 지방정당의 제도화가 22.2%의 순으로 나타났다(최창호·강형기, 2016: 411). 또한, 이러한 수치는 2013년 한국행정학회가 실시한 조사와도 유사한 결과를 보인다. 조사결과에 따르면 기초자치단체장의 86.1%, 기초지방의원의 71%, 지방관련 전문가의 83.8%가 정당공천제 폐지에 찬성하는 것으로 나타났다. 중앙차원에서도 정당공천의 폐지 논의는 2012년 대통령 선거 공약으로도 대두되었으나, 당시 박근혜 정부는 당선 후 대선공약과는 달리 정당공천을 유지하는 기조를 보였다. 2014년 치러진 지방선거에서는 당시 야당의 강한 반발이 있었으나 여야소속 국회의원들의 대립으로 결국 정당공천 폐지는 무산되고 기존대로 지속되었다.

한편, 정당공천제의 폐지만이 능사가 아니라는 주장도 다양하게 제기된다. 현대 민주주의는 정당정치와 대의민주주의를 근간으로 한다는 것이다. 지방정치에서 정당의 역할이 활발한 유럽에서는 정당을 중심으로 풀뿌리 민주주의 및 생활정치가 역동적으로 운영되고 있는 점을 든다. 지방 차원에서 정당의 영역이 사라지면 정치활동을 조직하고 활성화 또한 떨어진다는 지적이다.

지방선거 정당공천 폐지해야 풀뿌리 민주주의 산다

　　정당공천제 폐지는 제18대 대통령 선거 전부터 본격 논의됐다. 문재인 대통령은 지난 2012년 대통령 후보 시절 기초의원 정당공천제에 대해 "지역주의 정치구조가 조금 해소될 때까지는 폐지해야 한다"는 입장을 내보였다. 당시 박근혜·안철수 후보도 기초의원 정당공천 폐지를 공약했다. 하지만 2014년 제6회 지방선거에서 거대 양당의 정치적 유·불리를 이유로 정당공천 폐지 공약은 휴지조각처럼 되어버렸다. 이후 기초의원의 정당공천은 만개했으며 정당공천 폐기 논의는 자취를 감추었다. 이로 인해 정당공천의 지방자치의 순기능은 사라지고 중앙정치인의 지방자치 왜곡으로 인해 지방자치 무용론까지 제기되고 있는 실정이다.

　　지방선거 정당공천 폐지가 다시 수면에 떠오른 것은 진영 행정안전부 장관이 취임 100일을 맞아 인터뷰에서 "광역은 예외로 하더라도 기초단체장과 기초의원 공천제는 모두 반드시 폐지돼야 한다. 현재 상황에선 진정한 풀뿌리 민주주의로 발전할 수 없다"고 말하면서부터였다. 진 장관은 "앞으로 기초자치단체는 중앙정치로부터 연결을 끊고 지역 주민과 고민하면서 스스로 꾸려가야 한다. 국회의원들이 지방의회까지 장악하려는 것은 지방분권시대에 맞지 않다고 생각한다"고 덧붙였다. 그는 정당공천제 폐지로 "한국도 지방정부 발전을 위해 새롭게 도전하고, 노력해야 지역도 살고 새 정치인물도 찾을 수 있다"는 비전을 제시했다.

　　(중략)

　　그렇다면 정당공천 폐지에 대한 현실 정치인들의 생각은 어떨까.

　　양천구 의회의 한 의원은 전화 통화에서 "기초의원 공천제에 대해 깊은 관심은 없지만 후보자 검증에 있어 유리한 점이 있다고 생각한다. 또 당을 위해 기여했으면 사회를 위해서도 더 잘 기여할 수 있으리라고 본다"며 공천제에 대해 찬성하는 입장을 내비쳤다.

　　전직 구의원 김모씨는 "기초의원 공천제가 장점과 단점이 있다. 장점은 세세한 서류작성 절차부터 후보자들을 세세하게 검증한다는 것이다. 반면 단점으로는 정당에 속해 있어 지역 주민보다는 위원장의 눈치를 보게 되는 부작용이 있다"고 말했다.

　　국회 정문 앞에서 기초의회 정당공천제를 폐지하라며 1인 시위를 했던 대구 서구의회 ○○○의원*은 "기초의원 정당공천으로 인해 집행기관에 대한 견제가 약하고 주민들을 바라보기보다는 당의 눈치를 보게 된다"면서 "국민들의 입장에서 이런 제도가 바른 것인지 자문하게 되고 의정활동의 동력도 떨어진다"고 말했다. ○○○의원은 정당공천제로 인해 현실에서는 "국회의원이 후보자의 90% 이상을 내리꽂는다"고 표현했다. 국회의원에게 잘 보이고 충성해야 하므로 젊고 참신하며 전문성 있는 인재를 들이는데도 어려움이 있다고 덧붙였다. 그는 "시민들이 정당 소속 여부를 떠나 후보들을 냉정하게 평가하고 투표로써 반영해야 한다"면서 "이런 성숙된 시민의식이 상황을 근본적으로 바꿔나갈 수 있는 바탕이 될 것"이라고 말했다.

국회의원들이 기초의원 정당공천 폐지에 대해 소극적인 것은 무엇보다 기득권을 유지하기 위함이다. 그러면서 그들은 정당공천 폐지가 정당 발전을 규정한 헌법에 위배된다고 말하고 있다. 헌법재판소는 지난 2005년 기초선거 정당공천이 허용되자 시·군의회 의원들이 "선거 후보자 공무담임권을 침해받았다"고 낸 헌법소원 심판 청구에 대해 "공무담임권을 부당하게 침해하는 것이라고 볼 수 없다"며 기각 결정을 내린 바 있지만, 지금 당장 정당공천 폐지가 위헌인지 여부는 알 수 없다. 대한변호사협회는 정당공천 폐지는 입법자의 재량에 속하므로 재량 범위 내에서 입법하는 것은 헌법에 위배되지 않는다는 입장이다. (중략)

* 주: 이름은 저자가 ○○○ 처리함.

자료: 백종국. (2019.8.5.). 일부 발췌 및 편집.

5. 단체장과 지방의원의 선출: 다수득표제, 지역구 및 비례대표제의 선출

1) 단체장의 선출: 비교다수득표제

광역지방자치단체장과 기초지방자치단체장은 관할 지역에서 최대 득표자 1명을 뽑는 소선거구제 형식을 취한다. 최대 득표자와 차순위 득표자 간 득표의 차이가 크지 않는 경우 승자독식의 대표성의 문제가 발생하기도 한다.

지방자치단체의 장의 임기의 개시는 전임지방자치단체의 장의 임기만료일의 다음 날부터 시작된다.[24][25] 다만, 전임지방자치단체의 장의 임기가 만료된 후에 실시하는 선거와 시·자치구 또는 광역시가 새로 설치되거나 둘 이상의 같은 종류의 지방자치단체가 합하여 새로운 지방자치단체가 설치되어 새로 선거를 실시하는 지방자치단체의 장의 임기는 당선이 결정된 때부터 개시되며 전임자 또는 같은 종류

---

24) 공직선거법 제14조 제3항.
25) 공직선거법 제34조는 지방의회의원 및 지방자치단체의 장의 선거는 그 임기만료일 전 30일 이후 첫 번째 수요일에 실시하는 것으로 규정하고 있다.

의 지방자치단체의 장의 잔임기간으로 한다.[26]

2) 지방의원의 선출: 지역구제도 및 비례대표제

우리나라의 지방의회의원은 지역구의원선거와 비례대표의원선거를 통해 선출된다. 비례대표의원은 정당명부방식을 통해 지역구의원 정수의 10%를 선출된다. 중앙정당은 여성이 의무적으로 포함된 지역별 비례대표 후보자들의 명부를 순위를 매겨 유권자에게 미리 공표한다. 유권자들은 지역구의원과 더불어 선호하는 정당에 투표를 하게 된다. 득표수에 비례하여 정당의 당선자가 결정되는 시스템이다.

광역지방의회의원은 지역구의원과 비례대표의원으로 구성된다. 지역구의원은 소선거구제로서 1선거구에서 1인을 선출하고, 비례대표의원은 지역구의원 정수의 10분의 1을 선출한다. 정당명부식비례대표선출 방식으로 정당이 비례대표 후보 명단을 미리 작성하여 공개하고 이를 바탕으로 유권자가 정당별 투표를 실시한다. 득표한 비율에 비례하여 정당에 할당한다.

기초지방의회의원도 또한 지역구의원과 비례대표의원으로 구성된다. 그러나 광역지방의회의원과 달리 지역구의원 선출은 2006년 이래로 중대선거구제 방식을 도입하였다. 중대선거구제는 소선구제와 달리 지역구(선거구)당 2－4인의 의원을 선출하는 제도이다.[27] 비례대표의원은 지역구의원 정수의 10분의 1을 선출한다. 광역지방의회의원과 같이 정당명부식선출 방식으로 정당이 비례대표 후보를 미리 작성하여 공개하고 득표 비율에 비례하여 당선자가 정당에 할당된다.

6. 한계와 과제

한국의 지방선거제도는 1991년 지방의회, 1995년 단체장 동시선거로 시행된 지 30여 년이 넘었다. 지역별 정당색이 강하고 공천비리가 만연한 상황이지만 지방선거제도는 여전히 변화의 무풍지대에 놓여 있다. 무엇보다 유능하고 열정적인 다

---

26) 공직선거법 제14조 제3항.
27) 공직선거법 제26조.

양한 지방 리더의 출현과 당선이 쉽지 않다(최진혁, 2018). 현행 지방선거제도는 젊고 유능한 인재들의 지방정치 진출에 많은 장애요소로 작용하기도 한다. 특히, 많은 지방의원들이 정당공천제의 폐해를 이야기하지만, 정작 선거구제의 폐해에 대해서는 기득권을 가진 거대정당들의 지방의원들이 소극적인 모습을 보인다. 또한, 다수결의 원칙에 기반한 '승자독식체제'는 권력의 편중을 초래하고 지방 전체의 공공 이익에 부정적 영향을 미칠 가능성이 커진다. 우리나라 지방선거의 한계를 구체적으로 정리하면 다음과 같다.

첫째, 정당공천제와 2인 선거구제가 연계되어 우리나라의 지방선거는 거대양당 공천이 바로 당선으로 직결되는 구조가 형성되었다. 중앙정치에 의해 지방정치와 선거가 지배받는 구조이다. 특히, 경상도와 전라도의 경우 특정 정당이 오랜 기간 독점적 지위를 누리고 있는 현실에서 지역별로 일당지배가 나타나는 원인이 되기도 한다. 현행법은 중선거구제를 채택하였다. 중선거구제에서 2−4인까지 당선시킬 수 있지만, 중앙정당과 대다수의 지방의회는 2인 선거구제에 대한 집착을 버리지 못한다. 이는 2인 선거구제에서 거대양당이 자동 당선될 가능성이 높은 상황에서 기득권을 놓지 않으려는 정치현실을 반영한다.

지방선거, 대의민주주의 실종

(제8회 전국동시지방선거) 각 정당의 지방선거후보자 평균경쟁률이 1.8 대 1로 역대 최저를 기록했다. 지금까지 가장 낮았던 2014년 2.3 대 1을 갈아치웠다. 단독 출마, 후보 등록 저조 등의 이유로 당선이 자동 확정된 무투표 당선자는 494명이나 된다. 광주·전남 68명, 대구·경북은 75명에 달한다.

투표없이 당선이 확정된 기초단체장은 전국 6곳이다. 광주 광산구와 전남 해남군, 보성군에서는 민주당 후보가 단독으로 출마했다. 대구 중구와 달서구, 경북 예천군은 국민의힘 후보들이 무투표로 당선을 확정지었다.

광역의원 선거 상황은 더 심각하다. 광주에서는 시의원 선거구 20곳 중 절반이 넘는 11곳에서 민주당 후보가 단독 출마해 당선이 확정됐다. 전남에서도 55곳 선거구 중 26곳이 민주당 후보의 무투표 당선 지역이다. 대구에서는 시의원 선거구 29곳 중 20곳, 경북에서는 도의원 선거구 55곳 중 17곳에서 무투표 당선이 확정됐는데 모두 국민의힘 소속 후보다. 최근 20년 새 무투표당선자가 가장 많은 지방선거를 기록하고 있다. 4년 전에 비해 5배나 증가했다. 무투표당선 지역이 494곳이나 된다는 것은 사실 지역주민 선택권이 봉쇄되고 정당 낙점자가 곧 당선자라는 점에서 선거라는 형식이 절름발이가 된 것 같다. 선거가 왜 필요한가 의심스럽다.

지방선거 경쟁률은 떨어지고 무투표 당선 급증 추세는 향후 지방선거 자체의 정당성을 의심받을 수 있다. 올해로 8번째를 맞는 지방선거의 의미를 정당정치가 퇴색시키고 있음을 실증적으로 보여준 것이다. 실제로 뽑는 지역도 인원이 많은 광역의원 경쟁률은 2 대 1, 기초의원 경쟁률은 1.7 대 1에 불과하다. 무투표 당선의 경우 공약 검증, 자질 검증 기회도 없이 유권자가 선택할 수 있는 투표권 자체가 박탈된 것이다.

이런 무투표 당선은 호남과 영남에서 두드러졌다. 정당, 특정 지역 쏠림 현상도 나타나고 있다. 국민의힘과 더불어민주당의 당세가 강한 지역에서 특정 정당의 공천 힘이 쏠렸다는 증거다. 공천을 받으면 바로 당선으로 연결된다는 점에서 정정당당한 경쟁이 보장됐는가 따져봐야 할 일이다. 막대기만 꽂아도 당선된다는 국민의힘이 지배적인 영남, 민주당이 지배적인 호남에서의 이런 현상은 출마자들이 중앙당 실력자나 지역 국회의원에게 줄을 설 수밖에 없는 구조를 양산하고 있다.

상황이 이렇다보니, 이번 지방선거에서도 정치 신인을 찾아보기 어렵다. 진입 자체가 힘들어서다. 지방자치에 관심이 있어도 당선 가능성이 낮아 아예 출마 엄두를 내지 못하는 이들도 많다. 풀뿌리 민주주의가 뿌리를 내리지 못하고 지방선거 경쟁률이 갈수록 떨어지는 큰 이유, 국회의원이나 당협위원장은 자신의 선거를 도와줬거나 도움이 될 이들을 공천하기 바빴기 때문이다. 무투표 당선자 중에 전과자가 30%에 이른다. 지역일꾼을 발굴한 게 아니라 측근을 공천해준 결과다. (중략)

지방자치가 시작된 지 29년이 지났다. 30년 가까이 된 지방행정이나 지방의회가 달라진 점이 없다는 지적을 받는 가장 큰 원인 중 하나가 공천 폐해다. 애초부터 자질이 부족한 인물 공천으로 제 역할을 못한 경우가 많았다. 충청도나 경기도처럼 지방의회 내에서도 2~3개 정당이 치열하게 경쟁하는 구도가 아닌 일당독식구도가 짜여지면서 경쟁서비스라는 게 실종됐다. 문제가 될 때마다 '자정'과 '혁신'을 약속했지만 더이상 한발짝도 나아가지 못했다. 지방선거는 무엇보다도 지역 공동체의 행정책임자와 일꾼을 뽑는 풀뿌리 민주주의 대표적인 정치 이벤트다. 지역사회의 살림과 복지, 거주 환경, 교육 등 일상생활에서 체감할 수 있는 영역에 직접 영향을 미치는 만큼 바로 유권자의 삶과 직결돼 있다. (중략)

자료: 남성숙. (2022.5.25.). 일부 발췌 및 편집.

둘째, 지방선거의 투표율이 대통령 및 국회의원의 선거에 비해 저조하다. 지역 주민들은 전국 단위선거 보다 지방선거에 대한 관심이 낮은 실정이다. 실제 전국 단위로 치러지는 대통령선거에 비해 지방자치단체장이나 지방의원을 선출하는 지방선거가 상대적으로 낮은 투표율을 기록했다.[28] 대통령에 대한 관심이나 역할에 대한 지대한 관심을 반영한다고 하더라도 투표율의 갭은 매우 크게 나타난다.

셋째, 중앙정치 및 이슈가 지방의 현안을 뒤덮는 경향을 보인다. 지방선거는 지역 현안을 책임지고 해결할 후보자들을 뽑는 공식통로이다. 하지만 지역별 정책이나 공약이 아닌 중앙정치나 전국적 현안이 지방의 주요 의제를 대체하는 현상이 빈번하게 발생한다. 전국 차원의 경제 및 대북 관련 이슈가 지방의 고유한 현안을 대체하여 지방주민의 결정에 더 큰 영향을 미친다. 때로는 대통령선거와 국회의원의 선거의 중간 기간에 치러지면서 국정 책임을 묻는 장으로 전락하기도 한다.

넷째, 낮은 투표율에 더하여 대표성의 문제가 지적된다. 정당의 득표율과 실제 의석점유율 간 불비례성이 심각하다. 또한, 현행 지방선거법은 여성을 비례명부의 홀수마다 추천하여(교호순번제) 50%가 여성으로 할당된다. 하지만, 전체 지방의원 중 여전히 여성대표의 비율이 낮게 나타난다.

이에 대한 개선방안으로는 지방의 실질적인 대의기관으로 대정부 감시 및 견제를 통해 지방정치 및 행정의 민주성과 효율성을 높이는 체계를 갖추는 것이다. 즉, 개선의 기본 방향은 지역별 일당지배나 양당독과점이 지방의회의 실질적인 견제기능을 제한하는 상황을 극복하고 다양한 정치세력의 진출 및 주민들의 민심이 실질

[28] 1995년 이후 현재까지 치러진 대통령선거(15대-20대)의 평균 투표율은 각각 73%, 80.7%, 70.8%, 63.0%, 75.8%, 77.2%, 77.1%였고, 아래의 전국동시지방선거의 투표율과 평균 10%p 이상의 차이가 남을 보여준다. 참고로 이 기간 중 국회의원을 뽑는 총선은 15-20대선거에서 각각 63.9%, 57.2%, 60.6%, 46.1%, 54.2%, 58.0%, 66.2%로 나타났다.

표 6-4 지방선거 투표율(제1회-8회 전국동시지방선거)

	1회	2회	3회	4회	5회	6회	7회	8회
연도	1995	1998	2002	2006	2010	2014	2018	2022
투표율	68.4%	52.7%	48.8%	51.3%	54.5%	56.8%	60.2%	50.9%

출처: 중앙선거관리위원회.

적으로 반영되는 풀뿌리 지방정치성장의 토대를 제공하는데 있다. 구체적으로 지방의회 구성의 다양화를 위한 소수 정당 및 지역의 다양한 인재 진출 기회 확대 마련과 비례대표제의 강화가 기본방향이 될 것이다. 개선 방안을 주민 측면, 선거 및 정당 제도의 측면 등으로 구분하여 간단하게 논의하면 다음과 같다.

첫째, 주민의 인식변화는 지방선거제도의 변화에 앞서 선행되어야 할 근본적인 과제이다. 뿌리 깊은 지역별 정당투표에 대한 주민들의 인식의 변화가 필요하다. 일명 '묻지마 투표'의 경향은 일부 지역에서 후보의 자질이나 능력의 검증 없이 특정 정당소속의 후보자가 '무조건 당선'으로 이어지는 투표경향이 오래되었다.

둘째, 중선거구제도의 변경을 통해 2-4인 선출에서 3-4인 선출로 확대하는 방안을 고려할 수 있다. 현행 공직선거법은 지역구의 구역 및 의원정수를 시와 도의 조례로 정하도록 하고 있다.[29] 시·도가 3-4인 선거구를 2인 선거구로 축소하는 상황에서 현행 2-4인 선거구의 규정을 3-4인 선거구 선출로 공직선거법상 제도적 변경을 고려할 수 있다. 이러한 변경 시에는 정당별 추천인원도 제한하는 방안이 병행되어야 한다. 이를 통해 소수정당 및 지역의 다양한 인재가 선출할 수 있는 기회를 증대시킬 수 있다. 오늘날 기초지방자치단체 수준에서 정당공천제의 폐지 논쟁이 실효성 없이 지속되는 상황에서 앞서 언급한 3-4인선거구제로의 변경을 우선적으로 추진할 만하다.

셋째, 비례의석의 규모를 현행 10%에서 25%로 확대하는 방안이다(김종갑, 2018). 지방의회의 비례대표제 도입은 직능단체의 대표성 증대 및 소수(예: 여성, 장애인)그룹의 정치참여의 활성화를 통해 대표성을 높이는 취지를 가진다. 현행 비례대표제는 지역구 의석의 10%가 비례의석으로 할당되어 실질적인 비례대표제의 취지를 살리지 못하고 있는 것으로 지적된다. 특히, 기초지방의회는 지역구의석의 10% 기준 약 1-5석이 비례의석으로 배정된다. 비례의석수가 낮아 직능대표나 소수그룹의 원내 진입을 통한 다양성 및 대표성 확보가 어렵다.

넷째, 지역정당의 설립을 통한 지방정치의 활성화를 고려할 수 있다. 한국의 정

---

29) 공직선거법 제26조 제2항.

치 상황에서 지역정당은 지방의 자율성과 특수성을 반영하기 위해 소수정당과 지방의 시민사회가 지속적으로 요구해온 사항이다. 지역정당의 설립을 위해서는 정당설립요건의 완화가 우선적으로 선행되어야 한다. 물론 정당설립요건의 완화는 정당의 사회적 기반이 취약한 우리나라의 상황에서는 정치적 이합집산 및 소모적 논쟁의 우려가 제기되기도 한다. 하지만 장기적인 관점에서 독일, 일본과 같이 지역 내 풀뿌리 민주주의의 확대의 장이 될 수 있으며 중앙정치보다 지방중심의 정치 및 이해관계를 대변하는 지역정당의 역할을 기대할 수 있다(김종갑, 2018: 6).

제2편 제6장

CHAPTER 07

지방행정체제

공공행정 및 행정서비스의 원활한 수행과 제공을 위해 각국은 중앙정부체제와 분리하여 지방행정체제를 설치하고 있다. 지방행정체제는 그 나라의 정치−경제−사회−문화적 전통을 반영하여 한번 정해지면 변경이 어렵다. 하지만 교통−통신의 발달, 개인의 인식과 가치의 변화, 사회환경의 변화 등으로 지방행정체제도 시대적 변화에 부응해야 하는 도전에 직면하고 있다.

지방행정체제는 오늘날 지방의 인구변화, 경쟁력 강화, 행정의 효율성 및 민주성의 제고 등의 요구와 밀접하게 연관되어 논의된다. 일례로 지방의 인구가 감소하는 지역에서는 기본적인 행정서비스 제공의 비용이 상승하고 지방경쟁력이 저하되는 상황에서 행정구역의 개편 또는 조정의 논의가 대두된다. 하지만 한번 형성된 지방행정체제의 경로의존성으로 인해 기존의 행정체제를 개편하는 것은 지방정치인과 주민들로부터 강력한 저항에 부딪혀 쉽지 않다.

이러한 맥락 하에 이 장은 지방행정체제 중 행정구역과 계층을 중심으로 다룬다. 행정구역은 관할구역으로도 불리는데 지방의 자치권이 미치는 물리적 공간이며, 계층구조는 행정기능의 원활한 배분과 실행을 위해 설치한 수직적 계층의 성격을 가진다. 행정구역과 계층은 상이한 개념임에도 현실에서는 상호 밀접히 연관되어 나타난다.

제1절 지방행정체제의 의의

1. 개념과 범위

한 나라의 행정체제는 국가 전체의 행정을 담당하는 중앙행정체제와 지방 차원의 행정을 담당하는 지방행정체제로 구분할 수 있다. 구체적으로 지방 차원의 통치와 행정은 외형적인 구조 및 체계와 실질적인 작동을 내포하는 기능으로 구성된다. 지방행정체제는 일반적으로 지방자치단체의 기관구성, 계층구조 및 관할구역, 지방자치단체 간 기능배분 등을 포괄하는 체제로 정의된다(정정화, 2020; 김석태, 2010). 즉, 지방행정체제를 기능배분과 같은 무형적 측면과 계층 및 구역과 같은 물리적−구체적 측면을 포괄하여 정의하고 있다. 주목할 점은 우리나라에서 도입된 지방자치제를 구현하기 위한 지방행정체제로서의 의미이다. 지방행정체제를 어떻게 설계하느냐에 따라 지방자치제의 구현이 달라질 수 있다는 말이다. 이와 같이 지방행정체제는 관할구역과 계층구조에 한정되지 않는 정부기능의 적정한 배분 및 지방자치의 구현을 위한 일련의 종합적인 체제로서 접근되어야 할 것이다.

정리하면, 지방행정체제는 지방차원에서 지방자치 및 행정을 구현하기 위한 일련의 체제를 의미한다. 이를 바탕으로 지방행정체제는 일반적으로 행정구역, 계층구조, 특별지방자치단체, 기관구성, 기능배분 등의 범위를 포괄적으로 포함한다. 하지만 이 장에서 논의하는 지방행정체제는 구역과 계층구조로 한정한다.[1] 우리나라의 맥락에서 지방행정체제 개편의 논의 시 인접한 지방자치단체 간의 통합과 같은 구역 개편과 중층제의 단층제로의 계층구조의 변경(예: 제주특별자치도) 등이 학계와 정치권 등에서 대표적으로 다뤄지기 때문이다.

---

[1] 기관구성은 제4장 제1절 그리고 기능배분은 제8장 제3절을 각각 참조.

2. 중요성

지방행정체제는 중앙과 지방의 관계, 지방정부와 주민의 관계, 지방정부간 관계 등에 영향을 미치는 주요한 제도적·환경적 맥락으로 작용한다. 지방의 권한과 역할, 기능 등의 범위와 배분을 규정함으로써 지방주민들의 삶에 실질적 영향을 미친다. 특히, 오늘날 도시화의 가속화, 저출산·고령화에 따른 지역사회의 변화, 정보통신기술과 교통의 발전으로 인한 지리적 경계에 대한 재해석 등은 지방의 기능과 지리적 구역 등에 대한 새로운 접근을 요구하고 있다. 전통적인 지방 단위 관할구역의 합리적인 재편과 중앙과 지방뿐만 아니라 지방정부 간의 기능 및 역할의 재조정에 대한 필요성이 증대하는 상황에서 새로운 대응이 요구되고 있다. 우리나라는 특히, 지방의 인구감소가 가속화되는 상황에서 합리적이고 효율적인 행정서비스 제공을 위한 역할과 기능의 재조정, 지방관할구역의 재설정, 지방정부 내 기관구성의 다각화 등이 주요한 이슈로 등장하고 있다.

3. 계층, 구역, 기능배분의 관계

지방자치단체의 구역은 계층구조 및 기능배분과 밀접히 연관되어 있다. 지방자치단체의 계층구조와 구역의 규모에 따라 수행하는 기능의 유형과 성격이 달라질 수밖에 없다. 특히, 지방자치단체가 법인격을 가지며 스스로 통치하는 자치권을 가지는 경우 행정계층, 관할구역, 기능의 배분은 중앙과 지방뿐만 아니라 지방 간에도 첨예한 정치적-행정적 현안이 된다. 행정계층의 수와 관할구역에 따라 권한 및 책임의 배분이 달라지기 때문이다.

오늘날 자치단체의 구역, 계층, 기능배분은 시대의 변화에 따라 유동적으로 변화할 필요가 있다. 도시화와 산업화가 가속화됨에 따라 하나의 구역을 넘는 광역행정의 수요가 점증하고 있다. 광역행정의 수요와 문제해결은 행정구역의 통합, 인접한 관할구역의 지방자치단체 간 협력, 상급지방정부나 단체의 설치를 통해 해결할 수도 있다. 행정구역의 통합은 인접한 지방자치단체와의 물리적 통합을 통해 광역문제를 접근한다. 하지만 현실적으로 행정구역의 통합이 어려워 상대적으로 기존 관할구역을 유지한 채 관련 지방자치단체 간 협력을 통해 해결하는 방식이 자치권이나 주민의 저항 측면에서도 용이할 수 있다. 한편으로는 인접한 관할구역(또는 지자체) 간 통합이나 협력이 어려운 경우에는 새로운 행정의 수요와 기능의 배분을 담당하는 상위계층구조를 새롭게 둘 수도 있다. 이처럼 구역의 변경과 계층구조의 조정은 기존 시스템에서 제공되는 기능배분의 재조정과도 밀접하게 연관되어 나타난다.

　　우리나라에서는 기초지방자치단체 수준의 행정구역의 광역화와 계층구조의 단층화가 활발하게 논의되었다. 즉, 시·군·구의 통합을 통해 행정구역의 규모를 광역화함으로써 상급지방자치단체인 광역지방자치단체를 폐지하는 접근이었다. 광역화를 지지하는 그룹은 현행 광역과 기초지방자치단체의 중층제로 인한 기능중복 및 행정의 비효율성을 줄이고 지방의 경쟁력을 강화하기 위한 조처라고 주장한다. 이와 같이 행정구역의 조정과 계층구조는 밀접히 연관되어 있음을 알 수 있다. 다만, 기존 시·군·구의 광역화와 단층제화의 주장 속에 기능의 조정 및 배분의 논의는 상대적으로 주목을 덜 받은 측면이 있다. 다시 말해 행정계층을 줄이면서 관할구역을 조정하여 광역행정을 지향하는 것과 중앙과 지방자치단체 또는 광역지방자치단체와 기초지방자치단체 간 중첩되거나 비효율적인 기능과 재원의 조정－배분을 개선하는 노력이 병행되지 못하는 한계가 존재한다.

제2절　지방자치단체의 계층과 구역

　　중앙행정체제에 대비한 지방행정체제를 구성하는 대표적인 개념이 계층과 구역이다. 지방자치단체의 계층과 관련해서는 단층제와 중층제를 구분해서 고찰하고 장－단점을 비교－분석한다. 구역은 개념, 중요성, 개편의 필요성 등을 중심으로 논의한다.

1. 지방자치단체의 계층: 단층제와 중층제

1) 의의

지방자치단체의 계층구조는 지방자치단체 간의 상하 수직적 관계에서 형성되는 체제로서 단층제와 다층제로 대별된다. 지방자치단체 간에 형성되는 수직적 관계는 일방적인 명령과 복종의 엄격한 계층구조가 아닌 관할구역에서 각기 고유한 자치권을 가진 상이한 수준의 지방자치단체가 관할 범위와 규모의 측면에서 구분하여 사용하는 개념으로 봐야 한다.

지방자치단체의 계층을 단수로 하느냐 복수로 하느냐에 따라 단층제(one-tier system)와 다층제(multi-tier system)로 구분된다. 하나의 관할구역(지역)에 미치는 지방자치단체의 권한과 책임이 여러 수준으로 중첩되는 경우 다층제라고 하며, 단일 수준의 지방자치단체만 설치되어 권한행사 및 책임을 지는 경우 단층제라고 한다. 단층제 하에서는 지방자치단체는 중앙정부와 직접적으로 접촉하고 소통한다. 반면, 다층제의 계층구조 하에서는 중앙정부와 제일선의 지방자치단체의 중간에 여러 개의 지방자치단체(통상 광역자치단체)가 존재한다. 복수의 계층을 가진 다층제 중 2개의 계층(중층제)을 채택한 나라가 가장 많다. 가령, 2층제는 한국(광역-기초), 일본(도도부현-시정촌, 정령지정시 50만 이상, 독립성 인정하는 특례제도), 영국, 스웨덴 등 많은 국가에서 채택하고 있다. 반면 3층제는 프랑스, 이탈리아, 포르투갈 등에서 채택하고 있다.

두 개의 지방자치단체의 계층구조(중층제)를 채택한 나라에서는 주민들이 거주하는 특정 관할구역의 범위 내에서만 자치권을 행사하는 기초지방자치단체와 복수의 기초지방자치단체를 관할하며 중앙정부와 기초자치단체의 중간에 위치하는 광역지방자치단체로 구분된다. 기초지방자치단체는 주민들이 거주하는 지근거리에서 인구, 교통, 환경 등 일상생활 속 기초적이며 일반적인 서비스를 제공하는 보통지방자치단체로서 역할을 한다. 반면, 광역지방자치단체는 관할 지역 내의 단일의 기초자치단체들이 수행하기 힘든 광역업무나 광역적 행정을 담당하는 보통지방자치단체의 역할을 한다.

2) 단층제와 중층제의 장-단점

이상의 단층제와 중층제는 정부 간 기능의 배분, 권한과 책임의 소재여부, 의사소통 등과 관련하여 다양한 논쟁을 일으켰다. 하지만, 계층구조와 관련 단층제와 중층제의 장−단점은 일률적으로 적용하기는 어렵다. 국가의 규모, 기초자치단체의 규모나 수, 중앙과 지방의 정치−경제적 관계나 특수성 등으로 인해 상이하게 나타나기 때문이다. 일반적으로 제시되는 단층제와 중층제(2층제)의 장·단점을 상호비교적 관점에서 논의하면 다음과 같다.

(1) 단층제의 장·단점

단층제는 지방의 자치계층이 하나로서 지방자치단체가 주민에게 직접 행정서비스를 제공할 뿐만 아니라 중앙정부와도 직접적으로 소통하고 위임사무를 처리한다. 이러한 단층제의 장점은 다음과 같다.

첫째, 단일 지방계층으로 중층제와 달리 권한과 기능의 중복과 낭비를 줄인다. 복수의 지방자치계층, 즉 중층제 하에서는 상급지방계층과 하급지방계층간의 권한과 기능이 때로는 중첩되어 이중행정이 발생할 여지가 존재한다.

둘째, 행정책임의 소재가 보다 명확해진다. 앞서 언급했듯이 다층제와 같이 권한과 기능의 중복이 발생할 경우 상이한 계층의 지자체 간 책임전가 및 회피가 발생하여 행정책임의 소재가 모호해질 수 있다. 단층제는 단일 수준의 지방정부만 둠으로써 지방자치단체의 책임 대상과 범위가 보다 명확해진다.

셋째, 중앙과 일선의 지방자치단체가 직접 연결−소통함으로 행정의 지연을 예방하고 신속한 행정이 가능하다. 특히, 중앙정부의 위임사무의 경우 다층제 하에서는 여러 계층의 지방자치단체를 거치면서 행정이 지연되어 행정비용의 증가로 효율성이 떨어질 수 있다.

반면, 단층제의 단점도 다양하게 제기된다.

첫째, 단일 지방자치단체의 범위를 넘는 광역행정의 수행이 어렵다. 오늘날 공공문제나 정책은 하나의 관할지역을 넘어서는 복잡하고 대규모의 성격을 띠는 경우가 많다. 중간계층의 지방자치단체가 존재하지 않으면 중앙정부가 광역행정을 조정하고 집행해야 한다. 중앙정부가 '지방 수준의 사업'을 맡게 됨으로써 비효율이 발생할 여지가 있다. 더불어 매번 중앙정부가 관여하여 조정하거나 해결하는 것도 한계가 있을 수밖에 없다.

둘째, 지방자치단체 간 갈등이나 분쟁의 발생 시 조율이 어렵다. 인접한 지방자치단체 간 발생하는 갈등이나 분쟁은 당사자가 직접 해결하는 것이 가장 이상적이다. 하지만 관할구역 내 자치권이 보장된 지방자치단체 간 스스로 해결하는 것은 개인 간 갈등−분쟁해결보다 더욱 어려운 실정이다. 예를 들어, 비선호시설의 입지에서 보여지듯이 복잡한 이해관계가 뒤섞여 있기 때문이다. 이 경우 지방자치단체 간 자체적인 문제해결은 어려워지고 사회적 비용은 더욱 증대하게 된다. 대안으로 중앙정부가 직접적으로 중재하거나 조율해야 하는데 중앙정부의 부담을 가중시킬 수 있다. 중층제 하의 상급지방자치단체는 기초지방자치단체 간 발생하는 갈등이나 대립을 지방의 특수성과 입장을 반영하여 조율 및 조정할 여지가 커진다.

셋째, 한편으로는 중앙정부의 권한이 지나치게 확대될 수 있다. 앞서 언급한 광역사업 및 행정의 관리나 갈등의 조정 등의 과정을 통해 중앙정부의 권한은 확대될 여지가 크다. 특히, 소규모의 지방자치단체가 다수를 차지할 때 중앙정부의 권한을 견제하거나 통제하기가 쉽지 않다. 이는 중앙과 지방 권력의 불균형으로 이어질 수 있고, 민주주의의 기본원리인 상호견제와 균형의 원리 측면에서도 문제가 될 수 있다.

(2) 중층제의 장·단점

중층제 하에서 지방자치단체는 주민의 일상생활 속 기본적인 행정서비스를 지근거리에서 제공하는 기초지방자치단체와 복수의 관할구역을 관할하며 광역적 성격을 띤 기능과 업무를 담당하는 광역지방자치단체로 구성된다. 단층제의 계층구조에 대비한 중층제의 장점은 다음과 같다.

첫째, 기초지방자치단체가 수행하기 힘든 광역사무의 수행이 용이하다. 기초지방자치단체의 경계를 넘는 대규모 사업이나 행정을 단층제 하에서는 중앙정부가 담당하던 것을 상급지방자치단체가 수행할 수 있다.

둘째, 중앙정부의 기능이나 역할이 지나치게 필요 이상으로 확대되는 것을 방지할 수 있다. 기초자치단체보다 재정이나 규모가 큰 상급지방자치단체를 둠으로써 중앙정부의 과대한 권한이나 기능에 대한 견제를 기초자치단체보다 용이하게 할 수 있다.

셋째, 지역의 특성에 맞는 기초지방자치단체에 대한 지도 – 감독이 용이해진다. 중앙정부가 지방의 특수성이나 상황을 파악하기 힘든 상황에서 모든 기초지방자치단체를 직접적으로 감독하는 것은 비현실적이고 실효성도 떨어진다. 일정 지역을 관할하는 상급지방정부가 오히려 기초지방자치단체의 지도 – 감독을 효율적으로 할 수 있다.

반면, 중층제의 단점도 다양하게 제시된다.

첫째, 기초지방자치단체와 광역지방자치단체 간 관할구역과 주민이 동일하여 역할과 기능의 중첩이 일어나고 이중행정으로 인한 비효율이 발생할 수 있다. 기초지방자치단체와 광역지방자치단체의 역할과 기능을 일반적으로 보충성의 원칙, 광역사무 및 주민생활서비스 등으로 구분하지만 이 또한 법령으로서 모든 세부적인 사항을 담아 구분하기는 현실적으로 어려운 문제이다. 이러한 역할과 기능의 배분과 관련하여 광역지자체와 기초지자체의 갈등과 대립으로 이어질 수 있다.

둘째, 역할과 기능의 중첩과 연관되는 이슈로 권한과 책임이 중복되어 행정책임의 소재가 불명확해진다. 광역지방자치단체가 광역사무를 처리함에 있어 기초지방자치단체들의 이해관계와 협력이 배제된 채로 수행하기는 어렵다. 이러한 상황에서 광역사무의 처리가 지연되거나 성과가 나지 않을 경우 단층제와 달리 중층제 하에서는 책임의 소재가 불분명해질 수 있다.

셋째, 중앙정부와 지방자치단체(특히, 기초지방자치단체) 간 의사소통 및 정보의 왜곡이 발생할 수 있다. 그리고 행정의 지연이 발생한다. 중층제 하에서 중앙정부와 주민 – 기초지방자치단체 간의 의사전달은 광역지방자치단체를 거쳐 소통 및 전달되는 경우가 일반적이다. 이 과정에서 의사소통의 지연 또는 왜곡이 발생할 수 있고,

행정처리의 지연이 발생할 수도 있다.

이상과 같이 단층제와 중층제의 장－단점은 다양하게 나타난다. 각각의 장－단점을 어느 수준에서 수용하며 어떠한 계층구조를 취할 것인가에 대한 명확한 결론에 이르기는 어렵다. 단층제 또는 중층제를 취할 것이냐의 문제는 중앙정부와 국회차원의 제도적－정책적 결정과정을 거치지만, 궁극적으로 위에서 제시한 장－단점의 이슈를 뛰어넘는 지방정치인과 주민들의 인식과 의지를 적실하게 반영할 것이 요구된다.

2. 지방자치단체의 구역

1) 구역의 개념과 중요성

구역은 주민이 거주하는 물리적 공간이자, 지방자치단체의 자치권이 미치는 일정한 지리적 범위(경계)이다. 또한, 구역은 주민이 일상생활을 영위하는 물리적 공간의 의미를 넘어 이웃과 교류하고 유대를 지속해온 공동체 또는 공동생활권의 토대가 된다. 장소적 공간은 주민의 지역적 소속감과 연대감을 통해 지역에 대한 애착심과 정체성을 제공하기도 한다.

오늘날 정보통신기술의 발전에 따른 가상공간을 통한 교류의 확대와 교통의 발달로 물리적 거리감이 축소되면서 전통적인 지리적 공간으로서의 동네(마을)나 지역사회의 인식이나 가치가 변모하고 있다. 하지만 주민들이 생활 속에서 만나고 소통하고 공동의 문제를 공유하는 삶의 공간으로서의 지리적 구역은 오히려 더욱 중요해지고 있다고 볼 수 있다. 관련하여 구역의 중요성을 간단하게 논의하면 다음과 같다.

우선, 구역은 구역 내 거주하는 주민들의 지리적 정체성과 애착심의 뿌리가 된다. 구역(지역)에서 주민은 태어나고 성장하며 장소적 추억과 사회적 성장을 경험하게 된다. 이러한 경험을 통해 구역은 한 주민으로 하여금 장소적 정체성을 갖게 한다. 또한, 구역은 물리적 공간으로서 그 속에 거주하는 주민들 사이에 동질감과 유대의식의 토대가 되기도 한다. 하지만 오늘날 도시화의 진전과 빈번한 이주로 인해 거주 지역(구역)에 대한 소속감과 애착심이 점차 줄어드는 실정이다.

다음으로 구역은 지방자치단체가 자율과 책임 하에 자치권을 행사하는 토대가 되는 지리적 공간이다. 앞서 언급했듯이 구역은 지방자치의 구성 요소 중 하나이며 지방자치단체가 행사하는 자치권의 공간적 범위를 확정한다. 이를 통해 인접한 지방자치단체와의 권한과 의무의 범위가 구분되며, 행정책임의 주체와 범위도 또한 명확히 구분되어지는 기준이 된다.

끝으로 구역은 지방자치단체가 주민생활서비스를 제공하는 경계가 된다. 동일 구역에 거주하는 주민들은 지방자치단체가 제공하는 동일한 유형과 수준의 행정서비스를 제공받는다.

2) 구역설정의 기준

구역은 주민이 거주하며, 자치권이 미치는 지리적 경계로서 구역의 설정은 주민의 삶에 지대한 영향을 미치는 지방행정서비스 제공과 연관된다. 그럼, 지리적 경계로서 구역은 어떤 기준으로 설정하는가?

적정구역의 설정기준과 관련하여 기존 연구들은 다양한 요소들을 논의하였지만 최적의 구역을 설정하는 기준은 현실적으로 존재하지 않는다. 한 국가 내에서도 구역이 지닌 특성이 각기 상이하기 때문이다. 즉, 인구의 구성 및 규모, 역사 및 문화의 차이, 지리적·경제적 특수성, 교통·통신의 발달 정도, 농촌과 도시적 특성 등 상이한 특성으로 인해 적정 규모의 구역을 설정하는 것은 현실적으로 쉽지 않다. 구역설정의 기준과 관련한 많은 선행연구들이 일관된 결론에 이르지 못하는 이유이다. 그럼에도 구역설정에 관한 연구들이 일반적으로 제시하는 기준으로는 지리적, 역사적, 정치적, 행정적, 경제적 기준들이 있다(김석태, 2010: 8).

첫째, 지리적 기준에 따르면 행정구역은 강과 하천, 바다, 산맥, 기타 특수지형 등을 토대로 정해진다. 교통·통신이 발달하지 않은 농경사회에서 지리적 요소들은 주민들의 생활 및 활동공간을 한정하며 공간적 교류의 제약으로 작용하였다. 자연스럽게 지리적 경계를 중심으로 일정 지역의 주민들은 구역을 형성하고 오랜 시간 거주하게 된다. 하지만, 오늘날 지리적 기준에 의한 구역의 설정은 효용이 약해지고 있다. 교통 및 통신의 발달로 지리적 제약에 따른 구역설정의 의미가 퇴색되기 때문이다. 즉, 생활권, 경제권, 행정권의 불일치가 예외적이 아닌 일상적 현상으로 나타난다.

둘째, 역사적 기준은 구역 내에 오랜 기간 역사적으로 형성된 공동체적 특성 또는 공동사회적 속성을 고려하는 것이다. 지역은 오랜 세월을 거치면서 그 나름대로의 문화와 공동체를 형성하여 유지해 왔다. 지역의 전통이 될 수 있고 문화가 될수도 있으며 그 속에 거주하는 주민들의 소속감과 정체성의 뿌리가 되기도 한다. 지역의 특성이 반영된 지역 주민들의 이러한 공동체성과 연대감은 장소적 정체성으로 이어진다. 이를 반영하여 구역이 형성되어 오랜 기간 지속되면 구역에 고유한 문화와 전통이 경로의존성으로 이어진다. 이질적인 문화와 공동체성을 지닌 구역간의 통합 등과 같은 개편이 주민들의 강력한 저항에 직면하는 이유이기도 하다. 특히, 여전히 농경사회의 특성이 깊게 자리 잡은 지역에서는 역사적 기준의 실효성이 여전히 크게 작용한다. 하지만 산업화와 도시화의 진전으로 거주의 이동이 빈번한 상황이 일어나는 도시지역에서는 앞서 논의한 역사적 기준의 영향력이 점차 약해지는 추세이다.

셋째, 정치적 기준은 주민의 참여와 통제를 보장 및 활성화할 수 있는 정도의 구역의 규모를 제시한다. 지방자치를 실현하는 공간으로서의 구역은 주민이 지역의 통치권 또는 자치권의 주체로서 주민의 참여 및 통제가 용이할 수 있는 규모가 요구된다. 주민들이 생활 속 정치를 통해 지방의 주요한 의제를 발굴 및 결정하고 지방의 발전 방향을 지방자치단체와 공동으로 책임질 수 있는 주민의 요구는 오늘날 더욱 증대하고 있다. 관련하여 Lyon & Lowery(1989)는 작은 규모의 지방정부를 강조하였고, 정치적 측면에서 작은 지방정부의 기능으로 다음과 같이 제시하고 있다(김석태, 2010에서 재인용). 우선, 주민들은 지방정부에 관한 정보를 쉽게 얻을 수 있고 지방정부의 일에 참여하기가 용이하다. 더 나은 주민−정부관계를 유지할 수 있는 계기가 된다. 다음으로 지방정부의 서비스에 더 큰 만족을 얻는다. 구역이 지나치게 넓으면 주민들은 그들이 선출한 지방자치단체장 및 지방의원과 일상생활 속 접촉의 기회가 줄어들고 감시와 통제를 위한 거래비용도 증가하게 된다. 지방정치나 정책에 비해 중앙 정치나 정책결정에 지역 주민의 참여와 통제가 낮은 것도 결국 구역의 규모와 거리가 연관된다 할 것이다.

넷째, 행정적 기준은 행정서비스의 효율적 제공을 고려하여 구역을 설정하는 것이다. 지방자치단체는 지근거리에서 지역사회와 주민의 이해나 요구를 반영한 주민생활서비스를 제공하는 의무를 진다. 지방행정의 구현 또는 주민생활서비스의 제공에 있어 지방재정 및 인력의 한계는 필수적으로 동반되는 제약이다. 따라서 지방의 행정기관이 행정기능과 사무를 능률적으로 수행할 수 있는 규모의 구역이 요구된다. 보통지방자치단체는 쓰레기, 상하수도, 도서관, 복지서비스 등과 같은 종합적 행정서비스를 제공하는데 행정서비스의 유형에 따른 적정규모의 구역을 일률적으로 정하기는 쉽지 않다. 이를 반영하여 미국의 교육, 범죄, 상하수도 서비스와 관련하여 보통지방자치단체의 관할구역을 넘는 단일의 특별행정구역을 설치하기도 한다. 보통지방자치단체와 관련하여 행정서비스 유형의 다양성으로 인해 능률적 행정을 위한 적정규모의 구역을 설정하기가 매우 어려운 제약이 있음을 이해할 필요가 있다. 다섯째, 경제적 기준은 지역 내 소요되는 재원을 자주적으로 조달할 수 있는지를 고려한다. 지방이 자율과 책임 하에 지역 주민에게 행정서비스를 제공하기 위해서는 소요되는 재정적 역량이 중요하다. 재정적 요소는 구역설정의 원칙적인 기준으로 타당하지만 현실 속에서 지역이 필요로 하는 재원을 스스로 충당하는 것은 매우 어렵다. 이는 지역별 산업 및 경제발전의 차이, 중앙과 지방정부의 조세체계 및 기능배분의 문제와 연동되는 것으로 오늘날 자주적 재원조달 능력을 갖출 정도의 구역을 설정하는 것은 매우 드문 현상으로 볼 수 있다.

3) 구역 개편의 필요성과 방식

(1) 구역 개편의 필요성

사회적·경제적 변화에 따라 구역의 의미도 달라지고 새로운 조정과 변경이 요구된다. 전통적인 농경사회에서 지리적 특성 및 공동체의 토대로서 역할을 한 구역은 도시화−산업화의 진전에 따라 의미가 많이 퇴색되었다. 특히, 교통·통신의 발달은 주민 정주성의 지리적·물리적 제약을 완화시키며 생활권과 경제권의 불일치를 가속화시키고 있다. 이외에도 개인의 인식, 정보화와 세계화, 인구의 변화 등과 같은 총체적인 시대적 변화는 기존 구역의 개편 또는 재조정의 강력한 요인으로 역할을 하게 된다. 이를 반영하여 구역 개편의 논의는 각국에서 지속적으로 제기되는 정책이슈 중 하나이다.

구역 개편의 필요성으로 일반적으로 제시되는 이유를 논의하면 다음과 같다.

첫째, 인구변화로 인한 행정서비스체제의 개선 측면에서 구역이 조정되어야 한다. 인구의 증가나 감소는 공통적으로 기존 행정서비스 전달체제의 능률성을 저하시킨다. 인구증가는 기존 구역의 과밀을 초래하고 각종 환경오염 및 생활의 질의 저하로 이어진다. 마찬가지로 인구감소는 기존 행정서비스의 비효율을 초래한다. 기존에 제공되던 지역사회시설 및 인프라의 유지에 더 큰 행정비용의 지출이 필요해진다. 인구감소의 가속화는 궁극적으로 지방쇠퇴 및 지방소멸의 우려로 이어질 수 있다. 이와 같은 상황이 지속되면 기존 구역을 유지하기가 어려워지게 된다. 인접한 구역의 통합 등과 같이 구역 개편의 필요성이 증대한다.

둘째, 교통·통신의 발달로 인한 전통적인 물리적−지리적 경계의 의미와 역할이 변화한다. 지리적 지형이나 특성으로 나뉜 전통적 지리적 경계(구역)는 정보통신기술의 발전과 교통의 발달로 그 의미가 퇴색되고 있다.

셋째, 행정권, 생활권, 경제권의 불일치 조정의 요구가 증대하고 있다. 교통의 발달과 토지가격의 상승은 도시 외곽의 생활 및 거주의 확대로 이어졌다. 도시화의 진전으로 상업 및 서비스업이 집중된 중심지역과 베드타운으로 불리는 교외지역의 확대는 생활권과 경제권의 불일치를 또한 초래한다. 이와 같이 중심지역과 교외지역의 분리 및 팽창은 구역의 새로운 개편의 필요성을 증대시키고 있다.

넷째, 지역의 발전과 경쟁력 강화를 위해 구역의 재조정이 필요하다. 구역의 개편을 통해 지방의 발전과 경쟁력 강화를 도모하고자 한다. 특히, 행정구역의 통합을 통한 규모의 경제를 실현하고자 하는 요구가 증대되고 있다(Savitch & Vogel, 1996).

다섯째, 지역 간 격차완화의 한 방편으로 구역 개편의 필요성이 제기된다. 오늘날 도시화와 산업화의 진전으로 농산어촌과 도시지역의 경제, 문화, 교육의 격차는 날로 심해지고 있다.

이상과 같은 구역 개편의 필요성에도 실제 구역 개편의 진행은 신중하게 접근되어야 한다. 구역 또는 지리적 경계의 속성상 한 번 설정되고 나면 오랜 기간 지속되어 시대의 변화에 부응하여 변경하기 힘들다. 구역은 앞서 언급했듯이 단순한 지리적·물리적 공간의 의미를 넘어 오랜 기간 공동체와 고유한 문화가 형성된 정서적 공간이기도 하다. 구역 개편의 당위성이나 필요성만으로 추진될 수 없는 지역에 거주하는 주민들의 감정적－정서적 요인에 대한 고려가 동반되어야 하기 때문이다. 따라서 구역 개편은 가능한 한 기존의 구역을 존중하면서 주민들의 점진적이며 지속적인 논의를 통해 공감대를 형성하고 지지를 이끌어 내는 노력이 무엇보다 중요하다(정세욱, 2001: 752).

(2) 구역 개편의 이론과 방식

가. 구역 개편의 이론: 통합론과 분절론을 중심으로

구역 개편과 관련 통합론(개혁론자)과 분절론(공공선택론 중심)은 미국에서 지난 몇십년 동안 열띤 논쟁을 벌여왔다(Feiock, 2004; Lyons & Lowery, 1989). 구역의 통합을 주장하는 통합론자(개혁론자)와 분리를 통한 다중심성을 강조하는 공공선택론자들이 구역의 개편에 대한 논쟁을 발전시켰다. 이론적 논쟁과 별개로 실증적 결론은 양측의 주장을 일관되게 지지하는 것은 아니다. 기초지방자치단체의 수준에서 통합을 통해 구역을 대규모화하는 관점과 현행 구역의 유지를 주장하는 관점의 핵심 논거를 비교하여 소개하면 다음과 같다(Lyons & Lowery, 1989; 임석회·송주연, 2020: 292).

통합론자는 대표적으로 구역의 대규모화를 통한 행정의 효율성 등 다양한 효과를 강조한다. 첫째, 구역의 통합으로 규모의 경제효과를 달성한다고 주장한다. 즉, 구역의 통합을 통해 행정비용을 감소시키고 행정의 효율성을 높일 수 있다. 행정기관 및 산하기관의 통합을 통해 행정의 중복 및 낭비를 줄일 수 있다. 둘째, 구역의 광역화를 통해 지방경쟁력을 강화하고 지역경제발전에 유리하다. 오늘날 지방은 국내의 다른 지역뿐만 아니라 전 세계적인 도시들과 경쟁한다. 소규모의 지역에 비해 대규모의 도시나 지역이 투자의 유치 및 자원의 활용에서 우위를 가진다. 셋째, 인접한 구역의 통합은 지역의 균형발전에 도움을 줄 수 있는 것으로 주장한다. 특히, 도시와 농촌지역 간의 통합은 도농격차를 완화하고 균형발전의 계기가 될 수 있다.

　반면 구역의 통합보다는 여러 지역으로 분절된 주장을 펴는 공공선택론자들은 통합이 아니더라도 지역이 직면한 문제를 해결하는 대안적 방법이 있음을 강조하면서, 주민참여 및 민주성의 측면을 강조한다. 첫째, 소규모의 구역으로 인해 지방정치 및 행정을 지근거리에서 의견을 표출하고 참여할 기회가 증대한다(Feiock, 2004; 임석회·송주연, 2020; 조재욱, 2014). 이를 통해 주민참여의 효능감이 증대되고 풀뿌리 민주주의의 구현에 더욱 적합하다. 둘째, 주민들의 선택권이 향상된다. 티부의 '발로 뛰는 투표'이론과 같이 지역의 숫자가 많을 때 주민들은 자신이 선호하는 행정서비스와 그에 따른 재정부담을 고려하여 거주 지역 선택의 폭이 넓어진다. 셋째, 행정구역의 통합은 주민과 지역사회가 치러야 할 사회적 비용이 지대하다. 즉, 구역의 통합은 지역성 또는 역사성을 무너뜨리고, 주민들의 지역정체성에도 부정적으로 작용한다. 따라서 현실적으로 구역의 통합은 지불해야 할 비용이 편익보다 훨씬 높게 나타나 통합이 성사되기 어렵다.

　이상과 같이 행정구역 통합론자와 분절론자들은 각각 다양한 논거를 제시하고 있다. 결국, 통합과 분절의 효과는 지방이 처한 맥락과 특수성에 따라 각기 상이하게 나타날 수밖에 없다. 그럼에도 미국의 경우 실제 행정구역의 통합이 성사된 것은 매우 극소수에 이른다. 우리나라의 경우에도 1990년대 중반 지방자치의 재개를 앞두고 정부 주도의 시군통합이 대대적으로 일어난 것을 제외하고는 실제 통합이 이뤄진 것은 창원시−마산시−진해시(2010)와 청주−청원군(2014)의 통합뿐이다. 통합에 대한 자세한 내용은 후술하기로 한다.

나. 구역 개편의 방식

　구역 개편의 방식 또는 유형으로는 크게 연합(federation), 통합(consolidation), 합병

(annexation), 특별지방자치단체의 설치 등으로 구분할 수 있다.[2]

첫째, 연합은 복수의 지방자치단체가 각자의 자치권은 그대로 유지하면서 상위 수준에 그 전역을 관할하는 단체나 지방자치단체를 새로 창설하는 것이다. 지방자치단체의 연합을 통해 관할 지역 전체에 공통되는 광역적 사무를 처리하도록 한다.

둘째, 통합은 광역과 광역, 기초와 기초지방자치단체와 같이 서로 대등한 지방자치단체들이 하나로 합치는 방식이다. 광역지방자치단체 간의 통합보다는 기초지방자치단체간 통합이 일반적으로 빈번하게 일어난다. 이러한 통합을 통해 행정의 규모의 경제를 달성하여 낭비와 중복을 줄이고자 하며 효율성을 증대하고자 한다.

셋째, 합병은 인접한 규모가 큰 지방자치단체에 작은 지방자치단체 전체나 그 일부가 흡수−편입되는 것을 의미한다. 일반적으로 기초지방자치단체의 일부나 전 지역이 다른 지방자치단체에 흡수−편입되는 방식이다.

넷째, 기존의 구역과 자치권은 유지하면서 새로운 지방자치단체를 설치하는 방식인 특별지방자치단체의 형태도 있다. 일반적으로 특별지방자치단체는 특정 사무를 수행하기 위하여 기존에 설치된 관할구역 안이나 복수의 이웃한 관할구역을 별도로 정하여 설치되며, 기존의 자치구역의 자치권과는 별도로 특정 업무를 전속적으로 담당한다.

우리나라의 지방자치법에는 행정구역의 개편을 법률로 정하도록 하고 있다. 지방자치법이 규정하고 있는 행정구역의 개편과 관련한 내용은 지방자치단체의 폐지−신설−분리−통합(폐치분합), 명칭변경, 구역변경, 경계변경(조정) 등이다.[3]

우선, 폐치분합은 지방자치단체의 존립 자체에 대한 변동이다. 2010년 창원−마산−진해가 통합하여 통합창원시가 탄생함으로써 마산과 진해는 폐지되었다. 유사하게 2014년 청주−청원이 통합함으로써 청원군이 폐지되었다. 또한, 계룡시는 2003년 충청남도 논산시에서 분리되어 신설되기도 하였다.

둘째, 명칭변경은 행정구역의 명칭을 변경하는 것이다. 1997년 산업의 발달과

---

2) 제11장 제2절 지방자치단체 간 협력에서 세부적으로 논의함.
3) 지방자치법 제5조 제1항.

인구증가로 경상남도 울산시가 울산광역시로 승격되며 명칭을 변경하였다. 또한, 제주도도 2006년 제주특별자치도로 명칭을 변경하였다.

셋째, 구역변경은 기초지자체가 소속된 광역단위가 변경되는 것을 뜻한다. 예를 들어, 경상남도 양산군에서 1995년 기장군이 분리되면서 경상도에서 부산으로 편입되어 광역단위가 변경되었다.

넷째, 경계변경(경계조정)은 지방자치단체 간 미세한 경계조정을 의미한다. 경계조정은 광역과 광역, 광역과 기초, 기초와 기초지방자치단체 간에 다양하게 일어날 수 있다. 예를 들어, 2015년 서울특별시 송파구, 경기도 성남시와 하남시의 3개 자치단체에 부정형으로 걸쳐 있는 위례신도시의 행정구역 경계조정을 추진하였다.[4]

| 제3절 | **우리나라의 지방행정계층과 구역** |

1. 지방행정체제 개편의 변천

1) 조선 후기에서 1990년대 지방자치 재개 이전

현행 우리나라 지방행정체제 개편논의의 출발점으로 조선 말기인 1895년 갑오개혁과 일제 식민지 지배 하에서 정해진 행정체제가 일반적으로 논의된다. 조선 초기(1413년 태종 당시) 시행된 8도제는 갑오개혁의 일환으로 1895년 6월 23부제로 개편되었다. 하지만 급진적인 변화는 기존 8도제에 익숙한 당시 실정에 부합하지 않았다. 다음 해인 1896년 8월에 다시 지방행정체계는 23부제를 폐지하고 13도제로 개편되었다. 기존 8도제에서 경상도를 경상남·북도로, 전라도를 전라남·북도로, 충청

---

4) 위례신도시 내 행정구역 경계조정 추진계획(안)에 따르면 경계조정 사유로 두 가지를 제시하고 있다. 첫째, "경계지역 9개 아파트 단지 총 11,582호가 같은 단지 내에서 다른 지자체로 분리되어 다른 초중고교를 통학하고 다른 경찰서·소방서·동주민센터"를 이용하게 된다. 둘째, "업무시설, 근린시설, 공원, 광장 등 기반시설 46개소도 각기 다른 지자체에서 지방세를 과징하고 시설물을 관리하여 행정의 비효율을 초래"한다(서울정보소통광장. '위례신도시 내 행정구역 경계조정 추진계획(안).' (https://opengov.seoul.go.kr/sanction/4370009)

도를 충청남·북도로, 북쪽의 평안도를 평안남·북도로, 함경도를 함경남·북도로 분리하였다.

일제 강점기 하에서는 기본적으로 광역 수준에서 13도제와 기초수준에서 부－군－면제를 시행하였다.[5] 1910년 조선총독부는 일본의 본격적인 식민지배 이후 진행된 토지조사를 바탕으로 조선통치의 효율성을 높이기 위하여 행정구역의 개편을 단행하였다. 1913년 12월 조선총독부 부령 제111호 '도의위치관할구역 및 부군명칭 위치관할구역'의 공포를 통해 오늘날 지방행정체제의 틀을 형성하게 된다. 한성부가 경성부로 바뀌었고, 식민지 경제지배를 원활하게 하기 위해 새롭게 전국의 주요 지역에 11개의 부(평양부, 인천부, 대전부, 군산부, 전주부, 광주부, 목포부, 진주부, 마산부, 부산부, 대구부)가 신설되었다. 또한, 식민지 통치를 원활하게 하기 위해 1914년 4월 조선총독부의 주도 아래 '도' 아래 군현들의 대대적인 통폐합이 이뤄졌으며 도시화된 지역과 농어촌 지역을 분리하는 '도농분리'가 시행되었다. 즉, 군 전체가 아닌 군의 중심지역이자 도시화가 높은 읍면의 경우 인구 5만 명을 넘으면 부(현재 시)로 승격시켜 원래 군과는 별개의 행정구역으로 설치하게 된다. 이러한 도농분리제는 기존의 생활권과 역사적 동질성을 전혀 고려하지 않은 조치로 1990년대 지방자치재개를 전후하여 도농통합이 추진될 때까지 기형적으로 유지되는 출발점이 되었다.

해방 후 미군정법령은 이전의 효력을 큰 변화 없이 유지하게 된다. 1949년 7월 4일 지방자치법의 제정에서 기존의 '부'를 '시'로 변경하고 나머지 명칭과 구역은 모두 종전에 따르도록 하였다. 또한, 지방자치단체의 명칭과 구역의 변경 및 폐치분합은 법률로서 하도록 하였다. 박정희 군사정권 하에는 '시읍면'자치제에서 '읍면'자치제를 폐지하고 '군'자치제로 전환을 하고, 지방자치제를 영구히 중단하였다.

이상과 같이 조선 말기인 1895년 갑오개혁과 일제 식민지 지배 하에서 정해진 행정체제는 시대적 변화를 적실하게 반영하지 못하고 있다는 비판이 빈번하게 제기되었다. 전통적 사회의 행정체제가 오늘날 가속화되는 도시화·산업화, 교통·통신의 발달, 인구의 변화를 적실하게 반영하지 못한다는 것이다. 이로 인한 주민편의,

---

5) 행정안전부 국가기록원. (연도미상b). '일제 강점기 부군면 폐합자료.' https://theme.archives.go.kr/
   next/oldhome/year/yearBinderArchive.do?key=191&archive_id=0001550540

행정의 효율성, 지방경쟁력 등의 제고를 위해 지방행정체제의 개편 주장이 정치권, 학계, 지역사회에서 지속적으로 제기되었다. 지방행정체제 개편의 논의는 1990년대 지방자치가 재개되면서 물리적 측면에 초점을 두어 계층의 단순화(2계층에서 1계층으로)와 구역(특히, 기초지방자치단체)의 통합이 논의의 중심을 이뤘다. 이에 더하여 특·광역시의 자치구 폐지, 읍면동의 준자치단체화, 초광역행정청설치 등의 논의가 부수적으로 진행되었다. 이러한 전반적인 흐름을 관통하는 지방행정체제의 논의는 물리적·지리적 개편에 중점을 두어 상대적으로 기능의 배분 및 대안적인 체제에 대한 병행적인 논의가 미흡하다는 비판을 받고 있다.

이상의 역사적 배경 하에 다음에는 1990년대 지방자치의 재개 이후 진행된 우리나라 지방행정체제 개편 논의를 세부적으로 다룬다.

2) 1990년대 지방자치재개 이후

(1) 지방행정체제 개편의 흐름

1990년대 30여 년만의 지방자치의 재개를 전후하여 지방행정체제 개편의 논의가 활발하게 진행되었다. 지방자치단체장의 선출을 통한 지방자치제가 본격적으로 실시되면 구역 개편 등이 더욱 어려워진다는 우려가 제기되었다. 또한, 농촌지역 등을 중심으로 지방자치단체의 재정력이 취약하고 지역 간 격차가 심각한 상황에서 통합을 통한 구역의 광역화의 필요성이 증가하였다.

1995년 지자체장의 선출을 통한 본격적인 지방자치제의 실시를 전후하여 도시와 농촌지역의 격차를 완화하고 균형발전을 추진하는 취지로 시와 군을 통합하는 도농통합형태의 시의 설치가 활발하게 진행되었다.[6] 앞서 언급했듯이 일제 강점기 이래 추진된 도농분리정책을 80여 년만에 다시 통합하는 계기가 된 것이다. 정부는 1994년 지방자치법의 개정을 통해 인구 5만 이상의 기준을 충족시켜 시로 분리된 지역의 경우 그 시와 인접한 군을 다시 통합할 수 있도록 하였다. 이와 같이 도농복

---

6) 우리나라에서 시-군통합에 비해 시-시의 통합은 매우 드물었다. 1990년 지방자치가 재개된 이후 1995년 구 평택시가 평택군과 통합하면서 인근의 송탄시까지 병합하여 평택시가 출범하였다. 1998년에는 여수시, 여천시, 여천군이 여수시로 통합되었고, 2010년 창원-마산-진해가 통합되어 창원시가 출범하였다. 이와 같이 총 3차례의 시-시의 통합이 대표적이다.

합형태의 시 설치기준을 마련했으며 1994년-1995년 사이에 대규모의 도·농복합 형태의 시를 설치하였다. 결과, 역사적으로 동질적이며 오랜 기간 동일 생활권을 공유해온 도시와 농촌지역을 대상으로 도농통합형태의 시군통합을 통해 81개의 시와 군을 40개의 새로운 통합 '시'로 변경하였다. 1998년 7월에는 여수시, 여천시, 여천 군이 통합하여 통합 여수시로 출범하였다.

이후에도 국회 등 정치권에서 지방행정체제 개편에 대한 논의가 지속되었다. 김대중 정권 당시에는 여당인 민주당이 시·군·구를 광역화(232개를 130-160여 개로 축소하여)하는 방안을 추진했다. 2002년 대통령선거에서 지방분권과 자치에 대한 강력한 의지를 보였던 노무현 후보는 전국을 생활권을 기준으로 60여 개의 시도로 축소하는 행정구역 개편을 대선공약에 담기도 하였다. 국회 차원에서도 17대 국회에서는 2005년 10월 '지방행정체제개편 특별위원회'가 구성되어 저비용·고효율의 광역행정체제 및 풀뿌리 민주주의 강화를 내세우며 '도폐지와 단층제화, 시·군·구의 광역화, 읍면동의 준자치단체화, 지방광역행정기구(예: 국가지방광역행정청) 설치' 등을 제안하였으나 일부 쟁점에 대한 여야의 이견으로 채택되지 못했다.[7]

2008년 출범한 이명박 정부는 지방행정계층구조의 개편을 강조하며 대통령의 의지를 반영하여 100대 국정과제에 포함하였다. 18대 국회에서도 2009년 3월 '지방행정체제개편 특별위원회'가 재구성되어 지방행정체제개편에 관한 논의를 지속하였다. 이를 통해 2010년 9월 '지방행정체제개편에 관한 특별법'이 제정되어 본회의를

---

[7] 도의 폐지가 지방자치를 후퇴시킨다는 비판에 대해 당시 한나라당 권경석 의원은 월간조선과의 인터뷰에서 다음과 같이 대답하였다. "그건 고정관념에 사로잡힌 겁니다. 도는 지방자치단체인 동시에 국가사무 집행기관입니다. 도와 시군 전체의 지방사무의 비중은 27%에 불과합니다. 국가사무와 도 사무, 시군 사무의 구분이 모호한 경우가 많아요. 행정체제 개편은 이를 정리하는 겁니다. 16개 특별지방행정기관을 통합·정리하면 국가사무를 효율적으로 추진할 수 있습니다." 여전히 국가사무의 효율성의 치중을 두고 지방행정체제의 개편을 바라보는 시각을 담고 있다. 중앙과 지방의 기능·사무의 배분과 지방자치-주민참여의 측면은 상대적으로 주요 의제가 되지 못함을 보여준다. 이러한 시각은 광역지방행정청의 설립과 책임자의 임명에 있어 중앙의 권한과 책임의 강조로 드러난다. 광역지방행정청을 국가기관으로 할 것이냐 지방자치단체로 할 것이냐의 논란에 대해 권의원은 책임자도 중앙정부에 의한 임명을 당연시 하고 있다. 광역지방행정청의 책임자의 중앙정부에 의한 임명에 관해 "물론이죠. 영국과 프랑스와 같은 선진국에서 이미 이런 식으로 운영하고 있어요. 이들 국가의 경우 도가 자치단체라는 간판을 걸고 있지만 내부는 국가 위임사무를 맡고 있어요. 선거 외에 자치사무의 비중이 매우 낮아요."(백승구, 2009). (http://monthly.chosun.com/client/news/viw.asp?ctcd=&nNewsNumb=200904100013).

통과하였다. 특별법의 제정으로 대통령 소속의 '지방행정체제개편 추진위원회'가 설치되고, 정부 차원에서 행정체제개편 전반에 대한 논의와 대안을 발전시키는 중심기구로 역할을 담당케 하였다. 행정체제개편을 위한 6대 과제가 구체적으로 제시되는데 "1) 특별시 및 광역시의 개편, 2) 도의 지위 및 기능 재정립, 3) 시군구의 개편, 4) 읍면동 주민자치, 5) 통합 지방자치단체 및 대도시에 대한 특례, 6) 특별지방행정기관 사무의 지방이양, 교육자치와 지방자치의 연계·통합, 자치경찰제의 실시를 내용으로 하는 지방분권의 강화" 등을 담았다(행정자치부, 2015a: 180). 지방행정체제 개편과는 직접적으로 연관되지 않지만 이명박 정부는 광역적 차원의 지역발전을 위해 전국을 16개 시도단위를 벗어나 수도권, 충청권, 호남권, 대경권, 동남권과 강원권, 제주권으로하는 5+2 광역경제권 발전계획을 추진하기도 하였다.[8]

2012년 대통령선거 당시 박근혜 후보는 대선공약으로 이명박 정부 당시 강력하게 추진하였던 시·군·구의 통합 철회, 광역행정(시도)체제개편 우선추진, 중앙행정권한의 획기적인 지방이양을 제시하였다. 하지만 당선 이후 선정된 국정과제에서는 주요 내용들이 삭제되었다. 대신 기존의 '지방행정체제개편추진위원회'와 '지방분권촉진위원회'를 '지방자치발전위원회'로 통합하는 내용을 담은 '지방분권 및 지방행정체제 개편에 관한 특별법'을 통과 시켰다. 박근혜 정부 당시는 '지역행복생활권'이 논의되었다. 지역행복생활권은 인접한 2개~4개 정도의 시군으로 구성한다. 기존과 같이 관할구역의 분리는 기초인프라 및 행정서비스(교육, 문화, 교통, 환경 등)가 불일치되어 주민생활의 불편을 초래했다. 인접한 시군과의 생활 및 서비스의 연계 등을 고려한 행복생활권을 통해 주민들의 삶의 질, 즉 행복의 증진을 도모하고자 하였다. 지역별 특성을 반영하여 지역행복생활권은 '중추도시생활권, 도농연계생활권, 농어촌생활권'으로 구분하여 유형을 제시하였다.

이러한 이명박 정부의 '5+2 광역경제권'과 박근혜 정부의 '지역행복생활권'은 복수의 지방자치단체를 대상으로 지역발전 및 행정서비스의 효율을 추진하고자 한 점에서 유사하나 실질적인 접근은 중앙정부 주도의 하향식 접근과 지방의 자율성에

---

8) 중앙정부 주도의 하향식 권역설정 등 지방의 자율성에 대한 고려가 미흡하다는 비판이 제기되었고, 차기 정부인 박근혜 정부에서 폐기되었다.

기반한 상향식접근의 측면에서 비교−분석할 가치가 있다. 앞서 논의한 행정구역의 측면에서도 물리적인 통합이나 합병의 방식이 아닌 기존 행정체제를 유지한 채 복수의 지방자치단체들 간의 조정이나 협력을 통한 지역발전의 추진이라는 측면에서 지방행정체제에 대한 부가적인 함의를 제공한다. 광역경제권과 지역행복생활권을 비교하면 다음의 〈표 7−1〉과 같다.

표 7-1 광역경제권과 지역행복생활권의 비교

구분	광역경제권	지역행복생활권
목적	• 광역단위 글로벌 경쟁력 제고	• 서비스연계-삶의 질 개선
권역설정	• 정부 주도 인위적 권역 설정	• 지자체 간 자율적 합의
권역단위	• 2-3개 시·도를 하나의 광역경제권으로 지정	• 주민 생활범위, 서비스 위계 등을 감안해 주변 시·군 연계
추진기구	• 광역경제권발전위원회	• 시·도(조정), 시·군·구(생활권형성)
중점분야	• 광역선도산업 • 거점대학육성 • 30대 선도프로젝트	• 도시재생, 농어촌중심지 활성화, 창조적 마을만들기, 지역공동체 육성 • 지역산업·일자리 • 지역인재와 지방대학 육성 • 문화·환경, 복지·의료 확대

출처: 지역발전위원회(김효경, 2014에서 재인용). '지속가능한 지역발전: 지역행복생활권'이란?

(2) 지방행정체제개편의 사례: 제주특별자치도, 세종특별자치시, 창원·마산·진해의 통합, 청주·청원의 통합

이 기간에 구체적으로 추진된 지방행정체제 개편의 대표적인 사례로서 제주특별자치도(2006년), 창원·마산·진해의 통합시의 출범(2010년), 세종특별자치시의 설치(2012년), 청주·청원의 통합시의 출범(2014년)의 전개 과정을 논의하면 다음과 같다.

앞서 논의한 중앙정치권의 논의와 더불어 2006년에는 제주도를 제주특별자치도로 개편하여 국제자유도시로서 경쟁력을 강화하고자 하였다. 이를 위해 다른 '도'와는 상이한 법적지위와 권한을 부여하였다. '제주특별자치도 설치 및 국제자유도시 조성을 위한 특별법'의 제정을 통해 기존의 2계층제를 1계층제로의 전환, 조직 및 행·재정 등의 특례, 자치사무 및 주민자치의 확대 등 지방자치 및 지방의 지위−권한을 확대 및 강화하고자 하였다. 행정체제 측면에서 '도' 차원의 광역단위만 유지하고 기초단위는 폐지하는 단층제로의 전환을 위해 기존의 기초자치단체인 2개시와 2개군(제주시, 북제주군, 서귀포시, 남제주군)을 폐지하고 2개의 행정시(제주시와 서귀포시)를 설치하였다.[9]

2010년에는 '경상남도 창원시 설치 및 지원특례에 관한 법률'에 따라 창원, 마산, 진해가 통합되어 7월 '통합창원시'로 출범하였다. 세 지역은 생활권이 같아 이전부터 지역사회에서 통합논의가 간헐적으로 제기되었다. 본격적인 진행은 이명박 당시 대통령의 행정체제 개편을 통한 경쟁력강화의 기조 아래 앞서 논의한 18대 국회에서 지방행정체제 개편의 논의가 활발해지면서 속도가 붙었다. 정부는 2009년 자율통합 지원계획을 통해 지방의 자율통합을 강조하며 다양한 재정지원 등 인센티브의 제공을 약속하였다. 즉, 지방에서 자율통합 신청서를 제출하고 심사의 과정을 거쳐 선정되면 최종적으로 지방에서 통합을 확정짓는 방식이었다. 이에 기반하여 창원-마산-진해 세 곳의 시장은 정부에 자율통합 신청서를 제출하였고, 세 곳의 시의회와 경남도의회의 찬성을 통해 통합이 사실상 확정됐다. 2010년 7월 마침내 통합창원시는 인구 108만 명에 서울보다 넓은 면적을 가진 전국 최대의 기초자치단체로 출범하였다. 기존 창원-마산-진해지역은 의창구, 성산구, 마산합포구, 마산회원구, 진해구의 5개 행정구로 나뉘게 되며 각각 구청을 설치하였다.[10] 하지만, 통합

---

9) 제주도는 단층제로 전환 이후 기초지방자치단체를 복원하는 논의가 지속되었다. 기초지방자치단체의 폐지를 통한 행-재정의 효율성 증대의 효과에도 불구하고 주민에 의한 민주성의 퇴보, 도지사로의 권력 집중, 행정서비스의 질에 대한 논란이 제기된 것이다(박미라, 2022). 2011년과 2017년에 개편을 위한 '행정체제개편위원회'가 설치되어 논의되었지만 성과가 없었다. 민선 8기 제주도지사선거를 앞두고 기초지방자치단체의 도입을 약속한 오영훈 후보는 당선 후 2022년 9월 기준으로 다시 '행정체제개편위원회'를 설치하여 추진 중이다.

10) "창원시정연구원과 창원시가 공동 주최한 '창원 통합 10년의 평가와 도약을 위한 대토론회: 남겨진 과제와 상생방안'이 6일 창원컨벤션센터에서 열렸다(2020년 5월)." 창원시가 주최한 통합창원시의 평가에서는 대체로 이해련 창원시의원은 "통합으로 지역간 갈등과 후유증으로 사회적 비용이 증가했고", 윤종수 창원상공회의소본부장은 "통합 후 기대했던 경제시너지 효과가 크게 나타나지 않았으며", 이자성 창원시정연구원 사회문화연구실장은 "창원시 통합 당시의 짧은 준비기간 및 공론과정의 미흡 등으로 창원시 지역갈등 등 사회적 비용이 매우 크며 통합 이후에도 사후관리가 미흡해 창원시는 통합 후 시너지 효과가 미미하다고 지적했다. 또한, 당초 행정안전부 등이 약속한 금액인 약 6,000억 원을 추가 지원해야 한다고 강조했다." 이희재 한국지방자치학회 연구위원장은 '창원시 통합의 재정적 평가와 미래 방향' 발표에서 "중앙정부가 창원시 통합에 있어 당초에 약속했던 재정적 지원이 제

창원시의 결정 과정에서 세 곳 주민들의 의견수렴과 토론의 절차는 충분하게 진행되지 못했고, 통합의 확정도 주민투표가 아닌 세 곳의 지방의회의 결정에 의해서 정해짐으로써 비판도 제기되었다. 즉, 세 곳 주민들의 의견 청취의 과정을 통해 통합을 결정하였다고 하나 주민의 적극적 참여와 주민투표가 아닌 국회의원－지자체장－지방의회 등 정치권 주도와 지방의회의 의결로 결정되었다. 이는 통합 이후 통합시 청사와 야구장 등 공공시설 입지, 지역균형발전 이슈와 관련하여 지역 간 갈등 및 재분리론이 제기되는 문제점으로 이어지는 결과로 이어지기도 했다.

2012년에는 중앙부처 및 공공기관의 이전을 위해 행정중심복합도시로서 '세종특별자치시'가 설치되었다. 세종특별자치시는 기초지방자치단체를 두지 않는 단층제로서 광역시의 지위를 부여받았다. 세종특별시에는 실질적 행정을 담당하는 하부행정기관을 두고 있으며, 1읍, 9면, 10행정동, 18법정동을 설치하였다.[11]

2014년 7월 1일에는 청주시와 청원군이 통합하여 '통합청주시'로 출범하였다. 이 두 지역은 1946년 미군정 법령[12]에 따라 당시 청주군 내 중심지역인 청주읍을 청주부(나중에 청주시로 개칭됨)와 나머지 지역을 청원군으로 개칭하였다. 이를 통해 두 곳은 동일 역사와 공동생활권임에도 청주부(현 청주시)를 중심으로 청원군이 도넛모양으로 둘러싸고 있어 오랜 기간 통합의 필요성이 대두되었다. 두 곳의 통합논의는 1994년 정부주도로 시작되어 1994년, 2005년, 2010년 3차례의 통합실패 이후, 2014년 청주시 의회의결과 청원군의 주민투표를 통해 최종확정 되었다. 통합의 논의에서 청주시는 줄곧 찬성의견이 높게 나타난 반면, 청원군은 점차 주민반대 의견이

대로 이루어지지 않아 불이익배제의 원칙이 지켜지지 않았다고 분석했다." 송건섭 대구대학교 교수는 '자율통합 창원시의 효율성 및 생산성 분석' 발표에서 "창원시가 통합 후 효율성이 소폭 하락했고, 인구 50만, 인구 100만 도시와 비교할 때 생산역량 및 공공서비스역량이 비효율적이라고 분석했다." (창원시. 창원시정뉴스 5월. https://www.changwon.go.kr/news/article/view.do?idx=3378&mId=0201000000)

11) 행정동은 행정편의(주민 수, 면적 등 고려)를 위해 설정한 행정구역이다. 행정동의 업무를 담당하는 동주민센터는 통상 행정동마다 1곳씩 설치되어 있다. 반면, 법정동의 개념은 주소와 지적도 등 모든 법적 업무에 사용되는 공식적인 행정구역의 명칭이다.

12) 군정법령 제84호는 지방행정의 변경을 담고 있다. 당시 기초지방자치단체인 읍을 부(현재 시)로 승격하고, '군'명을 변경하는 내용 등을 담고 있다. 이에 따라 춘천군 춘천읍이 춘천부로, 춘천군의 나머지 지역이 춘성군으로 변경되기도 하였다.

감소하며 찬성쪽으로 기울어졌다. 청원군의 주민들은 불균형발전 및 기피시설의 입지 등에 대한 우려를 지속적으로 제기하였다. 20여 년간의 기간을 통해 청주시와 청원군은 각종 실무협의회, 상호교류와 문화체육행사 등 상호 이해와 주민공동참여를 이끌어 냈다. 물리적 통합 이전에 두 지역 간의 상호관계 증진 및 유기적 연대가 활발하게 일어났음을 보여준다. 또한, 상생발전을 위한 상생발전위원회 구성에서도 청주와 청원군 출신 인사의 비율을 각각 1/3과 2/3로 구성하여 청원군의 입장을 최대한 배려하려 하였다. 이를 통해 청주와 청원은 동일생활권으로의 통합을 증진시키고 균형적인 지역개발을 촉진하고자 하였다. 청주—청원의 통합사례는 관의 일방적인 추진이 아니라 단체장 및 지방정치인이 통합의 환경을 조성하고, 주민과 시민사회의 참여 및 공감대를 형성하는 것이 중요함을 보여준다. 더불어, 실질적인 상생발전의 이행을 통해 상대적으로 소외되는 지역에 대한 배려 및 화합을 증진시켜, 지역 간 갈등을 축소하는 것이 핵심요인임을 보여준다. 통합의 결과 지역 내 총생산과 인구가 증가한 것으로 나타나고 있다.[13]

　　2021—2022년을 전후한 최근에는 광역지자체 간 통합 및 특별지방자치단체의 설치에 관한 논의가 활발하였다. 기존에 기초지자체 간 통합의 논의와 달리 광역시와 도 간 통합 및 특별지방정부의 설치를 통해 초광역화를 추진하는 경향을 보인다. 지방인구의 지속적 감소와 수도권 중심 발전의 고착화에 대한 광역시 차원의 경쟁력 강화와 균형발전의 모색이라고 할 수 있다.[14]

2. 우리나라의 행정계층과 자치계층

　　계층과 관련하여 또한 행정계층과 자치계층이 구분되고 있다. 우리나라의 맥락

---

13) 충청북도의 여러 지방자치단체가 인구감소를 겪는 상황에서 통합청주시는 인구 및 경제통계에서 증가추세를 보인다. 연합뉴스에 따르면 인구 측면에서 2013년 말 82만4천939명(청주 67만246명, 청원 15만4천693명)의 인구가 2019년 5월 기준으로 83만7천606명으로 1만2천667명(1.5%)이 늘었고, 경제측면에서는 2014년 27개 업체, 1조2천224억 원의 투자유치 실적이 통합 4년 차인 2017년에 68개 업체, 2조3천37억 원으로 증가했다고 보도하고 있다(박우열, 2019).

14) 보다 자세한 논의는 제11장 지방정부간 관계 중 협력파트를 참조.

에서 지방행정계층구조는 자치계층과 행정계층의 이원적 구조와 상이한 목적을 가진다.

　우선, 행정계층은 지방행정의 원활한 수행을 위해 지방자치단체의 하부행정기관으로 몇 개의 계층을 둔 것을 일컫는다. 기초지방자치단체의 하부행정기관으로 읍·면·동을 설치하여 지근거리에서 행정서비스를 제공하고 있다. 행정안전부(2021e: 6)의 '지방자치단체 행정구역 및 인구현황'에 따르면 2020년도 12월 말 기준으로 232읍, 1,180면, 2,089동이 설치되었다. 또한, 읍면동 아래에 통·리·반을 두고 있다. 대도시 지역에서는 자치시와 자치구가 아닌 행정시와 일반구를 두어 행정을 담당하게 하고 있다. 따라서 행정계층은 2계층, 3계층, 4계층 등 지역에 따라 다양하게 설치되어 있다. 세종특별자치시의 행정계층은 시 아래에 읍·면·동을 둔 2계층이다. 일반적으로 특별시는 시−자치구−동의 3계층, 광역시는 시−자치구−읍면동과 같이 3계층을 두고 있다. 반면 '도'에는 인구 50만 명 이상의 시에 행정구를 설치할 수 있는데 이에 따라 도−시−행정구−읍면동의 4계층이 되기도 하며, 그 이외 지역은 도−시−읍면동과 같이 3계층으로 구성되어 있다. 끝으로 제주특별자치도는 도−행정시−읍면동과 같이 3계층으로 구성되어 있다.

　반면, 자치계층은 법인격을 가지고 자치권을 행사하는 지방자치단체의 계층을 의미한다. 자치계층은 앞서 언급했듯이 중앙정부와 지방자치단체 간의 권한과 기능 배분, 책임소재 등과 밀접히 연관된다. 통상적으로 단일의 계층을 단층제라 하고, 복수의 계층을 다층제(또는 중층제)라고 한다. 자치계층의 측면에서 세종특별자치시와 제주특별자치도는 단층제라고 볼 수 있다.

　우리나라의 자치계층은 광역지방자치단체와 기초지방자치단체로 구분되는 중층제 구조를 가지고 있다. 광역지방자치단체는 특별시, 광역시, 도, 특별자치도, 특별자치시로 구분된다. 다시 말해, 1특별시(서울), 6광역시, 7도, 2특별자치도(제주와 강원), 1특별자치시(세종)가 설치되었다. 기초지방자치단체는 광역지방자치단체의 하부에 설치되며, 시·군·구로 이루어진다. 시와 군은 일반적으로 '도'에 설치되며 75시, 82군이 있으며, 구는 특별시·광역시에 69구가 설치되었다. 단, 광역시 내에 군이 설치되기도 하는데, 부산광역시 기장군, 대구광역시 달성군, 인천광역시 강화군과 옹진군, 울산광역시에는 울주군이 각각 설치되어 있다. 광역시가 팽창하면서 인접지역의 군지역을 편입하여 설치된 것이다. 우리나라의 행정계층 및 자치계층구조를 정리하면 〈그림 7-1〉과 같다.

그림 7-1 우리나라의 행정계층 및 자치계층구조

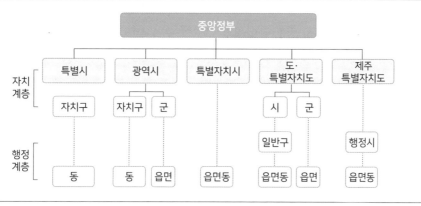

출처: 행정자치부(2015a: 178). 인용 및 보완.

3. 지방행정체제 개편의 특성과 시사점

1) 지방행정체제 개편의 특성

지방자치가 재개된 1990년대 이후 우리나라에서는 지방행정체제 개편에 대한 다양한 논의 및 실질적 개편이 진행되었다. 앞서 살펴보았듯이 중앙정치권과 정부를 중심으로 자치계층의 축소와 시군구 광역화의 방향은 제주특별자치도와 세종특별자치시의 단층제 채택과 도농복합형태의 시 등의 출범으로 일부 구체화된 측면이 있다. 하지만 지방자치단체 및 지역사회의 아래로 부터의 동의를 이끌어내지 못한 지방행정체제 개편은 의도한 만큼 활발히 진행되지 못했다고 볼 수 있다. 1990년대 이후 지난 30여 년간의 우리나라 지방행정체제 개편의 특성을 구체적으로 살펴보면 다음과 같다.

첫째, 지역의 특성과 요구를 반영하기 보다는 중앙정부와 정치권의 하향식─정책적 행정구역 개편이 강력하게 드라이브를 걸었다. 대표적으로 중앙정치권은 중간계층인 광역지자체를 없애고 기초지방자치단체의 광역화에 중점을 두었다. 단층제화와 시군구의 광역화에 대해서는 여야정치권이 다른 정책현안과는 달리 대체로 합의에 이르는 특별한 경향을 보였다. 정치권은 행정개편을 통해 국가경쟁력 강화와 행정의 효율성에 상대적으로 더 큰 비중을 두었고, 이는 지역의 입장이나 민주성의 가치와 빈번하게 충돌하였다. 중앙정부 주도의 구역통합 논의는 지방자치재개 이후 특히 이명박 정부까지 활발히 진행되었으나 점차 관심과 추진동력을 잃어 왔다. 최근 지방의 인구감소와 이에 따른 지방소멸 우려와 관련 정치권과 중앙정부는 능동적으로 지방행정체제 개편 논의를 진행하지 못하고 있다. 반면, 앞서 논의했듯이 비수도권 광역지자체들의 자율적 통합 또는 특별지방자치단체 설립의 논의가 활발하다. 지방이 직면한 인구감소와 점증되는 지역 간 격차에 대응하기 위해 초광역행정의 추진이 활발하게 논의되고 있다.

둘째, 행정구역의 통합을 통해 내부 지역 간 유기적 상호관계 및 화학적 결합이 일어나야 함에도 불구하고 물리적 통합 수준에서 머물러 여전히 다핵적 공간으로 남으며 지역 내 불균형발전으로 인해 지역갈등이 상존하고 있다(임석회·송주연, 2020: 293). 특히, 창원─마산─진해의 행정구역 통합은 짧은 시간에 주민들의 충분한 토론과 협의의 장을 갖지 못하고 중앙정부와 국회의원 및 지방정치인들의 주도로 진행되었다. 지방의 자율통합이라는 형식을 취했지만 실제 몇 차례의 주민설문에 기반하여 세 곳의 지방의회에서 통합결정을 내렸다. 이에 따른 세 지역 간 갈등과 불균형발전의 문제는 지속적으로 제기되고 있다.

셋째, 행정체제 개편, 특히 행정구역 통합의 효과가 일관되게 드러나지 않는다. 행정구역 통합을 통한 규모의 경제가 반드시 구현된다고 보기 힘들다. 대표적으로 통합창원시의 경우 행정의 효율성과 지역균형발전에 대해 실증적 연구결과는 의도했던 성과를 내지 못했음을 보여준다. 반면, 통합청주시의 경우 인구의 증가와 지역 내 총생산의 증가를 보여주는 연구가 일부 제시되고 있다. 이와 같이 지역에 따라 행정구역의 통합론이 제시하는 지역의 규모가 경쟁력 및 효율성으로 이어진다는 일관된 결론에 이르지 못하고 있다. 따라서 구역 통합의 접근은 지역별 특성을 반영하여 보다 조심스러운 접근이 요구됨을 보여준다.

넷째, 지방행정체제 개편의 논의에서 기능배분 및 대안적 개편방안은 거의 고려되지 못했다. 계층조정과 구역 개편과 더불어 중요하게 고려되어야 할 기능배분이 지방행정체제 개편 추진에서 적실히 고려되지 못하였다. 물리적 행정체제 개편이라는 형식적 측면에 지나치게 편중되어 내용적 측면의 중앙 및 지방, 광역과 기초 지방자치단체의 바람직한 기능배분 및 조정에 대한 관심과 논의는 거의 도외시된 측면이 크다.

다섯째, 기존 행정체제를 유지한 채 고려될 수 있는 특별지방자치단체나 다양한 지방정부 간 협력방식(조합, 행정협의회 등)에 대한 고려가 미흡하였다.[15] 국내외 사례가 보여주듯이 지역의 고유성을 간직한 행정구역은 한번 설정되면 변경이 매우 어렵다. 따라서 인위적인 구역의 개편보다는 지방정부 간 다양한 협력방식을 통해 지역발전이나 문제를 해결하려는 노력이 활발하다. 예를 들어, 네트워크 사회의 관점에서는 오히려 지역 간 유기적 연계와 협력이 오히려 지역의 경쟁력의 원천이 될 수도 있다고 지적한다. 제도적 집합행동이론(Feiock, 2013)도 분절된 지방정부의 형태를 유지하면서 유기적 협력이 지방의 문제해결에 더욱 효과적일 수 있음을 지적하고 있다. 이처럼 구역의 통합만이 아닌 다양한 대안적 방식의 실험과 논의가 제한적이었다.

2) 시사점

이상의 우리나라 지방행정체제 개편의 특성은 주요한 시사점을 제공한다.

지방행정체제 개편의 성패는 구역의 물리적 통합 그 자체가 아닌 실질적인 운영에 의해 좌우된다는 점이다. 가령, 행정구역 통합의 근거로 제시되는 지역 간 불균형 완화는 비교적 발전정도가 낮은 지역에 대한 우위 지역의 상생적 협력과 양보에 따라 효과가 달리 나타난다. 중심도시의 주민과 정치인들의 적극적인 상생의 자

---

15) 전부개정 지방자치법에서는 특별지방자치단체의 설치 및 운영에 관한 법적 근거를 마련하였지만, 현실 속 구현은 또 다른 차원으로 다뤄져야 한다.

세와 노력을 통해 발전이 낮은 지역의 요구와 이해를 적극적으로 반영하고 실현하는 구체적인 제도적－재정적 방안의 마련이 필요하다. 이를 통해 상대적으로 발전 정도가 느리거나 낮은 지역 주민들의 삶의 실질적 향상으로 이어져야 통합으로 인한 갈등과 사회적 비용을 줄이게 된다.

이를 위해서 행정구역의 통합은 단시간이나 일회성이 아닌 장기간의 지속적인 주민인식의 변화와 상생방안의 공유를 필요로 한다. 주민의 적극적인 참여와 이를 통한 공감대의 형성이 물리적－지리적 통합을 넘어 유기적 통합이 가능하게 하는 것이다. 단기간에 진행된 창원－마산－진해의 통합은 세 도시 주민 간 갈등 및 마찰을 일으키며 다시 분리하자는 주장이 나올 정도로 큰 사회적 비용을 치러야 했다. 반면, 20여 년에 걸쳐 3차례의 통합 실패를 거듭하며 마침내 출범한 통합청주시는 상대적으로 원활하게 지역 간 연대 및 상생이 일어나고 있는 것으로 평가받는다. 시간이 오래 걸리더라도 점진적 통합의 노력이 지역사회가 치러야할 사회적 비용을 줄이고, 의도한 통합의 효과로 이어지는 것을 보여준다.

다시 말해, 행정구역의 통합자체가 지역의 균형발전을 이끄는 것이 아닌 실질적인 운영과 노력이 의도한 성과를 내는 관건이 된다는 것이다. 따라서 행정구역 개편과 관련한 오랜 논쟁인 통합론과 분절론이 제시하는 통합과 분절의 효과는 지역별 특성과 운영과정을 심층적으로 분석할 때만이 적실하게 평가될 수 있다.

PART 03

정부간관계

CHAPTER 08 정부간관계: 모형, 기능–사무배분,
          국가의 지도–감독, 지방의 국정참여
CHAPTER 09 중앙–지방의 재정관계: 자체재원
CHAPTER 10 중앙–지방의 재정관계: 의존재원
CHAPTER 11 지방자치단체 간 관계: 협력과 갈등

정부간관계:
모형, 기능－사무배분, 국가의 지도－감독, 지방의 국정참여

　오늘날 공공목적 달성 및 공공문제 해결을 위한 정부간관계의 관심이 증대하고 있다. 중앙이나 지방정부 단독으로 해결하기 힘든 공공문제가 점증하고 있기 때문이다. 따라서 중앙과 지방 간 권한－기능－재원의 적절한 조정과 분배를 다루는 정부간관계는 지방자치 논의에서 중요한 축으로 자리잡고 있다.

　우리나라의 맥락에서 지방자치의 실시는 중앙집권의 오랜 전통 하에서 지방정부의 위상과 역할을 재정립하는 계기가 되고 있다. 즉, 지방정부는 단순히 중앙정부의 지방 단위 집행기관이 아닌 어느 정도 독자적인 권한과 재원의 운용을 통해 지방의 특색에 맞는 행정을 펼칠 것을 요구받고 있다. 더불어 지방 간 차이와 다양성을 존중하면서도 국가 차원의 일관성 및 통일성이 있는 행정서비스 제공을 위한 중앙과 지방정부 간의 유기적인 관계를 다루는 정부간거버넌스의 논의도 활발하다. 결국 정부간관계의 논의는 중앙과 지방정부의 권한－역할 등 올바른 관계의 재정립을 통해 행정과 정책이 어떻게 주민의 삶과 복리를 증진시킬 것인가가 핵심이다.

　이하에서는 우선 정부간관계의 개념 및 중요성을 논의한 후 이론적 모형을 다양하게 소개한다. 다음으로는 우리나라의 맥락에서 중앙과 지방의 관계를 기능 및 사무의 배분, 국가의 지도·감독, 지방의 국정 참여 및 협의 등의 측면에서 다각도로 살펴본다. 세부적으로 중앙과 지방의 사무 및 기능배분은 국가사무와 지방사무를

통해 중앙정부가 결정-집행하는 사무 및 기능의 범위를 다룬다. 중앙 및 상급정부
는 지도-감독을 통해 광범위하게 하위 지방정부를 통제 및 관리하고 있다. 중앙
및 상급정부의 통제 및 관리의 기능은 중앙집권의 전통이 여전히 지방에 광범위하
게 영향을 미치고 있음을 보여준다. 한편, 지방자치단체는 중앙으로부터 '지도 및 감
독'의 대상이 되기도 하지만 국정과정에 참여하거나 정부 간 협의를 통해 정부 간
이해관계를 조율하거나 조정하기도 한다.

제1절 정부간관계의 개념과 중요성

1. 정부간관계의 개념

정부간관계는 국가별로 다양한 모습과 특성을 지니고 있으며 개념에 대해서도
일관된 합의에 이르지 못하고 있다. 오랜 단방제시스템의 중앙집권적 전통을 지닌
한국과 연방주의 체제 하에서 연방정부와 주정부 사이의 상호자율성을 존중해 온
미국과는 정부간관계가 상이하게 나타나며 정의 또한 차이가 날 수밖에 없다. 하지
만 국가 체제의 차이와 정치-행정의 특수성에도 정부간관계는 대체로 중앙정부와
일정 정도의 자율성을 지닌 여러 수준의 지방정부의 관계에 초점을 두고 있다
(Anderson, 1960; Rhodes, 1981; Wright & Krane, 1998).

이러한 맥락 하에 이 장에서는 정부간관계를 '한 국가 내 상이한 정부 간, 즉
중앙-지방정부 간 권한-기능-자원의 배분 또는 권한과 책임의 배분과 관련
된 관계'로 정의한다. 이러한 개념화를 기반으로 구체적인 속성을 살펴보면 다음
과 같다.

첫째, 정부간관계는 물리적 공간 측면에서 하나의 국가 내 정부들 간의 관계에
한정한다. 다른 국가 간 관계는 정부간관계에 포함하지 않는다. 하나의 국가 내 존
재하는 정부간관계의 형태와 성격은 정부 체제, 즉 연방체제와 단방체제 간 상이하

다. 연방체제는 연방정부와 주정부를 중심으로 주정부의 하위정부인 지방정부까지 포괄하는, 즉 연방−주−지방정부 간의 관계가 설정된다. 반면 단방체제는 중앙−지방정부 간의 관계가 일반적으로 설정된다. 이와 같은 수직적 관계 이외에도 국가 내 존재하는 상이한 정부 간의 관계, 즉 지방정부 간의 수평적관계도 포함한다.

둘째, 정부간관계의 범위는 권력적−비권력적 관계, 공식적−비공식적 관계, 제도적−비제도적 관계 등을 포괄한다. 법률과 제도를 통한 공식적−제도적 관계 못지않게 정부간관계는 한 체제가 지니는 정치−행정의 전통이나 관행이 직−간접적으로 영향을 미친다. 더불어 오늘날 정부간관계는 주민주권의 확대와 분권의 요구가 증대함에 따라 수직적·권력적 관계에서 수평적·비권력적 협력관계로 관심과 초점이 이동하고 있다.

셋째, 정부간관계는 실질적인 운영주체나 대상인 공무원, 정책, 각종 사업이나 프로그램을 포함한다(박정민, 2007: 166−168). 이와 관련 정부간관계는 구체적으로 권한의 배분관계, 사무−기능의 배분관계, 자원의 배분관계 등의 측면에서 정치적 관계(정치적 분권), 행정적 관계(행정분권), 재정적 관계(재정분권)로 크게 분류되기도 한다.[1]

요약하면, 정부 간 상호작용 관계는 한 국가 내 정부 간의 권력−권한적 관계, 기능−사무관계, 재정관계 등이 일반적으로 다뤄진다.

2. 정부간관계의 중요성

중앙정부 단독의 공공목적 달성 및 공공문제 해결은 다양한 한계에 봉착한 것

---

[1] 정부간관계와 관련하여 Page & Goldsmith(1987)는 법적인 지방주의(legal localism)와 정치적 지방주의(political localism)이라는 개념을 논의하고 있다. 법적인 지방주의는 중앙과 지방의 기능배분(function)과 정책−재원의 권한(재량권, discretion)을 포함한다. 반면 정치적 지방주의는 지방이 중앙의 의사결정에 목소리를 내거나 참여(access)할 수 있는 것으로 보았다. 또한, 하혜수·전성만(2019)은 중앙−지방자치단체 간 정부간관계에서 주요한 요소로 '제도(구조), 조정양식, 자원'으로 분류하였다. 제도(구조)는 사무와 기구정원의 측면에서, 조정양식은 지방정부에 대한 지시, 명령, 직권취소 등의 측면에서, 자원은 재정적−정보적−정치적−인적자원의 측면을 고려하였다. 관련하여 행정이나 정책의 기능배분 및 집행의 측면을 행정분권으로 재정적 측면을 재정분권으로 유형화할 수 있다. 더불어 의사결정의 주체나 의사결정권의 소재를 다루는 정치분권의 영역도 정부간관계의 세부요소로 유형화할 수 있다.

으로 평가받는다.[2] 정부실패, 특히 중앙정부 중심의 공공문제 해결의 한계는 1960－70년대 복지국가의 실패로부터 이미 널리 대두되었다. 중앙정부 단독의 한계는 시민 및 시민사회, 그리고 시장, 지방정부와의 새로운 협력적 관계, 즉 거버넌스적 접근의 요구와 확산으로 이어졌다. 거버넌스를 통한 문제해결은 미국이나 서구뿐만 아니라 우리나라에서도 활발하다. 오랜 중앙집권의 전통을 가진 한국의 정치·행정을 고려했을 때 여전히 중앙정부를 포함한 지방자치단체는 공공문제 해결에서 중요한 위치를 차지한다. 특히, 중앙정부와 지방정부 간 역할의 재조정 및 재정립은 공공문제 해결을 위해 지속적으로 제기되어 왔다. 즉, 정부간관계의 중요성이 점차 증대하고 있는 것이다.

이하에서는 정부간관계의 중요성을 정치제도적 변화, 공공문제의 속성, 정부시스템의 관계 측면에서 논의한다. 구체적으로 지방자치의 실시, 행정 및 사회현상의 복잡성, 위험성, 규모성, 상호의존성의 증대로 단일의 정부 또는 사회주체가 공공문제를 해결하기 어려워지는 현실을 고려한다.

1) 지방자치의 실시

지방자치제도의 실시로 지방정부는 일정한 구역 내에서 자치권의 행사가 가능해졌다. 중앙의 통치권자가 단체장 및 지방의 주요 지위를 임명할 때와는 달리 지방주민이 직접 선출한 지자체장과 지방의원은 때로는 중앙의 정책이나 통치와는 충돌과 갈등을 일으키기도 한다. 물론 한국의 지방자치는 여전히 중앙의 각종 법적－재정적 제약이 크지만 지방자치제 실시 이전과는 다른 지방행정 및 정책의 형성과 집행이 자치권의 범위 내에서 시행되고 있다. 법과 제도의 범위 내에서 일정 지역 내에서 행사되는 지방자치권으로 인해 중앙과 지방 간 또는 지방자치단체 상호 간 합리적인 권한의 배분과 갈등의 조정 등의 이슈는 더욱 관심을 받고 있으며, 이에 따른 정부 간 긴밀한 관계는 점점 더 중요해졌다.

---

2) 대표적으로 공공영역에서 거버넌스 논의의 확대는 이를 반영한다.

2) 공공문제의 성격 변화: 난제의 증대

오늘날 공공문제는 복잡성－심각성이 증대하고 첨예한 갈등을 야기한다. 공공문제는 규모 측면에서도 대형화되고, 영향력의 측면에서도 심각성이 증대하며, 피해의 확산이 빠르고 통제하기 힘든 난제(wicked problems)적 성격을 가진다. 중앙정부 단독의 전통적인 접근방식으로는 실질적 해결이 쉽지 않다. 2015년 발생한 메르스 사태는 중앙정부 문제해결 역량의 총체적 난국을 보여주는 사례로 언급된다. 새롭게 확인된 메르스 병균은 원인, 전이, 감염 및 확산경로 등의 파악이 지난한 사례였고, 사건발생 초기 중앙정부의 정보독점은 지방정부의 불신과 불만을 초래하며 지방정부 단독의 대응으로 이어지기도 했다. 또한, 2020년 초반 이후 국제 및 국내적으로 확산된 코로나19와 같은 감염병의 대유행은 환경의 파괴 등과 더불어 심각한 난제로 평가받는다.

더불어 공공문제는 이해당사자 간 첨예한 갈등으로 이어지는 경우가 많다. 갈등의 증폭과 지속은 한 사회나 국가가 부담해야 할 사회적 비용의 증대로 이어진다. 공공서비스의 제공 주체와 관련하여 중앙과 지방 간 첨예한 갈등이 존재하기도 한다. 예를 들어 1973년 지방소방공무원법이 제정되어 소방공무원이 국가직과 지방직으로 이원화된 이후 지방직 소방공무원의 처우와 소방관련 시설과 설비의 낙후로 이어졌다. 이후 국가직으로의 전환은 지속적인 논란이 되었으며 마침내 2020년 4월 1일 소방공무원직이 모두 국가직으로 전환되었다.

3) 문제해결의 상호의존성 증대

공공문제는 하나의 지리적 경계 내에서만 머물지 않는다. 한 지역의 문제는 교통－통신의 발달로 인접 지역 및 전국적인 확산으로 급격히 일어난다. 지리적 경계를 넘어서는 문제로 인해 정부 간 상호의존성의 정도가 어느 때보다 높아졌다. 한 지역의 문제는 한 지역에서만 해결된다고 모두 해소되는 것이 아니다. 인접한 지역에서 문제가 해결되거나 종식되지 않는 한 해당 지역에서의 문제는 지속될 수 있다. 긍정적 외부효과와 부정적 외부효과가 공존하여 나타난다. 외부효과는 비경제성을 유발하고 상급지방정부의 조정과 지원을 통해 외부효과의 문제를 완화하기도 한다. 즉, 중앙과 지방정부, 나아가 민간사회 등 다양한 주체의 협력이 더욱 절실히 요구되는 상황이다. 예를 들어, 구제역사태는 한 지역의 폐쇄로 확산이 중단되는 것이 아니다. 인접 지자체와 긴밀한 협력 하에 구제역의 확산과 이동을 통제해야 한다. 관련 지자체의 역할뿐만 아니라 전국적 단위에서 중앙정부의 조정과 조율의 역할이 중요하다.

4) 국가발전의 동반자

한국전쟁을 거치며 1960－1980년대 한국은 중앙정부가 국가 및 지역경제 발전을 견인하였다. 하지만 중앙정부 주도의 고도성장기가 끝나고 민간 및 시장의 역할이 증대하면서 정부 주도의 경제정책과 성장정책은 또 다른 전환을 요구받고 있다. 한국은 선진국 수준의 성장둔화기에 접어들면서 중앙정부 주도의 경제개발정책에서 지방의 잠재력과 역량에 기반한 새로운 성장동력을 모색하고 있다. 지역의 경쟁력이 국가의 경쟁력으로 이어지는 패러다임의 전환을 경험하는 중이다. 이러한 맥락에서 중앙정부와 지방정부는 국가 및 지역경제발전을 위해 새로운 역할관계를 정립하고 있으며 이는 정부간관계의 재정립에 대한 요구로 이어지고 있다. 이러한 과정에서 중앙과 지방의 원활한 소통 및 협력은 정부의 학습과 혁신의 기회를 증대시키고 역량강화의 기회를 제공하였다. 이는 궁극적으로 국가 전체 발전의 원동력이 된다.

5) 시민의식의 증대

시민의식의 성장 및 인식변화는 중앙에서 지방으로 권력의 이동을 요구하고 있다. 지역사회의 현안에 대한 시민들의 인식이 증대하고 지역과 시민들이 주체가 되어 공동대응하는 경향이 증대하는 것이다. 지방의 공공문제나 목적을 수행함에 있어 중앙이나 지방정부의 정책결정과정이나 집행에 시민들의 이해나 목소리를 적극적으로 반영하는 상황이 증대하고 있다. 이러한 상황에서 정부간관계는 단순히 중앙－지방정부만의 관계에만 한정되는 것이 아닌 시민의 요구와 입장을 반영하여 재설정되어야 하는 경우가 빈번히 발생한다. 가령, 중앙정부의 비선호시설입지 선정에 대한 지방정부의 폐쇄성과 일방적 수용으로 인한 지역 주민의 반발과 갈등은 지방정부와 중앙정부의 협상이나 조정과정에 지역 주민의 입장이 중요한 변수로 작용함을 보여준다. 더불어 지방정부의 역할에 대한 시민의식의 변화는 중앙의 일방적 의존이나 문제해결보다 지방정부의 적극적 입장표명과 반영의 요구를 증대시켰다.

　　요약하면, 오늘날 정부간관계에서 점증하는 공공문제 해결의 효과적-효율적 대응을 위해서는 중앙 우위의 전통적 시각에 대한 개선과 변화가 없이는 유지-발전되기 힘들다. 즉, 중앙정부는 정책결정을 하고 지방정부는 집행을 한다는 전통적인 중앙 우월주의의 시각에 대한 극복 없이는 올바르고 적실한 정부간관계를 형성 및 지속하기 어렵다.

제2절　정부간관계 모형

　　정부간관계의 이론적 모형은 각국의 실정을 반영하여 다양하게 형성-발전되었다. 대표적으로 미국의 Wright는 건국 초기부터 20세기까지 연방정부와 주정부의 관계를 바탕으로 모형화하였고, 영국의 Rhodes는 대처 정부 등 노동당-보수당정부의 정부간관계를 모형화하였다. 이외에도 일본의 학자들은 일본의 지방분권의 변천을 고찰하여 특수성을 반영한 모형으로 발전시켰다.

　　한편, 정부간관계는 하나의 고정된 모형으로 설명되기에는 다층적이고-복합적이다. 한 국가 내에서도 정부간관계는 시간의 흐름과 행정 현상에 따라 각기 상이한 뉘앙스를 반영하여 나타나고 있다. 예를 들어 가장 전형적인 모형이라고 할 수 있는 대리인모형과 동반자형모형의 개념적 토대 하에서 혼재되어 나타나는 경향을 보인다. 이하에서는 대리인모형과 동반자모형을 우선적으로 살펴본 후 학자들의 세분화된 모형을 논의한다.

1. 기존 접근: 대리인모형과 동반자모형[3]

정부간관계를 설명하는 가장 단순하면서도 전형적인 모형으로 대리인모형 (agent model)과 동반자모형(partnership model)을 들 수 있다(Griffith, 1966: 17–18; Rhodes, 1981: 14–18). 중앙정부와 지방정부의 관계를 수직적–종속적이냐 아니면 수평적– 대등적으로 보느냐에 따른 양극단을 나타내는 전통적인 모형이다. 대리인모형에서 지방정부는 중앙정부의 입법적 산물이자, 대리인으로 역할을 한다. 대리인모형에 따르면 중앙 우위의 권력지형에서 지방정부는 중앙정부의 대리인으로서 지방을 관할하고 주어진 범위 내에서 권한을 행사하며, 재정권도 제한되며, 중앙정부의 위임사무를 수행한다. 중앙집권제의 오랜 전통을 가진 국가들에서 전형적으로 나타나는 정부간관계이다. 반면, 동반자모형은 중앙과 지방이 어느 정도 대등한 위치에서 각자 고유의 권한과 재원을 독립적으로 보유하면서, 필요에 따라 일정 부분 권력을 공유하거나 갈등해결을 위해 협상이 일어나는 형태이다. 이와 같이 대리인모형과 동반자모형은 정부간관계에서 가정할 수 있는 양극단의 모형을 보여줌으로써 정부간관계를 이해하는 개념적 토대로서 유용한 역할을 한다.

하지만, 대리인형과 동반자형의 모형구분은 정부간관계의 복잡성과 다양성을 단순하게 이분법적으로 구분한 것으로 비판받는다. 현실에서는 순수한 형태의 대리인형과 동반자형태의 정부간관계로 존재하기 어렵다. 오늘날 정부간관계는 변화하는 정치–사회–경제–행정환경으로 인해 중간 형태의 성격을 지닌 다양한 제3의 모델들이 제시되고 있다. 대리인모형과 동반자모형의 중간지점에 위치하는 형태로는 중첩모형(Wright, 1988), 지배인모형(Elcock, 1982), 권력의존모형(Rhodes, 1981; 1086) 등의 모형을 들 수 있으며 이하에서는 이들을 중심으로 고찰한다. 제3의 모델들은 정부간 상호의존관계, 권한의 중첩, 상호 협상과 협력의 속성을 일반적으로 공유하고 있다.

---

3) Rhodes(1981: 14–28)는 정부간관계를 논의하면서 대리인–동반자모형(agent–partnership models)을 전통적 모형(conventional wisdom)으로 구분하고, 이에 대한 비판을 추가로 제시하고 있다. 여기에서는 전통적 모형을 기존의 접근으로 개념화하고, 다음에는 세분화된 모형을 추가해서 논의한다.

2. 세분화된 모형

1) 라이트(Wright)의 모형: 동등권위형, 내포권위형, 중첩권위형

Wright(1988)는 미국 연방제의 맥락에서 정부간관계 모형을 발전시켰다. 건국 초기부터 최근까지 정치적−권력적 맥락을 고려하여 권위(authority)의 배분을 기준으로 동등권위형(coordinate authority model), 내포권위형(inclusive model), 중첩권위형 (overlapping model)을 발전시켰다. 즉, Wright(1988)의 모형은 미국의 상이한 정치적− 권력적 현상과 맥락을 반영하여 포괄적으로 제시되었다.

우선 동등권위형은 연방정부와 주정부 간에는 고유한 권한이 존재하는 것으로 본다. 상호 독립적으로 분리되는 고유권한의 존재로 인해 개별정부 단위의 권한을 침범하게 되면 공식적·법적 다툼의 여지가 발생한다. 동등권위형은 연방정부와 주 정부 간의 관계에서 설정되는 것으로 기초지방정부는 제외되는 것으로 본다. 즉, 시 와 카운티 등의 기초지방정부는 '딜론의 규칙(Dillon's rule)'에 따라 '주정부의 피조물 (creatures of state)'로 보아 정부간관계 모형의 설정에 포함되지 않는다.

내포권위형은 연방정부의 권위 내에 주정부와 지방정부가 위치하며 계층적 관 계를 상정한다. 연방정부와 하위정부의 관계는 계층제적 관계로 주 및 기초지방정 부는 연방정부의 정책결정을 집행하는 성격을 가진다. 라이트는 이 모형에 대한 근 거로 연방정부에 속한 엘리트 계층, 이익집단과 관료집단의 밀착관계, 지방정부가 정책결정이나 기획보다는 연방정부의 정책집행기관으로서의 성격을 띤다고 보았다.

마지막으로 중첩권위형은 연방정부, 주정부, 지방정부 사이에 중첩하는 권위 (限)영역이 존재하며, 이를 위해 공동으로 서비스를 제공한다. 하나의 정부 단독이 아닌 여러 정부가 중첩되어 권한과 책임을 담당하는 모형으로 정부 간 상호 협상 및 협력이 강조된다. 오늘날 주민의 행정서비스에 대한 수요 증대 및 공공문제의 복잡성 등은 정부간 조정과 협상을 통해 해결할 여지가 증대하고 있다.

제3편 제8장

그림 8-1   라이트의 정부간관계모형

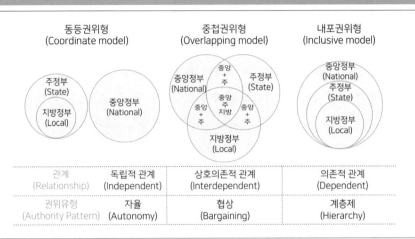

출처: Wright(2007: 73). Models of Nationals, State, and Local Relationships. 인용 및 편집.

2) 로즈(Rhodes)의 '권력의존모형'[4]과 챈들러(Chandler)의 '마름모형'

Rhodes(1981)는 제2차세계대전 전후 영국에서 발간된 정부간관계에 관한 보고서들이 중앙통제의 확대와 지방정부의 권한 축소의 경향을 보인다는 주장의 한계를 지적하며 정부간관계의 이론을 발전시켰다. 그에 따르면 정부간관계를 이해하는 핵심은 자원의 정도에 따른 권력과 의존(power and dependence)의 관계이다. 자원 및 권력의 수준이 낮은 지방정부는 중앙정부에 의존할 수밖에 없지만, 의존은 필연적으로 상호성(reciprocity)의 관계를 상정하기에 일방적인 통제와 권력의 행사가 일어날수는 없다는 것이 로즈가 내린 핵심 주장이다(Rhodes, 1981: 99).[5] 이를 통해 권력의존모형은 정부간관계에서 지방정부의 자율성을 지지하는 논의를 발전시켰다(Elcock,

---

4) 권력의존(power dependence)은 Emerson(1962)의 'Power–Dependence Relations'의 논문에서 제시되었다. 그는 이 논문을 'power, authority, legitimacy, and power structures'을 둘러싼 모호함을 해소하기 위하여 이론을 발전시켰다고 밝히고 있다. Rhodes(1981: 48)는 Thompson(1967)의 논의를 인용하여 정부간관계에서 발생하는 '의존'의 정도는 조직이 필요한 자원 또는 성과의 정도에 비례하고 그와 같은 자원과 성과를 제공하는 다른 요소들의 능력에 반비례한다고 언급하고 있다. 그는 이러한 의존관계로 인해 상호성이 중요해지는데, 의존성은 제약으로 작용하지만, 그렇기 때문에 그 제약을 완화하기 위한 조직 또는 정부의 노력에 대한 이해가 중요하다고 지적하였다(Rhodes, 1981: 48).

5) 자원은 공공조직의 필요를 충족시키는 수단이다(Rhodes, 1981: 100).

1982: 5-7). 그는 중앙과 지방의 관계를 '교환의 과정(a process of exchange)'으로 보면서 정부가 보유한 자원의 양과 운용기술, 전략에 따라 지방정부도 상당한 정도의 자율성을 지닐 수 있다고 지적하였다.

자원과 관련해서 Rhodes(1981: 100-101)는 의원내각제와 주민자치의 전통이 오랜 기간 지속되어온 영국의 맥락에서 정부간관계에 영향을 미치는 5가지 유형의 자원을 논의하였다.[6]

첫째, 헌법적-법적 자원은 헌법과 법률에 제시된 중앙과 지방의 의무적-재량적 권력을 의미한다. 의원내각제를 따르는 영국에서 중앙정부만이 지방정부를 만들거나, 변경하고, 폐지할 수 있는 권한은 헌법적-법적으로 의회의 고유권한(the Sovereignty of Parliament)으로 중앙에만 속한다. 더불어 지방에게 권한과 자원을 부여하거나 철회할 수 있는 권한도 중앙에 속한다. 하지만 지방정부의 권한이 의회에 의해 형성되고 변경된다고 하더라도 지방정부에 한 번 부여된 권한은 많은 경우 사법적 판단의 대상이 되면서 중앙의 뜻대로만 되지는 않는다(Elcock, 1982: 6).

둘째, 계층적 자원은 조직적 위계에서 명령을 내리거나 순응을 해야 하는 권위이다. 위계적 자원은 반드시 특정 법규나 규정에 따르지 않더라도 상하의 계층제적 관계에서 일상적·관례적으로 일어나는 권위로서 접근한다(Elcock, 1982: 6).

셋째, 재정적 자원은 정부가 보유한 금전적 자원이다. 재정적 자원은 각 정부가 보유한 재정적 자원으로 중앙정부가 우월적 위치에 있다. 하지만 로즈는 중앙으로부터 지방으로 이전되는 재원이 지방재정의 60%를 차지하더라도 지방은 지출의 여부 및 세금부과에 대한 결정권한이 있다고 하였다(Elcock, 1982: 6).

넷째, 정치적 자원은 의사결정의 접근, 선출을 통한 정당성, 대중의 지지를 얻는 권리 등이다. 정치적 자원은 중앙의 의회나 지방의회가 선거로 선출된 정치적 정당성을 통해 중앙이나 지방에 정치적 영향력을 행사할 수 있다(Elcock, 1982: 6-7). 하지만 Rhodes(1981: 31-32)는 지방의 정치엘리트들도 정당대회나 각종 관계 등을 통해 중앙의 정치엘리트들에 직간접적으로 영향을 미치고 정부간관계에도 영향을

---

6) 5가지 자원에 대한 논의는 Rhodes(1981: 100-101)를 정리하였음.

미칠 수 있다고 하였다.

다섯째, 정보자원은 정보와 전문성으로서 정부간관계의 측면에서는 공무원의 전문성과 전문가 그룹과 연관된다(Rhodes, 1981: 33). 또한, 정보자원은 지방의 서비스나 상황에 대한 정보를 말한다(Elcock, 1982: 7). 중앙이 인지하지 못하는 지방의 서비스나 행정에 대한 정보를 통해 지방정부는 중앙의 정책과 상반된 의견을 제시하기도 한다.

이상의 자원은 복합적으로 작용하여 정부간관계에 영향을 미친다. 이 중 재정적 자원이 정부간관계에 지대한 영향을 미친다고 하더라도 다른 자원들의 차이로 인해 중앙과 지방정부는 상이한 상황에서 상이한 의존관계를 형성할 수 있다. 이와 같이 자원의 양(이용가능성과 배분)뿐만 아니라 자원의 대체가능성, 그리고 관계의 전략에 따라 중앙-지방의 의존관계는 상이하게 나타날 수 있다(Rhodes, 1981: 101).

다음으로 Chandler(2001)는 중앙-지방의 관계를 설명하기 위하여 '마름(steward)'이라는 개념을 도입하였다.[7] 즉, 지방을 중앙의 '마름'으로 설정하는 정부간 모형을 발전시켰다. 18세기에 대토지를 소유한 귀족은 마름을 고용하여 토지와 생산물을 관리하게 하고 그들은 정치, 전쟁, 종교나 사치로운 일상을 보냈다. 마름은 주인이 세운 원칙이나 지침에 반하지 않는 한 상당한 수준의 재량권으로 관할 지역 내 토지를 관리할 수 있었다. 물론 재량권은 지주가 허용하는 범위 내에서만 가능하고 주인인 지주는 언제든 마름의 권한을 회수하거나 정지시킬 수 있었다. 챈들러는 유사하게 중앙정부의 정치인과 관료들도 국가 차원의 중요 정책을 결정 및 기획하고 소소하고 세부적인 집행업무는 중앙의 하부적 집행기관인 지방에 전담케 한다고 지적하였다. 중앙정부가 지방정부를 대하는 자세나 인식은 앞서 언급한 '마름'에 준하는 역할에 머문다는 것이다.

특히, 챈들러는 1980년대 영국 대처 정부 하의 중앙과 지방의 관계에서 지방은 마름의 권한과 역할로 자율성이 위축되었다고 주장한다. 보수당 정부인 대처수상이 집권하면서 지방재정지원을 축소하고 지방의 권한을 대폭적으로 축소시켰다. 특히,

---

7) 이하의 논의는 Chandler(2001: 87-98)의 내용을 참조하여 정리하였음.

'Rates Act 1984'는 진보적 색채를 띤 도시지방정부에 대한 중앙의 재정감축 및 세율 인상 제한의 압박을 통한 통제로써 작용하였다. 그럼에도, 진보 도시지방정부는 세율인상 등 재정확장을 통해 강력한 저항을 하지만 중앙정부 우위의 법적 권한에 의해 노동당이 지배하던 대런던의회(GLC)와 광역카운티의회가 폐지되는 등 지방의 권한은 대폭적으로 축소되었다. '게임의 규칙'을 바꿀 수 있는 중앙정부와 의회의 법적 권한에 의해 대처 정부 하에서 지방은 앞서 언급한 '마름'의 지위로 전락했다고 챈들러는 지적하였다.

대처수상의 보수당 정부와 대다수 진보적 지방정부 간의 일련의 충돌은 이데올로기가 다를 경우 중앙-지방의 관계가 첨예한 갈등으로 이어지고 결국은 지방의 권한이 대폭적으로 축소되는 재구조화(restructuring)될 수도 있음을 보여준다(Chandler, 2001: 92). 한발 더 나아가 챈들러는 토니 블레어의 진보적 노동당정부 하에서 중앙정부 우위의 통제관계에 변화가 있었는지 질문을 던진다. 결과로서, 챈들러는 노동당정부 하에서는 이전 대처 정부의 조처들이 완화되었지만 여전히 중앙 우위의 통제가 잔존하였다고 보았다(Chandler, 2001: 92).

3) 모형의 평가

학자별 정부간관계 모형은 상이한 국가적 맥락 및 접근에도 중앙-지방의 관계를 설명하는 공통적 분모를 공유한다. 첫째, 국가체제나 국가의 특성별로 다소 강조점에 차이는 있으나 공통적으로 정부간관계는 국가 간의 관계가 아닌 한 국가 내에 존재하는 다양한 층위나 유형의 정부를 다룬다. 둘째, 이러한 관계는 법-제도적 측면만의 권한이나 기능에 한정되지 않고 정책이나 공무원의 행태 측면을 포괄적으로 포함한다. 셋째, 정부간관계는 단 하나의 모형으로 규정되기 어려운 복잡한 형태를 보여준다. 시대별·정권별로도 모형 내 두드러진 양상이 달리 나타나고 정책이나 사업의 영역에서도 동반자적 관계, 계층적 관계 등이 각기 상이하게 나타난다.

더불어 학자별로 개발된 이론적 모형은 정부간관계를 이해하는 데 있어 각기 상이한 통찰을 제공하고 있다.

라이트의 모형은 미국이라는 연방제 국가 하에서 개발된 모형이지만 중앙정부와 지방정부 사이의 관계를 설명하는데 유의미한 시사점을 제공한다. 우선, 중앙-지방 간 고려될 수 있는 관계의 다양한 스펙트럼을 담았다. 즉, 중앙과 지방간 수직적 관계를 한 극단으로 두고, 다른 극단에 수평적-대등적 관계를 고려하고 있다. 수직적-계층적 관계를 나타내는 내포권위형과 수평적-대등적관계를 나타내는 동등권위형은 정부간관계의 양극단을 단순하게 대표한다. 이는 전통적 모형이라고 할 수 있는 대리인모형과 동반자모형과도 유사한 형태이다. 이러한 양자의 모형 사이에 중첩권위형을 두고 혼합 형태를 제시하였다. 라이트가 오늘날 점차 중요성이 증대하는 모형으로 중첩권위형을 지적했듯이 정부간관계는 양극단의 이분법적 접근으로는 한계가 존재하며 현실적 상호작용을 강조하는 추세이다. 중앙과 지방이 상호협력을 요하는 문제해결영역이 증가해 왔음을 반영한 모델이다.

반면 Rhodes는 권력의존모형을 통해 정부 간 자원의 차이는 타협과 협상을 초래하며, 정부 간 의존관계의 대두로 이어진다고 지적하였다. 연방제국가와 단방제국가에서 이러한 자원, 특히 헌법적-법률적 권위와 재원의 정도는 차이가 난다. 단방제국가에서는 상대적으로 중앙정부가 높은 권위와 재원을 보유하고 지방정부를 감독·통제할 가능성이 높게 나타난다. 그럼에도 불구하고 지방정부도 또한 지방 차원의 정보자원과 지방의 주민과 여론을 주도할 수 있는 자원이 중앙정부와의 관계정립에 영향력을 미칠 수 있다고 보았다.

챈들러는 중앙-지방의 관계를 설명하기 위하여 '마름'이라는 개념을 도입하였다. 특히, 보수당인 대처 정부의 작은 정부 지향과 지방에 대한 재정지원의 축소 과정에서 중앙-지방의 갈등과 이를 통제하는 중앙의 각종 법안 및 노력들이 지방을 '마름'의 위치로 머물게 했다는 것이다. 대처 정부 하의 지방정부의 자치권은 '게임의 규칙'을 변경할 수 있는 중앙정부 우위의 법적 권한에 의해 마찬가지로 변경 또는 통제되었다고 챈들러는 지적한다. 특히, 진보적인 도시지방정부는 중앙정부와 심각한 마찰에 직면하였다. 챈들러의 '마름'모형에 따르면 단방제 국가는 중앙이 법적-재정적으로 우월한 상황에서 중앙 정치지도자들의 정치적 성향과 정책 방향에 따라 지방의 자율성 및 권한이 상당히 유동적일 수 있음을 보여준다. 다시 말해, 영국과 같이 오랜 주민자치의 전통 하에 상대적으로 지방의 자율성이 존중되어 온 국가에서도 중앙정부의 우월적 지위에 의해 지방정부의 자율성과 권한이 제약되고 축소될 수 있음을 보여준다. 특히, 중앙과 지방정부의 정치적 성향이 다를 때는 갈등이 증폭되고 더욱 강력한 중앙 통제의 결과로 이어질 수 있음을 보여준다.

이상과 같이 정부간관계의 모형은 다양하게 발전되었지만 본질적으로는 대리인모형, 동반자모형, 그리고 중간모형(중첩권위모형, 마름모형, 교환모형 등등)으로 대별된다. 중앙과 지방의 관계를 설명하는 모형은 현실의 복잡다기한 정부간관계를 단순하게 제시한 것에 지나지 않는다. 현실 속 정부간관계는 정책유형별 그리고 국가별, 정부별로 입체적이고 역동적으로 나타난다. 즉, 정부간관계의 모형은 대리인－동반자형모형과 중간지대를 포함하는 다양한 스펙트럼상에서 시대별, 국가별, 정책사안별로 고정적이지 않고 다양한 형태로 나타나게 됨을 알 수 있다.

3. 우리나라의 정부간관계 모형의 탐색

1) 우리나라의 정부간관계의 개략적 변천

우리나라는 조선시대의 왕과 사대부의 통치, 일제강점기, 군사정권과 민선정권을 거쳐 오면서 강력한 중앙집권의 전통을 유지했다. 중앙집권적 전통 하에 중앙정부는 정치, 행정, 입법, 사법, 재정 및 각종 정책의 결정권 및 통제권을 보유－행사하며 중앙 중심의 통제와 지배를 행사했다. 중앙정부의 결정권 및 통제권은 지방과 지방정부의 자율성과 책임성의 확보와 성장을 약화시켰다.

정부간관계의 초점은 정권별로 대동소이하다. 해방 이후 1980년대 후반까지는 중앙정부 우위의 중앙집권적－계층제적 관계가 주축을 이뤘다면, 1990년대 지방자치제의 실시 이후 큰 흐름은 지방의 권한 및 재원을 이양하는 지방분권에 초점을 두고 진행되었다. 김대중 정부에서 본격적으로 시작된 사무 및 기능의 지방이양을 통한 분권추진 노력은 노무현 정부에 접어들면서 지방자치와 분권의 대폭적인 확대로 이어졌다. 지방분권의 추진이 균형발전의 철학과 연동되면서 일부 비판이 제기되기도 했지만, 역대 어느 정부보다 대통령의 강력한 의지가 반영되어 추진되었다.

이명박 정부는 지방행정체제개편에 상대적으로 집중하였고 일부 재원배분(지방소비세와 지방소득세)의 기틀을 마련하기도 하였다. 박근혜 정부는 정부간관계에서 두드러진 정책적 노력을 기울이지 않았고 지방의 복지정책 실험과 관련 갈등이 대두되기도 하였다. 문재인 정부는 2018년 분권형헌법개정을 추진하였지만, 정치권의 당리당략에 의해 본격적인 논의조차 진행되지 못하고 좌초되었다. 지방자치법의 전부개정을 1988년 이후 31년 만에 추진하여 2019년 4월부터 국회에서 계류 중이다가 2020년 4월 20대 국회의 임기종료로 자동폐기 되었다. 하지만 2020년 12월 전부개정안이 국회를 통과하고 2022년 1월 13일부터 시행에 들어갔다. 정부간관계와 관련 중앙·지방협력회의 등을 설치하기도 하였지만 중앙부처장의 기초의회에 대한 직접적인 재의요구도 허용하는 등 여러 한계도 지적되었다.[8]

이상과 같이 지방자치의 실시 이후 역대 정부는 기능이양, 재원조정 등 중앙집권적인 관계를 지방자치시대의 흐름을 반영하여 개편하고자 하였다. 하지만 국회를 중심으로 한 정치권의 무관심과 중앙정부 관료들의 저항으로 정부간관계는 기존의 중앙집권적 관행에서 크게 벗어나지 못하고 있다. 중앙과 지방의 권한, 기능, 재원의 조정은 일회성이 아닌 지속적인 도전이자 과제로 남아 있다.

2) 우리나라의 정부간관계 모형의 탐색

앞선 논의를 바탕으로 우리나라의 정부간관계의 모형화를 간략하게 탐색하면 다음과 같다.

우선, 한국의 중앙-지방의 정부간관계는 중앙 우위의 권한-재원배분과 하향식 의사결정이 일상적으로 일어나는 상황을 반영한 모형의 설정이 필요하다. 정부간관계 모형의 분류 기준은 권위(authority)의 소재 및 행사를 기준으로 한다. 여기서 권위는 제도적-공식적으로 주어진 권리로서 명령이나 지시와 관련한 권한을 행사하는 것을 의미한다. 정부간관계의 맥락에서 권위는 구체적으로 정부의 기능(사무)과 재원과 관련한 권한으로 조작화한다. 즉, '기능과 재원의 규모와 용도를 결정하는

---

8) 후술하는 상세 논의 참조.

힘'을 의미한다. 권한관계를 기준으로 이 장에서 분류한 모형은 수직적 통제모형, 수직적 협상모형, 수평적 대등모형이다(김천영, 2001; 박정민, 2007). 정부간관계의 개념을 포괄적으로 모형에 담기 위하여 발전된 세 모형을 세부적으로 논의하면 다음과 같다.[9]

수직적 통제모형은 중앙과 지방의 관계를 수직적·일방적 관계로 파악한다. 중앙과 지방은 수직적인 계층관계로서 중앙정부에 통제와 감독 권한이 집중된 집권형태이다. 기능과 재원도 지방보다 중앙에 집중되어 있는 형태이다. 지방은 중앙이 결정한 정책과 행정을 지역 단위에서 집행하는 중앙의 일선지방행정기관으로서 역할을 한다. 즉, 지방은 중앙의 의사결정과 계획을 집행하는 하부행정기관 또는 행정구역에 머문다. 지방의 단체장과 관료들의 주요 보직은 중앙에서 임명하는 시스템이 강조된다. 지방에 영향을 미치는 중앙의 주요한 입법이나 정책결정과정에 지방의 입장이나 이해를 반영하는 정치적 통로가 없거나 형식적으로 존재한다. 전통적인 대리인모형 또는 라이트의 내포권위형과 유사하다. 1960－70년대 박정희 정권 하에서 정부간관계는 이 모형에 가깝다.

수직적 협상(협력)모형은 중앙과 지방의 관계는 여전히 중앙 우위의 위계적 지도나 감독이 존재하지만 지방은 주요 정치지도자(단체장과 의원)를 선출하고 헌법과 법률에 의해 어느 정도 자치권이 허용된다. 정치적으로 지방은 단체장 및 주요 정치인들을 주민의 의사를 반영하여 선출한다. 이들에게는 지방의 자치권에 기반한 자율적 통치 및 행정이 지역의 관할구역 안에서 허용된다. 이를 위해 지방의 고유한 사무(자치사무)가 법률에 기반하여 허용되며, 중앙정부의 기능과 재원의 일정 부분을 지방으로 이양한다. 하지만 주요 기능은 중앙정부에 의해 수행되며 지방은 제한적인 기능을 담당한다. 또한, 재원의 지방이양이 일어나지만 과세권과 과세율 등 주요 결정권이 여전히 상위법에 의해 중앙정부와 입법기관에 위치한다. 수직적 통제모형과 달리 지방의 권한이나 재정에 지대한 영향을 미치는 중앙의 입법이나 정책결정과정에 개별적 또는 집합적(예: 4대협의체) 행동을 통하여 지방의 이해와 입장을 반영하는

---

9) 이하 세부 모형의 논의는 김천영(2001)과 박정민(2007)을 참조하여 발전시켰음.

쌍방향적 협상과 대화의 장이 일부 허용되기도 한다. 이러한 협상과정은 중앙과 지방이 수평적–대등적 관계가 아닌 여전히 수직적 관계라는 전제 하에서 이뤄지지만 중앙의 일방적 독주는 한편으로 지방의 저항과 집행상의 제약에 직면하기도 한다. 이 모형에서 중앙과 지방은 수직적 관계임에도 정책과 사안에 따라 상호의존적 관계임을 인식하기도 한다. 중앙집권적 전통이 강한 우리나라의 정치–행정적 상황에서 지방자치제의 재개 이후 점차 분권이 확대되는 형태를 반영한 모형이다.

수평적 대등모형은 중앙과 지방이 수평적으로 대등하고 독자적–자율적 통치영역이 존재한다. 지방정부는 중앙정부로부터 침해받지 않는 고유한 권한과 영역이 존재한다. 라이트가 언급한 동등권위형에 가까운 모형으로 한국의 맥락에서는 상위법률 우위와 재정권한이 중앙에 집중되는 상황에서 현실적으로 존재하기 힘든 이상형에 가깝다. 다시 말해, 우리나라와 같이 단일국가의 전통이 강한 국가에서 지방의 권한과 재원은 중앙정부 및 각종 법률에 의해 존립의 근거가 결정되는 상황에서 수평적 대등관계의 모형은 모델로서의 설명력이 낮다. 또한, 공공문제가 점차 복잡해지고 심각해지는 상황에서 이 모형은 현실 설명력에 한계가 있다. 하지만 이 모형은 재정력이 높으며 혁신적 정책을 추진하는 일부 지자체에서 중앙정부의 정책 방향과 달리 새로운 복지사업 등을 실험적으로 실시하거나 실시 했던 점에서 매우 단편적이며 제한적으로 관찰되기도 한다.

이상의 모형은 중앙과 지방의 관계에 초점을 두어 정립되었다. 오늘날 점차 중요해지는 지방정부 간 상호관계를 설명하는 데는 다소 한계가 있다. 지방정부 상호간 관계는 기존의 모형 중 독립된 법인격을 가지며 상호 대등한 관계에서 협력과 갈등이 나타나는 동반자모형이 상대적으로 설명력이 높다 할 것이다.

제3절 우리나라의 중앙-지방의 사무·기능배분[10]

우리나라는 헌법 및 각종 법령을 통해 중앙과 지방의 사무를 규정하고 있다. 중앙과 지방의 기능 및 사무관계를 담고 있는 대표적인 규정은 헌법, 지방자치법 등과 세부 시행령을 들 수 있다. 헌법은 지방자치단체가 주민의 복리에 관한 사무를 처리하도록 규정하고 있다.[11] 지방자치법에는 자치사무와 국가의 위임사무를 논의하면서 자치사무를 7개 영역 61개로 예시하였다.[12] 하지만 법률에 다른 규정이 있으면 예외로 하여 자치사무 예시의 의미가 퇴색한다는 비판을 받기도 한다. 또한 동법에는 중앙과 지방사무의 배분원칙(보충성, 포괄적 배분, 중복금지 등)을 제시하였다.

이하에서는 본격적인 사무배분의 논의에 앞서 사무배분의 방식과 원칙을 다룬 후 사무배분의 변천과 현황 및 문제점을 다룬다.

1. 사무배분 방식 및 원칙

1) 중앙-지방의 사무배분 방식

지방자치를 실시하고 있는 국가 중 지방의 사무를 지방자치에 관한 일반법 또는 개별법에 규정하는가에 따라 사무의 배분방식을 달리하고 있다. 다시 말해, 지방사무를 개별법에 각각 규정하느냐 아니면 일반법에 포괄적으로 담느냐에 따라 중앙과 지방의 사무배분방식은 개별적 배분방식, 포괄적 배분방식, 혼합방식으로 구분된다.

---

10) 중앙과 지방의 관계는 권한, 기능−사무, 재원의 측면에서 다양한 형태로 나타난다. 기존의 정부간관계의 연구는 정부간 기능−사무배분, 재정배분, 정부간 협력−갈등, 중앙의 통제·감사, 광역행정 등을 중심으로 논의되었다(정정화, 2018). 단방제 국가에서는 특히 중앙과 지방 간 사무배분에 관한 연구가 많이 나타나는 경향을 보인다. 오랜 중앙집권의 전통을 지닌 한국에서도 기존 연구의 상당수는 기능배분에 관한 연구로 나타나고 있다(정정화, 2018).
11) 헌법 제117조 제1항.
12) 지방자치법 제13조. 자치사무의 세부 내용은 후술하는 자치사무 내용을 참조.

첫째, 개별적 배분방식은 지방별로 담당할 사무를 각각의 개별법에 명시적이고 구체적으로 규정하는 방식이다. 즉, 지방자치단체별로 개별 법률을 통해 사무를 구체적으로 규정하는 방식으로 영국·호주·캐나다·스웨덴·덴마크 등의 국가에서 채택하고 있다. 특정 지자체에 새로운 사무를 신설하거나 기존의 권한이 미흡한 경우 해당 지자체에만 적용되는 관련 개별법안을 의회에서 개정 – 변경한다. 해당 지자체에 적용되는 개별법은 사무의 범위와 책임을 명확히 한다는 점에서 긍정적이지만 국가 전체의 통일성 및 균형성의 유지 측면에서는 한계가 존재한다.

둘째, 포괄적 배분방식은 중앙정부가 처리하거나 법률로 특별히 금지되지 않는 사무에 대해서는 지방자치에 관한 일반법을 통해 포괄적으로 배분하는 방식이다. 즉, 지방자치에 관한 일반법에 지방자치단체는 법률로 금지되지 않은 사무 또는 국가 및 다른 공공기관이 배타적으로 수행하는 사무를 제외하고 포괄적으로 사무를 처리할 수 있다. 프랑스·서독 등의 나라에서 채택하고 있다. 포괄적 배분방식은 개별적 배분방식보다 지방자치단체에게 사무권을 더욱 폭넓게 보장하는 것처럼 보이나 각종 개별입법의 조건을 통해 실질적으로는 포괄성의 의미가 퇴색되기도 한다. 또한, 배분기준이 불분명하여 정부 간 사무처리에서 중복이 발생하고 상대적으로 상급정부의 과도한 통제의 우려가 제기되기도 한다(임병수, 2009).

셋째, 혼합방식은 앞선 두 가지 방식을 결합한 것으로 지방자치관계법에 지방의 사무를 포괄적으로 예시하여 제시하는 방식이다. 우리나라와 일본이 혼합방식을 채택하고 있다. 우리나라는 1988년 4월까지는 포괄적 배분방식(즉, 개괄적 수권방식)을 적용했지만, 지방자치법의 개정으로 포괄적 예시주의라는 절충방식을 도입했다. 즉, 지방자치법은 지방의 고유사무와 위임사무의 처리를 제시하여 포괄적 배분방식에 가깝고, 또한 자치사무를 7개 영역 61개로 예시하고 있어 예시주의에 가깝다.[13] 하지만 사무배분에 관하여 지방자치법상에는 한계가 존재한다. 동법의 단서조항 "다만, 법률에 이와 다른 규정이 있으면 그러하지 아니하다"라는 조항으로 인해 열거의 의미가 거의 없다는 비판을 받는다.[14] 즉, 예시주의의 사무가 폭넓게 제한받고 있는 실정이다.

---

13) 지방자치법 제13조 제1항과 제2항.
14) 지방자치법 제13조 제2항.

한편, 우리나라의 '포괄적 예시주의'는 중앙과 지방의 사무배분의 규정을 담고 있을 뿐만 아니라 특례조항에 의거하여 광역지자체와 기초지자체에 따라 예외 규정을 두고 있다. 이러한 특례로 자치구에 대한 특례,[15] 인구 50만 이상 시에 의한 예외,[16] 서울특별시에 대한 특례,[17] 세종특별자치시와 제주특별자치도에 대한 특례,[18] 인구 50만 이상의 대도시에 대한 특례,[19] 인구 100만 이상의 대도시에 대한 특례[20]에 근거하여 사무배분에 예외를 두었다. 구체적인 내용은 광역－기초지방자치단체의 사무배분에서 다루기로 한다.

2) 사무배분의 원칙

국가사무와 자치사무의 권한과 책임을 어떻게 합리적으로 배분할 것인가는 중앙과 지방의 역할 규정과 밀접히 연관되는 중요한 질문이다. 중앙과 지방의 합리적인 사무배분을 위해 각국은 사무배분의 원칙을 발전시켰다. 우리나라도 중앙과 지방의 사무를 구분하는 배분원칙으로 지방자치법[21]에 그 내용을 담고 있다. 이와 같은 법률에 따르면 중앙과 지방사무의 배분원칙은 크게 보충성, 포괄적 배분, 중복금지, 민간의 자율성 증진 원칙으로 구분된다.

(1) 보충성의 원칙

보충성의 원칙은 지역 주민의 생활에 직접적으로 연관된 사무는 원칙적으로 가장 지근거리의 지방자치단체가 처리하는 원칙이다. 지방자치단체가 처리하기 힘든 사무에 한하여 중앙정부가 담당한다. 이에 따라 주민의 실생활과 밀접히 관련된 사무는 일차적으로 시·군·구가 처리하고, 시군구가 처리하기 힘든 경우 광역지자체가, 이 또한 어려운 경우 중앙정부가 담당하는 방식을 강조한다.[22]

---

15) 지방자치법 제2조 제2항.
16) 지방자치법 제14조 제1항 2호.
17) 지방자치법 제197조 제1항.
18) 지방자치법 제197조 제2항.
19) 지방자치법 제198조.
20) 지방자치법 제198조 신설(2022년 1월 13일 시행).
21) 지방자치법 제11조.
22) 지방자치법 제11조 제2항.

(2) 포괄적 배분의 원칙

중앙정부에서 광역지자체로 또는 광역지자체에서 기초지자체로 사무를 배분 또는 재배분할 경우에는 해당 지방자치단체가 자기의 책임하에 종합적으로 처리할 수 있어야 행정의 효율성, 효과성, 대응성 등이 높아진다. 이와 같이 지방자치단체가 관련 사무를 자기의 책임 하에 종합적으로 처리할 수 있도록 관련 사무를 부분적이 아닌 포괄적으로 배분하는 것이 포괄적 배분의 원칙이다.[23] 오늘날 행정서비스는 복합적으로 연계되는 경우가 많다. 가령, 일상 속 주민의 복리를 증진시키기 위해서는 복지, 안전, 경제 등 여러 사무들이 유기적으로 관계를 맺고 제공되어야 한다. 관련 사무의 포괄적 배분을 통해 사무의 효과가 종합적으로 구현될 수 있다.

(3) 중복금지의 원칙

주민의 편익이나 집행의 효과 등의 측면에서 중앙과 지방, 지방과 지방간 사무가 중복되지 않도록 배분하는 원칙이다.[24] 정부 간 사무의 중복은 행정의 효율성을 저해하고 책임소재의 논란을 제기할 수 있다. 다시 말해 불필요한 행정의 낭비가 발생하고, 상호 책임소재의 불명확과 책임의 회피 등으로 인해 궁극적으로 주민들에게 피해가 돌아갈 수 있다.

(4) 민간의 자율성 증진의 원칙

이 원칙은 민간의 자율성 또는 역량을 행정사무의 배분 시에도 적극적으로 고려하는 원칙이다. 특별법상에는 사무의 배분 시 "민간부문의 자율성을 존중하여 국가 또는 지방자치단체의 관여를 최소화하여야 하며, 민간의 행정참여기회를 확대하여야 한다."[25]고 규정하고 있다. 이를 통해 정부부문뿐만 아니라 오늘날 점차 역할이 증대되고 있는 주민-시민사회-시장 등의 역할도 또한 강조하고 있다고 볼 수 있다.

---

23) 지방자치법 제11조 제3항.
24) 지방자치법 제11조 제1항.
25) 지방자치분권 및 지방행정체제개편에 관한 특별법 제9조 제4항에 담겼던 내용이다.

이상과 같이 정부 간 사무배분의 원칙에 기반하여 지방자치단체의 사무처리 시 지켜야 할 기본원칙도 또한 전부개정 지방자치법에는 제시하고 있다.[26] 우선, 주민의 편의와 복리증진이 사무처리의 가장 기본 방향이 된다. 또한, 사무처리를 위해 조직과 운영을 합리적으로 하며 적절한 규모를 유지해야 한다. 하지만, 이와 같은 지방자치단체의 사무처리는 법령을 위반해서는 안 되며, 시군구는 시도의 조례를 위반하여 사무를 처리할 수 없도록 하고 있다.

2. 사무배분제도의 변천

지방자치제의 본격적인 실시에 앞서 정부는 중앙과 지방의 사무를 재분류하였다. 이후 역대 정부는 지속적으로 지방으로 이양할 사무를 발굴하고 부분적으로 추진해 왔다.

우선, 김대중 정부는 이전까지 추진하던 총무처 주도의 이양심의위원회의 법적 근거 미비로 인한 이양 추진의 한계를 인식하고 국가사무의 지방이양을 뒷받침하기 위하여 1999년 1월 '중앙행정권한의 지방이양촉진 등에 관한 법률'을 제정하였다. 노무현 정부는 2004년 '지방이양일괄법'[27]을 추진하였지만 국회 소관 상임위원회 선정 문제로 중단되었고, 2004년 '지방분권특별법'을 제정하였다. 이명박 정부에서는 2008년 '지방분권촉진에 관한 특별법'으로 명칭을 변경하고, 박근혜 정부는 2013년 '지방분권촉진에 관한 특별법'과 '지방행정체제에 관한 특별법'을 통합하여 '지방분권 및 지방행정체제개편에 관한 특별법'을 제정하였다. 문재인 정부는 실질적인 지방자치와 분권을 이행하기 위해 2018년 3월 '지방자치분권 및 지방행정체제개편에 관한 특별법'으로 명칭을 변경하고, 또한 2019년 '지방이양일괄법'의 제정을 통해

---

[26] 지방자치법 제12조.

[27] 지방이양일괄법은 "국가의 권한 및 사무의 지방이양을 위해 필요한 법률들을 한 개의 법률안으로 종합하여 개정하는 것"이다(하혜영, 2020: 1). 이를 통해 부처에 산재한 법률을 개별적으로 개정하는 시간적·절차적 한계를 극복하고 권한 및 사무이양의 효율성과 효과성을 제고하는 노력의 일환이다. 관련하여 최환용(2018)은 대한민국정책 브리핑에서 "행정권한과 사무의 이양은 개별 법률의 개정에 맡겨짐에 따라 법분야간 권한과 사무의 이양에 불균형이 발생하고, 자치분권정책의 일관성이 훼손되어 왔다."고 지적하고 있다.

사무·기능의 지방이양을 강력하게 추진하고자 하였다. 2019년 8월 이 법률안은 국무회의를 통과하였으나 20대 국회의 임기종료로 처리가 무산되었다. 하지만, 2020년 21대 국회에서 지방자치법 전부개정안과 함께 그해 12월 통과되었다.

이상과 같이 역대 정부는 각종 위원회를 중심으로 사무배분의 논의를 이어갔지만 관련 부처의 미온적인 입장과 국회의 무관심 등으로 지방으로의 사무이양은 지지부진한 것으로 비판받는다. 또한, 사무이양에 더하여 현실적으로 보다 중요한 인력 및 재정지원이 뒷받침되어야 함에도 관련한 후속조치가 미흡한 것으로 지적되고 있다(하혜영, 2020).

3. 사무배분 및 현황: 국가사무와 지방사무

우리나라는 앞서와 같이 포괄적 예시주의를 토대로 지방자치법 및 관련 법령이 국가와 지방의 사무를 규정하고 있다. 이러한 법령에 제시된 사무의 구분은 크게 국가사무와 지방사무로 구분된다. 국가사무는 다시 국가가 직접 처리하는 사무와 지방에 위임하는 위임사무, 그리고 공동사무로 나눠진다. 위임사무는 중앙정부가 모든 사무를 처리할 수 없고, 처리하는 것도 효율적이지 않아 지방으로 위임하는 사무로서 한편으로는 지방의 사무로 포함되기도 한다. 이를 반영하여 지방이 처리하는 사무는 자치사무(고유사무), 위임사무(기관위임사무, 단체위임사무), 공동사무 등으로 분류될 수 있다. 사무의 유형과 관련 중앙과 지방의 권한, 책임, 재원은 때로는 중첩되기도 하면서 범위가 모호한 경우가 많다. 즉, 지방의 고유사무인 자치사무임에도 불구하고 중앙의 지도−감독이 폭넓게 진행되고 있고, 중앙에 의한 지방으로의 위임사무는 원칙적으로 국가사무이며 재정부담이 있음에도 지방이 재정적 부담을 다양하게 지고 있다.

이하에서는 지방이 처리하는 지방의 사무를 자치사무, 위임사무, 공동사무로 구분하여 세부적으로 논의하기로 한다.

1) 자치사무(고유사무)

자치사무는 헌법과 법률에 의해 정해진 지방의 고유한 사무로서 자신의 권한, 책임, 재원으로 수행되는 사무의 성격을 띤다. 우리나라 헌법은 "지방자치단체는 주민의 복리에 관한 사무를 처리한다"라고 규정하였다.[28] 또한, 지방자치법은 "지방자치단체는 관할구역의 자치사무와 법령에 따라 지방자치단체에 속하는 사무를 처리한다"라고 규정하였다.[29] 이에 따라 자치사무를 제2항에서 예시하고 있으며, 법률 유보 원칙을 적용하여 법률에 다른 규정이 있으면 예외로 하는 것으로 규정하고 있다. 예시된 자치사무는 7개 영역 61개의 사무로 나눠진다(〈표 8-1〉 참조). 예를 들어, 음식점 영업의 허가, 병원-약국의 개설허가 등은 자치사무에 속한다.

하지만 현실에서는 지방자치법상 국가사무와 지방의 자치사무의 구분 기준이 모호하고 때로는 경계도 중첩되어 나타난다. 지방자치법상 지방의 고유사무로 예시되어 있지만 '다른 법률에 이와 다른 규정이 있는 경우에는 그러하지 아니하다'와

표 8-1 국가사무와 지방사무 비교

사무종류	국가사무	지방사무
사무범위	① 외교, 국방, 사법, 국세 등 국가존립 ② 물가·금융·수출입 정책 등 ③ 농산물, 임산물, 축산물, 수산물 및 양곡 수급조절과 수출입 등 ④ 국가종합경제개발계획, 국가하천, 국유림, 국토종합개발계획, 지정항만, 고속국도·일반국도, 국립공원 등 관리 ⑤ 근로기준, 측량단위 등 전국적 기준 통일 조정 관련 ⑥ 우편, 철도 등 ⑦ 고도의 기술이 필요한 검사·시험·연구, 항공관리, 기상행정, 원자력 개발 등, 지방정부 자원능력 초과 사무	① 지방자치단체 구역, 조직, 행정관리 등 ② 주민의 복지증진 ③ 농림·수산·상공업 등 산업 진흥 ④ 지역개발과 자연환경보전 및 생활환경시설의 설치·관리 ⑤ 교육·체육·문화·예술의 진흥 ⑥ 지역민방위 및 지방소방 ⑦ 국제교류 및 협력

출처: 지방자치법 제13조·제15조 및 고광용(2016)의 '중앙-지방정부간 사무이양 체계 및 성과에 관한 연구'를 참조하여 재구성.

---

[28] 헌법 제117조 제1항.
[29] 지방자치법 제13조 제1항.

같은 국가의 입법재량에 따라 지방의 고유사무로의 구분이 실효성이 떨어지기도 한다. 사무구분이 명확하지 않은 경우 중앙과 지방의 다툼은 지속되고 있는데 대법원은 판례를 통해 어느 정도 방향을 제시하고 있다. 예를 들어, 사무구분이 명확하지 않은 경우에 발생되는 논란과 관련하여 대법원 판례[30]는 개별법령상의 취지와 규정형식(비용부담-수입의 귀속 및 감독 규정 등)을 우선적으로 고려하고, 그 외에도 전국적으로 통일성을 요하는 사무여부, 경비부담 및 책임귀속의 주체 등을 고려하여 판단할 것을 판시하였다.

2) 국가사무 중 위임사무: 기관위임사무와 단체위임사무

지방의 자치사무에 대비한 국가사무는 원칙적으로 중앙정부의 권한과 책임 하에 처리한다. 국가사무에는 국가가 직접 처리하는 국가사무가 대부분이지만 중앙정부가 스스로 모든 국가사무를 처리할 수 없기에 지방정부에 위임하여 처리하게 되는데 이를 위임사무라고 한다. 예를 들어, 기관위임사무는 국가의 사무로서 "법령에 따라 그 지방자치단체의 장에게 위임된 사무"이다.[31] 오랜 중앙집권적 전통을 가진 우리나라에서 지자체장은 국가의 대리인이자, 지방 단위 하부행정기관의 장으로서의 지위 및 성격을 가지며 국가를 대신하여 처리한다.

기관위임사무는 원칙적으로 지방의 사무가 아니다. 국가적 이해관계가 큰 사무들로 국가의 대리인으로서 처리함에 따라 경비는 원칙적으로 국가가 부담한다. 국가는 위임자로서 포괄적이며 광범위한 감독권을 가진다. 우리나라에서 기관위임사무는 지방사무 중 큰 비중을 차지하며, 원칙적으로 국가의 사무임에도 사무처리비용을 지자체에서 지는 경우가 적지 않다. 과도한 기관위임사무의 비중과 비용의 부담은 지방자치의 자율성과 책임성의 정신을 제한하는 비판이 제기된다. 예를 들어, 국가가 지정한 천연기념물의 보전이나 병역자원의 관리업무는 기관위임사무에 해당한다.

반면, 단체위임사무는 법인격을 지닌 지자체에 위임되는 사무로서 국가적 이해

---

30) 대법원 1999.9.17. 선고99추30.
31) 지방자치법 제116조.

와 지방적 이해관계가 겹치는 속성을 가진다. 경비는 원칙적으로 중앙과 지방이 함께 부담한다. 예를 들어 보건소의 운영이나 시군의 재해구호사업 등이 해당한다.

하지만, 단체위임사무와 기관위임사무의 구분이 모호하여 논란이 지속되고 있다. 개편방향으로 원칙적으로 위임사무를 폐지하고 국가사무와 자치사무로 단순화하는 논의가 학계와 지방자치발전위원회를 중심으로 지속적으로 진행되어 왔다(하혜수·전성만, 2019). 구체적으로 위임사무로 존치가 필요한 경우는 일본과 같이 법정수탁제도를 도입하여 사무구분의 복잡성과 논란을 가급적 줄이자는 의견이 제시되고 있다.

3) 사무·기능의 배분현황

1990년대 중반 지방자치의 본격적인 재개 이후 현재까지 사무·기능의 지방이양은 꾸준히 진행되었다. 하지만, 단순하게 한마디로 요약하면 여전히 이양수준은 미흡하고, 이는 수치상으로도 국가사무와 지방사무의 비율이 약 7:3 정도로 여전히 국가사무의 비중이 2배 이상 높게 나타남을 보여준다. 1995년 제1회 전국동시지방선거를 통해 지방자치제가 실시되기 1년 전인 1994년 국가사무 대비 지방사무의 비율은 13.4%였다. 10년 뒤인 2013년에는 국가사무 대비 지방사무의 비율이 32.3%로 증가하였다(최봉석 외, 2015; 행정자치부·한국지방행정연구원, 2015: 203−206).

보다 구체적으로는 국가사무와 지방사무의 구분 및 현황의 파악을 위해 중앙정부는 2009년 이래 5년 단위로 '법령상 사무 총조사'를 실시해 오고 있다. 조사에 따르면 사무(원처리권자 기준)는 크게 국가사무와 지방사무로 구분된다.[32] 국가사무는 세부적으로 국가직접처리사무, 기관위임사무, 단체위임사무, 공동사무로 나뉜다. 또한, 지방사무는 광역사무, 기초사무, 공동사무로 구분될 수 있다. 국가사무 중 기관−단체위임사무는 국가사무임에도 지방자치단체로 위임한 사무로서 실제는 지방자치단체가 처리하고, 공동사무는 국가와 지방자치단체가 공동으로 수행하고 있다.

---

[32] 사무의 처리와 관련 원처리권자와 실제 처리권자로 구분할 수 있다. 사무의 성격, 처리의 비용과 효율성 등을 고려하여 원처리권자가 직접 처리하지 않고 지방자치단체 등에게 위임하여 처리할 수 있다. 이 경우 원처리권자는 중앙정부이고 실제 처리권자는 지방자치단체가 된다. 이와 같은 위임의 경우 처리권의 변동이 일어나지만 원처리권자인 중앙정부가 관련 사무에 대한 감독권을 가지는 것으로 볼 수 있다.

2009−2019년간 5년 단위로 실시된 '법령상 사무 총조사'의 구체적인 사무 수는 〈표 8−2〉와 같다.[33]

표 8-2 우리나라 법령상 사무별 세부현황

구분	중앙사무				자치사무				합계
	국가사무	위임사무	공동사무	계	광역사무	기초사무	공동사무	계	
2009년	30,325 (71.6%)	1,125 (2.9%)	2,324 (5.5%)	33,864 (80.0%)	3,854 (9.1%)	3,888 (9.2%)	710 (1.7%)	8,452 (20.0%)	42,316 (100.0%)
2013년	30,143 (65.5%)	1,018 (2.2%)	0 (0.0%)	31,161 (67.7%)	7,707 (16.8%)	7,137 (15.5%)	0 (0.0%)	14,844 (32.3%)	46,005 (100.0%)
2019년	42,730 (70.1%)	966 (1.6%)	6,801 (11.1%)	50,497 (82.8%)	3,446 (5.7%)	3,688 (6.0%)	3,333 (5.5%)	10,467 (17.2%)	60,964 (100.0%)

출처: 대한민국시도지사협의회 웹사이트. '<분권레터> 기관위임사무 지방이향 현황과 향후과제'에서 재인용. 원출처는 지방자치발전위원회 지방자치발전백서(2017)와 행정안전부 내부자료임. (https://www.gaok.or.kr/gaok/bbs/B0000008/view.do?nttId=13710&menuNo=200088)

　　우선 우리나라의 총사무는 2009년 42,316개에서 2019년 60,964개로 약 44.1% 증가했음을 알 수 있다. 관련하여 국가사무도 33,864개에서 50,497개로, 지방사무도 8,452개에서 10,467개로 증가했지만 국가사무 수가 대폭적으로 증가했음을 보여준다. 총사무 중 국가 사무와 지방사무의 비중은 2009년 각각 80%, 20%에서 2019년 82.8%와 17.2%로 다소 변동이 있었다. 사무의 지방이양에 대한 지속적인 논의에도 국가사무가 이 기간 중 오히려 증가했음을 보여준다. 주목할 점은 논란이 되어 오던 국가사무 중 위임사무는 1,215개(2.9%)에서 966개(1.6%)로 수치뿐만 아니라 비중이 소폭 감소되었다는 점이다. 반면, 중앙과 지방의 공동사무는 2,324개(5.5%)에서 6,801개(11.1%)로 대폭 증가되었음을 보여준다. 이상의 수치는 중앙과 지방이 담당하는 사무나 역할이 이전보다 세분화되고 있는 것을 보여준다. 더불어 지방자치·분권의 논의가 지속되고 있음에도 중앙과 지방의 사무배분과 역할의 조정은 여전히 주요한 과제로 남아 있음을 보여준다.

---

33) 2022년 기준으로 2019년이 법령상 사무 총조사와 관련한 가장 최근의 자료이다.

4. 시·도의 사무와 시·군·구의 사무

우리나라는 자치계층이 광역과 기초로 구분되는 중층제를 도입하고 있다. 이를 반영하여 광역과 기초지방자치단체의 사무를 구분하고 있으며 지방자치법에는 국가와 광역-기초지방자치단체의 사무배분의 기본원칙을 담고 있다.[34] 또한, 지방자치단체의 종류별 사무배분기준을 담고 있는데 광역지방자치단체는 기본적으로 관할구역 내 복수 기초지자체가 관련되는 광역적 사무, 통일성을 유지해야 하는 통일적 사무, 중앙과 기초지자체 간 연락-조정과 관련된 조정 사무 등을 담당한다. 구체적으로 지방자치법은 광역지방자치단체인 시·도의 사무를 다음과 같이 열거하고 있다.[35]

- 행정처리 결과가 2개 이상의 시·군 및 자치구에 미치는 광역적 사무
- 시·도 단위로 동일한 기준에 따라 처리되어야 할 성질의 사무
- 지역적 특성을 살리면서 시·도 단위로 통일성을 유지할 필요가 있는 사무
- 국가와 시·군 및 자치구 사이의 연락·조정 등의 사무
- 시·군 및 자치구가 독자적으로 처리하기 어려운 사무
- 2개 이상의 시·군 및 자치구가 공동으로 설치하는 것이 적당하다고 인정되는 규모의 시설을 설치하고 관리하는 사무

또한, 광역지자체인 시·도의 사무를 제외한 사무는 기초지방자치단체가 처리하도록 하였다. 다만, 인구 50만 이상의 시에 대하여는 특례로서 도가 처리하는 사무의 일부를 직접 처리하게 할 수 있는 것으로 규정하고 있다.[36] 특례규정을 통해 도단위의 광역지자체 내 대도시는 사무의 범위가 훨씬 확장되며, 전부개정 지방자치법은 100만 이상 대도시 특례를 인정하고 있다.[37] 또한, 특·광역시의 자치구는

---

34) 지방자치법 제11조.
35) 지방자치법 제14조 제1항 제1호.
36) 지방자치법 제14조 제1항 제2호.
37) 지방자치법 제198조 신설(2022년 1월 13일 시행). 2022년 1월 13일 시행 당시 수원, 용인, 고양, 창원이 100만 이상의 특례시에 포함되었다.

"자치구의 자치권의 범위는 법령으로 정하는 바에 따라 시·군과 다르게 할 수 있다."고 규정하여 시·군보다 상대적으로 사무의 범위가 협소하게 규정되어 있다.[38] 시·도와 시·군 및 자치구의 사무가 경합하는 경우는 보충성의 원칙에 따라 우선적으로 시·군·자치구가 처리하는 것으로 하였다.

이상과 같은 광역과 기초지방자치단체 간 사무구분의 골격 하에 구체적인 사무를 살펴보면 다음과 같다. 지방자치법 시행령에는 지방자치단체의 종류별 사무로 시·도의 사무와 시·군·자치구의 사무를 제시하고 있다.[39] 사무의 유형은 앞선 표의 지방사무에서 제시되었듯이 크게 지방자치단체의 구역·조직 및 행정관리 등에 관한 사무, 주민의 복지증진에 관한 사무, 농림·상공업 등 산업진흥에 관한 사무, 지역개발 및 주민의 생활환경시설 설치·관리에 관한 사무, 교육·체육·문화·예술의 진흥에 관한 사무, 지역민방위 및 지방소방에 관한 사무로 구분하였다. 이러한 대분류 하에 시·도의 사무로는 세부적으로 53종 317건, 시군자치구의 사무로는 53종 354건에 이른다.

가령, 대분류인 '지역개발 및 주민의 생활환경시설 설치·관리에 관한 사무'의 경우 지역개발사업, 지방토목·건설사업의 시행, 도시계획사업의 시행, 주거생활환경개선의 장려 및 지원, 상·하수도의 설치 및 관리, 도립·군립 및 도시공원, 녹지 등 관광·휴양시설의 설치 및 관리, 재해대책의 수립 및 집행 등 총 14종의 사무가 시·도에는 117건, 시·군·자치구에는 126건으로 세분화되어 있다. 이 사무 중 지역개발사업을 예시로 들면 시·도는 지역개발과 관련하여 종합계획의 수립이나 사업의 조정·지도·지원을 담당하고, 시·군·자치구는 세부 사업·추진계획이나 실제 시행·운영을 담당하는 것을 알 수 있다.

이상의 지방의 사무와 관련 지방자치법 시행령은 시·도사무와 시·군·자치구의 사무, 자치구 특례, 대도시 특례를 규정하고 있으며 "다만, 법령에 이와 다른 규정이 있는 경우에는 그에 따른다"라고 하여 법령의 유보조항을 두고 있다. 예를 들어, 자치구에서 처리하지 않고 특별시·광역시에서 처리하는 사무로는 지방공무원

---

38) 지방자치법 제2조 제2항.
39) 지방자치법 시행령 제10조의 별표 1.

표 8-3   지방자치단체의 종류별 사무

구분	시·도 사무	시·군·자치구 사무
지역개발사업	1) 지역개발사업계획의 수립·조정 2) 국가개발계획과 지역개발계획과의 연계·조정 3) 새마을사업 종합계획 수립·추진 4) 농어촌 새마을사업 지도 5) 도시 새마을운동 지도 6) 국토공원화 사업 지원 7) 취약지역 및 특수지역 개발	1) 지역개발사업계획의 수립·시행 2) 읍·면·동 개발위원회의 설치·운영 3) 새마을사업 추진계획 수립·시행 4) 새마을 광역권사업 추진 5) 새마을 가꾸기 사업 추진 6) 소도읍 가꾸기 사업 시행 7) 농어촌 휴양지의 개발 8) 도시 새마을운동 추진 9) 국토공원화 사업의 추진 10) 취약지역 및 특수지역의 개발사업 시행

출처: 지방자치법 시행령 제10조 〈별표 1〉에서 일부 발췌.

임용시험 및 각종 자격시험과 같은 지방자치단체의 인사 및 교육 등에 관한 사무, 도시계획에 관한 사무, 대중교통행정에 관한 사무, 상하수도에 관한 사무 등을 규정하였다.[40] 또한, 인구 50만 이상의 시는 대도시 특례를 적용하여 보건의료, 지방공기업 설립-운영, 주택건설, 도시계획, 환경보전, 지방채 발행 승인 신청 등 도의 사무 중 일부를 직접 처리할 수 있도록 하였다.[41] 전부개정 지방자치법과 시행령에는 100만 특례시에 대해 건축물의 허가, 지역개발채권의 발행, 지방연구원의 설립 및 등기, 택지개발지구의 지정, 개발제한구역의 지정 및 해제에 관한 도시·군관리계획 변경 결정 요청, 농지전용허가 신청서 제출, 5급 이하 직급별·기관별 정원에 대한 특례를 인정하였다.[42]

---

[40] 지방자치법 시행령 제10조 제2항 별표 2 참조.

[41] 지방자치법 시행령 제10조 제3항 관련 별표 3 참조.

[42] 세부 내용은 지방자치법 시행령 제10조 제4항 관련 별표 4 참조. 이 조항에는 경상남도 창원시에 한정하여 "화재 예방·경계·진압 및 조사와 화재, 재난·재해, 그 밖의 위급한 상황에서의 구조·구급 등의 업무"에 대해 시범실시하는 내용을 포함하고 있다.

5. 평가

지방자치제 실시 이후 역대 정부(특히, 김대중 정부 이후)는 국가사무의 지방이양을 지속적으로 추진해 왔다. 관련 법률이 제정되고 위원회 등의 추진기구가 설치되어 이양할 사무·기능을 논의 및 추진하였지만 그 과정은 느리고, 이양의 정도는 기대에 미치지 못했다. 사무와 기능의 이양에 수반되어야 하는 재정지원도 미흡하여 지방재정 부담을 한층 증대시켰다. 사무·기능의 지방이양은 중앙관료의 입장에서는 그들의 고유권한의 축소나 박탈로 인식되어 미온적 태도와 저항을 초래했고, 부처간 조율 및 협조의 저하로 순조롭지 못했다. 대통령과 일부 정치권의 의지와 선언에도 중앙부처와 관료들의 현실적 장애를 해소하거나 극복하는 것은 쉽지 않았다. 사무·기능 측면의 분권은 앞으로도 실질적인 성과 없이 부분적-단편적 지방이양에 그칠 가능성이 크다.

구체적으로 그간 진행된 사무배분의 한계를 정리하면 다음과 같이 요약할 수 있다.

첫째, 기능배분의 핵심과제에 대한 실질적인 추진이 미흡했다. 핵심적 기능배분의 분야로 자치경찰제의 도입, 특별지방행정기관 정비, 교육자치의 개선이 논의되었다. 이 중 자치경찰제만 2022년 기준 도입-시행 중이며 나머지는 여전히 커다란 진전을 보지 못하고 있다. 중앙정부 개별부처들의 거센 반대로 논의가 실질적인 추진으로 이어지지 못했다.

둘째, 중앙은 여전히 정책결정 기능은 유지한 채 집행기능에 편중되어 지방으로 이양하였다. 중앙은 계획과 결정의 권한과 사무를 지속적으로 유지하는 경향이 나타나고 있다. 지방으로는 정책결정 이후의 집행과 관련된 사무나 기능이 주로 이양되었다. 즉, 국가사무 중 지방으로 이양된 대부분의 사무는 정책결정보다는 집행의 성격을 띠고 있다. 예를 들어, 인·허가, 검사, 신고·등록 등 단순 집행을 요하는 사무가 많은 비중을 차지한다. 이러한 사무는 정해진 규정과 절차에 따라 지방공무원이 집행하는 수준에 머문다. 지방이 자조적으로 얘기하듯이 '지방은 단순집행기관에 지나지 않는다'와 유사하다.

셋째, 기능배분은 증가했지만 이에 비례한 행·재정의 이양은 부족하였다. 즉, 지방의 책임은 증대하지만 실질적인 추진을 담보할 행−재정적 지원은 미약했다. 지방이양촉진법 및 동법 시행령에서는 이양사무의 원활한 처리를 위한 인력 및 재정지원을 함께 추진하도록 하고 있으나 미흡한 실정으로 비판받고 있다(지방자치발전위원회, 2017).

넷째, 지자체 간 기능배분이 미흡하였다. 광역과 기초지방자치단체 간 기능중복 현상이 다수 발생하였다. 중앙과 지방의 기능이양에만 초점을 두다 보니 광역과 기초의 차이점을 반영한 기능배분을 논의하지 못했다. 지방으로 확대된 기능배분은 필수적으로 책임과 재원수요의 증대를 초래한다.

다섯째, 사무배분에 앞서 사무구분이 모호하거나 불명확한 측면이 존재한다. 국가사무와 지방사무, 그리고 위임사무의 개념 및 범위의 법적 규정 및 근거가 모호하다. 지방사무라는 명칭에는 지방의 고유사무인 자치사무와 법령에 따른 위임사무도 포함되어 혼용되는 경우가 발생한다. 또한, 위임사무는 단체위임사무와 기관위임사무적 성격의 사무로 구분하여 혼란을 증대시키고 있다.

제4절 중앙의 관여 및 통제: 지도·감독을 중심으로

지방자치제도하의 자치권의 범위 및 행사는 헌법과 법률의 범위 내에서 보장되고 구현된다. 하지만 한 국가체계 내에서 상급정부는 하위정부를 대상으로 일련의 지도·감독의 역할을 수행하고 있다. 한 국가가 연방제나 단방제의 국가체계를 채택하는 것과 상관없이 지방정부의 권한행사와 사무의 처리는 상위정부로부터 관리나 통제 등의 제약을 받는 것이다. 이러한 중앙정부의 관여나 통제가 어떤 범위와 방식으로 행사되는지에 대한 논의는 중앙−지방의 정부간관계나 지방의 자치권의 논쟁에서 중요한 위치를 차지한다. 특히, 지방자치제가 실시되는 상황에서 중앙의 지도-감독은 국가체계의 존립과 지속을 위해 일정 부분 인정되더라도 수직적 상하관계에서 지방자치단체를 통제·감시하는 것에 목적이 있는 것이 아니라, 지방자치의 민주적-효율적인 수행 및 활성화를 위한 후원 및 지원의 측면에서 인정되어야할 것이다.

그렇다면 우리나라의 중앙과 지방의 관계는 권력적 감독관계로 볼 것인가 기능적 협력관계로 볼 것인가? 오늘날 중앙과 지방의 관계는 기능적 협력관계와 권력적 감독관계가 공통적으로 나타나고 있지만, 우리나라는 중앙집권의 오랜 전통으로 권력적 감독관계가 정부간관계에서 더욱 더 광범위하게 관찰된다. 중앙의 지도·감독이 중앙 우위의 권력적 감독관계로 상정하게 되면 지방자치단체는 지방의 일선행정기관으로 감시와 통제의 대상으로 다뤄진다. 반면 기능적 협력관계로 설정하면 헌법에 보장된 지방자치단체의 자율성과 책임성을 존중하고 강화하는 차원에서 국가의 지도·감독의 기능을 설정할 수 있다.

이하에서는 지방자치법과 관련 법령에서 규정하고 있는 국가의 지도·감독의 논의를 통해 중앙과 지방의 관계를 고찰한다.

1. 중앙의 지도·감독의 목적

중앙정부는 헌법과 법령의 규정에 근거하여 다양하게 지방행정에 관여와 통제를 하고 있다. 이러한 관여와 통제는 다양한 형태 및 용어로 사용되고 있으나 지방자치법은 이와 관련하여 구체적으로 지도나 감독이라는 문구를 담고 있다.[43] 이러한 국가의 지도와 감독을 통해 달성하고자 하는 목적은 일반적으로 다음과 같다.

첫째, 국정의 통일성과 통합성을 확보하고자 한다. 중앙정부는 국민 전체의 복리와 삶의 질의 향상을 위해 모든 국민에게 균등하게 적용되는 공공서비스의 책무를 지닌다. 지역별 특성을 반영한 공공서비스의 제공에 더불어 전체 국민이 누려야할 기본적인 삶의 질의 확보를 위해 통일적인 노력이 요구되는 것이다. 이와 같이

---

43) 대표적으로 제185조(국가사무나 시·도 사무 처리의 지도·감독) 등을 들 수 있다.

국가 전체로 기본적인 행정서비스의 통일성과 질을 확보하기 위하여 지방정부와 협력이 필요하고 때로는 지도-감독이 요구되기도 한다. 하지만 국가중심주의에 기반한 지나친 획일성과 통합성의 강조는 지방의 자율성과 책임이라는 지방자치의 정신을 훼손할 여지가 있다.

둘째, 지방행정의 건전성을 확보한다. 지방자치단체의 인적·물적·기술적 지원이나 조언·지도 등을 통해 지방행정의 건전한 발전을 도모한다. 지방과 관련한 사무는 일차적으로 지방이 맡아 처리하는 보충성의 원리하에서도 지방 간의 재원과 능력의 차이는 행정서비스와 삶의 질에서 지방 간 격차를 초래할 여지가 크다. 더불어 중앙의 재정이나 자원이 월등히 높은 한국 행정의 현실에서 중앙은 지방행정의 원활한 작동과 건전성을 위해 지방을 지원하거나 조언 및 지도를 실시한다. 이 또한 지방자치의 근본정신을 훼손하지 않는 범위에서 중앙이 우월적 지위에서 주도하기보다는 지역의 맥락과 여건을 감안한 세심한 설계 및 노력이 필요하다.

셋째, 지방행정의 합법성을 확보한다. 지방사무의 처리 및 행정운영상의 위법성은 엄격하게 말하면 사법적인 판단의 대상으로 볼 수 있다. 하지만 우리나라 지방자치법은 지방의 자치사무가 "법령에 위반되거나 현저히 부당하여 공익을 해친다고 인정되면" 상급정부가 시정명령 및 취소-정지 등 다양한 통제수단을 행사할 수 있는 것으로 규정하고 있다. 이를 통해 사법부의 판단에 앞서 상급정부가 지방자치단체의 사무처리 및 운영에 대한 합법성 여부를 따지고 있으며, 궁극적으로 소송의 제기를 통해 사법부의 판단을 받도록 하고 있다.

하지만, 이상의 목적을 의도하더라도 '지도·감독'이라는 개념에서도 보여지듯이 중앙과 지방은 여전히 수직적 상하관계하에서 관리와 통제의 대상으로 접근되기 쉽다. 예를 들어, 법령상에 규정된 지도·감독의 수단들은 중앙과 지방이 유기적 협력관계보다는 후견적 감독관계(최철호, 2020: 6)의 특성을 담고 있다. 국가의 지도·감독은 지방자치제도의 근본정신을 훼손하지 않는 범위에서 행사되어야 하며, 오히려 지방자치제도가 보다 더 원활하게 작동되고 운영될 수 있도록 보호·육성하는 적극적 의미가 크다고 볼 수 있다. 이를 통해 지방의 자율성과 책임능력을 더욱 제고하는 데 기여해야 할 것이다.

2. 중앙의 관여와 통제: 제도와 실제

중앙의 관여 및 통제는 크게 중앙 행정부, 국회, 감사원의 세 기관을 중심으로 이뤄진다. 관여 및 통제는 크게 지도와 감독, 평가와 감사로 구분되며, 세부적으로는 지도와 지원, 조정, 명령·처분, 재의와 제소, 평가 및 감사 등 다양한 수단이 제도화되어 있다.

1) 중앙행정기관의 지도와 감독

중앙부처의 관여와 통제는 지방자치법과 개별법 등을 통해서 다양하고 폭넓게 이뤄진다. 예를 들어, 지방자치법의 경우 2022년 전부개정되어 시행되기 전까지는 '제9장 국가의 지도·감독'이라는 제목하에 지방자치단체의 사무뿐만 아니라 위임사무 그리고 지방의회의 역할까지 관여하고 통제하는 규정을 담고 있었다.[44] 전부개정 지방자치법은 '제9장 국가와 지방자치단체 간의 관계'라는 타이틀로 변경하기도 하였지만, 여전히 개별조항에는 지도와 감독이라는 명칭을 광범위하게 쓰고 있다.

첫째, 중앙행정기관의 장이나 시－도지사는 지방자치단체의 사무에 관하여 조언·권고·지도할 수 있고, 이와 관련 자료의 제출을 요구할 수 있으며, 필요시 사무처리에 대한 재정 및 기술지원을 할 수 있다.[45] 여기서 사무는 지방의 고유사무뿐만 아니라 위임사무도 포함되는 것으로 본다. 중앙의 조언·권고·지도는 법적 구속력을 수반하지 않지만 지방자치단체의 공무원의 입장에서는 많은 경우 실질적인 구속력을 가지고 자치권을 제약하는 것으로 인식하고 있다(행정자치부·한국지방행정연구원, 2015).

---

44) 지도·감독에 관한 구체적인 내용은 2022년 개정－시행 전 지방자치법에는 제166조－제172조에 걸쳐 규정되어 있었다.
45) 지방자치법 제184조.

둘째, 지방자치단체의 사무에 관한 지방자치단체장의 명령－처분이 "법령에 위반되거나 현저히 부당하여 공익을 해친다고 인정되면" 즉, 위법하거나 부당하면 서면으로 시정을 명하고, 정해진 기간에 이행하지 않으면 취소나 정지할 수 있고, 자치사무에 관한 명령－처분은 법령을 위반한 것에 한한다.46) 자치사무의 명령－처분의 취소－정지에 이의가 있는 지자체장은 그 취소나 정지처분을 통보받은 날부터 15일 이내에 대법원에 소(訴)를 제기할 수 있다.47) 이 조항은 법령의 위반 여부를 법원이 아닌 주무부장관 또는 시·도지사가 판단한다는 측면에서 지방자치단체의 자치권을 행정기관이 지나치게 제약한다는 비판이 제기되기도 한다(김종성 외, 2004: 35). 또한, 지방자치단체 사무 중 자치사무는 위법성 여부의 감독에 그치지만, 위임사무는 위법성이 아닌 "현저히 부당하여 공익을 해친다고 인정되는" 사항까지 확대하여 통제의 범위가 모호하고 광범위하여 행정기관의 자의적 판단의 여지가 크고 과도한 통제라는 비판을 받을 수 있다.

셋째, 지방자치단체는 위임사무에 대해 상급기관의 지도·감독을 받는다.48) 지방자치단체의 장이 법령의 규정에 따른 위임사무의 관리와 집행을 "명백히 게을리하고 있다고 인정되면" 기간을 정하여 서면으로 이행할 사항을 명령(이행명령)할 수 있다.49) 정해진 기간에 이행하지 않으면 지방자치단체의 비용부담으로 대집행하거나, 행·재정상 필요한 조치를 취할 수 있고, 이의가 있는 지방자치단체의 장은 대법원에 소를 제기할 수 있다.50) 이 규정은 위임사무의 적절한 관리와 집행 여부의 1차적 판단을 이와 직접적으로 연관된 국가나 상급지자체가 내린다는 측면에서 일견 이해되기도 하지만 해태(명백히 게을리함)의 정도가 개념상 모호하여 자의성이 개입될 여지가 있는 것으로 지적된다. 또한, 직무이행명령을 이행하지 않을 경우 중앙정부의 대집행권을 허용하고 비용까지 부여할 수 있도록 하는 등 지방의 자율성을 과도하게 침해할 우려도 존재한다(이용우, 2013: 132).

---

46) 지방자치법 제188조 제1항.
47) 지방자치법 제188조 제6항.
48) 지방자치법 제185조.
49) 지방자치법 제189조 제1항.
50) 지방자치법 제189조 제2항과 제6항.

넷째, 중앙행정기관과 지방자치단체 간 사무처리와 관련 이견이 존재하는 경우 협의·조정을 위한 기제로 행정협의조정위원회를 국무총리 소속으로 두고 있다.[51] 당사자 쌍방 또는 일방이 서면으로 행정협의조정위원회의 위원장에 갈등조정을 신청할 수 있다. 신청을 위한 단계로 시도지사는 행정안전부장관, 시장·군수·구청장은 시·도지사와 행정안전부장관을 거쳐야한다.[52] 한편 복지사업은 노무현 정부 당시 지방으로 대폭 이양되었지만 여전히 복지와 관련한 사무는 국가 및 지방의 사무로서 중복되는 경우가 많았다. 사회보장기본법은 사회보장위원회를 통해 사회보장제도의 신설−변경, 기존 제도와의 관계, 사회보장 전달체계 관련 사항 등에 대한 조정 및 협의의 규정을 두어 중앙과 지방의 갈등을 완화−해결하고 있다. 가령, 박근혜 정부 대표적으로 갈등을 일으킨 서울시의 2015년 청년수당지원 사업과 성남시의 2015년 3대무상복지사업(산후조리, 무상교복, 청년배당)은 보건복지부장관과 협의 시 불수용으로 이어지고 결국 소송 및 권한쟁의심판 등으로 갈등이 고조되기도 하였다. 하지만, 2017년 문재인 정부로의 정권의 교체와 더불어 각각의 갈등은 해소되고 서울시와 성남시는 사업의 추진이 가능하게 되었다.

다섯째, 주무부장관과 시도지사는 자치사무 및 위임사무에 대해 감사 및 평가를 실시한다. 관련 규정으로 지방자치법은 지방자치단체의 자치사무에 대한 감사와 감사절차[53]를, 세부적으로 '지방자치단체에 대한 행정감사규정'에는 감사의 종류[54]를 규정하고 있다. 감사규정은 정부합동감사, 시도종합감사, 특정감사, 복무감사와 같이 4가지 감사유형을 담고 있다. 우선, 정부합동감사는 주무부장관과 행정안전부장관 또는 시도지사가 실시한다. 행정안전부장관 산하 감사관실에 따르면 정부합동감사의 중점 감사사항은 "개발사업, 시책사업, 인허가 업무, 재해관리, 재정·인사운영 등 지방자치단체 주요업무를 대상으로 법령위반, 예산낭비, 업무 방치, 공직기강

---

51) 지방자치법 제187조. 행정협의조정위원회는 중앙과 지방의 이견 등의 협의·조정을 담당하기도 하지만 여전히 중앙의 권한−역할이 지대하다는 측면에서 여기서 논의함. 관련 내용은 후술하는 논의에서 참조하기 바람.
52) 지방자치법 시행령 제106조 제2항과 제3항.
53) 지방자치법 제190조.
54) 지방자치단체에 대한 행정감사규정 제3조.

해이 사례 여부"를 중점 감사하는 것으로 제시되고 있다.[55] 정부합동감사는 개별 중앙행정기관의 중복 감사로 인한 수감 지방자치단체의 부담을 줄이기 위해 1974년부터 통합되어 실시되고 있다. 다음으로, 시도종합감사는 시·도지사가 시·군 및 자치구의 감사대상사무 전반에 대하여 실시하는 감사이다. 반면, 특정감사는 지방자치단체의 감사대상사무 중 특정 분야에 한해 실시하는 감사로 주무부장관, 행정안전부장관 또는 시·도지사가 실시한다. 마지막으로, 복무 등에 대한 감사는 감사 대상 지방자치단체에 소속된 사람에 대해 감사대상 사무와 관련한 법령과 직무상 명령의 준수 여부 등 그 복무에 대해 실시하게 된다. 평가와 관련해서는 정부업무평가기본법에 따라 위임사무, 국고보조사업, 국가의 주요시책 등과 관련 효율적인 수행을 위하여 평가가 필요한 경우 행정안전부장관과 관련 중앙행정기관의 장과 합동평가를 실시할 수 있다.[56] 또한, 정부업무평가기본법에는 국가위임사무에 대한 합동평가[57]와 '지방자치단체에 대한 행정감사 규정'에는 정부합동감사, 특정감사 및 복무감사[58]를 규정하였다.

이상의 중앙행정기관의 지방자치단체장과 집행부에 대한 지도·감독 및 평가·감사에 더하여 지방의회의 권한과 역할에 대해서도 관여와 통제가 지방자치법에 폭넓게 규정되어 있다.

지방의회와 관련 중앙정부는 재의요구, 제소요구, 직접 제소 및 집행정지결정을 할 수 있다.[59] 지방의회의 의결이 법령에 위반(위법)되거나 공익을 현저히 해친다고(부당) 판단되면, 즉 위법하거나 부당하면 지방자치단체장에게 재의요구를 하고, 지자체장은 지방의회에 이유를 붙여 재의요구를 해야 한다. 시·도에 대하여는 주무부장관이, 시·군 및 자치구에 대하여는 시·도지사가 재의를 요구하게 할 수 있다. 이러한 재의요구는 지방의회에 직접하는 것이 아닌 단체장이 지방의회에 재의를 요

---

55) 행정안전부 감사관실 웹사이트 '정부합동감사에 바란다' 중(https://www.mois.go.kr/frt/sub/a06/b08/govThnk/screen.do).
56) 정부업무평가기본법 제21조.
57) 정부업무평가기본법 제21조.
58) 지방자치단체에 대한 행정감사 규정 제3조.
59) 지방자치법 제192조.

구하는 형식을 따른다. 전부개정 지방자치법은 기존에 주무부장관의 기초의회에 대한 재의요구는 광역지자체장을 통해 기초지자체장에게 명하도록 한 규정을 주무부장관이 직접적으로 재의를 요구할 수 있도록 권한을 확대하였다. 재의요구를 받은 지방자치단체의 장은 의결사항을 이송받은 날부터 20일 이내에 지방의회에 이유를 붙여 재의를 요구하여야 한다. 재의결된 사항이 법령에 위반된다고 판단되면 지자체장이 직접 대법원에 제소할 수 있고, 만약 지자체장이 제소하지 않는 경우 상급기관(중앙정부나 시도지사)은 직접제소 및 집행정지결정을 신청할 수 있다. 중앙정부는 이와 같이 지방의 자치입법권에도 폭넓은 관여와 통제를 할 수 있다.

2) 국회와 감사원의 관여 및 통제

국회는 '국정감사 및 조사에 관한 법률'[60]에 의거하여 국정감사 기간에 매년 광역지방자치단체에 대한 감사를 실시한다. 국가의 예산이 지원되는 지자체의 사업에 대해 국정감사를 통한 감시와 통제가 필요할 수 있다. 하지만 국가사무나 위임사무의 범위를 넘는 지방의 고유사무에 대한 감사와 과도하게 불필요한 자료의 요구로 인한 지자체의 업무 차질 등은 지방자치의 정신을 훼손할 우려가 크다. 또한, 감사원은 '감사원법'[61]에 기초하여 지방자치단체의 회계검사를 실시하고 지방자치단체의 사무와 소속 지방공무원의 직무감찰을 실시한다.

3. 평가

중앙과 지방의 정부간관계의 문제는 기능–사무의 배분문제뿐만 아니라 지방의 고유사무에 대해서 이뤄지는 각종 관여 및 통제에서도 폭넓게 발생하고 있다. 우리나라의 지방자치법에는 중앙의 지도 및 감독권, 사전승인권, 직무이행명령 및 취소–정지권이 폭넓게 허용된다. 제도적으로 중앙의 지방통제가 다양하게 허용되고 있는 것이다. 이와 같은 국가의 지도·감독의 문제점은 다음과 같다.

---

60) 국정감사 및 조사에 관한 법률 제7조.
61) 감사원법 제22조와 제24조.

첫째, 중앙정부의 지방자치에 대한 인식이 미흡하다. 지방자치제의 실시로 중앙과 지방의 관계변화 및 재정립이 진행되고 있지만 중앙정부는 여전히 중앙과 지방의 수평적－동반자적 관계가 아닌 수직적－대리인적 관계의 인식이 팽배하다.

둘째, 자치사무와 위임사무의 경계가 불분명하여 불필요한 중앙정부의 지도·감독이 다수 발생한다. 지방자치법에 예시된 지방의 고유사무마저도 대부분 개별법에 의해 중앙부처 장관의 사전승인을 받아야 하는 사례가 다수 발생하고 있다. 중앙정부의 자치사무에 대한 과도한 지도－감독은 지방자치의 자율성을 해치는 개입과 통제가 아닐 수 없다. 더불어 취소 및 정지, 그리고 대집행까지 중앙이 행사할 수 있도록 허용하고 있다. 행정안전부도 2018년 4월 진행된 지방자치단체 이양 업무담당자 공동 연수에서 이를 인식하고 있다. "앞으로 자치사무를 수행하거나 각종 지역계획 수립 시 자치단체의 자율성이 확대될 전망이다. 행정안전부(장관 김부겸)는 기존 지역 일자리 창출 및 지역활력 제고와 관련된 권한뿐만 아니라, 자치사무임에도 불구하고 중앙정부로부터 사전승인·협의·동의를 받도록 하거나, 자치사무에 대한 단체장의 명령·처분을 중앙정부가 일방적으로 취소·변경하는 등의 과도한 지도·감독 권한을 발굴해 지방으로 이양하겠다고 밝혔다." 이러한 인식 및 선언적 노력과 달리 실질적인 변화는 여전히 과제로 남아 있다.

셋째, 중앙정부는 위임사무와 관련 위법한 결정－처분뿐만 아니라 부당한 경우에도 지방을 통제할 수 있도록 허용하여 중앙의 통제 범위가 때로는 모호하고 과도하게 광범위하기도 하다.

넷째, 중앙은 통제 중심의 권력적 관여가 높다. 권력적 관여 및 감독은 중앙정부의 일방적이고 명령적 방식을 통해 강제적인 구속력을 지닌다. 이행명령, 처분, 대집행, 감사 등은 중앙정부의 권력적 수단을 통한 지방의 통제적 성격을 지닌다. 반면, 지방이 필요로 하는 인적·물적·기술적 지원이나 조언·지도 등의 장려적·유도적·육성적 방식을 통한 비권력적 통제수단은 상대적으로 미흡하다. 관련하여 하혜수·전성만(2019)은 계층제적·권력적 조정양식이 매우 높은 반면 대화와 협의 등의 협상적 조정양식은 활용도가 매우 저조한 것으로 지적하고 있다. 즉, 우리나라에서 지방의 자율성과 책임을 존중하며 지방자치를 후원하고 육성하는 차원의 '국가의 지도·감독'은 상대적으로 비중이 낮다.

　다섯째, 감사원, 중앙정부, 국회 등 지도·감독 및 감사 등이 중복되는 우려가 존재한다. 가령 감사대상 및 내용, 감사조치결과가 유사한 경우가 많아 중복감사의 문제는 빈번히 지적되고 있는 실정이다. 또한, 집행부에 의한 감사는 감사책임자 및 감사담당자들이 순환보직에 의해 임명됨으로서 감사경력의 부족과 같은 감사의 전문성이 결여되는 경우가 많다.

제5절　지방자치단체의 국정참여 및 정부 간 협의제도

　지방자치단체는 중앙으로부터 '지도 및 감독'의 대상이 되기도 하지만 한편으로는 국정과정에 참여하거나 정부간협의를 통해 이해관계를 조율−조정하기도 한다. 지방자치단체는 각종 법령에 기반하여 지방에 중요한 영향을 미치는 제도와 정책과 관련 국회의 입법과정 및 행정부의 정책결정과정에 참여할 수 있다.

　지방자치단체의 국정참여는 크게 입법과정 참여와 정책과정 참여로 구분되며, 구체적으로 청원, 공청회나 청문회, 정부입법예고 및 의견제시, 행정지원(공무원 파견, 위임사무 관련), 지방4대협의체를 통한 참여로 분류된다.[62] 이외에도 행정부지사·행정부시장회의를 통해 중앙과 지방간 주요 현안, 정책, 입법과제를 토론−협의하는 통로를 열어 두었고, 2022년 전부개정 지방자치법에는 중앙지방협력회의의 설치를 통해 중앙−지방 간 협력을 도모하고 지방자치 및 균형발전 관련 중요 정책심의를 하는 것으로 하였다. 지방자치단체의 국정참여 또는 중앙−지방의 협력제도를 〈표 8−4〉로 요약하면 다음과 같다.

---

[62] 국회법 제123조는 청원, 국회법 제64조 제1항과 제65조 제1항은 공청회와 청문회, 행정절차법 제44조 제1항과 제44조 제3항은 입법안에 대한 의견제시를 담고 있다. 지방자치법 제165조 1항과 2항은 지방4대협의체를 통한 참여를 담았다.

표 8-4 지방자치단체의 국정 참여 방법

구분		내용	관련 근거
입법과정 참여	청원제도	국회의 입법활동 및 집행견제 활동에 참여 기회 보장	국회법 123조
	공청화·청 문회제도	중요 안건 또는 전문지식을 요하는 안건 심사 중요 안건의 심사, 국정감사, 국정조사에 요구되는 증언·진술의 청취와 증거 채택	국회법 제64조 제1항, 동법 제65조 제1항
	정부입법 예고	예고된 입법안에 대한 의견 제시	행정절차법 제44조 제1항, 동법 제44조 제3항
중앙-지방간 주요 정책 논의		중앙-지방 간 현안 정책 및 입법과제에 대한 토론, 협의, 평가	행정부시장-행정부지사회의
지방4대협의체를 통한 참여		지자체 상호 간의 교류와 협력 증진 및 공동 문제의 협의	지방자치법 제182조
중앙지방협력회의		정부간 협력 도모 및 자치-균형발전 관련 중요 정책 심의	지방자치법 제186조

출처: 하혜수 외(2018). 82쪽과 98쪽의 내용 및 전부개정 지방자치법의 내용을 반영하여 추가적으로 보완하여 작성.

1. 입법과정의 참여: 청원, 공청회, 청문회 등의 의견제시

입법과정은 국회의 의원입법과 행정부의 정부입법에 걸쳐 참여할 수 있다. 참여의 통로로는 법령 제정 및 개정안에 대한 의견제출 및 협의, 입법청원, 각종 공청회나 청문회 등에 참석할 수 있다. 즉, 헌법 제55조에 따르면 법률안은 국회와 행정부가 제출할 수 있어 지방의 현안과 직접적으로 연관된 법률안에 대해서 지방자치단체 또는 협의체는 국회에 청원이나 공청회 등을 통해 의견을 제출할 수 있다. 정부입법과 관련해서는 관계기관과의 협의 및 입법 예고의 과정에서 의견개진 등의 참여가 가능하다. 하지만 제안된 의견이 구속력 또는 강제력을 가지고 실질적으로 반영되는 것은 국회와 행정부의 결정에 달렸다고 볼 수 있다.

2. 지방자치단체의 장 등의 지방협의체[63]

지방자치법은 지방자치단체가 전국단위의 협의체를 둘 수 있도록 하고 있다.[64] 현재 전국협의체로는 전국시도지사협의회(광역지자체장), 전국시장군수구청장협의회 (기초지자체장), 전국시·도의회의장협의회(광역의원), 전국시군자치구의회의장협의회(기 초의원)로 지방4대협의체가 구성되었다. 지방에 직접적인 이해관계가 발생하거나 중 대한 영향을 미치는 법령이나 사안에 대해 앞서 언급한 청원서 제출, 의견제출 및 협의 등이 가능하다. 제시된 의견은 행정안전부장관을 통해 관련 중앙행정기관장에 게 통보될 수 있도록 규정하였다.[65]

하지만 실제 지방4대협의체의 의견반영은 그다지 높지 않고 제한적인 것으로 보인다. 예를 들어, 2011년 이명박 정부 당시 주택경기활성화를 위해 지방세의 일종 인 취득세 50% 감면을 위한 법률개정을 추진하였다. 이에 지방4대협의체는 적극적 으로 반대의견을 개진하였지만 국회의 법률개정에는 반영되지 못했다. 지방재정에 지대한 영향을 미치는 세법의 개정에서 지방의 이해관계가 충분히 반영되기 어려운 현실을 보여준다. 또한, 전국시도지사협의회의 의견반영 사례에서 보여주듯이 중앙 의 낮은 수용률을 지적할 수 있다. 하혜수 외(2018)가 실시한 '2005년 – 2017년 사이 의 전국시도지사협의회의 의견반영도'의 자료에 따르면 전국시도지사협의회가 건의 한 총 442건에서 수용은 191건으로 43.2% 수준이다(하혜수 외, 2018: 115).[66] 이는 절반

---

63) 지방자치법은 '제8장 지방자치단체 상호 간의 관계' 하에 '제4절 지방자치단체의 장 등의 협의체'를 명시하고 있다. 여기에서는 중앙정부와 관계 측면에 초점을 두고 지방4대협의체를 논의한다. 보다 상세한 논의는 제11장 지방단체 간 관계 부분에서 논의하기로 한다.

64) 지방자치법 제182조 제1항.

65) 지방자치법 제182조 제4항.

66)

표 8-5 전국시도지사협의회의 의견반영도(2005년-2017년)

구분	계	수용	수용곤란	장기검토	미회신
2017	21	2	5	3	11
2016	16	3	4	9	0
2015	37	7	12	16	2
2014	15	4	4	7	0
2013	25	15	8	2	0

에도 못 미치는 수용률로서 수용곤란, 장기검토, 미회신 등을 통해 광역지자체의 의견이 중앙정부에 반영되는 정도가 낮음을 보여준다. 이러한 결과는 2015년 행정자치부·한국지방행정연구원(2015)이 공동으로 실시한 '지방자치 20년 평가'에서도 지방4대협의체가 중앙에 제출한 정책건의에 대한 수용률은 평균적으로 절반을 넘지 못하고 있어 유사한 결과가 지속되고 있음을 보여준다.

3. 행정부시장·부지사 회의

중앙의 행정안전부가 중심이 되어 전국 시·도의 행정부시장·부지사회의를 주최한다. 지방과 관련된 정책 및 현안과 관련하여 토론－협의하며, 모범사례 등을 공유 및 설명하기도 한다. 또한, 중앙부처의 정책안을 설명 및 협의하고 지방자치단체의 의견을 제시하기도 한다(주재복, 2013: 30). 다시 말해, 전국 광역단위 부단체장의 회의를 통해 중앙과 지방간 협조 및 조율사항 등을 논의하고 조정하기 위해 마련되는 회의이다.

4. 행정협의조정위원회

앞서 논의했듯이 중앙행정기관과 지방자치단체 간 사무처리와 관련 이견이 존재하는 경우 협의·조정을 위한 기제로 국무총리 소속으로 행정협의조정위원회를

2012	37	13	13	11	0
2011	42	14	17	11	0
2010	30	11	14	5	0
2009	49	28	13	8	0
2008	27	16	7	4	0
2007	63	33	22	7	1
2006	34	24	8	2	0
2005	46	21	15	10	0
계	442	191	142	95	14

출처: 하혜수 외(2018: 115). 인용.

두고 있다.[67] 규정의 명시적인 취지와는 별개로 행정협의조정위원회의 균형적인 협의·조정의 실효성에는 비판이 제기된다. 위원회의 구성이 중앙행정기관의 입장을 대변할 수 있는 구조에 가깝기 때문이다. 위원회는 총 13명의 위원을 두며 당연직 위원 4명(기획재정부장관, 행정안전부장관, 국무조정실장, 법제처장), 국무총리가 위촉하는 지방자치 관련 전문가 4명, 안건과 관련된 부처의 장관과 시·도지사 중 위원장이 임명한 5명이다(하혜수 외, 2018: 117). 위원회의 구성에서 지방자치단체의 영향력은 상대적으로 미약할 수밖에 없는 의사결정구조이다.

5. 중앙지방협력회의

전부개정 지방자치법에는 그동안 지방자치단체 및 학계에서 지속적으로 논의되어 온 중앙지방협력회의를 신설하는 내용을 담았다. 지방자치법에 따르면 국가와 지방자치단체 간의 협력과 지방자치발전 – 균형발전에 연관된 중요 정책을 심의하기 위한 중앙지방협력회의를 규정하고 있다.[68] 그리고 구성과 운영에 관한 사항은 별도로 법률로 정하도록 하였다. 관련하여 '중앙지방협력회의의 구성 및 운영에 관한 법률'이 제정되었다. 중앙지방협력회의의 세부적인 심의 사항은 '국가와 지방자치단체 간 협력에 관한 사항, 국가와 지방자치단체의 권한, 사무 및 재원의 배분에 관한 사항, 지역 간 균형발전에 관한 사항, 지방자치단체의 재정 및 세제에 영향을 미치는 국가 정책에 관한 사항, 그 밖에 지방자치 발전에 관한 사항'을 담고 있다.[69] 중앙지방협력회의의 구성은 중앙정부 차원에서는 대통령, 국무총리, 기획재정부장관, 교육부장관, 행정안전부장관, 국무조정실장, 법제처장과 지방 차원에서는 광역지방자치단체장, 그리고 지방자치법 규정에 따른 전국적 협의체의 대표자 및 그 밖에 대통령령으로 정하는 사람으로 구성하도록 하고 있다.[70] 이를 통해 중앙과 지방

---

67) 지방자치법 제187조. 당사자 쌍방 또는 일방이 서면으로 행정협의조정위원회에 갈등조정을 신청한다.
68) 지방자치법 제186조.
69) 중앙지방협력회의의 구성 및 운영에 관한 법률 제2조.
70) 중앙지방협력회의의 구성 및 운영에 관한 법률 제3조 제1항.

의 대등하고 협력적인 관계를 더욱 발전시키고자 하고 있다.

중앙-지방협력회의 하향식 운영에 전국 시·도지사 뿔났다

제2국무회의를 지향하면서 만들어진 '중앙-지방협력회의'가 하향식으로 운영된다며 전국 시·도지사들이 반발하고 나섰다.

대한민국 시·도지사협의회는 23일 오전 17개 시·도지사들이 참석한 가운데 비대면 영상회의로 제49차 총회를 개최했다. 이들은 지난달 13일 문재인 대통령 주재로 열린 첫 번째 중앙-지방협력회의가 중앙정부 중심으로 운영된 데 대해 문제의식을 공유했다. 안건의 선정과 심의, 회의 진행 등이 행정안전부 중심으로 이뤄져 중앙-지방협력회의의 설립 취지를 살리는 데 뚜렷한 한계를 드러냈다는 것이다.

특히 행안부가 최근 자치단체장 선출과 기관 구성 방법을 다양화하겠다는 취지로 논의를 진행하면서 일선 시·도 의견을 수렴하는 절차를 제대로 거치지 않은 데 대해서도 강한 불만을 표시했다. 행안부는 △지방의회에서 행정·경영 전문가를 추천해 단체장으로 선출(행정관리관제) △지방의회 의원 중에서 단체장 선출(의원 내각제) △현행대로 선거를 통해 지방자치단체장 선출 및 지방의회 인사청문회 도입 등의 권한 강화(기관 양립제) 등 3개 방안을 놓고 의견수렴에 들어갔다. 그동안 주민들이 단체장을 직접 뽑았으나 앞으로 주민들이 원하면 간선제 선출도 가능하도록 제도를 바꿀 수 있다면서 정부 입법안까지 마련했던 것으로 알려졌다. 당시 시·도지사들 사이에서는 "근본적인 지방자치 취지가 달라질 수 있는 민감한 문제인 데도 행안부는 지자체와 지방의회와 제대로 된 조율을 거치지 않았다"는 지적이 나왔던 것으로 전해졌다.

시도지사협의회는 이런 문제점을 개선하기 위해 협의회 정관에 '중앙-지방협력회의 대응 및 추진'을 협의회 핵심사업으로 명기하고 '중앙-지방협력특별위원회'를 신설키로 했다. 또 행안부가 주도하는 '중앙-지방협력회의 지원단' 체계를 중앙정부가 아닌 지방 중심으로 전환하는 방안도 논의했다. 이와 함께 제2차 중앙-지방협력회의 조속 개최, 자치분권 개헌, 초광역 협력사업, 자치경찰제 등 자치분권과 균형발전 핵심 과제에 대해 유관기관과의 협조를 강화키로 했다. (중략)

자료: 박석호. (2022.2.23.). 일부 발췌 및 편집.

6. 소결

이상의 국정참여제도를 통해 지방의 의견수렴, 청취, 반영을 천명하였으나 현실에서는 제한적·형식적 참여에 그치고 있다. 지방자치단체의 의견제시에도 국회나 중앙정부의 결정에 실질적인 구속력이 미흡하거나 거의 없는 실정이다. 따라서 지방자치단체의 국정참여제도의 형식적 구비에도 불구하고 지자체의 실질적 권한 행사가 미흡하다는 비판이 널리 제기되고 있다.

CHAPTER 09

중앙-지방의 재정관계: 자체재원

재정은 지방의 정책이나 각종 사업－서비스의 제공 및 수행의 물적 토대로써 중앙과 지방은 재정분권과 관련하여 지속적으로 갈등과 이견을 보여왔다. 지방자치가 실시된 지 30여 년에 이르지만 지방자치단체는 여전히 자체재원으로 지방의 살림을 꾸리기 힘들다. 또한, 지방자치단체 간 재정격차 또는 재정불균형이 심화되었다. 역대 정부들은 이를 시정하기 위한 노력을 기울였지만 지방재정은 그다지 개선되지 않았고, 재정분권은 지방자치가 자리 잡기 위해 늘 최우선 과제로 논의되고 있다. 지방분권과 자치를 위해서는 재정자율성이 확대되어야 한다는 지방자치단체와 재정 낭비를 비판하는 중앙정부 간의 이견과 갈등이 지속되는 가운데 중앙과 지방의 재정관계, 즉 재정분권에 관한 해묵은 논쟁은 반복되고 있다. 재정분권의 논쟁에는 지방재정의 적정규모, 중앙에 대한 의존성 증대와 자율성 감소, 재정의 방만한 운영 등 책임성 미흡, 지방자치단체 간 재정 불균형의 심각, 지방의 자주적 재정 확충 방안 모색 등이 반복적으로 등장한다. 이를 시정하기 위한 중앙정부와 지방자치단체는 입장의 차이를 좁히지 못하고, 열악한 지방재정은 여전히 개선되지 못하는 것으로 비판받는다.

이 장은 중앙과 지방의 재정관계 중 지방이 자체적으로 거둬들이는 자체재원을 중심으로 다루고, 다음 장은 의존재원에 초점을 두고 논의한다. 자체재원은 지방재정의 자율성이 보장되지만 여전히 조세법률주의와 다양한 제도적 제약으로 인해 지방의 특색과 요구를 반영한 재원 확보에 한계가 존재한다.

제1절 지방재정의 관련 개념

지방재정은 지방정부의 운영과 사업수행을 위해 요구되는 금전적 재원이다. 지방정부는 지방세, 세외수입, 의존재원 등을 통해 각종 서비스나 사업의 수행에 소요되는 경비를 충당한다. 중앙정부가 국가재정을 통해 일반적으로 경제성장 및 안정기능, 소득재분배기능을 담당한다면, 지방정부는 지방재정을 통해 주민의 삶과 직결된 지방서비스 제공을 위한 자원 배분의 기능을 수행한다. 즉, 지방자치 하의 우리나라의 지방재정은 근거리에서 지방 주민의 수요를 더욱 적실하게 파악하고 맞춤형 행정서비스를 제공하는데 더욱 큰 역할이 요구되고 있다.

지방재정의 본격적인 논의에 앞서 재정과 관련된 주요 개념들을 고찰한다. 지방재정과 직간접적으로 연관되는 개념들로서 지방재정의 이해를 위한 토대로 볼 수 있다.

1. 소득·소비·재산과세

정부가 거둬들이는 세금은 세원에 따라 소득과세, 소비과세, 재산과세로 구분된다. 소득과세는 근로, 생산 또는 거래 등의 일체의 행위를 통해 발생하는 소득에 부과하는 세금이다. 소득과세의 유형은 크게 개인과 법인으로 나뉜다. 소비과세는 재화나 용역의 구매−소비에 부과되는 세금으로 소비자가 직접 또는 간접적으로 부담한다. 재산과세는 유무형의 경제적 가치가 있는 자산을 취득−이전(거래과세)하거나 보유하고(보유과세) 있을 때 부과하는 세금이다. 즉, 재산과세는 유·무형의 재산의 보유, 거래, 사용 등에 부과된다.

우리나라에서 소득·소비과세는 대체로 국가의 주된 재정수입원인 반면 재산과세는 지방자치단체의 재원으로 분리하여 운용하고 있다. 재산과세는 부동산 관련 과세가 큰 비중을 차지하여 부동산시장의 경기변동에 지대한 영향을 받는다. 따라서 우리나라의 지방자치단체는 재산과세의 규모나 변동에 따라 지방재정 간 격차가 크게 나타난다. 즉, 수도권과 비수도권, 도시지역과 농촌지역의 지방자치단체 간 재산과세의 불균형이 높다. 반면, 소득·소비과세는 재산과세에 비해 경기변동에 덜 영향을 받으며 국가의 재정수입에서 더 큰 비중을 차지하고 있다.

2. 보통세와 목적세

조세가 사용용도, 즉 특정 목적의 용도로 지정되었는지의 여부에 따라 보통세와 목적세로 구분된다. 보통세는 재정지출 시 특별히 용도가 지정되지 않아 해당 정부의 재정운용에 자율성을 높이는 데 기여하며, 일반회계의 재정수입으로 귀속된다. 이와 달리, 목적세는 일반적으로 일반회계의 재정수입이지만 용도가 지정되어 있어 다른 목적이나 사업에 사용될 수 없다. 지방세 중 목적세로는 지역자원시설세와 지방교육세를 들 수 있다. 가령, 지방교육세는 지방교육의 증진에만 사용된다.

3. 직접세와 간접세

세금의 부담주체가 누구냐에 따라 직접세와 간접세로 구분된다. 국가는 법률에 따라 국민들로부터 세금을 걷는데 세금을 납부해야 할 의무가 있는 사람을 납세의무자(납세자)라고 하고, 자신의 소득이나 재산에서 실제 세금을 부담하는 사람을 담세자라고 한다. 납세자와 담세자의 일치 여부에 따라 직접세와 간접세로 구분된다.

소득세나 재산세는 소득이 발생하거나 재산을 소유한 사람이 납세자이자 담세자가 되는 직접세의 일종이다. 반면 부가가치세의 경우 상품을 생산하는 기업이 판매액의 10%를 세금으로 납부해야 함으로 기업은 납세자, 그리고 물건을 소비하는 소비자는 실제 10%를 부담하는 담세자가 되어 납세자와 담세자가 불일치하는 간접세에 해당한다. 직접세의 경우 납세자와 담세자가 일치하여 자신이 세금을 내고 있다고 생각함으로 조세저항이 간접세에 비교하여 클 수 있다. 또한, 직접세는 보통 소득 또는 재산에 비례해서 부과됨으로 소득이나 재산과 상관없이 일률적으로 적용되는 간접세에 비해서 소득의 불균형을 시정하는 기능을 한다.

4. 일반회계와 특별회계

일반회계는 일반행정의 집행 및 추진에 사용된다. 가장 기본적인 정부살림과 관련된다. 특별회계는 특정 사업을 효율적으로 운영하기 위해 일반회계와 분리하여 운영하는 방식이다. 구체적으로 특정 사업의 운영이나 특정세입·세출은 일반회계와 분리하여 특별회계에 포함된다. 예를 들어, 특수한 목적, 즉 사업의 규모가 크거나 1년을 넘는 장기적으로 지속되는 사업과 관련 일반회계와 구분하여 특별회계의 계정으로 운용한다. 이를 통해 매년 반복되는 일반회계의 재정운용에 지장을 주지 않고 특별히 구분하여 관리함으로써 일반회계의 왜곡을 방지하는 효과를 가진다. 지방 차원에서는 대표적으로 지방공기업특별회계를 들 수 있다.

5. 경상수입과 임시수입

경상수입은 매년 규칙적-반복적으로 확보되어 일정 정도 예측가능한 수입원이다. 예를 들어, 지방세, 보통교부세, 재산임대수입 등은 매년 지속적이고 안정적으로 지방자치단체가 거둬들이는 수입원이다. 임시수입은 특정 연도에 일어나는 일시적인 수입원이 해당한다. 정부의 재산매각으로 특정 연도에 일시적으로 재정수입이 증대할 수 있다.

6. 자체재원과 의존재원

지방의 재원은 자체재원[1]과 의존재원으로 구성된다. 자체재원은 지방정부가 자주적으로 거둬들이는 재원으로 크게 지방세와 세외수입으로 구성된다. 의존재원

---

1) 자체재원은 일반적으로 자주재원으로 불리기도 한다. 다음 장에서 논의할 지방의 재정상황을 측정하는 지표인 재정자립도와 재정자주도의 측정에서 지방이 고유하게 자체적으로 거둬들이는 재원(지방세와 세외수입 등)외에도 중앙정부에서 이전되는 지방교부세(특히 보통교부세)와 같은 재원은 지방이 자율적으로 사용할 수 있다는 측면에서 자주재원이라는 개념으로 구분하기도 한다. 논의의 혼란을 줄이기 위해서 이 책에서는 지방이 자체적으로 걷어 들이는 지방세와 세외수입 등을 자체재원으로, 자체재원에 후자와 같은 이전재원을 포함한 경우를 자주재원으로 개념상 구분하고자 한다.

은 중앙정부나 상급지방정부로부터 이전되는 재원으로 지방교부세, 국고보조금, 조정교부금 등을 포함한다. 자체재원과 의존재원은 지방 재정운용의 자율성−독자성을 나타내는 개념으로 널리 활용되고 있다. 즉, 지방의 총재원 중 자체재원과 의존재원이 차지하는 비중은 중앙으로부터 지방재정 운용의 자율성의 정도를 나타내는 주요 지표로 활용된다. 지나치게 높은 의존재원의 비율은 지방자치 시대에 지방의 자율적 통치를 저해할 우려가 있다.

7. 국세와 지방세

정부는 나라살림을 운영하기 위해 강제성을 띤 세금을 징수한다. 세금은 부과하는 주체에 따라 국세와 지방세로 대별된다. 국세는 중앙정부가 부과하는 조세인 반면 지방세는 지방정부가 부과한다. 과세 대상 측면에서도 국세는 국가 전체의 목적의 사업이나 서비스 제공을 위한 경비로서 전체 국민을 대상으로 한다면, 지방세는 해당 지역의 서비스나 사업을 수행하기 위해 특정 지역 주민들을 주요 대상으로 징수한다. 지방세는 광역 단위의 시·도세와 기초 단위의 시·군세로 구분할 수 있으나, 우리나라는 실제 광역 단위에서 특별시·광역시세와 도세를, 기초단위에서 자치구세와 시·군세로 구분하여 지방세법은 규정하고 있다.

제2절 지방세

1. 지방세의 근거와 원칙

우리나라는 헌법에 조세의 종목과 세율은 법률로 정하는 조세법률주의를 명시하고 있다.[2] 지방자치단체는 조세법률주의에 의거하여 법률에 포함되지 않는 새로

---

2) 헌법 제59조.

운 조세를 신설할 수 없다.[3] 즉, 국회나 중앙정부가 아닌 지방이 자체적으로 새로운 세원을 발굴–신설하는 것은 조세법률주의에 저촉되어 신규 세원의 확장이 어렵다. 또한, 지방자치법도 법률로 정하는 바에 따라 지방세를 부과·징수할 수 있도록 규정하고 있어, 지방자치단체는 새로운 지방세의 세원이나 세목을 자체적으로 신설할 수 없다.[4]

지방세는 지방의 특성을 반영하여 국세와 다른 원칙이 적용되어야 한다는 논의가 있어 왔다. 즉, 지방세는 국세와 달리 다양한 지역적 특수성과 지역적 편차를 반영하고, 지방의 수요를 충족시켜야 하는 요구가 존재한다. 지방세 부과의 원칙과 관련하여 기존 연구들은 일반적으로 재정수입의 측면에서 보편성, 안정성, 신장성, 충분성을, 주민부담의 측면에서 응익성과 부담분임성을, 그리고 세무행정의 측면에서 지역성(정착성)과 자주성의 원칙을 제시하였다. 이들을 구체적으로 고찰하면 다음과 같다(복문수, 2014; 유경문, 2007).

1) 보편성의 원칙

보편성의 원칙은 지방세의 세원이 특정 지역에 편재되지 않고 전국의 지방자치단체에 고루 분포되는 것을 의미한다. 특정 소수의 지역에만 세원으로 활용된다면 이는 지역 간 재원의 불균등을 초래하고 결국 지역 간 재화와 서비스 제공의 불균형으로 이어질 수 있다. 지역의 정치–경제–사회적 특성들로 인해 오늘날 모든 지방자치단체에 균등하게 적용되는 세원을 채택하는 보편성의 원칙은 너무나 이상적인 목표일 수 있다. 하지만 한 나라의 모든 국민이 어느 지역에 거주하든 유사한 수준의 공공서비스의 혜택을 받고 삶의 질을 향유해야 한다는 측면에서 지방세의 설계는 되도록 지역별 편차를 최소화하는 방향으로 추진되어야 할 것이다.

---

[3] 지방세와 관련한 단일 법률이었던 지방세법은 2011년 지방세기본법, 지방세법, 지방세특례제한법으로 각각 분기되었다. 지방세기본법은 지방세에 대한 기본적 사항, 부과에 필요한 사항, 불복절차 등을 담고 있으며, 지방세법은 지방세 세목과 관련한 과세요건, 부과–징수 등에 관한 사항을 규정하고, 지방세특례제한법은 지방세의 감면 및 특례에 관한 사항 등을 담고 있다(한국지방세연구원, 2016: 19). 또한 징수에 관하여 필요한 내용을 담고 있는 지방세징수법이 있다.

[4] 지방자치법 제152조.

2) 안정성의 원칙

안정성의 원칙은 지방세의 세원이 경기변동에 민감하게 반응하지 않아 매년 지방세수가 안정적으로 확보되는 것을 의미한다. 국내외 경기변동에 민감한 세원은 세수의 연도별 편차가 크게 일어난다. 이와 같이 지방세수가 연도별로 불안정하게 거둬들여지면 수입의 예측이 어렵고, 지방이 추진하는 사업 및 계획이 안정적으로 이뤄질 수 없다. 특정 세원의 지방세수에 대한 기여도도 중요하지만 예측 가능성이 지방재정의 안정성에 더 큰 역할을 할 수 있다.

3) 신장성의 원칙

신장성의 원칙은 지역경제의 발전 또는 행정수요의 증가에 따라 세수도 함께 탄력적으로 대응할 수 있는 것을 의미한다. 신장성은 안정성과는 다소 대비되는 개념이지만, 지역 내 행정수요의 변화는 그에 걸맞은 세수의 변동으로 이어질 필요가 있다.

4) 충분성의 원칙

충분성의 원칙은 지방세의 세원이 지방재정수요에 충분할 정도로 확보되어야 하는 원칙이다. 지방재원이 자체재원과 의존재원 등 다양한 요소로 구성되는 상황에서 자체재원 중 지방세가 어느 정도 충족되어야 충분성을 확보하는가에 대한 명확한 기준을 설정하기는 힘들다. 지방의 재정수요, 지방자치단체의 재정운용의 역량과 철학, 그리고 지방의 자원이 상이한 상황에서 지방세의 필요수준을 일률적으로 정하기 어렵기 때문이다. 간접적인 지표로 우리나라의 맥락에서 지방정부는 국세에 대비한 지방세의 비중을 현행 8:2에서 6:4로 상향조정할 것을 지속적으로 요구해 왔다.

5) 응익성의 원칙

응익성의 원칙 또는 수익자부담의 원칙은 조세의 부담이 능력이 아닌 지방정부의 재화나 공공서비스로부터 혜택을 받은 수혜자가 그에 상응하는 부담을 져야한다는 원칙이다. 여기서 공공서비스의 혜택은 반드시 직접적 – 개별적 이익일 것이 아닌 간접적 – 전체적 속성을 지닌다고 봐야 할 것이다. 즉, 지방세의 납세자인 지역주민은 지역에 거주하면서 지방자치단체가 제공하는 지역 전체의 공공서비스의 혜택을 받는다. 이러한 맥락에서 지방세는 특정 주민에게 제공되는 서비스에 대한 반대급부로서 징수하는 사용료 – 수수료와 구별되며, 특정 사업의 경비에 충당할 목적으로 관련 사업자로부터 징수하는 부담금과도 구별된다고 할 수 있다.

6) 부담분임성의 원칙

부담분임성의 원칙은 지역 내에 거주하는 구성원인 주민들이 지방정부의 재화나 서비스의 경비를 나누어 분담하는 원칙이다. 서비스의 비용을 나누어 부담함으로써 주민들은 지방재정의 운용에 대한 관심이 높아지고 책임성을 높일 수 있다. 예로, 지방세목 중 주민세균등분이 해당한다.

7) 지역성의 원칙

지역성(정착성 또는 고착성)의 원칙은 지방세의 과세객체가 특정 관할지역 내에 가급적 법률적 – 기술적으로 고착되어 지역 간 이동이 적어야 하는 것을 의미한다. 과세 대상의 지역 간 이동이 빈번하게 일어날 경우 과세 행정상 문제가 발생할 수 있으며, 이는 해당 지역 간 과세의 논란으로 이어질 수 있다. 예를 들어, 지역 간 이동성이 높은 세원에 무거운 세금을 부과하면 지방세원은 다른 지역으로 이동할 유인이 높아지며 이는 지방자치단체의 세입확보 능력을 제약하고 지역 간 조세인하 경쟁을 초래할 수 있다(이준구, 1994: 675). 예를 들어, 토지나 건축물은 물리적 이동이 어려워 지역성이 높은 세원에 속한다.

8) 자주성의 원칙

자주성(자율성)의 원칙은 세원의 결정과 과세 행정상의 자율성이 지방자치단체에게 보장되어야 하는 원칙이다. 지방자치제의 실시 이후 지방자치단체들은 지방재정의 자율성 증대를 지속적으로 요구하고 있지만, 조세법률주의와 각종 제도화를 통해 지방은 새로운 세원의 발굴과 재정의 운용에서 여전히 다양한 제약 하에 놓여 있다.

이상의 원칙들은 지방이 자율적 책임 하에 지방재정을 설계하고 운영하는 포괄적인 내용을 담고 있다. 하지만 이 모든 원칙을 모두 만족시키는 지방세는 현실에서 불가능하다고 할 수 있다. 무엇보다 언급된 원칙들 상호 간에 모순이 일어난다. 가령 안정성의 관점에서 볼 때 신장성의 원칙과는 다소 충돌이 일어난다. 또한, 지역 간 경제적 불균형이 심각한 상황에서 보편성 원칙의 강조는 충분성의 원칙을 충족시키기 힘든 상황으로 이어지기도 한다. 따라서 지방세 원칙의 논의에서 중요한 점은 중앙과 지방의 관계, 지방재정의 현실 등을 종합적으로 감안하여 어떠한 원칙을 상대적으로 더 중요하게 고려하여 선택할 것인가로 집약된다.

2. 지방세의 세목

우리나라는 세제 관련 법률의 개정을 통해 2011년 지방세 세목을 16개에서 11개로 단순화하였다.[5] 현행 11개의 지방세목은 크게 보통세(9개)와 목적세(2개)로 구분된다. 특·광역시와 시·도가 부과하는 지방세뿐만 아니라 시·군과 자치구의 지방세의 유형에는 차이가 난다. 지방세의 세목, 과세대상, 과세표준 등은 지방세기본법과 지방세법 등에 자세하게 규정되어 있다.

다음은 지방세를 용처의 지정 여부에 따라 보통세와 목적세로 구분하여 살펴본다. 세금의 용처가 구체적으로 지정되어 타 용도로는 쓸 수 없는 목적세로는 지역자원시설세와 지방교육세가 있고 나머지는 보통세로 분류된다.[6]

---

5) 지방세기본법 제7조.
6) 지방세는 소득과세, 소비과세, 재산과세로도 구분할 수 있다. 재산과세의 세목으로는 재산세, 주민세(재산분), 지역자원시설세(부동산)와 취득세, 등록면허세(등록분)이 있다. 소득과세로는 지방소득세, 주민세(종업원분, 균등분)이 있다. 소비과세로는 지방소비세, 담배소비세, 레저세, 자동차세, 등록면허세(면허분), 지역자원시설세(특정자원)으로 구분할 수 있다(행정안전부, 2020b: 141).

1) 보통세의 세목

(1) 취득세

취득세는 특정 물건. 즉, 부동산과 동산(차량, 기계장비, 항공기, 선박, 입목, 광업권, 어업권, 골프회원권, 승마회원권, 콘도미니엄 회원권, 종합체육시설 이용회원권 또는 요트회원권 등)의 취득 시 부과되는 거래과세이다.[7] 취득세는 지방세 중 큰 비중을 차지한다. 국가, 지자체, 지자체조합, 외국정부 및 주한 국제기구가 취득 시는 비과세된다.[8] 보유세의 일종인 재산세에 비해 상대적으로 조세민감도가 낮아 조세저항이 적다. 2013년 8월 주택거래의 활성화를 위해 주택관련 취득세율을 인하(4.6%에서 1 – 3%대로)한 바 있다(한국지방세연구원, 2016: 41).

(2) 등록면허세

2011년 지방세 세목 단순화 당시 등록세와 면허세를 통합하여 등록면허세로 단일화하였다. 취득으로 발생하는 등기–등록은 취득세로 이전하고, 나머지 재산권 등 권리의 설정·변경 또는 소멸에 관한 사항을 공부에 등기–등록하거나(등록분 등록면허세) 면허·허가·인가·등록 등 특정한 영업설비 및 행위에 대한 권리의 설정, 금지의 해제 또는 신고의 수리 등 행정청의 행위(면허분 등록면허세)가 발생할 시 부과되는 세금이다.[9]

(3) 레저세

경륜(자전거경기사업자), 경정(보트경기사업자), 경마 등의 발매금총액에 부과하는 세금이다. 레저세는 경륜장 등 과세대상사업장과 장외발매소가 소재한 지자체에 각각 레저세를 납부한다.[10]

---

7) 지방세법 제7조 제1항.
8) 지방세법 제9조.
9) 지방세법 제23조.
10) 지방세법 제40조와 제41조.

경마 중단으로 1천600억 지방세 감소, 지자체 세수입에 빨간등

코로나19 감염 확산으로 경마가 두 달째 중단돼 세수가 1천600억 원이 감소된 것으로 나타났다. 이 때문에 각 지자체 재정운용에도 비상등이 켜졌다.

마사회와 과천시 등에 따르면 마사회는 코로나19 감염에 적극적으로 대응하고, 방문 고객과 지역사회 안전을 확보하기 위해 지난 23일부터 다음달 5일까지 서울, 부산, 경남, 제주 경마장과 전국 30개 지사 문화센터와 장외발매소 등 전 매장을 휴장 조치했다.

그러나 경마중단으로 매출이 크게 떨어져 세수가 전년에 비해 10% 감소될 전망이다.

마사회 매출액은 7조 3천572억 원으로, 이 중 레저세로 7천357억 원, 지방교육세로 2천943억 원, 농어촌특별세로 1천471억 원을 납부했으나 이번 경마 중단으로 세수가 10% 이상 감소할 것으로 추정하고 있다. 결국, 한 달 휴장으로 약 1조 원의 매출이 감소됐고, 1천600억 원 이상의 세수가 증발한 것.

실제 세수 감소는 지방세인 레저세가 1천억 원으로 가장 많고, 교육세 400억 원, 농특세 200억 원이 감소될 것으로 보인다. 이 중 경기도는 지난해 1천420억 원의 지방세를 받았으나 약 900억 원이 감소되고, 과천시도 50~60억 원이 감소될 예정이다.

무엇보다 코로나19 감염이 진정되지 않고, 지속될 경우 각 지자체 재정운용에도 큰 차질을 빚을 전망이다.

과천시 관계자는 "경마장이 장기간 휴장하면 지방세가 크게 감소돼 지자체 재정운용에도 큰 영향을 받는다"면서 "과천시도 두 달 동안 경마가 중단됨에 따라 50~60억 원의 세수가 감소될 것으로 추정하고 있다"고 전했다.

마사회 관계자는 "코로나 19로 경마가 두 달동안 중단돼 1조1천억 원의 매출감소를 예상하고 있다. 코로나 19가 끝난 이후 경마가 재개되더라도 경기 침체, 소비심리 위축 등으로 매출회복은 어려울 전망"이라며 "경마 매출 급감에 따른 말 산업 위축 현실화로 정책적 지원이 시급할 실정"이라고 말했다.

자료: 김형표. (2020.3.22). 일부 발췌 및 편집.

(4) 담배소비세

담배소비에 부과되는 세금이다. 담배의 소비와 관련하여서는 부가가치세, 개별소비세, 담배소비세, 지방교육세와 같은 세금과 국민건강증진기금 및 폐기물부담금이 부과된다. 2014년 담배값의 대폭적인 인상으로 담배소비세의 규모가 증가하였다. 예를 들어 피우는 제1종 궐련은 20개비 한갑당(4,500원 기준) 제세공과금 총 3,318원 중 담배소비세는 1,007원이 해당한다.[11] 담배값 인상 전 담배소비와 관련한 국세와 지방세의 비중은 38%와 62%이었으나, 인상 후 56.3%와 43.7%로 각각 변동되었다. 이로 인해 담배소비세의 총액은 증가되었으나 담배소비 관련 국세와 지방세의 비율은 오히려 역전된 것으로 나타났다. 이는 국세 중 개별소비세의 부과와 관련이 있다(한국지방세연구원, 2016: 34).

(5) 지방소비세

지방정부는 재정 확충을 위해 지방소비세를 중앙정부에 지속적으로 요구해 왔고, 2010년 1월 지방소득세와 함께 신설되었다. 지방소비세는 국가가 거둬들인 부가가치세액의 일정 비율을 지방에 이전한 세금이다. 지방소비세는 총부가가치세액 중 비율이 2010년에는 5%, 2013년에는 11%로 상향되었다. 문재인 정부는 열악한 지방재정을 개선하기 위하여 단계적으로 지방소비세를 상향하는 계획을 제시하였고, 2019년 15%, 2020년 21%, 2022년 23.7%, 2023년 25.3%로 단계적으로 인상하였다.[12] 즉, 2021년 11월 11일 국회 본회의에서 '2단계 재정분권을 위한 관계법률 개정안'[13]을 의결하여 지방소비세를 인상하는 내용을 담았으며, 2023년에는 25.3%로 인상되어 시행하는 내용이다. 지방소비세는 민간의 최종소비지출 지표에 지역별로 가중치를 적용하여 배분한다.

(6) 주민세

주민세는 당해 지역 내에서 공공서비스를 제공받는 데 대해 납부하는 성격을 가진다. 주민세는 2010년 지방세법의 개편 이전까지는 균등할(개인균등할, 법인균등할)과 소득할(소득세할, 법인세할, 농업소득세할)로 구성되었다. 2010년 개편으로 소득할은 지방소득세로 분리되었으며, 종전의 사업소세인 재산할이 주민세로 편입되었다. 이를

---

11) 지방세법 제52조 제1항.
12) 지방세법 제69조.
13) 관계법률 개정안은 '지방세법', '지방자치단체 기금관리기본법', '지방재정법', '세종특별자치시 설치 등에 관한 특별법' 등으로 주요 내용은 지방재정구조의 개선, 지방소비세의 인상, 사회복지 관련 지방자치단체의 부담 완화, 지방소멸대응기금의 신설 등을 들 수 있다.

통해 주민세는 균등분과 재산분으로 구성되다가 2014년 국세인 소득세에서 지방소득세가 독립세로 전환되면서 지방소득세의 종업원분이 또 다시 주민세로 이관되었다(한국지방세연구원, 2016: 46-47). 이러한 과정을 거치며 현재는 균등분, 재산분, 종업원분으로 구성되었다. 주민세 재산분과 종업원분은 지역 내 사업소를 둔 사업주의 사업 활동으로 인한 편익에 대해 납세의무를 부과한다는 특성을 가진다.

(7) 지방소득세

지방소득세는 주민세 소득할(소득세할·법인세할)과 사업소세 종업원할로 분리되었던 세원을 2010년 1월 지방세법의 개정으로 소득세분·법인세분·종업원분으로 합하여 도입되었다. 지방소득세는 2013년까지는 국세인 소득세와 법인세의 10%를 부과하는 부가세 형식을 띠던 방식에서 2014년부터 소득세에서 독립하여 소득세분은 개인지방소득세와 법인세분은 법인지방소득세로 되었다. 이때 종업원분은 앞서 언급했듯이 지방소득세에서 주민세 종업원분으로 이관되었다. 이러한 독립세화를 통해 지방자치단체가 "과세표준과 세율, 세액공제·감면 등을 일정 부분 독자적으로 적용 및 규정할 수 있게 되어" 과세자주권과 지방자치를 강화하고자 하는 지방의 요구에 부응한 측면이 있는 것으로 평가받는다(한국지방세연구원, 2016: 29).

(8) 재산세

특정 재산의 보유에 대해 부과하는 보유과세로서 토지, 건축물, 주택, 항공기 및 선박을 과세대상으로 한다.[14][15] 추가로 토지와 관련해서는 2005년 종합부동산세를 신설하여 일정 금액을 초과하는 토지에 대해서 종합부동산세를 부과하고 있다.[16] 재산세는 취득세와 함께 지방세의 큰 비중을 차지한다.

---

[14] 지방세법 제105조.

[15] 건축물은 "사무실, 점포, 차고, 창고 등 비주거용 건축물과 레저시설, 저장시설, 도관시설, 에너지공급시설 등 독립시설물로 구분된다. 주택은 토지와 건축물에서 제외하여 별도의 과세대상이 되며, 주거용인 주택은 비주거용 건축물과 달리 주거용으로 사용되는 토지와 건축물을 통합하여 일괄 과세한다."(한국지방세연구원, 2016: 37)

[16] 종합부동산세는 국세로서 부동산교부세의 재원으로 활용된다.

(9) 자동차세

자동차의 소유와 자동차 주행에 부과한다.[17] 소유관련 자동차세는 과세표준이 배기량·승차정원·적재정량인 종량세이고, 주행관련 자동차세는 유류에 대한 교통·에너지·환경세의 국세에 부과되는 부가세에서 징수한다.

2) 목적세의 세목

(1) 지역자원시설세

지역자원시설세는 2011년 지방세 세목 단순화 당시 지역개발세와 공동시설세를 통합하여 신설되었다. 지역자원시설세는 지역자원개발이나 공동시설을 통해 편익을 받는 자에게 부과한다. 구체적으로 지역자원시설세는 "지역의 부존자원 보호·보전, 환경보호·개선, 안전·생활편의시설 설치 등 주민생활환경 개선사업 및 지역개발사업에 필요한 재원을 확보하고 소방사무에 소요되는 제반 비용을 충당하기 위하여" 부과할 수 있다.[18] 예를 들어, 지하수채취, 발전용수(양수발전용수 제외), 지하자원 채광 등이 해당한다.

(2) 지방교육세

지방교육재정에 필요한 재원의 확보목적으로 2011년에 신설되었다. 취득세(차량취득세 제외), 등록면허세(자동차등록면허세 제외), 자동차세, 레저세, 담배소비세, 주민세 균등분, 재산세 등에 연동되어 부과된다(국회예산정책처, 2017). 이 중 취득세, 담배소비세, 자동차세가 지방교육세의 주요 세원을 차지한다.

3. 지방세의 실태 및 한계

지방세의 세목은 2011년에 16개에서 11개로 축소되었지만 여전히 복잡하고 난해한 실정이다. 더불어 앞서 논의한 지방세의 원칙, 즉 충분성, 안정성, 자율성, 신장

---

17) 지방세법 제124조와 제135조.
18) 지방세법 제141조.

성, 보편성 등의 기준과 관련하여 지방세의 한계로 지적되는 사항을 논의하면 다음
과 같다.

1) 충분성의 측면

지방재정을 자체적으로 충당하기에는 지방세의 세수가 취약하다. 또한, 지방세
의 비과세 및 감면제도의 방만한 운영으로 지방재정에 취약성을 증대시킨다. 지방
의 자체재원 중 대부분을 차지하는 지방세 수입은 국세와 비교하면 특히 취약성이
명확하게 드러난다. 지방의 주요 수입원인 지방세는 국세와 비교하면 대체로 8:2의
비율을 유지해 왔다.[19] 지방자치단체는 지방재정의 확충을 위해서 지방세의 비율을
6:4로 상향조정할 것을 지속적으로 요구해 오고 있다. 문재인 정부는 지방세와 관련
지방소비세 비중 확대, 지방소득세 규모 확대, 지방세 신세원 발굴, 지방세 비과세
감면율 15% 수준의 관리를 국정과제로 추진하였다.[20] 관련하여 2020년 기준으로

---

[19] 세입 측면에서 지방의 재정상황을 나타내는 통계로서 지방재정의 주축을 이루는 지방세의 국세대비
비율이 널리 활용되고 있다. 지방자치가 실시된 1995년부터 2020년까지 전체 조세 중 지방세의 비중
은 1997년 IMF 이후 2000년 최저 18.1%까지 떨어졌다가 2015년 부동산 거래 활성화로 인한 취득세
증가와 지방소비세율 인상(5%에서 11%)으로 최대 24.6%까지 상승하였다. 이후 완만하게 하강하여
국세와 지방세의 비율은 대체로 8:2의 비율로 수렴되는 추세를 보이고 있다. 지방자치의 정신과 주민
의 삶의 질을 확보하기 위해 지방세의 세원, 세목, 비율 등에 대한 논쟁은 지속되고 있다.

표 9-1 총조세 중 국세 및 지방세 비중

(단위: 조 원, %)

	1995	2000	2005	2010	2015	2016	2017	2018	2019	2020
조세	72.1	113.5	163.4	226.9	288.9	318.1	345.8	377.9	383.9	387.5
(GDP대비, %)	16.5	17.4	17.1	17.2	17.4	18.3	18.8	19.9	19.9	20.0
국세	56.8	92.9	127.5	177.7	217.9	242.6	265.4	293.6	293.5	285.5
(비중, %)	78.8	81.9	78.0	78.3	75.4	76.3	76.7	77.7	76.4	73.7
지방세	15.3	20.6	36.0	49.2	71.0	75.5	80.4	84.3	90.5	102.0
(비중, %)	21.2	18.1	22.0	21.7	24.6	23.7	23.3	22.3	23.6	26.3

출처: 국세청. 관세청 「징수보고서」, 행정안전부 「지방세통계연감」.
(e-나라지표, http://www.index.go.kr/potal/main/EachDtlPageDetail.do?idx_cd=1123)

[20] 예를 들어, 지방세 확충방안으로 지방세의 비율을 2020년까지 7:3 그리고 장기적으로 6:4까지 높일
것을 국정과제로 선정하여 추진하였다. 또한, 소방안전교부세를 기존 20%에서 2019년 35%, 2020년
45%로 인상하였다. 이를 위해 부가가치세의 11%였던 지방소비세율을 2019년 15%, 2020년 21%,
2022년 23.7%, 2023년 25.3%로 단계적으로 인상하였다.

지방세 수입으로 지방자치단체 공무원의 인건비 미해결단체는 총 98개이고, 지방세와 세외수입을 합산한 자체수입으로 미해결단체는 총 56개 단체에 이른다(행정안전부, 2022b: 146).[21]

2) 신장성 및 안정성의 측면

우리나라는 국세가 소득과세와 소비과세 중심인 반면 지방세는 재산과세 중심으로 세수의 확장 및 신축성에 한계가 있고, 특히 부동산시장의 경기변동에 따라 지방재정의 유동성이 큰 점이 한계로 지적된다. 2022년 기준 지방세 중 재산과세는 약 46%로 매년 큰 변동이 없으며, 소득과세는 약 16%, 소비과세는 약 29.1%를 차지하는 것으로 나타났다(행정안전부, 2022b: 142).[22] 특히, 재산과세 중 가장 큰 비중을 차지하는 취득세는 부동산경기 변동에 따른 하방 탄력성은 높지만 이로 인한 세수의 안정성의 측면에서도 취약한 것으로 지적된다. 이와 관련 지방자치단체는 양도소득세의 지방세로의 이양과 같이 국세와 지방세 간의 세원조정을 지속적으로 요구하고 있다.

3) 자주성의 측면

조세법률주의에 따라 지방의 과세자주권이 매우 제한적인 것으로 평가받는다.[23] 예를 들어, 중앙에서 결정된 세제가 전국의 지방자치단체에 획일적으로 동일하게 적용되고, 지방 자체의 새로운 세원의 개발도 어려운 상황이다. 또한, 취약한 세수로 인해 지방정부는 중앙정부의 재정의존도가 높아 자율성이 낮다.

---

[21] 행정안전부(2022b)의 '2022년 지방자치단체 통합재정개요(상)'에 따르면 자체수입으로 인건비 미해결 기초지방자치단체는 '시'가 4개, '군'이 51개, '자치구'가 10개로 각각 나타났다. 보다 자세한 내용은 11장 의존재원을 참조.

[22] 행정안전부의 '2020년 지방자치단체 통합재정개요(상)'에 따르면 2020년 기준 지방세 중 재산과세는 약 46% 소득과세는 약 22%, 소비과세는 약 24%를 차지하는 것으로 나타났다(행정안전부, 2020b: 141). 따라서 2022년 대비 재산과세의 비중은 큰 변화가 없지만 소득과세는 줄어든 반면 지방소비세율의 인상으로 소비과세가 상승했음을 알 수 있다.

[23] 지방자치법 제152조에 따르면 지방자치단체는 법률로 정하는 바에 따라 지방세를 부과·징수할 수 있다.

4) 보편성의 측면

지방세원의 지역 간 편중이 심하다. 수도권과 비수도권의 격차뿐만 아니라, 도시지역과 농어촌지역의 불균형, 그리고 서울시의 자치구간에도(특히 강남 3구와 강북 소재 자치구) 세수의 격차가 크게 일어난다. 지방교부세 및 지방소비세 등의 배분에서 지역 간 격차를 일부 반영하고 있지만, 세수 불균형의 개선에는 여전히 한계가 크게 나타난다.

지방세 안 내고 해외 명품쇼핑? "공항서 압류당합니다"

(중략) 경기도는 6월부터 지방세 고액·상습 체납자가 해외여행 뒤 입국할 때 산 명품이나 해외 직구로 구매한 물품을 공항에서 바로 압류하기로 했다고 21일 밝혔다.

압류 대상 체납자는 체납일로부터 1년이 지나도록 지방세 1천만 원 이상을 내지 않아 명단이 공개되는 사람이다. 압류 대상 물건은 체납자가 △해외에서 구매한 명품백 등 고가 휴대물품 △국내에서 소지하고 출국했다가 입국할 때 재반입하는 보석류 △법인이 구매한 대규모 수입품 △해외 직구로 산 가전·의류제품 등이다.

도는 "개정된 지방세징수법에 근거한 것으로, 도가 관세청에 체납처분을 위탁하면 관세청은 체납자가 입국할 때 휴대한 고가품을 검사 현장에서 압류하고 해외 직구로 산 수입품의 통관을 보류하는 절차"라고 설명했다.

이처럼 압류 후에도 체납액을 내지 않으면 고가품은 한국자산관리공사 등에 공매 의뢰하고, 소액 물품은 관세청이 직접 공매 처리한다.

도는 이에 따라 이날 지방세를 고액·상습 체납한 개인 4,135명과 법인 1,464곳에 위탁 예고문을 발송했으며, 다음 달 말까지 납부 기회를 줄 계획이다. 이들의 체납액은 개인 2,004억 원, 법인 807억 원 등 모두 2,811억 원이다.

자료: 김기성. (2022.4.21.). 일부 발췌 및 편집.

제3절 지방세외수입

1. 세외수입의 의의 및 특성

세외수입은 지방세에 대응하는 개념으로 지방이 자체적으로 거두는 자체재원 중 지방세를 제외한 수입을 지칭한다. 기존의 연구는 지방세외수입의 정의와 관련하여 일반적으로 광의, 협의, 최협의로 구분하여 접근하였다. 일반적으로 광의로는 지방재정법시행령상의 지방자치단체의 세입 중 지방세, 지방교부세, 조정교부금, 보조금, 지방채 및 예치금 회수 등을 제외한 모든 자체재원을 지칭한다. 협의로는 광의의 세외수입 중 명목상 세외수입을[24] 제외한 실질적 세외수입의 성격을 띠는 경상적 세외수입과 사업수입을 포함한다. 여기서 경상적 세외수입은 매년 규칙적−반복적으로 일어나는 세입이며, 사업수입은 공기업의 경영 및 관리상에서 발생하는 수익 등과 관련되며 '공기업특별회계'로 지칭된다. 최협의로는 협의의 세외수입 중 경상적 수입만을 의미한다.

세외수입은 대체로 다음과 같은 성격을 띠고 있다.

첫째, 세외수입은 조세와 같이 광범위하게 강제적으로 징수되기보다는 특정 서비스의 이용에 따른 반대급부, 즉 사용자부담원칙이 일반적으로 적용되어 부과−징수에서 조세저항이 적다. 대표적으로 공공재산의 임대나 이용에 부담하는 사용료와 공공서비스에 대한 수수료를 들 수 있다.

둘째, 세외수입은 종류가 다양하며, 상위 법령에 위반되지 않는 한 지방자치단체가 자율적으로 발굴 및 확장할 수 있는 잠재적 수입원이다. 세외수입은 사용료−수수료와 같은 사용자부담의 형태에서 재산매각수입과 개발부담금과 같은 임시적 수입, 그리고 과태료, 과징금 등과 같은 법령위반에 대한 행정제재에 부과하는 것과

---

24) 지방세외수입 중 잉여금, 이월금, 전입금, 예탁금 및 예수금, 융자금원금수입은 2014년 신설된 '보전수입 등 및 내부거래'라는 장으로 이관하고, 지방세외수입에서 제외하였다. 이들 항목들은 실제 수입이라기 보다는 내부거래나 회계상 조정으로 발생하였기 때문이다(이상훈·사명철, 2016).

같이 다양한 형태가 있다.

셋째, 연도별로 세외수입은 변동이 커 재정의 안정성이 낮다. 지자체의 일회성 재산매각, 기부금 등과 같이 매년 반복되는 경상적 수입의 성격보다는 임시적 또는 일회성 수입으로 인해 연도별 세입의 안정성이 떨어진다.

넷째, 세외수입은 조세법률주의에 의해 제약을 받는 지방세와 달리 많은 경우 조례에 따라 종류나 세율을 정할 수 있어 지방자치단체의 탄력적 운영의 여지가 상대적으로 크다(한국지방세연구원, 2016: 77). 세외수입의 창의적인 활용에 따라 지방의 세외수입 확보에 지역 간 편차가 크게 날 수 있다. 다만, 세외수입의 요율과 관련하여 지방자치단체는 조례로 요율을 조정할 수 있음에도 주민의 반발을 의식하여 장기간 낮은 요율을 적용하는 경향을 보이고 있어 요율현실화 이슈가 빈번하게 지적된다(한국지방세연구원, 2016: 77).

다섯째, 수입원의 법적 근거에 따라 용처가 특정되어 있는 경우가 많다. 예를 들어, 공원사용료수입은 공원의 보존 및 관리에만 한정하여 사용된다.

여섯째, 징수형태에 따라 현금 징수 이외에 사용료-수수료 등은 현금을 대체하는 수입증지의 형태로 납부하기도 한다.

2. 세외수입의 유형

세외수입은 앞서 논의했듯이 매년 반복해서 규칙적-안정적으로 조달되느냐의 여부에 따라 경상적 또는 임시적 세외수입으로 구분된다. 또한, 회계구분을 기준으로 일반회계수입과 특별회계수입으로 나뉘기도 하며 징수성격이나 징수방법에 따라 달라지는 등 세외수입은 다양하게 구분된다. 지방세외수입을 구분하면 다음의 〈그림 9-1〉과 같다.

행정안전부가 매년 편성하는 '2020년도 지방자치단체 예산편성 운영기준 및 기금운용계획 수립기준'[25)에 제시된 세외수입의 분류에 따르면 우리나라는 예산의 관

---

25) '2020년도 지방자치단체 예산편성 운영기준 및 기금운용계획 수립기준' [별표 8] 세입예산 과목구분과 설정.

그림 9-1 지방세외수입의 구분

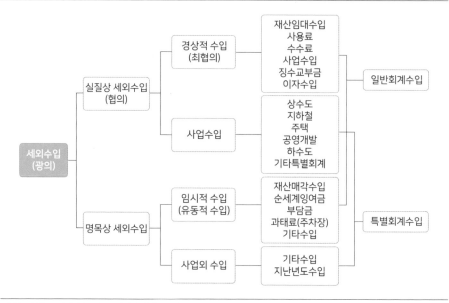

출처: 최원구·김진아(2016: 9). '지방세외수입의 구분'에서 인용.

점에서 수입의 안정성과 반복성의 측면을 고려하여 세외수입을 크게 경상적 세외수입과 임시적 세외수입으로 분류하고 있다. 경상적-임시적 세외수입은 일반회계수입에 포함된다. 반면, 지방자치단체가 독립된 법인으로 설립한 공기업의 운영-관리를 발생하는 수입은 특별회계수입으로 구분할 수 있다. 경상적 세외수입과 임시적 세외수입을 세부적으로 고찰한 후 특별회계수입을 살펴본다.

1) 경상적 세외수입의 유형과 내용

경상적 세외수입으로는 재산임대수입, 사용료수입, 수수료수입, 사업수입, 징수교부금수입, 이자수입이 포함된다.

첫째, 지방자치단체가 제공하는 시설이나 서비스의 사용에 따른 반대급부적 성격을 지닌 재산임대수입, 수수료, 사용료 등이 있다. 사용자부담원칙에 따라 특정

서비스를 제공받는 주민들이 부담한다. 재산임대수입은 국유재산법시행령에 따라 지방자치단체가 운영 및 관리하는 국유토지·임야·건물임대수입과 지방조례에 따른 공유재산의 임대를 통해 거둬들이는 수입이다. 그리고 특별회계의 이용료·실습 수입 등의 기타 재산수입도 포함된다. 수수료는 인·허가 등과 같은 지방자치단체의 사무가 특정인을 대상으로 한 서비스(예: 증지판매, 쓰레기처리봉투 판매 등)일 때 징수한다.[26] 사용료는 지방공공시설의 이용 또는 재산의 사용(예: 도로, 하천, 운동장, 공연장, 주차장 등)에 대하여 징수하는 비용이다.[27]

둘째, 사업수입은 지방자치단체가 직접 각종 사업의 운영을 통해 발생하는 수익을 통한 수입이다. 다양한 사업수익이 존재하는데 도로통행료수입, 보건소ー보건의료원 등의 운영수입 등을 포함한다.

셋째, 징수교부금수입은 징수위임기관(주로 정부 또는 광역지방자치단체)이 징수기관인 하급지방자치단체에서 발생한 소요경비에 대해 위임처리의 대가로 교부하는 수입이다. 국세·광역시도세·하천점용료·도로사용료 등의 징수를 기초지방자치단체가 위임받아 처리하는 경우 중앙정부나 광역지자체에서 교부한다. 예를 들어, 시·도세 징수교부금수입은 시·군·자치구가 시·도세를 징수하고 시·도에 납입하면 관련한 처리비용을 시·도가 시·군·자치구에게 납입액의 일정 비율을 교부한다.

넷째, 이자수입은 지방자치단체의 자금(수입)을 은행 등 금융기관에 예치하는 과정에서 발생하는 수입이다. 공공예금이자나 융자금회수 이자수입 등에서 발생하는 수입이다. 이자수입은 지방세외 수입에서 큰 비중을 차지하고 있어 공금의 정확한 수급계획 및 관리가 점차 중요해지고 있다.

2) 임시적 세외수입의 유형과 내용

임시적 세외수입으로는 재산매각수입, 부담금, 과징금 및 과태료, 그리고 기타 수입과 지난 연도 수입이 포함된다.

---

26) 지방자치법 제154조.
27) 지방자치법 제153조.

첫째, 재산매각수입은 지방자치단체가 국유재산 또는 공유재산(토지·건물 등)의 매각-처분의 과정을 통해 발생하는 수입이다. 재산매각수입으로는 위임받은 재산의 매각에서 발생하는 매각귀속수입금과 직접 매각함으로써 발생하는 매각수입금으로 분류된다. 매각귀속수입금 중 국유재산매각귀속수입금은 매각수입 중 국유재산 매각을 위임받은 지자체에 귀속되고, 시·도소유재산 매각귀속수입금은 매각수입 중 매각을 위임받은 기초지자체에 귀속되는 수입이다. 또한, 고유재산 매각수입금은 지방자치단체의 재산매각을 통해 발생하거나 타인재산과의 교환차액수입으로 구성된다.

둘째, 부담금(또는 분담금)과 관련하여 지방자치법에 따르면 "지방자치단체는 그 재산 또는 공공시설의 설치로 주민의 일부가 특히 이익을 받으면 이익을 받는 자로부터 그 이익의 범위에서 분담금을 징수할 수 있다."고 규정하였다.[28][29] 지방자치단체 간 부담금과 일반부담금으로 구분되며, 후자의 경우 민간인·기타단체의 부담금수입, 개발이익 환수금, 그리고 기타 특별회계(예: 교통유발부담금부과수입) 및 교육비특별회계의 학교용지확보 등에 관한 특례법에 의한 부담금수입으로 구분된다.

셋째, 과태료 및 과징금 등은 법령이나 조례, 규칙위반에 부과-징수하는 수입이다. 법제처에 따르면 과태료는 개별법령 또는 조례상 규정된 의무에 대하여 의무위반, 즉 "의무자가 그 의무나 질서를 이행하지 않거나, 위반한 경우"에 지방정부가 행정질서 유지 또는 의무이행을 강제하기 위해 부과 및 징수하는 금전적인 부담금

---

28) 지방자치법 제155조.
29) 부담금과 분담금은 혼용되어 사용된다. 지방자치법 제155조에서는 분담금이라는 용어를 사용하고 있다. 반면 부담금과 관련하여서는 개별법인 부담금관리기본법이 존재하며 제2조에서 개념화하고 있다. 부담금관리기본법 제2조 "부담금이란 중앙행정기관의 장, 지방자치단체의 장, 행정권한을 위탁받은 공공단체 또는 법인의 장 등 법률에 따라 금전적 부담의 부과권한을 부여받은 자(이하 "부과권자"라고 한다)가 분담금, 부과금, 기여금, 그 밖의 명칭에도 불구하고 재화 또는 용역의 제공과 관계없이 특정 공익사업과 관련하여 법률에서 정하는 바에 따라 부과하는 조세 외의 금전지급의무(특정한 의무이행을 담보하기 위한 예치금 또는 보증금의 성격을 가진 것은 제외한다)를 말한다." 제2조에서 보여지듯이 부담금과 분담금이 혼용되어 사용되어지나 부담금이 보다 더 일반적인 개념으로 이해될 수 있다. 즉, 부담금은 정부의 재화와 용역의 제공과 관계없이 특정한 공익사업의 경비를 충당할 목적으로 법률에서 정하는 바에 따라 부과하는 조세외의 금전지급의무이다(부담금관리기본법). 이와 같이 부담금은 특정한 사업과 이해관계를 가지는 자에게 특별한 재정책임을 지우는 형태로서 종류가 다양하다. 분담금이라는 개념은 지방자치단체의 재산 또는 공공시설의 설치로 인하여 주민의 일부가 특히 이익을 받는 경우와 관련하여 지방자치법에서 구체적으로 규정하고 있다고 봐야 할 것이다.

이다. 반면, 과징금은 일반적으로 "행정법상의 의무불이행으로 인해 발생한 경제적 이익을 상쇄하거나 의무불이행에 대해 행정처분에 갈음하여 부과하는 제재적 금전부담"이라고 할 수 있다."[30]

넷째, 기타수입으로는 불용품의 매각수입, 체납처분으로 생기는 수입, 법령 및 조례의 규정에 의하여 자치단체에서 수납하는 보상금 수납금, 시·도에서 전년도에 시·군·구에 보조한 시·도비보조금 중 시·군·구에서 사용하고 남은 시·도비보조금을 반환받은 금액, 용도지정기부금수입 및 그 외 수입 등이 있다.

다섯째, 지난 연도 수입은 회계연도의 변경 등 회계처리과정에서 발생하는 이월금, 과년도 수입 등이 회계에 수입으로 잡힐 수 있다.

3) 특별회계수입

지방공기업의 운영-관리는 사업수입으로서 대표적인 특별회계수입으로 분류할 수 있고 그 숫자나 규모는 증대하고 있는 추세를 보인다. 지방공기업은 "지방자치단체가 직접 설치·경영하거나, 법인을 설립하여 경영하는 기업"을 의미한다.[31] 이러한 지방공기업은 대부분 특정 행정구역 내 사업활동을 통해 공공복리를 추구하면서 기업적 성격을 띠게 된다. 지방공기업은 지자체가 직접 설치·경영하는 지방직영기업과 법인의 형태를 띠는 지방공단과 지방공사로 구분할 수 있다. 지방자치단체의 장은 공단·공사의 설립-운영 등 업무를 관리·감독하도록 규정하고 있다.[32] 공기업 특별회계는 지방자치단체가 설립한 공기업의 활동 및 사업으로 발생하는 세외수입으로 상하수도사업, 주택사업, 공영개발사업 등을 통해 사업수입을 창출한다. 지방공기업 특별회계는 때로는 지방의 재정부담을 줄이거나 회피하기 위하여 설립하기도 한다.

---

30) 법제처. (2022. 8. 15). 찾기 쉬운 생활법령정보: 과태료의 개념(https://easylaw.go.kr/CSP/CnpClsMain.laf?csmSeq=618&ccfNo=1&cciNo=1&cnpClsNo=1)

31) 지방공기업법 제1조.

32) 지방공기업법 제73조.

3. 지방세외수입의 실태와 한계

지방세외수입은 새로운 세목의 신설과 폐지, 항·목 등의 과목 변경의 자율성이 지방세와 비교해 상대적으로 높다. 예를 들어, 2014년에는 '보전수입 등 내부거래'라는 장의 신설을 통해 세외수입 중 잉여금, 이월금, 전입금, 예탁금 및 예수금, 융자금 원금수입을 이관하였고, 2015년에는 '과징금 및 과태료 등'의 항을 신설하여 과징금 및 이행강제금, 과태료, 변상금 및 위약금의 3개 목을 재분류하였다(최원구·김진아, 2016: i−ii). 이러한 변경의 용이함은 지방세외수입의 연도별 추세분석과 비교를 어렵게 하기도 한다.

지방세외 수입은 그 종류의 다양성에도 불구하고 재정적 측면, 운영관리 측면, 구조적 측면에서 여러 가지 한계가 지적되고 있다.

첫째, 세외수입의 신장성, 특히 경상적 세외수입의 비중이 임시적 세외수입보다 저하되고 있다.[33] 경상적 세외수입은 예측가능한 안정적인 수입원으로서, 이의 비중이 축소된다는 것은 지방의 지속적인 재정건전성, 안전성, 계속성 확보에도 부정적 영향을 미치는 것으로 해석할 수 있다(행정안전부, 2022b: 147).

둘째, 과징금−과태료와 같은 부과과세의 징수율이 낮고, 사용료나 수수료의 요율이 낮아 원가보상률이 비현실적이다. 2013년 과태료 징수율의 경우 45.2% 수준으로 절반에도 미치지 못하고 있다(이상훈·사명철, 2016: 137). 또한, 수수료의 경우 요율이 물가 변동률을 반영하지 못하고 수년 동안 경직적으로 유지되어 요율이 평균 원가 수준에도 못 미치는 등 원가 보상의 비현실성이 발생하기도 한다(손희준 외, 2008: 154−155).

셋째, 세외수입의 담당조직과 인력이 부족하고, 지방자치단체의 징수의지도 그다지 높지 않다. 세외수입의 부과·징수·관리 업무가 개별부서와 세무부서에 분산되거나 체계적 관리가 일어나지 않고 있다고 지적된다. 이는 앞서 언급한 체납관리의 비효율성으로 이어진다. 또한, 세외수입 중 이자수입은 비중이 높은 편이나 지방

---

33) 2022년 기준 지방재정 총계규모와 자체수입 총계규모에서 세외수입이 차지하는 비중은 각각 6.7%와 19.6%로 나타났다(행정안전부, 2022b: 147).

자치단체 공금의 위험 부담 회피 및 안전성 위주의 관리 등으로 여유 자금관리의 전문성이 떨어지고 효율성도 낮다.

넷째, 지방세외수입의 성질별-기능별 분류가 혼재되어 있어 분류체계가 복잡하다. 이는 지방세외수입을 예산의 관점을 반영하여 수입의 안정성과 계속성의 여부에 따라 경상적-임시적 세외수입으로 분류하고 있다(이상훈·사명철. 2016: 190). 지방세외 수입의 종합적-체계적 관리 및 시책 추진의 어려움을 초래한다.

다섯째, 지자체 간 세외수입이 차지하는 비중의 편차가 크게 나타나고 있다(손희준 외, 2008: 153). 광역지자체 수준에서는 '도'가 '특·광역시'보다 세외수입의 비중이 상대적으로 낮고, 기초지자체 수준에서는 '군·자치구'가 '시' 보다 세외수입의 비중이 낮아 지역 간 편차가 큰 것으로 나타난다. 가령, 2022년의 경우 광역과 기초지방자치단체를 포함한 전체 세외수입 중 특·광역시(33.3%)와 시(38.1%)가 세외수입 전체의 71.5%를 차지하는 것으로 나타났다(행정안전부, 2022b: 147).[34]

제4절 지방채

1. 지방채의 의의와 특성

지방채는 일반적으로 "지방자치단체가 재정수입의 부족을 보충하기 위해 과세권을 실질적인 담보로 자금을 조달하는 채무"로 개념화된다(손희준 외, 2008: 164). 또는 "지방자치단체가 특정한 사업을 수행하는 데 필요한 재원을 조달할 목적으로 발행하는 채무"이다(서정섭, 2007: 53). 우리나라의 지방재정법 시행령상 지방채의 종류는 크게 지방채증권과 차입금으로 구분된다.[35] 지방채증권은 지방자치단체가 증권발

---

34) 이러한 편차는 추세적으로 큰 변화가 없다. 예를 들어, 2020년의 경우 광역과 기초지방자치단체를 포함한 전체 세외수입 중 특·광역시(33.8%)와 시(39.2%)가 세외수입 전체의 73%를 차지하는 것으로 나타났다(행정안전부, 2020b: 146).

35) 지방재정법 시행령 제7조.

행을 통해 조달하는 채무이고, 차입금은 중앙정부나 금융기관으로부터 증서차입의 형식(loan, 융자금)에 의해서 조달하는 채무이다.[36] 이와 같이 외부 기관으로부터 차입하여 조달하는 지방채는 미래에 상환의무를 지는 부채의 증가를 통한 재원 확충이다. 지방채는 지방의 부족한 재원을 보충할 뿐만 아니라, 원리금상환부담과 사업혜택의 세대 간 공평화를 이루는 순기능을 한다(서정섭, 2007: 53). 하지만 지방자치단체의 재정역량을 넘어서는 과도한 지방채의 발행은 지방재정의 건전성을 해칠 우려를 야기하기도 한다.

지방채는 원칙적으로 사회적 인프라나 공유재산(예: 산업단지) 조성과 같은 경상성(일회성) 지출이 아닌 다년도에 걸친 투자성 지출을 위해 활용된다. 다만, 재해예방 및 복구사업, 천재지변으로 발생한 세입 결함을 보전, 지방채의 차환 등을 위해서도 지방채를 활용할 수 있도록 하고 있다. 지방재정법은 지방자치단체장이 지방채를 발행할 수 있는 용도를 아래와 같이 열거하여 제한하고 있다.[37]

- 공유재산의 조성 등 소관 재정투자사업과 그에 직접적으로 수반되는 경비의 충당
- 재해예방 및 복구사업
- 천재지변으로 발생한 예측할 수 없었던 세입결함의 보전
- 지방채의 차환
- 「지방교육재정교부금법」 제9조제3항에 따른 교부금 차액의 보전
- 명예퇴직(「교육공무원법」 제36조 및 「사립학교법」 제60조의3에 따른 명예퇴직을 말한다. 이하 같다.) 신청자가 직전 3개 연도 평균 명예퇴직자의 100분의 120을 초과하는 경우 추가로 발생하는 명예퇴직 비용의 충당

---

36) 자치단체예산편성기준에 따르면 지방채는 국내차입금과 국외차입금으로 구분된다. 이 중 국내차입금은 증서차입(융자금)의 형식을 띠는 차입금(정부자금채, 금융자금채, 지방공공자금채 등)과 증권발행의 형식을 띠는 차입금(모집공채, 매출공채, 교부공채), 그리고 지역개발기금(시군구융자금수입)으로 분류된다.

37) 지방재정법 제11조 제1항.

더불어, 지방자치단체조합도 "그 조합의 투자사업과 긴급한 재난복구 등을 위한 경비를 조달할 필요가 있을 때 또는 투자사업이나 재난복구사업을 지원할 목적으로 지방자치단체에 대부할 필요가 있을 때"에는 지방채를 발행할 수 있도록 하였다.[38] 이를 위해 행정안전부 장관의 승인을 받은 범위에서 조합에 참여한 각 지방자치단체 지방의회의 의결을 얻어야 한다.

지방채는 국채나 사채와 비교하여 몇 가지 특성을 가진다(손희준 외, 2008: 166-167). 국채와 달리 지방채는 지역주민의 생활 또는 지역경제와 직접적인 연관성을 가지며, 지방의 부족한 재원조달이 직접적인 목적이다. 또한, 중앙정부로부터 발행한도 및 발행대상 등 다양한 제약을 받는다. 사채와 비교하면 일반적으로 지방자치단체의 과세권을 담보로 발행하여 기업의 수익과 자산을 담보로 하는 사채보다 신용도가 훨씬 높은 것으로 지적된다.

2. 지방채의 실태와 한계

우리나라는 2005년 8월 지방재정법 전면개정을 통해 지방채발행에 있어 개별사업별로 행정안전부 장관의 승인을 받던 기존의 사업별승인제도를 2006년부터 지방채발행총액한도제로 변경하여 시행하고 있다(이효 외, 2018: 40; 행정안전부, 2018b). 행정안전부는 매년 자치단체의 채무액과 경상일반재원 등을 기초로 전전년도 예산액의 10% 범위 내에서 발행한도액을 개별 지방자치단체에 통보한다.[39] 지방채발행총액

---

[38] 지방재정법 제11조 제4항.
[39] 지방재정법 제11조 제2항과 제3항은 지방채발행의 한도액과 초과 발생시에 대한 규정을 담고 있다. 또한, 세부적인 규정은 지방재정법 시행령 제10조 제2항 참조.
② 지방자치단체의 장은 제1항에 따라 지방채를 발행하려면 재정 상황 및 채무 규모 등을 고려하여 대통령령으로 정하는 지방채 발행 한도액의 범위에서 지방의회의 의결을 얻어야 한다. 다만, 지방채 발행 한도액 범위더라도 외채를 발행하는 경우에는 지방의회의 의결을 거치기 전에 행정안전부 장관의 승인을 받아야 한다.
③ 지방자치단체의 장은 제2항에도 불구하고 대통령령으로 정하는 바에 따라 행정안전부 장관과 협의한 경우에는 그 협의한 범위에서 지방의회의 의결을 얻어 제2항에 따른 지방채 발행 한도액의 범위를 초과하여 지방채를 발행할 수 있다. 다만, 재정책임성 강화를 위하여 재정위험수준, 재정 상황 및 채무 규모 등을 고려하여 대통령령으로 정하는 범위를 초과하는 지방채를 발행하는 경우에는 행정안전부 장관의 승인을 받은 후 지방의회의 의결을 받아야 한다.

한도제로의 변경을 통해 지방자치단체는 한도액의 범위 내에서 중앙정부의 승인 없이도 지방의회의 의결을 거쳐 지방채를 발행할 수 있다. 하지만 외채 발행의 경우 발행 한도액의 범위라고 하더라도 지방의회의 의결에 앞서 행정안전부 장관의 승인을 받아야 한다.[40] 한편, 지방채 발행 한도액을 초과하여 지방채를 발행할 수 있는데, 대통령령으로 정하는 바에 따라 행정안전부 장관과 협의한 경우에는 그 협의의 범위 내에서 지방의회의 의결을 거쳐 초과하여 발행할 수 있으며, 다만 대통령령으로 정하는 범위를 초과하는 경우는 행정안전부 장관의 승인을 받은 후 지방의회의 의결을 받도록 하였다.[41] 지방채발행총액한도제도는 기존의 사업별승인제도보다 지방채 운영에 있어 재정자율성이 다소 개선되었다고 볼 수 있다(행정안전부·한국지방행정연구원, 2015).

우리나라의 지방채의 인식, 관리, 운영 등에 대한 한계는 다음과 같이 지적된다.

첫째, 지방자치단체장과 의원들이 지방채를 통한 채무의 활용 및 증대에 대해 전반적으로 소극적이거나 부정적인 인식의 경향이 높아 활용이 낮은 지자체가 많다(이원희, 2019; 이현우·가선영, 2020). 이는 '빚'을 내어 지방자치단체가 일을 한다는 것에 대한 언론의 지방채에 대한 비판적 보도, 미래 세대에 부담을 전가한다는 비판, 원리금의 상환을 위한 경상예산의 팽창 등과 관련한 주민들의 부정적인 인식은 결국 지방자치단체장이나 지방의원들에게는 정치적 부담으로 작용할 수 있다.

둘째, 지방자치단체 건전 재정 운영 및 유지를 위한 중앙정부의 제약 및 통제로 지방채의 활용이 소극적이다. 중앙과 지방정부의 재정관계에서 중앙정부는 전체 지방자치단체를 대상으로 건전 재정의 운영을 위한 제도적-행정적 관리와 조정을 하고 있으며 지방채와 관련해서도 마찬가지로 적용되고 있다. 지방정부의 지방채 발행에 대한 자율성의 요구에 대해 중앙정부는 지방채발행총액제를 통해 지자체의 자율성을 제고하고자 하였으나, 이 또한 행정안전부 장관의 발행한도 결정의 범위 내로 제한적이라는 비판이 제기된다. 발행한도 초과 발행 시에는 행정안전부의 승인

---

40) 지방재정법 제11조 제2항.
41) 지방재정법 제11조 제3항.

을 얻어야 하는 등 여전히 지방의 자율성이 떨어진다.

셋째, 지방채 발행 및 관리와 관련한 전문인력 및 전문적인 인수기관이 부족하다. 또한, 지방채 시장이 활성화되어 있지 못하여 모집공채의 활용도가 낮다.

넷째, 지방채발행의 지역별 편차가 크게 나타난다(서정섭, 2007). 대도시나 신도시를 제외한 대부분의 기초지자체는 지방채의 활용이 낮으며, 대체로 합리적인 활용을 못 하기도 한다(이원희, 2019; 이현우·가선영, 2020).

가로등 정비한다고 지방채 발행하나? 해도 너무한다

제주도가 2022년도 예산안과 함께 제출한 지방채 발행계획에 가로수·보안등 정비와 같은 불요불급한 사업까지 포함돼 수정이 필요하다는 지적이다. ○○○ 도지사 권한대행은 "예산부서와 논의해보겠다"고 말해 수정 가능성을 내비쳤다.

제주도의회 ○○○ 의원은 19일 속개된 제400회 제2차 정례회 제5차 본회의에서 ○○○ 도지사 권한대행을 상대로 한 도정질문에서 "2022년도 지방채 발행사업 판단 기준이 없다"며 지방채 발행 문제를 도마에 올렸다.

○○○ 권한대행은 '2022년도 예산안 제출에 따른 시정연설'에서 "지방채는 장기미집행 도시계획시설 및 재해예방·복구사업 등을 위해 2,950억 원을 편성했다"고 밝힌 바 있다.

○○○ 의원에 따르면 제주도가 시정연설에서 밝힌 지방채 발행계획에 지역개발기금(상하수도본부) 400억 원까지 포함하면 실제 지방채 발행규모는 3,350억 원에 달한다. ○○○ 의원은 "민선 6·7 ○○○ 도정은 '채무 제로'를 선언까지 했다가 결국 지방채 발행에 이르게 됐다. 장기미집행시설 문제해결을 위한 당위성은 인정한다"면서도 "그런데 지금은 본질이 변질되어버렸다. 그래서 지방채 발행계획은 예산안과 별개로 심사받도록 제안했지만, 올해도 예산서와 함께 제출했다. 지방채 발행계획을 부결하면 예산안 전체를 다시 짜야 하는 상황이다"라고 지적했다.

그러면서 "○○○ 의장이 개회사에서 지적했듯 소상공인 지원이 너무 미흡하다. 농민수당은 40만 원에서 20만 원으로 줄여서 편성했다. 심지어 지방채 발행계획을 보면 가로등·보안등 정비사업까지 포함됐다. 해도 너무하지 않느냐"며 "권한대행이 결단을 해서 수정계획을 제출해달라"고 주문했다.

이에 ○○○ 권한대행은 "직업공무원 입장에서는 지방채 관련은 행안부가 총괄하고 있고, 발행기준에 부합해서 발행하는 것이라고 말할 수밖에 없다"며 이해를 구했다.

그러자 ○○○ 의원은 "이는 제주도가 양 행정시에 예산을 실링으로 준 뒤 편성하라고 압력을 넣은 것이라고밖에 이해할 수 없다. 행정시에 재정 압박을 할 게 아니라 도가 의지를 가져야 한다"며 거듭 예산부서와 협의를 거친 뒤 수정계획을 제출할 것을 요구했다.

(중략)

* 주: 이름은 저자가 ○○○으로 처리함.

자료: 좌용철. (2021.11.19.). 일부 발췌 및 편집.

CHAPTER **10**

중앙-지방의 재정관계: 의존재원

지방자치제의 실시 이후 역대 정부는 중앙과 지방의 수직적 재정불균형과 지방 간 수평적 재정불균형의 개선을 위해 다양한 노력을 추진해 왔다. 이러한 노력의 중심에는 재정력이 높은 중앙정부가 지방으로의 이전재원을 통해 재정격차를 완화하고 부족한 재원을 충당하는 지방재정조정제도가 위치한다. 중앙정부의 재정조정제도는 이러한 긍정적인 역할에도 중앙과 지방정부 간의 기능과 재원의 근본적인 배분 측면에서 보다 더 폭 넓은 재정권의 이양을 담은 제도의 개선이 요구되고 있다. 재정권한의 배분정도가 실질적인 분권과 자치를 실현하는데 중요하기 때문이다. 이 장은 지방재정조정제도를 통해 이뤄지는 이전재원의 유형 및 성격 그리고 실태를 논의한다.

제1절 지방재정조정제도

1. 개념

지방재정조정제도란 "지방정부 간의 재정력 격차를 조정하고 지방정부의 부족 재원을 보충하기 위해 중앙정부가 지방정부에게 또는 지방정부 상호 간에 재정을

조정하는 제도"를 의미한다(손희준 외, 2008: 192). 지방자치단체는 이러한 지방재정의
부족분을 외부로부터 충당하는데 한 정부로부터 다른 정부로 재원을 이전하는 것을
이전재원이라 한다. 이전재원을 통한 정부 간 재원의 조정이 곧 지방재정조정제도
인 것이다. 지방정부의 입장에서는 이전재원은 의존재원에 해당하며, 자체재원과 달
리 다양한 조건 또는 제약 하에 집행한다. 대부분의 국가에서 중앙정부는 지방정부
보다 상대적으로 우월한 지위와 더 나은 재정상태를 유지하고 있으며 지방정부에
대해 재정의 배분 및 조정을 담당하고 있다. 이러한 재정조정제도를 통해 국가 차원
의 정책 및 사업을 추진하고 지방정부 간 필연적으로 발생할 수밖에 없는 재정의
불균형을 완화하여 궁극적으로 모든 국민이 지리적 위치에 따른 삶의 질과 수준에
서 차별을 받지 않도록 노력하고 있다. 다음으로는 지방재정조정제도의 기능을 세
부적으로 고찰한다.

2. 기능

일반적으로 지방재정조정제도의 기능은 지방정부 간 재정격차나 불균형의 조
정, 지방재정의 불충분성 및 불안정성의 감소, 전국 단위 행정서비스의 통일성과 일
관성의 유지, 외부효과를 유발하는 공공재의 적극적－지속적 제공 유도, 행정서비
스 제공의 효율성 증대 등으로 정리된다.

1) 지방정부 간 재정격차나 불균형의 조정

어느 국가나 지방정부 간 재정격차는 필연적으로 발생한다. 지역별 인구나 자
원, 경제발전, 역사나 문화 등 다양한 이유로 인해 지방정부에서 거둬들이는 지방세
나 기타 수입의 지역 간 재정격차가 존재하기 마련이다. 중앙정부나 상급정부의 개
입이나 조정 없이는 이러한 지방간 재정의 구조적인 격차는 시정하기 힘든 게 현실
이다. 중앙정부나 상급정부가 상대적으로 하위 지방정부보다 재정능력이 높아서 하
위 지방정부 간 재정격차를 보정하는 목적으로 재정지원이 일어난다. 특히, 중앙정
부의 재정능력에 기반한 재정 불균형을 시정하고자 하는 노력이 가장 일반적이며

중요하다.

2) 지방재정의 불충분성 및 불안정성의 감소

지방정부는 중앙정부에 비해 상대적으로 재정이 취약하다. 또한, 우리나라의 경우 광역지자체에 비해 기초지자체의 재정은 공무원의 인건비를 자체 충당하기에도 힘든 사례가 많다.[1] 이러한 재정의 불충분성에 더하여 불안정성도 존재한다. 중앙정부의 주요 재원인 소득-소비관련 과세와 달리 지방정부는 재산과세에 크게 의존한다. 부동산경기의 부침에 따라 재산과세의 변동 폭이 크고 이는 지방재정의 안정성에 부정적인 영향을 미친다. 이러한 지방재정의 불충분성과 불안정성을 조정 및 완화하기 위하여 이전재원, 특히 교부금을 통한 재정조정의 역할이 중요하다.

3) 전국 단위 행정서비스의 통일성과 일관성의 유지

한 국가 내에서 제공되는 행정서비스나 공공재의 수준과 질은 전국적으로 통일성과 일관성을 유지해야 한다. 지방자치 하에 중앙정부와 지방정부의 정책과 사업의 우선순위가 차이가 날 수 있다. 지방별 정책과 사업의 중요도의 차이는 최종적으로 주민들 삶의 질에 영향을 미치는 서비스의 양과 질에 차이를 초래한다. 중앙정부는 국가 차원에서 중요성을 띤 정책이나 사업에 대해 지방에 보조함으로써 지방이 우선순위를 두고 사업을 시행하도록 유도한다. 즉, 지방이 상대적으로 우선순위를 두지 않지만 국가 차원에서 동일한 수준과 질을 유지해야 하는 서비스를 위해 이전재원을 제공하기도 한다. 예를 들어 환경보전은 지방자치단체장과 지방의 특성을 반영하여 상이한 노력으로 나타날 수 있다. 한 국가 내 모든 주민과 지역에 양질의 공기와 물의 서비스를 제공을 위하여 지방재정조정을 통하여 지방의 행태를 변화하도록 유도한다. 이를 통해 전국 단위 행정서비스의 통일성과 일관성을 유지하기도 한다.

---

[1] 후술하는 지방재정의 측정 부분에서 세부적인 논의를 진행함.

4) 외부효과를 유발하는 공공재의 적극적·지속적 제공 유도

외부효과 또는 외부성을 유발하는 공공재의 생산을 촉진할 수 있다. 한 지방이
제공하는 행정서비스나 공공활동으로 인한 긍정적 또는 부정적 영향이 인접 지방에
외부효과를 초래하기도 한다. 가령, 서비스의 긍정적 외부효과로 인해 해당 지방정
부는 편익을 받는 이웃 지방정부의 비용까지 부담해야 하는 것으로 인식하여 서비
스 또는 공공재의 공급을 줄일 수 있다. 즉, 외부효과를 유발하는 공공재와 관련한
자원배분의 비효율성이 초래된다. 인접 지방정부가 편익에 대한 비용을 지불하지
않는 상황에서 중앙정부의 재정지원은 지방정부로 하여금 긍정적인 외부효과를
유발하는 공공재의 생산을 유도하거나 지속하게 할 수 있다. 상급정부나 중앙정부
는 외부효과가 발생하는 정책이나 서비스에 대해 보조금을 지원하거나 의무부담
(mandates)을 부과한다.

5) 행정서비스 제공의 효율성 증대

중앙정부의 사무를 지방정부가 대신해서 수행하고 제공하는 것이 더욱 효율적
일 수 있다. 중앙이 개별 지방의 특수한 상황이나 문제점을 파악하기 힘든 상황에서
재정지원을 통해 지방정부가 직접 정책과 사업을 수행하게 하는 것이 더욱 효율적
이고 효과적이다. 대표적으로 국가가 지방에 위임한 사무에 대해 보조금의 지원을
통해 지방정부의 서비스 제공을 촉진한다.

> **유럽 최대 경제 강국 독일의 지방분권: 16개 모든 주 경제·재정력 격차 해소 …
> 지방재정조정제도 큰 역할**
>
> 독일은 연방 16개 주 모두 자체 조세 수입으로 재정자립을 이루고 있으며, 재정이 어려운
> 주는 의회를 거쳐 예산 재조정을 받아 잘 사는 지방의 도움을 받을 수도 있다. 독일의 수도
> 인 베를린이 경제적으로 낙후된 지역이라는 점도 주목할 만하다. 정치권력이 집중된 도시가
> 모든 것을 독식하는 구조가 독일에는 존재하지 않는 것이다.
>
> △ 독일헌법과 지방분권
> 2차 세계대전 이후 통일독일의 경쟁력은 강한 지방자치와 균형발전이 이끌었다는 평가

다. 독일은 헌법을 통해 광범위하고 효율적인 지방분권을 보장할 뿐만 아니라 지방정부가 입법·재정·조직권 등을 독자적으로 갖고 있다. (중략) 독자적인 권한은 곧 자율성으로 이어졌다. 독일은 일반적으로 함부르크와 헤센, 바이에른 주가 수도인 베를린보다 훨씬 더 잘 살고 소득수준도 높다. 한국은 수도와 거리가 많이 떨어지면 발전의 약점이 되지만, 독일은 수도권 집중 현상이 전혀 없다. 오히려 잘 사는 지방이 수도 베를린은 물론 베를린에 인접한 브란덴부르크주를 도와주고 있다. 이는 수도권인 베를린과 브란덴부르크주가 과거 경제력이 약했던 동독지역에 있었기 때문이기도 하지만, 최근 50년 세계사를 비춰볼 때 철저한 연방제와 지방분권에 따른 결과물이라는 분석이다.

△ 독일 균형발전의 핵심 재정조정제도

정치와 권력의 중심인 베를린과 브란덴부르크보다 타 지방이 비약적으로 발전한 것은 독일만이 가지고 있는 지방재정조정제도가 큰 역할을 했다. 독일은 지역 간의 경제력 차이와 지방정부 간의 재정력 격차 문제를 해결하기 위해 다양한 지방재정을 재조정하고 있다.

가장 핵심은 주정부 간의 '수평적' 재정조정제도다. 경제력이 높은 주정부와 경제가 침체된 주정부 간 각종 세수가 독일 국민 평균 수준에 맞춰 재조정돼 각 지방에 뿌려지는 것이다. 주민 한 사람의 재정력이 전국 평균의 70% 이하인 주는 전국 평균의 100%에 가까운 수준까지 재정조정이 이뤄진다. 아무리 못 사는 지방이라도 95% 정도의 재정조정을 받는다. 또 주민 1인의 재정력이 71~80%인 주는 93.5%까지, 81~90%인 주는 96% 수준까지 상향적 재정조정이 이뤄진다. 재정력이 전국 평균(100%)에 가까운 주는 재정조정대상에서 제외된다. 재정력이 105~110%인 주는 104%까지, 재정력이 111~120%인 주는 106.5%까지, 121~130%인 주는 109% 수준까지 하향적 재정조정이 이뤄진다. 독일의 16개 주 중 전국 평균 이상의 재정력을 초과하는 주는 헤센, 바이에른, 바덴, 뷔르템베르크 4곳이 대표적이다. 그렇다고 이들 지역이 한국의 경우처럼 다른 지역에 비해 압도적인 경제력을 자랑하는 것은 아니다. 한국의 경우처럼 수도권에 국가 경제력과 세수의 대부분이 집중된 것과는 대조적이다.

아무리 많은 자치권이 지방정부에 주어진다 해도 재정 기반이 갖춰지지 못하면 지역 간 격차는 커질 뿐이라는 게 전문가들의 지적이다. 독일의 재정조정제도는 분권화의 핵심과 지역균형발전에 필요한 제도를 통일에 맞춰 만들어낸 것이다.

△ 가난한 베를린에서 배운다

베를린은 독일의 수도임에도 가난한 도시로 꼽힌다. 독일평균 GDP와 실업률을 따졌을 때 객관적으로 재정이 절대적으로 부족한 도시다. 인구는 380만 명으로 독일에서 최대지만 경제력은 비례하지 않고 있다. 이는 한 나라의 수도라고 해서 절대적인 노력과 자원을 쏟아

붓는 발전모델을 채택하지 않았기 때문이다. 서울의 경우 인구가 많고, 수도라는 상징적 위상을 이유로 국가재정의 과반수를 투입시켜 발전을 이룩했지만, 독일은 다른 방식의 발전 방식을 택한 것이다.

수도인 베를린은 오히려 독일 대기업의 본사가 위치해 있는 경제도시의 위상보다 유럽정치의 중심이자 예술가의 도시로 성장하고 있다. 권력이 집중돼 있음에도 철저한 지방분권 원칙으로 수도인 베를린에 국가의 모든 경쟁력을 투입하지 않은 것이다. 독일 경제를 상징하는 연방중앙은행은 프랑크푸르트에, 철도청은 본에 있다. 함부르크는 해운업과 무역업, 프랑크푸르트는 금융업, 슈투트가르트는 자동차산업이 중심이다. BMW는 뮌헨에, 폭스바겐은 볼푸스부르크에, 아우디는 넥카스울름에, 지멘스는 에를랑겐, 바이엘은 레버쿠젠에 본사가 있다. 이 같은 국가기능의 고른 분산은 지난 50년간 독일이 추진해 온 '지역발전'을 근간으로 한 국가발전전략이다.

2001년부터 2014년 말까지 13년에 걸쳐 베를린 시정을 맡아온 클라우스 보베라이트 (Klaus Wowereit) 전 시장은 '베를린은 가난하지만 섹시하다(Berlin ist arm, aber sexy)'라는 슬로건 아래 도시를 발전시켜 세계 예술문화의 중심지로 만들었다. (중략) 베를린은 스타트업이 몰려들면서 격동의 변화를 맞이하고 있다. 젊은 창업가들이 몰려들면서 하위를 맴돌던 지방재정 수입도 중위권으로 올라서는 추세다. 베를린은 서울은 물론 프랑스, 영국 등 다른 서유럽 선진국 수도에 비해 훨씬 여유롭다. 수도권 과밀에 시민이 불편하고, 다른 지역은 사람이 없어 고민하는 것과는 사뭇 다른 모습이다.

베른하르트 슈파이어 베를린 주 정부 재무장관은 "베를린이 독일의 수도라 할지라도 다른 지역보다 정치적 재정적으로 집중특혜를 받는다면 통일의 부작용이 더 컸을 것"이라며 "베를린은 현재 스타트업 창업이 활발해지면서 경제자립도도 커지고 있다"고 설명했다.

자료: 김윤정. (2018.7.5.). 일부 발췌 및 편집.

제2절 의존재원의 유형

중앙정부는 지방재정조정제도를 통해 지방에 이전재원을 제공하는데 지방자치단체의 입장에서는 이와 같은 이전재원은 외부기관을 통한 의존재원에 해당한다. 의존재원은 지급방식이나 용도 등에 따라 다양한 형태를 가진다. 우리나라 지방자치단체에서 시행 중인 의존재원은 지방교부세, 보조금, 균형발전특별회계보조금으로 대별된다. 우선, 지방교부세법에 따르면 지방교부세의 종류로는 보통교부세·특별교부세·부동산교부세 및 소방안전교부세를 둔다고 하였으나,[2] 일반적으로 지방교부세는 보통교부세와 특별교부세에 한정하여 지칭하기도 한다.[3] 지방교부세는 대체로 활용에 있어 별다른 조건 또는 용도가 지정되지 않는다. 즉, 지방자치단체는 재량에 따라 지방행정의 전반적인 용도에 사용할 수 있어 자주재원의 일종으로 간주되기도 한다. 반면, 보조금은 국가 차원의 시책사업이나 위임사무로 인해 발생하는 경비의 일부나 전부를 보조하는 목적으로 용도가 구체적으로 지정되어 있다. 균형발전특별회계보조금은 지역개발이나 균형발전을 위해 활용된다.

1. 지방교부세: 보통교부세, 특별교부세, 부동산교부세, 소방안전교부세

지방교부세는 "지방자치단체의 행정 운영에 필요한 재원(財源)을 교부하여 그 재정을 조정함으로써 지방행정을 건전하게 발전시키도록 함"을 목적으로 "국가가 재정적 결함이 있는 지방자치단체에 교부하는 금액"으로 정의된다.[4] 즉, 지방교부세는 재정능력이 상대적으로 열악한 지방자치단체의 재정 보전을 통해 기본적인 행정서비스를 제공할 수 있게 하는 목적을 가진다. 일반적으로 지방교부세는 앞서 언급했듯이 보통교부세와 특별교부세를 지칭하며, 이러한 지방교부세의 재원은 내국세의 19.24%를 재원으로 한다.[5]

제3편 제10장

---

2) 지방교부세법 제3조.

3) 한때 중앙정부의 기능 및 사무이양과 관련하여 분권교부세를 도입했었다. 즉, 분권교부세는 2004년 노무현 정부 당시 노인과 장애인들 대상으로 하는 복지관련 서비스 등 국고보조금 사업(150여 개)의 지방사무 이양을 지원하기 위하여 한시적으로 시행된 교부세의 일종이다. 처음에는 5년 한시적으로 시행되었으나 2009년에 일차적으로 연장되어 2014년 12월 31일까지 지속되다가 최종적으로 폐지되었다.

4) 지방교부세법 제1조와 제2조.

5) 지방교부세법 제4조에 따르면 "목적세 및 종합부동산세, 담배에 부과하는 개별소비세 총액의 100분의 20 및 다른 법률에 따라 특별회계의 재원으로 사용되는 세목의 해당 금액은 제외"한다.

이러한 지방교부세는 재원의 목적 및 성격, 재원구성, 배분방법 등에 따라 다양하게 분류할 수 있다. 우리나라에서 현재 시행 중인 지방교부세의 유형은 앞서 언급했듯이 보통교부세·특별교부세·부동산교부세 및 소방안전교부세으로 구분되며 각각 세부적으로 논의하면 다음과 같다.

1) 보통교부세[6]

보통교부세는 지방 간 재정격차를 완화하는 재정형평화 및 지방자치단체의 부족한 재원을 보충하는 재원보장 등의 기능을 가진다. 보통교부세의 지원은 중앙정부가 조건을 달지 않는다. 지방자치단체는 재량을 가지고 지방의 수요와 여건을 감안하여 용처를 정하여 사용할 수 있다. 사후 통제나 감사의 대상이 되지도 않는다. 다만, 교부세로 인한 지방의 도덕적 해이를 최소화하기 위하여 지자체의 건전재정 운영 노력을 산식에 반영하고 있다. 또한, 2002년에는 재정운영의 책임성과 건전성을 확보하기 위해 '지방교부세 감액제도'를 도입하였다.[7] 사후적으로 보통교부세를 삭감하는 제도로서 지방의 건전재정을 해치는 행태에 대한 조치이다.

보통교부세는 지방교부세 중 차지하는 비중이 2004년 지방교부세 총액의 96%로 상향되었고, 2014년 다시 97%로 상향 조정되어 현재까지 지속되고 있다. 이는 특별교부세의 정치적–임의적 사용이 지속적으로 지적됨에 따라 2004년 특별교부세가 지방교부세 총액의 4%에서 3%로 줄어들면서 보통교부세의 비중이 증대하게 된 것이다(김병준, 2015).

보통교부세의 재원, 배분대상 및 방법은 법률(지방교부세법)에 따라 정한다. 지방교부세법에 따르면 보통교부세는 매년 기준재정수입액이 기준재정수요액에 못 미치는 지방자치단체에 그 부족액을 보통교부세의 총액 내에서 조정하여 교부한다.[8]

---

6) 지방교부세법 제6조.

7) 지방교부세 감액제도는 2004년도 도입된 제도로서 교부세를 교부받는 지방자치단체가 법령을 위반하여 예산을 집행하거나 세입 등의 징수를 게을리하여 재정적 손실을 초래한 경우 페널티를 적용하여 교부세를 감액하는 제도이다.

8) 지방교부세법 제6조 제1항. 자치구와 관련 동 조항은 "기준재정수요액과 기준재정수입액을 각각 해당 특별시 또는 광역시의 기준재정수요액 및 기준재정수입액과 합산하여 산정한 후, 그 특별시 또는 광역시에 교부한다."고 규정하였다.

기준재정수요액은 기본적인 수준의 지방행정을 수행하는데 요구되는 일반재원이고, 기준재정수입액은 지방자치단체의 합리적인 재정수입을 측정한 것을 일컫는다(손희준 외, 2008: 206; 행정안전부, 2022b). 이와 같이 보통교부세는 기준재정수요액과 기준재정수입액의 비율을 공식으로 적용하는 산식에 근거하여 배분하는데 기준재정수요액을 중심으로 산정방식을 간략하게 살펴보면 다음과 같다.[9]

기준재정수요액 = 기초수요액 + 보정수요액 ± 수요 자체노력

첫째, 기준재정수요액 산정의 기초이자 핵심은 기초수요액이다. 기초수요액은 지방자치단체가 전국적으로 표준적인 수준의 지방행정을 수행하기 위해 필요한 일반재원을 일컫는다(행정안전부, 2021b: 39). 기초수요는 일반행정, 문화환경, 사회복지, 지역경제분야로 구분하여 16개의 측정항목으로 파악한다. 기초수요액은 이러한 측정항목에 각각 단위비용과 보정계수를 곱한 후 합산한다(황순조, 2020: 48). 지방교부세법 시행령에 제시된 기초수요액의 측정항목과 측정단위는 〈표 10-1〉과 같다.

둘째, 보정수요액은 측정이 어렵고 규모가 커 기초수요액에 포함될 수는 없으나 재정격차를 유발할 것으로 예상되는 항목을 포함한 것이다. 즉, 보정수요는 법정수요, 낙후지역 등 지역균형수요, 사회복지균형수요로 구성된다(황순조, 2020: 48). 예를 들어, 섬이나 외딴곳의 특수성을 고려할 필요가 있는 경우, 낙후지역의 개발 등 지역 간의 균형 잡힌 발전을 촉진하기 위해 필요한 경우, 그리고 단위비용의 획일적 적용 또는 그 밖의 사유로 각 지방자치단체의 기준재정수요액이 매우 불합리하게 책정된 경우 보정이 필요하다.[10]

---

9) 기준재정수입액은 기초수입액＋보정수입액±수입자체노력의 합산으로 구해진다. 기초수입은 지방세 중 보통세수입의 80%를 산정하고, 보정수입은 지방세 외의 경상세외수입, 부동산교부세, 일반조정교부금 등의 정산액의 80%를 산정한다(황순조, 2020: 48). 수입자체노력은 지방세 징수율 제고, 지방세 체납액 축소, 경상세외 수입확충, 세외수입 체납액 축소, 탄력세율 적용(예: 주민세 개인균등분), 지방세 감면액 축소, 적극적 세원 발굴 및 관리와 관련한 지방자치단체의 노력을 규정하였다(동규칙 [별표 6]).

10) 지방교부세법 제7조 제3항.

표 10-1 기초수요액 측정항목·측정단위표

측정항목		측정단위	표시단위
1. 일반행정비	가. 인건비	공무원수	명
	나. 일반관리비	공무원수	명
	다. 안전관리비	인구수	명
2. 문화환경비	가. 문화관광비	인구수	명
	나. 환경보호비	인구수	명
3. 사회복지비	가. 기초생활보장비	국민기초생활보장수급권자수	명
	나. 노인복지비	노령인구수	명
	다. 아동복지비	아동수	명
	라. 장애인복지비	등록장애인수	명
	마. 보건사회복지비	인구수	명
4. 지역경제비	가. 농업비	경지면적	천제곱미터
	나. 임수산비	산림·어장·갯벌 면적	천제곱미터
	다. 산업경제비	사업체종사자수	명
	라. 도로관리비	도로면적	천제곱미터
	마. 교통관리비	자동차대수	대
	바. 지역관리비	행정구역면적	천제곱미터

출처: 지방교부세법 시행령 제5조 제1항 [별표 1].

셋째, 수요자체노력은 지방의 방만한 재정운영을 방지하고 효율적이고 건전한 재정운영을 위한 지방자치단체의 노력으로서 이를 반영하여 기준재정수요액을 가감한다.[11] 손희준 외(2008: 206)는 지방의 자체노력과 관련 "지방자치단체의 도덕적 해이로 인한 지방재정 발전의 저해 요인을 사전에 방지하기 위한 조치"라고 지적하고 있다. 수요자체노력은 '인건비의 건전 운영, 지방의회 경비절감, 업무추진비 절감, 행사·축제성경비 절감, 지방보조금 절감, 민간위탁금 절감, 일자리 창출, 예산집행노력, 지방자치단체 간 협력'과 관련한 지방의 자구노력을 수요액으로 환산한다.

---

11) 지방교부세법 제8조3의 제2항과 시행규칙 제8조 [별표 6].

보통교부세는 지방의 재정력을 감안하여 지원을 받지 않는 불교부단체제도를 두고 있다. 기준재정수입액 대비 기준재정수요액을 나타내는 재정력 지수가 1.0 이상이면 불교부단체로 지정되고 보통교부세지급 대상에서 제외된다. 불교부단체로의 지정 여부는 지방의 재정상황변동에 따라 연도별로 상이하게 나타나기도 한다. 가령, 2016년 정부는 경기도 불교부단체에 대한 조정교부금 우선 특례를 폐지하면서 2017년 불교부단체였던 고양시와 과천시가 교부단체로 전환되었고, 2019년 수원과 용인시가 삼성전자 법인지방소득세의 감소로 2020년 교부단체로 지정되기도 했다. 2021년 기준 서울시와 경기도, 그리고 성남, 화성의 4개의 불교부단체가 지정되었다.[12] 지방의 재정여건을 고려하여 결정되는 보통교부세 불교부단체로서의 지위는 매년 유동적이다.

이상과 같이 보통교부세는 일정 정도 지방재정의 확충과 지역 간 격차 완화라는 긍정적 기능에도 불구하고 여러 가지 한계가 지적되고 있다.

첫째, 보통교부세의 산정 방식(측정항목, 측정단위)이 복잡하고 지방의 재정수요 반영에 미흡하다. 중앙정부의 보정노력에도 지방의 특수성 반영이나 측정 등 복잡한 산정항목의 개선이 제기되고 있다.

둘째, 운용 측면에서도 배분 과정상 지방자치단체 참여의 부족으로 지방의 입장이 충분히 반영되지 못하고 있다.

셋째, 연성예산제약으로 인해 지방의 자구노력의 정도가 낮은 상황이다. 지방자치단체가 주어진 예산을 초과하여 지출하더라도 외부기관으로부터 추가로 예산 지원을 받을 수 있다면 예산의 제약은 제약으로서 엄격성을 상실하게 되는데 이를 연성예산제약이라 한다. 연성예산제약 하에서 모든 주체는 초과지출과 같이 기회주의적 행동이나 도덕적 해이가 일어날 가능성이 높아진다. 우리나라는 지방자치가 실시되었지만 여전히 지방자치단체의 예산 중 중앙정부의 의존재원이 높게 차지하는 상황에서 연성예산제약 하에 놓일 가능성이 높고 지방 자체의 세입증대나 세출

---

12) 수원시는 2022년에는 재산세와 지방소득세의 증가로 2020-2021년 보통교부세 교부단체의 지위에서 불교부단체로 다시 전환되었다(정양수, 2021). 더불어 경기도의 경우 2022년도 불교부단체는 수원, 성남, 용인, 화성, 하남, 이천이 포함되었다.

절감 등의 노력을 게을리 할 가능성이 많아진다.

넷째, 지방재정여건의 개선에 한계가 있으며, 지방재정격차 해소의 효과도 미흡한 것으로 지적된다. 지방자치단체의 예산만으로 내부 공무원의 인건비 지급이 어려운 상황에서 보통교부세는 일정 부분 재정 여건의 개선에 긍정적인 역할을 하였다. 하지만, 여전히 열악한 재정 상태에 놓인 지방자치단체 입장에서는 보통교부세를 통한 재원 확충에도 지방 간 재정력 격차가 완화되지 못하는 한계가 존재한다.

2) 특별교부세

특별교부세는 지방자치단체에 특별한 지방재정수요가 발생하거나 보통교부세의 기준재정수요액의 획일적 산정방법으로 파악되지 않는 재정수요에 대응하여 배분하는 이전재원이다.[13] 이를 통해 지방교부세제도 전체의 타당성을 확보하고자 하는 취지를 가진다. 지방교부세법에 따르면 특별교부세의 교부대상은 재해대책, 지역현안, 기타 국가장려사업, 중앙-지방의 협력사업, 우수지자체 재정지원 등으로 구분되며, 배분규모가 상이하다.

첫째, 재난 및 안전관리와 관련한 특별한 재정수요가 발생하거나 재정수입이 감소했을 경우 지원하는 것으로 특별교부세 재원의 50%에 해당하는 금액을 지원한다. 예를 들어 예상치 않은 홍수나 가뭄과 같은 재해에 활용된다.

둘째, 기준재정수요액의 산정방법으로 파악할 수 없는 지역현안 관련 특별한 재정수요가 발생했을 때 특별교부세의 40%까지 지원가능하다. 예를 들어 도로나 복지관 등 지방의 공공시설에 활용된다.

셋째, 기타 지방교부세법에 명시된 "국가적 장려사업, 국가와 지방자치단체 간에 시급한 협력이 필요한 사업, 지역 역점시책 또는 지방행정 및 재정운용 실적이 우수한 지방자치단체에 재정 지원 등 특별한 재정수요"에 대해 특별교부세 총액의 10%까지 지원할 수 있도록 하고 있다.[14] 가령, 올림픽 경기장 건설이나 전국체전

---

13) 지방교부세법 제9조.
14) 지방교부세법 제9조 제1항.

개최 지원 등을 들 수 있다.

특별교부세의 재원은 지방교부세 총액의 3%로 구성된다. 그리고 특별교부세는 보통교부세와 달리 사용과 관련하여 조건을 붙이거나 용도를 제한할 수 있다. 특별교부세는 앞서 언급했듯이 지방에 특별한 재정수요가 발생했을 때 배분하는 것으로, 지방자치단체가 신청을 하고 행정안전부 장관이 타당성을 심사한 후 배분한다. 다만, 행정안전부 장관이 필요성을 인정하면 일정한 기준 하에 신청이 없어도 교부할 수 있도록 하고 있다.

이러한 특별교부세는 보통교부세와 같이 법률에 정해진 공식이 아닌 임의적으로 배분되는 특성을 가진다. 따라서 많은 연구들이 정치지도자(대통령, 국회의원, 지자체장 등)들에 의한 정치적 요인에 의해 임의적으로 배분되는 경향이 높은 것으로 지적하고 있다(김애진, 2018). 이와 같은 다양한 비판 속에 정부는 2004년도에 지방교부세 중 특별교부세의 비중을 4%에서 3%로 축소하였다. 특별교부세가 감소하게 된 이유로 김병준(2015: 450)은 국가의 GDP가 증대되면서 특별교부세의 규모도 지나치게 확대되었고, 또한, 행자부나 정치지도자들의 자의적인 정치적 자원으로 활용되는 경향이 커졌기 때문이라고 지적하였다.

3) 부동산교부세

부동산교부세는 종합부동산세를 기반으로 하며 전액 지방자치단체에 배분된다. 2005년 노무현 정부 당시 지방세인 종합토지세와 재산세의 일부가 국세인 종합부동산세로 전환됨에 따라 지방의 세수 감소분을 보전하고 지역 간 균형발전을 도모하기 위하여 신설된 교부세이다(행정자치부, 2018: 135). 부동산교부세는 종합부동산세를 재원으로 하며 지방자치단체에 전액 배분된다. 부동산교부세는 재원이 국세이지만 지방의 주택과 토지 등 지방세의 세원에 기반하기 때문에 본질적으로는 지방의 고유재원이라고 할 수 있다. 중앙정부가 용처를 제한하지 않는 일반재원으로 지방자치단체는 부동산교부세를 재량껏 활용한다. 부동산교부세는 지방의 재정여건(50%), 사회복지수요(35%), 지역교육수요(10%), 부동산보유세규모(5%)를 고려하여 배

분되고 있다(행정안전부, 2021b: 140).[15]

4) 소방안전교부세

소방안전교부세는 지방자치단체의 소방 및 안전시설의 확충, 안전관리강화 등을 위한 교부세의 일종이다. 지방재정 악화에 따른 주민의 소방−안전서비스의 재원 확보를 위해 교부하는 이전재원으로 전액 지방에 교부한다. 소방안전교부세는 소방 및 안전관리와 관련한 수요로만 충당될 수 있어 보통교부세 및 부동산교부세와 같은 일반재원으로 보기 어려운 것으로 지적된다(행정안전부, 2021b: 143).[16]

소방안전교부세는 앞 장에서 논의했듯이 2014년 12월 담배가격이 2천 원 이상 대폭 인상되면서 신설되었으며 2015년부터 시행되었다. 시행 당시 담배에 부과되는 국세인 개별소비세(구 특별소비세, 2008년 개칭) 총액의 20%에서 2019년 지방교부세법의 개정을 통해 45%로 인상되었다. 2020년부터 시행되고 있으며, 동년 4월에 지방직 소방공무원이 국가직으로 전면 전환되어 실시됨으로써 20,000명의 증원을 위한 노력을 반영하고 있다. 2021년 기준 담배에 부과되는 개별소비세 총액의 45%와 그 정산액을 재원으로 하여 지방자치단체에 배분하고 있다(행정안전부, 2021b: 143).

지방교부세법 시행령에 따르면 소방안전교부세는 소방사무를 처리하는 광역지자체에 지급하는 것을 원칙으로 하되, 인구 100만 이상의 대도시는 별도의 금액을 지급하는 것으로 규정하고 있다.[17] 가령, 소방안전교부세는 보통교부세 불교부지자체인 서울시도 배분의 대상이 된다. 중앙정부는 법에 따라 소방안전교부세를 '소방 및 안전시설 현황과 투자소요'(40%), '재난예방 및 안전강화 노력'(40%), '재정여건'(20%)을 고려하여 배분한다.

---

15) 단, 특별자치도는 부동산교부세 총액의 1.8%를 배분하고 있다(행정안전부, 2021b: 140).
16) 소방안전교부세의 분야별 대상사업은 크게 소방분야, 안전분야, 특수수요로 구분된다. 소방분야는 "기동장비, 보호장비, 구조구급장비, 전자통신장비" 등과 안전분야는 "도로부속시설 정비, 하천유지 관리, 시설물 안전점검, 지역안전관리" 등을 포함한다. 그리고 특수수요는 "소방헬기 교체, 안전체험 관 건립" 등을 포함한다(행정안전부, 2020b: 3).
17) 지방교부세법 시행령 제10조의4.

2. 보조금

국고보조금은 국가의 시책 상 또는 지방자치단체의 재정사정 상 필요하다고 인정되는 때에 예산의 범위 내에서 교부하는 이전재원이다.[18] 첫째, 국고보조금은 국가 외의 자가 수행하는 사무로서 특히, 국가 차원의 시책사업이나 위임사무로 인해 발생하는 경비의 일부나 전부를 보조하기 위함이다. 둘째, 국고보조금은 '지방자치단체의 재정사정 상 특히 필요하다고 인정되는 때'에 지원되기도 한다. 이처럼, 보조금은 국가 전체의 이익 및 국가의 통합적인 시책을 추진하고 외부효과가 큰 사업에 대해 집행하는 목적을 가진다.

앞서 논의한 교부세와 달리 국고보조금은 몇 가지 특성을 가진다. 우선, 특정사업을 대상으로 지원됨으로써 용도(즉, 비도)가 지정된다.[19] 이와 관련 중앙의 강력한 감독과 통제의 대상이 된다. 또한, 일반적으로 국고보조금은 일정 비율(보조율)로 지방비부담을 요구하고 있다. 사업에 따라 국가가 전액 부담을 하기도 하지만, 대체로 국가와 지방이 일정 비율로 부담을 나눠지게 된다. 재정상황이 어려운 지방자치단체는 국고보조금의 신청과 활용에 있어 어려움을 겪기도 한다. 보조금을 지원받는 지방자치단체는 보조사업의 시행에 있어 예산을 우선적으로 배정해야 한다. 이러한 결과로 중앙과 지방의 우선 사업이나 이해가 다른 경우 지방재정을 왜곡하기도 한다.

---

18) 국고보조금에 관한 근거법령으로 '보조금 관리에 관한 법률', '지방재정법', '지방자치법' 등을 대표적으로 들 수 있다. '보조금 관리에 관한 법률' 제2조 1항에 따르면 보조금이란 "국가 외의 자가 수행하는 사무 또는 사업에 대하여 국가(「국가재정법」 별표 2에 규정된 법률에 따라 설치된 기금을 관리·운용하는 자를 포함한다)가 이를 조성하거나 재정상의 원조를 하기 위하여 교부하는 보조금(지방자치단체에 교부하는 것과 그 밖에 법인·단체 또는 개인의 시설자금이나 운영자금으로 교부하는 것만 해당한다), 부담금(국제조약에 따른 부담금은 제외한다), 그 밖에 상당한 반대급부를 받지 아니하고 교부하는 급부금으로서 대통령령으로 정하는 것을 말한다." 또한, 지방재정법 제23조 제1항은 '국가는 시책 상 필요하다고 인정되는 때' 또는 '지방자치단체의 재정사정상 특히 필요하다고 인정되는 때'에 예산의 범위에서 지방자치단체에 보조금을 지급할 수 있는 것으로 규정하고 있다. 지방자치단체 예산개요에는 국고보조금을 "국가위임사무와 시책사업 등에 대한 사용범위를 정하여 그 경비의 전부 또는 일부를 보조하거나 재정상의 원조를 하기 위하여 교부하는 제도로서 교부금, 국고부담금, 협의의 국고보조금" 등을 포괄하는 것으로 보고 있다(김필헌 외, 2012: 93).

19) 달리 categorical grant라고도 한다.

이상의 보조주체, 지출목적, 보조형태 등을 고려하여 국고보조금의 유형과 성격을 표로 정리하면 〈표 10−2〉와 같다.

표 10-2 지방자치단체 간 협력과 관련한 지방자치법의 개정 변천

분류기준	종류	성격
보조주체	국고보조금	국가가 지방자치단체에 교부
	시·도비보조금	광역자치단체가 기초자치단체에 교부
지출 목적 및 경비의 성질	교부금	기관위임사무대상에 대해 전액 교부(국민투표, 대통령·국회의원선거, 외국인 등록, 민방위 등)
	부담금	단체위임사무대상(전염병예방, 재해복구사업, 생활보호, 의료보호, 직업안정 등)
	협의의 보조금	자치사무대상(지하철건설, 농수산물도매시장건립, 농공지구조성, 경지정리, 임대주택건설 등)
보조형태	정액보조금	보조대상 사무의 사업수량에 일정단가를 곱한 금액 교부. 매년 일정액 교부
	정률보조금	지출경비의 일정비율 보조
사전신청 여부	신청보조금	보조사업을 수행하려는 자의 사전신청에 의해 교부
	무신청보조금	재해발생 등 사전에 예측하지 못한 상황에서 보조금의 교부가 불가피하다고 인정되는 사업대상
보조조건 여부	일반적보조금	보조금 교부 시 총액과 비도의 범위만 지정
	특정적보조금	특정사업을 지원하기 위하여 사용처를 한정함
시행주체	직접보조금	국가로부터 교부된 보조금을 지방자치단체가 직접 집행(재해위험지구 정비사업, 자전거도로 정비사업 등이 해당함)
	간접보조금	국가로부터 교부된 보조금이 지방자치단체를 통하여 민간이나 타 기관에 재교부(공동 양식어장사업. 일반경지정리사업 등이 해당함)

출처: 김필헌 외(2012: 98)의 표를 인용.

보조금의 배분은 신청주의와 보조율의 원칙을 따른다. 우선 지방자치단체의 신청과 이에 대한 평가를 통해 지급여부를 결정한다. 그리고 보조율이 지방별−사업별로 적용되는데 보조금 사업의 목적이나 내용에 따라 소요경비를 국가가 전액 부담하기도 하지만 일반적으로 지방정부의 지방비부담(matching)이 요구된다. 지방비부담 정도는 보조율에 반영되는데 우리나라는 기준보조율과 차등보조율 제도를 두고 있다.[20] 기준보조율은 "보조금의 예산 계상 신청 및 예산 편성 시 보조사업별로 적용하는 기준이 되는" 보조율이다.[21] 차등보조율은 지방자치단체의 재정 여건을 고려하여 기준보조율에 일정 비율, 즉 20%, 15%, 10%를 가감하여 계산한다.[22] 차등보조율 중 일정 비율을 더하는 인상보조율은 "재정사정이 특히 어려운 지방자치단체에 대해서만 적용"되는 반면,[23] 일정 비율을 삭감하는 차등보조율은 지방교부세법에 따른 보통교부세의 불교부단체로 지정된 지자체에만 적용할 수 있도록 하고 있다.[24]

국고보조금은 국가 차원의 통합적인 시책을 추진하고, 외부효과로 인한 재원배분의 비효율성을 시정하고, 특정사업에 대한 지방재정지원을 하는 등 긍정적인 역할에도 불구하고 다양한 비판을 받고 있다. 국고보조금은 중앙의 이전재원 중 언론이나 국회의 국정감사 등을 통해 가장 빈번하게 비판받는 의존재원에 속한다. 일반적으로 지적되는 보조금의 비판 내용은 다음과 같다.

첫째, 보조금의 방만운영 및 책임 통제의 미흡을 들 수 있다. 국고보조금의 교부 주체인 중앙정부가 사업의 시행 주체인 지방자치단체(또는 법인, 개인 등)의 수요 및 행태를 정확히 파악하기 어려운 정보의 비대칭성이 일어난다. 이로 인하여 시행 주체의 도덕적 해이, 재원의 비효율적 활용 및 낭비 등에 대한 교부 주체의 통제는 한계가 필연적으로 존재하기 마련이다.

둘째, 보조금 규모의 지속적 팽창이 일어난다. 국고보조금 사업이 신설되면 중앙의 관련 부처와 보조금 사업의 이해당사자들은 사업의 실효성과 파급효과의 합리적-객관적 고려 없이 보조사업을 지속하려는 경향을 보인다. 관련하여 기획재정부는 보조사업평가단의 구성을 통해 매년 보조사업의 적정성을 평가하여 지속 여부를 결정하고 있다.

---

20) 보조금 관리에 관한 법률 제8조와 제9조.
21) 보조금 관리에 관한 법률 제9조 제1항.
22) 보조금 관리에 관한 법률 시행령 제5조 제1항.
23) 보조금 관리에 관한 법률 시행령 제5조 제2항.
24) 보조금 관리에 관한 법률 제10조 제1항.

셋째, 지방비부담의 합리적 산정 및 보조율 산정이 어렵다. 우리나라는 현재 보조율 산정과 관련하여 앞서 논의했듯이 기준보조율과 차등보조율을 도입하였다. 보조금은 국가가 전액 부담하는 일부 사업을 제외하고 대부분이 지방비의 부담을 보조율로서 조정하고 있다. 보조율은 사업별, 지역별(광역 또는 기초의 구분, 시군구의 구분 등)로 30–70% 등으로 다양하다. 따라서 보조율의 객관적–합리적 산정의 기준과 근거에 대한 비판은 지속적으로 제기되고 있으며 차등보조율은 현실적으로 거의 활용되지 못하고 있다.

넷째, 지방재정부담의 증대와 지출의 비효율화가 지적되고 있다. 특히, 복지수요 증대로 인한 지방의 복지관련 보조금의 대응부담이 증대함으로써 지방자치단체의 재정운용에 대한 제약이 지속적으로 증가하였다.

다섯째, 지나친 보조금사업의 세분화로 업무의 중첩이 일어나고 비효율성이 제기된다(김필헌 외, 2012: 15). 정부는 유사한 보조금의 통합을 통해 포괄보조금으로 전환을 추진 중이지만 여전히 통합이 미흡하여 지속적인 비판이 제기되고 있다.

이상과 같이 국고보조금은 지방교부세와 함께 중앙정부로부터 지방자치단체로 제공되는 이전재원으로서 가장 큰 비중을 차지하며 지방의 재정활동에 지대한 역할을 미치고 있다. 관련하여 지방교부세와 국고보조금의 특성을 간략하게 비교–정리하면 〈표 10–3〉과 같다.

표 10-3 지방교부세와 국고보조금의 비교

구분	지방교부세	국고보조금
근거	지방교부세법	보조금 관리에 관한 법률
목적	지방자치단체 재원보장 및 재정불균형 완화	지방자치단체의 특정사업 지원
재원	내국세의 19.24%	국가의 일반회계 또는 특별회계 예산
재원성격	용도 지정 없는 일반재원	특정목적 재원
배분	재원부족액 기준배정	사업별 용도지정, 지방비확보 의무

출처: 기획재정부 보조사업평가단(2020: 4). '2020년 국고보조사업 연장평가 보고서'에서 인용.

3. 특별회계보조금

특별회계보조금는 중앙부처별로 흩어져 추진되던 지역개발 및 균형발전과 관련한 국고보조금사업을 통합하고, 운영에 있어 지방의 자율성과 결정권을 제고하기 위하여 도입되었다.[25] 다시 말해, 국가균형발전관련 국고보조금사업의 각 부처별 개별심사 및 편성으로 인한 중복 및 임의적 배분을 개선하고 지방의 자율적 재정운영을 증대시키고자 하나의 특별회계로 전환을 추진하였다. 특히, 2010년 이명박 정부는 지역의 선호와 자율성을 증대하기 위하여 유사한 보조금을 통합하여 포괄보조금 제도를 도입하였다. 지원 사업을 포괄보조금의 형태로 전환함으로써 개별 국고보조금에 비해 지방자치단체의 자율성을 높이고자 한 측면이 있다. 중앙에서 지방정부 단위로 '패키지 예산' 배정 및 '보조금 사업'을 제시 후 지자체가 그 범위 내에서 지역의 특색을 반영한 사업을 선정할 수 있다.

균형발전특별회계는 2004년 신설된 이래 정권의 교체와 더불어 명칭이 빈번히 교체되었다. 2004년 노무현 정부는 전체 533개 국고보조금사업의 평가를 통해 지방으로 이양할 사업, 중앙부처 존치 사업, 국가균형발전특별회계사업 등으로 구분하여 개편하면서, 중앙부처에 흩어져 있던 국가균형발전관련 126개의 보조금사업을 '균형발전특별회계'로 통합하여 시행하였다. 2009년 이명박 정부에서는 광역경제권 개발에 중점을 두면서 '광역·지역발전특별회계'로 개칭하고, 2013년 박근혜 정부는 '지역발전특별회계'로 개편하였다. 2018년 3월 문재인 정부에서는 다시 '균형발전특별회계'로 명칭을 변경하였다.

균형발전특별회계는 성격에 따라 여러 개의 하위 계정을 두고 있으며, 지역자율계정, 지역지원계정, 제주특별자치도계정 및 세종특별자치시계정으로 구성된다. 그리고 기획재정부장관이 회계를 관리·운용하도록 하고 있다.[26]

---

25) 국가균형발전 관련 법률로서 국가균형발전 특별법의 목적은 "지역 간의 불균형을 해소하고, 지역의 특성에 맞는 자립적 발전을 통하여 국민생활의 균등한 향상과 국가균형발전에 이바지함"이다(제1조). 여기서 국가균형발전이란 "지역 간 발전의 기회균등을 촉진하고 지역의 자립적 발전역량을 증진함으로써 삶의 질을 향상하고 지속가능한 발전을 도모하여 전국이 개성 있게 골고루 잘 사는 사회를 구현하는 것을 말한다."(동법 제2조).

26) 국가균형발전 특별법 제31조와 제32조.

지역자율계정과 지역지원계정을 중심으로 내용을 살펴보면 다음과 같다. 첫째, 지역자율계정은 재정효과가 특정 지역으로 국한되는 사업으로서 시·도자율편성사업과 시·군·구 자율편성사업으로 구분되며, 해당 지자체가 지출한도 내에서 자율적으로 예산을 편성하여 중앙정부에 신청 후 심사를 거쳐 배정된다. 둘째, 지역지원계정은 재정효과가 특정 지역을 넘는 광역적 성격(예: SOC, 산업·과학기술 진흥 등)을 지닌 사업으로 중앙부처가 시·도발전계획 및 중장기 투자계획 등에 의거 지방자치단체의 요구 등을 받아 직접 예산을 편성하여 배정한다(기획재정부, 2020: 12).

하지만 균형발전특별회계는 지역의 균형발전과 지방의 자율성 증대라는 긍정적 목적에도 다음과 같은 다양한 한계가 노정되고 있다.

첫째, 포괄보조금의 취지에도 불구하고 여전히 사용 용도 지정, 자금배분 권한 제약, 사업선정 권한 제약, 사업평가 권한의 제약 등에서 지방의 자율성이 제약을 받고 있다(박진경·이제연, 2018: 93). 이는 일부 중앙부처의 하향식-획일적 사업의 추진 경향으로 지역의 특성이나 선호를 반영한 사업이 기획 및 추진되지 못하는 결과와 연관된다. 따라서 사업의 성과가 지역에서 구체적으로 구현되는 정도가 낮아 체감도가 낮다.

둘째, 지방자치단체 차원에서도 포괄보조사업의 계획-기획역량 부족, 유사사업의 통합 및 연계 추진 미흡, 거버넌스 부재 등의 한계로 효율적-효과적 운영의 한계가 드러난다(김찬준 외, 2019).

셋째, 조직 및 기구 측면에서 균형발전정책을 조율하고 관장해야 할 국가균형발전위원회의 위상과 권한이 미약하고 이에 따른 역할과 책임도 낮은 것으로 평가된다(강현수, 2018: 7; 정창수, 2017).

넷째, 국가적으로 균형발전의 지향에도 불구하고 정권에 따른 지역별 재원 배분의 한계가 제기되었고 지자체별 재정여건을 감안한 보조율의 조정이 미흡한 것으로 지적되고 있다. 더불어 2005년 균특회계의 예산이 5.4조에서 2009년 9.6조 원으로 급증하였으나 이후 2019년 기준 10.7조 원으로 재원증가가 답보상태인 점이 또한 한계로 지적된다(김찬준 외, 2019: 3).

4. 조정교부금

조정교부금은 기초지자체가 징수한 광역지방자치단체의 세금의 일부를 재원으로 할애하여 징수비용을 보전하고 기초지자체간 재정격차를 완화하고 특정시책을 장려하기 위하여 지원하는 제도이다.[27] 광역지자체는 관할 시·군·구간 재정력 격차를 조정하여 표준적인 공공서비스를 제공하기 위하여 조정교부금을 확보하고 배분한다.[28]

자치구조정교부금과 시·군조정교부금은 배분방식에 있어 차이가 난다.[29] 자치구 조정교부금은 특별시장 및 광역시장이 보통세의 일부를 조정교부금으로 확보하여 조례에 따라 재원이 취약한 자치구에 재원을 보전해 주는 제도이다.[30] 자치구조정교부금제도가 도입된 1989년부터 2010년까지는 취득세와 등록세를 재원으로 하였고, 2010년 지방세 간소화 조치 이후 2011 – 2012년에는 한시적으로 취득세만 재원으로 활용하였다. 2013년 이후 현재까지는 특·광역시의 보통세의 일부를 재원으로 자치구조정교부금을 배분하고 있다. 자치구조정교부금은 특·광역시와 자치구가 특정 세목을 공유하는 성격을 가지는 공동세로 볼 수 있다.

반면, 시·군조정교부금은 시·도(특별시 제외)가 관할 시·군간의 재정력 격차를 조정하는 목적을 가진다. 지방재정법에 따르면 시군조정교부금은 광역시세·도세와 지방소비세를 재원으로 한다.[31] 그리고 관할 시도는 해당 재원의 27%(단, 인구 50만 이상의 시와 자치구가 아닌 구가 설치되어 있는 시의 경우에는 47%)에 해당하는 금액을 재원으로 확보하도록 하고 있다.[32]

---

27) 행정안전부의 지방재정365(지방재정통합공개시스템) 내 재정용어사전.
28) 지방재정법 제29조.
29) 시·군 조정교부금제도는 도세징수교부금으로 출발하여 2001년 재정보전금제도로 명칭이 전환되었다. 2014년 지방재정법 개정을 통해 재정보전금제도가 조정교부금으로 명칭이 바뀌었다.
30) 지방재정법 제29조.
31) 세부적으로 지방재정법 제29조 제1항에 따르면 첫째, "시·군에서 징수하는 광역시세·도세(화력발전·원자력발전에 대한 지역자원시설세, 특정부동산에 대한 지역자원시설세 및 지방교육세는 제외한다)의 총액", 둘째, "해당 시·도(특별시는 제외한다. 이하 이 조에서 같다)의 지방소비액을 전년도 말의 해당 시·도의 인구로 나눈 금액에 전년도 말의 시·군의 인구를 곱한 금액"을 재원으로 하고 있다.
32) 지방재정법 제29조 제1항.

조정교부금은 일반적으로 인구수, 징수실적(지방소비세는 제외), 해당 시·군의 재정사정, 그 밖에 대통령령으로 정하는 기준을 고려하여 배분한다.[33] 조정교부금은 용도의 측면에서 일반조정교부금과 특별조정교부금으로 구분되며 교부금 재원의 90%와 10%를 각각 배정한다. 일반조정교부금은 일반적 재정수요에 사용되며, 특정 조정교부금은 특정 재정수요의 목적으로 충당된다. 일반조정교부금은 지방교부세와 같이 기준재정수입액과 기준재정수요액을 고려하여 부족분을 교부한다. 해당 지자체의 조례에 따라 교부율, 산정방법, 교부시기 등을 정하도록 되어 있다.

제3절 지방재정의 측정

지방이 자율적으로 자기의 책임 하에 재원을 충당하고 운영하는 것은 지방자치·분권 논쟁의 핵심 중 하나이다. 특히, 지방자치단체의 재정분권의 확대 요구에 대해 적실한 지방재정 상황 또는 능력의 측정에 관한 논의는 지속되고 있다. 일반적으로 지방의 재정상황을 측정하는 지표로는 재정자립도, 재정자주도, 재정력의 개념이 널리 활용되고 있다. 개별 측정지표는 각기 상이한 측정요소로 인해 상호 보완적으로 적용 및 해석될 필요가 있다.

1. 재정자립도

지방재정자립도는 일반회계의 총세입 중 지방의 자체재원으로 분류되는 지방세와 세외수입의 비율로 측정한다. 다시 말해 아래의 산식과 같이 자체재원과 의존재원을 포함한 총세입 중 자체재원이 차지하는 비중을 백분율로 측정하는 개념이다. 지방재정수입의 자체 충당 능력을 나타내는 세입분석지표로, 재원조달측면에서의 자립정도를 반영하는 지표이다. 지방재정자립도의 목적으로는 "재정지표상 다른 단

---

33) 지방재정법 제29조 제2항.

체에 비하여 재정구조가 취약하거나 자구노력 등 정도가 미흡한 경우, 이의 개선을 위한 동기와 재정개선 목표설정에 직-간접적인 기준으로서 지방재정이 발전적으로 운영되도록 활용"하는 것을 언급하고 있다(통계청 e-나라지표, 2022a).

$$재정자립도(\%) = \{(지방세 + 세외수입) / 일반회계\ 총계예산규모\} \times 100$$

* 자체수입 = 지방세 + 세외수입
* 일반회계 총예산 = 자체수입 + 의존재원

일반적으로 재정자립도의 비율이 높을수록 세입징수기반이 좋은 것을 의미하며 재정자립도가 높은 것으로 이해된다(통계청 e-나라지표, 2022a). 하지만 자립도가 높다고 반드시 재정상황이 좋은 것은 아니다. 가령, 일반회계 예산규모 중 의존재원의 비율이 낮고 자체재원의 비중이 높은 경우 지방재정이 취약함에도 재정자립도는 올라갈 수 있다. 달리 말해, 의존재원(지방교부세, 국고보조금 등)의 증가율이 자체수입 증가율보다 작으면 지방의 재정규모가 감소하더라도 재정자립도는 올라간다. 이러한 재정자립도 지수는 비교적 산출이 용이하고 이해하기 쉬운 장점이 있지만, 지방자치단체의 자체수입만으로 재정상태를 포괄적으로 측정하는 데는 한계가 있는 것으로 지적된다.

2. 재정자주도

지방재정자주도는 "지방자치단체가 자주적으로 재량권을 가지고 사용할 수 있는 재원이 전체 세입 중 얼마나 되는가를 나타내는 지표로서, 자율적으로 사용할 수 있는 지방교부세 등을 지표에 포함시킴으로써 실질적인 자치단체의 재원 활용능력"을 나타낸다(통계청 e-나라지표, 2022b). 지방자치단체의 일반회계 총예산 규모 중 재량권을 가지고 활용할 수 있는 세입의 정도를 보여준다. 예를 들어, 중앙정부로부터 지방자치단체에 교부되는 보통교부세는 용도가 지정되지 않아 지방이 자율적인 재량으로 사용할 수 있어 자주재원으로서의 성격을 가진다는 것이다. 따라서 자체수입만 포함하는 재정자립도보다 분자가 커지면서 재정자주도는 재정자립도보다 증가하게 된다. 재정자주도는 다음과 같은 산식에 의해 계산된다.

재정자주도 = {(자체수입 + 자주재원) / 일반회계 총계예산규모} × 100
   * 자체수입: 지방세 + 세외수입
  ** 자주재원: 지방교부세 + 조정교부금
 *** 일반회계 총계예산규모: 자체수입(지방세 중 지방교육세 제외) + 자주재원 + 보조금 + 지방
     채 및 예치금 회수

재정자주도는 지방재정조정제도를 통하여 지방 간 어느 정도 재원의 재배분이 일어났는지를 보여준다. 앞서 언급한 재정자립도가 자체재원만 고려한, 즉 재원조달 면에서의 자립정도를 나타내는 것이라면, 재정자주도는 지방교부세 등을 포함하여 지방이 가지는 재원사용면에서의 자주권을 나타내는 지표로서 의의를 가진다.

3. 재정력

지방재정력은 지방의 자체재원으로 지역사회의 행정수요를 얼마나 잘 충당할 수 있는가를 측정하는 지표이다. 다시 말해 지방자치단체의 표준적인 행정서비스 수준을 나타내는 기준재정수요에 대해 기준재정수입이 어느 정도 충당하는지를 나타내는 지표이다. 재정력지수는 중앙정부가 보통교부세의 산정에 실질적으로 사용하고 있다.[34] 앞서 논의한 재정자립도와 재정자주도가 재원 측면만을 고려하여 지방의 실질적인 재정수요를 반영하지 못한다는 한계를 어느 정도 해소하는 데 도움이 되는 지표이다.

재정력 = (기준재정수입액/기준재정수요액) × 100

---

34) 보통교부세는 배분 기준으로 인구수(50%), 재정력지수(30%), 징수 실적(20%)을 고려한다. 지방자치단체의 이와 같은 특성을 반영하여 차등 지급한다.

지방교부세법에 기초한 기준재정수요액에 대한 기준재정수입액의 비율을 재정력 측정에 사용한다. 일반적으로 재정력 지수가 1.0 이상이면 보통교부세의 불교부단체로 분류되어 보통교부세 지원대상에서 제외된다. 우리나라의 대부분의 지방자치단체는 기준재정수입이 기준재정수요보다 낮아 지방교부세 등 의존재원을 통해 부족분을 충당하는 실정이다.

4. 추세 및 실태: 우리나라의 재정자립도, 재정자주도, 재정력의 비교

우리나라 지방재정의 논의에서 지방의 자체세입 측면의 능력은 매우 취약한 것으로 지속적으로 지적되었다.[35] 지방이 스스로 거둘 수 있는 세원과 세목이 상위법

---

35) 후술하는 지방재정 측정의 세부적인 논의에 앞서 중앙정부와 지방정부의 총예산규모 및 재원(자체재원과 이전재원)의 규모 및 유형의 간략한 통계를 통해 재정이해의 맥락을 제공하기로 한다. 지방자치단체의 재원구성을 자체재원(지방세, 세외수입, 지방채, 보전수입 등)과 의존재원(교부세, 보조금 등)으로 구분하여 고찰하면 〈표 10-4〉와 같다. 2020년 순계예산 총규모 기준 지방자치단체의 재원구성 중 자체재원과 이전재원의 비율은 약 56:44로 나타난다. 지방교부세와 보조금 등 의존재원의 비율이 2015년 65:35에서 지속적으로 증가하는 추세를 보인다. 이와 같이 지방재정 중 의존재원의 높은 비중과 지속적 증가는 지방건전성을 높이는 측면이 있지만, 다른 한편으로는 재정의 자율성을 침해하고 지방자치의 근간을 훼손할 우려가 큰 것으로 비판받는다.

표 10-4 지방자치단체 일반회계 세입재원별 순계예산 규모(2015-2020년)

(단위: 억 원)

구분	2015년	2016년	2017년	2018년	2019년	2020년
계	2,275,121	2,467,905	2,617,236	2,790,461	2,720,533	2,532,263
지방세수입	709,778 (31.2)	755,306 (30.6)	804,063 (30.7)	804,063 (28.8)	855,359 (31.4)	909,501 (35.9)
세외수입	240,456 (10.6)	260,507 (10.6)	259,508 (9.9)	257,879 (9.2)	259,804 (9.5)	240,541 (9.5)
지방교부세	349,913 (15.4)	380,162 (15.4)	443,547 (16.9)	490,290 (17.6)	561,809 (20.7)	493,705 (19.5)
조정교부금	692 (0.03)	1,238 (0.1)	- -	- -	- -	- -
보조금	444,259 (19.5)	455,308 (18.4)	474,317 (18.1)	506,304 (18.1)	607,712 (22.3)	607,488 (24.0)
지방채	60,773 (2.7)	43,504 (1.8)	23,435 (0.9)	19,843 (0.7)	40,316 (1.5)	55,605 (2.2)

률에 의해 제약받고, 지방 자체의 탄력세율, 징수노력 등도 미흡한 결과 등을 반영한다. 중앙정부는 지방교부세 등 정부 간 이전재원을 통해 취약한 지방재정을 보완하고, 재정역량을 개선하고 있다. 이러한 지방재정조정제도를 통해 지방의 재원조달 측면에서의 자립정도를 나타내는 재정자립도는 낮지만 지방자치단체의 재원 사용면에서의 자주권을 나타내는 재정자주도는 높게 나타난다.

이하에서는 재정통계를 통해 우리나라의 지방재정상황을 재정자립도, 재정자주도, 재정력의 측면에서 비교하도록 한다. 논의의 핵심은 지난 10여 년간 중·장기간의 추세분석을 통해 전반적인 흐름을 고찰하는 데 있다. 추세분석을 통해 일정한 추세나 패턴이 지속적으로 반복되는지를 살펴보고, 더불어 최근의 단년도 통계를 통해 지역 간 비교를 하도록 한다.

우리나라 지방자치단체의 재정자립도는 2010–2022년 사이에 전국 평균 48–53%대에 머물고 있다(〈표 10–5〉 참조).[36] 2022년 기준으로는 전국평균 49.9%로 지난 10여 년간 오히려 다소 하락하는 측면을 보이고 있음을 알 수 있다. 또한, 지방자치단체 수준별로도 '도'를 제외하고는 전반적으로 하락하는 추세를 보인다. 지방자치단체 수준에서는 '군'의 재정자립도는 매우 취약하고 지속적으로 일관되게 낮게 나타난다.

구체적으로 2022년 기준 지방자치단체 수준별로 재정자립도를 비교하도록 한다. 우선, 특·광역시와 도를 포함한 광역지방자치단체의 재정자립도의 평균은

보전수입등 및 내부거래	469,250 (20.6)	571,881 (23.2)	612,366 (23.4)	672,992 (24.1)	396,032 (14.6)	225,423 (8.9)

출처: 2020년도 지방자치단체 통합재정 개요(상), 33쪽.
참고: 2018까지는 결산액, 2019은 최종예산액, 2020 이후는 당초예산액. (   )는 원자료를 이용하여 백분율로 산정하였음.

36) 지방자치단체 순계예산(총규모, 일반회계, 특별회계로 구분) 중 총규모 기준으로 산정함. 지방재정 규모를 나타내는 개념으로 총계규모와 순계규모가 사용된다(출처: 통계청 e–나라지표). 이에 따르면 총계규모는 "지방자치단체의 예산을 회계간 또는 광역.기초자치단체간에 중복계산된 부문을 공제하지 않고 단순합계한 세입–세출의 총액"이고 순계규모는 "회계 간 또는 광역–기초자치단체 간 중복부문을 공제한 순 세입–세출의 총액"을 의미한다. 용도 측면에서 순계개념은 실질적인 지방재정의 전국적 규모를 파악하는 데 유용한 반면, 총계개념은 개별지방자치단체의 재정규모를 나타날 때 유용한 것으로 관행화되어 있다고 지적하고 있다(https://www.index.go.kr/potal/main/EachDtl PageDetail.do?idx_cd=2458).

표 10-5 지방자치단체 재정자립도(2010-2022)

(수치: %)

구분	2010	2011	2012	2013	2014	2015	2016	2017	2018	2019	2020	2021	2022
전국평균 (순계규모)	52.2	51.9	52.3	51.1	50.3	50.6	52.5	53.7	53.4	51.4	50.4	48.7	49.9
특·광역시 (총계규모)	68.3	68.6	69.1	66.8	64.8	65.8	66.6	67.0	65.7	62.7	60.9	58.9	61.0
도 (총계규모)	31.6	33.0	34.8	34.1	33.2	34.8	35.9	38.3	39.0	36.9	39.4	36.5	40.0
시 (총계규모)	40.0	38.0	37.1	36.8	36.5	35.9	37.4	39.2	37.9	36.8	33.5	32.3	31.9
군 (총계규모)	18.0	17.1	16.4	16.1	16.6	17.0	18.0	18.8	18.5	18.3	17.3	17.3	15.9
자치구 (총계규모)	35.4	36.6	36.0	33.9	31.1	29.2	29.7	30.8	30.3	29.8	29.0	28.5	28.3

출처: 행정안전부. (2022b). 「2022년도 지방자치단체 통합재정 개요」[38]
주석: 당초예산, 순계, 일반회계 기준/세입과목 개편전 자료.

50.5%이다. 하지만 대도시 중심의 특·광역시와 농산어촌을 포함하는 '도'와는 61% 와 40%로 큰 격차가 발생하는 것을 알 수 있다. 행정안전부(2022b: 275)가 발간한 '2022년 지방자치단체 통합재정개요(상)'에 따르면 특·광역시간에도 큰 격차가 발생 한다. 가령, 광역지자체 중에서는 광역시와 도가 각각 31.9%와 40.2%로 서울특별시 79.4%와 큰 차이가 난다.

기초자치단체의 경우 재정자립도의 평균은 광역지자체보다 훨씬 낮은 27.1%를 보인다.[37] 또한, 기초자치단체 간에도 시, 자치구, 군이 각각 331.9%, 28.3%, 15.9% 로 격차가 매우 크게 나타나고 있음을 알 수 있다. 일례로, 앞선 '2022년 지방자치단 체 통합재정개요(상)'에 따르면 서울의 강남구는 재정자립도가 69.4%로 가장 높으며, 전남 완도가 6.5%로 가장 낮게 나타났다(행정안전부, 2022b: 275).

정리하면, 지방의 재정자립이 매우 취약하고 광역과 기초지방자치단체 간의 격

---

37) 시군구의 수치를 합산하여 평균한 수치이다.
38) 웹사이트 참조(http://www.index.go.kr/potal/main/EachDtlPageDetail.do?idx_cd=2857.).

차뿐만 아니라 동일 수준의 지자체 간에서도 재정의 불균형이 뚜렷하게 나타나고 있다. 이상은 2022년 기준 단년도를 살펴보았지만 이러한 추세는 지난 10여 년간 큰 변화가 없이 지속되고 있는 실정이다.

    이상의 결과는 지방의 자체재원으로 지방공무원 인건비를 지급하기도 힘든 지자체가 다수 나타나는 현상으로 이어지고 있다. 예를 들어, 행정안전부(2022b)의 '2022년 지방자치단체 통합재정개요(상)'에 따르면 2022년 기준 지방세수입으로 인건비 미해결 지방자치단체는 98개 단체(40.3%)에 이르며, 지방세와 지방세외수입을 합한 자체재원으로 인건비 미해결 지방자치단체는 56개(26.7%)에 이른다(행정안전부, 2022b: 146). 자체재원으로 인건비 미해결 지방자치단체는 광역지방자치단체 수준에는 없으며 주로 기초지방자치단체 중 군 지역에 몰려 있음을 알 수 있다. 총 82개의 군 지역 중 46개(56.1%)의 지방자치단체가 미해결 지역으로 분류되어 있어 '군'지역에 집중되는 결과를 보여준다.

표 10-6   지방세수입으로 인건비 미해결단체

(단위: 자치단체 수)

구분	계	시·도	시	군	자치구
계	243	17	75	82	69
해결	145(59.7%)	17(100%)	61(81.3%)	14(17.1%)	53(76.8%)
미해결	98(40.3%)	0(0%)	14(18.7%)	68(82.9%)	16(23.2%)

출처: 행정안전부(2022b: 146). '2022년 지방자치단체 통합재정개요(상)'에서 발췌.

표 10-7   자체수입(지방세+세외수입)으로 인건비 미해결단체

(단위: 자치단체 수)

구분	계	시·도	시	군	자치구
계	243	17	75	82	69
해결	187(73.3%)	17(100%)	70(93.3%)	36(43.9%)	64(92.8%)
미해결	56(26.7%)	0(0%)	5(6.7%)	46(56.1%)	5(7.2%)

출처: 행정안전부(2022b: 146). '2022년 지방자치단체 통합재정개요(상)'에서 발췌.

반면, 재정자립도와는 달리 재정자주도는 중앙정부의 재정조정제도(이전재원)로 인해 대폭적으로 향상됨을 보여준다. 재정자주도는 2010－2022년 사이에 전국 평균 70－77%대에 머물고 있다. 또한, 지방자치단체 계층별로도 '도와 군'을 제외하고는 다소 등락이 있지만 전반적으로 하락하는 추세를 보인다.

구체적으로 2022년 기준 지방자치단체 수준별로 재정자주도를 비교하도록 한다. 우리나라 지방자치단체의 재정자주도는 2022년 전국평균 73.4%로 앞서 언급한 재정자립도보다 약 20% 이상 높은 수치로 나타난다(표 10－8 참조). 지방의 자체세입에 더하여 지방이 재량껏 자주적으로 사용할 수 있는 이전재원(지방교부세, 조정교부금등)을 자주재원에 포함하여 산정한 결과이다.

이러한 이전재원의 결과 시·도의 광역지자체간과 시군구의 기초지자체간의 재정불균형도 상당히 완화됨을 통계는 보여주고 있다. 특히, 재정자립도에서 낮은 수치를 보였던 광역지자체 중 '도'와 기초지자체 중 '군'의 재정조정효과가 크게 나타나는 것을 알 수 있다. 2022년 기준 도의 경우 앞선 자료에서 재정자립도가 40%에서 재정자주도는 50.7%로 개선되었다. 기초자치단체인 군의 경우는 재정자립도가 17.3%에서 64.2%로 대폭 상승하는 것을 보여준다. 이러한 수치는 2010－2022년 전 기간에 걸쳐 대체로 비슷한 결과를 보여주고 있다.

이상과 같이 재정자립도와 이전재원을 포함한 재정자주도의 비교는 지방재정 조정제도의 효과를 보여주지만, 이 기간 동안 두 개의 지표들은 전반적으로 개선되지 못하고 있음을 보여주고 있다. 즉, 재정자립도뿐만 아니라 재정자주도도 2010년 대비 다소 하락하고 있는 결과를 입증한다. 이는 1995년 지방자치제의 출범 이후 지방자치의 경험이 축적되고 있음에도 중앙과 지방의 재정관계 측면에서 지방의 재정여건은 여전히 개선되지 않고 있으며 각종 재정제도의 개선에도 불구하고 의존도가 크게 향상되지 않는 것을 뒷받침하는 결과라고 볼 수 있다.

한편, 재정력은 지방자치단체의 표준적인 행정서비스 수준을 나타내는 기준재정수요에 대해 기준재정수입이 어느 정도 충당되는지를 나타낸다. 보통교부세의 산

39) 웹사이트 참조(http://www.index.go.kr/potal/main/EachDtlPageDetail.do?idx_cd=2458)

표 10-8 지방자치단체 재정자주도(2010-2022)

(수치: %)

구분	2010	2011	2012	2013	2014	2015	2016	2017	2018	2019	2020	2021	2022
전국평균 (순계규모)	75.7	76.7	77.2	76.6	74.7	73.4	74.2	74.9	75.3	74.2	73.9	70.8	73.4
특광역시 (총계규모)	76.3	78.5	79.2	77.4	74.2	74.1	74.4	74.6	73.4	71.8	69.8	67.4	70.0
도 (총계규모)	46.0	47.5	49.2	48.8	46.8	46.9	47.3	49.1	50.2	48.9	50.6	46.5	50.7
시 (총계규모)	69.1	68.7	68.4	67.7	66.1	65.0	65.9	67.2	66.4	64.8	63.8	60.9	62.5
군 (총계규모)	62.2	62.7	62.9	63.9	63.5	62.9	62.9	64.1	65.2	65.3	64.9	61.2	64.2
자치구 (총계규모)	57.9	56.2	55.6	52.2	48.2	45.9	47.0	48.1	47.5	46.1	45.5	44.8	45.2

출처: 행정안전부(2022b). 「2022년도 지방자치단체 통합재정 개요」[39]
주석: 당초예산, 순계, 일반회계 기준/세입과목 개편 전 자료

정에 활용되는 기준재정수요액과 기준재정수입액으로 산정한 재정력은 〈표 10-9〉
와 같다.

재정력은 분석기간 동안 큰 변동이 없음을 보여준다. 세부적으로는 전국 지자
체들의 평균 재정력은 0.6의 수준대로 나타났다. 특·광역시의 평균이 대체로 0.8의
수준대를 유지했지만, 도는 점증적인 상승의 추세를 보여 평균 0.7의 수준대를 보
였다.

표 10-9 재정력 측정: 기준재정수입액 대비 기준재정수요액 (2010-2022)

(수치: %)

구분	2010	2011	2012	2013	2014	2015	2016	2017	2018	2019	2020	2021	2022
계	0.61	0.61	0.58	0.56	0.58	0.58	0.59	0.62	0.62	0.61	0.61	0.59	0.65
특광역시	0.88	0.87	0.84	0.84	0.86	0.86	0.86	0.91	0.88	0.89	0.88	0.84	0.98*
도	0.65	0.66	0.63	0.62	0.64	0.57	0.65	0.70	0.75	0.71	0.73	0.67	0.71
시	0.57	0.60	0.58	0.54	0.55	0.54	0.55	0.55	0.54	0.53	0.52	0.52	0.56
군	0.22	0.22	0.22	0.16	0.17	0.18	0.19	0.21	0.21	0.21	0.21	0.20	0.26

출처: 해당연도 지방교부세 산정해설집(예: 2022년 122쪽, 126쪽)에서 발췌하여 재정력 산정 공식(기준재정수입액/기준재정수요액)을 이용하여 산정하였음.[40]

주석: 통계는 불교부단체 포함분이며, 교부세산정액에는 별도 감액·보전분이 포함되어 있음. 제주특별자치도는 특별법에 따라 재원의 3%를 정액 교부함으로 기준재정수요·수입액 산정에서 제외됨. 2010년은 세종특별자치시가 설립 전임.'자치구'는 특·광역시에 합산하여 정산함.

기초지자체 수준에서 재정력의 수치는 한층 낮은 분포를 보인다. 시는 대체로 0.5의 수준대를 유지하는 반면 군의 재정력은 평균 0.20의 수준대에 머물고 있다. 재정력의 통계에서도 보여지는 바와 같이 동일 수준의 지방자치단체 간에도 재정력의 격차가 확연하게 드러나고 있고, 이는 일시적인 현상이 아니라 장기적으로 지속되고 있음을 알 수 있다. 다시 말해 기초지방자치단체 수준에서는 도시 지역에 비해 농산어촌을 포함하는 군지역의 재정력이 일관되게 낮음을 보여준다.

제3편 제10장

---

40) 2022년 특·광역시의 결과는 매우 이례적인 수치를 보임.

CHAPTER 11

지방자치단체 간 관계: 협력과 갈등

　　지방자치제의 실시로 우리나라의 지방자치단체는 자치권을 보유한 법인으로서 관할구역 내 주민들의 복리후생과 삶의 질 향상이라는 기본적인 역할과 책임을 진다. 주민 및 지역사회의 선호와 이해의 차이로 인해 지방자치단체들은 때로는 협력하고 때로는 갈등−분쟁을 경험하고 있다. 이를 반영하여 정부간관계의 연구에서 중앙−지방의 수직적 관계뿐만 아니라 지방자치단체 간 수평적 관계에 대한 관심과 중요성이 증대하고 있다.

　　지방자치단체 간 협력 측면에서는 지방자치단체의 목적 달성 및 지방정부 간 문제해결에 있어 광역행정을 통한 처리 논의가 활발하다. 광역행정은 지방자치의 확대와 행정수요의 다양화 등으로 지방자치단체 단독의 사무처리 및 서비스제공 보다는 타 지방자치단체와의 협력을 통한 저비용−고효율적 접근에 대한 수요와 중요성을 반영한다. 광역행정에 대한 관심 및 수요의 증대는 분절된 지방자치단체 역량 및 재정의 한계, 점증하는 주민수요의 증대, 지역발전의 공동대응 등 복합적인 요소와 연관되어 있다.

　　하지만 지역의 한정된 자원과 역량 하에서 주민의 지방행정 수요의 증가와 지역발전의 욕구 등은 때로는 지역 간 갈등과 분쟁으로 이어지기도 한다. 특히, 비선호시설뿐만 아니라 선호시설의 입지와 관련하여 지역이기주의는 다양한 형태의 갈등을 초래하고 있다. 오늘날 지방자치단체는 갈등과 분쟁이 발생하지 않기를 바라는 것이 아닌 합리적 해결방법을 고민하고 능동적으로 대처하는 것이 중요한 역할이라 할 것이다. 이상의 배경 하에 이 장은 지방자치단체 간의 관계를 협력과 갈등의 측면을 중심으로 다룬다.

제1절 지방자치단체 간 관계의 개념 및 중요성

지방자치단체 간 관계는 '복수의 지방자치단체 사이에서 발생하는 협력 및 갈등 등의 상호관계'를 포괄적으로 지칭한다. 이러한 지방자치단체 간 상호관계는 정책 및 재정, 행정서비스 등 다양한 영역에서 일어난다. 지방자치단체 간 상호관계는 광역지자체 간 또는 기초지자체 간에 이뤄지는 수평적 관계와 광역-기초지자체 간의 수직적 관계로 구분된다. 정부간관계에서 일반적으로 지칭되는 중앙-지방의 관계는 논의에서 제외한다.

우리나라 맥락에서 지방자치단체 간 관계의 중요성의 대두는 지방자치제도의 변화와 공공문제의 변화 등 복합적인 현상을 반영한다. 1990년대 지방자치제의 본격적인 개막은 지방자치단체의 자치권이 미치는 관할구역에서 자율과 책임에 기반한 자치행정이 시작되는 계기가 되었고, 이에 따라 지방자치단체 상호 간 관계에 대한 관심이 지속적으로 증대해 왔다. 이전 중앙정부에 의해 지방자치단체장이 임명되던 관선제와 달리 일정한 관할구역 내 주민들에 의해 직접 선출된 지방자치단체장과 지방의원은 주민들과 지역의 주요 현안 및 수요에 민감하게 대응할 수밖에 없다. 하지만, 지방은 제한된 재원 하에 점증하는 주민의 요구와 수요를 충족하는데 한계가 존재한다. 또한, 교통 및 정보통신의 환경 변화도 관할구역이라는 지리적 경계를 넘는 행정수요의 증가로 이어지고 있다. 지방자치단체 간 관계, 특히 협력의 필요성이 증대하는 이유를 간략히 정리하면 다음과 같다.

첫째, 지리적 경계를 넘는 공공문제는 필연적으로 지방자치단체 상호 간 협력을 요구한다. 공공문제의 속성상 인접 지역에 외부효과(긍정적 또는 부정적)를 유발하는 경우가 많으며 해당 문제를 해결하려는 지방자치단체의 노력은 필연적으로 인접 지방자치단체와의 대화 및 협력을 요구한다. 예를 들어, 인접 지방자치단체에 긍정적 외부효과를 유발하는 행정서비스에 대해서는 협력, 즉 행정서비스의 비용분담이나 서비스 간 조율을 통해 지속적인 제공을 도모할 수 있다. 반면, 공해, 교통혼잡, 수질오염 등 부정적 외부효과로 인해 피해를 겪는 인접 지역에서는 이러한 사회적 문제를 어떻게 해결할 것인지와 관련 지방자치단체 간 갈등과 분쟁이 빈번하게 일어난다. 예를 들어, 쓰레기 소각장과 같은 비선호시설의 입지와 관련하여 지역 내 주민들의 반발을 피해 상대적으로 인구 밀도가 낮은 접경지대가 선정되는 경우 이웃한 관할구역의 주민 및 지방자치단체의 강력한 반발과 갈등의 원인이 되기도 한다.

둘째, 행정사무나 서비스의 속성상 각각의 지방자치단체가 단독으로 제공하기도 힘들고, 제공한다고 하더라도 효율적이지 않다. 한국의 지방자치단체는 일반적인 사무를 제공하는 보통지방자치단체로서 관할구역에서 허용된 행정사무나 서비스를 처리한다. 하지만 행정사무나 서비스의 특성상 단독의 지방자치단체가 제공하는 데는 비용 및 인력, 그리고 환경의 제약 측면에서 현실적 한계가 존재한다. 예를 들어, 규모의 경제를 고려한 인프라 시설의 설치 및 관리의 요구가 증대하고 있다. 기본적인 생활 인프라인 상하수도서비스를 모든 지방자치단체에서 개별적으로 설치하여 제공하기보다는 인근 지방자치단체의 시설을 이용하면 막대한 설치비용을 줄이고 더욱 질 좋은 서비스를 제공받을 수도 있다.

셋째, 생활권, 경제권, 행정권의 경계가 중첩 또는 불분명해지며, 행정서비스의 지리적 경계가 모호해지면서 인접 지방자치단체 간 협력의 수요가 더욱 증대해졌다. 광역시 내의 자치구 간에는 교통, 생활폐기물 등 광역행정을 통해 처리해야 할 사안들이 복잡하게 연계되어 있다. 또한, 서울의 종로나 중구, 강남구와 같이 많은 기업들의 본사나 사무실이 위치하는 경우 경제활동 인구의 외부 유입이 높아 교통의 혼잡 및 오염의 정도가 높다. 해당 지역에 거주하는 주민들이 아닌 인근 지역(예: 분당이나 일산)에서 출퇴근하는 인구들에 대한 교통 및 각종 편의 시설의 제공은 관련 지방자치단체가 많은 부분 역할을 할 것이 요구된다.

넷째, 앞서 논의한 행정서비스의 속성에 더하여 많은 지방자치단체가 직면한 재정적 한계로 인해 협력이 요구되기도 한다. 서울과 경기도의 일부 기초지방자치단체를 제외한 대부분의 지방자치단체들은 지방재정의 위기에 직면해 있다. 재정적 한계는 행정서비스 규모의 축소나 폐지로 이어지기도 한다. 지방자치단체의 재정위기는 협력의 실질적 유인으로 작용하기도 한다.

다섯째, 빠르게 진행되고 있는 한국 사회의 저출산과 고령화의 진전으로 지역의 쇠퇴와 소멸의 우려가 증대되는 상황에서 지방의 지속가능성의 측면에서도 협력의 요구는 절실하다. 지역의 인구감소는 기존의 도로 및 행정시설 등 사회 인프라의 유지 및 보수의 비용을 증대시키고 지방의 재정부담을 더욱 가중시킨다. 해결의 대안으로 압축도시나 행정구역의 통합이 제시되고 있으나 물리적 행정구역의 통합 등은 현실 정치와 행정에서 어려운 도전이 아닐 수 없다. 이에 대한 대안으로 대도시와 주변 농어촌 지역과의 연대와 협력 등을 포함한 광역행정에 기반한 행정서비스의 재조정 등은 부분적 대안이 될 수 있을 것이다.

제2절 지방자치단체 간 협력

1. 개념

오늘날 도시화와 산업화의 진전으로 행정수요와 서비스가 지리적 경계를 넘는 광역행정[1]의 요구가 지속적으로 증대하고 있다. 지방자치단체의 지리적 경계를 넘는 다양한 형태의 이해관계 및 문제는 지방자치단체 간 협력과 갈등의 원인으로 작용하고, 지방자치단체들은 때로는 다양한 형태의 협력방식으로 이를 조정 및 해결해 왔다.

---

[1] 행정안전부(2019a)의 '지방자치단체 협력−갈등관리업무편람'에 따르면 광역행정이란 "지방자치단체 관할 행정구역 범위를 넘어서 발생되는 특정한 행정수요에 대한 공공서비스를 제공하기 위해 사무처리 영향권 내에 있는 인접 또는 둘 이상 지방자치단체가 행정사무를 통합적으로 처리하는 행정수행체제와 방식"으로 개념화 된다. 이 개념은 지방자치법 등 제도적으로 규정되지는 않았고, 광역자치단체·대도시행정과도 구분되는 것으로 '업무편람'은 밝히고 있다.

지방정부 간 협력은 '복수의 지방자치단체가 공동목표 달성이나 공동문제 해결을 위해 상호호혜성 하에 어느 정도 공식화된 조직구조와 권한을 바탕으로 이뤄지는 공동행위'로 정의한다.[2] 여기서 지방자치단체 간의 협력은 광역－기초지자체 간의 수직적 협력과 동일 수준의 지자체 간의 수평적 협력을 포괄한다. 또한, 협력에 참여하는 지방자치단체는 지방의 정치－경제적 여건, 주민의 욕구, 행정서비스의 효율성 등을 고려하여 다양한 수준의 협력방식을 채택한다.

2. 협력(광역행정)의 유형

지방정부 간 협력의 유형(즉, 광역행정의 유형)은 처리주체, 협력방식, 강제성의 유무에 따라 분류되기도 하나 일반적으로 협력방식에 따라 널리 분류하고 있다. 협력방식에 기초한 분류는 지방자치단체의 권한과 구조변화 여부에 따라 점진적·기능조정형 광역행정과 종합적·구조조정형 광역행정으로 구분된다(Bollens & Schmandt, 1982: 303; 안용식·김천영, 1995: 256－257에서 재인용). 점진적·기능조정형 광역행정은 지방자치단체의 구조변화가 없이 기능의 협력 또는 이양을 통한 광역행정의 방식이다. 대표적으로 사무의 공동처리, 계약, 조합 및 협의회, 특별구 등을 들 수 있다(안용식·김천영, 1995: 256). 반면, 종합적·구조조정형 광역행정은 새로운 법인격을 지닌 조직을 설치하거나 기존 지자체의 통폐합 등 대폭적인 지자체의 구조변화를 통한 방식이다. 대표적인 사례로 연합, 합병－통합을 들 수 있다. 이러한 방식은 관련 지방자치단체의 자치권의 침해, 주민의 반발, 절차상의 복잡성 등으로 인해 점진적·기능조정형 광역행정방식보다 추진이 어려운 것으로 평가된다. 반면 점진적·기능조정형 광역행정방식은 조정 및 구속력의 미비로 인해 광역적 문제 처리에 실효성이 저하될 수도 있다.

우리나라는 지방정부 간 협력, 즉 광역행정과 관련하여 지방자치법 등에서 다

---

[2] 이는 협력의 목적인 단독으로 해결할 수 없는 공동의 문제해결이라는 의도적 행위를 내포하며, 지방정부라는 공적기관이 실질적인 의사결정과 집행을 위해서는 일정 정도의 권한 및 조직체계가 요구되는 속성을 반영한다(Ansell & Gash, 2007; O'Leary & Bingham, 2009; 정문기, 2009).

양한 협력방식을 규정하고 있다. 대표적인 지방자치단체 상호 간 협력방식으로 협력사업, 사무위탁, 행정협의회, 조합, 단체장이나 지방의회 의장의 협의체를 들 수 있다.[3] 1988년 4월 6일 지방자치법 전면 개정 당시 신설된 '지방자치단체 상호 간 협력제도' 하에 협력사업, 사무위탁, 행정협의회, 조합 등에 관한 규정이 포함되었다. 또한, 1999년 8월 31일 지방자치법의 개정으로 '지방자치단체장 등의 협의체'의 규정을 두었다. 지방자치단체 간 협력과 관련한 지방자치법 개정의 변천을 간략하게 표로 정리하면 다음의 〈표 11−1〉과 같다.

표 11-1 지방자치단체 간 협력과 관련한 지방자치법의 개정 변천

일자	주요 내용
1988. 4. 6.	• 지방자치단체 상호 간 협력제도 신설 - 협력사업, 사무위탁, 행정협의회, 지방자치단체조합 등
1989. 12. 30.	• 지방자치단체조합 사무기능 강화 - 특정 사무의 전부 또는 일부 → 하나 또는 둘 이상의 사무로 명확화
1999. 8. 31.	• 자치단체장 등 협의체 설립근거 신설 - 자치단체장·지방의회 의장 등 상호 간 교류·협력 증진, 공동문제 협의
2011. 7. 14.	• 지방자치단체장 등 협의체 의견 제출권 신설 - 지방자치와 관련된 법률의 제·개정, 폐지가 필요한 경우 ※ 중앙행정기관의 장은 2개월 이내에 검토결과를 통보(의무화)

출처: 행정안전부(2019a: 7)의 '지방자치단체 협력−갈등관리업무편람'에서 인용.

이러한 협력사업, 사무위탁, 행정협의회, 조합 등과 같은 점진적·기능조정형 광역행정방식에 더하여 단체장이나 지방의회 의장의 협의체도 구성되고 합병과 통합도 추진되고 있다. 지방자치법상 규정된 지방자치단체 간 협력의 방식을 중심으로 논의하기로 한다.

1) 협력사업: 사무의 공동처리

지방자치법은 지방자치단체 상호 간 사무의 공동처리를 명시적으로 규정하고

---
3) 지방자치법 제8장 참조.

있다. 즉, "지방자치단체는 다른 지방자치단체로부터 사무의 공동처리에 관한 요청이나 사무처리에 관한 협의·조정·승인 또는 지원의 요청을 받으면 법령의 범위에서 협력하여야"하는 것을 담고 있다.[4] 협력사업은 "행정업무의 광역성으로 지방자치단체가 단독으로 처리하기 곤란하거나 인적·물적 자원이 부족하거나 중복투자가 예상되는 경우 다른 지방자치단체와 협력하여 처리"하는 것을 의미한다(행정안전부, 2019a: 11). 다시 말해, 지방자치단체는 다른 지방자치단체와 공동처리를 통해 비용절감 및 주민편의 증진, 인근 지자체에 외부효과 발생, 지역 간 갈등예방 및 해소 등에 기여하는 사무 등을 위해 협력할 수 있다(행정안전부, 2019a). 협력사업을 위해 지방자치단체 간 MOU를 체결하거나 공문서를 발송하는 등 협약서를 체결한다.

협력사업은 박람회나 각종 설명회의 공동개최 등 지방자치단체 협력제도 중 상대적으로 적은 비용과 노력으로 추진할 수 있는 협력의 형태이다. 협력사업으로는 지역개발, 상수도관리, 폐기물처리, 하수처리, 주민편의시설, 공동연구 및 박람회 개최 등 다양한 범위에 걸쳐 진행이 가능하다. 예를 들어, 중소벤처기업 제품 공동홍보나 농수산물 직거래 장터 공동운영 등을 지방자치단체 단독으로 운영하기 보다는 관련 지방자치단체가 복수로 참여 및 협력하여 규모의 경제를 통해 효율성을 제고하고 대시민 서비스도 개선할 수 있다. 따라서 협력사업은 후술하는 사무위탁, 조합, 협의회보다 널리 활용되고 있는 실정이다.

2) 사무위탁(contracting-out)

사무위탁은 지방자치단체의 "소관 사무의 일부를 다른 지방자치단체나 그 장에게 위탁하여 처리"하는 제도이다.[5] 지방자치단체의 소관사무이지만 독자적으로 처리하기에 역량이 미흡하거나 업무의 중복 등으로 비효율적일 때 또는 규모의 경제 측면에서 직접 처리하기보다는 인접한 지방자치단체가 처리하는 것이 유리하다고 판단될 때 소관 사무의 일부를 위탁할 수 있다. 지자체는 사무위탁과 관련된 다른 지방자치단체와 계약을 체결하며, 사무를 위탁한 지방자치단체는 제공받은 사무나

---

4) 지방자치법 제164조.
5) 지방자치법 제168조 제1항.

서비스의 대가를 위탁받은 지방자치단체에 지불한다. 사무위탁은 인근 지방자치단체와 시설의 공동이용(예: 상하수처리)이 가능하거나 공조가 필요할 때(예: 환경개선, 수질개선 등) 활용가능성이 높다. 이러한, 사무위탁은 행정협의회나 조합과는 달리 새로운 기구나 조직을 신설하지 않아도 되고 실행 절차가 비교적 복잡하지 않고, 제공되는 행정서비스의 평가가 비교적 용이한 특성을 가진다.

사무위탁의 실시와 관련 해당 지자체장은 상급정부에게 보고할 의무를 진다. 즉, 해당 지자체의 장은 사무위탁의 당사자가 시·군·구나 그 장이면 시·도지사에게, 시·도나 그 장인 경우 행정안전부 장관과 관계 중앙행정기관의 장에게 보고할 의무를 진다(행정안전부, 2019a: 18). 또한, 해당 지방자치단체는 사무위탁과 관련한 규약을 정하고 고시하여야 하며, 규약의 변경－해지의 경우 해당 지방자치단체는 행정안전부장관(시·도지사)과 중앙행정기관의 장에게 보고하여야 한다.

그간 한국의 지방자치단체에서 도입된 사무위탁의 범위는 상하수도, 쓰레기처리, 시설관리, 공동화장시설, 소방서비스 등 광범위하다. 2019년 9월 말 기준 전국적으로 사무위탁은 총 27건이 진행되었다(행정안전부, 2019a).[6] 하지만 현실적으로는 사무위탁이 그다지 활발하지 않았다. 사무위탁으로 인한 해당 지자체의 권한 축소와 적정한 경비 부담 산정의 문제, 사무위탁의 범위와 관리에 관한 세부 규정이나 절차의 미흡, 그리고 행정서비스의 질에 대한 우려 등이 복합적으로 작용하고 있다.

3) 행정협의회[7]

행정협의회는 "2개 이상의 지방자치단체에 관련된 사무의 일부를 공동으로 처리하기 위하여 관련 지자체들에 의해 구성되는 기구"로서 법인이 아닌 협의기구이다.[8]

---

[6] 분야별 빈도는 상하수도 처리 13건, 쓰레기처리 6건, 교육 훈련 3건, 공동 화장시설 건립 1건, 기타 행정기능 4건 등이다(행정안전부, 2019a).

[7] 행정협의회는 협의기구로서 Administrative Council 또는 Council of Government로 불린다. 미국의 맥락에서 행정협의회는 광역적 문제의 논의와 조정을 위한 협의기구로서 도시계획이나 지역발전과 관련하여 다양하게 존재한다.

[8] 지방자치법 제169조.

이러한 행정협의회는 "광역계획 및 그 집행, 특수행정수요의 충족, 공공시설의 공동설치, 행정정보의 교환, 행정·재정업무의 조정 등의 필요를 고려하여" 관련 지자체들이 자율적으로 참여하여 구성한다.[9] 행정협의회는 지방자치단체의 필요를 반영하여 자율적으로 구성되지만 '공익상 필요한 경우'에는 상급기관, 즉 행정안전부 장관이나 시-도지사가 하급 지방자치단체에 행정협의회 구성을 권고할 수 있도록 하고 있다. 행정협의회가 구성되려면 규약을 만든 후 관련 지방자치단체 의회의 의결을 거친 후 고시해야 한다. 또한, 행정협의회가 구성되는 경우 시-도의 지자체장은 행정안전부 장관과 관련 중앙행정기관의 장에게, 시-군-구의 지자체장은 시-도지사에게 보고해야 한다. 행정협의회는 독립된 법인격을 가지지 못하며 참여 지자체의 자치권의 제약 정도도 낮다. 또한, 협의에 대한 참여 지자체의 준수 여부에 대한 강제 권한도 미약하다. 이러한 측면에서 조합과 구분된다. 운영은 참여기관의 부담금으로 운용된다.

행정협의회의 출발은 1960년대 경제성장에 따른 도시권역의 확대에 기인한다. 도시권역의 확대는 행정구역의 경계를 넘는 행정서비스의 요구의 증대로 이어졌고, 인접 지방자치단체 간 협력체계의 구축이 요구됨에 따라 당시 내무부는 '도시권행정협의회 설치요강'을 통해 대도시권을 중심으로 행정협의회를 설치하였다. 대구시와 주변 6개의 지방자치단체로 '대구권 행정협의회'가 최초로 구성되었고 추후 14개의 도시권 행정협의회가 추가적으로 구성되었다(김영재, 2000). 1973년 '지방자치에 관한 임시조치법'의 개정을 통해 운영 및 구성에 관한 법적 근거가 마련되었으며, 1981년과 1984년에는 '도시권행정협의회의 활성화방침'과 '도시권행정협의회의 활성화 지침'을 통해 행정협의회의 활성화를 위한 내용을 담았다(행정안전부 국가기록원, 2015a). 1988년 4월 6일 지방자치법 전면 개정 당시 신설된 지방자치단체 상호 간 협력제도에 '행정협의회에 관한 규정'을 명시적으로 포함하였다.

행정협의회는 출발 당시부터 지방자치단체 간 광역적 문제해결방식을 채택하였다. 관련하여 현재 행정협의회는 크게 '권역별행정협의회'와 '기능별행정협의회'로

---

9) 지방자치법 시행령 제96조.

구분된다. 권역별행정협의회는 또한, '광역권 행정협의회'와 '기초지역권 행정협의회'로 구분된다(행정안전부, 2019a). 일반적으로 광역권 행정협의회는 광역지자체와 광역지자체, 광역지자체와 기초지자체 간 설립된다. 반면 기초지역권 행정협의회는 하나의 광역지자체 내 기초지자체 간 설립되는 경향을 보인다. 기능별행정협의회는 특정 목적 또는 기능을 수행하기 위해 설립된다. 가령, 관광, 환경, 지역발전의 목적에서 고추주산단지, 사과주산지, 폐광지역, 댐 소재지, 세계유산도시 등까지 지방자치단체의 특성이나 기능을 반영하여 다양하게 설립되고 있다.[10)]

  행정협의회는 유연하고 느슨한 기구체로서의 장점과 더불어 다양한 한계도 지적된다. 첫째, 운영이 활발하지 못하다. 연간 1−2회 개최되는 정기총회 등 위원회의 회의 개최 정도가 저조하다. 둘째, 협의회의 논의 안건이 제한적이다. 실질적으로 중요한 이해관계가 충돌하는 안건은 상정되어 논의되기 어렵고 상대적으로 경미하거나 합의가 쉬운 안건 위주로 논의된다. 셋째, 강제력−구속력의 미흡으로 행정협의회의 효과가 미약하다(김용철, 2021). 별도의 독립된 조직체가 부재한 비상설적 회의체로서 행정협의회는 집행력이 미흡하며 합의된 안건에 대해서도 구속력−강제력을 행사할 권한이 부족하다.

  이에 대한 개선으로는 제도적−재정적 측면으로 대별하여 제시된다. 첫째, 행정협의회의 합의 사항에 대한 성실한 준수−이행을 강화하기 위한 실질적인 법적−제도적 장치가 추가되어야 한다. 이를 위해 '서면협약과 협정'의 의무화를 강제할 수 있도록 하는 것을 고려할 수 있다(김상봉, 2018: 38). 둘째, 예산과 인적자원 배정의 근거를 마련하고 이를 상설기구화 하는 방안을 고려할 수 있다. 셋째, 지방자치단체장뿐만 아니라 지방의회의 역할도 제도적으로 확대해야 한다. 행정협의회의 설치는 지방의회의 의결을 거쳐야 할 뿐만 아니라 주요 사무에 대해서도 지방의회의 심

10) 2019년 9월 30일 기준 운영 중인 행정협의회는 총 92개로, 권역별 행정협의회는 38개로 광역권 4개(예: 광주·전남 상생발전위원회, 충청권 행정협의회, 호남권 정책협의회, 중부권 정책협의회 등)와 기초권 34개(예: 경기중부권 행정협의회, 서부수도권 행정협의회 등)가 운영되고 있다(행정안전부, 2019a: 26). 기능별 행정협의회로는 전국고추주산단지 시장군수협의회(영월, 충주, 고창, 해남 등 참여), 사과주산지 시장·군수협의회(청송, 영양 등의 지자체 참여), 호수문화관광권 광역관광협의회(춘천, 화천, 홍천 등의 지자체 참여), 폐광지역 시장군수협의회(태백, 삼척, 영월, 정선 등 지자체 참여) 등 총 54개가 운영 중이다(행정안전부, 2019a).

의−의결이 실효성을 담보하는 데 궁극적으로 중요한 역할을 한다.

4) 지방자치단체 조합

지방자치단체 조합은 복수의 지방자치단체가 하나 또는 둘 이상의 사무를 공동으로 처리하기 위하여 규약을 정해 설립된다.[11] 자치권을 행사하는 지방자치단체의 일정한 지리적 구역을 넘는 광역적 행정수요의 발생은 보통지방자치단체와는 다른 특정수요(사무)를 담당하는 특별지방자치단체의 필요성을 제기하였다. 이에 특별지방자치단체의 성격을 지니는 지방자치단체조합의 논의가 대두되었다.

조합의 설립은 당해 지방의회의 의결을 거친 후 시·도는 행정안전부 장관의, 시·군 및 자치구는 시·도지사의 승인을 받아야 하고, 2개 이상의 시·도에 걸쳐 시·군 및 자치구가 조합을 설립하는 경우는 행정안전부 장관의 승인을 받아야 한다. 또한, 행정안전부 장관이 설립을 명할 수 있다. 지방자치단체조합은 국가의 지도·감독을 받으며 '공익상 필요하면' 행정안전부 장관이 조합의 해산 또는 규약의 변경을 명할 수 있다.[12] 조합에는 사무를 총괄 및 집행하는 지방자치단체조합장과 사무를 심의·의결하는 지방자치단체조합회의를 둔다. 지방자치단체조합의 사무와 관련하여 '특정사무의 전부 또는 일부'에서 1989년 12월 30일 지방자치법 개정을 통해 현행 '하나 또는 둘 이상의 사무'로 변경하여 사무의 범위를 명확하게 하였다(행정안전부, 2019a: 39).

지방자치단체 조합은 독립된 법인이지만 조례제정권은 허용되지 않는다. 복수의 지자체가 사무를 공동으로 처리하는 면에서 행정협의회와 조합은 유사하나, 행정협의회는 법인의 지위를 갖지 않는다. 지방자치단체조합은 규약에 정해진 사무와 관련하여 소속 지자체와 독립하여 처리하는 권리와 책임을 가진다. 조합원으로 참여하는 지자체는 인적·재정적 기여의 의무를 진다. 조합의 특별지방자치단체로서의 지위 여부에 대해서는 '자치권, 주민, 지리적 구역' 등과 관련 논란이 제기되고 있다(홍준영, 2017: 216).

최초의 조합으로는 1970년대 초 경기통신사무조합이 설치되었다. 이후 조합의

---

11) 지방자치법 제176조 제1항.
12) 지방자치법 제176조와 180조.

설립과 해산으로 전국적으로 조합의 숫자는 변동을 겪어 왔다. 즉, 지방자치가 재개
된 1991년부터 2019년까지 총 13개의 조합이 설립되었으나 2022년 8월 기준 7개가
운영 중이다. 조합은 최초 설립 이후 명칭이 변경되거나 조합의 목적을 달성한 경우
해산되기도 한다.[13]

　　이러한 지방자치단체조합은 그간 활용도가 높지 않았다. 조합의 설립과 운영에
있어 행정안전부 장관의 설립승인권과 강력한 감독권으로 인해 제약이 커 지방자치
단체의 자율성을 존중하지 못하는 한계를 가진다(김필두·류영아, 2008: 25). 또한, 현재
조합은 법인으로만 규정될 뿐 조직 및 운영에 관한 법적 지위에 대해 명확한 규정이
미비해 활동에 제약으로 작용한다(김용철, 2021).

[13] 명칭 변경의 경우 1991년 설립된 '수도권매립지운영관리조합'은 환경부 산하기관인 '수도권매립지공
사'로 전환(2000년 7월)되었고, 자치정보화조합은 특수법인인 '한국지역정보개발원'으로 전환(2008년
2월)되었다. 또한, 수도권교통조합은 1999년 서울시, 경기도, 인천광역시로 구성된 수도권행정협의회
에서 수도권광역교통기구의 필요성이 제기되어 2004년 12월 수도권교통조합규약이 시·도의회 의결
을 거쳐 2005년 2월 행자부의 승인을 받아 설립되었다. 이후 2007년 9월 수도권교통조합은 '수도권교
통본부'로 명칭을 변경하였고 2019년 대도시권광역교통위원회로 전환되면서 해산되었다. 조합의 목
적을 달성한 '부산·거제간연결도로건설조합', '부산·김해경량전철조합', '황해경제자유구역청'은 해산
되었다(행정안전부, 2019a: 45). 2022년 8월 기준 운영 중인 조합의 현황은 아래의 표와 같다.

표 11-2 지방자치단체 조합 설립현황(2022년 8월 기준)

명칭	구성원	목적	승인일자
부산·진해 경제자유구역청	부산광역시·경남도	부산·진해 경제자유구역내 각종 인·허가사무 및 외자유치 등	'04. 1. 20.
광양만권 경제자유구역청	전남도·경남도	광양만권 경제자유구역내 각종 인·허가사무 및 외자유치 등	'04. 1. 20.
대구·경북 경제자유구역청	대구광역시·경북도	대구·경북 경제자유구역내 각종 인·허가사무 및 외자유치 등	'08. 6. 10.
지리산권 관광개발조합	남원·장수·구례·곡성· 함양·산청·하동	지리산 인근 7개 시군 관광개발사업 공동 추진	'08. 9. 5.
지역상생 발전기금조합	17개 시·도	수도권 규제 합리화 이익을 지방상생발전 재원으로 활용	'10. 5. 3.
천안·아산 상생협력 센터 관리조합	천안시, 아산시	천안아산상생협력센터 운영의 효율성 및 독자성 확보	'17. 11. 29.
강원 남부권 관광개발 조합	태백, 횡성, 영월, 평창, 정선	강원남부권 광역 관광개발사업의 효율적 추진	'18. 3. 8.
대전환경사업 지방자치단체조합	동구·중구·서구· 유성구·대덕구	생활폐기물 수집·운반사업 효율적 추진, 공공중심의 폐기물관리체계 안정화	'21. 10. 14.

출처: 행정안전부(2022c: 52). '지방자치단체 협력·분쟁조정 업무 편람'. 인용-보완.

5) 지방자치단체의 장 등의 지방협의체

지방협의체는 지방자치단체의 장이나 지방의회의 장으로 구성되는 전국단위의 협의체이다. 지방자치법은 "지방자치단체의 장이나 지방의회의 의장은 상호 간의 교류와 협력을 증진하고, 공동의 문제를 협의"하기 위하여 전국적 협의체를 구성할 수 있도록 하고 있다.[14] 1999년 8월 31일 지방자치법의 개정으로 '지방자치단체장 등의 협의체'를 구성－운영하는 규정을 두었다. 그리고 2011년 7월 14일의 지방자치법 개정으로 지방자치와 관련된 법령에 대해 의견제출권을 신설하였다.

지방자치법의 규정에 따르면 현재 4개의 협의체가 설립되었으며, 전국시도지사협의체, 전국시도의회의장협의체, 전국시장군수구청장협의체, 전국시군자치구의회의장협의체가 설치되었다. 이러한 협의체는 중앙정부와 국회에 지방자치와 관련한 법령이나 정책에 대하여 건의나 의견의 제출을 통해 지방의 입장이나 대응을 집합적으로 제시하는 창구 역할을 하고 있다. 구체적으로 행정안전부에 대해서는 "지방자치에 직접적인 영향을 미치는 법령 등에 관한 의견을 행정안전부 장관에게 제출할 수 있으며, 행정안전부 장관은 제출된 의견을 관계 중앙행정기관의 장에게 통보하여야 한다."[15] 중앙행정기관의 장은 2개월 내에 타당성을 검토 후 결과를 행정안전부장관을 거쳐 협의체에 통보해야 하며, 타당성이 인정되면 관계 법령에 그 내용이 반영될 수 있도록 적극 협력해야 하는 것으로 규정하였다.[16] 또한, 지방자치 관련 법률의 제정·개정·폐지의 필요성이 인정되는 경우 국회에 서면으로 의견을 제출할 수 있다. 법률안 제출권은 인정되지 않으며 법률안에 대한 의견을 제출할 수 있는 것으로 법적 구속력은 제한적으로 본다.[17] 또한, 지방4대협의체는 지방자치단체간 갈등과 협력을 조정하고 견인하는 역할도 기대된다.

지방4대협의체는 국정 참여의 측면에서 중앙정부에 대하여 정책건의나 지방자치 관련 법령의 의견제시 수준에 머물고 있어 실질적인 중앙정부의 의사결정에 영

---

14) 지방자치법 제182조 제1항.
15) 지방자치법 제182조 제4항.
16) 지방자치법 제182조 제5항.
17) 지방자치법 제182조 제6항.

향력이 미미하다. 또한, 국정참여의 대상범위가 한정되어 있다(김성호, 2004a). 이와 같은 제한적 참여 및 반영으로 인해 지방자치 관련 입법과 정책의 추진에 있어 중앙과 지방의 마찰 및 갈등이 빈번히 발생하여 지방4대협의체는 지방자치와 관련한 중앙정부의 주요한 의사결정에 참여를 요구해 왔다. 지자체가 중앙정부와 함께 국정운영의 동반자로 인식 전환이 필요함을 주장한 것이다.

하지만, 협의체는 늘 동일한 정책방향을 지향하는 것은 아니다. 가령 지방4대협의체는 2018년 지방분권형개헌 논의 당시 통일된 목소리를 내기도 했지만 협의체의 목적과 역할이 상이해 대 정부·국회 관련 이견이나 갈등이 발생하기도 하며, 중앙정부의 건의내용이나 우선순위에서도 협의체별 상이한 양상을 보이기도 한다(김성호, 2004a; 안형기, 2007: 42).

이와 같은 논의 하에 협의체가 지방의 이익을 대변하고 중앙정부를 대상으로 보다 나은 협상력을 가지기 위한 몇 가지 과제를 제시하면 다음과 같다.[18] 첫째, 지방4대협의체로 구성되는 연합체의 설립이 필요하다. 지방4대협의체 소속 지자체들의 동의를 얻어야 하는 어려움이 있지만 연합체를 통해 각 협의체별 이견과 갈등을 줄이고, 국정참여에서 일관되고 강력한 입장을 전달할 수 있다. 참고로 현행 지방자치법은 지방자치단체 연합체를 설립할 수 있도록 하고 있다.[19] 둘째, 연장선상에서 협의체 간 상호 입장을 조율하고 이견을 조율할 갈등조정기구의 상시적 운영을 고려할 만하다(안형기, 2007: 42). 셋째, 지방협의체의 내부역량강화를 통한 정책개발 및 연구기능을 제고하는 것을 고려할 만하다. 이를 통해 지자체와 주민들의 의견을 보다 다양하게 발굴 및 반영하고 정부와 국회에 대한 정책 및 입법역량을 강화할 수 있다. 넷째, 지방4대협의체는 중앙지방협력회의의 설치를 통해 중앙정부와 지방의 대화와 소통의 장을 마련할 것을 지속적으로 제안하였다. 앞서 논의했듯이 전부개정 지방자치법에는 '중앙지방협력회의'를 설치하는 내용을 담았다. 제도적 기반이 마련된 이상 중앙지방협력회의를 통한 실질적인 운영으로 이어질 필요가 있다.

---

18) 이하는 안형기(2007)의 논의를 참조하였음.
19) 지방자치법 제182조 제2항.

6) 기타: 연합, 통합 또는 합병, 특별지방자치단체 등

앞서 언급한 지방자치단체 간 협력방식 이외에도 국내외적으로는 연합, 통합 또는 합병, 특별지방정부 등의 종합적·구조조정형 방식이 성격을 달리하며 광역적 현안이나 문제해결을 위해 시행 중이다.

우선, 연합(federation)은 둘 이상의 지방자치단체가 기존의 관할구역과 법인격을 각각 유지하면서 광역사무만을 담당하는 법인격을 가진 새로운 기관 또는 조직을 설치하는 것이다. 통상 이러한 연합체에는 광역사무의 계획 및 집행권이 허락되지만 독자적인 과세권은 허용되지 않는다.

둘째, 통합(consolidation)은 지리적으로 인접한 복수의 지방자치단체가 하나의 지방자치단체로 통폐합하는 것이다. 반면, 합병(annexation)은 지리적으로 인접한 소규모의 지역(예: 농촌)이 규모가 상대적으로 큰 지방자치단체에 편입되는 것을 의미한다. 2010년 이명박 정부가 추진했던 지방행정체제개편 중 시군의 행정구역 통합이 대표적이다. 당시 마산, 진해, 창원이 통합하여 통합창원시로 발족하였다. 합병으로는 1995년 기장군이 부활하면서 경상남도 양산군에서 부산광역시로 이관되어 편입된 사례를 들 수 있다.

셋째, 특별지방자치단체는 단일 또는 복수의 한정된 사무만을 관장하기 위해 한 지역 내 또는 여러 지역에 걸쳐 설립되는 법인격을 지닌 정부형태이다. 일반적인 지방자치단체가 지역 주민과 관련된 보편적-종합적 행정사무나 서비스를 제공하는 것과 달리 특별지방정부는 상하수도, 소방, 교육 등과 같이 특정 서비스를 전담하는 역할을 하며 정책결정권을 가진 이사회를 두고, 독립적인 과세권과 예산운영 권한을 가진다(강인성·박치성, 2008: 78). 다만, 특별지방자치단체는 복수의 지역을 범위로 하기도 하지만 단일의 지역 내에 설립되기도 한다. 예를 들어, 미국의 교육특별구(special district)는 교육서비스만 관장하며, 관할 지역 주민의 투표를 통해 재산세나 관련 조세를 변경할 수 있다. 그간 우리나라에서는 특별지방자치단체에 관한 논의가 진행되었지만 관련법들과의 충돌로 인해 최근까지 진전이 없었다. 하지만 2020년 전부개정 지방자치법이 국회에서 통과되면서 특별지방자치단체의 설치 근거를

제3편 제11장

구체적으로 마련하는 내용을 담았다. 다시 말해, 기존 지방자치법에는 특별지방자치단체의 설치 근거만 존재했을 뿐 구체적인 규정의 미비로 설치와 운영에 한계가 존재했지만 전부개정 지방자치법을 통해 세부 내용을 규정함으로써 특별지방자치단체 설립의 기반을 마련하였다.[20]

넷째, 지방자치단체 간 자율적인 참여와 협력에 의해 광역행정의 수행이 어려운 경우 중앙정부나 상급지방정부가 지방자치단체의 권한과 지위의 제한－흡수를 통해 직접 광역적 문제해결을 조정할 수 있다. 지방자치제의 실시 이후 지방자치단체 간 이해나 갈등의 조정이 어려운 상황에서 하향식 문제해결의 일환으로 중앙정부나 상급지방정부가 직접적으로 개입하여 해결하는 방식이다. 한편으로 하향식 접근은 일부 효율적일지 모르나 지방자치단체나 관련 주민들의 반발과 저항을 초래하기도 한다.

우리나라의 맥락에서 연합과 통합은 지방 차원의 경쟁력과 지속가능성을 위해 활발하게 논의되고 있다. 기존에는 기초지자체 간의 연대와 협력을 강조하는 광역행정의 논의가 활발했지만, 최근에는 광역지자체 간의 연합, 통합, 특별지방자치단체의 논의가 활발하다. 특히, 지방소멸의 우려와 수도권 집중에 맞선 지방의 자구노력의 연장선상에서 광역지자체 간 연합 및 통합의 논의가 진행 중이다. 최근의 경과를 살펴보면 2021년도에는 수도권 지역에서는 서울－경기－인천을 연계하는 광역연합형 특별지방자치단체, 대구－경북지역, 전남－광주지역, 대전－세종지역에서는 통합 논의가 진행되기도 했지만, 대구－경북지역은 절차의 문제나 주민 간 이견으로 2021년 4월경에 중단되었다. 부산, 울산, 경상남도 지역에서는 현행 광역지자체를 존속시킨 채로 새롭게 광역지역을 관할하는 연합정부, 즉 동남권메가시티사업이 논의되었다. 2022년 4월 부산, 울산, 경상남도는 행정안전부로부터 '부산울산경남특별연합'이라는 특별지방자치단체 규약의 승인을 받아 전국 최초의 특별지방자치단체가 설치될 수 있게 되었다(행정안전부, 2022d). 이후 특별연합 청사의 위치 선정, 특별연합 지자체장과 의장의 선출을 거쳐 2023년 1월 부산울산경남특별연합이 출범하

---

20) 전부개정 지방자치법에는 제12장 특별지방자치단체의 제목 하에 제199조부터 제211조까지 규정하고 있다.

는 내용을 담았다. 하지만 그해 6월 1일 치러진 제8회 전국동시지방선거에서 경상남도와 울산광역시의 단체장이 교체되면서 그간의 논의는 축소되거나 원점으로 회귀하는 흐름을 보였다. 당초 광역지방자치단체의 자발적인 협력을 통해 전국 최초로 설치되는 부산울산경남특별연합은 그간 논의가 지지부진했던 다른 지역의 지방자치단체들 간 광역행정을 촉진하는 계기가 되리라 기대했지만, 단체장의 교체로 추진동력을 상실하는 상황이 반복되고 있다.

제3편 제11장

'특별연합' 날린 경남만의 '행정통합'

원래 한뿌리로서 '동남권', '부울경'이란 이름으로 사실상 하나의 생활권으로 인식하며 협력의 기반을 다져왔던 부산·울산·경남 동맹이 흔들리고 있다. 부산과 울산이 분리된 1963년과 1996년 행정체제 개편 이전에는 부산과 울산은 경남의 한 식구이자 하나의 단일 지자체였다.

부울경 특별연합은 일극 체제인 수도권에 대응해 궁극적으로는 다시 합치자는 전제로 출발했다. 정부가 일방적으로 주도한 게 아니라 지역이 살아 보겠다고 제안하고 정부의 지원을 끌어낸 사업이라는 점에서 특별연합의 무산은 아쉬울 수밖에 없다. 경남이 제안한 행정통합 역시 새로운 얘기도 아니다. 20년 전부터 자주 오르내렸던 중장기 과제이지만, 물리적으로 다시 뭉치는 일이 쉬운 일이 아니어서 민선 7기와 민주당 정권에서는 부울경의 이해관계를 넓히고 시너지 효과를 먼저 낼 수 있는 '특별연합'이라는 단계를 밟으려 했다. 현재로선 '특별연합', '행정통합' 추진 모두 불투명한 상태다.

■ 힘도 못 쓴 '부울경 특별연합' 결국 해산 수순 … "지역 살릴 골든타임 날렸다"

지난 2019년 ○○○ 전임 도정 당시 경남도가 초광역 단위의 권역별 발전 전략이 필요하다며 '부울경 메가시티'라는 이름으로 전국 처음으로 추진했던 '부울경 특별연합'은 경남 스스로 폐기 처리했고, 한 축인 울산도 잠정 중단을 선언하면서 사실상 좌초됐다.

부울경이 '메가시티'로 가기 위한 첫 단추로, 돈과 사람이 몰리는 수도권에 대응해 지역소멸 위기에서 벗어나자며 3개 시도가 머리를 맞대기 시작했던 3년 전만 해도 이런 결과를 예측하지 못했을 것이다. 표면적으로 부울경 3개 시도의 정치 지형이 '부울경 특별연합'을 적극적으로 추진했던 민선 7기 더불어민주당에서 민선 8기 국민의힘으로 바뀐 탓이다.

경남의 부울경 특별연합 중단 선언은 ○○○ 경남도정 출범 두 달 만이자, 정부로부터 승인받은 전국 첫 특별지방자치단체 출범 다섯 달 만이다. 3개 시도가 긴 시간 광역 특별연합 논의를 이어온 것과 달리 두 달이라는 짧은 시간 안에 도민 의견 수렴이나 도의회 협의 없이 일방적으로 추진했다는 비판을 받았다. 경남발 중단 선언은 울산으로도 이어졌다. 울산시는 26일 부울경 특별연합의 실익을 따졌던 용역 결과를 발표하면서 잠정 중단을 선언했다. "실익이 없다"는 경남도와 같은 논리다. ○○○ 울산시장은 "부울경 특별연합은 현실적으로 실효성이 없는 정치적 선언에 불과하다"며 "중앙정부의 적극적인 사업 지원이 선행되고 권한 확대와 재정 지원이 제도적으로 담보될 때까지 부울경 특별연합은 잠정 중단하겠다"고 말했다. 이로써 문재인 정부에서 탄생한 부울경 특별연합은 사실상 해산 절차를 밟을 것으로 보인다. (중략)

국민의힘뿐만 아니라 민주당을 중심으로 "너무 성급하게 파기했다"는 지적은 계속 나오고 있다. 특별연합의 권한과 재정 인센티브의 부재는 이미 출범 전부터 제기돼 왔던 문제였다. 윤석열 정부의 국정과제이자 국내 첫 메가시티로서의 프리미엄을 살려 포기보다는 부울경이 함께 정부와 국회를 상대로 해법 찾기에 먼저 나섰어야 했다는 지적이 나올 수밖에 없는 이유다. 실제 국민의힘 ○○○(거제2)·○○○(양산2)·○○○(양산6) 도의원은 "내년 1월 부울경 특별연합 사무처리 개시를 전후해 해결해야 할 과제들로, 3개 광역지자체와 지역민들이 지혜를 모으면 충분히 타파해 나갈 수 있다고 본다"고 지적했다. 그러면서 "이런 문제를 포괄한 전반적인 지방소멸의 문제를 종합적으로 해소할 대책으로 천신만고 끝에 부울경 특별연합을 출범시킨 것이 아닌가"라며 "지방자치 역시 역경을 헤쳐 왔기에 오늘의 지방자치가 실현됐다는 점을 되새겨 보라"고 꼬집었다. (중략)

* 주: 이름은 저자가 ○○○으로 처리함.

자료: 최호영. (2022.9.27.). 일부 발췌 및 편집.

7) 종합: 왜 협력이 저조한가?

앞서 살펴보았듯이 우리나라는 1988년 지방자치법 전면개정 당시 다양한 형태의 지방자치단체 간 협력방식, 즉 협력사업, 사무위탁, 행정협의회, 조합을 제도적으로 신설하여 추진 중이다. 이처럼 지방자치단체 상호 간 협력의 요구가 증대함에도 실질적인 활성화는 저조한 것으로 지적된다. 지자체장의 관심과 의지에 따른 협력의 범위와 정도의 문제, 지방 고유권한의 축소 우려, 주민들의 다양한 이해관계, 협력 결과의 불확실성, 협력제도의 미비 및 협상능력의 한계 등 여러 이유로 인해 지방자치단체 간 협력은 활성화 정도가 낮은 현실이다. 구체적으로 지방자치단체의 인식 및 행태 측면, 법적-제도적 미비, 협력 자체의 속성, 주민의 이해관계가 복합적으로 작용하는 바 세부적으로 고찰하면 다음과 같다.

첫째, 지방자치단체의 협력인식 및 경험이 부족하고 협력문화의 축적이 낮다. 지방자치단체 간의 협력은 기본적으로 지방자치단체의 자발성, 자율성, 책임성에 기반하여 성립되어야 한다. 하지만, 지방정부 간 자율적인 협력은 활발하지 못하고, 이미 구성된 협력조직 등도 형식적 운용에 그치는 경우가 많다. 사무의 공동처리와 같이 상대적으로 단순하고 규모가 작은 사무나 서비스와 관련한 협력은 활발하지만 보다 복잡하고 중대한 광역문제에 대한 지방자치단체의 공동 노력은 형식에 그치거나 지속되지 못하고 있다. 지자체장의 협력에 관한 정치적 의지가 높지 않고 담당 공무원의 협력인식 및 경험의 부족이 적극적이고 능동적인 협력의 장으로 이어지지 못하고 있다. 대표적으로 2022년도 제8회 전국동시지방선거 전후로 진행된 특별지방자치단체 등의 설립 논의는 지자체장의 역할이 얼마나 중요한지를 단적으로 보여주었다. 대표적으로 '부산울산경남특별지방정부연합'의 논의는 그해 6월 1일의 지방선거실시와 지자체장의 교체(특히, 경상남도와 울산광역시)로 원점 논의 등 대폭적인 후퇴를 겪었다. 지자체장의 교체 및 지역의 이해관계 등이 복합적으로 작용해 이전까지 2023년 출범을 목표로 추진되던 부산울산경남특별지방정부연합이 불투명해졌으며 다른 방안이 제시되고 있는 실정이다.

둘째, 중앙정부 차원의 법적 불명확화 및 미비가 지방정부 간 협력의 증대를 적극적으로 유인하지 못하고 있다. 현행 협력에 관한 규정은 일차적으로 자율적인 참여와 협의를 통해 지자체 간 협력을 추진하도록 강조하지만, 상급정부의 권한도 인정하고 있다. 예를 들어, 행정협의회의 구성 권고나 공익상 필요시 조합의 설립명령을 행정안전부 장관이 내릴 수 있도록 하였다. 하지만, 협의회나 조합의 세부적인 절차의 규정이 미흡하고 이행력을 확보하는 데 한계가 있는 것으로 비판받고 있다. 이에 대한 문제인식과 제도 개선 노력이 행정안전부에서도 제기되었다. 행정안전부는 2017년 5월 1일 보도자료를 통해 협력사업의 이행력을 확보하고, 사무위탁의 행·재정적 인센티브방안을 마련하며, 행정협의회의 구성절차를 간소화하는 등의 법적－제도적 개선 및 장치의 마련을 언급하기도 하였다.

셋째, 협력의 성과가 불명확하거나 장기간을 요하는 경우 지방자치단체 간 협력의 유인은 낮아진다. 특히, 지방재정의 투입이 요구되는 경우 협력을 통해 의도했던 성과를 내지 못하게 되면 지방의회나 시민들에 대한 책임의 부담이 따른다. 조합의 경우 구성절차상의 복잡성뿐만 아니라 지자체의 재정이나 인력의 투입이 요구되고 이에 따른 조합의 가시적이고 구체적인 성과의 산출 및 적절한 배분은 지역주민과 지방의회의 감시와 통제로부터 자유로울 수 없다.

넷째, 지역주민 간 이해관계의 다양성과 충돌은 지방자치단체가 협력에 수동적이거나 회피하도록 이끌 수 있다. 지방정부 간 협력의 편익이 지역주민 전체가 아닌 일부 특정 주민이나 지역에 한정되거나, 아니면 협력으로 인해 특정 주민이나 지역이 피해를 입게 되면 지방자치단체의 입장에서는 협력과정에서 장애에 부딪힐 가능성이 높다.

제3절 지방자치단체 간 갈등과 분쟁

공공영역에서 갈등은 예외가 아닌 보편적 현상이다. 민주사회나 국가에서 공공의사결정은 만족－불만족 또는 선호－비선호의 경계가 발생하고 갈등 및 분쟁으로 이어진다. 따라서 제한된 자원 내에서의 공공의사결정으로 인한 갈등을 대하는 기본적인 접근은 갈등 부재상태의 추구가 아닌 갈등의 수준이나 지속을 적정한 수준에서 관리하고 조정하는 것이다. 이를 통해 지역사회의 통합을 이루고, 지속가능한 사회발전을 추구하는 데 갈등 논의의 본질적인 가치가 있다.

지방자치단체 간 갈등과 분쟁 또한 예외가 아닌 일상적 현상이다. 지역 내 주민들 간 갈등과 분쟁이 상존하듯이, 지방자치단체 간 갈등과 분쟁도 상존한다. 갈등과 분쟁을 협의하고 조정하는 지방자치단체의 역량뿐만 아니라 이를 조정－중재하는 공식적-비공식적 제3자의 역할과 제도가 점차 중요해지고 있다. 지방자치단체 간 갈등에 관한 연구는 1995년 지방자치제의 본격적인 실시 이전에는 그리 활발하지 않았다. 1995년 이후 지방자치와 지방분권의 확대는 지방자치단체 간 갈등을 비약적으로 증대시켰고 사례가 축적됨으로써 연구가 활발하게 진행되었다.

1. 의의: 지방자치단체 간 갈등과 분쟁

사회와 국가에서 발생하는 갈등과 분쟁은 다양하게 정의되고 성격도 또한 달리 나타난다. 공공영역에서의 갈등과 분쟁은 공공기관의 작위와 부작위로 인한 가치나 이해의 충돌이나 다툼과 연관된다. 따라서 정부나 공공기관은 이러한 갈등과 분쟁을 협의하고 조정하기 위한 제도나 시스템을 구축하고 있다.

우리나라는 공공영역의 갈등을 사전적으로 예방하고 사후적인 해결을 위해 '공공기관의 갈등예방과 해결에 관한 규정'을 두고 있다. 이 규정에 따르면 갈등을 "공공정책(법령의 제정·개정, 각종 사업계획의 수립·추진포함)을 수립하거나 추진하는 과정에서 발생하는 이해관계의 충돌"로 정의하고 있다.[21] 또한, 지방자치법에도 분쟁을 규정하고 있는데, 분쟁이란 "지방자치단체 상호 간이나 지방자치단체의 장 상호 간 사무를 처리할 때 의견이 달라 생기는 다툼"[22]을 일컫는다. 주재복·김건위(2010: 9)는 갈등을 "복수의 이해당사자들이(혹은 갈등당사자들이) 희소한 가치나 자원에 대한 양립할 수 없는 목표를 추구하며 상호작용 하는 역동적인 상황"으로 정의하였다. 반면, 분쟁이란 "갈등이 현재화된 상태를 의미하며, 복수의 주체가 서로 상대방의 존재를 인식하고 어떠한 쟁점에 대해 자신이 취하고 있는 상태가 양립할 수 없는 관계에 있음을 인식하고 자기의 목표를 달성하기 위한 과정에서의 일련의 마찰"로 보았다(주재복·김건위, 2010: 10). 이러한 갈등과 분쟁은 서로 의견이 불일치하여 양립 불가능한 상태라는 공통점을 가지지만 갈등이 심화되어 외부로 표출된 경우를 분쟁으로 보기도 한다(이병기·김건위, 2008: 4).

---

21) 공공기관의 갈등 예방과 해결에 관한 규정 제2조 1호.
22) 지방자치법 제165조 제1항.

이상의 논의를 바탕으로 이 장에서 지방자치단체 간 갈등이란 '지방자치단체 간 공공정책, 법령의 제·개정, 사업의 계획수립 및 추진과정 등에서 발생하는 이해-가치 등의 충돌 또는 대립'으로 접근한다. 한편, 갈등이 심화되고 가시화되어 해결이 어려우면 위기나 파국의 상태인 분쟁으로 발전한다(주재복·김건위, 2010: 10). 결국, 분쟁은 당사자 간 자발적인 해결이 불가능하여 제3자의 개입이나 사법적 판단을 통해 결정되어야 하는 성격을 가지는 것으로 볼 수 있다.

2. 갈등의 대상과 원인

1) 갈등의 대상

지방자치단체 간 갈등은 일반적으로 권한 및 이해관계의 상충에서 발생한다. 구체적으로 지방자치단체 상호 간 갈등을 일으키는 대상은 물리적인 시설의 입지와 관련한 이해관계의 충돌에서부터 권한 및 가치의 충돌-대립까지 다양하다.

우선, 물리적 시설은 비선호시설뿐만 아니라 선호시설의 입지와 관련해서 관련 지방자치단체 간 치열한 갈등의 양상을 보인다. 비선호시설은 특히 지역 주민들의 거센 반발과 저항으로 지역 간 갈등뿐만 아니라 지역 내 주민들 간에도 빈번히 발생한다. 시설의 입지로 직접적 피해를 입는다고 생각하는 주민들의 집단적 반발과 상대적으로 원거리에 위치해 직접적 피해가 적은 지역 내 다른 주민들 간 이견이 자주 발생한다. 즉, 소수의 직접적 피해를 입는 주민들과 다수의 집합적 편익을 누리는 주민들 간에 발생하는 갈등이다. 반면, 선호시설은 전반적으로 지역 전체의 지지와 관심을 받으며 지역 내 주민들 간 갈등의 수위는 상대적으로 낮은 편이다. 대신 다른 지방 간 유치경쟁이 활발히 일어난다. 선호시설의 지역 내 유치는 때로는 낙후된 지역의 발전수단으로 홍보되기도 하며 지방정치인(예를 들어 지역구 국회의원, 지자체장, 지방의원 등)의 정치적 홍보수단으로 활용되기도 한다.

둘째, 지방자치단체 간 권한의 존재 여부, 권한의 범위나 한계가 모호하거나 중첩되는 경우 갈등이 발생하기도 한다. 이러한 권한의 충돌이나 상충은 공유수면의 경계조정이나 행정구역의 재조정과 같은 물리적－지리적 공간과 관련한 권한과 기능－사무와 관련한 권한으로 대별할 수 있다. 공유수면의 매립을 통해 새롭게 조성된 토지에 대해 관련 지자체는 각자 자신의 권한을 주장하며 갈등이 촉발된다. 행정구역경계의 재조정과 관련하여서도 관할 지자체 및 때로는 상급지자체 간 대립이 존재한다. 또한, 행정서비스나 사무의 제공과 관련하여 권한의 소재지에 대한 다툼은 사무나 기능배분의 모호함이나 중첩과 연관되어 발생한다.

셋째, 환경문제 등 지리적 경계를 넘어 발생하는 공공문제는 시설의 입지나 권한의 다툼과는 상이한 갈등의 양상을 띤다.[23] 경제적 가치와 환경－생태적 가치의 충돌을 포함해 때로는 진보와 보수라는 이데올로기적 가치의 충돌로 인해 지방자치단체 상호 간 갈등이 일어나기도 한다.

이상과 같이 갈등의 대상은 지역 주민의 이해관계와 직접적으로 연관되어 다층적이며 복잡하기도 하고, 지방자치단체 차원의 권한 소재의 다툼과 같이 상대적으로 이해관계의 폭이 협소할 수도 있다. 또한, 재산권의 침해와 같은 구체적인 이익관계와 더불어 가치의 충돌이 복합적으로 연계되는 복합갈등의 양상을 띠기도 한다.

> ### 다시 불붙은 한예종 유치전 … 고양·송파·과천 등 "우리가 최적지"
>
> 이전을 추진 중인 서울 성북구 한국예술종합학교(한예종) 석관동 캠퍼스 유치를 위한 기초자치단체간 경쟁이 본격화됐다. 문화체육관광부에 유치 제안서를 전달한 경기 고양시에 이어 서울 송파구도 조만간 유치 제안서를 제출하기로 하면서다. 당초 올해 안에 이전을 추진했던 문체부는 일단 한예종 부지를 소유한 문화재청에 국유재산관리위임 연장을 신청할 예정이지만, 존치를 추진하는 성북구까지 가세해 치열한 경쟁이 예상된다. 한예종 유치전에 불을 당긴 건 고양시다. 이동환 고양시장은 지난달 30일 조용만 문화체육관광부 제2차관에게 한예종 고양시 이전 제안서를 전달했다. 제안서에서 고양시는 "일산동구 장항동 공공주택 사업부지 내 약 11만7,000㎡ 규모의 유보지를 한예종 학교와 기숙사 부지로 내놓겠다"

---

23) 환경과 관련한 갈등의 약 50%가 물과 관련되어 있다(주재복, 2000). 이 연구에 따르면 수량 유지 및 관리, 수질오염의 문제(예: 위천공단과 낙동강, 대구－경남), 수질 보존 및 개선(예: 팔당상수원보호구역 추가지정문제－서울과 경기도) 등의 문제가 대표적이다.

고 밝혔다. 부지 내 행복주택 1,000가구를 기숙사로 공급하고, 킨텍스 등 주변 산업 인프라와 연계한 산학협력 시스템 구축 등의 당근책도 제시했다.

4년제 국립특수대인 한예종은 석관동캠퍼스와 서초동캠퍼스, 대학로캠퍼스로 나뉘어 있는데 본교가 있는 석관동 캠퍼스는 지난 2009년 부지 내 조선왕릉(의릉)이 유네스코 세계문화유산에 등재됨에 따라 올해 말까지 이전을 해야 하는 상황이다. 한예종은 석관동에 나머지 2개 캠퍼스까지 하나로 묶는 통합형 이전 부지를 선호하고 있다. 이에 필요한 부지는 12만㎡ 정도로 알려졌다.

한예종 이전은 주무부처인 문체부가 2016년과 2020년 이전부지를 찾는 '캠퍼스확충구상 기본용역'을 마무리하며 속도를 내는 듯했으나, 이후 입지 발표를 미루면서 멈춰 선 상태다.

서울에서는 송파구가 적극적이다. 송파구는 올해 2월 '한예종 이전 사전타당성조사' 용역 결과를 바탕으로 문체부와 한예종, 서울시를 상대로 설득에 나섰다. 방이동 올림픽선수촌아파트 일대 12만㎡를 포함해 46만7,985㎡를 이전 부지로 생각하고 있다. 다음 달 유치제안서를 제출할 예정인 송파구는 "현재 유치전에 나선 경쟁 도시 중에서 송파구가 유일한 서울 내 통합캠퍼스 조성가능 부지"라면서 "서울시에 해당 부지에 대한 개발제한구역 해제를 요구하고 있다"고 말했다.

경기 과천시도 기재부가 소유한 옛 국가공무원인재개발원(9만7,380㎡)을 이전부지로 경쟁에 뛰어들 태세다. 토지 매입비가 거의 들지 않고, 서울과의 접근성이 뛰어나다는 점을 강조하고 있다. 과천시 관계자는 "한예종 이전은 시장 공약으로, 행정력을 쏟아붓겠다"고 강한 의지를 드러냈다.

석관동 캠퍼스가 위치한 성북구는 존치를 위해 안간힘을 쓰고 있다. 구 관계자는 "'성북구-한예종 지역상생 학술연구용역' 결과 한예종 이전에 5,000억 원 이상의 예산이 들어간다"면서 "성북구에 그대로 존치할 경우 추가부지 매입 및 건물 증축으로 1,500억 원 정도의 예산만 필요해 비용 측면에서 상당한 경쟁력을 갖추고 있다"고 말했다. 지자체들이 한예종 유치전에 발 벗고 나선 이유는 학생과 교직원 등 4,000여 명에 달하는 한예종을 유치할 경우, 지역경제에 상당히 긍정적 효과를 기대할 수 있을 것이란 기대 때문이다. (중략)

자료: 이종구·강지원. (2022.10.07.). 일부 발췌 및 편집.

2) 갈등 발생의 원인

앞서 언급한 갈등의 대상은 이해관계 및 인식의 미비, 문제의 속성, 제도의 미비 등 현실적 제약으로 인해 실질적인 갈등으로 표출되며 심화되기도 한다. 갈등의 원인은 개별적으로 작용하기 보다는 복합적으로 상호작용하여 영향을 미친다. 또한, 갈등의 발생 및 진행단계에 따라 원인들의 영향력이 상이하게 나타나기도 한다. 갈등의 문제는 고정적이거나 정태적이지 않다. 즉, 갈등은 발생 초기에는 잠재적 갈등으로 당사자 간 심각하게 취급되고 해결되어야 하는 문제로 인식되지 않을 수 있다. 하지만 시간적 경과에 따라 갈등은 더욱 증폭되기도 하며 이에 따른 갈등의 전개과정은 상이하게 나타날 수 있다. 시간의 경과에 따른 이러한 갈등의 역동성을 반영하여 갈등의 전개과정이 단계별로 구분되기도 하며 요인도 역동적으로 작용한다.

기존의 연구들은 지방자치단체 간 갈등발생의 원인으로 제도적, 행태적, 환경적 요인들을 일반적으로 제시하였다(강문희, 2006: 2). 이에 더하여 공공문제의 속성, 자원의 한계를 추가적으로 논의하기로 한다.

(1) 상생의 인식, 경험, 문화의 부족

정부의 입지시설 결정이나 공유수림의 권한 결정 등은 지방자치단체 간 권한과 이해관계의 충돌을 초래한다. 이러한 양립불가능한 이해나 권한의 배분은 주민이나 시민사회가 참여하여 각 지방자치단체의 입장을 지지하면서 갈등이 더욱 증폭되는 양상을 보이기도 한다. 이는 지방자치단체 및 지역사회, 지역 내 주민 및 제 주체들의 상생의 인식 및 자세의 부족과 연관된다. 또한, 지방자치단체의 협상능력의 부족이나 협상문화의 미성숙 등은 갈등의 선제적-예방적 대응과 해결의 장애로 작용하기도 한다. 특히, 선호시설의 경우 경쟁적 유치행위로 나타나고, 비선호시설의 경우 결사반대의 행동을 초래한다.

(2) 제도적 측면: 지방자치와 자치권의 확대, 갈등 및 분쟁조정제도의 미비

법·제도의 모호함이나 부재로 인해 지방자치단체 간 갈등이 발생하거나 해결의 어려움에 직면하기도 한다. 점차 급증하는 주민 간 이해관계의 발생의 측면에서 주민참여의 제도 미비나 보상체계의 미흡은 주민의 반발과 저항을 확대-지속시키고 이는 지방자치단체 간 갈등-분쟁으로 확산되는 경향이 있다. 또한, 갈등을 조정하고 협의할 제도의 미비나 조정자의 부족은 제도적 개선의 시급함을 보여준다. 더불어 지방정부 간 사무배분의 중첩과 모호함으로 인해 권한 다툼이 발생한다.

(3) 공공문제의 속성

공공문제는 본질적으로 갈등과 분쟁의 소지를 안고 있다. 공공문제는 집합적 문제로서 지리적 경계 내에 한정되기도 하지만 인접 지방자치단체와 연관되는 복잡성 내지 난제로서의 성격을 가진다. 공기와 물의 질 등 환경의 문제는 특정 지역에 한정되지 않는 사회 전체를 포함하는 공공문제적 성격을 가진다.

(4) 한정된 자원

공공문제의 해결을 위한 의사결정은 한정된 자원 하에서 이뤄진다. 한정된 자원으로 인해 공공정책결정에는 일반적으로 '승자-승자' 보다는 '승자-패자'의 상황이 발생할 여지가 크다. 한정된 자원 하에서 합리적 의사결정의 일환으로서 널리 원용되는 비용-편익적 접근은 사회 전체의 편익을 유발하더라도 특정 지방자치단체 및 주민 등의 소수의 비용으로 이어질 수 있다. 이러한 과정에서 소수의 지역주민들은 재산권의 침해 등 이해관계의 충돌을 경험할 수밖에 없다.

3. 갈등의 해결방식

지방자치단체 간 갈등의 해결방안은 갈등당사자 간 자체해결, 제3자의 조정-중재를 통한 해결, 분쟁위원회 및 사법적 해결, 강제적 해결이 일반적으로 제시된다. 갈등의 대상 및 원인에 따라 갈등은 형성기-심화기-해결기와 같이 역동적인 전환을 맞고 해결방식도 개별적으로 작용하기 보다는 갈등수위의 진전에 따라 당사자 간 논의 차원에서 제3자의 조정-중재 또는 최종적으로 법적 해결방식으로 변환되기도 한다. 우리나라의 지방자치단체 간 갈등은 법적 절차 및 해결을 거치거나 상급정부의 공권력에 기반한 강제적 방식에 의존하여 해결에 이르는 경우가 많다.

1) 지방자치단체 간 자체 해결: 대화와 협상

갈등의 당사자인 지방자치단체 간 대화나 협상을 통해 해결하는 방식으로 상호이해와 양보를 통해 접점을 찾아감으로써 상호 윈-윈하는 해결책을 모색한다. 관런 지방자치단체들은 협의체를 구성하여 주요 현안에 대한 토론과 숙의의 과정을 거친다. 반복되는 숙의의 과정을 통해 각자의 입장을 이해하며 신뢰가 축적되고 양보와 타협에 이르는 장시간의 과정이 일반적으로 요구된다. 갈등당사자 간 자발적 해결의지 및 상대의 배려와 양보가 무엇보다 중요하다. 특히, 지방자치단체장의 갈등관리의 리더십이 지역 내부의 이해관계를 조율하고 타 지방자치단체와 협의에 이르는데 큰 역할을 한다.

하지만 현실적으로 갈등당사자인 지방자치단체들은 상호 감정의 대립과 불신이 격화된 상황에서 협상의 테이블을 조성하기도 힘들고, 효과적이고 생산적인 논의가 힘들 수도 있다. 즉, 당사자 간 협의를 통한 갈등문제의 해결은 문제의 성격·관련 이해관계자(예: 주민 대 주민, 시민사회, 지자체)들의 상이성과 중층성으로 인해 난관에 부딪히기 쉽다. 특히, 동일 수준의 지자체 간(예: 광역–광역, 기초–기초) 갈등은 더욱더 해결에 이르기가 쉽지 않다. 당사자 간 직접적인 협의나 협력에 이르지 못하면 민간전문가나 분쟁위원회와 같은 제3자의 개입이나 사법적 절차를 따를 수밖에 없다.

2) 제3자의 조정 및 중재: 대안적 분쟁해결

자발적 문제해결이 어려운 경우 사법적 해결의 절차를 밟게 되면 비용이나 시간의 소요 측면뿐만 아니라 갈등당사자 간 감정이나 신뢰의 골은 더욱 깊어지기 마련이다. 대안적분쟁해결(Alternative Dispute Resolution, ADR)은 갈등당사자간 자발적 문제해결이 어려운 상황에서 중요성이 더욱 증대되었다.

대안적분쟁해결(ADR)은 중립적이며 신뢰할 수 있는 전문성을 지닌 개인 또는 집단이 제3자로서 갈등해결에 개입하는 방식이다. 갈등당사자의 요청이나 상급정부의 제안을 통해 중립적이며 전문성을 지닌 제3자를 선정하고 갈등의 조정을 담당케 한다. 제3자의 조정이나 중재의 시작은 우선 갈등당사자들을 대화와 협상의 테이블로 이끄는 것이다. 갈등당사자의 입장을 명확하게 파악하고 공유하면서 상호 간의 차이를 먼저 인식하고 지속적인 대화와 논의를 통해 양보와 타협에 이르게 한다. 이러한 조정을 통해 분쟁당사자인 지방자치단체가 협의를 통해 스스로 문제해결에 이르기도 하지만, 조정이 어려운 경우 제3자가 제시하는 중재안의 결정에 따르기로 합의하기도 한다. 즉, 구속력 있는 중재안을 분쟁당사자가 수용하기로 합의함으로써 분쟁의 해결을 도모하기도 한다.[24]

표 11-3 협상, 조정, 중재의 비교

구분		협상	조정	중재
절차 개시에서 당사자의 합의		필수요건	필수요건/예외	필수요건/예외
제3자	개입	불개입	개입	개입
	범위	-	민간/공·사기관	민간/공·사기관
	선정	-	쌍방합의	쌍방합의
	역할	-	합의도출	일방적 결정
절차의 진행내용		이해/입장조정	이해/입장조정	확인/이해조정
결정의 정형성		없음	대개 없음	조금 있음
결정의 근거		쌍방합의	제3자의 조언을 바탕으로 쌍방합의	쌍방간의 증거자료와 중재인의 결정
결정의 구속력		쌍방의 동의 필요	쌍방의 동의필요	구속적/예외

출처: 이달곤(2004: 21). 표를 인용.

3) 제도적 해결: 분쟁조정위원회[25] 또는 사법적 해결

제3자의 조정－중재 중 행정절차를 통한 해결방식으로 상급정부의 직권이나 분쟁조정위원회를 통한 방식이 있다. 반면, 후술할 사법적 해결은 행정소송과 헌법 재판소의 공식적 절차나 과정을 통한 방식이다. 행정절차와 사법적 해결은 모두 공식적 절차에 따라 진행된다.

---

24) 조정은 제3자가 조정자로서 개입하여 대화와 협상을 촉진하는 것으로 중재와 달리 결정에 구속력이 없다. 중재도 또한 제3자가 개입하지만 최종적 구속력을 가진 결정을 갈등당사자들에게 내린다는 면에서 조정과 중재가 구분되기도 한다.

25) 분쟁조정위원회의 관련법으로는 전부개정 지방자치법 제5조, 제165조, 제166조, 지방자치법 시행령 제85조, 제94조가 있다.

(1) 행정적 절차: 분쟁조정위원회 제도의 활용

갈등은 이해당사자의 참여 및 대화와 타협을 통해 원만하게 예방하거나 해결하는 것이 이상적이나 현실에서는 공공문제의 속성, 다양한 이해관계, 협상경험 및 문화의 미숙 등으로 인해 갈등당사자 또는 제3자의 조정−중재에 의한 해결에 한계가 존재한다. 이를 조정 및 해결하기 위한 제도적 장치가 요구되었고, 행정절차의 일환으로 중앙정부의 부처와 지방정부 간 사무 처리 시 의견을 달리하는 경우 협의·조정을 위한 '행정협의조정협의회'는 국무총리실 소속으로 설치하였다.[26] 또한, 동법에는 지방자치 간 분쟁을 다루는 '분쟁조정위원회'(즉, 지방자치단체중앙분쟁조정위원회와 지방자치단체지방분쟁조정위원회)도 설치 및 운영 중이다. 지방자치단체중앙분쟁조정위원회는 행정안전부에 두고, 지방자치단체지방분쟁조정위원회는 해당 시·도에 설치한다.

중앙정부는 2007년 '공공기관의 갈등예방과 해결에 관한 규정'의 제정을 통해 공공갈등관리의 제도화를 시행해 오고 있다.[27] 이 규정[28]은 중앙행정기관의 장의 공공정책 수립−추진으로 인한 갈등 예방 및 해결의 원칙으로 갈등당사자 간의 자율해결과 신뢰확보, 이해관계인·일반시민 또는 전문가 등의 실질적 참여의 보장, 공공정책으로 인한 이익의 비교형량, 정보공개 및 공유, 지속가능한 발전의 고려를 제시하였다. 그리고 구체적인 내용으로 갈등의 예방을 위한 갈등영향분석, 갈등관리심의위원회의 설치, 참여적 의사결정방법의 활용을, 갈등의 해결을 위한 갈등조정협의회를 담고 있다.[29]

이 규정은 중앙행정기관(장)의 갈등 예방과 해결을 목적으로 하지만 지방자치단체나 그 밖의 공공기관도 규정과 동일한 취지의 갈등관리제도를 운영할 수 있도록

---

26) 지방자치법 제187조.
27) 참여정부는 「공공기관의 갈등관리에 관한 법률안」을 발의했으나, 국회에서 통과하지 못해 대통령령으로 '공공기관의 갈등예방과 해결에 관한 규정'을 2007년 2월 제정하여 5월에 시행에 들어갔다.
28) 공공기관의 갈등 예방과 해결에 관한 규정 제5조−제9조.
29) 참고로 '공공기관의 갈등예방과 해결에 관한 규정'에 따르면 중앙행정기관은 소관 사무의 갈등관리와 관련된 사항을 심의하기 위하여 갈등관리심의위원회를 설치해야 하고(제11조), 중앙행정기관장의 정책사업으로 인한 갈등을 다루는 '갈등조정협의회'를 구성하여 운영할 수 있도록 하고 있다(제16조 제1항).

하였다.[30] 각 지방자치단체는 이 규정에 근거하여 지역의 특성을 반영한 갈등 매뉴얼을 수정–보완하고 있다. 중앙행정기관의 갈등조정협의회에 관한 규정(대통령령)과 달리 지자체 차원의 갈등조정협의회는 상위 법률이 부재한 상태에서 조례 수준에서 제도화가 추진되었다. 다시 말해 즉, 중앙의 법제화의 미흡으로 갈등조정협의회의 실질적인 역할 및 효력이 수반되지 못하는 한계가 있다.

지방정부 간 발생하는 분쟁에 대한 분쟁조정기관으로는 앞서 언급한 '지방자치단체중앙분쟁조정위원회(약칭 중앙분쟁조정위원회)'와 '지방자치단체지방분쟁조정위원회(약칭 지방분쟁조정위원회)'를 두고 있다. 지방분쟁조정위원회는 해당 광역지자체에 두며, 중앙분쟁조정위원회의 심의·의결사항이 아닌 지방자치단체·지방자치단체조합 간 또는 그 장 간의 분쟁을 심의·의결한다.

지방자치단체 상호 간의 분쟁 조정을 위해 1988년에 '분쟁조정제도'가 도입되었으나 당시에는 위원회를 설치하지 않았고 내무부장관이 조정하였다(행정안전부 국가기록원, 2015b). 이후 1994년 법률개정을 통해 중앙분쟁조정위원회를 심의기관으로 도입했고, 1999년 법률개정으로 심의–의결기관으로 변경하였다(행정안전부 국가기록원, 2015b).

중앙분쟁조정위원회는 지방자치단체 간의 분쟁과 행정협의회의 협의사항의 조정에 필요한 사항을 심의·의결[31]한다. 분쟁의 발생 시 "타 법률에 특별한 규정이 없으면 분쟁당사자인 지방자치단체의 신청 또는 행정안전부장관의 신청으로 조정할 수 있다. 다만, 그 분쟁이 공익을 현저히 저해하여 조속한 조정이 필요하다고 인정되면 당사자의 신청이 없어도 직권으로 조정할 수 있다."[32] 직권조정의 경우에는 그 취지를 해당 지방자치단체에게 미리 알려야 하며, 위원회의 결정사항에 대해 해당 지방자치단체장은 결정사항을 이행해야 하는 의무를 진다. 지방자치단체장이 결정사항을 이행하지 않는 경우 이행명령과 대집행이 가능하며, 이행명령에 이의가 있는 경우 지방자치단체는 대법원에 소송을 제기할 수 있다(행정안전부, 2018a: 53). 위

---

30) 공공기관의 갈등 예방과 해결에 관한 규정 제3조 제2항.
31) 지방자치법 제166조.
32) 지방자치법 제165조 제1항.

원회는 단순의결을 통해 최종 결정[33]을 할 뿐만 아니라, 당사자 간 합의[34]를 위한 조정권고안의 제시를 통해 해결하기도 하였다(행정안전부, 2018a: 53). 지방분쟁조정위원회의 조정절차도 중앙분쟁조정위원회와 유사하다.[35] 각 위원회가 담당하는 지자체의 범위는 〈표 11-4〉와 같다.

유형	내용	관련규정
지방자치단체중앙분쟁조정위원회 (약칭 중앙분쟁조정위원회)	• 분쟁의 조정과 행정협의회의 협의사항의 조정에 필요한 사항을 심의·의결. • 행정안전부에 설치. • 분쟁의 유형 1. 시·도 간 또는 그 장 간의 분쟁 2. 시·도를 달리하는 시·군 및 자치구 간 또는 그 장 간의 분쟁 3. 시·도와 시·군 및 자치구 간 또는 그 장 간의 분쟁 4. 시·도와 지방자치단체조합 간 또는 그 장 간의 분쟁 5. 시·도를 달리하는 시·군 및 자치구와 지방자치단체조합 간 또는 그 장 간의 분쟁 6. 시·도를 달리하는 지방자치단체조합 간 또는 그 장 간의 분쟁	지방자치법 제166조 제1항과 제2항
지방자치단체지방분쟁조정위원회(약칭 지방분쟁조정위원회)	• 중앙분쟁조정위원회의 심의·의결사항이 아닌 지방자치단체·지방자치단체조합 간 또는 그 장 간의 분쟁을 심의·의결. • 시·도에 설치.	지방자치법 제166조 3항

표 11-4 분쟁조정위원회: 중앙분쟁조정위원회와 지방분쟁조정위원회

출처: 지방자치법 규정을 발췌-정리.

---

33) 행정안전백서에 따르면 2000년 4월 위원회가 설치된 이래 2020년 말까지 총 24건의 분쟁을 처리했으며 처리결과는 조정 14건, 기각 1건, 각하 4건, 취하 5건이다(행정안전부, 2020a: 359). 조정사례로 서울시가 경기도 부천시에 '가족길교 유지관리기관' 주체와 관련하여 분쟁을 제기하였고, 위원회는 "행정구역 상 위치 및 면적, 교량 공사 시행자, 사전 협의 여부 등 고려하여 가족길교 교량 의 유지관리기관을 서울시로 결정"했다(행정안전부, 2020a: 360).

34) 서울과 광명시의 개화천변 침수방지 협약위반 분쟁(2017년)과 인천시와 산하 8개 자치구간 자동차 면허세 감소분 보전 분쟁은 조정권고안을 통해 해결하였다.

35) 참고로 위원회는 2000년 4월 설치된 이래 2015년 말까지 총 9건의 분쟁을 처리했으며, 조정 5건, 기각 2건, 각하 1건(지방자치법이 정하는 분쟁조정대상에 해당하지 않는 경우로), 취하 1건이다(박진경·김상민, 2016: 58).

분쟁조정위원회제도는 오늘날 다양하게 발생하는 지방자치단체 간 갈등－분쟁의 조정 및 해결을 담당하고 있으나 실제 운영상 여러 가지 한계도 지적되고 있다(주재복·김건위, 2010: 29). 우선, 행정안전부나 광역지방자치단체 수준에서 갈등－분쟁을 담당하는 위원회의 전담 조직과 인력이 부족하다. 위원회는 또한 독립성의 부재 및 이행강제권한이 부족하여 소극적 심의－결정활동에 머물거나, 조정결정의 실효성에 대한 의문이 제기되기도 한다. 지방자치단체의 입장에서는 부정적 인식을 가지고 있다. 즉, 위원회에 조정안건이 되는 것을 징벌로 인식해 상정을 꺼리는 경향이 있고 따라서 위원회의 운영실적이 활발하지 못하다.

2) 사법적 해결: 대법원의 행정소송과 헌법재판소의 권한쟁의심판

이상과 같은 분쟁위원회의 조정결과를 거부할 경우 분쟁 당사자인 지방자치단체는 대법원에 행정소송을 제기하거나 헌법재판소에 권한쟁의심판 청구가 가능하다. 즉, 대법원에 상급 감독기관의 위법·부당한 행위에 대해 취소·정지 또는 무효확인 소송을 제기하거나 헌법재판소에 권한쟁의심판을 청구할 수 있다. 헌법의 규정에 따라 헌법재판소는 "국가기관 상호 간, 국가기관과 지방자치단체 간 및 지방자치단체 상호 간의 권한쟁의에 관한 심판"을 한다.[36] 관련하여 헌법재판소법은 지방자치단체 상호간의 권한쟁의심판을 규정하였다.[37] 하지만 행정소송이나 권한쟁의심판의 대상은 기준이 매우 엄격하며, 시간과 비용이 요구된다는 측면이 있다(홍정선·최윤영, 2014).

4. 과제

지방자치제의 실시 이후 지방자치단체 간 이해관계와 권한의 대립과 충돌은 이전 보다 증가하였다. 지방의 이해관계가 첨예하게 걸린 주요 정책 및 권한의 대립, 입지시설 결정에 있어 주민과 지방자치단체의 지역이기주의가 심화되었고, 이에 따

---

36) 헌법 제111조 제1항 4호.
37) 헌법재판소법 제62조 제1항 3호.

라 중앙과 지방뿐만 아니라 인접한 지방자치단체 간에도 갈등과 분쟁이 빈번하게 발생하고 있다. 갈등과 분쟁의 근저에는 비용—편익의 차이로 인한 불공평, 조정—중재의 역할 미비, 이슈의 정치적 활용, 하향식 의사결정과 투명성의 부족 등이 복합적으로 작용하고 있다.

개선방안으로는 정책이나 사업의 초기단계부터 관련 지방자치단체의 적극적인 참여와 소통—협의를 통해 갈등 예방 노력, 관련 정보의 공유 및 투명성 확보, 비용—역할 분담 및 보상체계의 명확화, 사실관계 확인의 조사시스템 확보, 갈등관리 실무자들의 갈등조정역량과 전문성 제고 및 외부 자문 제도 강화가 필요하다(박진경·김상민, 2016).

PART 04

주민참여, 공동체 및 지역문화

CHAPTER 12   주민참여: 이론

CHAPTER 13   주민참여: 실제

CHAPTER 14   지역공동체

CHAPTER 15   지역문화

주민참여: 이론

　국가의 주권이 국민에게 있고, 국민이 그러한 주권을 행사하는 주권재민의 민주주의 시스템에서 주민참여는 필수적 요소이다. 참여를 통해 주민은 국가의 주인임을 자각하는 계기가 되며, 자신의 의사와 이해를 적극적으로 표현하는 기회를 갖는다. 즉, 주민참여는 민주시민으로서의 의식이나 전통을 배양하고 확산하는 훈련의 장으로서 역할을 하며 국가의 존립과 발전에 있어 주민의 책임을 인식하고, 습득하는 장이기도 하다. 또한, 오늘날 공공가치 실현에 있어 주민참여는 공공문제의 복잡성, 난제성(wicked problems), 상호의존성 등으로 발생하는 정부 단독의 전통적인 문제해결의 한계를 극복하는 데 중요한 역할을 하고 있다. 정부 이외의 사회의 다양한 주체들이 가진 역량의 연계와 협력을 통해 정부의 문제해결 역량을 증대시킬 수 있다.

　행정 및 정책의 관점에서 주민참여는 정부관료제에 대한 패러다임적 전환을 의미한다. 기존 관료제의 폐쇄적 문화에 주민들이라는 정책수요자 또는 정책수혜자의 참여는 정부의 결정 및 집행방식의 전환을 요한다. 단적으로 주민참여는 정치인 또는 관료의 의사결정 권한의 공유 또는 축소를 초래하기도 한다. 기존 정부와 관료의 고유권한으로 관행화되었던 영역에 주민참여를 촉진하는 제도의 도입은 조직 내 저항에 직면하고 운용과정에서 형식적으로 흐를 수 있다. 제도의 변화만으로는 관료제의 관행을 바꾸기 힘든 측면이 있다. 일차적으로 주민참여를 촉진하는 제도의 설계가 중요하지만 단체장－의회와 지방공무원들의 의식변화 및 현실 속 운영에서 제도의 취지를 살리는 노력이 동시에 수반되어야 한다.

이상의 배경 하에 이 장에서는 주민참여의 의의, 유형, 영향요인, 제약 및 활성화 방안을 차례대로 다룬다.

제1절 주민참여의 의의

1. 주민참여의 개념

주민참여의 개념에 대한 기존의 연구는 다양하게 진행되었다. 주민참여는 참여의 주체와 범위, 대상이나 단계, 행사하는 권한의 범위, 참여방식 등에 따라 다양하게 개념화된다. 참여주체 측면에서는 개인으로서의 주민과 단체-법인의 포함 여부가 논의되었다. 대상이나 단계 측면에서는 선출직 지방공무원과 지방정부, 그리고 지역사회 일반을 포함한다. 그리고 권한과 참여방식의 측면에서는 일반적인 논의와 정책영역에 한정한 구체적인 논의로 구분할 수 있다. 일반적인 참여는 정치적 행위뿐만 아니라 정책적 영향력까지 포괄한다. 반면, 구체적인 참여에 관한 논의는 특정 선거행위나 정책 및 사업영역, 즉, 마을이나 동네 단위의 구체적인 현안이나 사업과 관련하여 참여하는 속성을 가진다. 이러한 과정에서 제도적-비제도적 참여 및 실질적-형식적 참여 등의 문제가 주요한 이슈로 다뤄진다.

세부적으로 우선 주민은 지역 내 거주하는 개인으로서의 주민과 집합체(집단)로서의 시민사회 및 지방소재 법인도 참여주체의 측면에서 포함한다. 개인으로서의 주민은 시민이라는 개념과도 동일하게 사용되며 개별적 존재로서 의미를 가진다. 또한, 주민참여에서 주민은 개별적 존재로서의 개인뿐만 아니라 지역 내 시민단체나 비영리단체 및 지방소재 법인을 포함한다. 이들은 지역 내 정치적-사회적 현안 및 이해관계와 관련하여 활발하게 의견을 개진하고 활동한다는 측면에서 주요한 주체로서 포함되어야 한다(박희봉, 2006; 류영아, 2013).

둘째, 참여는 지방정부와 같이 공식적 기관뿐만 아니라 지역사회의 전반적인 공적인 범위를 다룬다. 지방정부와 관련해서는 지방자치단체장과 지방공무원, 지방 의회, 그리고 지방정부와 관련된 공공기관(지방공기업, 기타 소속기관 등) 등까지 포함된다. 가령, Verba & Nie(1972)는 주민참여를 지방정부 및 의사결정자와 관련하여 논의 했으며, Cunningham(1972)은 지역사회 내 문제와 관련한 주민의 행위나 활동의 측면에서 논의하였다.

셋째, 의사결정이나 활동은 앞선 주체들의 전반적인 행위와 관련되며 추가적으로 선거직 공무원의 선출과 각종 투표행위까지 포괄한다. 주민참여는 단순히 집행 과정에만 한정되는 것이 아닌 지역사회의 의사결정 또는 정부 내 정책결정에도 주민들의 의사가 반영됨을 의미한다(Barber, 1984). 또한, 지방정부 내 주요한 의사결정자라고 할 수 있는 지방자치단체장과 지방의원을 선출하는 지방선거와 지방의 현안과 관련한 주민들의 투표행위를 포함한다(Harrigan, 1989). 오늘날 활발하게 진행 중인 지역사회 내 활동(예를 들어 마을만들기, 도시재생)에도 주민의 적극적인 참여는 사업의 성패를 좌우하는 주요한 관건이 된다(최문형·정문기, 2015).

마지막으로 참여는 주민이 개입하여 관계하는 행위로서 자발적·비자발적, 공식적·비공식적, 실질적·형식적 개입 등 다양한 행위의 형태를 띤다. 주민참여는 주민들이 자발적으로, 공식적·비공식적인 형식에 구애됨이 없이, 실질적인 영향력을 행사하는 것을 지향한다. 공공영역(공공의사결정)의 참여는 주민이 영향력을 미치거나 행사하고(Barber, 1984; Perry & Katula, 2001) 또는 권력을 행사(Cunningham, 1972)하는 것이 목표이다. 다시 말해 참여를 통해 주민의 의사가 정부의 의사결정이나 집행, 그리고 지역의 문제해결 과정에 실질적으로 반영되고 실행되는 것이 주민참여가 존립하는 본질적 가치이다.

이상의 논의를 기반으로 이 장에서 주민참여는 "주민 또는 집합체(조직)가 지방 정부나 지역사회와 관련한 공적 의사결정이나 활동에 관여하는 행위"로 개념화한다. 이러한 관여를 통해 영향력을 행사하는 의미를 가진다.

한편 주민참여와 대칭되는 개념으로 상대적으로 주목을 적게 받는 주민비참여도 비교하여 논의할만하다. 비참여와 관련하여 선행연구는 비참여를 참여의 다양한 측면 중의 하나로 보거나, 단순히 참여의 반대개념으로 보는 경향을 보인다. Arnstein(1969)은 참여의 8단계 중 가장 하위단계의 계도단계(manipulation), 교정단계 (therapy)를 비참여로 보았다.[1] 계도 및 교정단계는 정부에 의해 주민들의 관심이나 의견이 정부의 의도에 맞게 조작-치유되는 것으로 이때 주민의 참여는 정부에 의 해 본질적으로 제약받는다. 이승종·김혜정(2018)은 비참여자에서부터 잠재적-실제 적 참여자로 이어지는 참여의 연속적인 스펙트럼 상에서 무관심과 같은 의식적 차 원에서 비참여를 논의하고 있다. 이러한 논의에 대해 비참여에 대한 독립적인 연구 를 시도한 Mac Ginty(2012)와 Casemajor et al.(2015) 등은 기존 연구들이 비참여를 개인의 무관심, 저항, 수동성 등 개인적 차원의 수동적 측면으로 한정하여 규정짓는 것을 비판하였다. 그들은 다양한 환경(정치-경제-사회-문화적) 또는 상황적 요인에 의 해 발생하는 비자발적 측면뿐만 아니라 자발적-의식적인 행위도 고려해야 한다고 지적하였다(김지영·정문기, 2021). 이를 통해 비참여가 단순히 참여의 반대개념에 한정 되는 것이 아닌 비참여만의 독특한 속성이 있으며, 이러한 차원을 반영한 개념화 및 분석의 필요성을 제기하였다. 이처럼 비참여에 초점을 둔 연구는 그 중요성에도 매우 부족한 실정이다. 국내외적으로 비참여의 정도가 매우 높은 현실을 감안할 때 비참여의 다양한 형태 및 요인에 대한 체계적인 연구가 필요한 시점이다. 정리하면 주민참여의 개념에는 참여가 주체의 자발성으로 비롯되는 경우가 더 빈번하지만, 비참여의 행태는 자발적인 선택뿐만 아니라 외부에서 비롯되는 상황적 요인으로 인 한 비자발적인 선택으로도 발생할 수 있다(Mac Ginty, 2012). 이러한 배경 하에 주민비 참여를 "주민이 지방정부의 활동에 영향력을 미치는 활동에 참여하지 않거나(do not participate) 참여하지 못하게 되는(can not participate) 행위"로 접근할 수 있다. 주민참여 의 활성화 정도가 낮은 상태에서 주민비참여의 연구가 활발해야 한다는 문제의식을 제기하고자 한다.

---

[1] 자세한 논의는 참여의 유형 파트에서 세부적으로 논의함.

2. 주민참여의 필요성

오늘날 정당중심의 대의민주주의가 초래하는 시민주권과 대표성의 문제는 주민참여에 대한 중요성과 필요성을 더욱 증대시켰다. 민주주의의 본질에 대한 논의와 더불어 사회와 국가가 직면하는 난제들에 대한 해결의 측면에서도 주민참여는 주요한 이슈로 등장하고 있다. 주민참여의 실효성에 대한 많은 논란에도 주민참여가 필요한 이유를 세부적으로 논의하면 다음과 같다.

첫째, 주민참여는 대의민주주의의 보완으로 작동한다. 대의민주주의의 확대는 주민의 대표자와 주민들의 이해불일치가 점점 심화되는 경향으로 나타났다. 대의민주주의의 한계는 단순히 주민의 손에 의해 선출된 정치인들의 대리인 문제에 한정되지 않는다. 주민의 의사와 욕구가 주민들의 대표인 정치인들에 의해 대변되지 않을뿐만 아니라 공공조직(기관)을 구성하는 공무원의 공공의사결정과 서비스 제공에서도 주민에 대한 민주성과 책임성을 확보하는 문제까지 확대된다. 주권재민의 원리 하에 인민주권의 가치를 구현하는 방안으로 주민참여는 대의민주주의의 보완으로 정치인뿐만 아니라 관료들의 행태 및 가치에도 보완적 역할을 할 수 있다.

둘째, 사회나 국가가 직면한 공공문제의 해결에서 전통적인 정부 역할의 한계가 드러나고 주민 및 시민사회의 보완적 역할이 점차 중요해지고 있다. 즉, 정부실패 등 정부역할의 한계를 극복하는 대안으로 주민참여나 협력에 대한 논의가 확대되고 있다. 특히 정부-시민(사회)-시장의 협력을 통한 거버넌스적 문제해결의 중요성이 널리 강조되는 상황에서 주민의 적극적인 참여와 협력에 대한 관심이 증대되고 있다. 지방정부는 지방의 정책문제 해결에 실질적인 아이디어, 정보나 협력을 주민참여를 통해 확보할 수 있다.

셋째, 지방정부의 정책이나 사업은 주민의 삶과 직접적으로 연계되는 경우가 많으며 주민참여는 정책이나 사업의 정당성과 효과성을 확보하는 근간이 된다. 주민들이 초기부터 관여하여 의사가 반영된 정책과 사업에 대해서는 주민의 지지가 높고 정책의 효능감도 증가하는 것으로 나타나고 있다. Blaug et al.(2006; 곽현근, 2011:

14에서 재인용)은 주민이 직접 만들고 동화된 행정서비스는 '공적가치의 중요한 원천'이 된다고 주장하였다.

　　넷째, 지방자치제도의 정착화 및 활성화 측면에서도 주민참여는 필수적이다. 지방이나 지역사회의 자율과 책임을 강조하는 지방자치제도는 특히, 전통적인 중앙 중심의 인식이 변하지 않고는 정착되기 힘들다. 주민의 인식변화는 주민이 일상에서 느끼고 체감하는 생활자치나 생활정치를 통해서 확산되고 강화된다. 이러한 측면에서 일상생활 속 주민참여의 확대는 주민자치의 가치와 인식을 심화시키고 궁극적으로 중앙 중심의 행정을 탈피하여 지방자치를 확산하는 기회가 된다. 이를 통해 주민들은 지역 현안에 대한 경험과 지식이 증가하고 이해도도 높아져 전반적인 주민역량의 강화로 이어진다.

　　다섯째, 중앙정부에 의한 지방통제의 한계를 주민참여를 통해 보완할 수 있다. 주민참여는 주민들의 견제와 감시의 기회를 보장하고, 지방 차원의 고질적 비리와 문제를 근거리에서 통제하는 통로로서 역할을 한다. 특히, 지역언론이 지방자치단체장이나 지방의원과 연관된 토착비리나 각종 불공정에 대해 제대로 감시와 공론화를 하기 힘든 상황에서 주민이나 시민사회의 역할은 더욱 중요해진다. 다시 말해, 주민참여는 지방정부의 통제를 통해, 중앙정부통제의 한계를 보완할 수 있고, 궁극적으로는 자율과 책임에 의한 지방자치의 정신을 구현하는 주요한 통로가 된다.

만나면 신문 얘기, 이런 게 지역신문 하는 재미죠
[인터뷰 - 지역 언론의 길을 묻다] 무주신문 ○○○ 대표·○○○ 편집국장

■ 무주인구 규모는 어떻게 되나?
○ 국장: "현재 2만4천 명이 조금 넘는다. 많을 때는 7만 명이 넘었다고 한다. 인구는 계속 줄어들고 있고 노인 인구가 32%를 차지하고 있는 초고령사회다. 앞으로 10년 뒤면 마을 자체가 존폐기로에 놓이는 곳이 많을 거다. 보통 면 단위 인구가 3천 명 이하로 줄어들면 그 지역 생활기반시설도 하나둘 사라진다. 약국, 병원, 세탁소, 중국집 등이 없어지고 노인들은 하루 서너 차례 다니는 버스를 타고 읍내에 나와야 병원을 갈 수 있는 상황이다."

■ 무주신문은 협동조합으로 운영되고 있다. 장단점이 있을 거 같다.
○ 대표: "(중략) 협동조합의 좋은 점은 많은 사람들이 도움을 준다는 거다. 1인 지배구조

였다면 사람들의 관심이 적고 칼럼 하나 구하기도 힘들 텐데 무주신문은 조합원들이 칼럼도 쓰고 교사 조합원은 학생들이 신문에서 봉사활동 할 수 있도록 도움을 준다. 매주 토요일이면 학생들이 와서 띠지 작업도 한다. 학생기자단도 자생적으로 운영되고 있는데 학생들이 직접 취재도 하고 기사도 보내주고 있다. 고마운 일이다."

■ 무주군에서 태권브이 관련 사업을 한다고 해서 화제가 되기도 했다.

○ 국장: "창문 너머로 보이는 산이 향로산이다. 저 향로산 정상에 높이 30m되는 로봇 태권브이를 세울 계획이었다. <연합뉴스>에서 보도하면서 지역사회에 알려지게 됐고 무주 신문에서도 보도를 이어가면서 여러 가지 논란이 일었다. 향로산은 대규모 토목공사를 할 수 없고 사업을 추진하려면 토지 용도변경을 하고 도에서 허가를 받아야 하는데 허가도 나지 않은 상황에서 태권브이 저작권료로 16억 5천만 원을 한 번에 지급해 버렸다. 산 정상에 거대한 조형물을 세울 수 있을지 없을지도 모르고 검토해야 할 사항이 많은데 덜컥 사업비 20억 원을 집행해 버린 셈이다. 결국 무주군에서 사업을 원점에서 검토하겠다고 밝히고 자문위도 구성하고 의견을 모았는데 저작권료 지급한 것도 있고 공모사업으로 추진해서 사업비를 반납해야 하는 문제도 있어서 부지를 옮기고 규모를 좀 줄여서 남대천 건너편 군민체육관 옆 공터에 조형물을 세우는 것으로 최종 결론이 났다."

■ 사업 추진 여부도 불투명한데 저작권료 16억 원을 덜컥 지급했다니 놀랍다.

○ 대표: "최근 충북 영동에서 4억 원을 들여 느티나무 한 그루를 구입한 것을 두고 특혜 시비가 일고 있다. 영동에서도 지역신문에 관심이 있어서 1년 전에 제가 가서 컨설팅도 해줬는데 지금 영동시민들이 그때 지역신문을 만들지 못한 걸 아쉬워하고 있다. 비단 영동만의 문제가 아니다. 감시기능이 없으면 마음대로 한다."

"인구 적을수록 감시기능 약해... 지역신문-지방자치 함께해야"

■ 무주신문 보도로 지역에 변화가 있다면?

○ 대표: "무주군에서 집중호우가 내렸을 때 빗물을 저장할 수 있는 지하 저류시설을 만들고 그 위에는 주차장을 만드는 계획을 추진했는데 저희가 취재하면서 여러 가지 정보공개청구로 자료도 받아보고 분석을 해봤더니 저류장을 만들 필요가 없더라. 여러 차례에 걸쳐서 문제점을 보도했고 결국 그 사업은 취소됐다. 300억 원의 예산이 드는 사업이었다. 무주군청 옆에 주차타워가 있는데 민원인보다 대부분 공무원들이 이용하고 있어서 이런 문제는 시정해야 되는 거 아닌가 보도를 한 일이 있는데 그 이후로 공무원들은 다른 곳에 주차를 하고 민원인들이 좀 더 수월하게 주차를 할 수 있게 됐다."

■ 지역신문 왜 필요하다고 보나?

○ 대표: "인구가 적은 지역일수록 권력을 견제하고 감시하는 기능은 약해진다. 서울은 그나마 중앙지라도 있으니 그나마 작동할 수 있는데 지방으로 내려올수록 그런 견제 세력들이 거의 없다. 의회도 있지만 자기역할을 하기에 한계가 있고 결국 그 역할을 할 수 있는 유일한 창구가 지역신문이라고 본다. 지역신문마저 그 일을 하지 않으면 결국 썩어 들어갈 수밖에 없는 구조. 무주신문에는 군청이 하는 일을 알리는 콘텐츠가 더 많은데 군청 비판 기사 하나에 온 신경을 다 쓴다. 군청입장에서는 매번 감시하고 비판한다고 느끼는 거고 우리는 해야 할 일을 했다는 입장차이가 있는 것 같다."

○ 국장: "(중략) 지방자치는 지역 언론과 함께 발전하지 않으면 부패할 수밖에 없고 폐쇄적인 구조에 빠질 수밖에 없다. 이 지역이 소멸되지 않고 꾸준히 건강하게 발전하려면 지역신문의 역할은 비판과 감시에 그치지 않고 좀 더 확장돼야 한다고 본다. 그 확장된 개념을 무엇으로 볼 것인지는 고민이 필요하다."

* 주: 이름은 저자가 ○○○ 처리함.

자료: 박은미. (2021.8.10.). 일부 발췌 및 편집.

여섯째, 주민참여는 지방정부에 대한 신뢰와 지지를 증대시킨다(Gramberger, 2001: 18).[2] 실질적인 주민참여가 보장되는 경우 정부의 정책과정이나 도시계획 등은 주민들의 의견이나 우려 등을 반영하게 되고 결과로서 주민들의 수용성은 높아지게 된다. 이러한 과정을 통해 참여는 주민들의 정책이나 예산에 대한 이해도를 높이고 지방정부에 대한 지지나 신뢰의 증대로 이어질 수 있다. 다시 말해, 참여를 통해 주민들의 영향력이 행사되고, 정책과정이 공개적이고 투명하게 공유된다면 지방정부가 직면하고 있는 정책 및 예산상의 어려움에 대한 이해가 증대되고 지방정부의 정책이나 사업의 정당성을 더욱 강화하며 신뢰와 지지의 증대로 이어질 수 있다.

---

[2] 주민참여와 정부신뢰에 대한 연구는 정부신뢰가 주민참여에 영향을 미치거나, 주민참여가 정부신뢰에 영향을 미치는 등 관계의 설정이 다양하게 제시되었다. 또한, 주민참여가 정부신뢰에 긍정적인 영향을 미친다는 주장(현승숙·이승종, 2007)과 오히려 부정적인 영향을 미치거나 정책영역에 따라 달라진다는 주장(왕재선, 2019) 등으로 나뉘기도 한다.

제2절	**주민참여의 유형**

주민참여의 유형은 주민참여의 영향력 여부나 정도, 법적－제도적 명문화의 여부, 참여주민의 자발성 여부, 그리고 개인적－집단적 참여의 여부에 따라 다양하다. 이러한 분류는 주민참여를 개별요소 차원에서 분류한 것으로 실제 주민참여는 개별 유형들이 복합적으로 혼재되어 나타난다. 예를 들어 정부는 다양한 주민참여를 제도화하고 있지만, 즉 제도적 참여를 보장하지만 실질적으로는 형식적 수준에서 머물고, 주민 또한 비자발적으로 참여하는 경우가 많다. 이러한 한계에도 불구하고 주민참여의 다양한 형태를 단순화 시켜서 접근하는 것이 주민참여의 복잡성 또는 다속성을 이해하는데 도움이 된다.

1. 실질적 참여와 형식적 참여

주민참여의 본질은 주민의 참여를 통해 주민의 의견과 이해가 지역문제해결 및 공공목적의 구현과정에 실질적인 영향력을 미치는 데 있다. 하지만 주민의 참여는 지방정부의 의사결정과 집행에서 제도적 미비와 운영과정 상의 왜곡 등을 통해 많은 제약에 직면한다. 단순하게 정리하면 지방정부의 고유권한에 대한 선거직 공무원과 일반직 공무원의 입장은 주민참여를 일종의 권한침해 등으로 인식하는 여지가 존재한다. 주민참여가 궁극적으로 지방정부의 결정 및 집행에 영향력을 미치고자 하는 목적을 가진다고 보았을 때 지방정부와 공무원들의 주민참여에 대한 인식은 그다지 긍정적이지 않을 수 있는 것이다. 이러한 배경 하에 주민참여는 영향력의 정도에 따라 실질적 참여와 형식적 참여로 구분할 수 있다.

실질적 참여는 주민참여를 통해 지역사회 및 지방정부의 의사결정 및 집행에 실질적인 영향력을 미치는 것이다. 주민이 실질적인 영향을 미치기 위해서는 의사결정 및 집행과정에 참여하는 주민 구성원이 일정 비율 확보되어야 하고 심의권과 의결권도 보장되어야 한다. 하지만 현실은 구성원 중 주민참여 비율도 낮을 뿐만 아니라 최종적인 의결권도 보장되지 않는 경우가 많다. 이 경우 주민참여는 형식적 참여에 그칠 가능성이 높다. 주민 측 대표라는 명목으로 소수 또는 특정계층의 주민이 의사결정과 집행과정에 참여하는 것을 허락하고, 의결권이 허용된다고 하더라도 실질적인 영향력을 미치기에는 미미할 정도이다. 때로는 의결권이 허용되지 않는 경우가 허다하다. 형식적 참여는 법과 제도에 명시된 참여 규정의 준수라는 절차적 정당성을 확보하는 수단으로 이용되는 경우가 많다. 오늘날 지방 단위의 사업에서는 주민들의 의견수렴과 참여가 명시적으로 요구되는 경우가 많은데 지방정부는 형식적 참여의 이행을 통해 법규정의 충족을 가시화하고 뒷받침하고자 한다.

이러한 지방정부와 공무원의 태도는 점차 개선되고 있지만, 여전히 주민참여를 바라보는 그들의 인식은 제한적이다. 즉, 지방정부와 공무원의 고유권한의 침해라는 인식과 주민참여가 비효율적이고 실질적인 효과가 미미하다는 지방정부와 공무원의 입장을 고려해 볼 수 있다.

주민참여의 실질적－형식적 참여형태와 관련하여 다양한 학자들이 참여의 유형을 발전시켜 오고 있다. 기존의 연구 중 가장 널리 인용되는 유형은 1969년 미국의 연방정부가 추진한 사회프로그램의 실행에 기반하여 Arnstein(1969)이 'A Ladder of Citizen Participation(시민참여의 사다리)'라는 논문에 소개한 참여의 사다리에 따른 참여유형이다. 여기에서는 주민의 영향력에 따른 참여의 유형으로 가장 널리 소개되는 Arnstein의 유형과 OECD에서 현장 공무원을 대상으로 소개한 모형을 중심으로 논의한다.

1) 아른스타인(Arnstein)의 모형

아른스타인은 정부의 도시계획이나 프로그램 등에 미치는 주민들의 실질적인 영향력 또는 권력의 정도에 기반하여 참여를 8단계의 '참여의 사다리'로 분류하였다.[3] 즉, 아른스타인에 따르면 시민참여는 시민이 행사할 수 있는 권력, 즉 시민권력(citizen power) 또는 영향력(influence)의 수준에 따라 유형화되는 개념으로 8단계는 크

---

3) 이하의 논의는 Arnstein(1969)의 논문 'A Ladder of Citizen Participation'에서 발췌－정리하였다.

게 비참여, 형식적 참여, 실질적 참여로 대별될 수 있다.

그림 12-1 아른스타인의 참여의 사다리

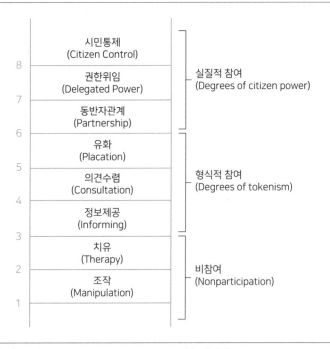

출처: Arnstein(1969: 217). A ladder of citizen participation. 인용 및 수정.

그녀는 미국의 맥락에서 흑인 등 소수인종이나 저소득층이 도시계획, 빈곤퇴치, 시범도시 등의 프로그램에서 나타나는 다양한 참여의 형태 및 영향력을 관찰하였다. 이를 기반으로 참여를 통한 영향력의 정도를 8단계로 구분하여 이론화시켰다. 세부적으로, 아른스타인은 8단계의 사다리 중 최하위에 조작과 치유를 비참여로 개념화하였다. 다음 단계는 정보제공, 의견수렴, 유화를 포함하며 형식적 참여로 분류하였다. 형식적 참여보다 높은 단계로는 동반자단계, 권한위임단계, 시민통제단계로 분류하여 실질적 참여로 개념화하였다.[4] 이와 같이 사다리의 상층부로 이동할수록

---

4) 비참여: manipulation(계도단계), therapy(교정단계)
　　형식적 참여: informing(정보제공단계), consultation(의견수렴단계), placation(유화단계)

참여를 통한 정부의 의사결정 등에 대한 시민의 영향력이 높아진다. 하지만, 그녀는 현실적으로는 미국 연방정부에서 시행된 주민참여를 강조한 사회프로그램의 대부분이 '공허한 의식(empty ritual of participation)'으로 끝났다고 언급하면서 주민참여가 정책과정이나 결과물에 영향을 미치지 못했다고 비판하였다. 8단계의 참여의 사다리를 구체적으로 살펴보면 다음과 같다.

첫째, 비참여 단계에는 조작과 치유의 유형이 포함된다. 우선 조작단계는 참여의 사다리 중 최하위에 위치한다. 주민 또는 주민조직이 지방정부의 위원회 등에 참여하지만 계획이나 정책의 방향이나 결정은 이미 잠정적으로 내려진 상황에서 참여위원들을 교육하고 설득하여 수용하도록 이끄는 경우를 의미한다. 다음으로 치유단계는 주민들을 교정, 치유의 대상으로 보고 일방적으로 주민들의 의견과 참여를 관리하는 것을 의미한다. 이와 같이 조작과 치유의 유형은 주민참여라고 볼 수 없으며 지방정부가 의도한 목적과 방향으로 주민(조직)을 이끌고 가기 위한 방편으로 참여를 접근한다고 볼 수 있다.

둘째, 정부는 주민들에게 정보제공, 의견수렴, 유화를 통해 정보를 제공하고, 의견을 묻고 듣거나 일부 주민(조직)을 참여시키지만 최종적인 의사결정은 정부가 내린다. 즉, 주민들의 의견을 수렴하는 외형적 과정을 거치지만 실질적인 영향력은 담보하지 않는 형식적 참여의 형태이다. 우선, 정보제공단계는 정부가 도시계획이나 정책과정에 관해 포스터나 팜플렛, 고지 등을 통해 주민들에게 정보를 제공하지만 이러한 정보제공은 일방적인 제공수준에 머문다. 가령, 계획수립의 마지막 단계에 정보를 제공하는 것은 주민이 의견을 개진하거나 계획을 변경하는데 영향력이 떨어질 수 있다. 다음으로 의견수렴단계는 청문회나 설문조사 등을 통해 주민들의 피드백과 아이디어를 수렴하는 과정을 거치지만 최종 결정에는 영향력을 미치지 못하는 경우를 일컫는다. 유화단계는 소수의 취약계층이나 소수인종의 대표자를 위원회 등에 참여시킨다. 표면적으로는 관련 이해 주민들의 참여를 통해 절차적 과정을 밟았다고 하나 정보의 비대칭성과 분야별 전문성의 미흡으로 인해 실질적인 영향력을

실질적 참여: partnership(동반자단계), delegated power(권한위임단계), citizen control(시민통제단계)

미치기 힘들 수 있다. 또한, 그들의 참여가 심의수준에만 그친다면 최종 결정권에
영향력 행사여부는 불투명하고 한정적이다.

 셋째, 실질적 참여는 동반자단계, 권한위임단계, 시민통제단계로 구분된다. 주
민들이 정책결정권한을 공유하여 최종 정책의 내용과 방향을 결정한다. 우선 동반
자단계는 주민 또는 주민조직(협의회)과 지방정부가 협상을 통해 도시계획이나 지방
의 주요한 의사결정에 있어 협상을 통해 동반자로서 권한을 공유하는 단계이다
(Arnstein, 1969: 30-31). 도시계획위원회나, 공동정책위원회 등과 같은 조직을 통해 권
한과 책임을 공유하는 형태이다. 아른스타인은 주민조직이 이러한 동반자적 지위에
서 협상력과 영향력을 갖기 위해서는 주민조직의 재원, 역량, 전문성 등이 중요하다
고 지적한다. 동반자단계의 구체적인 예시로 미국의 HUD[5]가 추진한 '모범도시
(Model City) 프로그램'에서 필라델피아의 주민조직은 시가 보조금 신청을 위해 준비
중이던 공모신청서의 수정 및 주민들의 요구사항을 반영토록 하였다. 또한, 계획위
원회에도 주민들의 대표가 참여하도록 하여 의사결정과정에서 주민들의 입장과 영
향력이 반영되도록 하였다. 다음으로, 권한위임단계는 주민조직과 지방정부 간의 협
상을 통해 주민조직이 특정 계획이나 프로그램과 관련하여 지배적으로 결정권한을
행사하는 단계이다. 아른스타인은 앞서 언급한 '모범도시 프로그램'에서 뉴헤븐시의
일부 지역(Hill neighborhood)은 주민들이 법인(The Hill Neighborhood Corporation)을 설립하
여 도시계획을 수립하는데 다수석을 차지하여 주민들의 목소리와 입장을 대표했다
고 설명하고 있다. 끝으로, 시민통제단계는 주민들이 정책, 프로그램, 관리에서 통제
권한을 가지는 단계이다. 하지만 실제 지방의회 등 제도적으로 선출되어 권한을 행
사하는 기관이 존재하는 상황에서 시민통제는 정치적 수사(rhetoric)에 가깝고 현실적
으로 존재하기 힘들다. 하지만 아른스타인은 이 단계와 관련하여 주민들이 그들의
삶에 직접적으로 영향을 미치는 교육, 도시계획 등의 정책이나 행정서비스에서 외

5) 미국의 주택도시개발부(Department of Housing and Urban Development)로서 주택 및 도시발전을
 담당하는 부서이다. 모범도시만들기(Model Cities Programs)는 1960년대 미국의 존슨정부가 추진한
 '위대한 사회와 빈곤과의 전쟁(Great Society and War on Poverty)'의 프로그램 중 하나였다. 이 프로
 그램은 당시 만연하던 도시 내 폭력, 기존 도시재생프로그램의 문제점, 기존 관료시스템의 한계 등에
 대처하기 위해서 종합적인 도시계획, 도시재생, 사회서비스제공, 시민참여 등에 강조점을 두었다.

부가 아닌 그들이 어느 정도 영향력을 행사하는 것을 요구하는 점을 주목할 필요가 있다고 지적하고 있다.

이상과 같이 아른스타인은 지역사회의 도시계획이나 정책결정에 있어 주민들이 어느 정도 영향력을 행사하느냐에 따라 참여의 사다리로 분류하고 있다. 아른스타인은 특히, 정치-경제적 의사결정과정에서 배제된 소외계층(have-nots)이 의도적으로 포함될 수 있도록 하는 권력의 배분이 주민참여의 핵심이라고 보았다. 관련하여, 아른스타인은 권력의 배분이 없는 참여는 '공허한 의식'일 뿐이라고 지적하였다.

아른스타인의 주민참여 유형은 이후 주민참여의 연구에 대표적으로 활용되고 있지만, 여러 가지 한계도 후속 연구에서 제시되고 있다. 우선 참여를 8단계로 유형화하고 시민의 통제를 최상위 단계로 계층화하고 각 단계를 직선적인 단계화로 구분한 것에 대한 비판이 제기된다(Collins & Ison, 2006). 정책문제에 따라 주민참여의 수준과 유형이 달라지고 과정도 달라지며 때로는 여러 단계가 복합적으로 일어날 수 있기 때문이다. 또한, 아른스타인이 활용한 시민권력에 따라 참여의 정도나 수준이 결정되는 것이 아닌 참여자의 이해관계나 역할에 따라 참여의 유형이 달라질 수 있음을 반영하지 못한다는 비판이 제기된다(Collins & Ison, 2006).

2) OECD의 주민참여 유형

OECD는 2000년대 초반 정부-시민관계의 중요성을 인식하고 이를 반영하여 정부가 주민들과의 관계를 더욱 활성화하기 위한 보고서를 발간하였다(Gramberger, 2001). 이 보고서에는 정부와 주민 간의 관계를 강화하기 위하여 고려할 주민참여의 형태나 방식 등을 포괄적으로 담고 있다. 아래에서는 주민참여의 형태에 초점을 두어 논의하기로 한다.[6]

OECD 보고서는 정책결정과정 상에서 주민참여의 유형을 단순화하여 정보제공(Information), 의견수렴(Consultation), 적극적 참여(Active participation)의 3가지로 분류하

---

6) 이하의 논의는 OECD에서 발간한 'Citizens as Partners'의 일부 내용을 발췌-정리하였다(Gramberger, 2001: 15-16).

고 있다. 먼저, 정보의 제공은 정부가 추진하는 정책이나 사업에 대해 정보를 생산하여 주민들에게 배포하거나 주민들이 요구할 경우 접근을 허용하여 이뤄진다. 정부에 의한 정보의 제공은 기본적으로 정부와 주민 간 일방향적 관계의 전제 하에 이뤄진다. 따라서 정보제공의 형태 하에서 주민참여는 수동적 정보의 수용에 머물고 정부의 정책이나 의사결정에 전혀 영향력을 미치지 못하는 형태이다. 정보의 제공은 오늘날 널리 활용되는 정부웹사이트, 공공기록물, 관보 등에 대한 접근을 들수 있다. 다음으로 의견수렴은 정보제공의 차원을 넘어 정책이나 사업에 대해 정부가 시민의 의견 또는 피드백을 요청하거나 받는 형태이다. 이러한 의견수렴 또는 협의를 위해서 정부는 협의의 대상자(시민), 협의대상 정책이나 현안 등에 대해 정의를 내린다. 의견수렴의 형태는 정보제공의 일방향 관계를 극복하고 제한적인 양방향 관계를 지향한다고 볼 수 있다. 예로서, 법안의 초안(draft legislation)에 대한 의견수렴이나 여론조사 등을 들 수 있다. 마지막으로 적극적 참여는 주민들이 정책이나 의사결정에 적극적으로 관여하는 형태이다. 주민들이 정책과정에서 정책대안을 제시하는 등 적극적인 역할을 한다. 이 유형은 주민과 정부가 상호 양방향으로 소통하는 관계로 동반자 관계의 원칙에 입각한다. 예로서는 개방된 워킹그룹, 일반인으로 구성된 패널 등을 들 수 있다.

2. 제도적 참여와 비제도적 참여

주민참여는 법과 제도에 의한 명문화된 규정 여부에 따라 제도적 참여와 비제도적 참여로 구분할 수 있다. 대표적으로 지방자치법과 주민투표법 등은 주민참여의 요건과 대상 등을 명시적으로 규정하였다. 예를 들어 직접민주주의 성격을 지닌 주민소환, 주민발의, 주민투표를 현행 지방자치법은 허용하고 있다.[7] 반면 비제도적 참여는 주민들의 민원이나 이해관계를 각종 시위나 시민불복종 운동과 같이 법적－제도적 범위를 넘어서는 집합적 행위를 통해 표출하는 형식이다.

---

[7] 자세한 논의는 다음 장에서 다룸.

제4편 제12장

주민참여를 법과 제도에 명문화함으로써 지방정부는 주요한 정책이나 사업을 시행하는 과정에서 주민참여의 요건을 준수해야 한다. 주민참여가 제도에 의하여 보장받으며 이를 통해 주민들은 지방정부의 정책이나 사업에 의견을 개진하고 때로는 견제가 가능하다. 제도적 참여는 공식적인 절차의 일종으로 지방정부는 선택사항이 아닌 필수적으로 주민참여의 과정을 준수해야 하는 의무를 진다. 이러한 제도적 참여는 지방정부의 정책이나 사업의 절차적 정당성의 명시화를 의미한다. 하지만 현실에서는 주민참여를 모두 명시적인 규정으로 둘 수 없으며, 따라서 비제도적 참여가 빈번하게 일어나기도 한다.

제도화된 참여는 주민참여를 명시적으로 규정한 것으로 반드시 주민들의 실질적인 영향력의 반영으로 나타나는 것은 아니다. 법과 규정에 따른 주민참여의 준수가 절차적 과정의 이행에 그칠 가능성도 존재한다. 가령 앞서 언급한 아른스타인의 정보제공이나 의견수렴 등과 같이 제도적 – 절차적 차원에서 요구되는 과정이라고 하더라도 형식적 참여에 그칠 수 있는 것이다. 이 경우 제도적 참여라고 해서 효과적으로 주민의 참여를 보장한다고 보기 어렵다. 제도적 참여에서도 참여를 대하는 정치지도자와 공무원의 가치나 태도 및 실질적인 운영여부에 따라 참여의 실효성이 달라진다.

3. 자발적(능동적) 참여와 비자발적(수동적) 참여

주민참여의 능동성 또는 자발성을 기준으로 자발적(능동적) 참여와 비자발적(수동적) 참여로 구분된다(Zimmerman, 1986). 자발적 참여와 비자발적 참여는 모두 가시적으로는 참여라는 결과로 나타나지만 참여의 내용과 효과 측면에서는 차이가 날 수 있다. 자발적인 참여는 주민이 본인의 의지에 의해 참여하는 것으로서 참여를 통해 분명한 이해나 목표를 달성하고자 하는 반면, 비자발적 참여는 외부의 참여 유도나 의무가 강제됨으로써 참여가 형식적으로 이뤄지며 실질적 효력을 달성하기 어렵다. 이러한 비자발적 참여는 정부정책이나 사업의 홍보 – 지지를 얻기 위하여 주민들이 동원되는 과정에서 흔히 일어난다. 아른스타인의 참여의 사다리 중에서 비참여나 형식적 참여의 형태에 가깝다.

　민주시민으로서 지방의 현안 또는 문제와 관련하여 주민이 자발적이고 능동적으로 의견과 목소리를 표출하는 능동적 참여는 풀뿌리 민주주의의 활성화에 필수적이다. 주민들의 능동적 참여를 위해서는 민주시민으로의 교육과 훈련이 중요하며, 이를 통해 증대된 주민의식은 자신만이 아닌 이웃과 지역사회의 현안이나 문제에 능동적으로 관심을 가지고 참여케한다. 개인적 차원의 주민의식의 증대와 더불어 자발적 참여를 촉진하기 위해서는 지방언론이나 매체 또는 지방자치단체의 공청회나 각종 자료의 공개 등을 통해 주요 현안이나 이슈에 관한 정보의 공유나 제공이 중요하다. 주민의 참여가 지방의 주요 정책이나 문제해결로 가시적으로 이어질 때 주민들의 참여의 효능감은 증대하고 자발적이고 능동적인 참여의 가능성은 높아질 수 있다.

　미국의 Zimmerman(1986)은 능동적 참여는 주민 스스로 자발적－적극적으로 참여하는 것으로 설명하였고, 대표적으로 주민발안, 주민소환, 각종 타운미팅 참여 등을 제시하였다. 반면 수동적 참여는 정부가 제공하는 정보를 얻고 소극적으로 수용하는 태도로서 정책홍보의 자리에 참석하거나 정부 제공의 설문지를 작성하는 행위 등을 들 수 있다.

4. 개별적 참여와 집합적 참여(집단적 참여)

　주민참여는 참여 주민의 수에 따라 개별적 참여와 집합적 참여로 구분된다. 일반적으로 주민참여는 주민이 개인적으로 참여하는 개별적 참여의 형태를 띤다. 하지만 법률에 의해 일정 수 이상의 주민이 복수로 참여할 것을 구성요건으로 요구하는 집합적 참여(집단적 참여)도 존재한다. 반상회나 공청회는 주민이 개별적으로 참여하여 의견을 개진하는 주민참여 형태이다. 반면, 주민감사청구와 주민소송 등은 법률이 규정하는 일정 수 이상의 복수의 개인 또는 주민조직이 구성될 경우 집합적 참여로서 효력을 가진다.

　개별적 참여는 집합적 참여에 비해 참여의 영향력이나 효력이 상대적으로 떨어

제4편 제12장

진다. 개개인이 확보하고 처리할 수 있는 정보의 양과 질이 집합적－조직적 차원의 접근보다 떨어지고 정책과정에서의 전문성과 협상력도 낮기 때문이다. 아른스타인이 주민참여의 사다리모형에서 제시했듯이 파트너십과 권력의 위임단계와 같은 실질적인 영향력을 행사하기 위해서는 조직화되고 전문적인 주민조직이나 협의회가 중요한 역할을 한다. 따라서 지역사회 내에서 연대와 협력을 기본정신으로 하는 지역공동체의 경험이나 역할이 집합적 참여를 위해 중요하다고 볼 수 있다.

제3절 주민참여의 요인

　　행정학, 정치학, 사회학, 심리학 등은 주민참여의 영향요인에 관한 연구를 각기 초점을 달리하여 다양하게 진행하였다. 정치학은 정치적 가치나 태도, 정치적 리더십이 정치적 관여나 참여에 미치는 영향을 분석하였다. 사회학은 개인이나 조직이 보유한 자원 등이 사회나 공동체 참여에 미치는 관계를 논의하고 있다. 심리학은 개인의 성격이나 특성 또는 개인을 둘러싼 외부 상황에 초점을 둔 연구들이 일반적으로 진행되었다. 반면 행정학은 정부의 태도나 참여의 제도들이 주민의 참여행태에 제공하는 함의를 중심으로 분석하였다.

　　이상과 같이 주민참여에 대한 다양한 학문별 접근이 이루어졌음에도 현실에서 영향요인의 경계를 명확하게 구분하기 힘든 점이 존재한다. 기존 연구들은 학문 분야별 연구대상과 연구자별 주요 관심 요소를 반영하여 각기 상이한 영향요인을 중심으로 연구가 진행되었다. 대체로 분석의 초점은 개인과 개인을 둘러싼 외부적 요소로 영향요인을 대별하고 있다. 관련하여 사회심리학은 또한, 개인이 처한 상황요인이 행위에 중요한 영향을 미친다고 지적하고 있다(Ross & Nisbett, 2019). 외부적 요소는 구체적으로 제도와 정부, 사회적 관계(상호작용), 권력구조 등으로 요약할 수 있다(이승종·김혜정, 2018). 개인과 외부적 요소들은 물론 반드시 개별적으로 작용하지 않고, 요소들 간 복잡한 관계를 맺으며 주민의 참여여부에 영향을 미친다. 이하에서는 주민참여의 요인으로 개인적 측면과 외부의 측면, 즉 제도와 정부, 사회적 관계(상호작용)를 중심으로 논의를 진행한다.

1. 개인적 요인

행태론에 따르면 개인적 특성, 즉 개인의 동기나 성격 등이 개인의 행위에 영향을 미친다. 또한, 사회경제적 지위(Socioeconomic Status, SES)에 따른 개인의 교육−소득−직업수준 등이 참여의 여부에 영향을 주며(Alford & Scoble, 1968; Verba & Nie, 1972), 개인이 느끼는 참여의 효능감 정도도 참여에 영향을 미친다.

1) 개인의 동기: 도구적 동기와 표현적 동기

동기는 일반적으로 "어떤 행동을 일으키게 하는 내적 요인"으로 이해된다.[8] 참여라는 행위를 이해하기 위해서 개인의 동기는 주요한 출발점이다. 개인의 참여동기는 단순히 개인의 성격뿐만 아니라 개인이 속한 사회−문화−정치적 맥락과 복합적으로 상호작용하여 형성 및 유지된다. 개인의 참여동기는 다양한 양상을 지니지만 주민참여를 정부의 정책 및 의사결정에 영향을 미치는 행위로 보았을 때 참여동기는 개인 및 집합적 차원의 뚜렷한 목적을 가지게 된다. 특정 목적과 수단의 추구 측면에서 논의하면 도구적 동기와 표현적 동기로 구분할 수 있다(김혜정, 2010). 도구적 동기는 참여가 목적을 위한 수단 또는 도구로 역할하는 반면, 표현적 동기는 참여 그 자체가 목적이 된다. 이러한 참여는 경제적·물질적 보상 또는 편익 이외에도 심리적·정신적 만족감 등을 포괄적으로 의도한다. 도구적 동기와 표현적 동기를 구체적으로 살펴보면 다음과 같다.

우선, 도구적 동기는 참여를 통해 특정 목적, 즉 정부에 영향력을 행사한 결과로서의 편익이 개인에 한정되는 동기(개인적 보상동기)와 개인이 포함된 집단 전체를 지향하는 동기(집합적 보상동기)로 구분할 수 있다. 개인이나 가족의 민원해결, 선별적

---

8) 출처는 위키피디아.

보상(selective incentives) 등은 개인차원의 목적 달성(Schlozman et al., 1995)을 지향하는 개인적 보상동기로 분류된다. 개인 차원의 민원해결은 정책결정이나 서비스의 제공이 개인에게 한정되는 개별적 재화의 성격을 지니는 것으로서 개인의 직접적인 피해나 이해에 관련된다. 개인의 집 앞에 쌓인 쓰레기 등의 수거를 요구하거나 재발을 방지하는 등의 민원은 개인의 문제해결을 위한 동기에서 출발한다. 다음으로 선별적 보상동기는 집합재의 성격을 갖는 서비스나 정책의 경우 참여자만 배타적으로 얻게 되는 이익과 관련하여 발생한다. 선별적 보상동기는 참여를 통해 개인에게 구체적인 이익이 되는, 즉 사적이익추구라는 측면에서 합리적 개인으로서의 동기를 반영한다. 멤버십제도를 통해 일정한 가입조건을 충족한 사람들만이 배타적으로 편익을 얻는 것은 선별적 보상동기의 형태로 들 수 있다. 반면, 집합적 보상동기는 참여를 통해 개인뿐만 아니라 자신이 속한 공동체나 사회 전체의 이익 등 집합적 목적 달성(collective benefits)을 지향하는 동기이다. 참여를 통해 '보다 나은 지역사회, 보다 깨끗한 우리 동네, 보다 안전한 보행 거리' 등을 지향하는 것은 집합적 보상동기에 해당한다.

한편, 표현적 동기는 참여 자체가 목적이며, 그 과정에서 즐거움을 얻거나 가치를 발견한다. 표현적 동기 하의 참여는 좁게는 새로운 관계를 맺거나 이웃을 알게 되는 과정에서부터, 넓게는 민주시민으로서 권리와 의무로 인식하는 것까지 포함한다. 우선, 인간은 사회적 동물로서 타인 또는 이웃과 어울리고 관계를 맺음으로써 자신의 존재감과 만족감을 얻기도 한다. 또한, 민주주의 국가에서 공공의 정책이나 문제에 적극적으로 관심을 가지고, 의사를 표출하고 의견을 개진하는 것은 민주시민으로서 기본적인 권리이자 의무로 인식한다. 그리고 참여를 통한 사회의 변화나 개선은 참여의 긍정적인 결과로서 수용된다.

2) 개인의 사회경제적 지위(SES)

개인의 교육 – 직업 – 소득과 같은 사회경제적 지위가 높을수록 참여의 정도가 높게 나타난다(이승종·김혜정, 2018). 개인의 사회경제적 지위는 '먹고 사는 기본적인 생계문제'와 직결되고 기본적인 생계문제가 해결되지 않는 상황에서 지역사회나 공동

체의 문제해결에 대한 관심과 참여는 후순위로 밀려날 가능성이 높다.[9] 사회경제적
지위가 높은 사람들은 상대적으로 참여를 위한 시간−정보와 같은 자원들이 풍부하
며, 사회적 문제 및 현안에 대한 노출 정도가 높고, 현안의 심각성과 파급력에 대한
의사표현 및 의견개진에 적극적이다. 반면, 교육 및 소득수준이 낮을수록 참여와 관
련된 정보에 대한 관심이 낮고, 비록 관심이 높다고 하더라도 일차적인 경제문제의
해결을 위한 제약으로 실제 참여행위로 이어질 가능성은 낮으리라 예상된다. 따라
서 사회경제적 지위가 높은 개인들은 참여를 통해 공공문제나 의사결정에 대해 적
극적으로 의사를 개진하고 영향력을 행사하고자 한다.

3) 참여의 효능감

참여의 효능감이 높을수록 주민참여도가 높게 나타난다. 효능감이란 참여의 과
정이나 결과에 '영향력을 미칠 수 있다고 자각하는 정도'이다. 개인의 의견·주장이
조직이나 의사결정과정에서 수용될 가능성이 높다고 생각하면 효능감의 정도가 높
게 나타난다. 조직의 맥락에서 한 개인이 조직 내 영향력의 존재 여부를 알고, 영향
력의 수준이 높다고 인식할 때 조직에 적극적으로 참여하게 된다는 것이다. 이와
같이 참여하는 조직이나 의사결정에 개인의 의견이나 주장이 수용될 가능성이 높으
면 개인의 참여 효능감도 증대하고, 참여의 수준도 높아진다(송용훈·정문기, 2018). 정치
학에서는 정치효능감이라는 개념으로 다양한 연구가 진행되었다. 정치효능감은 "개
인의 정치적 행동이 정치과정에 미치는 영향력에 대한 감정"(이승종·김혜정, 2018: 225)
으로 정의되며 주민들의 낮은 정치효능감은 정치나 정책에 대한 관심이나 참여를
저하시킨다. 예를 들어, 한국은 전통적으로 관 우위의 의식이 뿌리 깊게 자리 잡은
상황에서 '관이 다 결정하고 주민은 따라야 한다'와 같은 인식은 낮은 효능감을 반영
하며 주민참여의 의지와 동력을 떨어뜨릴 수 있다.

---

9) 관련하여 베블런은 '유한계급론'이라는 책에서 하루하루 생계를 걱정해야 하는 빈곤계층은 사회현안
   이나 문제에 관심을 가지고 변화를 추동할 여력이 떨어진다고 지적하고 있다(Veblen, 2018).

2. 사회적 관계: 공동체와 사회적 자본

앞서 논의한 개인적 요인에 더하여 공동체나 지역사회와의 관계가 지역의 공공문제 인식과 참여 등에 영향을 미친다. 인간은 사회적 동물로서 사회나 공동체 속에서 공유하는 가치나 규범 등의 관계적 속성이 개인의 참여 및 비참여의 행위에도 긍정적-부정적 요인으로 작용한다(이인숙, 2015). 지방 차원에서 사회적 관계는 마을(동네) 또는 지역사회 단위의 공동체(의식)와 사회적 자본으로 구분하여 논의를 진행한다.

1) 공동체(의식)

지역사회의 애착심이나 유대감과 같은 공동체의식이 주민참여의 수준에 영향을 미친다. 주민이 거주하는 동네나 지역공동체 속에서 형성된 긍정적 관계 또는 친밀감 등은 지역사회의 문제를 자신의 문제로 인식하게 만들며 적극적인 참여로 이어질 가능성을 증대시킨다(이재완, 2014; 최문형·정문기, 2015). 지역공동체에 대한 다수의 연구가 지역사회의 애착도를 포함한 공동체의식이 주민참여에 긍정적으로 영향을 미침을 제시하고 있다(임현정, 2015). 오늘날 경제적-정치적 불평등의 심화와 사회적 차별이 가속화되는 상황에서 지역사회 내 공동체적 접근을 통한 주민들 간의 관계성의 회복과 공공문제 해결을 위한 노력은 주민들의 지역사회에 대한 관심과 참여를 유도할 것으로 보인다. 오늘날 정부나 시장이 해결하기 어려운 고령화의 문제와 관련하여 공동체적인 접근이 증가하는 것은 이러한 공동체성의 회복이 이웃들의 관심과 참여를 증대시키고 공공문제 해결에도 유의미한 결과를 보여주는 현실을 반영한다.

2) 사회적 자본

지역 내 형성된 사회자본, 즉 신뢰, 규범, 네트워크가 높을수록 주민의 참여가 증가한다. 사회적 자본은 구성원 간 관계 속에서 발생하며, 따라서 개별적인 구성원 각각이 아닌 관계의 연결망에 초점을 둔다(Coleman, 1988; 1990; Fukuyama, 1995). 이러한 연결된 관계에서 형성된 사회적 자본은 구성원, 즉 주민들의 참여의지와 행위에 영향을 미친다(정현·정문기, 2019). 예를 들어 주민과 주민 간의 신뢰, 주민과 지방정부와의 신뢰 등이 높을수록 지역 주민들은 참여를 통한 의사의 표현과 협력의 정도가 높아질 수 있다(이혜인·홍준형, 2013; 최예나, 2016).

3. 제도와 정부의 태도

주민참여에 관한 제도화의 여부 및 정부의 태도는 주민참여를 촉진 또는 제한하는 요인으로 작용한다. 지방정부 차원에서 정부의 태도 중 지자체장의 인식과 의지가 주민참여의 질과 양을 결정하는데 중요한 역할을 하는 것으로 지적된다.

제도론에 따르면 제도는 행위의 유인 또는 제약으로 작용한다(Clingermayor & Feiock, 2001). 주민참여의 제도는 참여의 주체, 범위, 수준 및 방식 등을 규정하는 규칙으로 역할을 한다. 주민참여제도가 어떻게 설계되어 있느냐에 따라 참여가 허용 및 제한되며, 실질적인 영향력 행사의 수준과 범위도 정해진다. 우리나라에서 현재 시행 중인 직접민주주의의 형태를 띠는 주민투표, 주민소환, 주민발안에 관한 법규정은 청구요건이 까다로워 실질적 소환 및 투표에 이르기가 어렵다. 주민참여 기제로서 비판을 받는 실정이며 청구요건 완화에 대한 논란이 지속되고 있다.

더불어 주민참여와 관련한 실질적인 운용에 있어 정부의 태도나 의지도 주민참여의 활성화의 정도에 영향을 미치는 것으로 지적된다. 지방정치인과 행정 관료의 정보의 비공개나 제한, 고유권한의 침해라는 인식, 의사결정의 지연 및 비효율에 대한 비판, 관 우위의 관행 등으로 인해 주민들의 참여에 대체로 소극적인 태도나 자세를 보인다(King & Stivers, 1998).

이상과 같이 참여제도는 공식적으로 참여대상과 범위 등에 영향을 미치고, 비록 제도화되었다고 하더라도 집행과정 상에서 정부의 태도나 의지는 참여를 더욱 촉진시키거나 제한하기도 한다. 제도와 현실의 간극이 존재하는 지점이며 주민참여와 관련하여 공식적-제도적 촉진 또는 제약으로서 작용하기도 한다.

제4절 주민참여의 한계와 활성화

1. 주민참여의 한계

민주주의 국가에서 주민참여의 규범적 정당성에도 불구하고 주민의 낮은 관심과 참여율, 정부나 관료의 고유권한의 인식 정도, 참여 과정상의 비전문성과 효율성 등으로 인해 다양한 한계가 지적되고 있다. 즉, 주민참여의 한계는 주민과 정부, 그리고 사회의 전반적인 참여문화가 복합적으로 작용하여 부정적 양상을 띠기도 한다.

1) 낮은 참여율로 인한 대표성의 문제

대의민주주의 하에서 주민참여는 주민의 다양한 의견을 소수의 대표자에 의해 정부의 의사결정 및 집행과정에 반영하는 것이다. 비록 다수의 주민이 그 과정에 직접적으로 참여하지 못하더라도 주민대표들이 주민의 의사를 적실하게 대변하는 것이 요구된다. 하지만 주민참여는 현실적인 제약과 이유로 인해 소수의 주민들이 참여하는 경우가 많고, 주민 전체의 의사나 이익보다는 특정 계층의 목소리나 입장을 반영하는 사례가 많다. 즉, 자원의 동원 능력이 높은 특정 그룹이나 주민들의 특정이익이 집중적으로 대변될 여지가 존재한다. 대다수 주민의 낮은 관심과 참여로 인해 주민참여의 대표성 문제가 다양하게 발생한다. 예를 들어 일반 대다수 주민들의 무관심과 낮은 참여로 인해 지방 차원의 참여는 친관변단체나 소수 친정부 성향의 대표자들이 반복적으로 참여하고 정책이나 사업의 결정도 형식적-의례적으로 흐르는 경우가 많은 것으로 지적된다. 낮은 주민참여율과 주민대표성의 문제는 궁극적으로 주민참여의 무용론까지 대두하게 만들고 있다.

2) 국지적-지엽적 이익 및 이해에 매몰 가능

주민참여는 지역사회나 공동체 전체의 공공성 또는 공적가치를 지향하는 의의를 가지지만 때로는 국지적-지엽적 이익 추구에 매몰될 가능성이 존재한다. 즉, 국가나 사회 전체의 이익이 아닌 특정 지역 또는 집단의 이익에 집착한 주민참여가 일어날 수 있다. 예를 들어, 비선호시설의 입지 선정과 관련하여 특정 지역 주민들의 이해관계는 지역 내 또는 지역 간 갈등의 표출로 이어진다. 비선호시설의 입지 지역 주민들의 대규모 집회나 저항은 사회적 갈등으로 확산되기도 하며 장기간 국가적–지역적 사업의 지연과 비용으로 이어지기도 한다. 주민참여는 비선호시설입지와 관련 지역이기주의 비판이 제기도 하지만 정부나 사업 주체의 일방적 추진이 아닌 민주적 절차의 중요성은 사업의 지연이 초래하는 비효율성의 예방을 위해서도 점차 관심이 증대하고 있다. 비선호시설입지 지역 주민들의 목소리와 전 사회적 공공가치 추구에 있어 상호 양보와 타협이 점차 중요해지고 있다.

3) 정부 고유권한의 침해인식으로 인한 참여의 형식화

주민 측면뿐만 아니라 지방공무원에 내재한 참여에 대한 인식이나 관행이 주민참여의 한계로 이어진다. 지방정부나 관료의 입장에서는 주민참여의 규범적 정당성에 공감하더라도, 주민참여가 그들의 고유권한의 침해나 충돌의 우려를 제기할 수 있고, 또한 귀찮은 행정절차로 인식되기도 한다. 즉, 전통적 관 우위의 인식이 오랫동안 자리 잡은 한국 행정의 현실 또는 관행을 고려할 때 지방정부나 공무원의 입장에서는 참여가 그다지 긍정적으로 수용되기 힘들 수 있다. 공무원들이 자신들의 고유권한을 침해한다는 인식은 실제 운영에 있어 주민참여의 범위를 제한하고, 정보의 공유 및 접근성을 제약하여 주민들의 적극적 참여에도 불구하여 형식적–조작적 참여를 초래할 수 있다. 이러한 상황에서 주민참여는 정부가 의도한 정책이나 결정의 수동적 통과절차의 하나로 전락할 수 있다.

4) 참여자의 비전문성으로 인한 행정의 비효율 초래

참여는 지방정부 단독만의 의사결정과 집행 때와는 달리 다양한 견해 및 이해관계로 인해 숙의–토론에 더 많은 시간과 자원을 요구한다. 논의 과정상에서 의견의 차이나 불일치는 갈등의 증폭과 이를 조정하는 과정이 요구된다. 정치적–관료적 리더십이 발휘되지 못하게 되면 참여는 의도한 성과에 이르지 못한 채 장기간 공전할 가능성도 존재한다. 때로는 고도의 전문적－기술적 지식이 요구되는 사안에서는 일반 주민들의 낮은 경험과 지식이 신속한 결정 및 집행을 지체할 수 있다. 이와 같이 다양한 주민의 참여는 한편으로 정책결정 및 집행과정상의 지체와 비용을 초래하여 행정의 비효율성의 문제를 제기한다. 토론과 숙의의 과정은 주민참여의 필연적인 절차임에도 지연되는 정책결정과 사업은 지방정부의 입장에서는 시간과 자원의 낭비 또는 비효율로 인식될 수 있다.

5) 참여제도의 미비 및 운용상의 한계

참여제도의 미비 및 운용상의 한계가 지적된다. 주민들의 참여를 뒷받침하는 참여제도가 미비하고, 존재하더라도 운용과정에서 형식적으로 실행되는 경우가 많다. 법적－제도적 규정에 의해 주민의 의견 청취나 수렴이 명문화되어 있어 그러한 절차를 준수하더라도 최종적인 의사결정이나 집행에는 반영되지 않는 경우가 발생하는 것이다. 아른스타인이 지적한 비참여나 형식적 참여에 그치는 경우가 빈번히 발생한다.

2. 주민참여 활성화 방안의 탐색

주민참여의 바람직한 모습은 지역주민이 조직적이고, 자발적이며, 지속적으로 지역사회의 현안이나 문제에 관심을 가지고 참여하는 것이다. 주민참여의 활성화는 궁극적으로 자발적인 주민참여를 증대시키는 것이다.

주민참여의 활성화 방안은 주민참여 유형, 지역별(도시나 농어촌 등), 세대별 등에 따라 차이가 난다. 예를 들어 주민참여의 유형 측면에서 각종 선거와 투표를 통한 참여와 공청회－간담회의 참여를 활성화하기 위한 방안은 상이하게 접근되어야 한다. 도시나 농촌의 경우 급격한 정보통신기술의 발전과 이에 따른 도농간 정보의 격차는 주민참여 활성화 수단의 측면에서도 상이한 접근을 요한다. 또한, 인구 구성원의 세대별 정보통신기술의 활용화 및 능력의 차이도 참여 활성화 수단에서 각기 다른 접근이 요구된다.

이러한 주민참여의 활성화는 단지 주민만의 문제가 아닌 주민이 거주하는 지역 사회와 지방정부와 제도 그리고 전반적인 사회의 흐름과 연관되는 복잡한 이슈이며 단기간에 해결할 수 있는 도전을 넘어선다. 주민참여의 활성화 방안으로 주민인식 과 행동, 지방정치인과 공무원의 인식과 태도, 근린 이웃과 지역사회, 정보통신기술 의 측면을 고려할 필요가 있다.

1) 기존 참여제도나 규정의 현실화

지방자치제의 실시 이후 주민참여를 활성화하기 위한 다양한 제도나 규정이 도 입되었다. 주민이 지방의 정책이나 행정을 감시 및 통제하는 주민감사청구제도, 주 민소송제도, 주민옴부즈만제도가 제도적 참여의 유형으로 시행 중이다. 또한, 주민 의 직접참정제도로서 주민발안제도, 주민투표제도, 주민소환제도를 통해 주민이 지 방의 주요한 정책이나 사업과 관련된 조례와 관련하여 직접 발의하고 주민투표를 추진할 수도 있다. 주민의 뜻에 반하는 정책이나 결정을 내린 지방자치단체장과 지 방의원에 대해서는 주민소환을 실시할 수도 있다. 이러한 참여의 제도화는 참여를 명문화하고 참여권을 확대하는 의의를 가지지만 여전히 운용면에서는 실효성의 의 문이 제기되어 왔다. 예를 들어 직접참정제도 중 하나인 주민소환제도와 관련하여 청구요건이 지나치게 엄격하고 까다로워 소환의 문턱을 넘기가 어렵다는 점이다. 시민 및 시민사회로부터 지속적으로 요구되어 왔고, 전부개정 지방자치법에는 청구 요건 등을 완화하려는 노력이 반영되었다.[10] 이와 같이 우선적으로는 기존 참여제 도나 규정의 지나친 엄격함이나 절차상의 한계로 인해 주민참여는 제약받고 있는 실정이다. 무엇보다 이미 존재하는 참여제도의 정비를 통해 주민참여의 실효성을 확보하는 노력이 경주되어야 한다.

2) 지방정치인 및 공무원의 주민참여에 대한 인식 및 태도의 변화

지방정치인과 공무원의 주민참여에 대한 인식과 태도의 변화를 유도해야 한다.

---

10) 보다 상세한 논의는 다음 장인 주민참여의 실제에서 다룸.

주민참여제도가 이상적으로 잘 설계되었다고 하더라고 실제 제도를 운용하는 지방정치인과 공무원이 가진 주민참여의 인식과 행동의 변화가 없으면 참여제도는 실효성을 확보하기 힘들다. 지방정치인과 공무원이 주민들로부터 참여에 대한 신뢰를 확보하지 못하면 제도는 형식에 그치고 주민들의 참여는 동력을 잃게 된다.

이를 위해서는 주민참여가 지방정치인과 공무원에게도 실질적인 이익이 되도록 시스템을 변화해야 한다. 지방자치분권을 확대하고, 우수 참여제도의 도입과 집행에 대한 사례 발굴과 포상의 기회를 확대할 필요가 있다.

3) 생활 속 주민참여 경험의 확대 및 실질적 이익의 실현

주민참여가 자발적이고 지속적으로 일어나는 것이 이상적이라고 보았을 때, 이를 위해서는 주민참여가 나의 일이며, 내 삶의 일부로 내재화되도록 해야 한다. 주민의 인식과 행동의 변화가 지향하는 근본적인 방안이다. 이상적인 주민참여가 현실에서는 달성하기 힘든 목표라고 하더라도 지향점으로 고려해 볼 수 있고 이와 관련하여 여러 가지 요소가 복합적으로 고려되어야 한다. 우선, 초중등 교육과정에서 주민참여와 민주주의 교육을 강화하여 민주시민으로서의 참여의 가치를 배양할 필요가 있다. 주민참여가 주민의 의무이자 책임임을 고취하는 기회를 어려서부터 내재화하는 것이다. 둘째, 주민참여의 활성화를 위해서는 일상 속 주민참여 프로그램의 다양화 및 활성화를 통해 참여의 경험을 축적해야 한다. 단순히 주민의 의무로서 참여를 유도하는 구호에 그칠 것이 아니라 실질적인 주민참여의 장을 일상 속에서 제공할 필요가 있다. 주민회관, 주민커뮤니티센터 등과 같이 주민들이 모이고 소통할 수 있는 물리적 공간을 확보하고 주민들이 참여하는 프로그램을 활성화할 필요가 있다. 참여프로그램은 주민들에게 실질적인 이익으로 돌아오는 측면을 고려해야한다. 문화공동체 활동이나 마을기업과 같이 주민들이 참여함으로써 문화적－경제적 이익이 구체적이고 개별적으로 실현되는 사업이나 프로그램을 들 수 있다. 다음으로 주민들이 지역 및 지방정부의 주요 현안과 문제에 대한 정보를 쉽게 접하고 공유할 수 있어야 한다. 주민들이 직접 인지하고 관심 영역으로 확산되면 주민참여의 폭은 넓어지고 적극적인 참여로 이어질 수 있다. 주민과 지방정부 간 정보의 비대칭성을 극복하기 위한 제도적 구비 및 지방공무원의 행태 변화가 수반되어야 하는 부분이다. 마지막으로 마을 단위의 리더를 육성하고 중간지원조직 등 매개집단의 활성화를 도모한다. 마을 단위의 참여나 공동체 활동은 마을 리더의 역할이 크게 작용한다. 마을을 잘 알며 애정을 가진 리더의 육성을 통해 마을 단위의 변화 및 참여의 구심점 역할을 하도록 할 수 있다. 더불어 중간지원조직의 활성화를 통해 관과 민의 매개자 역할을 강화하고 주민참여의 촉진자로서의 역할을 담당할 수 있다.

4) 주민참여 수단의 다양화를 통한 참여의 용이성 증대

오늘날 정보통신기술의 급격한 발전은 광범위한 주민을 대상으로 한 관과 민의 소통을 적은 비용으로 쌍방향과 실시간으로 가능하게 하였다. 특히, SNS 등을 활용한 지자체장이나 지방정부의 대주민 의사소통은 정부 정책의 홍보 및 주민의 의견 수렴의 효율적인 수단으로 역할을 하고 있다. 또한, 주민참여예산사업의 선정 등에서 온라인투표의 적극적인 도입으로 현장에 참석하기 힘든 주민들의 의견을 적극적인 반영하기도 한다. 정보통신기술의 진화는 주민참여를 촉진시킬 뿐만 아니라 주민들의 참여비용을 낮추는 역할을 한다. 이러한 정보통신기술의 발전을 통한 전자민주주의의 활성화에도 여전히 세대별-지역별 정보격차(digital divide)는 참여기회의 불평등을 초래할 수 있어 보완이 필요한 부분이다.

이상을 고려하면 주민참여의 활성화는 세부 참여유형, 지역적 특성, 세대별, 주민과 지방정부(공무원), 정보통신기술의 활용정도 등 다양한 요소를 고려하여 상이한 접근이 요구된다. 주민참여 활성화를 위해서는 기본적으로 주민참여가 주민에게 직·간접적으로 이익이 되고, 지방정부가 참여에 적극적이고 주민들에게 신뢰를 줘야 하며, 주민의 참여가 쉬우며, 참여가 가시적인 성과로 드러나야 함을 알 수 있다.

'주민참여포인트제도': 市政 참여도 제고 및 지역경제 활성화에 기여

남양주시의 주민참여포인트제도는 시정(市政)에 참여하는 주민들에게 일정 포인트를 부여하고, 이를 관내 업소에서 사용할 수 있는 지역화폐로 지급함으로써 적극적인 시정참여를 유도하고 지역경제 활성화에서도 기여할 수 있을 것으로 기대된다.

市는 '남양주시 주민참여 기본조례' 및 시행규칙에 의거, 토론회나 각종 행사 등 포인트 지급 필요성이 인정되는 시정에 참여하는 주민들에게 소정의 포인트를 부여한다. 다만 공무원, 금전 또는 물품을 받고 포인트 부여대상 시책에 참여한 사람은 대상에서 제외된다.

시행규칙에서 정한 포인트 부여대상 및 부여기준은 ▷오프라인 설문조사 500점 ▷주민제안 채택시 2,000점 ▷예산학교 수료시 1,000점 ▷의견제출에 따른 최종 예산 반영시 2,000점 ▷설명회, 공청회, 토론회 등 공익성 있는 市 행사 참여시 1,000점 ▷행사진행, 보조참여시 2,000점 ▷市주관 주민교육, 워크숍 참석시(개인취미 강좌 제외) 1,000점 ▷국토대청결운동 등 환경정비 참여시 1,000점 ▷산불진화, 수해복구, 제설 등 재난복구 참여시 3,000점 ▷기타 공익성 있는 주민참여시 1,000점 등이다.

남양주시는 市 홈페이지 내 '주민참여포인트' 관리페이지를 통해 개인별 적립 포인트를 검색할 수 있게 하고 있으며 5,000포인트(1point는 1원) 이상 적립 시 인센티브를 신청하면 본인이 신청한 날을 기준으로 익월 20일 경 남양주 지역화폐(Thank You Pay-N)로 일괄 지급한다.

남양주시는 올해 주민참여예산제 운영, 인구정책사업 운영, 시민공감토론회 운영, 시민제안 운영, 시민참여센터 명칭공모, 청년축제 운영, 생태환경정보시스템, 평생학습센터 신종 코로나바이러스 감염증(코로나19) 수제마스크 제작 등 8건을 포인트 부여사업으로 승인했다.

이형숙 자치분권과장은 "'주민참여포인트제'는 시민들의 시정 참여를 유도하고, 지역화폐로 지급함으로써 지역경제 활성화에도 기여해 일석이조의 효과를 낼 것"이라고 분석했다.

자료: 박준환. (2020.6.15.). 일부 발췌 및 편집.

쇼핑센터에서 주민투표를 한다고?

■ 쇼핑센터에 들렀다가 선거까지 한 부부

"등굣길 안전과 관련된 곳에 더 많은 지역예산이 편성되면 좋겠어요. 처음으로 선거에 참여했지만 지역예산 편성에 주민의견이 반영된다는 건 참 좋은 것 같아요. 이사 온 지 6개월밖에 안 됐는데, 이렇게 주민과 지역문제를 공유하고 소통하는 것이 타 지역과는 다른 가족적인 분위기네요." 모니카 헤링(31, 여)과 얀 헤링(34세, 남) 부부는 우연히 쇼핑하려 들른 쇼핑센터 입구에 설치된 투표대를 보고 무엇을 하는 것인지 고개를 갸우뚱거렸다.

"지역예산 편성에 대해 주민이 직접 참여할 수 있는 선거"라는 자원봉사자의 설명을 듣고는 '내 의견이 직접 예산편성에 반영된다는 사실'에 아주 신나는 마음으로 선거에 참여했다. 이제 5살, 8살인 두 아이의 젊은 부모에게 아이들이 안전하게 학교까지 갈 수 있는 자전거길 설치 제안은 당연히 영순위로 우선이다. 헤링 부부는 다정히 의논한 끝에 선관위로부터 받은 다섯 개의 스티커를 모두 자전거길 설치에 붙였다.

독일 수도 베를린 리히텐베르크구의 참여예산제는 2005년부터 시작되어 올해로 6년째 시행되고 있다. 처음 참여예산제를 도입한 배경에 대해 구청장 크리스티나 엠리히는 "주민들의 사회참여(Participation) 활성화를 통해 리히텐베르크 지역 발전을 도모"하기 위해서였다고 한다. 실제 리히텐베르크는 참여예산제 실시 이후 처음에는 저조했던 선거참여율이 두 배 이상 늘어나고, 주민들이 정치적 무관심에서 벗어나 행정당국과 소통하는 계기가 됐다.

■ "내가 참여하면 내 주변지역에 변화가 생긴다"

"이곳은 공원이고 공원 내 가로등 설치는 현행법에 어긋난다."

"여기는 공원만이 아니라 주민들에게는 전철역까지 이어지는 일반대로로 이용된다. 그러니 가로등을 설치해달라!"

행정공무원과 주민간의 입장 차이로 10년간 마찰을 빚어왔던 지역갈등이 참여예산제 선거를 통해 해결되기도 하면서, 주민 스스로 '우리가 참여하면 내 주변 지역환경에 변화가 생기는구나'를 체험하는 '아하!' 효과도 가져왔다. 피부로 체험된 '아하!' 효과는 주민들의 지역, 주변 환경문제에 대한 관심을 높이고 지역 살림에 대한 애정어린 관심과 보호로 이어진다. 요하네스 미덴도르프 리히텐베르크 재정국장은 "주민들에게 지역살림이 내 살림처럼 느껴지니 공공 시설물에 대한 훼손도 감소되고 있다"며 주민소통을 통한 참여효과는 꿩먹고 알먹고란다.

구 동독이었을 때부터 이곳에 산다는 이 지역 토박이 욜겐 브라우너(54, 남)는 자신의 제안이 채택되었다는 것에 대해 뿌듯한 자부심을 나타낸다. "여기는 구 동독시절에 이주해온 베트남과 러시아사람들이 많다. 지난 선거에서 도서관에 베트남어, 러시아어 책을 구비하자는 내 제안이 채택됐다. 그 덕에 이제 리히텐베르크 각 도서관에서는 베트남어와 러시아어로 된 책들을 빌려 볼 수 있다. 내 제안이 외국인이 많은 이 지역 사회통합에 기여할 수 있게 된 것이다."(중략)

실제 사회통합(Integration)과 사회참여(Participation)는 참여예산제 목적과 진행과정을 이끄는 양대 축이기도 하다. 선거권 부여에서도 사회통합정신은 그대로 드러난다. 즉 외국인도 국적과 관계없이 '리히텐베르크에 사는 거주자'면 누구나 선거할 수 있다. 또 어린이나 청소년도 나이에 상관없이 의견을 제안하고 선거할 수 있다. 제안된 주민 의견은 '정보공개와 진행과정의 투명성'이란 원칙 아래 항상 내 제안이 어떻게 처리되고 있는지, 인터넷 혹은 서면으로 확인할 수 있다. 선거 목적이 예산편성에 주민들 참여를 높이고, 주민 의견을 소통하는 것이기 때문에 굳이 비밀투표를 할 필요가 없다. 그래서 선거 장소는 주민이 편하고 쉽게 올 수 있는 곳이 좋다. '쇼핑센터에서 웬 선거냐'라고 의아해 할지 모르지만, 이곳 린텐 복합쇼핑센터와 같이 사람이 많이 지나다니는 곳이 최고의 장소이다. 주민들에게는 쇼핑도 하고 지역예산 편성에 쉽게 참여할 수 있고, 리히텐베르크 행정당국도 주민참여가 높아지고 지역발전에 도움이 되니 당연히 형님 좋고 아우 좋고이다.

■ 축구 골대 설치한다고 800유로 신청한 아이

참여예산제가 점점 주민 사이에 정착되면서 제도적 불편함도 주민 사이에서 제기됐다. 주민 의견이 제안되서 예산으로 편성되고 실행되기까지 2년이 걸리다보니, 빨리 결과를 확인하고 싶은 청소년들과 어린이들에게는 참여예산제 과정이 너무 지루하고 과정이 복잡하다. 그래서 개선시킨 것이 각 동별로 1년에 5천 유로씩 배당해서 주민자치회의(Buergerjury)를 통해 쓰임새를 결정하도록 하는 것이다. 보통 길거리 축제, 화단 손질, 놀이터 보수, 청소년 회관 등 행정공무원보다 지역 주민이 실생활을 통해 더 필요성을 잘 알고 있는 곳에 쓰인다. 만 16세인 브레드리히 토마스도 동네친구들과 축구장 골대 설치를 위해 800유로를 신청했다. 올 10월에 그 돈이 나오면 동네 청소년들과 축구장 골대를 설치할 거라며 잔뜩 기대하고 있다. 물론 축구장 골대설치에 대한 진행 과정과 돈의 쓰임새에 대해 영수증으로 보고해야 한다. 이런 과정을 통해 어린이와 청소년도 참여 민주주의를 배우는 것이다.

■ "사람이 바뀌지 않으면 사회를 변화시킬 수 없다"

리히텐베르크에서 돌아오는 비행기에서 엠리히 구청장이 인터뷰 마지막으로 했던 말이 계속 맴돌았다. 그는 '왜 중앙정치판이 아닌 지역 정치인으로 활동하는가'라는 질문에 대해 동독출신으로 경험했던 동독 공산당이 실패한 이유와 연결해서 답변했다. 자신은 동독이 실패한 이유가 이념 자체보다는 이념실천방식 즉, 공산당이 민중의 머리위에서 군림하려 했던 것에 있다고 생각한다며 마지막으로 이렇게 말했다. "결국 사람이 바뀌지 않으면 진정코 사회를 변화시킬 수 없습니다. 제가 지역에서 대중과 함께 소통하고 변화를 느끼려는 이유가 여기에 있습니다."

자료: 한귀용. (2010.9.25.). 일부 발췌 및 편집.

CHAPTER 13

주민참여: 실제

　우리나라는 지방자치제의 실시 이후 대의민주주의 한계를 보완하고 주민들의 실질적인 참여를 보장하기 위하여 다양한 주민참여제도를 도입하였다. 앞서 주민참여의 이론적 논의에서 언급하였듯이 참여의 궁극적 목적은 주민이 지방정부의 정책과 운영에 그들의 선호와 이해를 실질적으로 반영하기 위한 영향력을 행사하는 것이다. 이러한 참여제도는 주민주권을 강화하기 위한 방안이지만 한편으로는 지방행정의 안정과 지속을 위해 발의 요건 및 절차 등을 엄격히 규정하기도 하였다. 오늘날 주민참여제도는 정보통신기술의 발전으로 그 방식과 운영에 있어 끊임없는 진화가 일어나는 중이다. 지방정부는 행정의 민주성 증대를 위해 참여의 내용과 방식의 변화를 꾀하고 있다.

　이 장에서는 우리나라의 지방정부에서 공식적으로 입법화되어 실시 중인 주민참여제도를 다룬다. 구체적으로 주민자치회, 주민참여예산제도, 직접민주제도(주민발의, 주민투표, 주민소환), 공청회, 민원·청원제도, 위원회제도 등을 중심으로 살펴본다.

제1절 **주민자치위원회와 주민자치회**

1. 간략 역사

지방자치제의 실시 이후 주민자치를 강화하기 위해 주민자치위원회의 도입에서 주민자치회의 제도화까지 다양한 논의가 지속되고 있다. 한국은 1961년 군사정변으로 지방자치제도가 중단되면서 당시 기초자치단체로서 유지되던 시·읍·면 단위가 시·군단위로 변경되었다. 읍·면단위의 근린자치가 군단위로 지리적－규모적 확장을 이루면서 근린자치단위의 적정성에 대한 논란이 이후에도 지속되었다. 1990년대 중반 지방자치의 본격적인 재개 이후 주민이 지방통치의 실질적인 주체로서 역할을 하는 주민자치에 대한 요구가 증대하였고 김대중 정부는 동사무소의 주민센터로의 개편과 더불어 주민자치위원회의 설치와 위상을 정립하고자 하였다. 즉, 이 시기 이래로 근린자치 논의의 중심에는 주민자치위원회와 읍면동 주민센터(현재 행정복지센터)의 권한과 역할 설정이 위치하게 되었다.

한편, 이명박 정부에서는 단층제 및 광역화로의 지방행정체제개편을 추진하게 되는데 이에 따른 근린자치에 대한 우려가 대두되었다. 즉, 당시 광역－기초지방자치단체의 중층제를 단층제인 광역형태의 기초지방자치단체로 전환하려 하였고 기초자치단체의 광역화는 필연적으로 민주성 및 주민자치의 문제가 제기되었다. 이러한 우려와 비판을 반영하여 '지방행정체제개편에 관한 특별법'에 근린자치의 활성화 차원에서 주민자치회를 제도화하는 규정을 담았다.

박근혜 정부에서 행정안전부는 2013년 5월 38개 읍면동[1]에서 주민자치회 시범실시사업을 처음으로 실시하였다.[2] 행정안전부의 행·재정적 지원을 통해 실시된

---

[1] 2016년 박근혜 정부에서는 동주민센터와 읍면사무소의 명칭을 일괄적으로 '행정복지센터'로 변경하였다. 서울시는 2017년 '찾아가는 동주민센터(찾동)'의 명칭을 추진하기도 했다.

[2] 이명박 정부인 2010년 10월 제정된 「지방행정체제개편에 관한 특별법」은 2013년 박근혜 정부에서 「지방분권 및 지방행정체제개편에 관한 특별법」으로 명칭이 변경되며 문재인 정부에서는 지방분권 및 지방행정체제개편에 관한 특별법으로 또 다시 변경되었다. 동특별법에 근거하여 행정안전부 장관은 주민자치회를 시범적으로 설치·운영할 수 있도록 하였고, 이에 따라 2013년 39개 읍면동에서 시

시범실시사업은 지역별로 'ㅇㅇㅇ형 주민자치회'(예: 광주형주민자치회)를 통해 예산운용 및 사무범위에서 다양하게 진행되었다.

문재인 정부는 주민자치를 강화하기 위해 '주민자치형 공공서비스추진단'을 설치하고 주민자치회를 지방자치법에서 명문화하고자 하였다. 즉, 기존 지방자치분권 및 지방행정체제개편에 관한 특별법[3])에서 주민자치회의 설치와 운영에 관한 사항은 따로 법률로 정하는 규정에 따라 2020년 지방자치법 전부개정안을 추진하면서 주민자치회의 운영 및 설치 근거를 담았다. 관련하여 2020년 6월 30일 국무회의 통과 개정안에는 "주민자치회 근거 마련 및 활성화"[4])를 담았으나 12월 국회 통과안에서는 빠졌다.[5]) 그간 시민사회, 지방자치 관련 연구자들 및 기관 등이 지속적으로 요구해왔던 주민자치회의 근거 조항이 국회의 결정으로 삭제되면서 많은 비판이 제기되었다. 이에 따라 국회는 2021년 초에 몇몇 의원들이 지방자치법에 규정하거나, 개별 법률로서 주민자치를 강화하는 법안을 발의하기도 하였지만 2022년 11월 말 기준으로 여전히 제정되지 않았다.[6])

2. 주민자치위원회

주민자치의 제도화에 대한 초기 논의는 김대중 정부의 지방행정기관의 개편에서 시작되었다. 당시 정부는 IMF를 거치며 작은 정부를 통한 행정의 효율화와 주민 중심의 행정서비스를 구현하고자 하였다. 이에 대한 일환으로 '읍면동의 기능전환'

범사업을 실시한 것이다.

3) 지방자치분권 및 지방행정체제개편에 관한 특별법 제29조 제3항.

4) 지방자치법 전부개정법률안(의안 제1323호, 행정안전부) 제1조의3.

5) 국무회의에서 통과한 주민자치회 관련 내용은 다음과 같다. "첫째, 풀뿌리 자치 활성화와 주민의 민주적인 참여의식 고양을 위해 지방자치법에 주민자치회 설치근거 등 신설하고, 둘째, 2) 주민자치회를 읍·면·동별로 조직 및 운영할 수 있도록 근거를 마련하고 기본사항(구성, 사무, 정치적 중립 의무 등)을 규정하며, 국가와 자치단체의 행·재정적 지원 근거를 명시하고, 세부사항(운영 등)은 조례에 위임"하는 것으로 하였다.

6) 지방자치법 일부개정법률안으로는 한병도, 김영배, 이해식 의원들의 안과 주민자치(회) 관련 제정법률안으로는 김영배, 이명수, 김두관, 김철남 의원 안 등을 들 수 있다. 이 중 김영배의원은 주민자치기본법안으로 나머지 3명은 주민자치회 설치(립) 및 운영에 관한 법률안으로 제안하였다.

이 김대중 정부의 국정과제 중 하나로 설정되었다. 정부는 1999년 지방자치법의 개정을 통해 당시 읍면동사무소를 폐지하고 주민자치센터를 설치하고자 하였다. 즉, 읍면동의 기능 및 사무의 일부를 시군구로 이관하고, 유휴공간에 주민자치센터를 설치하여 주민자치위원회에서 운영 및 관리하고 근린자치를 확대하고자 하였다. 하지만 읍면동 폐지에 대한 반발 및 법률적 문제점 등으로 일부 업무의 조정만 이뤄지는 읍면동의 축소만 이뤄졌고, 명칭이 동 단위에서만 '동사무소'를 '주민센터'로 명칭을 변경하는 수준에 머물렀다. 근린자치의 확대를 위해 추진된 읍면동사무소 등의 지방행정기관 개편은 주민들의 문화−복지활동의 강화를 위해 읍면동사무소에 만든 시설로 '주민자치센터'와 주민자치센터의 운영과 관련 '주민자치위원회'를 설치하는 수준에 그치게 된 것이다.

　　이상과 같이 읍면동 기능전환이 애초에 의도했던 방향으로 추진되지 못하면서 설치된 주민자치센터와 주민자치위원회는 읍면동과의 권한과 역할 배분 및 법적 지위가 명확하게 설정되지 않았다.[7] 즉, 주민자치센터는 도입부터 행정조직의 부속조직에 불과하였으며 센터 운영을 위해 주민자치위원회가 만들어져 실질적인 주민자치기관으로 보기 어렵다. 예를 들어 주민자치위원의 위촉권자는 읍면동장이며 주민자치위원회는 주민자치센터 운영사항을 심의하지만 의결권이 없다.

　　또한, 주민자치위원회는 담당하는 역할 또는 기능 측면에서도 주민자치센터의 운영 및 프로그램의 선정, 읍면동 단위 행정의 자문을 담당하는 범위로 한정되었다. 읍면동 단위에서 근린자치를 확대하고자 했던 취지와 달리 읍면동장의 통제를 받는 한계가 존재했다. 또한, 재정측면에서도 읍면동 주민센터의 지원 외에는 별도의 재원이나 재원확충방안이 미비한 실정이었다. 즉, 운영에 필요한 재정은 읍면동의 지원금, 프로그램 수강료 등으로 충당되었다(김종성·신원득, 2004).

---

7) 주민자치위원회와 관련 규정은 지방자치법에는 포함되지 않았고 지방 차원의 '주민자치센터의 설치와 운영에 관한 조례'에서 목적과 기능 등을 담고 있다. 목적으로는 주민자치센터 운영에 관한 심의·의결 및 문화·복지 등 주민의 삶과 직결된 활동 등에 대한 논의를 담당한다. 그리고 조례상에 제시된 대표적인 기능으로는 '자치센터의 시설 등 설치 및 운영에 관한 사항, 자치활동 강화 및 지역공동체 형성, 문화·복지증진, 지역개발 또는 자조·공동이익사업, 각종 주민단체의 연락·조정 등에 대한 심의'를 내용으로 담고 있다.

주민 측면에서도 주민의 낮은 관심과 참여의 한계가 대두되었다. 대다수 주민들의 관심과 참여가 낮아 일부 지역사회 활동가 및 지역유지들이 주민자치위원으로 참여하고 운영과 결정을 주도하는 한계가 존재하였다.

이상의 현실은 주민자치위원회에 대한 실효성에 대한 의문을 제기하였고 주민자치의 실질적 구현을 위한 제도화의 필요성과 주민의 인식변화 및 참여의 중요성이 더욱 다양하게 대두되게 되는 결과로 이어졌다. 이는 앞서 언급했듯이 2010년 이후 주민자치의 역할과 권한을 확대한 내용을 담은 주민자치회의 논의가 본격적으로 확대되는 배경으로 작용하였다.

3. 주민자치회

앞서 살펴보았듯이 주민자치회에 관한 법적 근거는 지방자치법이 아닌 '지방자치분권 및 지방행정체제개편에 관한 특별법'이다. 이 특별법에는 주민자치회의 설치, 기능, 구성 등의 내용을 담고 있다.

주민자치회는 읍면동 단위에서 주민자치센터 운영 등 풀뿌리자치활동의 활성화를 위해 주민으로 구성되는 조직을 일반적으로 말한다. 주민자치회는 마을의제를 직접 발굴−논의하고 마을계획을 수립하여 주민총회를 통해 주민들이 스스로 결정하는 장이 된다. 지방자치가 실시되었지만 여전히 지방행정의 객체 또는 수혜자로 머물러 있던 주민이 주민자치회를 통해 지방 및 지방행정의 주인이자 서비스의 공동생산자로 자리매김하는 변화의 출발점이자 기반으로서 의의가 있다.

주민자치회는 관계법령, 조례, 규칙으로 정하는 바에 따라 지방자치단체 사무의 일부를 위임 또는 위탁 받아 처리할 수 있다.[8] 구체적으로 주민자치회가 담당하는 업무로는 주민자치회 구역 내의 주민화합 및 발전을 위한 사항, 지방자치단체가 위임 또는 위탁하는 사무의 처리에 관한 사항, 그 밖에 관계 법령, 조례 또는 규칙으

---

8) '2020년도 주민자치회 표준조례 개정안' 참조.

로 위임 또는 위탁한 사항 등이다.[9][10]

주민자치회 위원의 임명 등에 관한 규정은 지방자치단체의 조례에 정하도록 하고 있다. 즉, 조례에 따라 지자체장이 위원을 위촉한다. 임기에 관해서는 명백한 규정이 없으며 통상 2년으로 설정하는 경우가 많다. 지역에 따라 위원으로 선정되기 위해서는 주민자치학교에서 소정의 교육을 이수할 것을 요구하기도 한다. 그리고 주민자치위원은 지역사회의 봉사자로서 직무 수행 시 정치적 중립 준수의 의무와 권한남용금지의 의무를 진다.[11]

주민자치회의 구성과 관련하여 설치시기, 구성, 재정 등 주민자치회의 설치 및 운영에 필요한 사항은 따로 법률로 정하도록 하였고[12] 행정안전부 장관은 시범실시 지역에 대해 행·재정적 지원을 할 수 있도록 하고 있다.[13]

시범실시와 관련하여 행정안전부는 주민자치와 관련한 표준조례안을 마련하여 지방자치단체의 조례제정에 참고할 자료를 제시하였다. 일명 '주민자치회 시범실시 및 설치·운영에 관한 조례 개정안'으로서 표준조례안은 2013년 최초로 제시된 이후 2021년까지 총 6차례 개정을 통해 변경되었다. 표준조례안은 기본적으로 총칙, 주민자치회의 구성 및 운영, 주민자치회의 위원(의무와 임기 등), 지방자치단체와의 관계, 보칙(감독, 보험, 운영세칙), 부칙으로 구성되었다. 표준조례안에 담긴 내용 중 주민자치회의 기능, 구성과 위원, 지방자치단체와의 관계 등을 중심으로 주요 내용을 정리하면 다음과 같다.

---

9) 지방자치분권 및 지방행정체제개편에 관한 특별법 제28조 제2항.
10) 곽현근(2014)의 발표 자료에 따르면 첫째, 사전협의업무로는 "읍면동단위 지역 발전계획, 지역 자원 활용 마을만들기, 혐오시설 주변 의견 수렴 등", 둘째, 위탁업무로는 "주민자치센터 운영, 공원 등 공공시설물 관리, 자원봉사활동 지원 등", 셋째, 주민자치업무로는 "마을신문 및 소식지 발간, 자율방범 및 안전 귀가활동, 등하교길 안전관리 등"으로 구분될 수 있다.
11) 지방자치분권 및 지방행정체제개편에 관한 특별법 제29조 제2항.
12) 지방자치분권 및 지방행정체제개편에 관한 특별법 제29조 제3항.
13) 지방자치분권 및 지방행정체제개편에 관한 특별법 제29조 제4항.

주민자치회의 기능, 구성과 위원, 지방자치단체와의 관계

1. 주민자치회의 기능[14]

1) 주민자치 업무: 주민총회 개최, 자치(마을)계획 수립, 마을 축제, 마을신문·소식지 발간, 공동체 형성, 기타 각종 교육 활동, 행사 등 순수 근린자치 영역에서 수행하는 주민자치 업무

2) 협의업무: 읍·면·동(또는 동, 읍면) 행정기능 중 주민생활과 밀접한 관련이 있는 업무에 대한 협의

3) 수탁업무: 시·군·구 및 읍·면·동(또는 동, 읍·면) 행정기능 중 주민자치센터의 운영 등 주민의 권리·의무와 직접 관련되지 아니하는 업무의 수탁 처리.

2. 주민자치회의 구성 및 위원

1) 주민자치회의 위원은 최소 30명 이상으로 구성한다.(※ 지역 여건에 따라 40명 이상, 30명 이상 50명 이하 등으로 자율적으로 결정)[15]

2) 위원은 공개모집 또는 단체·조직 추천 등을 통해 주민자치교육과정을 이수한 사람 중 공개추첨으로 선정하며 선정 결과에 따라 지방자치단체장이 위촉한다. 성별의 대표성이 유지되고 사회적 약자 등 다양한 계층이 참여할 수 있도록 노력해야 한다.[16]

3) 주민자치회에는 회장 1명과 부회장 1명(또는 2명)을 두며, 위원 중에서 호선한다.[17]

4) 주민자치회에 사무처리를 위해 간사를 선임하거나 사무국을 설치할 수 있고, 감사를 둔다.[18] 또한, 기능의 효율적 운영을 위해 분과위원회를 둘 수 있다.[19]

5) 주민자치회는 주민총회를 연 1회 이상 개최하며,[20] 자치(마을)계획안을 수립한다.[21]

6) 위원의 임기는 2년으로 하고 연임할 수 있으며,[22] 명예직으로 한다.[23] 다만, 필요한 경우 예산의 범위에서 실비 및 수당을 지급 할 수 있다

14) 주민자치회 시범실시 및 설치·운영에 관한 조례 개정(안) 제5조.
15) 주민자치회 시범실시 및 설치·운영에 관한 조례 개정(안) 제6조.
16) 주민자치회 시범실시 및 설치·운영에 관한 조례 개정(안) 제9조.
17) 주민자치회 시범실시 및 설치·운영에 관한 조례 개정(안) 제11조.
18) 주민자치회 시범실시 및 설치·운영에 관한 조례 개정(안) 제12조와 제13조.
19) 주민자치회 시범실시 및 설치·운영에 관한 조례 개정(안) 제14조.
20) 주민자치회 시범실시 및 설치·운영에 관한 조례 개정(안) 제14조의2.
21) 주민자치회 시범실시 및 설치·운영에 관한 조례 개정(안) 제14조의3.
22) 주민자치회 시범실시 및 설치·운영에 관한 조례 개정(안) 제18조.
23) 주민자치회 시범실시 및 설치·운영에 관한 조례 개정(안) 제19조.

3. 지방자치단체 등과의 관계

제21조(지방자치단체의 지원) ① 시장(또는 군수·구청장)은 주민자치회가 읍·면·동(또는 동, 읍·면) 주민을 위한 공공사업을 추진하거나 제5조의 사무를 수행하는 경우 행정적 지원 및 전년도 주민세(개인균등분)의 징수액에 상당하는 예산 등을 재원으로 재정적 지원을 할 수 있다.

② 시장(또는 군수·구청장)은 주민자치회가 대표적 주민참여기구로서 읍·면·동 단위 주민참여예산기구, 도시재생주민협의체 등 주민참여기구를 대체하거나 연계될 수 있도록 노력하여야 한다.

③ 시장(또는 군수·구청장)은 온라인 참여 여건을 조성하는 등 주민참여를 촉진하기 위해 노력하여야 한다.

④ 시장(또는 군수·구청장)은 주민자치회 위원 및 주민의 자질 함양과 역량강화를 위하여 교육 등 필요한 시책을 수립·시행하여야 한다.

⑤ 제4항에 따른 시책 수립을 위하여 해당 읍·면·동(또는 동, 읍·면)장 및 자치회장은 시장(또는 군수·구청장)에게 의견을 제출할 수 있다.

⑥ 시장(또는 군수·구청장)은 주민자치회의 의견을 들어 해당 지역 읍·면·동 소속공무원으로 하여금 주민자치회 운영을 지원하게 할 수 있다.

⑦ 시장(또는 군수·구청장)은 주민자치회의 원활한 업무 수행을 위하여 필요한 범위 내에서 전용 사무실을 제공할 수 있다.

⑧ 시장(또는 군수·구청장)은 필요하다고 인정하는 경우에는 관련 법인 또는 단체 등으로 하여금 주민자치회의 설치·운영을 지원하게 할 수 있다.

제22조(관계기관 등과의 협조) ① 자치회장은 주민자치회의 업무수행을 위하여 전문적 지식과 경험이 있는 관계공무원 또는 전문가의 의견을 듣거나 관련 기관·단체 등에 대하여 자료 또는 의견의 제출 등을 요청할 수 있다. ② 주민자치회는 제5조의 업무를 수행하는 데 있어 다른 주민자치회와 공동 추진이 필요한 경우, 해당 주민자치회와 협의하여 별도의 협의체 등을 구성·운영할 수 있다.

출처: 행정안전부(2020c): 2020년도 주민자치회 표준조례 개정안 중에서 발췌-정리.

행정안전부는 2013년 전국 31개 읍면동을 대상으로 주민자치회의 시범실시에 들어갔다. 이후 시범실시 지역은 전국적으로 확산되고 있다.[24] 관련하여 제도적 정

---

24) 가령, 2020년 6월 기준 시범실시 지역은 전국적으로 626개소에서(최인수 외, 2020) 2021년 12월 기준

비도 활발하게 진행되었다. 지방자치단체 차원에서는 행정안전부의 '주민자치회 표준조례안'의 제시 이후 활발하게 관련 조례를 제정해 왔다. 지방자치단체별로 조례의 제정에서 편차를 보이는데 전국적으로 2022년 7월 기준 147개의 지방자치단체가 도입하였다. 이 중 광주광역시, 세종특별자치시, 충청남도와 경상남도 내 기초지방자치단체는 모두 조례를 제정한 것으로 나타났다.[25)

　주민자치회는 지역사회의 공동체활동, 각종 사업(예: 도시재생), 주민참여예산위원회, 기존 지역사회조직(예: 지역사회보장협의체 등) 등과 연계하거나 협력하여 운영 중이다(행정안전부, 2022e).[26) 그리고 주민자치회는 읍면동의 고유 업무를 제외하고 행정기능에 폭넓게 참여할 수 있도록 하고 있다. 이를 통해 좁게는 근린자치, 넓게는 지역사회 차원의 주민자치 구현의 실천적 기회를 제공하고자 하는 것이다. 주민들은 이를 통해 동네 단위의 다양한 실험과 변화를 도모하여 풀뿌리 민주주의의 인식과 경험을 향상시킬 수 있다.

　지방행정연구원이 2020년도에 실시한 주민자치회에 관한 인식조사에 따르면 주민자치회의 기능 중 주민자치업무가 주요 업무로 추진 중이며, 행정 및 주민과의 소통이 활발하게 증가하였지만, 운영과 관련한 주민세의 이전 등 재정지원은 여전히 낮은 것으로 나타났다(최인수 외, 2020). 주요 개선 사항으로는 주민의 민주적 대표성 강화 및 민주적 운영, 위원의 역량강화 및 지원강화, 법적지위 명확화 및 지역사회 내 위상강화 등이 제시되었다(최인수 외, 2020: 126-132).

　이상의 논의에도 불구하고 2022년 11월 기준 전부개정 지방자치법에는 주민자치회의 내용을 담지 못한 채 시범실시 차원에 머물러 있다. 이하에서는 주민자치위원회와 주민자치회를 각각 비교하여 주민자치의 현주소를 살펴보기로 한다.

　으로는 1,013개소로 빠르게 확산되었다(행정안전부, 2022f).
25) 참고로 2021년 2월 기준 137개의 지방자치단체가 도입하였다(하태영 외, 2021: 23).
26) 2022년 주민자치형 공공서비스 구축사업 주민자치 분야 매뉴얼에서 참조함.

4. 주민자치위원회와 주민자치회의 비교와 시사점

주민자치는 주민이 생활하는 지역사회나 동네(마을) 등의 근린단위에서 발생하는 공공의제나 문제를 주민이 자치적으로 결정하고 책임지는 활동이다. 즉, 주민자치의 핵심은 주민의 자발적인 참여에 기반한 자기결정권과 책임으로 요약된다. 주민들이 거주하는 근린생활 공간에서 발생하는 문제에 관심을 가지게 되며 일정한 권한을 가지고 해결하는 제도적 장치로서 주민자치위원회와 주민자치회는 점진적인 개선과 변화를 지속하고 있다. 앞서 논의한 주민자치위원회와 주민자치회를 비교하여 정리하면 〈표 13-1〉과 같다.

표 13-1 주민자치위원회와 주민자치회의 비교

구분	주민자치위원회	주민자치회
목적	• 주민자치센터 운영에 관한 사항을 심의하거나 결정	• 풀뿌리자치의 활성화와 민주적 참여의식의 고양
성격	• 읍면동장의 자문기구	• 주민자치 또는 주민생활 관련 사항의 협의 및 실행
법적근거	• 지방자치법 시행령 별표 1('2. 주민의 복지증진에 관한 사무' 중 '타. 읍면동 사무소의 주민자치센터 설치 운영') • 시군 주민자치센터 설치 및 운영 조례	• 지방자치분권 및 지방행정체제개편에 관한 특별법 제27조-제29조 • 시군 주민자치회 시범실시 조례
업무(기능)	• 읍면동 행정업무에 대한 자문 • 주민자치센터 운영에 관한 심의·결정	• 주민화합 및 발전 관련 사항 • 지자체가 위임·위탁하는 사무의 처리 • 기타 관계법령, 조례 또는 규칙으로 위임 또는 위탁한 사항
위원선발	• 각급 기관, 단체 추천 및 공개모집 신청·접수	• 일정 주민자치 관련 교육시간을 이수한 지역대표, 주민대표, 일반주민 등 비율 고려, 공개모집 후 공개 추첨(대표성 확보)
위촉권자	• 읍면동장	• 지방자치단체장(시장·군수·구청장)
재정	• 읍면동 지원금, 프로그램 수강료 한정	• 자체재원인 사업(위탁)수익, 기부금, 보조금 등으로 운영
기타	• (대부분) 읍면동 주도로 운영	• 지방정부와 어느 정도 대등한 관계에서 파트너십 구축 • 정치적 중립의 의무와 권한 남용 금지의 의무

출처: 경기도 웹사이트, 지방자치법, 지방자치분권 및 지방행정체제개편에 관한 특별법을 참조하여 작성함.

이상과 같이 지난 20여 년간의 주민자치위원회와 주민자치회의 논의와 경험은 우리나라 주민자치의 한계와 가능성을 다각적으로 보여준다. 세부적으로 근린단위의 주민자치의 구현을 위해서 중앙정치권과 정부, 지방자치단체, 주민과 지역사회의 입장과 태도를 중심으로 살펴보기로 한다.

중앙정부 차원에서 행정안전부는 김대중 정부 이래로 주민자치활성화를 위한 제도의 마련 등 토대를 조성해 왔다. 대표적으로 주민자치회 조례안의 준비와 수차례 개정, 주민자치회의 지방자치법상 조문화 등의 노력을 기울였으나 2022년 기준 국회 입법의 문턱을 넘지 못하는 한계가 존재하였다. 지방자치단체의 측면에선 1999년 지방행정기관의 개편 당시 읍면동 폐지와 근린자치 활성화의 소극적─부정적 입장에서 보여지듯이 주민자치의 확대와 지방자치단체의 권한 배분 측면에서 갈등이 상존하고 있다. 최근에는 주민자치회의 시범실시·운영 등에 관한 지자체 차원의 조례제정이 확산되고 있지만 실제 운영에 있어서는 여전히 지역별 편차가 크게 나타나고 재정지원·기능배분 등과 관련하여 활성화의 정도가 낮은 것으로 평가된다. 다음으로 주민 측면에서도 주민자치위원회의 경험이 보여주듯이 한정된 일부 주민만이 참여하는 대표성의 문제와 전반적인 주민의 무관심과 낮은 참여의 한계가 존재한다. 이러한 현실에도 소수의 지방자치단체에서는 권한 및 재원의 배분과 관련한 지방자치단체장의 적극적인 의지와 주민(조직)의 적극적인 참여를 통해 주민의 삶과 직결된 행정서비스의 결정과 집행에 적지 않은 기여를 하고 있는 것으로 평가된다.[27]

---

27) 정정화(2020: 160)는 제주특별자치도와 세종특별자치시의 주민자치의 실태를 소개하였다. 즉, 제주특별자치도에서는 농어촌형태의 제주형 마을자치를, 세종특별시에서는 도시형의 세종형 마을자치가 운영 중이다. 관련하여 제주도에서는 '숙의민주주의 실현을 위한 주민참여 기본조례'(2017년)에 기반하여 주민주도의 마을만들기 사업을 지원하고 있다. 세종시에서는 '시민참여 기본조례'를 도입하여, "읍면동에 조례·규칙 제안권을 부여하고 읍면동장 시민추천제를 확대하는 한편, 리 단위 마을회를 설치"(정정화, 2020: 160)하여 운영하고 있는 것으로 나타났다.

제2절 주민참여예산제도

예산의 편성과 집행은 전통적으로 정부의 고유 역할이자 기능으로 받아들여진다. 하지만 이러한 정부와 지방정부 단독의 예산 및 재정의 운용으로 인해 정책과 행정서비스는 주민들의 일상생활 구석구석에서 요구되는 사업이나 서비스를 인지하기 어렵고 적시에 제공하기도 힘들다. 반면 상향식 예산편성을 지향하는 주민참여예산제도는 일상생활 속 또는 동네 단위의 행정수요를 주민들이 제안하고 예산으로 편성하는 절차를 따른다. 적은 규모의 예산으로도 주민들의 일상 속 삶의 질을 제고할 수 있는 방안으로 의의를 높이 평가받고 있다.

1. 주민참여예산제도의 개념과 목적

주민참여예산제도는 지방정부의 예산편성 등 예산과정에 주민들이 참여할 수 있는 제도이다. 전통적으로 지방정부의 예산은 집행부가 독점적으로 편성하여 지방의회의 심의－의결을 거친 후 집행하는 과정을 거쳤다. 주민참여예산제도는 집행부의 예산편성권과 지방의회의 심의－의결권이라는 독점적인 예산관련 권한을 주민들이 부분적으로 공유하는 것을 의미한다. 예산과정의 참여를 통해 주민들은 그들의 선호와 우선순위에 따른 예산을 편성할 기회를 가지며 지방자치의 기본 이념을 현실 속에서 한층 더 체화하기도 한다. 지방재정법 제39조는 주민참여예산제도를 마련하여 시행할 것을 의무화하고 있고 전국의 지방정부는 주민참여예산조례를 통해 다양한 형태를 시행하고 있다.

지방주민이 지방정부의 예산편성과정에 참여하는 주민참여예산제도의 목적 또는 취지는 다음과 같다.

첫째, 재정민주주의의 이념을 구현한다. 지방예산은 지방의 정책과 사업을 구현하는 물적 토대로서 역할을 한다. 주민이 예산편성과정에 참여하여 주민이 선호하는 정책과 사업의 집행을 위한 재정의 확보와 배분이 가능하다. 전통적인 예산배분의 과정이 지방정부 중심의 하향식으로 진행되었다면 주민참여예산제도는 주민으로부터 시작되어 상향식 사업선정과 예산배분의 과정을 거치게 된다. 이러한 과정에서 주민참여예산제도는 재정적 측면에서 주민들의 참여와 실행을 통해 지역 내 민주주의 구현의 한 형태로서 역할을 한다.

둘째, 지방재정의 투명성을 제고하고 재정의 책임성을 증대한다. 예산의 편성과 결정과정에 주민이 참여함으로서 지방예산의 규모와 세부 내역의 정보공개가 확대되고, 지방의 살림살이에 대한 주민의 이해와 관심이 증대하게 된다. 지방행정 내부에서만 논의되고 결정되던 지방예산과정이 공개됨으로서 지방재정 운영상의 투명성을 제고할 수 있다. 또한, 투명한 예산결정과정에 주민의 선호와 이해를 반영한 재정의 배분이 가능하고 주민들이 예산과정을 감시 및 통제함으로써 지방재정의 대주민 책임성과 대응성을 제고할 수 있다.

셋째, 재정의 효율성을 제고한다. 주민의 일상과 삶에 직접적으로 연관된 정책과 사업에 재정을 배분하여 불필요한 재정의 낭비를 줄이고, 집행과정상의 효율성을 증대시킨다. 지방정부의 일방적 재정결정은 주민의 시각과 입장이 아닌 지방자치단체장이나 지방의원들의 정치적 재선이나 선심성 사업을 통해 지역사회에 실질적인 사업이나 서비스의 무관심과 배제로 이어질 수 있다. 불필요한 예산의 낭비 및 비효율이 발생할 수 있는 것이다. 주민참여를 통해 예산이 편성되게 되면 주민이 제안하고 우선순위를 둔 사업에 대한 민관 합동의 평가가 이뤄지는 과정에서 예산이 재조정되면서 재정의 효율성을 높일 수 있다.

2. 주민참여예산제도의 변천과 현황

1) 브라질 포르투알레그레시: 1989년 최초 도입

주민참여예산제도는 1989년 브라질 포르투알레그레시에서 최초로 도입되었다. 포르투알레그레시는 1980년대 초반부터 외부로부터 빈민들의 이주가 증대하면서 불평등과 빈부격차가 심화되었다.[28] 또한, 독재정권의 부패가 심각한 상황에서 공무원들의 부패와 무능도 심각한 상황이었다. 1988년 진보정당이 시 정부를 맡으면서 주민들의 행정서비스에 대한 요구가 폭발적으로 증가하였다. 이러한 상황에서 시장은 주민들과 직접적으로 접촉하면서 시가 처한 재정상황을 납득시키고 주민들을 시행정의 대등한 파트너로 인정하였다. 그 과정에서 주민들의 참여에 의한 예산편성권한을 공유하였고 주민들은 적극적으로 주거, 복지 등 실생활과 관련한 예산을 제안하였다. 즉, 주민들은 주민총회에 참석하여 적극적으로 참석하고 투표를 통해 우선순위의 사업을 선정하였다.

포르투알레그레시의 주민참여예산제도는 재정민주주의 및 효율성을 고양시킨 것으로 평가받으며, 이후 국제연합(UN)과 세계은행(World Bank) 등은 행정혁신의 사례로 소개하기도 하였다(김명수, 2015: 25). 주민참여예산제는 상파울루와 같이 브라질 국내뿐만 아니라 뉴욕과 시카고, 유럽의 도시들로도 확산되어 예산과정의 민주성, 투명성과 책임성의 증대에 크게 기여한 것으로 평가되고 있다.

2) 우리나라의 도입과 시행

지방자치제의 실시와 더불어 주민자치의 중요성 증대는 주민의 행정 및 정책 참여에 보다 긍정적인 환경을 조성했다. 대의민주주의의 심화로 주권자인 주민의 의사가 반영된 정책 및 예산의 반영이 위협받고, 예산결정과정의 공정성 및 형평성의 문제도 또한 대두되었다. 이러한 맥락에서 주민의 예산과정의 참여를 통해 재정민주주의를 확보하고 예산결정의 민주성을 증대하기 위하여 우리나라의 지방에서 주민참여예산제에 대한 관심이 증가하였다.

우리나라에서는 1990년대 후반 시민단체의 예산감시 운동이 전개되기 시작했고, 2002년 지방선거 당시 야당인 민노당이 선거공약으로 제시하였다. 이후 진행된 예산감시운동 및 주민참여예산조례 제정 운동은 2004년 3월 광주광역시 북구에서 최초로 주민참여예산제의 조례로 이어졌고, 6월 울산광역시 동구와 9월 충북 청주

---

28) 이하 포르투알레그레시의 주민참여제도의 도입배경은 경향글로벌 포럼의 정유진(2015)의 '브라질 포르투알레그리, 주민참여예산제의 힘' 참조.

시에서도 조례가 제정되어 시행되었다.

중앙정부는 2005년 지방재정법에 지방예산편성과정에 주민이 참여할 수 있는 조항을 신설하였고, 2006년과 2010년에 행정안전부는 지방자치단체에게 '주민참여예산제 표준조례(안)과 운영조례 모델(안)'을 각각 시달하였다. 다음 해인 2011년 8월 지방재정법의 개정은 주민참여예산제 시행이 전국지방자치단체에게 의무화되는 계기가 되었다. 즉, 지방재정법은 "지방자치단체의 장은 대통령령이 정하는 바에 따라 지방예산편성과정에 주민이 참여할 수 있는 절차를 마련하여 시행하여야 한다."라고 규정하고 있다.[29] 2015년 5월에는 주민참여예산제도의 운영에 대한 평가를 실시할 수 있는 조항을 신설하는 지방재정법 개정이 이뤄졌다. 행정안전부 장관은 이에 따라 주민참여예산제도의 운영에 대한 평가를 실시할 수 있다. 또한, 2018년 3월에는 주민참여예산기구 설치에 대한 규정을 신설하는[30] 등 주민참여예산제도는 지속적으로 변천을 겪어오고 있다.

지역주민은 다양한 방식을 통해 주민참여예산제의 과정에 참여한다. 구체적으로 주민은 아래와 같이 다양한 참여방법을 통해 참여할 수 있다.[31]

- 주요 사업에 대한 공청회 또는 간담회
- 주요 사업에 대한 서면 또는 인터넷 설문조사를 통한 참여
- 주민 또는 주민단체들이 지방자치단체의 사업공모에 지원함
- 그 밖에 주민 의견 수렴에 적합하다고 인정하여 조례로 정하는 방법에 따른 참여

이상의 과정을 통해 수렴된 주민 의견에 대해서 지방자치단체장은 검토를 하고 예산편성 시 반영할 수 있다. 주민 의견의 반영 여부에 대한 최종적인 결정은 지방의회의 손에 달려 있어 실질적인 운용은 지방마다 편차가 존재함을 알 수 있다.[32]

---

29) 지방재정법 제39조.

30) 지방재정법 제39조 제2항.

31) 지방재정법 시행령 제46조.

32) 지방 단위에서 시작된 주민참여예산제도는 우리나라에서는 국가차원의 예산편성에도 국민이 참여하는 국민참여예산제도의 도입으로 이어졌다(이하의 논의는 기획재정부 국민참여예산 홈페이지에서

[청소년 발언대] 청소년 제안을 정책으로 '참여예산제'

우리 지역에는 아동·청소년들이 직접 자신들에게 필요한 사업을 제안할 수 있는 제도가 있다. 바로 아동·청소년참여예산제도이다. 광주광역시 아동·청소년참여예산제는 아동·청소년의 관점에서 학교·마을·지역사회에서 필요한 사업을 직접 제안하고, 제안된 사업을 심의·선정해 예산으로 반영하는 사업이다. (중략)

그동안 아동·청소년들이 요구하는 정책보단 어른들이 만들어낸 정책이 실행되는 경우가 대부분이었다. 같은 지역에 살고있는 아동·청소년도 시민인데 "우리를 위한 예산은 있는지, 왜 우리가 원하는 프로그램은 없지?"라는 의문을 해소하기 위해 아동·청소년참여예산제가 시작되었다. 이는 정책의 대상으로만 인식되던 아동·청소년들이 실질적인 정책 결정과 예산 편성의 하나의 주체로 보는 인식 전환의 계기가 됐다. 광주광역시 아동청소년의회에서는 2017년부터 현재까지 운영하고 있으며, 아동·청소년참여예산제를 통해 총 16개의 제안이 선정되어 운영되었다.

지난 '2021 광주광역시 아동·청소년 참여예산제 공모대회'에서는 △요리조리10대 △학교 밖 청소년을 위한 연말앨범 △집 근처에서 놀고싶어요가 선정되어 운영하고 있다. '요리조리 10대'는 요리를 배우는 활동으로 스스로 한 끼를 차릴 수 있는 힘을 기르고, 건강한 음식을 찾아가는 식습관을 개선할 수 있는 제안이다. '학교 밖 청소년 연말 앨범'은 제도권 학교의 공교육을 받고 있는 청소년들은 학교를 졸업할 때 받을 수 있는 반면, 학교 밖 청소년들은 졸업앨범이 없어 소외감을 느끼고 있는 현실에서 출발한다. 학교 밖 청소년들에게 연말앨범을 제작할 수 있게 함으로써 소외되지 않을 권리를 충족할 수 있는 제안이다. '집 근처에서 놀고싶어요'는 집 근처에서 아동들이 모여 놀 수 있는 쾌적하고 안전한 공간을 만들어달라는 제안이다. 이처럼 아동·청소년 참여예산제는 자신들에게 필요한 것들을 자유롭게 제안할 수 있다.

광주 지역 내 19세 이하 아동·청소년 누구나 참여가능하고, 개인뿐만 아니라 공동으로도

발췌하여 정리함). 일명 '국민참여예산제도'로서 '국민이 예산사업의 제안, 심사, 우선순위 결정 과정에 참여하는 제도'(국가재정법 및 국가재정법 시행령)로서 2017년 시범 도입을 걸쳐 2018년부터 본격적으로 운영 중이다. 관련하여 기획재정부 국민참여예산 홈페이지를 통해 국민들의 참여의 문호를 열어 두고 있으며, 일반 국민들은 예산국민참여단의 일원으로 참여하여 국민제안사업의 검토·숙의·선호도 투표 등의 활동을 할 수 있다. 국민참여예산의 형태는 제안형과 토론형으로 구분된다. 홈페이지에 따르면 제안형은 "국민의 직접제안 중 적격제안을 사업으로 숙성하여 예산 반영"하고, 토론형은 "주요 재정관련 사회 현안 등에 대한 논의 및 국민의견 수렴 등을 통해 사업을 숙성하여 예산 반영"으로 제시되어 있다(기획재정부 국민참여예산 홈페이지). 주민참여예산제도가 주민이 거주하는 지방자치단체의 사무와 관련한 예산편성에 참여하는 것이라면 국민참여예산제도는 전국 단위에서 중앙정부가 수행하는 재정사업에 참여하는 측면에서 차이가 난다.

참여할 수 있으며, 청소년 1번가 홈페이지를 통해 온라인으로 제안할 수 있다. 우리가 행동하면 아동청소년들이 행복한 광주광역시를 변화시킬 수 있다. 우리가 제안한 내용들이 단순 제안에서만 그치지 않고 실제로 광주광역시 아동·청소년 정책에 반영되길 기대해본다.

자료: 김주형*. (2022.10.5.). 일부 발췌 및 편집.

* 주: 김주형은 광주 청소년의회 의장임.

3) 주민참여예산제의 운영

주민의 참여를 보장하고 소통을 강조하는 주민참여예산제도의 추진은 지역별로 다소 상이하게 진행되고 있으나 기본적으로 다음의 절차를 포함하고 있다.

상향식 사업제안의 출발점으로서 주민의 의견수렴 및 제안이 최하위 행정체계(예: 동별)에서 인터넷, 팩스, 방문접수 등을 통해 이뤄진다. 즉, 지방 내 설정된 최하위 단위에서 지역별 사업발굴이 진행된다. 지역별로 지역회의 또는 동별자문단이 구성되어 토론을 거쳐 사업의 우선순위를 정하기도 한다.

다음으로는 사업부서 검토단계로 소관 부서에서 사업의 적격성 또는 현실 가능성을 검토한다. 이 과정에서 공무원이 포함된 주민참여예산위원들이 지역을 방문하여 사업에 대한 이해를 높이고 타당성을 검토하기도 한다.

마지막으로 주민참여예산위원회를 포함한 주민참여예산총회를 거쳐 사업의 심의 및 최종결정을 한다. 최종 선정 단계는 주민참여예산위원뿐만 아니라 전체 주민에게도 개방되어 주민총회나 축제와 같은 주민 전체가 어우러지는 장으로 열린다. 사업의 우선순위가 최종 선정된 후 주민참여예산의견서(안)을 지방의회에 제출한다.

이상의 과정에서 지자체별 다소 차이가 있지만, 주민들의 참여는 다양한 형태나 단계를 통해 이뤄진다. 우선, 주민제안사업을 제안하거나 신청서를 작성한다. 다음으로 주민예산참여위원회 위원으로 활동하며 지역회의에 참여한다. 주민참여예산위원의 임기는 통상 2년(또는 1년)으로 한 번의 연임을 허용하는 경우가 많으며 지역별로는 주민참여예산학교에서 일정 교육을 이수한 자를 자격조건으로 규정하기도 한다. 마지막으로, 최종 사업선정단계에서 설문조사에 참여하며, 사업선정 투표에 참여한다.

3. 주민참여예산제도의 한계

주민의 예산 편성권에도 불구하고 주민참여예산제도는 제도자체의 한계, 단체장-의회의 권한과 주민의 예산편성 간에 갈등, 주민의 관심 및 참여 부족, 주민의 낮은 대표성 및 지식-전문성의 한계, 참여와 토론과정의 비용 및 시간 소요 등의 한계가 지적된다. 세부적으로 살펴보면 다음과 같다.

첫째, 참여예산제도 도입의 의무적 규정을 제외하고는 지자체에게 폭넓은 재량을 허용하여 제도의 취지를 살리지 못하는 사례가 발생한다. 가령, '참여예산위원회를 둘 수 있다'와 같이 재량권을 인정하는 규정으로 인해 실제 위원회가 구성되지 않는 지역도 존재한다. 예를 들어, 지방자치단체별로 주민참여예산위원회 대신 기존의 지방재정계획심의위원회가 대행하는 것으로 조례를 개정하기도 한다.

둘째, 지자체장의 의지에 따라 운용의 일관성을 상실할 수 있다. 동일 지방 내에서도 자치단체장의 교체 및 의지에 따라 연도별 참여예산 규모의 편차, 참여예산위원 구성 문제 등 운용의 일관성을 상실하는 경우가 관찰된다. 참여예산제도에 우호적인 지자체장은 예산규모를 증대하고, 참여예산위원의 구성에서 친정부 성향의 전문가나 주민이 아닌 일반 주민의 대표성을 높이려는 경향을 보인다. 예를 들어 예산의 배정과 관련하여 일부 지자체는 예산배정이 0원이었다.

셋째, 지방의회 예산심의권의 약화에 대한 지방의원의 반발이 일어난다. 주민참여에 의한 예산심의 및 결정은 지방의회의 전통적인 권한인 예산심의권과 충돌할 우려가 제기되며 따라서 지방의원은 주민참여예산제도에 부정적 태도를 보이기도 한다. 주민의 참여를 통해 결정된 예산에 대해 지방의회는 수용 또는 거부할 수 있으며 이는 참여예산제도의 실효성의 문제로 이어질 수 있다.

넷째, 주민의 낮은 참여와 특정 계층 중심의 참여는 주민 전체가 아닌 일부 특정 주민의 이해관계가 지배하는 결과로 이어지기도 한다. 즉, 특정 지역 또는 주민

중심의 참여는 주민 전체의 대표성을 가진 사업이 아닌 특정 지역 또는 주민의 이해나 이익이 반영된 예산사업의 선정을 초래하기도 한다.

다섯째, 비전문성의 우려가 존재한다. 예산이나 재정과 관련된 개념 및 운용은 어느 정도 전문적 지식이 수반되어야 하는 영역이다. 일반 주민은 예산이나 재정에 대한 이해를 증진시키는 교육 및 지식의 습득이 요구된다. 지방자치단체들은 주민참여예산학교 등의 운영을 통해 참여주민의 예산과정에 대한 이해를 증대시키고 있다.

제3절 주민의 직접참정제도

대의민주주의의 한계를 보완하는 대표적인 제도로서 직접참정제도라고 불리는 주민발의, 주민투표, 주민소환을 들 수 있다. 이러한 과정 또는 절차를 통해 주민들은 일정한 선거주기 이외에도 선출된 지방의 정치지도자와 그들의 제도적 − 정책적 결정에 대한 의견을 개진하고, 직접적으로 결정을 하거나, 때로는 정치지도자들을 지위에서 물러나게 하는 집합적 행동이 법적으로 허용되고 있다. 우리나라의 지방차원에서 허용되고 있는 직접참정제도로서 주민발의, 주민투표, 주민소환을 차례로 논의한다.

1. 주민발의(Citizen Initiatives)

주민발의제도는 주민들이 직접 조례의 제정 또는 개정−폐지를 청구하는 제도이다. 지방자치단체장은 지방의회가 의결할 의안에 대한 발의권이 있고, 지방의회는 조례의 제정 또는 개·폐에 대한 심의 및 의결권을 가진다. 주민발의제도를 통해 주민들도 지역 현안 또는 주민의 삶과 직결된 사안에 대해 직접적 제도화의 기회가 주어지는 측면에서 의의가 크다고 할 것이다. 우리나라는 지방자치제도의 실시 이후 1999년 8월 31일 지방자치법의 개정으로 도입되었다.

지방자치법과 주민조례발안에 관한 법률은 조례의 제정과 개폐의 청구에 대한 내용을 담고 있다.[33] 우선, 전부개정 지방자치법은 주민의 조례제정 및 개폐청구권 및 관련 사항을 규정하고 있으며, 구체적인 사항은 법률로 정하도록 규정하였다.[34] 이와 관련하여 제정된 법률이 주민조례발안에 관한 법률로서 2022년 1월 13일부터 시행에 들어갔다. 조례의 제정과 개폐의 청구 주체는 만 18세 이상의 주민으로서 해당 지자체의 관할구역에 주민등록이 되어 있거나 영주할 수 있는 체류자격 취득일 후 3년이 지난 외국인으로 지방자치단체의 외국인 등록대장에 올라 있으면 주민조례청구권을 가진다.[35]

청구대상의 예외로 법령 위반 사항, 지방세·사용료·수수료·부담금의 부과·징수 또는 감면에 관한 사항, 행정기구를 설치하거나 변경하는 것에 관한 사항이나 공공시설의 설치를 반대하는 사항을 담았다.[36]

또한, 인구 규모를 반영하여 청구요건을 엄격하게 적용하고 있다. 동법에 따르면 "특별시 및 인구 800만 이상의 광역시·도: 청구권자 총수의 200분의 1, 800만 미만의 광역시·도, 특별자치시, 특별자치도 및 인구 100만 이상의 시: 청구권자 총수의 150분의 1, 50만 이상 100만 미만의 시·군 및 자치구: 청구권자 총수의 100분의 1, 10만 이상 50만 미만의 시·군 및 자치구: 청구권자 총수의 70분의 1, 인구 5만 이상 10만 미만의 시·군 및 자치구: 청구권자 총수의 50분의 1, 5만 미만의 시·군 및 자치구: 청구권자 총수의 20분의 1" 범위에서 지방자치단체의 조례로 정하는 청구권자 수 이상의 연서(連署)를 요구하고 있다.[37]

---

33) 행정안전부는 2019년도 3월에 '주민조례발안에 관한 법률안'을 국무회의에서 통과시켰다. 서명자 수 등 엄격한 청구요건과 절차의 복잡성으로 연평균 13건 정도로 주민발의제도가 저조한 실정이라고 지적하였다. 행안부는 앞선 법률안을 통해 청구권자를 19세에서 18세로 조정하고, 광역-기초 2단계의 획일적인 인구수의 서명요건을 인구규모별로 세분화·완화하며, 조례안을 지방의회에 직접 제출하고, 수리된 조례안에 대하여 지방의회가 1년 이내 심의·의결하도록 의무화(필요시 1년 연장 가능)하고, 또한 임기만료 시 자동폐기되지 않도록 차기 의회에 한하여 계속 심사하도록 이행력을 강화하는 내용을 담았다. 이 법률은 2021년 10월 19일 제정되어 2022년 1월 13일에 시행에 들어갔다.
34) 지방자치법 제19조 제1항과 제2항.
35) 주민조례발안에 관한 법률 제2조.
36) 주민조례발안에 관한 법률 제3조.
37) 주민조례발안에 관한 법률 제5조.

앞선 조건을 충족하면 청구인의 대표자는 '주민청구조례안'을 지방의회의장에 작성하여 제출하게 된다. 지방의회는 주민청구조례안이 수리된 날로부터 1년 이내에 의결하여야 하지만, 필요한 경우 본회의 의결로 1년 이내의 범위에서 한 차례만 그 기간을 연장할 수 있도록 하고 있다.[38] 지방의회는 의결하기 전 청구인의 대표자를 참석시켜 청구 취지를 들을 수 있도록 하고 있다.

주민발의제도는 도입과 시행에도 불구하고 청구요건의 연서 인원수가 엄격해 실효성의 논란이 지속적으로 제기되고 있다(행정안전부, 2019b). 주민발의 연서 인원수의 엄격함은 주민의 대표성과 발의의 남발을 우려한 측면이 있지만 다른 한편으로는 발의 요건이 너무 높아 발의를 위축 또는 제한하기도 한다. 또한, 지방의회가 부의된 의안에 대해 처리를 지연하는 사례도 발생하고 있다. 지방의회의 임기가 만료 시 어렵게 부의된 안건은 자동폐기 되는 문제가 발생하기도 한다. 행정안전부(2021c)에 따르면 수리된 주민청구조례안의 약 20%가 의원 임기만료로 자동으로 폐기되었다고 지적하였다. 더불어 청구범위를 제한하고 있어 주민의 삶과 직결되는 발의에 대한 제약도 지적되었다. 실제 지난 20여 년간 주민발의제도를 통하여 청구된 건수도 그다지 높지 않게 나타나고 있다. 행정안전부(2021c)의 '2020년 지방자치단체 조례·규칙현황'에 따르면 제도가 도입되어 시행된 2000년에서 2019년 12월 31일까지 전국의 지방자치단체에서 총 269건이 청구되어, 연간 평균이 13.5건에 불과하였다. 권자경(2016: 142)은 주민발의의 내용 측면에서 조례제정과 조례개정을 구분하여 제정안은 지방자치단체에 주민의 의견을 반영하거나 문화수준을 제고하는 안들이 대체로 많고, 개정안은 대체로 건축, 도시계획, 지방자치단체의 시설관리 등의 담고 있다고 분석하였다.

2. 주민투표(Citizen Votes)

주민투표제도는 주민들의 삶에 중대한 영향을 주는 사안에 대해 주민들이 직접

---

38) 주민조례발안에 관한 법률 제13조.

투표로 결정하는 제도이다. 지방의 주요 결정사항과 관련하여 주민의 직접참여를 보장하여 민주성−책임성을 제고하고 주민의 복리를 증진하는 목적을 가진다.[39] 중앙이나 지방정부의 하향식−일방적 의사결정에 대해 주민들이 적극적으로 의사를 표현하거나 저항할 수 있는 주민주권 실현의 중요한 제도 중 하나이다.

지방자치법은 1994년 3월 개정을 통해 주민투표의 규정을 담았으나, 주민투표를 실시하기 위한 내용인 투표대상, 발의자, 발의 요건, 투표절차 등 기타 사항은 법률로 따로 정하도록 하였다. 이러한 내용을 담은 후속법의 제정이 10년 동안 지연되어 시행되지 못했고,[40] 실질적인 주민투표제도는 2004년 1월 주민투표법의 제정을 통해 도입되었다.

주민투표의 대상은 주민투표법상으로 크게 지방자치단체의 주요 결정사항과 국가정책에 관한 사항으로 구분된다. 우선, 지방자치단체 차원에서는 "주민에게 과도한 부담을 주거나 중대한 영향을 미치는 지방자치단체의 주요결정사항으로서 그 지방자치단체의 조례로 정하는 사항"을 주민투표에 부칠 수 있다.[41] 하지만 법령에 위반되거나 재판 중인 사항, 국가나 다른 지자체의 권한과 사무에 속하는 사항, 예산−재정 등에 관련한 사항, 행정기구 설치·변경 및 공무원 신분과 보수에 관한 사항. 및 기타 사항에 대해서는 주민투표가 제한되어 있다.[42] 또한, 국가정책과 관련해서는 중앙행정기관의 장은 지자체의 폐치−분합 또는 구역변경, 주요시설의 설치 등 국가정책의 수립과 관련하여 주민의견 청취가 필요하다고 인정하는 경우 주민투표의 대상이 된다.[43] 이 경우 중앙행정기관의 장은 주민투표의 실시구역을 설정하여 해당 지방자치단체장에게 주민투표의 실시를 요구할 수 있으며, 관련하여 행정

---

39) 주민투표법 제1조.
40) 후속법의 제정이 10년 동안 제정되지 않아 시행되지 못한 이유로 김성호(2004b: 31−32)는 지역 내 투표로 인한 주민 간 분열의 우려, 투표가 남발될 경우 행정의 혼란과 의회의 기능이 약화되는 것과 같은 부작용의 이슈가 제기되었다. 하지만 지방자치제 실시 10여 년을 거치면서 지방의회의 대의제 기능 보완, 지자체장의 전횡이나 지자체장−의회간의 담합행위 견제, 주민자치의식의 제고되면서 주민투표법의 제정으로 이어졌다(김성호, 2004b: 31−32).
41) 주민투표법 제7조 제1항 주민투표의 대상 참조.
42) 보다 추가적인 내용은 주민투표법 제7조 제2항 주민투표의 대상 참조.
43) 주민투표법 제8조 제1항.

안전부 장관과 사전에 협의해야 한다.

주민투표의 발의자는 주민, 지자체장과 의회, 중앙행정기관장(행정안전부 장관과 협의해야)으로 대별할 수 있다.[44] 주민과 의회는 지방자치단체장에게 주민투표의 실시를 청구하고 지방자치단체장은 지방의회의 동의를 얻어 직권으로 실시할 수 있다. 우선, 앞서 언급한 국가정책의 수립과 관련하여 중앙행정기관의 장은 행정안전부 장관과의 협의를 통해 해당 지자체장에게 주민투표의 실시를 요구할 수 있다. 둘째, 주민은 18세 이상 주민 중 주민투표청구권자 총수의 20분의 1 이상, 5분의 1 이하의 범위 안에서 지방자치단체의 조례로 정하는 수 이상의 서명으로 그 지방자치단체의 장에게 주민투표의 실시를 청구할 수 있다. 셋째, 지방의회는 재적의원 과반수의 출석과 출석의원 3분의 2 이상의 찬성으로 그 지방자치단체의 장에게 주민투표의 실시를 청구할 수 있다. 넷째, 지방자치단체의 장은 직권에 의하여 주민투표를 실시하고자 하는 때에는 그 지방의회 재적의원 과반수의 출석과 출석의원 과반수의 동의를 얻어야 한다.

주민투표는 찬-반표시를 하거나 둘 중 하나를 선택하는 형식으로 실시하도록 하고 있다.[45] 주민투표가 실시되면 주민투표권자 총수의 3분의 1 이상의 투표와 유효투표수 과반수의 득표로 주민투표결과는 확정된다. 만약 전체 투표수가 주민투표권자 총수의 3분의 1에 미달되는 경우는 개표를 하지 않도록 하고 있다.[46]

제도의 도입 이후 2021년 12월 31일 기준 주민투표는 15건이 추진되었고, 실제 투표실시는 12건과 미투표 종결은 3건이다(행정안전부, 2022d). 주민투표의 추진사유로는 행정체제개편, 비선호시설 등의 입지, 무상급식지원범위 등 다양한 분야에서 진행되었다. 행정체제개편과 관련해서는 제주도 행정체제 개편(2005년 7월), 청주·청원 행정구역 통합(2005년 9월, 2012년 6월), 전주-완주 행정구역 통합(완주군만 실시, 2013년 6월)이 실시되었다. 비선호시설 등 시설의 입지 측면에서는 대구 군 공항 이전(2020년 1월), 거창구치소 신축사업 관련 위치 결정(2019년 10월), 평창군 폐기물처리장 주민지원기

---

44) 이하의 내용은 주민투표법 제8조와 제9조의 내용을 정리함.
45) 주민투표법 제15조.
46) 주민투표법 제24조.

금분배방식 결정(2019년 2월), 경남 남해군 화력발전소 유치동의서 제출(2012년 6월), 중－저준위 방사선 폐기물 처분시설 유치 경쟁(2005년 11월, 군산－포항－경주－영덕), 하남시장의 광역화장장 선정과 관련한 주민소환(2007년 12월) 등이 진행되었다. 기타 서울시 무상급식지원범위(2011년 8월), 경북 영주시 면사무소 이전관련(2011년 12월), 강원도 평창군 미탄면 주민지원기금 관리방안결정(2019년 2월) 등을 들 수 있다. 이 중 절반이 중앙부처의 장이 행정구역통합과 방사성폐기물 시설 유치 등과 관련하여 주민투표를 청구한 사례이다. 주민투표가 실시되지 못한 3건의 사례는 서명부 미제출 또는 서명부를 제출했으나 서명인수 미달로 각하되어 발생하였다.[47]

주민투표제도는 주민의 삶과 직결된 중대한 사안에 대한 주민들의 직접적인 결정에 의존하는 긍정적인 취지에도 다양한 형태의 한계를 드러내고 있다. 첫째, 주민투표가 때로는 정부의 정책 추진을 위한 정당화 수단으로 활용되기도 한다. 예를 들어 2005년 중·저준위 방사선 폐기물 처분시설의 유치지역의 선정과 관련 산업자원부는 유치신청 지자체에 주민투표실시를 요구하였다. 입지 선정과 관련 최종 4개 지역(경주, 군산, 영덕, 포항) 간 주민투표의 실시와 최고의 찬성률(경주 89.5%, 군산 84.4%, 영덕 79.3%, 포항 67.5%)을 보인 지역을 유치지역으로 선정하기로 하였다. 각 지역의 주민의견 수렴이라는 취지에도 불구하고 지역 간 경쟁을 부추기고 지역 내 반대의견을 억누르는데 사용되기도 했다는 비판이 제기되었다. 둘째, 주민투표 대상에서 제외되는 국가사무의 범위에 대해 논란이 제기되고 있다. 2014년 삼척 시장의 원자력발전소의 유치 찬반을 묻는 주민투표의 실시에 대해 삼척시 선거관리위원회는 원전시설의 입지와 건설은 국가사무로서 주민투표의 대상이 아니라고 결정했으며, 이는 곧 검찰의 기소로 이어졌다. 하지만 대법원은 "원전 유치 여부를 놓고 쌓인 첨예한 의견 대립을 해소하고 정부에 보다 객관적이고 근거가 확실한 주민들의 의사를 전달하고자 실시된 투표의 목적은 정당하다"고 지적하며 유치 찬반을 묻는 주민투표를 정당하다고 판단하였다. 셋째, 정책사안에 대한 투표임에도 정치인의 신임투표로

47) 경기도 안산시의 문화복합돔구장건립사업 찬반(2009.11.)을 묻는 사례는 서명부가 미제출 되었고, 진주의료원 재개업 찬반사례(2014.12.)와 안동시 임란문화공원 사업 찬반사례(2015.10.)는 서명부를 제출했으나 서명인수 미달로 청구가 각하되었다(행정안전부, 2022d).

변질되기도 한다. 대표적으로 2011년 오세훈 서울시장은 무상급식지원 여부와 관련하여 찬반 투표를 추진하였지만 전체 투표수가 주민투표권자 총수의 1/3에 못 미쳐 개표조차 하지 못했다. 서울시 시민을 대상으로 실시한 주민투표는 서울시 의회와의 갈등이 표출된 정책사안임에도 불구하고 시장의 사임으로 이어지는 등 신임투표의 성격을 띠고 있었다. 마지막으로, 주민투표 절차의 과도한 청구요건과 개표요건으로 활성화의 문제가 지적되고 있다.

3. 주민소환(Recall)

주민소환제는 대의민주주의 하에서 선출직 지방공직자에게 다음 선거가 아닌 재임 중에 주민투표로 해임을 하는 제도로서 직접적인 책임을 묻거나 통제할 수 있는 장치이다. 주민의 직접참여확대를 통해 지자체장과 지방의원을 해임하는 측면에서 직접참정제도 중에서 매우 강력한 영향력을 가진다. 지방자치단체장과 지방의원(비례의원 제외)의 "위법·부당행위, 직무유기 또는 직권남용 등에 대한 적극적·직접적인 통제시스템"의 일환으로 도입되었다. 주민소환제도는[48] 2006년 5월 '주민소환에 관한 법률'과 '동법시행령'이 제정되고 2007년 7월부터 시행되었다.

주민소환의 대상은 광역지자체장·광역의원, 기초지자체장·기초의원으로 비례의원은 대상에서 제외된다. 또한, 소환시기와 관련 임기개시일로부터 1년이 경과하지 않거나 임기만료일로부터 1년 미만일 경우, 해당선출직 지방공직자에 대한 주민소환투표를 실시한 날부터 1년 이내인 경우에는 청구제한을 두고 있다.[49]

주민소환의 발의요건은 광역지자체장, 기초지자체장, 지방의원별로 차이가 난다.[50] 광역지자체장의 경우 청구권자 총수의 10% 이상, 기초지자체장의 경우 15% 이상, 지방의원(광역과 기초 모두)의 경우 20% 이상의 서명을 각각 받아 관할 선거관리

---

[48] 지방자치법 제25조는 주민소환규정을 담고 있다. 동법에 따르면, 주민은 그 지방자치단체의 장 및 지방의회의원(비례대표 지방의회의원은 제외)을 소환할 권리를 가지며, 주민소환의 투표 청구권자·청구요건·절차 및 효력 등에 관하여는 따로 법률로 정하는 것으로 하였다.

[49] 주민소환에 관한 법률 제8조.

[50] 주민소환에 관한 법률 제7조.

위원회에 청구하면 된다. 다만 발의가 특정 지역에서 일어나는 쏠림현상을 방지하기 위하여 광역지자체장과 광역의원은 관할 시군구 전체의 수가 3개 이상인 경우 1/3 이상의 지역에서, 기초지자체장 및 기초의원은 관할 읍면동 중 1/3 이상의 지역에서 청구권자 총수의 1만분의 5 이상, 1천분의 10 이하의 범위 안에서 대통령령이 정하는 수 이상의 서명을 각각 받아야 한다.

주민소환투표일과 주민소환투표안이 공고된 때부터 주민소환투표결과를 공표할 때까지 주민투표소환대상자는 권한행사가 정지된다.[51] 주민소환 투표는 찬성 또는 반대를 선택하게 되며, 지방의 주민소환투표권자 총수의 1/3 이상의 투표와 유효투표 총수의 과반수가 찬성하면 해당 지방공직자의 해직이 확정된다.[52]

주민소환은 2007년 시행 이후 2020년 12월 말까지 지자체장과 지방의원을 대상으로 116건이 시도되었다. 이 중 대부분인 106건은 서명부 미제출, 대표자증명신청취하, 소환사유해소나 주민의견 수용, 자진철회 등으로 미투표 종결되었다.[53] 미투표 종결의 경우 서명미달로 인한 서명부 미제출의 사례가 가장 빈번하며 총 사례 중 절반(약 52건)에 이른다.

실제 주민소환투표로 이어진 것은 총 10명(삼척시장, 과천시장, 제주도지사, 경기하남시장, 구례 군수, 하남시의원 3명, 포항시의원 2명)이고 소환이 확정된 것은 하남시의원 2명이며 나머지는 투표율이 1/3이상에 못 미쳐 소환이 무산되었다(행정안전부, 2022d). 이와 같이 주민투표가 실시된 사례의 이유로는 삼척시는 원자력발전소 건립 강행(2012), 과천시는 보금자리지구 지정 수용 등(2011), 제주도는 해군기지건설관련 주민의견 수렴 부족(2009), 하남시는 광역화장장 건립 추진 등(2007), 포항은 생활폐기물 에너지화시설운영에 따른 주민피해직무유기, 구례는 법정구속으로 인한 군정공백 유발 등 대체로 시설의 입지와 주로 관련된 것을 알 수 있다(행정안전부, 2022d).

주민소환제는 엄격한 요건으로 인해 실제 추진과 성사까지 다양한 난관이 존재하지만 지방정책이나 행정의 책임성을 제고한다는 지적도 제기된다. 더불어 주민소

---

51) 주민소환에 관한 법률 제21조.
52) 주민소환에 관한 법률 제22조.
53) 이 중 2020년 12월 31일 기준 2건이 진행 중인 것으로 보고되었다.

환제는 실제 소환의 성사여부를 떠나 지방선출직공직자에 대한 심리적 압박으로 작용할 수 있다. 하지만 정치적 악용 또는 남용의 우려가 있고, 지방행정의 안정성을 해칠 우려가 존재하며, 추진 과정상에서 찬반 주민 및 공무원 간의 갈등이 발생하고, 관련 선거비용의 유발을 초래할 수 있다(권자경, 2016: 148; 김동욱·한영조, 2010: 76).

제4절 주민의 감사청구와 주민소송제

1. 주민의 감사청구

지방자치제도의 본격적인 재개 이후 주민들이 지역 현안에 대해 직접적 제도화의 구현을 위해 주민에 의한 주민의 감사청구를 도입하게 되었다. 주민감사청구제도는 지방자치단체장과 지방자치단체의 권한에 속하는 사무의 처리가 "법령에 위반되거나 공익을 현저히 해친다고 인정"되는 경우 주민들이 직접 감사를 청구하는 제도이다.[54] 지방자치단체와 그 장의 위법－부당한 행위를 주민들이 직접 시정 및 방지하는 차원에서 주민의 직접참여를 보장 및 강화하고 지방정부의 책임성을 확대하는 의의를 가진다. 주민감사청구제도는 1999년 8월 31일 지방자치법의 개정으로 도입되었고 2005년 1월 '청구요건의 엄격성으로 주민참여행정의 취지를 못살리고, 너무 오래된 사안에 대한 감사청구는 실효를 거두기 어렵다는 지적'을 반영하여 일부 개정하였다.[55] 하지만 이후에도 엄격한 기준으로 인해 주민권익의 침해를 실질적으로 구제하는 데는 한계가 있음이 지속적으로 제기되었다. 지방자치법은 감사청구의 대상, 절차, 요건을 규정하고 있다.[56]

주민감사청구대상의 범위로 수사나 재판에 관여하게 되거나, 개인의 사생활 침해의 우려가 있거나, 다른 기관에서 감사하였거나 감사 중인 사항(다만, 새로운 사항의

---

54) 지방자치법 제21조 제1항.
55) 법령정보센터의 지방자치법의 제개정이유에서 정리함.
56) 지방자치법 제21조 제1항.

발견 또는 중요 사항이 감사에서 누락된 경우와 주민소송의 대상이 되는 경우는 감사 가능), 소송이 진행 중이거나 그 판결이 확정된 사항 등은 제외된다.[57) 감사청구인수는 20세 이상 주민 총수의 50분의 1의 범위 내에서 조례로 정하던 것을 2005년 지방자치법의 개정으로 19세 이상의 지역 주민으로 시·도에서는 500명, 제175조에 따른 인구 50만 이상 대도시는 300명, 그 밖의 시·군 및 자치구는 200명을 넘지 않는 범위에서 조례로 정하도록 하였다.[58) 하지만 2020년 12월 통과된 지방자치법 전부개정안에는 앞서 언급한 요건의 엄격함을 반영하여, 청구연령을 19세에서 18세로 낮추고, 시·도의 경우 청구주민의 수를 종전 500명 이내에서 300명 이내로 하향하여 청구요건을 완화하였다.[59) 또한, 감사청구의 제기 기간과 관련하여 사무처리가 있었던 날이나 끝난 날로부터 2년 이내의 조항을 3년 이내에 제기할 수 있도록 연장하였다. 감사의 청구는 이와 같은 일정 주민 수 이상의 서명을 받아 시·도에서는 주무부장관에게, 시·군 및 자치구에서는 시·도지사에게 청구할 수 있다.[60)

주무부장관 및 시·도지사는 감사청구를 수리한 날로부터 일정 기간, 즉 60일 이내에 감사를 끝내야 하며 정당한 사유가 있을 경우에는 기간 연장이 가능하다.[61) 감사결과에 대해서는 청구인의 대표자와 해당 지자체장에게 서면으로 알리고 공표해야 한다.

실제 주민감사청구인 수는 지역별로 편차가 큰 것을 알 수 있다(국가법령정보센터, 2022c).[62) 2022년 7월 기준으로 광역지방자치단체의 조례에 규정된 주민감사청구인의 수는 대전·세종·충북·충남의 경우 100명, 제주 150명, 서울·울산·경기·강원·전북·전남·경남 200명, 부산·인천·광주·대구·전남·경북은 300명 이상이다. 기초자치단체도 지역별로 편차가 크다. 예를 들어 서울시 자치구를 살펴보면 100명 이상 6개 구, 150명 이상 18개 구, 200명 이상 1개 구이다. 또한, 경기도 내 시군을

---

57) 보다 세부적인 사항은 지방자치법 제21조 제1항을 참조.
58) 법령정보센터의 지방자치법의 제개정이유.
59) 지방자치법 제21조.
60) 지방자치법 제21조 제1항.
61) 지방자치법 제21조 제9항.
62) 이하의 통계는 국가법령정보센터 상 지방자치단체의 조례를 검색하여 수치를 확인함.

살펴보면 80명이 1개 시, 100명이 8개 시군, 150명이 12개 시군, 190명이 1개 시, 200명이 9개 시로 나타난다. 주민감사청구인 수를 담은 조례의 지역별 편차는 주민들의 주민감사청구권과 관련한 형평성의 문제가 제기될 수 있다.

주민감사청구는 2000년 도입된 이래 다양하게 청구되었다. 주민감사청구 중 대표적인 사례로는 용인시 경전철의 혈세낭비와 관련한 주민감사청구를 들 수 있다. 용인시 경전철 사업은 1조 32억 원이 투입되었으나 하루 이용 승객이 당초 수요 예측의 1/5에도 못 미쳐 매년 운행과 관련 200억 이상의 주민의 혈세가 낭비되는 대표적 사례로 비판받는다. 구체적으로 용인시 주민 446명은 2013년 4월 용인경전철의 '추진과정의 문제점', '용인시가 용인경전철과 맺은 실시협약의 문제점', '실시협약 체결 이후의 문제점', '공사완료 이후의 문제점' 등에 관하여 경기도에 주민감사를 청구하였다.[63] 경기도의 감사결과 4건의 위법·부당내용을 확인하고, 후속 조치로 기관경고 및 관련자 9명의 문책을 요구하였다. 또한, 손해배상과 관련하여 주민소송으로 이어지기도 하였다.[64]

한편, 주민감사청구제도는 청구요건으로 청구인 수가 과다하고 해당 지자체가 아닌 상급 정부에 감사를 요청하여 주민주권의 본질을 훼손할 수 있는 것으로 비판받기도 한다(권자경, 2016: 152).

2. 주민소송

주민들이 주민감사청구 결과에 대해 불복하거나 만족하지 않는 경우 사법부에 판단을 묻는 행위를 주민소송이라고 한다. 다시 말해 주민소송은 주민감사를 청

---

[63] 관련하여 지역신문은 구체적으로 용인시의 사례를 소개하고 있다. 신문에서 제시된 주요 위법·부당의 내용으로는 "용인시 행정기구 및 정원 조례의 개정 없이 프로젝트 팀을 설치하고, 프로젝트팀은 경전철 현안 사항에 대하여 용인시 사무관리 규정을 위배하여 담당부서와 협의 없이 시장에게 보고했으며, 시장은 이를 단독 결재하는 등 업무분장도 하지 않고 문서 등록 및 접수 및 인수인계도 하지 않아 책임 없이 업무를 처리한 사항이다. 또한, 계약직 임용을 위한 공고에서는 정년인 60세에 해당하는 자는 응시할 수 없도록 하고서도 정년 초과자를 특혜 채용한 것과 경량전철 업무제휴 시 경제성 분석을 소홀히 한 사항, 출자자 지분변경 관련 업무 처리를 소홀히 한 사항 등을 적발하여 9명에 대해 문책을 요구하고, 용인시에 대하여는 기관경고 처분했다."(김생수, 2013)

[64] 후술하는 주민소송 부분에서 상세 논의함.

구한 주민이 그 사항과 관련하여 지방자치단체의 장이나 소속 기관의 장(사무처리를 위임한 경우)을 상대방으로 "위법한 행위나 업무를 게을리 한 사실에 대하여" 소송을 제기하는 것이다. 구체적으로 정해진 60일 이내에 감사를 끝내지 않은 경우, 감사결과 또는 조치요구에 불복하거나, 지자체장이 조치를 이행하지 않거나, 지자체장의 이행조치에 불복하는 경우에 해당한다.[65] 주민감사청구와 더불어 주민의 감시와 통제를 더욱 강화하기 위한 방안으로 2005년 지방자치법 제17조에 주민소송제를 도입하였다. 이를 통해 주민의 자치행정에 대한 공정성과 투명성을 증대하고자 하였다.

주민소송의 대상과 관련 논쟁이 제기되었다. 대법원의 판결에 따르면 주민소송은 원칙적으로 재무회계와 관련한 사항 처리를 직접 목적으로 하는 행위에 대하여 제기할 수 있다. 지방자치법은 주민소송의 대상을 "공금의 지출에 관한 사항, 재산의 취득·관리·처분에 관한 사항, 해당 지방자치단체를 당사자로 하는 매매·임차·도급 계약이나 그 밖의 계약의 체결·이행에 관한 사항 또는 지방세·사용료·수수료·과태료 등 공금의 부과·징수를 게을리한 사항"으로 제시하고 있다. 이러한 사항을 감사청구한 주민은 개인 또는 집합적으로 소송을 제기할 수 있다.[66]

주민소송은 반드시 주민감사를 청구한 이후에 허용된다. 즉, 주민소송은 60일간의 감사기간이 끝난 날, 해당 감사결과나 조치요구내용에 대한 통지를 받은 날, 해당 조치를 요구할 때에 지정한 처리기간이 끝난 날, 해당 이행 조치결과에 대한 통지를 받은 날 중 어느 하나에 해당하는 날로부터 90일 이내에 제기해야 한다.[67]

주민소송은 2005년 도입된 이래 2021년 12월 31일까지 총 45건이 제기되었다(행정안전부, 2022g). 이 중 총 39건이 종결되었고 6건이 소송 진행 중이다(행정안전부, 2021g). 주민소송에 대한 법원의 판결은 강원 고성군 지방상수도 통합위탁운영과 관련한 위법확인소송을 제외하고는 대부분이 주민패소로 종결되었다.

주민소송의 추진 사유로는 도입 초기에는 지자체장의 업무추진비 과다사용 및 지방의원의 불법 의정비 인상분 환수, 예산낭비 손해배상 청구 등에서 최근엔 무효

---

65) 지방자치법 제22조 제1항.
66) 지방자치법 제22조 제1항.
67) 지방자치법 제22조 제4항.

확인소송, 각종 허가−취소처분 청구 등 다양하게 진행되었다. 주민소송의 대표적인 사례로 앞서 언급한 용인경전철 사업을 들 수 있다. 이 건은 주민감사청구 이후 2013년 10월 주민소송으로 이어졌다. 주민감사 청구 주민은 주민감사 이후 경전철 사업 시작 당시 3명의 전 용인시장 등과 용인시 공무원과 시의원들, 수요예측 등 오류가 있는 용역보고서를 제출한 한국교통연구원 등을 상대로 용인시가 모두 1조 32억 원의 손해배상청구를 할 것을 요구하는 주민소송을 추진했다(김덕성, 2020). 2013년 소송을 제기하여 대법원은 최종적으로 2020년 8월 지방의 재무회계에 지대한 영향을 미치는 민간투자사업에 대해 지자체장과 관련 기관이 법령을 위반한 경우 손해배상금의 청구를 하는 주민소송을 받아들였다. 즉, 대법원은 민간투자사업도 지방자치단체에 손해를 입혔다면 주민소송의 대상이 될 수 있음을 최종 판결하였다. 이 결정은 지방자치단체의 재무회계에 심대한 영향을 미치는 경우 민간투자사업도 주민소송의 대상이 될 수 있음을 보여주는 최초의 사례로서 의의가 크다.

이상의 논의에도 주민소송은 일부 한계가 제기되고 있다. 주민소송의 대상은 위법·부당한 재무회계행위로 한정하고 있어 비재무회계행위와 구분이 모호할 수 있다. 주민소송은 또한 주민감사의 실시 이후 제기할 수 있어 시급성을 다투는 정책 사안에 대해서는 주민통제의 시간적 제약의 문제가 제기되기도 한다. 일부 시민단체를 중심으로 주민감사와 별개로 주민소송을 제기할 수 있는 방안의 논의가 진행 중이다.

제5절 기타 주민참여제도: 공청회, 민원과 청원, 위원회 등

앞서 논의한 주민참여예산 및 직접민주제도 이외에도 지방에서는 다양한 참여 제도가 실시 중이다. 다양한 참여의 방안 중 일반적으로 널리 활용되고 있는 참여제 도로서 공청회, 민원과 청원, 위원회를 중심으로 살펴보면 다음과 같다.

1. 공청회

공청회는 지방정부의 주요 현안이나 정책사안에 대하여 공개적인 토론을 통하여 일반 주민의 의견을 널리 청취하고 수렴하는 절차이다.[68] 일반 주민뿐만 아니라 이해관계자나 전문가도 참여하여 다양한 의견을 수렴한다.

공청회는 지방정부가 필요하다고 인정하거나 법령의 규정에 의거하여 의무적으로 개최해야 하는 경우로 구분된다.[69] 기존에 실시된 공청회는 정부가 정책의 주요 방향 및 골격을 확정한 후 주민들의 의견 수렴을 거치는 절차적 정당성의 확보 차원에서 형식적 개최라는 비판을 많이 받았다. 이는 공청회가 주민의견 수렴의 절차로서 그칠 뿐, 많은 경우 정부의 최종 결정에 구속력을 확보하지 못하기 때문이다. 또한, 공청회는 일반 주민을 대상으로 하기도 하지만 관련 이해당사자가 아닌 이상 공청회 참석률이 낮고 토론위원의 구성에 있어 반대 패널을 포함시키지도 않으며, 지방정부도 공청회의 홍보 등 적극적 의견수렴에 열의가 낮은 것으로 지적되기도 한다. 예를 들어 지방자치단체가 도시계획을 수립하면서 주민 공청회를 일방적으로 개최하고 형식적으로 운영하여 주민의견의 수렴이 미흡한 경우가 많다(윤여운, 2017).

2. 민원과 청원[70]

민원은 주민이 일상생활 속 불편사항이나 고충을 지방정부에 처리를 요청하는 행위이다. 민원 처리에 관한 법률[71]에 따르면 민원은 "국민이 행정기관에 대하여 처분 등 특정한 행위를 요구하는 것"으로, 문서, 구술(口述) 또는 전화로 제기할 수 있도록 하고 있다. 지방주민은 민원인으로서 지방자치단체장, 지방공무원 및 지방의원에

---

68) 관련 규정으로 행정절차법 제2조 제6호는 "행정청이 공개적인 토론을 통하여 어떠한 행정작용에 대하여 당사자 등, 전문지식과 경험을 가진 사람, 그 밖의 일반인으로부터 의견을 널리 수렴하는 절차"로 규정하고 있다.

69) 행정절차법 제22조.

70) 민원과 청원은 제4장 지방의회의 기타 권한 부분도 병행해서 참조.

71) 민원 처리에 관한 법률 제2조 제1호 및 제8조.

게 공식적−비공식적 통로를 통해 민원을 제기한다.

민원은 직접 방문, 온라인, 문서 등 다양한 방식으로 제기하는데 오늘날 정보통신기술의 발전으로 온라인 및 SNS 상으로 활발하게 일어나고 있다. 많은 지방자치단체들은 민원의 응답 및 처리기간을 명시적으로 정하여 주민에 대한 행정서비스의 대응성을 높이고 있다. 하지만 민원은 지나치게 개인문제 중심의 이슈화로 논란이 되기도 한다.

반면, 법제처에 따르면 청원은 "국민이 국가기관의 권한에 속하는 사항에 대하여 불만사항을 시정하거나 피해의 구제, 법령의 개정 등을 요청하기 위해 국가기관 등에 서면으로 희망을 진술하는 것"을 말한다.[72] 우리나라의 헌법은 '모든 국민은 법률이 정하는 바에 의하여 국가기관에 문서로 청원할 권리'를 가지며,[73] '국가는 청원에 대하여 심사할 의무를 진다.'[74]고 규정하여 청원을 국민의 기본권의 하나로 보장하고 있다. 지방자치법은 지방의회에 청원을 하는 경우 제출방법, 심사 및 처리, 제한 등을 규정하고 있다. 지방의회에 청원하기 위해서는 지방의원의 소개를 받아야 하고 재판에 간섭하거나 법령에 위배되는 내용은 청원의 대상이 되지 않는다.[75]

주민의견 청취 및 소통을 확대하는 방안으로 오늘날 온라인 청원이 활발하게 진행 중이다. 청원은 일정 수의 주민이 온라인 청원시스템을 통해 의견을 개진하면 해당 지자체는 이에 대한 답변 및 조치로 이어진다. 가령, 2020년 8월 인천시는 온라인 시민청원을 수용하여 그해 가을학기에 '새봄초등학교'를 개교한 바 있다.

인천시 '온라인 시민청원' 끝에 새봄초등학교 문 열어: 민선 7기 대시민 소통창구 온라인 시민청원 성과 '쾌거'

인천시 대시민 소통창구인 '온라인 시민청원'이 어린이들의 안전한 교육권을 지켜내는 등 또 한 번 성과를 거둬 눈길을 끌고 있다. 지지부진했던 동춘1초등학교(가칭) 설립 문제가 시민들의 청원에 화답한 시의 해결 노력으로 이어져 '새봄초등학교'로 9월 1일 2학기로 문

---

72) 법제처 홈페이지.
73) 헌법 제26조 제1항.
74) 헌법 제26조 제2항.
75) 지방자치법 제85조와 제86조.

을 연다.

새봄초등학교 개교로 인해 인근 동춘초등학교로 원거리 통학을 해온 278명 초등학생들의 통학 문제가 해결될 것으로 기대된다.

'동춘1초등학교(새봄초교) 설립촉구'건은 온라인 청원을 통해 문제가 해결된 대표적 사례로 손꼽힌다. 앞서 지난 2017년 동춘1구역 도시개발사업 조합은 당초 개발이익으로 초등학교를 건립해 기부채납하기로 했지만 개발이익 감소를 이유로 이를 무산시키려고 했다. 이에 지난해 2월 동춘1구역 입주예정자 및 주민들이 청원을 제기했고 3,028명이 동참했다.

(인천) 박 시장은 이 같은 청원에 온라인 영상 답변에 나서는 한편, 초등학교 설립 정상 추진에 가능한 모든 조치를 하도록 관계당국에 당부하며 힘을 보탰다. 관련 청원이 답변 기준(1달 간 시민 3,000명 이상 공감)에 충족하자 박 시장은 2019년 3월, 영상을 통해 "무엇보다 중요한 원칙은 우리 아이들의 미래는 절대 조건과 흥정의 대상이 돼서는 안 된다는 것"이라며 "2020년 2학기에는 동춘1초등학교에서 우리 아이들이 안전하고 편안하게 미래의 꿈을 키워갈 수 있도록 꼼꼼히 살펴나가겠다"고 강조한 바 있다.

시는 그동안 조합 측의 기부채납 이행 불가 입장에 어려움을 겪었지만 기부채납 의무 이행 독려 및 행정처분 사전 통지 등을 통해 초등학교 건립을 압박, 정상 개교 성과를 이끌어냈다.

새봄초교는 20학급, 특수1학급, 유치원3학급으로 개교 예정이다. 학생들에게 쾌적한 교육환경 제공을 위해 친환경 에너지 계획을 반영한 태양판 설치 및 텃밭 조성, 유치원생들을 위한 바닥 온돌시스템, 최첨단 방송시설·실내 강단 등으로 조성됐다.

자료: 장명진. (2020.8.31.). 일부 발췌 및 편집.

3. 위원회

지방자치단체는 소관 사무와 관련하여 자문기관으로 위원회를 설치·운영할 수 있다.[76] 위원회는 특정 정책이나 사무에 대해 오랜 경험이나 전문적인 역량을 보유한 교수나 전문가, 주민대표, 시민단체 등으로 구성하여 그들의 전문 역량을 지방정책 및 행정에 활용하거나 다양한 이해관계의 조정을 통해 신중한 절차를 필요로 하는 경우에 활용된다. 위원회의 유형으로는 도시계획위원회와 같은 법령상 의무설치

---

76) 지방자치법 제130조.

위원회, 법령상 임의위원회, 조례상 위원회로 대별할 수 있다(행정자치부, 2015c).

　　위원회의 긍정적 기능에도 불구하고 자문위원은 대체로 지방자치단제장의 위촉에 의하여 임명되는 경우가 많아 지방정부나 정책에 비판적인 사람들은 배제되는 경우가 많다. 또한, 사무나 정책안이 이미 골격을 갖춘 상태에서 위원회가 운영되는 경우가 많아 실질적인 영향력을 미치거나 변화를 못 미치는 한계가 존재하기도 한다. 위원회의 과도한 증가와 실제로 운영되지 않거나 비효율적인 운영으로 비판도 제기되고 있다. 행정안전부는 2014년 12월 기준으로 지자체의 위원회 수는 총 20,861개로 2009년 정비 당시 보다 약 20%가 증가하였다고 지적하였다.[77] 따라서 행정안전부는 '지방자치단체 위원회 정비 지침'을 마련하여 회의 실적이 저조하거나, 유사·중복 위원회에 대한 통폐합 등 위원회의 정비를 통해 효율화를 추진하기도 하였다(행정자치부, 2015c).

---

[77] 통계에 따르면 법령상 의무설치 위원회 10,261개(49.2%), 법령상 임의위원회 1,920개(9.2%), 조례상 위원회 6,999개(33.6%)에 이른다.

CHAPTER 14

지역공동체

지방자치의 관점에서 물리적 공간으로서의 지역 또는 동네(마을)의 맥락에서 형성되는 지역공동체는 지역의 인구감소 및 쇠퇴가 가속화되며, 정책적 중요성이 증대하고 있다. 공동체가 정부와 개별 주민의 중간 위치를 점하면서 정부와 개인이 해결하기 힘든 영역에서 다양한 공적 역할을 수행하고 있으며, 또한 역할에 대한 요구가 더욱 증대하기도 한다(Rajan, 2019). 개별 주민들의 이해와 필요에 의해 공동체가 형성 및 활동하기도 하지만 중앙-지방정부도 공동체의 형성 및 활성화를 위해 다양한 제도적·정책적 지원 및 사업을 펼치고 있다.

그럼, 공공정책의 영역이 공동체에 관심을 가지고 지원을 하는 이유는 무엇인가? 1960-70년대 중앙정부 주도의 복지국가정책은 정부실패의 비판을 초래했다. 1980년대 영국의 대처수상과 미국의 레이건대통령을 중심으로 진행된 신자유주의는 세계화, 시장 우위의 자본주의, 경쟁의 심화로 이어졌다. 결과로 각종 사회적-경제적 격차 등의 문제를 야기하면서 시장실패라는 비판으로 이어졌다. 오늘날 공동체적 접근은 정부실패와 시장실패의 대안적 논의로서 주목을 받고 있다. 정부, 시장, 개인과 더불어 공공목적 달성 및 공공문제 해결을 위해 공동체 단위의 접근 노력이 확산되고 있는 것이다. 특히, 우리나라의 맥락에서는 지방의 고령화와 저출산, 지방소멸, 지방쇠퇴 등의 문제에 대해 중앙 및 지방자치단체 주도의 접근들이 한계를 드러내면서 지역공동체가 보완적 역할을 할 수 있음이 밝혀지고 있다. 먹고 사는 문제, 고령층의 돌봄의 문제, 청년의 일자리 문제, 주거환경 개선의 문제 등 지방이 직면하고 있는 현안에 대해 정부와 지방자치단체에만 전적으로 의존하는 것이 아닌 주민들의 집합체로서의 공동체적 접근과 역량에 대한 가치가 새롭게 조명되고 있다. 이러한 공동체적 관계와 활동을 통해 주민들은 지역사회의 주체로서 공공의 문제를 위해 참여하고 책임을 지는 지방자치의 본질적 가치를 체득하며 실천할 수 있다. 사회가 파편화·단절화될수록 지역공동체적 접근은 지방자치에서 더욱 중요한 위치를 점하게 될 것이다.

　이상의 배경 하에 이 장은 지역공동체의 개념과 중요성을 논의한 후 중앙－지방정부의 공동체 관련 제도와 지원을 살펴본다.

제1절 지역공동체의 의의

　공동체라는 용어는 오늘날 일상에서 널리 사용됨에도 개념의 추상성으로 인해 일관된 합의에 이르지 못하고 있다. 전통적으로 공동체는 일정한 지역적 공간(즉, 마을이나 촌락)이라는 장소적 속성을 강조했지만, 오늘날 정보통신기술의 발전과 사회의 변화에 따라 장소적 속성에 한정되지 않는 관계적 속성의 중요성이 증대하였다. 하지만 지방자치의 관점에서 지리적·장소적 측면을 강조하는 지역공동체의 개념은 여전히 지역성을 중요한 요소로 포함한다. 일정한 공간을 배경으로 한 주민들이 일상의 삶에서 직접 만나 사회적 관계를 맺고 공동의 문제를 해결하는 공동체적 접근이 여전히 주민들의 삶의 질과 밀접히 연관되기 때문이다. 이하에서는 공동체의 개념을 살펴보고 지역공동체에 대한 세부적인 논의를 진행한다.

1. 공동체의 개념

　공동체는 사람들이 집단을 이루어 살기 시작하며 자연스럽게 형성되었으며 점차 사회나 국가 차원으로 확장되었다. 전통적인 의미의 공동체와 오늘날 통용되는 공동체에는 분명 차이가 난다.

우선, 혈연 또는 지연 중심의 전통적 공동체의 개념에 관한 근대적 논의의 출발점으로 사회학 분야의 퇴니스와 뒤르케임을 들 수 있다(Brint, 2001). 독일의 사회학자 퇴니스는 19세기 말 '게마인샤프트와 게젤샤프트(Gemeinschaft und Gesellschaft, 공동사회와 이익사회)'라는 저술을 통해 공동체를 혈연이나 지연에 기반한 닫힌 공동체로서 공동사회(게마인샤프트, 공동체)와 공동의 관심과 이해에 기반한 열린 공동체로서 이익사회(게젤샤프트, 결사체)로 구분하였다. 혈연공동체는 집단의 재생산과 개인의 생존이 일어나는 가장 기본적인 단위로서 일차적으로 가족이 해당한다. 지연공동체는 자연적·물리적 공간, 즉 지역을 기반으로 형성되며 오랜 기간 거주하며 일상생활 속 협동과 공감이 자연스럽게 형성되고 유지되는 특성을 가진다. 전통사회는 대체로 혈연 및 지연공동체가 중첩되는 경향을 보였다. 반면, 현대사회는 개인의 이동이 자유롭고 정보통신기술의 발전으로 인해 장소적-물리적 공간의 제약이 줄어들었다. 혈연과 지연의 중요성이 약해지고, 공동의 관심, 공동목표, 이해에 기반한 이익사회(결사체)가 더욱 활발하게 진행되고 있다.[1]

반면 뒤르케임은 공동체 개념을 세분화(disaggregated approach to community)하여 논의하였다. 그는 '자살(Suicide)'이라는 책에서 공동체 내 관계가 인간으로 하여금 사회적 지지와 도덕감을 가지게 하며, 인간의 행위와 의식에 영향을 미친다고 분석하였다. 그는 공동체를 사회적 구조나 물리적 실체로 본 것이 아니라 '인간상호작용의 다양한 속성의 조합(a set of variable properties of human interactions)'으로 보면서 공동체의 관계적 속성을 강조하였다. 또한, 뒤르케임은 공동체의 관계적 속성을 강조하면서 농촌지역의 전통적 공동체뿐만 아니라 도시적 맥락에서도 공동체의 논의를 확대한 것으로 평가받는다(Brint, 2001: 3). Brint(2001)에 따르면 뒤르케임의 논의는 사회학에서 공동체의 후속 논의로 이어지는 중요한 계기를 제공하였다고 평가받는다.

이후 공동체라는 개념이 일반적으로 널리 통용되기 시작한 것은 MacIver가 1917년에 저술한 'Community: A Sociological Study(공동체: 사회학적 접근)'이다(한규호,

---

[1] 한편, Brint(2001: 2-3)는 퇴니스의 공동체의 개념화와 관련하여 제시된 특성 및 구분기준의 일관성이 부족하다고 지적하였다.

2009). 그는 초점을 공동체성에서 공동체의식으로 이동시킴으로써 공동체 논의를 발전시켰다고 평가받는다. 또한, 그는 공동체를 지역 공간으로서의 지역성과 그 공간에서 함께 생활하는 공동성의 측면으로 구분하여 고찰하였고, 지역성이 공동체의 주요한 기반이라고 보았다.

이후에도 공동체의 개념은 Hillery(1955)가 지적하듯이 1950년대 중반까지 94종류의 다양한 개념화가 제시되며 일관된 합의에 이르지 못하였다. 이러한 문제인식 하에 Hillery 또한 기존의 연구와 당시의 현실적 특성을 반영하여 공동체를 정의하고자 하였다. 앞서 언급한 수많은 공동체에 관한 상이한 개념화에도 그는 대부분의 연구에서 지역성(locality), 상호작용(social interactions), 유대감(common ties)이 공통적으로 발견된다고 하였다. 이를 바탕으로 공동체를 "일정한 지리적 지역 내에서 상호작용을 하며, 공동의 유대감을 가진 집단"으로 접근하였다(Hillery, 1955: 111). 또한, 공동체의 유형에 관한 연구를 크게 세 가지 연구전통으로 구분하였다. 첫째, 물리적 장소를 강조하는 공동체 연구, 둘째, 선택적 공동체에 관한 연구, 셋째, 공동체의 구조적 특성에 관한 비교연구(도시와 농촌 공동체의 구조 등)를 들 수 있다.

공동체의 연구는 1970－80년대 McMillan과 그의 동료들에 의해 발전된 공동체의식의 개념과 측정도구로 인해 실증적 분석이 활발하게 진행되었다. 그들에 따르면 공동체의식은 "소속감과 구성원의 문제를 개인 혹은 집단의 문제로 느끼는 것, 구성원의 욕구를 함께 논의하여 충족시킬 수 있으리란 믿음"으로 정의된다.[2] 또한, McMillian & Chavis(1986)는 공동체의식의 구성요소를 구성원 의식(membership), 상호 영향(influence), 필요의 통합과 충족(integration and fullfillment of needs), 감정적 연계의 공유(shared emotional connections)로 보았다. 구성원 의식은 일종의 소속감으로 공동체의 구성원으로서 정체감을 가지는 것이다. 상호영향은 공동체의 일원으로서 서로 영향을 주고 받는 관계로서 상호호혜성을 강조한다. 필요의 통합과 충족은 구성원들의 개별적 필요들을 공동체 전체의 목표나 이익으로 통합하고 공동체 내에서 충족되는

---

[2] 원문은 "a feeling that members have of belonging, a feeling that members matter to one another and to the group, and a shared faith that members' needs will be met through their commitment to be together"이다(McMillian, 1976; McMillian & Chavis, 1986: 9에서 재인용).

것을 의미한다. 마지막으로 감정적 연계의 공유는 구성원들 간 공감과 친밀감을 공통적으로 나누는 것과 이를 통해 서로 연결되어 있음을 느끼는 것을 의미하는 것으로 볼 수 있다. 이들 구성요소들은 세부 하위 요소들로 구성되며, 구성요소들은 각 요소 내뿐만 아니라 요소들 간 역동적인 관계를 지닌다(McMillian & Chavis, 1986). 주관적이고 추상적인 공동체의식이라는 개념에도 불구하고 후속 연구들은 대체로 그들의 구성요소에 기반하여 공동체의식을 다양하게 측정 및 분석하고 있다.

최근의 연구들은 공동체를 장소적 속성에서 확장하여 관계적 속성을 포괄하여 접근하고 있다. Brint(2001: 8)는 공동체를 "공동의 행동과 믿음을 공유하고 친밀감, 충실감 및 개인적 관심(인간관계나 일상의 이벤트) 등으로 결합한 사람들의 집단"으로 정의하고 있다.[3] Adams & Hess(2001)는 공동체를 "공동의 웰빙을 향상시키기 위해 상호 신뢰와 상호관계에 기반하여 형성된 개인들의 집합 또는 그룹"으로 보았다(Adams & Hess, 2001: 14). 공동체의 핵심 속성으로 정체성의 공유와 상호성을 제시하고 있는 것이다.

이 장에서는 공동체를 '사람들이 관계를 맺음으로써 상호교류하고 감정을 공유하며, 연대와 협력하여 공동목적(즉, 욕구의 통합)을 달성하는 사람들의 관계망 또는 사회집단'으로 정의한다. 사람들은 공동체를 통해 욕구의 통합 및 충족을 이룬다. Adams & Hess(2001)는 이를 공동의 웰빙으로, Brint(2001: 8)는 개인적 관심 또는 이해[4]로 언급하고 있다.

오늘날 공동체는 지역 또는 동네라는 물리적–장소적 속성에 기반한 공동의 목표나 관심을 넘어 관계적 속성, 즉 소속감 및 친밀감에 기반한 연대와 협력을 통해 달성하는 경향이 증대하고 있다. 퇴니스가 언급한 이익사회(즉, 결사체)의 성격을 널리 띠고 있다. 또한, Gusfield(1975)가 지적한 공동체의 개념화에 있어 장소적 속성과 관계적 속성을 구분한 논의의 필요성을 제기한다. 즉, 시대와 장소에 따라 장소와 관계적 속성을 반영한 공동체의 개념화는 양상을 달리할 수 있다. 세계화와 정보화가

---

3) 원문은 "communities as aggregates of people who share common activities and/or beliefs and who are bound together principally by relations of affect, loyalty, common values, and/or personal concern(i.e. interest in the personalities and life events of one another)"이다(Brint, 2001: 8).

4) 원문은 "personal concern(i.e. interest in the personalities and life events of one another)"이다.

가속화되는 오늘날 공동체는 단지 장소적 속성만으로 규정짓기 어렵다. 가상공간을 통한 정보, 취미, 관심, 이해의 공유는 물리적 한계를 넘어 전통적 공동체 개념을 무한히 확장시키고 있는 것이다.

하지만 지방자치의 관점에서는 일상생활 속 동일한 공간을 공유하며 그 속에서 형성된 지역기반 공동체는 일상생활의 문제, 즉 공동의 문제를 해결하기 위해 중요성이 결코 약해진 것이 아니다. 사회적 변화나 빈번한 거주의 이동으로 인해 물리적 경계로서의 지역 또는 동네에 대한 정체성 또는 소속의식이 퇴보하고 있지만 어쩌면 이로 인해 상호교류 및 연대를 통한 개인과 집단의 일상생활 속 문제를 함께 해결하려는 공동체적 노력이 더욱 중요해지고 있다 할 것이다. 이후에는 지방자치 및 주민참여를 통한 지역사회문제해결의 가치가 더욱 증대하는 상황에서 장소적 속성에 기반한 지역공동체를 구체적으로 살펴본다.

2. 지역공동체의 개념과 구성요소

지역공동체는 공동체의 일반적 개념화에 추가적으로 일정한 지역이라는 공간적 속성이 강조된다.[5] 박병춘(2012: 14)에 따르면 지역공동체란 "물리적 공간으로서의 일정 지역을 주요 기반으로 하며, 지역주민과 생활전반에 걸쳐 서로 긴밀하게 사회적으로 상호작용하고 공동의 목표와 가치라는 정서적 유대감을 공유하는 사회적 조직 단위체"로 개념화된다. 전대욱 외(2012: 9)는 지역공동체를 "심리적 유대감이나 공동의식(소속감)을 가진 일정한 지역(지리적 영역)을 공유하는 인간집단"으로 정의하였다. 서재호(2013: 440)는 "일정한 지역의 관할구역 내에서 생활을 영위하면서 유대감을 갖는 사람들의 집합"으로 지역공동체를 접근하고 있다. 행정안전부(2017)의 '지역공동체의 이해 및 활성화'의 자료에 따르면 지역공동체는 "일정한 지역을 주요 기반으로 공동의 사회적·정서적 유대감을 가지고 서로 긴밀하게 상호작용하면서 공동의 가치와 목표를 추구하는 주민집단"(행정안전부, 2017: 6) 또는 "지역 이라는 공간

---

5) 오늘날 공동체는 지역 단위에서 지역공동체, 지역사회, 마을공동체 등 다양한 개념으로 사용되고 있다.

적 범위와 특성 하에서 공동체라고 구성원들이 인식할 수 있도록 소속감과 유대감
을 지니는 모임(society)이나 단체(group) 등"(행정안전부, 2017: 142)으로 개념화된다.

정리하면 지역공동체라는 개념에는 공동체를 구성하는 중요 요소로서 '상호교
류', '소속감', '연대감'을 포함하지만, 일정한 물리적 공간으로 '지역성'이라는 요소가
필수적으로 강조되고 있음을 알 수 있다.[6] 이를 반영하여 이 장은 지역공동체를 '일
정한 지역을 기반으로 상호교류하고 연대하여 공동목적(욕구의 통합)을 달성하는 사람
들의 관계망 또는 지역적 사회집단'으로 개념화한다. 개념에 기반하여 지역공동체성
의 구성요소로 일정한 공간 또는 지역을 기반으로 서로 교류하며 연대하는 공동체
성을 반영하여 지역성, 상호교류, 연대성을 포함한다.

우선, 지역공동체와 다른 공동체의 두드러진 차이점은 일정한 물리적 공간, 즉
지역을 기반으로 하는 '지역성'으로 볼 수 있다. 지역성은 일정한 지역적 공간에서
형성되는 "사회적 유사성, 공통된 사회적 표현, 공통된 전통, 공통된 습관, 공동 결
속감 등"을 의미한다(박종관, 2012: 184). Gusfield(1975)가 언급한 공동체의 장소적 속성
을 반영한 개념이다. 이러한 장소적 속성에 더하여 지역공동체는 정신적 요소(박종관,
2012)도 함께 포함하여 이해되어야 한다고 지적한다. 즉, 지역성과 더불어 사람들 간
의 관계적 속성(Gusfield, 1975)이자 정신적 요소(박종관, 2012)로 고려되어야 할 특성이
상호교류와 연대감이다.

다음으로 상호교류는 지역(동네, 마을)이라는 물리적 공간 속에서 이뤄지는 구성
원 간 연결이며, 이를 통해 관계를 맺고 유지 및 발전시켜 나가게 된다. 일상생활
속 인사나 공동의 행사 등을 통해 사람들은 만나고 대화하고 공동의 문제를 고민하
고 해결방안을 모색한다. 상호교류는 공동체 내에서 일어나는 구성원 간의 소통이
자 공동 활동을 통해 일어나고 활성화된다.

마지막으로, 연대성이란 사전적 의미로 "여럿이 함께 무슨 일을 하거나 공동으
로 책임을 지는 일"이다. 공동체의 구성원 간 교류를 통해 상호이해를 높이고 친밀

[6] 나아가 지역공동체의 활동이나 사업의 측면에서 '사업성'과 '공익성'을 추가적으로 고려하는 주장도
있다(행정안전부, 2017: 7). 사업성은 지역공동체의 지속성을 위해서는 운영과 유지에 필요한 실질
적－물질적 편익의 확보되어야 자생력을 가질 수 있다는 측면에서 강조되며, 공익성은 지역공동체의
활동이나 사업이 공동체 및 지역사회 전체의 편익을 지향해야 한다는 측면에서 주장되고 있다.

도가 높아지면서 공동의 목표를 세워 실현하고 공동책임을 지는 연대의식으로 성장하게 된다. 즉, 상호교류가 확대되면서 공동체의 구성원은 연대의식 또는 연대감을 경험하고 키우게 된다. 강두호(2013: 1)는 공동체 구성원의 연대감은 상호결속과 책임의 증대를 바탕으로 올바른 사회질서 유지로 이어지기도 한다고 지적하였다(전지훈 외, 2015).

이처럼 지역공동체는 지역이라는 물리적 공간에 기반한 직접적 대면을 강조하며 이를 통한 상호교류의 확대와 이해의 증대로 이어진다. 또한, 지역 내 공공문제에 대한 협력과 공동책임을 지는 연대감으로 확산된다. 정보통신기술이 급격히 발전하며 비대면 및 가상공간을 활용한 공동체가 증가함에도 지역이라는 물리적 공간에 기반한 상호교류와 연대성은 지역적 공공문제 해결에 여전히 유효한 힘을 발휘하고 있다. 각종 인터넷, SNS 등을 통한 비대면 디지털관계가 거스를 수 없는 시대적 흐름이라고 하더라도 인간의 몸과 만남은 본질적으로 아날로그적 속성이 여전히 강하다. 아날로그적 감성과 교류방식의 측면에서 물리적－장소적 중요성은 결코 감소되기 어려운 것이다.

제2절 지역공동체와 지방자치

지역공동체는 일정한 지역공간을 기반으로 주민들 간 친밀감, 상호교류, 연대 등의 공동체의식을 공유 및 내재화하고 공동체적 문제해결이 일어나는 생활 속 공동체이다. 지역공동체의 사회적 관계 및 활동을 통해 형성 및 발전되는 공동체의식은 지방자치의 이해에 중요한 통찰을 제공한다. 예를 들어, 공동체(의식)와 지방자치의 관계에 관한 연구는 공동체의식과 주민참여의 관계를 중심으로 다양하게 진행되었다.[7] 주민이 자신이 속한 공동체에 소속감을 느끼고 상호교류와 연대의 경험이

---

7) 박종관(2012), 최문형·정문기(2015) 등은 공동체의식과 주민참여의 관계에 대한 연구를 진행하였다. Aref(2011)는 공동체의식과 지역개발 활동 참여의 관련성을, 김대건(2011)은 지역공동체의식과 지역

축적될수록 공동체 또는 공동체를 확장한 지역사회의 공공문제나 공공목적을 위해 더욱 높은 관심을 가지며 적극적으로 참여하게 된다는 것이다(박종관, 2012; 최문형·정문기, 2015). 구체적으로 지역공동체의 가치를 지방자치의 측면에서 살펴보면 다음과 같다.

첫째, 지역공동체 내의 사회적 관계의 형성과 교류를 통해 성숙한 시민으로 성장하는 기회를 제공한다. 공동체 개념에 관한 근대적 논의의 출발점으로 언급되는 뒤르케임은 공동체 내 사람들의 관계의 중요성을 강조하였다. 그는 공동체 내의 관계가 개인으로 하여금 사회적 지지와 도덕감을 가지게 하며, 개인의 행위와 의식에 영향을 미친다고 분석하였다. 또한, 그는 공동체를 사회적 구조나 물리적 실체보다는 "인간상호작용의 다양한 속성의 조합(a set of variable properties of human interactions)"으로 보았다(Brint, 2001: 3). 공동체를 통한 관계의 형성과 상호교류가 한 개인이 사회적 인간으로 성장하고 성숙하는 데 다양한 역할을 하는 것을 보여준다. 아리스토텔레스는 공동체 내 관계를 통해 인간은 행복을 영위할 수 있다고 주장하기도 하였다. 즉, 공동체 내 공공선의 목적에 부합하는 덕의 행위를 통해 인간은 행복을 추구할 수 있다고 주장하였다(Aristotle, 1984; MacIntyre, 1966; 전지훈·정문기, 2017: 145).

둘째, 지역공동체는 지역의 소속감과 지역정체성을 키우고 실천하는 장을 제공한다. 도시화와 산업화로 인한 사회의 급격한 변화와 빈번한 이동이 진행되면서 전통적인 지역공동체의 붕괴가 활발히 이어지고 지역에 대한 소속감과 애착심도 급격하게 상실되어 왔다. 일정한 지리적 영역 또는 공동생활 공간을 공유하면서 사람들은 지역이 단순히 물리적 공간의 의미를 넘어 경험과 기억을 공유하는 대상으로 내면화될 수 있다. 이러한 과정을 통해 지역에 대해 더욱 높은 관심을 가지고 지역의 정체성 및 애착도를 높일 수 있다.

셋째, 지역공동체의 구성원으로서 참여하고 협력하는 경험을 통해 공동의 문제해결의 중요성과 연대의 중요성을 일깨운다. 지역공동체는 기본적으로 주민 단독이

의 문제의 협력적 갈등해결행태의 정도를 분석하였다. 한그루·하현상(2019)은 마을공동체 사업의 지속성의 요인에 초점을 둔 연구를 실시하기도 하였다.

아닌 주민 간 관계를 통한 공동문제의 해결이나 공동목적의 달성을 지향한다. 주민들 간 자발적 추동에 의한(self-organizing) 공동체 또는 관계망(관계 조직)의 형성은 참여의 자발성 및 협력의 가능성을 높인다. 공동체가 일상생활에서 당면한 공동의 문제는 남이 아닌 우리가 해결해야 할 문제로 공유되고 인식되며 구성원의 연대와 협력의 가능성을 높인다. 지역공동체가 없는 경우 개인의 입장에서는 이러한 문제는 불편을 유발하지만 개인이 해결할 수 없는 문제로 간주되거나 또는 개인의 문제로 인식조차 되지 않을 수도 있다. 반면에, 지역공동체는 한 개인으로 하여금 자신이 소속된 공동체가 당면한 문제를 공유하고, 이를 해결하기 위한 협력과 연대의 중요성을 일깨우고 실천으로 이끄는 장으로 역할을 한다.

넷째, 지역공동체의 활동은 지역발전의 원동력이 된다. 지역공동체적 접근은 대기업의 유치나 지원을 통한 발전과 달리 사람중심의 발전을 강조하며 지역주민의 복리증진을 기본적 가치로 두고 있다(박인권, 2012: 10; 전지훈·정문기, 2017: 145-146). 대표적으로 지역문화는 지역의 이미지를 제고하고 지역브랜드로 발전하여 지역경제활동의 활성화로 이어진다.[8] 지역문화의 성장과 발전은 지역공동체 중심의 활동으로 형성되며 지속되기 마련이다. 가령 문화와 예술을 통한 지역만들기는 예술가와 지역주민이 중심의 공동체가 활발하게 작동할 때 지역의 경쟁력이자 지역발전의 토대로 자리하게 되는 것이다.

다섯째, 지역공동체는 행정의 공백을 메꾸는 보완적인 역할을 한다. 공동체 속의 연대와 협력의 경험은 행정의 공백을 메꾸며, 향후 건강한 사회의 원동력이 되고 지역 및 국가발전의 기반으로 확대될 수 있다(Derrett, 2003: 51; 최문형·정문기, 2015). 전 세계적으로 지역 차원에서 관찰되는 도시화의 가속화 및 도시와 농촌의 격차, 일자리의 부족 및 인구감소, 고령화 등 정부와 시장의 역할만으로 해결하기 어려운 공공의 문제가 산적하고 있다. 정부실패와 효율성과 경제성을 강조하는 자본주의 하에서 시장실패의 영역에서 발생하는 사회적 비용과 삶의 질의 저하를 지속적으로 국가 또는 중앙정부의 책임에 의존하기에는 분명 한계가 존재한다. 지역을 기반으로

---

8) 보다 상세한 논의는 제15장 지역문화를 참조.

한 지역공동체의 논의가 활발히 거론되고 다양한 연구가 진행되는 것은 전통적 정부 또는 행정의 공백을 보완하는 노력을 반영한다 할 것이다(김현호, 2013: 16). 지역공동체를 통해 주민들이 때로는 일상생활과 밀접한 생활서비스의 수요자에만 머무는 것이 아닌 서비스 생산자로 역할을 한다.

오래 살고 싶은 마을이 바로 도시재생

"삶에서 필요한 걸 다 돈으로 해결할 수는 없잖아요? 개인의 필요가 우리의 필요로 확장되고, 관계망으로 해결하는 경험이 쌓이면서 마을 공동체가 단단해졌습니다."

삼각산재미난마을 상임이사 ○○○(49)씨는 "함께 늙어갈 좋은 이웃이 생기는 것"이라며 '마을살이'의 의미를 짚었다. 서울 강북구 수유동을 중심으로 인근 주민 140여 명이 회원인 삼각산재미난마을은 초등 대안학교 '재미난학교'와 마을 도서관 '재미난도서관', 주민 커뮤니티 공간 '재미난카페' 등을 운영하는 사단법인이다. 출발은 1998년 설립한 공동육아협동조합 '꿈꾸는어린이집'이었다. 이씨가 99년 수유동으로 이사 온 이유도 바로 이 어린이집 소문을 듣고서였다. 또래 부모들과 협력·협동해 아이를 키우며 공동체의 효용을 톡톡히 누렸다. 어린이집 학부모들이 의기투합해 2004년 초등 대안학교 '재미난학교'를 열었다.

"아이 하나를 잘 키우려면 온 마을이 필요하다는데, 그 말이 정말 맞아요. '오늘 엄마아빠 좀 늦는데 마을 밥집 가서 밥 먹고 놀고 있어'라고 말할 수 있는 믿을 만한 밥집이 있으면 좋겠더라고요."

재미난학교 학부모·교사 등 주민 26명이 1억 3000만 원을 모아 2009년 친환경 식당 '재미난밥상'을 만들었다. 이씨는 "밥집이 학교와 마을을 일상적으로 연결시켰다. 관계망이 크게 넓어졌다"고 말했다. 그렇게 공동체가 된 100여 명의 주민이 2011년 사단법인 '삼각산재미난마을'을 창립하고 (…). 결선 투표까지 거쳐 문을 연 곳이 바로 '재미난카페'다. 공간이 생기니 관계는 더 끈끈해졌다. 카페에서 독서모임도 하고, 타로·사진·와인·옛이야기 강좌도 진행했다. 매월 마지막 주 금요일에는 포트럭 파티도 열렸다. 필요한 일, 하고 싶은 일을 함께 도모하는 일도 일상이 됐다. 마을공동작업장 '마을목수공작소', 서점 겸 주점 '싸롱드비', 음악 스튜디오 '재미난밴드 합주실' 등이 문을 열었고, 마을극단 '우이동', 자전거 동아리 '두바퀴로 만나는 세상', 영화모임 '영.마.살', 바느질 동아리 '실밥' 등이 만들어졌다.

"오래 살고 싶은 마을이 되고 그 지역이 건강하게 지속가능하면 그게 바로 도시재생 아니냐"는 이씨는 "이제 마을공동체 기반 경제 시스템을 만들 계획"이라고 말했다. "생필품 구입 등 주민들의 일상적인 경제활동의 부가가치가 마을로 돌아가게 되면 지역 청년들의 일자리 문제해결에도 도움이 될 것"이라는 포부다.

* 주: 이름은 저자가 ○○○ 처리함.

자료: 이지영. (2017.12.12.). 일부 발췌 및 편집.

제3절 지역공동체의 유형

지역공동체의 유형은 주도주체, 대상 지역, 사업성격, 구성형태, 대상요소 등의 기준에 따라 다양하다(행정안전부, 2017: 13). 이하에서는 우리나라의 실정에서 일반적으로 논의되는 정부−민간의 주도주체, 사업의 성격, 도시−농촌의 대상 지역을 중심으로 지역공동체를 구분하여 논의하기로 한다.[9]

1. 주도주체에 따른 분류

지역공동체의 주도주체에 따라 정부가 주도하는 정부주도형과 민간(주민 및 전문가)이 주도하는 민간주도형으로 대별된다. 먼저, 정부주도형 지역공동체는 중앙정부 주도형과 지방자치단체 주도형으로 세분화된다. 중앙정부 주도형은 부처의 고유 목적을 달성하기 위한 정책이나 사업의 추진에 있어 중앙부처가 주도적으로 지역공동체를 활성화시키는 형태이다. 중앙부처는 계획 및 재정적 지원을 통해 주민과 전문가들이 참여하여 지역공동체 활동을 유도 및 촉진케하는데, 이는 하향식 공동체 형성의 특성을 지닌다. 지방자치단체 주도형은 지역의 현안이나 공공문제의 공동체적 해결을 위해 지방 차원의 계획 및 재정지원을 통해 지역공동체를 활성화하는 형태이다. 지방자치단체장의 철학이나 가치가 반영되어 구현되는 경우가 많다. 주민과 공동체 관련 전문가는 정부의 방향과 요청에 따라 피동적으로 움직이는 특성을 가

---

9) 이하의 논의는 행정안전부(2017: 13)의 '지역공동체의 이해와 활성화'를 중심으로 발전시켰음.

진다.

 민간주도형은 자립형과 파트너십형으로 구분할 수 있다. 자립형은 지역주민들이 주체가 되어 자립적으로 지역공동체의 활동을 주도하며 활성화가 이뤄진다. 파트너십형은 주민이 주도하지만 공동체 관련 전문가들이 지역주민의 전문성이 떨어지는 분야를 집중적으로 컨설팅하거나 교육·지원하는 역할을 담당하여 공동체 활성화를 더욱 촉진시키는 형태이다.

표 14-1 주도주체에 따른 분류

유형		특징
정부 주도형	중앙정부주도형	• 중앙부처의 고유 목적을 달성하기 위한 정책이나 사업의 추진에 있어 중앙부처가 주도적으로 지역공동체를 활성화 시키는 형태 • 중앙부처의 계획 및 재정적 지원을 통해 주민과 전문가들이 참여하고 지역공동체 활동이 이뤄지는 하향식 공동체의 특성을 지님 (예시) 행정안전부 주관 '모두애(愛) 마을기업' 선정 사업, '청년마을 만들기 사업' 선정 사업, 국토교통부 주관 도시재생 예비사업 등
	지자체주도형	• 지방자치단체가 주도적으로 지역공동체 활성화를 위한 계획·추진 및 재정지원을 하고 지역 주민과 전문가들은 정부의 요구와 요청에 따라 피동적으로 움직이는 형태 • 지방자치단체장의 철학이나 가치가 반영되어 추진되는 경우가 많음 (예시) 은평구 구산동도서관마을사업, 도봉구 '함께 Green 마을 만들기' 사업 등
민간 주도형	자립형	• 지역주민의 의식고취, 집단 효능감, 공동체 삶의 활성화 및 사업화 등 일련의 과정에 주민 스스로가 참여하고 주도하는 형태 • 외부적 요인의 지원과 영향을 받지 않고도 독립적으로 성공한 형태임 (예시) 강북구 삼각산 재미난 마을, 마포구 성미산 마을, 위스테이 별내 주거공동체(별내주민공동체협의회) 등
	파트너십형 (주민-전문가)	• 주민이 지역공동체 활성화의 주체이나 활성화의 다양한 부분에 있어 여러 분야의 전문가가 직접 참여하여 공동체를 함께 만들어 가는 형태 • 전문가들은 지역주민의 전문성이 떨어지는 분야를 집중적으로 컨설팅하거나 교육·지원하는 역할을 담당함 (예시) 성북구 장수마을, 은평구 산새마을, 부산 흰여울문화마을 등

출처: 전대욱 외(2012: 30−31). 수정 및 사례 지역을 추가.

2. 사업성격에 따른 분류

사업성격에 따라 지역공동체를 분류하면 재정사업형, 풀뿌리운동형, 기업형으로 대별된다.

우선, 재정사업형은 중앙부처나 지방자치단체가 정부의 고유 목적 또는 정책목적을 달성하기 위하여 정부 재정으로 사업비를 충당하는 정부주도형 사업의 형태이다. 예를 들어, 농산어촌지역의 활력을 위해 관련 정부 부처가 정책이나 사업을 기획 및 추진하며 사업비 예산을 충당하는 농촌마을종합개발사업, 녹색체험마을사업 등은 재정사업형으로 볼 수 있다. 반면, 풀뿌리운동형은 일반적으로 자활, 환경, 지역만들기 등을 위해 자생적 시민단체가 중심이 되어 공동체 활동을 하는 형태이다. 풀뿌리운동형의 경우 자발적이며 자생적인 활동을 하지만 정부로부터 일부 재정적 지원을 받기도 한다. 끝으로 기업형은 일종의 법인형태를 설립하여 어느 정도 공적인 가치를 지향하면서 비즈니스 방식의 사회적 경제활동을 하는 형태이다. 주민들의 일자리 및 소득 창출을 위한 마을기업 등은 기업형 지역공동체의 형태로 볼 수 있다.

표 14-2 사업성격에 따른 지역공동체 활성화 사업의 구분

사업유형	재정사업형	풀뿌리운동형	기업형	협동조합형
성격	• 농산어촌 지역개발사업	• 자활, 환경, 복지, 주거, 지역만들기	• 사회적 경제활동 • 비즈니스방식 운영	• 조합원 편익 • 공동체 가치
추진주체	• 정부주도	• 자생적 시민단체 주도	• 시민주도	• 조합원 주도
정부지원	• 사업비 예산충당	• 일부보조	• 일부보조	• 일부보조
사례	• 농촌마을종합개발사업 • 녹색체험마을사업	• 자활공동체사업 • 자활주거복지사업 • 마을만들기사업	• 사회적기업 • 마을기업 • 농어촌공동체회사	• 육아협동조합 • 생활협동조합

출처: 김현호. (2013: 23). '지방자치단체 주도의 지역공동체 활성화 방안'. 수정 및 보완.

3. 대상 지역에 따른 분류

도시화와 산업화가 급격하게 진행되며, 도시로 인구이동이 증가함에 따라 전통적 농산어촌 지역과는 다른 도시적 특성을 띠는 지역공동체가 다양하게 출현하고 있다. 우리나라의 경우 도시 지역에는 아파트 거주 비율이 높은 상황에서 지역공동체의 양상도 지역에 따라 달리 나타나고 있다. 지역공동체를 대상 지역에 따라 대별하면 일반적으로 도시형과 농촌형으로 구분된다. 도시형은 도시지역에서 지역의 현안을 공동으로 해결하기 위하여 형성되는 사례가 많고, 잦은 인구의 이동으로 구성원이 가변적인 형태를 보인다. 또한, 상대적으로 공동문제를 공유하는 주민들의 자발적 참여로 시작되어 각종 정부지원사업(또는 재정사업)에 선정되어 규모나 공동체 사업을 확장하는 경우가 많다. 대표적으로 우리나라의 도시지역에서는 주거형태 중 아파트의 비율이 70%가 넘는 상황에서 아파트공동체에 대한 논의가 활발하다. 반면, 농촌형의 지역공동체는 전통적인 마을단위에 형성된 생활공동체에서 농산어촌 활력 등 지역경제활성화를 위해서 중앙정부나 지방자치단체의 인적·재정적 지원 하에 진행되는 경우가 많다. 농산어촌 지역의 저출산·고령화가 가속화되는 상황에서 이러한 정부 차원의 지원이 지역공동체의 활성화에 중요한 역할을 차지한다. 이상의 논의를 간략하게 정리하면 〈표 14-3〉과 같다.

표 14-3 대상 지역에 따른 분류: 도시형과 농촌형 지역공동체

구분	도시형	농촌형
주요 관심	• 지역문제 해결 • 삶의 편의 증대	• 지역경제 활성화 • 지역활력 제고
구성원	• 가변적 • 다양한 배경 및 이질적 구성원	• 비교적 고정적 • 동질적 구성원
기반	• 자발성 기반 • 동일 목표 기반 • 동 단위 기반	• 지역성 기반(동일 지역거주 기반) • 생활 및 경제 목표 기반 • 자연마을기반
공동체의 역량	• 전문지식 풍부 • 인적역량 보유	• 전문지식 부족 • 인적역량 미흡으로 외부전문가나 지자체의 조언 및 지도 중요

재정사업 (정부사업연계)	• 지역의 공동문제 해결에서 시작하여 나중 재정사업 연계하는 경우가 많음	• 초기 재정사업 지원을 받는 경우가 많음
지리적 영역	• 사후적으로 형성 • 대개 동 단위	• 본래적 영역성 보유 • 대개 자연마을의 범역

출처: 김현호. (2013: 23). '지방자치단체 주도의 지역공동체 활성화 방안'. 수정 및 보완.

제4절 지역공동체 관련 제도와 정부의 역할

지역공동체는 주민들의 자발적·자생적 집단(조직)이 강조됨에도 현실적 여건은 주민이 주도하는 공동체의 형성과 활성화가 활발하지 않은 것으로 나타난다. 이에 중앙정부와 지방자치단체는 공동체의 중요성을 인식하고 지역 공동체성의 회복과 지역사회의 문제해결을 위해 제도적·재정적 지원을 다양하게 펼치고 있다. 공동체가 궁극적으로 주민들의 공동체의식에 기반한 연대와 협력이 핵심이라고 보았을 때 정부와 지방자치단체의 역할을 올바르게 정립할 필요가 있다. 우리나라에서 추진 중인 공동체와 관련한 다양한 제도적 기반 및 재정지원을 중앙정부와 지방자치단체의 마을(공동체)만들기를 중심으로 논의한다.

1. 중앙정부의 역할[10]

중앙정부의 각 부처는 고유 목적 및 업무의 특성을 반영한 공동체사업을 추진 중이다. 중앙부처의 정책 및 사업은 제도적·재정적 지원을 통해 지역공동체 형성과 활성화의 마중물 또는 촉진자로서의 역할을 하게 된다. 우선 관련 법령의 제·개정을 통해 지역공동체 재정지원과 종합지원센터와 같은 추진기구의 수립 등 공동체

---

10) 이하에서는 행정안전부를 중심으로 공동체관련 지원과 사업을 논의하기로 한다.

발전을 위한 제도적 기반을 마련한다. 또한, 지역공동체의 역량이 낮거나 활성화되지 않은 지역에는 전문가집단의 교육이나 자문 등의 지원을 하기도 한다. 특히, 재정적 지원은 지역공동체 활동의 마중물로서 중요한 역할을 하는데, 예를 들어 공모사업의 선정을 통해 보조금 등 재정적 지원을 통해 지역공동체가 주체나 주요 참여자로 역할하도록 유도하거나 촉진한다.

중앙부처에서 지역공동체에 기반한 지역사회문제 해결과 공동체활성화를 지원하는 재정사업은 다양하다. 지역 주민 및 마을을 대상으로 하는 주요 사업들은 일반적으로 지역 주민조직이나 지역공동체의 집합적 역량이 중요하게 작용한다. 따라서 부처의 주요 사업도 직·간접적으로 지역 또는 마을단위의 역량을 공모사업의 선정 시 중요한 요건 중 하나로 고려하고 있다. 이처럼 지역공동체의 활성화와 지역사회문제 해결은 밀접한 관계를 가지며, 정부 부처들은 공동체 활성화 및 지원을 위한 다양한 사업을 시행 중이다. 2022년 기준 정부 부처에서 '공동체'라는 명칭을 포함한 사업을 예시로 간략하게 살펴보면 다음과 같다.[11]

- 행정안전부의 '마을기업 육성사업', '청년공동체 활성화사업'과 '청년들이 살기 좋은 마을만들기 사업' 등
- 문화체육관광부의 '생활문화공동체만들기 사업'
- 농림축산식품부의 '농촌공동체활성화지원사업'하에 '청년외식창업 공동체공간조성사업'
- 여성가족부의 '돌봄공동체지원사업'
- 산림청의 '산촌공동체 활성화 사업'
- 산업통상자원부의 '포항시 공동체회복 및 경제활성화 지원'

정부는 1997년 후반 IMF사태를 거치며 지방 차원의 공동체 활성화를 위한 사업을 본격적으로 추진하였다. 대표적으로 노무현 정부는 2006년 중앙정부의 차원에

---

11) 국고보조금통합관리시스템(e나라도움, 보조금관리에관한법률 웹사이트)은 모든 중앙부처의 국고보조사업을 체계적으로 제공하고 있다. 사업의 명칭은 사업에 따라 매년 다소 변동이 있다. 2022년 기준으로 명칭을 표시하였다.

서 '살고 싶은 도시/마을 만들기'시범사업을 시행하였고, 이를 통해 지방자치단체의 마을만들기 또는 공동체 관련 조례의 제정이 확산되는 계기가 되었다(이정민·이만형, 2017). 또한, 문화체육관광부의 '문화역사마을가꾸기 사업', 환경부의 '자연생태우수마을사업' 등이 대표적으로 수행되었다. 초기 공동체사업은 공간 및 물리적 환경개선에 초점을 두면서 낙후된 지역경제활성화에 초점을 두었다. 하지만 2010년대에는 도시재생이 강조되면서 주민 및 주민조직의 적극적 참여 하에 공동체의 활성화를 강조하게 되었다. 특히, 중앙정부 차원에서 2013년 6월에 '도시재생활성화 및 지원에 관한 특별법'이 제정되며 도시 및 지역공동체의 활성화와 이를 통한 지역의 생활여건 개선 및 삶의 질을 개선하고자 하는 방향이 강조되었다.

최근 마을만들기 또는 공동체 사업은 진화를 거듭하고 있으며, 중앙정부가 지원은 하되 지역의 니즈를 반영한 공모형 지자체 지원사업과 같이 상향식으로 전환되고 있다(김학실, 2018: 26). 특히, 청년들의 지방 이탈로 인한 지역소멸의 문제와 청년일자리 창출 등이 강조되면서 청년을 대상으로 한 정부지원사업이 확대되는 추세이다. 결국 정부 주도의 공동체사업의 핵심은 지역의 공동체를 중심으로 한 공동체성의 회복과 지역사회문제해결로 요약될 수 있다.

2. 지방자치단체의 역할

지방자치단체도 다양한 정책과 사업을 통해 지역공동체의 형성 및 활성화를 지원하고 있다. 대표적으로 지방자치단체의 조례는 사업 및 재정지원의 근거로서 역할을 한다. 지방자치단체의 지역공동체 활성화 및 지원을 위한 제도적 측면의 대표적인 노력으로 마을만들기 조례나 마을공동체만들기 조례를 들 수 있다. 지역별로 명칭은 다소 상이하더라도 기본적인 목적과 취지는 마을만들기를 통한 지역(마을)공동체의 형성 및 활성화로 별다른 차이를 보이지 않는다. 이러한 조례를 중심으로 지방자치단체의 지역공동체 관련 노력을 살펴보기로 한다.

1) 마을(공동체)만들기 관련 조례의 제정과 변천[12]

지방자치단체는 마을만들기 또는 마을공동체 활성화를 지원하기 위해 지역공동체 관련 조례를 제정해 왔다. 지방자치단체 차원의 지역공동체 관련 지원조례는 마을만들기와 관련한 조례로부터 시작되었다. 광주광역시 북구는 2004년 전국에서 최초로 '아름다운 마을만들기 조례'를 제정하여 마을만들기 운동에 대한 지원 근거를 마련하였다.[13] 광역지자체 차원에서는 제주도가 최초로 2009년 '특별자치마을만들기 지원조례'를 제정하였고, 2021년 12월 기준 전국 17개 광역지자체가 모두 공동체 관련 조례를 제정하여 시행하고 있다.[14]

2) 마을(공동체)만들기 관련 조례의 주요 내용

마을만들기 또는 마을공동체만들기 측면의 지역공동체 관련 조례는 일반적으로 목적과 기본원칙을 담은 총칙, 마을만들기 지원 및 지원계획, 관련 위원회의 구성과 운영, 지원센터 등에 관한 내용을 담고 있다.

우선, 조례의 총칙에는 주민들의 삶의 질의 개선, 마을(공동체)만들기와 활성화, 주민자치실현 등을 담은 목적과 마을, 마을공동체, 마을(공동체)만들기 등 기본개념에

---

12) 서울특별시의 '마을공동체 만들기 지원 등에 관한 조례(2012년 3월 제정)'의 제2조에 따르면 마을은 "주민이 일상생활을 영위하면서 경제·문화·환경 등을 공유하는 공간적·사회적 범위"를 말하며, 마을공동체란 "주민 개인의 자유와 권리가 존중되며 상호대등한 관계 속에서 마을에 관한 일을 주민이 결정하고 추진하는 주민자치 공동체"로 개념화된다.

13) 북구의 마을만들기 조례는 1999년 주민자치센터의 경험으로 거슬러 올라간다. 북구는 1999년 동사무소의 주민자치센터로의 명칭 변경 및 기능 재조정 당시 시범사업을 중흥3동과 매곡동에서 실시하였다. 하지만 당시 주민들의 참여 및 운영경험의 부족 등이 제기되었다. 이후 '주민자치센터 운영의 활성화를 위한 아름다운 마을만들기 프로그램 개발 연구'를 통해 조례제정 및 전담 조직의 개편이 논의되면서 2004년 3월 마을만들기 조례의 제정으로 이어졌다(장희주, 2015).

14) 제주특별자치도 특별자치마을 만들기 지원 조례에는 마을공동체와 마을공동체만들기에 대한 내용을 담고 있다. 마을공동체란 "지역주민 개인의 자유와 권리가 존중되며 지역주민들이 상호 대등한 관계 속에서 마을에 관한 일을 결정하고 추진하는 주민자치 공동체"로 개념화하였다. 또한, 마을공동체만들기는 "지역주민 스스로 주체가 되어 지역의 인적·물적 자원 등을 활용하여 소득·문화·복지 등의 향상과 전통과 특성을 살린 지속가능한 마을을 만들기 위한 일련의 활동"으로 규정하고 있다. 이와 같이 마을공동체와 마을만들기는 결국에는 주민자치공동체를 통해 지속가능한 마을 또는 지역사회를 지향하고 있음을 알 수 있다.

대한 정의를 내리고 있다. 주민의 참여와 협력을 강조하며 지역의 특성과 문화를 반영한 공동체 사업을 추진하고 지방자치단체(장)의 책무도 함께 제시하고 있다.

조례의 총칙에서 제시된 마을만들기와 마을(공동체)만들기의 개념을 간략하게 정리하면 다음과 같다. 광역지방자치단체의 조례에서는 마을공동체를 대체로 "주민 개인의 자유와 권리가 존중되며 상호대등한 관계 속에서 마을에 관한 일을 주민이 결정하고 추진하는 주민자치 공동체"로 정의하여 광역지방자치단체 간 거의 유사하게 접근하고 있다.[15] 또한, 마을(공동체)만들기는 주민이 주체가 된 자발적인 참여를 강조하며, 지역의 고유한 인적·물적자원과 특성을 활용하여, 주민 삶 전반의 질을 향상하여 지속가능한 지역 또는 마을을 위한 활동을 내포한다. 다시 말해 마을(공동체)만들기는 주민이 주인이 되어 참여하는 주민자치공동체를 통해 스스로 살기 좋은 환경 및 지역을 만들어 삶의 질을 높이는 활동을 의도한다. 결국 마을(공동체)만들기는 주민의 공동체 형성과 밀접히 연관되는 지역 차원의 활동이며, 지방자치단체는 조례의 제정을 통해 지원 및 활성화를 위한 근거와 토대를 마련하고 있다고 할 수 있다.

마을만들기 또는 지역공동체를 활성화하기 위하여 주민들의 자체적 역량뿐만 아니라 전문가의 역할이 강조된다. 즉, 지역주민들에 의한 지역공동체의 형성 및 활성화가 힘든 지역에서는 전문가의 조언이나 교육을 통한 접근도 적극적으로 고려되고 있다. 예를 들어 안동시는 '안동시 살고 싶은 마을만들기 조례'에 '마을계획사'를 명시적으로 규정하고 있다. 조례에 따르면, 마을계획사란 "주민과 함께 마을의 특색 있는 사업을 발굴·제안 및 교육 등을 할 수 있으며, 마을 만들기 사업에 대해서 자문과 평가를 할 수 있는 전문가"로 정의되었다.

다음으로는 심의 및 자문 주체로서 마을만들기 위원회 또는 마을공동체 위원회의 구성과 역할을 포함하고 있다. 위원회는 마을만들기와 관련한 주요 정책 및 사업을 심의하고 검토한다. 구체적으로 마을만들기 기본계획 및 연차계획 등을 수립하고 추진실적을 점검하며 예산편성 및 집행계획 등을 논의한다. 위원장, 부위원장,

---

15) 법제처 국가법령정보센터에서 제공되는 전체 광역지방자치단체의 조례를 검토하여 공통의 내용을 도출하여 정리하였음.

일반위원을 두며 위원장은 1 – 2인을 두며 1명은 단체장이나 부시장이 포함되는 형태를 지닌다.

    그리고 마을(공동체)만들기 사업의 유형을 구체적으로 제시하고 있는데, 지방자치단체별로 다양한 사업을 포함하고 있다. 예를 들면, 서울시와 부산시의 경우 다음과 같은 사업을 제시하고 있다. 서울시의 경우 지방자치단체장의 강력한 의지 하에 공동체 활성을 위한 제도적·재정적 지원이 2010년대에 활발하게 추진되었다. 부산시의 경우도 역사문화자산 및 교육 – 교류를 포함한 공동체 사업을 담고 있다. 조례에 담긴 공동체 관련 주요 사업은 다음과 같다.

표 14-4 서울시와 부산시의 마을만들기 사업(예시)

서울시	부산시

1. 주거환경 및 공공시설 개선
2. 마을기업 육성
3. 환경, 경관의 보전 및 개선
4. 마을 자원을 활용한 호혜적 협동조합
5. 마을 공동체 복지증진
6. 마을공동체와 관련된 단체, 기관 지원
7. 마을 문화예술 및 역사보전
8. 마을학교 운영
9. 마을공동체와 관련된 연구 조사
10. 기타 마을공동체 만들기에 적합하다고 인정되는
    사업
	1. 마을공동체 형성 및 활성화 사업
	2. 마을의 역사와 문화 보존 등 특성화 사업
	3. 마을자원을 활용한 일자리 창출 사업
	4. 쾌적한 주거환경 및 마을공간 조성사업
	5. 주민 교류와 교육을 통한 마을정체성 강화사업
	6. 그 밖에 주민의 삶의 질을 향상하기 위하여 시장이
	    필요하다고 인정하는 사업

출처: '서울특별시 마을공동체 만들기 지원 등에 관한 조례'와 '부산광역시 마을공동체 활성화 지원 등에 관한 조례'에서 발췌 및 편집.

    마지막으로 실질적인 추진 주체로서 마을만들기 지원센터(또는 협력센터)를 두었다. 지원센터는 지방자치단체에 따라 중간지원조직 형식의 종합지원센터나 지자체의 전담부서의 일부로 두기도 한다. 중간지원조직 형식의 종합지원센터의 경우 민간단체에 위탁운영 및 관리를 하여 민·관협력체제를 구축하기도 한다.

지역공동체사업의 실태: 마을기업과 청년 대상 공동체(마을만들기)사업을 중심으로

지역공동체사업은 중앙부처와 지방자치단체별로 다양하게 추진되어 오고 있다. 중앙부처 차원에서 추진 중인 사업을 몇 가지 제시하면, 행정안전부의 '마을기업', 농촌진흥청의 '농촌전통테마마을', 문화체육관광부의 '문화역사 마을' 등과 지방자치단체의 수준에서는 서울시의 '마을공동체 만들기', 경기도의 '따뜻하고 복된 마을공동체(따복공동체)', 진안군의 '마을만들기', 칠곡군의 '인문학 도시 조성사업' 등과 같이 다양한 사업명으로 진행 중이거나 진행되었다(이재민, 2019).

중앙부처 차원에서는 행정안전부가 대표적으로 마을 또는 지역 차원의 공동체사업을 추진하고 있다. 행정안전부는 2021년 기준 지역공동체 기반 조성 및 역량강화와 지역공동체 일자리 창출을 위해 마을기업 육성사업, 지역공동체 일자리사업,[16] 생명살림 지역공동체 실현 운동, 청년공동체 활동지원사업,[17] 지역 SOC활성화를 위한 청년공동체지원[18] 등의 사업을 진행하였다.[19] 이 중 대표적으로 지역의 일자리 및 소득창출과 지역공동체의 활성화에 목표를 두고 마을기업의 육성정책을 시행해 오고 있다. 다시 말해 마을기업은 다양한 사업 중 가장 오랜 기간 안정적으로 지속된 대표적인 사업으로 평가받는다(행정안전부, 2017: 164). 다음은 지역경제 및 공동체활성화를 위한 정책수단으로서 행정안전부가 시행·추진해 온 마을기업을 중심으로 살펴본다. 그리고 최근에 활발하게 진행되고 있는 청년 중심 공동체사업을 차례

---

16) 사업근거: 고용정책기본법 제6조.

17) 사업근거: 청년기본법 제19조.

18) 사업근거: 국가균형발전특별법 제3조.

19) 행정안전부가 2017년에 발간한 '지역공동체의 이해와 활성화'에 따르면 행정안전부의 지역공동체 지원사업으로 '희망마을조성사업', '마을공방조성사업', '지역희망뿌리단', '인구감소지역 통합지원사업' 등도 포함하고 있다(행정안전부, 2017: 165). 일례로, 희망마을 만들기 사업은 "작지만 가치 있는 지역공동체 활성화를 위한 과제발굴과 기반조성을 목적"으로 하는 사업으로 2010년부터 추진되었다. 또한, 마을공방육성사업은 "마을의 일자리 창출과 지역공동체 회복의 거점을 만드는 것을 목적으로… 취약계층의 기술습득을 지원하고 지속적 일자리를 창출하기 위하여 지자체와 지역기업이 MOU를 체결하여 지속적인 일감을 제공"하는 사업이다(행정안전부, 2017: 167).

로 논의한다.

1. 마을기업

1) 마을기업의 설립 근거와 개념

행정안전부 및 지방자치단체가 추진 중인 마을기업의 설립은 대체로 세 가지 근거에 기반한다. 첫째는 행정안전부 장관이 정한 기준에 따라 마을기업으로 지정한 기업이다. 둘째는 '도시재생 활성화 및 지원에 관한 특별법'[20]에 따른 '마을기업'이다. 셋째는 지방자치단체별로 지역의 특색을 반영한 마을기업이 해당 지방자치단체장의 지정으로 설립되기도 한다.

우선, 행정안전부는 2011년부터 마을기업 육성사업을 시행해 오고 있다. 마을기업은 2009년 '희망근로 프로젝트'가 실시되고, 후속으로 2010년 '자립형 지역공동체사업'의 일환으로 184개의 시범사업을 선정하여 추진하였다. 2011년 마을기업으로 명칭이 변경되었고, 483개의 마을기업을 선정하였다. 마을기업은 이후에도 지역특화자원 활용을 강조하며 2019년 기준 1,556개를 지원하였다(행정안전부, 2022a: 830).

행정안전부(2022a)의 '마을기업 육성사업 시행지침'에는 마을기업의 근거와 개념이 상세하게 논의되고 있다.[21] 시행지침에 따르면 마을기업은 "지역주민이 각종 지역자원을 활용한 수익사업을 통해 공동의 지역문제를 해결하고, 소득 및 일자리를 창출하여 지역공동체 이익을 효과적으로 실현하기 위해 설립·운영하는 마을단위의 기업"으로 정의된다(행정안전부, 2022a: 3). 마을기업은 마을을 단위로 하며 지역주민, 지역자원, 지역문제, 지역공동체 이익을 구성요소로 한다. 여기서 지역공동체의 이익은 마을기업 및 구성원의 이익뿐만 아니라 지역사회 또는 이해관계자가 함께 누리는 편익까지 확대되며 지역공동체를 지향하고 있음을 알 수 있다. 이를 반영하여 마을기업의 기본적인 운영원칙으로 공동체성, 공공성, 지역성, 기업성을 담고 있다

---

20) 도시재생 활성화 및 지원에 관한 특별법 제2조 제1항 9호.
21) 이하의 세부 내용은 '시행지침'에서 발췌-정리했음(행정안전부, 2022a: 3).

(행정안전부, 2022a: 4). 지역공동체와 관련하여 주목할 점은 마을기업이 지역공동체 이익의 실현에 있어 공동체회복과 사회통합을 함께 지향하고 있음이다. 이상의 구성요소를 표로 정리하면 아래의 〈표 14-5〉와 같다.

표 14-5 마을기업 개념의 구성요소

구분	정의
지역주민	동일한 생활권에서 공동의 목표와 가치를 가지고 실제 상호 교류하는 공동체의 구성원
지역자원	지역에 존재하는 유·무형의 인적·물적 자원
지역문제	지역 내 충족되지 않은 필요(요구) 사항이나, 지역 주민 삶의 질 향상을 위해 필요한 사항
지역공동체 이익	마을기업의 이익뿐만 아니라 이해관계자 또는 지역사회 전체가 얻게 되는 편익의 총합
마을	지리적으로 타 지역과 구분되거나 일상적 생활을 공유하는 범위 내에서 상호 관계나 정서적 공감대가 형성되어 있는 곳

출처: 행정안전부(2022a: 3). '마을기업 육성사업 시행지침'에서 인용.

행정안전부(2022a: 10)가 2022년 기준 추진 중인 마을기업의 유형은 사업성격과 성장단계에 따른 구분으로 크게 나뉜다.[22] 먼저, 사업성격에 따라 지역자원 활용형, 사회서비스 제공형, 마을 관리형으로 구분된다. 지역자원 활용형은 지역의 특산물, 로컬푸드, 관광·체험 등 지역자원을 활용하며, 마을관리형은 마을주차장 등과 같이 마을자산이나 지역재생 등을 통한 마을 전체의 발전이나 이익을 위한 사업을 수행하며, 사회서비스 제공형은 노인이나 아동 등과 같이 지역주민 대상 교육 및 복지 등을 제공하는 형태의 마을기업이다.

성장단계에 따라서는 예비마을기업, 육성형 마을기업, 자립형 마을기업, 관리형 마을기업으로 구분된다.[23] 우선, 예비마을기업은 본격적인 궤도에 오르기 전 예

---

[22] 이하의 세부 내용은 '시행지침'에서 발췌-정리했음(행정안전부, 2022a: 10-11).

[23] '2022 마을기업 육성 시행지침'. 21년에는 예비마을기업, 육성형 마을기업, 자립형 마을기업, 관리형 마을기업으로 구분되었다. 22년과 비교하여 예비마을기업과 육성형마을기업은 유사하고, 자립형과 관리형 마을기업 대신 재기마을기업으로 22년에는 변경되었음을 알 수 있다. 21년 당시 자립형 마을기업은 지원이 종료된 후에도 자생적으로 성장해 가는 마을기업이다. 관리형 마을기업은 마을기업으로 지정받았지만(1, 2회차), 경영 상태가 좋지 않거나 지속이 어려워 관리가 필요한 마을기업을 의미하였다.

비단계로 경쟁력과 사업성을 갖춘 마을기업으로 성장 가능한 기업을 발굴·육성하기 위한 예비적 성격을 가진다. 둘째, 육성형마을기업은 마을기업으로 지정받고 지원을 통해 안정적－지속적 운영의 확보가 필요한 마을기업을 의미한다. 육성형마을기업은 사업비 지원과 관련 1회차 신규마을기업, 2회차 재지정마을기업, 3회차 고도화 마을기업으로 또한 세분화된다. 단계적인 평가를 통해 마을기업의 가치실현, 운영성과, 존속 및 자생력을 종합적으로 고려하여 지원여부가 결정된다. 셋째, 재기마을기업은 마을기업으로 지정되었다가 취소된 기업이 취소 사유를 해소하면서 지정요건과 재기의지 등이 구비되어 다시 마을기업으로 지정되는 경우이다. 추가적으로 주목할 점은 청년층의 유입과 일자리 창출을 위해 청년마을기업도 점차 강조되고 있는 점이다. 청년마을기업은 "청년들이 주도하여 설립 및 운영하는 마을기업"으로 구성에 있어 청년이 일정 비율 이상 포함되어야 하는 조건을 부과하고 있다(행정안전부, 2022a: 11).

다음으로, '도시재생 활성화 및 지원에 관한 특별법'에 따른 마을기업이란 "지역주민 또는 단체가 해당 지역의 인력, 향토, 문화, 자연자원 등 각종 자원을 활용하여 생활환경을 개선하고 지역공동체를 활성화하며, 소득 및 일자리를 창출하기 위하여 운영하는 기업"을 의미한다.[24]

마지막으로 지방자치단체는 대부분 사회적경제 육성지원에 관한 조례(예: 수원시 등)에서 마을기업의 육성 및 지원 내용을 담고 있으나 소수의 지방자치단체(예: 제주도, 합천군 등)는 구체적으로 마을기업 등 육성 및 지원조례 등의 명칭으로 마을기업을 육성 및 지원하고 있다.[25] 제주도의 경우 마을기업을 지역 및 공동체의 기반으로 하여 지역일자리 및 소득을 창출하고 공동의 지역문제를 해결함으로써 삶의 질과 지역발전에 기여하기 위한 목적으로 하고 있다.[26] 이러한 마을기업은 마을주민이 주체가 되어 "각종 지역 자원을 활용한 수익사업을 통해 지역공동체를 활성화하고 지역 주민에게 소득 및 일자리를 제공하여 지역공동체 이익을 효과적으로 실현하기

24) 도시재생 활성화 및 지원에 관한 특별법 제2조 제1항 9호.
25) 법제처 국가법령정보센터의 자치법규에서 '마을기업' 또는 '사회적경제'라는 키워드로 검색하여 세부 조례내용을 검토하였음.
26) 제주특별자치도 마을기업 등 육성 및 지원 조례 제1조.

위해 설립·운영하는 마을 단위의 사업체"로 접근하고 있으며, 행정안전부 장관이 '마을기업 육성사업 시행지침'에 따라 지정한 기업을 의미한다.[27] 그리고 행정안전부가 지정한 기업과 달리 제주특별자치도지사가 지정하는 '제주형 마을기업'도 두고 있다.

2) 지원과 시행

이상과 같이 마을기업의 설립근거에 더하여 마을기업 육성사업 관련 중앙정부와 지방자치단체의 역할을 구분하여 논의하면 다음과 같다.

행정안전부는 마을기업 육성과 관련한 법령 등 제도의 기반 마련, 전국적 기본계획 및 각종 지원계획 마련, 중장기 발전방안 마련, 국고보조금 교부 등 재정적 지원, 마을기업 심사 및 지정-취소 등 다양한 역할을 담당한다. 광역지자체는 중앙의 제도 및 지침 하에 광역단위 조례 등 제도화와 계획수립, 국고보조금 교부·관리, 결산 및 자체예산 지원 등을 담당한다. 기초지자체는 기초지자체 단위의 조례 등 제도적 기반마련과 계획의 수립, 보조금 교부·관리 및 자체예산 지원, 공모자료 접수, 마을기업 약정 및 약정해지, 주기적 실태조사 및 현장점검 등을 실시한다. 이상과 같은 역할들은 앞서 언급했던 '마을기업 육성 시행지침'을 통해 행정안전부가 매년 업데이트하고 있으며, 지방자치단체는 이러한 지침을 준수하여 사업을 수행한다.

행정안전부는 사업의 세부적인 시행을 위해 '마을기업 육성사업 시행지침'을 매년 준비하여 지방자치단체 및 관련 단체들과 공유하고 있다.[28] 지침에 따르면 마을기업사업의 선정절차는 마을주민의 교육, 교육이수자들은 사업계획수립과 신청, 시군구는 적격성을 검토 후 시도에 추천한다. 시도의 1차 심사를 거쳐 행정안전부에 추천이 되면 최종심사를 거쳐 마을기업을 지정한다. 마을기업으로 지정이 되면 최대 3년간 1억 원(1년차 5천만 원, 2년차 3천만 원, 3년차 2천만 원)을 지원받는다.[29] 동일한

---

27) 제주특별자치도 마을기업 등 육성 및 지원 조례 제2조 2호.

28) 행정안전부의 '2021년 예산 사업설명자료'에 따르면 마을기업 육성사업은 지역공동체일자리사업의 일종으로서 사업근거는 고용정책기본법 제6조(국가와 지방자치단체의 시책)이며 회계는 균형발전 특별회계에 근거한다.

29) 행정안전부 웹사이트(https://www.mois.go.kr/frt/sub/a06/b06/village/screen.do). 마을기업 육성사

행정안전부의 자료에 따르면 마을기업의 형태는 영농조합법인이 40.2%로 가장 큰 비율을 차지하며, 협동조합이 25.5%, 주식회사가 19.2%의 순으로 나타나 약 80%에 이른다. 마을기업의 업종별로는 일반식품(44.3%), 전통식품(13.5%), 관광체험(12.7%) 등의 순서를 보인다.

이상의 성과에도 마을기업은 지역자원의 창의적 활용 및 브랜드화, 주민의 적극적 참여, 지역 내 다른 사회적경제 주체와의 연계와 마을기업생태계 조성, 교육 및 훈련 시스템의 구축 등 지속가능한 지역공동체로 존속하기 위해 다양한 과제가 제시되고 있다.

2. 청년 대상 공동체(또는 마을만들기) 사업

도시나 지방이 지속가능하기 위해서는 청년이 유입되어 안정적인 생계와 자녀의 양육이 동시에 충족되며 장기적으로 머물러야 한다. 우리나라의 농산어촌이 겪고 있는 급격한 고령화와 인구감소에 대응하기 위한 근본적인 목표이자 방향이다. 정부도 최근 청년들에 주목한 청년이주와 정착을 위한 다양한 정책을 펼치고 있다. 대표적으로 행정안전부는 '청년공동체 활성화사업'과 '청년들이 살기 좋은 마을만들기 사업'을, 농림축산식품부는 '청년농업인영농정착지원사업'과 '청년농촌보금자리 조성사업' 등을 추진 중에 있다.

이 사업들 중 '청년공동체 활성화사업'과 '청년들이 살기 좋은 마을만들기 사업'은 청년들을 중심으로 한 공동체의 형성 및 지역사회로의 확산을 주요한 목표로 추진하고 있다. 최근 전국적으로 이 사업과 관련한 청년들의 관심과 공모지원이 증가하고 있으며, 이에 따라 행안부도 예산규모를 늘려 사업의 활성화를 적극적으로 추진하고 있다. 청년들이 결국은 지역의 소멸을 완화하고 지역의 지속성을 위해 필수적인 요소 중 하나라고 보았을 때 현재 활발히 진행 중인 '청년공동체 활성화사업'과

업의 성과로는 2021년 12월 기준으로 전국적으로 1,697개가 운영 중이며, 지역별로는 경기도(201개), 전남(189개), 충남(148개), 경북(136개), 강원(133개) 등의 순으로 실태를 보이고 있다. 매출로는 2019년 12월 기준 1,928억 원, 일자리는 20,062명을 창출한 것으로 나타났다.

'청년들이 살기 좋은 마을만들기 사업'은 중앙정부나 지방정부 차원에서 진행되는 중요한 실험의 방향이다. 마을기업과 달리 오랜 시행기간을 거치지는 않았지만 청년에 대한 국가 차원의 중요성과 관심이 증대하는 상황에서 이들 사업을 중심으로 청년 중심의 지역공동체의 방향을 개략적으로 살펴보기로 한다.

행정안전부가 추진 중인 '청년공동체 활성화 사업'은 청년공동체의 발굴과 확산, 지역 연계 청년공동체의 활동 지원을 통해 지역활력을 제고하고자 하였다(행정안전부, 2020f). 이 사업의 시작은 2017년 '청년희망뿌리단' 시범사업을 거쳐 2018년도에 '청년공동체 활성화 사업'으로 명칭이 변경되며 본격화하게 되었다(행정안전부, 2019c).

세부적으로 '청년희망뿌리단 사업'은 2017년 농어촌 맞춤형 청년유입정책의 일환으로 시행되었다. 당시 청년 대상 일자리 사업은 대도시에 집중돼 있어 전국적으로 확산되는 인구감소 지역의 활력증대에는 한계가 존재했다. 이를 위해 청년들의 지역 정착과 창업을 돕기 위한 전문가 연결 및 컨설팅, 교육비 지원 등을 담았다. 첫 해인 2017년 첫 공모에서 32개 팀(41명)이 선발되었다.[30] 이상의 시범사업을 걸쳐 2018년도부터 본격적으로 시행된 청년공동체 활성화 사업은 2018－19(각각 18개팀, 17개팀 지원)년 사이 멘토링 기반의 컨설팅 지원을 통해 청년들의 지역정착에 초점을 두었다(행정안전부, 2022c).[31] 2020년부터는 사업의 초점이 지역 청년들의 활동을 직접적으로 지원하는 방식으로 변경되었으며 성과목표 관련 과업수행비와 멘토의 컨설팅 지원이 병행되었다. 또한, 2021년부터는 청년들의 참여기회를 확대하기 위해 (100팀 선정) 지자체 보조사업으로의 전환 추진 및 예산의 확대를 동시에 추진하였다. 2022년에는 140개팀으로 매년 급증하는 추세를 보인다. 코로나 사태가 지속되는 가운데 2022년부터는 인구감소지역 신청팀과 코로나19 일상회복에 관한 활동계획에 대해 가산점을 부여하였다.

주요 사업 내용으로는 4가지로 구분되는 데 2022년 사업의 경우 "팀별 과업수

---

[30] "41명 중 22명은 지역에서 활동하며 다른 청년들에게 도움을 주는 네트워크 활동을 희망했다. 10명은 문화·관광 분야를 희망했고 4명은 제조·디자인 분야에서 창업하겠다고 했다. 3명은 귀농했고 나머지 2명은 지역 빈집을 활용한 게스트하우스 운영 등을 꿈꿨다. 이들은 현재 충남 서산, 전남 순천, 강원 강릉을 비롯한 20개 시·군·구에 정착했다."(이유종, 2017)

[31] 행정안전부(2022c) 보도자료 1쪽.

행비(8백만 원) 지원, 멘토 및 전문가 컨설팅 지원, 주요 활동 홍보 지원, 청년공동체 간 교류·협력 지원" 등을 포함한다(행정안전부, 2022c). 신청대상으로는 청년으로 구성된 5명 이상의 법인·단체의 형태를 띤 공동체이다. 모집분야는 지역선도형과 지역연계형으로 구분된다. 지역선도형은 지역 내 새로운 청년공동체를 발굴하여 지역에 정착할 수 있도록 지원하는 역할을 한다. 반면, 지역연계형 지역사회 공헌 또는 활력을 제고하는 활동을 한다. 구체적인 자격과 역할은 아래의 〈표 14-6〉과 같다.

표 14-6 청년공동체 활성화 사업의 유형

구분		주요 활동
지역선도형	자격	지역 내 청년공동체와 교류·소통이 활발하고 지역의 중심이 되는 『Hub공동체』
	역할	새로운 청년공동체를 발굴하고, 그 공동체가 지역사회 정착할 수 있도록 지원
지역연계형	자격	지역의 인적·물적 자원과 활동 등을 연계하여 지역사회에서 활발하게 활동하는 청년공동체
	역할	지역사회 공헌 및 지역활력 제고(경제적, 문화적, 사회적)를 목표로 활동하고자 하는 청년공동체

출처: 행정안전부. (2020f.2.17.), '청년공동체 활성화 사업' 참여자 모집 공고. 일부 수정.

다음으로 '청년들이 살기 좋은 마을만들기 사업'도 청년이 중심이 되어 청년과 지역을 연계하는 마을만들기 또는 마을 공동체적 노력의 연장이다. 이 사업의 목적은 "지방청년들의 유출 방지 및 도시 청년들의 지역 정착을 지원하여 청년들에게는 새로운 삶의 기회를 제공하고 지역에는 활력을 제고"하는 것이다(행정안전부, 2022c).

구체적으로 이 사업은 지방의 인구감소로 인한 빈 건물의 증가 등 지방이 직면한 문제를 해결하기 위한 노력의 일환으로 시작되었다. 행정안전부는 2018년 점증하는 지방의 빈 건물을 창의적으로 활용하기 위한 노력의 일환으로 '시민 주도 공간 활성화'사업을 시행하였다. 사업의 첫 해인 2018년에는 약 5-7억 원의 규모로 진행되었다. 최종 선정을 통해 목포의 ㈜공장공장(괜찮아 마을)이 선정되었다. 이듬해인 2019년에는 사업의 명칭이 현재와 같이 '청년들이 살기 좋은 마을만들기 사업'으로 변경되었다. 2019-2020년에는 충남 서천군 한산면의 삶기술학교(2019)과 경북 문경

시 달빛탐사대(2020)가 각각 선정되었다. 2021년부터는 12개소를 선정하는 등 청년
들의 점증하는 관심과 지원에 사업규모를 확대하였다. 2022년의 경우 12개소 선정
에 총 144개 팀이 지원하여 이 사업에 대한 지역 청년들의 높은 관심을 보여 주었
다. 이 사업의 공모대상은 지역의 청년단체 또는 청년기업이다. 선정된 팀은 매년
2억씩 매년 평가를 통해 3년간 총 6억 원을 지원받는다. 구체적인 사업의 내용은
"청년의 지역 탐색 및 정착, 지역과의 교류―관계―협력 등을 통한 지역활력 제고
프로그램 운영"을 담고 있다(행정안전부, 2022c).

제6절 정부 역할의 한계 및 과제[32]

지역공동체의 설립 및 활성화 주체는 주민, 지역단체, 지자체나 중앙정부 등 다
양하다. 지역공동체의 본질적 목적과 성격상 주민의 필요에 따라 주민 또는 주민조
직 주도의 공동체 설립이 가장 바람직하지만, 현실적으로 드러나는 설립경로는 주
민의 필요로부터 기인하기보다는 지방자치단체나 중앙정부의 정책이나 프로그램에
의해 촉발되는 경우가 빈번하다. 관련하여 지방행정연구원(2013)의 연구에 따르면 농
촌지역에서 특히, 중앙정부나 지방자치단체의 프로그램의 필요에 의해 설립되는 경
우가 약 90%에 이르는 것으로 나타났다(김현호, 2013: 40). 하지만, 설립경로와 달리 지
역공동체의 활성화 주체는 농촌의 경우 주민, 주민자치(위원회), 지역단체 등이 약
65%를 차지하고 지방자치단체는 약 35%를 차지하는 것으로 나타났다. 도시지역은
그 비율이 70%와 30%로 제시되고 있다. 이처럼 우리나라에서 논의되는 지역공동체
의 형성은 시대적 상황을 반영한 정부나 지방자치단체의 사업이나 프로그램에 기인
한 바가 큼을 알 수 있고 상대적으로 자생적인 지역공동체의 형성과 활성화가 여전
히 과제로 남아 있음을 보여준다.

지역공동체(만들기)의 제도적·정책적 지원은 그 취지에도 불구하고 현실적 한계

---

32) 이하의 내용은 행정안전부(2017: 144―145)를 바탕으로 수정―보완하였다.

가 지적되고 있다. 행정안전부(2017)가 관련 사업을 담당하는 공무원을 대상으로 한 교육자료에는 주민주도형 지역공동체사업을 지향함에도 현실 속에서 드러나는 한계를 '공무원들이 흔히 빠지기 쉬운 정책적 오류'라는 제목으로 다음과 같이 기술하고 있다(행정안전부, 2017: 145).

- 정부는 단기간에 성과를 내려는 관료사회의 조직적 특성과 단년도 예산제 등 가용 자원의 경직성으로 인해 공급자 중심적인 정책을 추진하는 경향을 보인다.
- 정부는 지역공동체의 활성화와 주민들의 현안문제 해결이라는 본래의 목적에 충실했다기보다는 정부의 정책목표에 충실하였다.
- 지역공동체 활성화를 위한 정책의 실무는 민관 거버넌스 방식의 위원회 및 지원센터 등의 중간지원조직을 설치하고 보조금 등의 자원을 지원하는 사업을 추진하는 것으로 점철되었다.

이상과 같이 일부에서 드러나는 현실적 모습으로 인해 지역공동체사업이 애초에 지향했던 주민주도형 공동체는 주민의 자발성에 기인한 자생적인 조직화가 아닌 정부의 재정적 지원에 크게 의존하게 되었고, 정부의 지원이 중단되는 경우 지속성이 현저히 떨어지는 사례가 빈번히 발생하고 있다. 지원행정상으로도 지방자치단체는 중간지원조직이 자생적인 단체가 아닌 행정의 전달체계 또는 대리인으로 오해하여 역할의 왜곡이 일어나기도 하였다. 즉, 공동체 사업의 집행에 있어 지방자치단체는 "지방의 정책이나 사업수행과 관련된 인적·물적 자원들을 중간지원조직에 떠넘겨 집중시킴으로써 정부주도적인 지역공동체 생태계 형성을 야기시켰다"고 지적하고 있다(행정안전부, 2017: 145). 또한, 주민이 주체가 되어 공동체가 형성 및 활성화되기도 하지만 때로는 내·외부 전문가들에 의해 정부 지원금을 따내기 위한 '보조금 사냥(grant hunting)'과 같은 왜곡된 행태가 일어난다고 비판받는다(행정안전부, 2017: 145).

이러한 정책담당자들의 정책적 오류를 개선하기 위해서는 지역공동체 사업을 바라보는 관점을 근본적으로 전환할 것이 요구된다. 이와 관련 정부주도가 아닌 민관협치적 문제해결을 위한 민간 주체를 육성하고 지역사회 내 사회적 자본을 구축하여 지역생태계 조성 및 활성화가 중요함을 언급하고 있다. 세부적으로 정부가 지역공동체 정책담당자들에게 권고하는 내용은 인식적·정책적으로 유익한 시사점을 제공하고 있어 인용하면 다음과 같다(행정안전부, 2017: 146-147).

- 지역공동체 정책의 담당자는 기능별로 분화된 정부조직의 목적을 달성하는 것이 중요한 것이 아니라, 지역공동체를 활성화시킴으로써 우리 사회의 공적인 문제들을 민·관협치적 방식으로 해결하기 위한 주체를 육성한다는 생각을 가져야 함. 주민을 우리 사회의 다양한 공공의 문제를 스스로 해결하는 주체로 키우는 것이 목적이지, 기존의 정부가 공공의 문제를 해결하는 과정에서 동원하는 객체가 아님을 명심해야 함.
- 정부의 정책담당자는 넓은 시야를 가져야 함. 지역공동체 활성화는 사회적으로 신뢰와 화합의 사회적 자본을 구축하는 것이며, 정치적·행정적으로는 생활정치와 주민자치·주민복지와 연계되고, 경제적으로는 일자리나 사회적 경제로 확장되며, 지역적으로는 지역활력 제고나 도시재생과 연계될 수 있음. 따라서 단순히 주민조직화를 도모한다는 생각에서 벗어나 주민과 함께 꾸준히 학습하고 다양한 발전·연계를 추구해야 함.
- 정부의 정책담당자는 유연한 정책수단을 추구해야 함. 많은 지역의 공무원들은 타지역의 사례를 참고하여 추진하는 경향이 많은데, 이는 어디까지나 참고자료일 뿐 지역의 특성을 감안하여 적절한 지역공동체 육성 및 활성화 정책을 추진. 대부분의 지역에서 마을만들기 등 민관협치의 업무경험이 많지 않고 주민지원의 필요성으로 인해 중간지원조직을 설치하고 이에 의존하는 경향이 많음. 하지만, 지원센터 등의 중간지원조직 역시 전문성이나 업무역량에 한계가 존재하므로 전적으로 이에 의존하는 행태를 보이는 것은 곤란. 즉, 지원센터 등의 중간지원조직은 주민과 행정의 중간자적 입장에서 궁극적으로 주민을 위한 조직이지 행정의 대리인이나 전달체계의 일원으로 인식하는 것은 잘못된 접근방법이라고 할 수 있음.

더불어 지역공동체 단위의 인식 변화도 필요하다. 정부의 입장에서는 공동체에 대한 재정, 교육 및 각종 컨설팅의 지원이 마중물로서의 목적이 강하다. 정부의 한정된 재원과 정권별 주요 정책사업이 지속적으로 변화한다고 보았을 때 공동체와 관련된 정부의 역할은 본질적으로는 제한적일 수밖에 없다. 그렇다면 정부의 역할 못지않게 지역공동체의 형성, 활성화, 지속성을 위한 지역 주민 및 지역 사회의 노력도 간과되어서는 안 될 것이다. 기존 연구들이 제시하듯이 지역자원의 창의적 활용, 주민들의 적극적인 참여와 역량강화, 자체재원조달능력의 증대, 리더십 등은 지역공동체가 주도성을 가지고 끊임없이 고민하고 개선해 나가야 할 부분이다(이재완, 2014; 전대욱·최인수, 2013; 한그루·하현상, 2019).

CHAPTER 15

지역문화

지역문화는 지역 주민이 주체가 되어 생산하고 향유하며 발전시켜 나가는 문화로서 주민의 행복을 증진시키고, 지역의 브랜드나 가치를 높이며, 사회발전을 견인하는 매개체로 그 가치와 의미가 강조되고 있다. 또한, 지역문화는 지역의 창의성과 혁신의 동력으로서 지속가능한 성장의 원천으로도 널리 강조되고 있다(Florida, 2005; Jacobs, 1992; Landry, 2012). 우리나라에서 지역문화에 대한 제도적−정책적 노력의 확산은 문화를 통한 사회적 가치 구현과 지역발전을 위한 공적 노력이자 활성화를 반영한다(서순복, 2007). 지역 주민과 지역사회 중심의 문화활동은 지역의 고유한 문화자산을 발굴하고 발전시키며, 지역 주민의 문화가치와 의식을 키우는 노력이다. 이러한 과정에서 주민들은 지역사회의 문제해결에 대한 관심과 참여가 증대하고, 지방자치의 활성화로 이어진다. 즉, 지역 내 문화적 가치의 실현과 확대는 지역의 특성을 반영한 지방자치의 구현에 밀접하게 연관된다 할 것이다.

이 장은 지역사회발전과 지속가능을 위한 공공재로서 문화의 의의를 간략하게 살펴본 후 지역문화를 고찰한다. 다음으로 지역문화의 개념과 중요성을 논의한 후 지역문화의 진흥을 위한 관련 제도를 살펴본다. 이를 통해 지방자치 측면에서 중요한 의의를 가지는 생활문화와 생활문화공동체를 논의하기로 한다.

제1절　지역문화와 정부

1. 문화와 정부의 역할

1) 문화와 인간

인간은 사회 속에서 태어나고 성장한다. 사회에서 통용되는 생활양식 및 사고 방식으로서의 문화로부터 의도하든 아니든 인간은 영향을 받고 살아가기 마련이다. 문화는 개인의 의식, 생활방식, 태도 등에 자연스럽게 스며들고 일상생활에 영향을 미치며, 삶의 질을 결정짓는데 직·간접적으로 관계한다. 문화는 일반적으로 생활양식 및 사고방식[1] 등으로 이해되지만 우리나라는 문화기본법의 제정을 통해 문화향유를 모든 국민의 기본권이자 국가의 주요한 정책영역으로서도 규정하고 있다. 문화기본법에서는 문화를 "문화예술, 생활양식, 공동체적 삶의 방식, 가치 체계, 전통 및 신념 등을 포함하는 사회나 사회 구성원의 고유한 정신적·물질적·지적·감성적 특성의 총체"로 폭넓게 정의하고 있다.[2]

2) 공공재로서의 문화

문화는 한 사회가 공유하는 생활 및 사고방식을 반영한 것으로 오늘날 사회의 구성원이 참여하고 향유하는 기본적인 권리이자 공공재로서의 성격이 널리 인정되고 있다(서순복, 2007; 임학순, 2009). 민주주의를 채택한 대부분의 나라에서 헌법과 법률이 보장하듯이 모든 국민은 인간다운 삶을 누릴 권리가 있고 이와 같은 인간다운 삶에는 문화를 향유하고 누릴 삶이 필수적으로 포함된다. 즉, 모든 국민은 성별, 연령별, 빈부격차, 지리적 위치 등에 상관없이 동일한 수준의 문화적 권리를 누리고

---

[1] 임병호(2001)는 문화를 광의의 개념으로 "사람이 생각하고, 행동하고, 살아가고 그리고 교류하는 방식"으로 접근하기도 하였다.

[2] 문화기본법 제3조 문화의 정의이다. 문화의 개념과 특성에 대한 논의는 인류학, 사회학, 행정학, 문화이론 등에서 다양하게 진행되었다. 이 장은 문화의 개념과 특성에 대한 논쟁을 밝히는 것이 주된 목적이 아닌 바 법령상의 개념을 준용하여 문화를 개념화하였다.

향유할 수 있어야 한다.[3] 문화가 주민 삶의 질에 영향을 미치는 공공재로서 중앙정부나 지방자치단체의 문화기반확충과 교육 등의 공적인 역할이 요구되는 이유이다.

모든 국민의 기본적 권리로서의 문화권은 국가나 지방자치단체의 공적인 역할, 즉 문화활동의 장려와 지원 등에 관한 문화정책이나 제도로 반영되어 강조되고 있다. 문화분야의 지원 및 장려와 관련한 국가나 지방자치단체의 역할 또는 문화정책에 대한 관점은 문화의 민주화(democratization of culture)와 문화민주주의(cultural democracy)로 대별된다. 구체적으로 두 관점을 구분하여 살펴보기로 한다.

백범 김구의 '문화강국'

"나는 우리나라가 세계에서 가장 아름다운 나라가 되기를 원한다. 가장 부강한 나라가 되기를 원하는 것이 아니다. 내가 남의 침략에 가슴이 아팠으니, 내 나라가 남의 나라를 침략하는 것을 원치 아니한다. 우리의 부력(富力)은 우리의 생활을 풍족히 할 만하고, 우리의 강력(强力)은 남의 침략을 막을 만하면 족하다. 오직 한 없이 가지고 싶은 것은 높은 문화의 힘이다. 문화의 힘은 우리 자신을 행복되게 하고, 나아가서 남에게 행복을 주겠기 때문이다. 지금 인류에게 부족한 것은 무력도 아니오, 경제력도 아니다. 자연과학의 힘은 아무리 많아도 좋으나, 인류 전체로 보면 현재의 자연과학만 가지고도 편안히 살아가기에 넉넉하다.

인류가 현재에 불행한 이유는 인의(仁義)가 부족하고, 자비가 부족하고, 사랑이 부족한 때문이다. 이 마음만 발달되면 현재의 물질력으로 20억이 다 편안히 살아갈 수 있을 것이다. 인류의 이 정신을 배양하는 것은 오직 문화이다. 나는 우리나라가 남의 것을 모방하는 나라가 되지 말고, 이러한 높은 문화의 근원이 되고, 목표가 되고, 모범이 되기를 원한다. 그래서 진정한 세계의 평화가 우리나라에서, 우리나라로 말미암아서 세계에 실현되기를 원한다."

자료: 김구. (2007년판: 279). '내가 원하는 나라'에서 일부 발췌.

---

3) 우리나라의 법률은 '문화권'을 명문화하여 규정하고 있다. 문화권이 모든 국민이 제도적으로 보장받고 향유할 기본적인 권리로서 정부의 역할을 강조하고 있는 대목이다. 문화기본법 제4조에는 문화권을 "모든 국민은 성별, 종교, 인종, 세대, 지역, 정치적 견해, 사회적 신분, 경제적 지위나 신체적 조건 등에 관계없이 문화 표현과 활동에서 차별을 받지 아니하고 자유롭게 문화를 창조하고 문화 활동에 참여하며 문화를 향유할 권리(이하 "문화권"이라 한다)를 가진다."라고 규정하고 있다.

3) 문화정책의 두 관점: 문화의 민주화와 문화민주주의

공공재로서 모든 국민이 문화를 향유할 권리를 보장하기 위한 국가의 역할 또는 개입의 방식에 대해 '문화의 민주화(democratization of culture)'와 '문화민주주의 (cultural democracy)'의 관점이 유럽의 국가들을 중심으로 논의되었다. 두 관점 모두 문화적 삶의 향유를 위한 국가의 역할과 정책을 강조하지만, 문화의 향유 주체와 객체, 문화예술의 전달 방식 등 지향하는 초점이 상이하게 나타난다.

우선, 문화의 민주화 논의는 2차 세계대전 이후 유럽의 고급문화에 대한 일반 대중의 접근 기회를 높이는 차원에서 시작되었다(Baeker, 2002; Matarasso & Landry, 1999; 장세길, 2015). 당시 예술가와 일부 계층 등 소수 중심의 고급문화에 대한 비판으로 문화의 보급과 대중화를 강조하며 이를 정부의 역할로 인식하면서 도입되었다. 기존 예술가나 전문가 등 생산자 중심의 문화적 전통하에서 문화예술작품에 접근이 어려웠던 일반인들도 소비하고 향유할 수 있는 여건 조성 마련에 국가의 문화정책이 지원과 관심을 기울이게 된 것이다. 예를 들어, 프랑스에서 매달 한 번씩 박물관이나 미술관을 무료로 일반 대중에게 개방한 것은 문화적 소외계층에 대한 접근 빈도를 높이려는 노력의 일환이었다.

이와 같이 정부를 중심으로 한 공급자 중심의 문화정책, 문화전문가주의, 문화의 생산자와 소비자의 엄격한 구분은 주민을 문화를 향유하고 소비하는 계층으로 문화전문가들이 생산한 문화를 소비하는 지위에 머물게 한 측면이 강하다. 즉, 문화의 민주화는 문화의 하향적 전파를 강조하며, 일반 시민은 문화정책이나 관련 제도의 결정에서 배제되거나 충분히 고려되지 않고, 문화의 생산에 있어서도 객체의 지위에 머물게 되는 비판이 제기되었다. 이러한 문화의 민주화적 접근에 대한 반성은 문화민주주의의 대두로 이어졌다.

문화민주주의의 본격적인 논의는 1970−80년대 유럽에서 하향식 문화의 민주화에 대한 비판과 반성에서 시작되었다(Girard, 1972; Langsted, 1990). 문화민주주의는 개별 문화의 다양성을 존중하고 개인의 참여 및 생산, 향유를 강조한다. 개인과 일상에 기반한 문화의 생산과 향유가 중요하다고 보는 관점이다. 즉, 일반 시민들이 문화의 소비자에만 머무는 것이 아니라 생산자이자 향유자의 위치에 놓인다.

문화민주주의 관점에서 국가와 지방자치단체는 개인들에게 문화적 소양과 관심을 일으키는 교육기회를 제공하며 아마추어 예술활동을 장려하고 지원한다. 일반인들이 문화의 창조자 및 향유자로서 문화주체의 위치에 놓이게 되는 것이다. 문화의 생산과 소비라는 결정에서 주민이 주인이 되는 민주주의를 강조한다. 관련하여 문화민주주의를 연구하고 공유하는 Webster's World of Cultural Democracy (WWCD)에서 제시하는 문화민주주의의 원칙도 이와 유사하다. 문화민주주의의 원칙4)으로는 "첫째, 문화다양성 및 문화권의 보호와 촉진, 둘째, 공동체의 문화적 삶에 적극적 참여를 장려, 셋째, 문화적 삶의 질에 영향을 미치는 정책결정에 주민들이 참여케 하고, 넷째, 문화자원과 지원에 대한 공정하고 공평한 접근을 보장하는 것"을 포함한다.

표 15-1 문화의 민주화와 문화민주주의의 비교

문화의 민주화(Democratization of culture)	문화민주의(Cultural democracy)
단일문화(monoculture)	문화의 다양성(plurality of cultures)
기관 중심(institutions)	비공식 그룹 중심(informal groups)
기존에 준비된 기회(ready-made opportunity)	역동성, 활성화(animation)
프레임 생성(create framework)	활동 생성(create activities)
전문가 중심(professional)	아마추어 중심(amateur)
미적 질(aesthetic quality)	사회적 평등성(social equality)
보존(preservation)	변화(change)
전통(tradition)	발전, 역동성(development, dynamics)
장려(promotion)	개별적 활동(personal activity)
결과물(products)	과정(processes)

출처: Langsted(1990: 58).

---

4) 원문은 다음과 같다. "protecting and promoting cultural diversity, and the right to culture for everyone in our society and around the world; encouraging active participation in community cultural life; enabling people to participate in policy decisions that affect the quality of our cultural lives; and assuring fair and equitable access to cultural resources and support.(출처: http://www.wwcd.org/cddef.html.)

이상의 문화의 민주화와 문화민주주의를 체계적으로 제시한 Langsted(1990)의 논의를 비교론적 관점에서 제시하면 〈표 15-1〉과 같다.

앞서 논의했듯이 문화의 민주화와 문화민주주의는 문화의 사회적 가치와 중요성을 정책이나 행정의 측면에서 인식하게 된 점에서는 공통점을 가진다. 하지만 두 관점은 문화정책의 추진 방식에 있어 차별성이 드러난다. 문화의 민주화는 무엇보다 문화의 단일성을 강조하고, 기관 및 전문가 중심의 문화를 강조하며, 일반 대중은 문화활동에서 수동적 지위에 머문다. 또한, 전통을 강조하며 문화예술활동의 결과물에 초점을 둔다. 반면, 문화민주주의는 문화의 다양성을 인정하며 아마추어 활동과 같이 비공식 그룹에 더 큰 비중을 두며 이들을 문화활동의 주체나 능동적 지위에 둔다. 이를 통해 변화와 역동성을 강조하며 문화예술활동의 과정을 중시하는 것으로 볼 수 있다. 요약하면 문화의 민주화는 소수 및 특정계층이 향유하던 문화를 일반 대중에게 개방하고 접근가능하게 하는 하향식 정책접근인 반면 문화민주주의는 모든 일반인이 주체가 되어 스스로 참여하고 창조하며 향유하는 문화를 위한 정책접근으로 볼 수 있다.

하지만, Langsted(1990)는 이와 같은 문화정책을 바라보는 관점에도 불구하고 현실 속 문화정책은 두 관점을 배타적이 아닌 병행해서 고려해야 한다고 강조한다(Langsted, 1990: 58). 즉, '문화정책의 이중적 전략(a double-strategy cultural policy)'을 혼합해서 사용할 것을 제안하였다. 왜냐하면 문화정책은 제한된 재원하에 전통의 유지와 혁신적 변화라는 양면적 요구를 피할 수 없는 속성을 가진다. 다시 말해 문화의 민주화에서 강조하는 '청중지향의 문화(an audience-oriented culture)'를 통해 기존 문화의 계승 및 확산이 일어나고, 또한 문화민주주의의 '참가자 지향의 문화(a partic-ipant-oriented culture)'를 통해 새로운 문화의 혁신 및 시민의 주체성을 증대시킬 수 있기 때문이다(Langsted, 1990: 58-59).

2. 지역문화의 개념 및 중요성

1) 지역문화의 개념

우리나라에서 지역문화의 대두는 1980년대 민주화의 요구가 증대하고 1990년대 지방자치가 부활하는 시대적 – 사회적 맥락을 반영한다. 특히, 서울을 포함한 수도권 중심의 문화로 인한 지역문화의 취약성과 격차에 대한 문제인식이 각 지역의 고유한 특성을 반영한 지역문화의 중요성을 증대시켰다. 즉, 지역문화의 강조는 중앙정부 주도의 문화정책 및 서울을 포함한 수도권 중심의 문화집중현상에 대한 비판과 반성을 내포하고 있었다. 관련하여 서순복·함영진(2008)은 지역문화에 대한 관심과 논의의 증대는 수도권의 문화집중현상에 대한 반명제로서 대두되었다고 지적하였다. 지방자치시대의 개막으로 인한 지방자치단체 및 지역사회의 문화자치 및 분권의 확산과 지역 간 문화격차에 대한 인식의 증대는 중앙정부뿐만 아니라 지방자치단체의 지역문화에 더욱 적극적인 역할이 요구되었으며, 뿌리 깊은 문화의 지역 간 편차에 대한 시정의 요구도 활발하였다. 이를 해소하기 위하여 지역 단위에서 문화시설 등 물리적인 문화인프라의 확충 및 다각적인 노력이 진행되었다. 최근에는 인구의 사회적 유출로 인한 지방인구의 감소가 가속화되며 지역문화를 지역경쟁력 확보나 지역발전의 동력으로 접근하는 지자체가 증가하고 있다.

지역문화는 한 국가 내 특정 지역에 기반한 문화로서 일반적으로 이해된다. 지역문화의 정의에 대해서는 다양한 시도가 진행되었다. 지역문화는 "인간이 일정한 지역에 정착해 오랫동안 사회를 이루고 살아오면서 습득·공유·전달해 온 행동양식이나 생활양식"으로 개념화된다(정치영, 2007: 63). 서순복·함영진(2008: 243)도 지역문화를 "지역에 근거한 문화로서 지역의 생활양식, 지적·정신적·예술적 활동, 상징체계 등"으로 접근하고 있다. 우리나라는 또한 법령상으로 지역문화를 규정하고 있다. 지역문화진흥법에는 지역문화를 "지방자치법에 따른 지방자치단체 행정구역 또는 공통의 역사적·문화적 정체성을 이루고 있는 지역을 기반으로 하는 문화유산, 문화예술, 생활문화, 문화산업 및 이와 관련된 유형·무형의 문화적 활동"을 총칭하여 정의

하고 있다.[5]

이상의 논의를 토대로 이 장에서 지역문화는 '일정한 지역을 기반으로 형성·전달된 주민들의 총체적인 생활양식 또는 정신적 활동'으로 정의한다. 지역문화진흥법상의 유형·무형의 문화적 활동이라는 개념화를 따르면서 생활양식이나 정신적 활동 등도 포괄하는 개념으로 접근한다.

지역문화의 개념적 정의를 토대로 지역문화가 지니는 속성을 지역성, 주민 주체성, 문화적 분권의 측면에서 논의하기로 한다.

첫째, 지역문화는 문화의 보편적 성격에 더하여 지리적 특성을 반영한 개념이다. 지역문화는 일정한 지리적 공간에 기반한 문화로서 지방자치의 관점에서는 한국가 내의 지역에 기반한 문화를 범위로 한다. 지역은 고유의 역사적—사회적 특성을 가지고 지역 고유의 문화적 전통과 가치를 지니며 지역의 정체성 및 이미지를 규정짓는 중요한 역할을 한다.

둘째, 지역문화는 지역에 거주하는 주민들이 주체가 되어 자발적으로 참여하고 만들어가는 것으로 주민들의 일상 속 생활문화의 속성을 지닌다. 지역문화는 주민들의 삶과 직결되어 나타난다. 또한, 소수의 특정계층에 한정된 전문가 중심의 문화가 아닌 주민들이 주체가 되고 중심이 되는 문화적 속성을 지닌다. 지역문화의 활성화를 포괄적으로 담은 지역문화진흥법에도 생활문화로서의 지역문화를 강조하고 있다. 즉, 일상생활 속 주민들의 문화적 욕구 충족을 위한 자발적—일상적 참여를 강조한다.[6]

셋째, 지역문화는 문화적 분권화의 일환이다. 문화는 생활 및 사고방식이 총체적으로 반영되는 것으로 지역별 다양성과 개별성은 지역문화의 본질로 이해할 수 있다. 따라서 문화정책의 의사결정과 문화활동은 중앙정부나 서울 등 수도권에 집중되기 보다는 개별 지역의 주도권과 책임성을 존중해야 한다. Kelly(1984)는 문화의 개방성과 분권성을 강조하면서 '문화의 분권화(cultural decentralization)'의 개념을 발전

---

5) 지역문화진흥법 제2조 제1호.
6) 지역문화진흥법 제2조 제2호.

시켰다. 문화의 지리적 다양성 및 일상 속 생활문화가 활성화되려면 문화의 분권화가 요구된다(Kelly, 1984).

2) 지역문화의 중요성

지역문화는 주민이 거주하는 지역사회라는 장소적 고유성을 포괄적으로 반영하면서 생활 전반에 영향을 미친다. 지역문화는 개인 차원의 문화적 갈증의 충족과 집합적 차원의 공동체나 지역사회의 문제해결이나 경쟁력과도 밀접히 연관되는 것으로 관심이 더욱 증대해 왔다. 오늘날 지역문화에 대한 관심과 중요성이 확산되는 이유를 개인, 공동체, 지역사회 차원을 포괄하여 논의하면 다음과 같다.

첫째, 지역문화는 지역주민들의 문화적 갈증을 해소하고, 주민 삶의 질과 행복에 영향을 준다. 인간은 기본적으로 먹거리로만 사는 게 아니다. 놀거리, 볼거리, 즐길거리가 삶의 질과 행복에 복합적으로 영향을 미친다. 우리나라의 법령(예: 문화기본법)에서는 개인의 문화생활의 향유를 문화권으로 인정하고 있고, 지역문화진흥법을 통해 지역문화와 생활문화의 진흥을 위한 중앙 및 지방자치단체의 역할을 강조하고 있다. 지역문화의 활성화는 중앙 주도 또는 수도권 중심의 문화적 결핍을 해소하는데 일정 부분 기여한다.

둘째, 문화활동은 사회적 자본 증대와 공동체 형성에 지대한 역할을 한다. 지역에서 이뤄지는 문화활동은 주민들이 모이고, 어울리며, 상호 교류하게 한다. 이를 통해 상호신뢰가 쌓이고 네트워크가 형성되면서 지역 내 사회적 자본이 증대하는 기회와 장을 제공한다. 가령, 문화공동체는 문화활동을 매개로 한 공동활동의 증가와 상호신뢰와 연대를 증대시키며 지역의 애정과 애착심을 증대시킨다.

셋째, 지역의 문제를 문화공동체나 문화활동을 통해 함께 고민하고 해결하는 기회를 제공한다. 주민들의 문화활동의 참여는 지역 내 갈등을 해소하고 주민 간 화합으로 이어지기도 한다. 예를 들어 지방에서 저출산과 인구감소로 인해 활발하게 진행 중인 귀농−귀촌정책은 선주민과 귀농·귀촌인 간의 빈번한 갈등으로 이어진다. 이러한 갈등을 주민들이 참여하는 연극활동을 통해 해소하는 사례는 문화가

제공하는 단합과 치유의 힘을 보여준다.[7)]

넷째, 지역문화는 지역경제발전의 원동력으로 역할을 한다.[8)] 지역문화의 지나친 상업성과 이윤추구는 비판의 대상이 되기도 하지만 주민이 일차적으로 향유하며 주민 삶의 질을 개선하는 문화적 활동은 부차적으로 지역의 문화적 브랜드와 이미지를 제고하고 외부 방문객들을 유도하는 등 지역경제의 활성화에도 도움이 된다. 오늘날 지역 고유의 문화는 곧 지역의 경쟁력과 경제활성화의 원동력으로 인정받고 있는 추세이다.

요약하면, 지역문화는 지역사회를 움직이고 궁극적으로 변화시키는 동력이 된다. 영월군의 사례와 같이 "지역을 변화 발전시키는 힘은 어떻게 하면 모두가 더불어 행복하게 살아갈까를 고민하는데"서 나올지 모른다(안승배, 2020). 이와 같이 지역문화는 주민들과 공동체가 더불어 살기 좋은 지역을 만들기 위해 힘을 모으고 고민하며, 지역 고유의 생활 및 문화양식을 전승하여 지역사회가 정체성을 가지고 발전−유지되도록 기여한다.

하지만 이러한 지역문화의 중요성에도 불구하고 우리나라 지방의 현실에서 나타나는 모습은 한계를 드러내기도 한다.

첫째, 지역문화 그 자체의 목적이 아닌 지역경제발전과 활성화에 지나치게 치중함으로써 지역문화가 수단시 되는 경향이 빈번하게 드러난다. 지방이 직면한 경제적 취약성과 주민들의 요구를 반영하여 문화를 통한 지역브랜드 제고 및 산업진흥의 노력은 한편으로는 이해할만하다. 하지만 문화를 통한 지역발전에 치중하여 주민의 문화향유 및 삶의 질 향상이라는 문화 본연의 취지보다는 소득창출과 이윤

---

7) 지역문화진흥원이 주최한 '도시를 만드는 문화, 문화가 말하는 도시'의 발표에 따르면, 예를 들어, 강원도 영월의 한 마을은 선주민과 귀농·귀촌인 간의 갈등을 연극으로 풀어내 갈등을 해소하고 주민들의 단합과 협력을 이끌어 내기도 했다(안승배, 2020).

8) 관련하여 조광호(2016a)는 문화와 도시경쟁력(발전)과 관련하여 대표적인 학자들의 주장을 소개하고 있다. 각 학자들의 주장으로 찰스 랜드리는 "도시발전을 위한 새로운 아이디어 발상의 근원", 데이비드 스로스비는 "도시발전의 경쟁력을 제고하는 요소" 및 "지역발전을 위한 경제효과 창출의 중요 요소", 제인 제이콥스는 "도시 혁신을 통한 지속적인 성장과 경제발전의 중요 요소", 리처드 플로리다는 "도시의 창조적 혁신을 위한 매력증진의 요소", 프랑코 비안치니는 "도시전략 및 정책의 구성을 위한 기본적 가치개념 요소"를 제시하였다(조광호, 2016a: 78−81).

추구의 수단으로 전락하기도 한다.

둘째, 주민의 입장 및 취향이 배제된 일부 소수층이 향유하는 고급예술에 대한 지원에 집중하기도 하였다. 여전히 지역문화의 주체가 지역에 거주하는 주민이 되기보다는 문화예술가 또는 기획자−전문가들의 활동에 치중하면서 하향식 문화의 확산, 즉 문화의 민주화적 관점에 집중한 경향이 크게 나타난다.

셋째, 문화콘텐츠나 문화인력의 양성을 위한 장기적인 안목의 접근보다는 가시적−단기적 문화인프라 확장 등에 관심과 재원이 집중되었다. 정부 정책이나 사업의 본질적 한계인 사업성과의 가시성 및 단기성과 직결되는 문제이다. 정부 예산의 단기적 성과평가의 부담은 필연적으로 장기적 결과로 드러나는 문화의식의 개선이나 문화의 사회적 가치로 이어지는 속성을 반영하기 어렵다. 문화를 생활 및 사고방식으로 보았을 때 단기적 중점을 두는 정부정책과 사업은 한계가 분명히 존재한다. 더불어 문화콘텐츠나 문화인력의 양성은 체계적이고 지속적인 지원을 요구한다. 하지만 성과의 불확실성과 비가시성은 장기적 접근이 요구되는 문화인식의 확산과 사업수행에 한계로 작용한다.

3) 지역문화분권

오늘날 지역문화의 중요성을 강조하며 지역문화분권 또는 문화자치의 개념이 널리 사용되고 있다. 지역문화분권은 중앙과 수도권 중심의 문화일극화 현상을 지양하고, 전국의 각 지역이 문화와 관련한 정책 및 재정을 자율적으로 결정할 수 있는 권한으로 볼 수 있다. 실질적인 지역문화분권의 구현을 위해서는 주민의 자발적 참여의 확대, 지역문화재정의 확충, 지역의 문화자치 및 분권 역량의 증대, 지역문화의 다양성 실현, 지역문화적 가치의 증대 등이 전제되어야 한다.

기존의 지역문화정책은 중앙정부의 지원을 통한 전통문화의 유지계승, 문화인프라의 확충을 통한 문화인프라의 분권에 치중한 측면이 강했다. 지역문화의 특수성, 다양성, 고유성에 기반한 지역문화분권과 자치에 대한 인식과 접근이 결여된 측면이 크다. 지역문화의 고유성과 정체성을 살리는 지역문화정책으로의 방향 전환과 지방 차원에서도 문화예술 관련 역량배양의 노력이 필요하다.

"대한민국은 서울밖에 없나" … ○○○ 미술관 입지 선정에 지역 반발

정부가 7일 '(가칭) 국가기증 ○○○ 소장품관' 후보지로 서울 용산과 송현동을 선정하자 부산·대구·경남 등이 반발하고 나섰다. (중략)

○○○ 부산시장은 이날 페이스북을 통해 "한국의 관료 행정이 얼마나 서울 중심주의와 수도권 일극 주의에 물들어 있는지를 보여주는 전형적인 사안"이라며 "수도권을 제외한 나머지 지역 국민은 거들떠보지도 않는 무시와 오만 행정의 극치다. 이러고도 균형발전을 입에 올릴 수 있냐"고 반문했다. 이어 ○ 시장은 "지역민의 심판이 두렵다면 그릇된 결정에 대해 즉각 사과하고 지금이라도 바로 잡을 것을 강력히 요청한다"며 "부산에 세계적인 미술관을 유치하겠다는 꿈을 반드시 구현할 것"이라고 주장했다. (중략) 부산시는 이날 오후 보도자료를 내고 "(정부의 후보지 선정 결과는) 지역을 무시한 것이고, 최소한의 공정한 절차도 거치지 않은 일방적 결정"이라며 "깊은 유감을 표함과 동시에 강력히 반발한다"고 밝혔다. 부산시에 따르면 최근 10년간 세워진 국립 박물관과 미술관 21개소 중 8곳(38%)이 수도권에 있고 국립미술관 4곳 중 수도권에 3곳, 청주에 1곳 있다. 이번 '○○○ 기증관'이 서울에 건립된다면 전체 80%의 국립미술관이 수도권에 들어서게 된다.

또 올해 완공될 국립세계문자박물관과 2024년 지어질 국립한국문학관 또한 인천과 서울에 건립될 예정이다. (중략)

대구도 "정부가 강조해 온 문화 분권, 균형발전 정책 기조에 역행하는 결정"이라며 반발하고 있다. ○○○ 대구시장은 "유치를 신청했던 다른 지자체들과 연대해 부당한 입지선정에 공동 대응하겠다"면서 "비수도권 대상, 공정한 절차에 따라 대상지를 다시 선정할 것을 강력하게 촉구한다"고 말했다. 경남 창원과 진주시는 발표 철회를 요구하고 나섰다. 국립현대미술관 창원관 유치추진위원회는 이날 낸 성명서에서 "오늘 문체부 발표는 지방분권과 국가균형발전을 최우선적 국정과제로 표방해온 현 정부의 자기부정이며, 수도권 집중 현상을 더욱 부채질하는 망국적 결정"이라고 말했다. 이어 "서울공화국을 부추겨 전국을 수도권과 지방으로 양분하는 분열정책은 국가발전을 위해 평생을 헌신한 ○○○ 회장의 숭고한 정신에도 부합하지 않는다"며 "서울공화국에 지방 멸절 사태가 현실화하고 있는 이 엄중한 지점에서, 어떤 것이 진정 국가의 장래를 위한 실리의 길인지 헤아리기를 바란다"고 덧붙였다. ○○○ 진주시장은 이날 오후 기자회견을 열고 "정부의 이번 발표는 문화균형발전을 간절히 염원하는 우리 시와 많은 지자체에 허탈감을 안겼다"고 말했다. 경남도도 이날 입장문을 내고 유감 표명을 했다. 경남도는 입장문에서 "정부는 국립현대미술관 남부관 건립을 비롯한 국립문화시설 확충 등에 대한 보다 구체적이고 현실성 있는 대안을 마련해 주길 강력히 요구한다"고 말했다. 또 "더는 지방의 문화예술에 대한 갈증과 기대, 국민의 문화 기본권 향상과 문화 분권에 대한 요구를 외면해서는 안 된다"며 "정부의 전향적인 정책을 끌어내기 위해 (경남도는) 모든 노력을 다할 것"이라고 덧붙였다.

* 주: 이름은 저자가 ○○○으로 처리함.

자료: 이은지. (2021.7.7.). 일부 발췌 및 편집.

지역문화 관련 정책 및 제도

1. 지역문화정책 및 관련 제도의 변천

우리나라에서 지역문화가 문화정책의 화두로 등장하기 시작한 것은 1990년대 지방자치가 본격적으로 재개된 이후이다. 지역문화정책의 내용면에서 1990년대 초 김영삼 정부 이전까지 문화정책은 국민홍보용 공보행정과 지역 고유의 전통문화를 보존하는 데에 중점을 두었다(노영순·정보람, 2019). 구체적으로, 지역 내 형성-유지되어 오던 유·무형의 문화시설 및 자산과 문화적 활동을 효과적이고 체계적으로 보존-활용함으로써 지역의 역사적·문화적 주체성을 높이는 방향으로 문화정책이 고려되었다. 지방자치가 본격적으로 실시되면서 문화복지의 논의가 진행되며, 지역문화진흥을 위한 국가적 차원의 관심과 논의가 시작되었다. 대표적으로, 지역문화진흥의 사회적 공론화는 김대중 정부 시절 '2001년 지역문화의 해 지정'을 진행하면서이다. 전국적으로 백가쟁명식의 토론회를 거치면서 지역문화가 문화정책의 주요 이슈로 등장하는 기반이 되었다.

이후 노무현 정부는 2004년 '창의한국-21세기 새로운 문화의 비전'을 기초로 문화행정의 기본 방향을 제시하였다.[9] 지역문화와 관련해서는 문화를 통한 지역균형발전을 기본 방향으로 설정하였다. 관련하여 후술하는 '지역거점 문화도시'사업과 같은 장기적 대형국책사업을 추진하였고, 지역문화기반시설과 문화예술교육 프로그

---

9) 대한민국 정책브리핑(www.korea.kr). '참여정부 2년간 중장기 문화비전 마련한 문화부'에서 참조함.

램 등에 대한 지원을 확대하였다. 이러한 문화인프라 등 하드웨어적인 요소에 대한
강조는 지역 주민이 단순히 문화를 향유하고 소비하는 주체에 머물게 했다는 비판
이 제기되었다. 즉, 문화시설의 확충에 치우친 사업이 이뤄지고, 문화예술 창작자나
전문가들을 중심으로 한 예술창작 활동의 지원과 소수 계층에 한정되는 문화활동
및 생산이 이뤄지면서 주민들은 하향식으로 생산－제공되는 문화를 수동적으로 향
유하고 누리는 위치로 제한되었다.

이에 대한 반성으로 2009년 지역문화진흥은 생활문화공동체만들기 사업[10]과
더불어 지역 주민이 중심이 되어 참여하는 문화의 직접적 생산주체로의 관점의 전
환이 서서히 진행되었다. 특히, 2014년 '문화기본법' 및 '지역문화진흥법'이 제정되
면서 문화권이 기본권으로 제도화되고, 지역문화 및 생활문화의 진흥을 목적으로
하는 법적 기반이 자리 잡았다. 이후 문재인 정부는 민과 관이 협력하여 만들어가는
법정 '문화도시'를 지정하고 시행하였다. 또한, 주민과 지역사회의 삶의 질을 향상하
는 생활문화 또는 지역문화를 제도화하고 중앙과 지방자치단체의 역할을 더욱 강조
하였다.

지역차원에서는 지역문화정책 수행의 중심기관이라고 할 수 있는 지역문화재
단이 1997년 경기도에서 '경기문화재단'을 최초로 설립되면서 다른 지방자치단체로
확산되었다. 2022년 기준으로 대부분의 광역지방자치단체 수준에서는 지역문화재
단을 설립한 상태이고, 기초지방자치단체 수준에서도 지역문화재단이 지역의 실정
을 고려하여 설립되고 있다. 지역문화재단은 문화분권과 사무 수행의 구체적인 구
현의 노력으로 볼 수 있다. 지역문화재단은 중앙 중심의 문화정책에서 지방의 다양
성과 개별성이 반영된 지방중심의 문화정책이나 제도를 추진하고 시행하는 역할을
담당한다. 세부적으로, 문화시설(도서관, 시민회관, 문화예술회관 등)의 관리 및 운영, 문화
소외계층의 지원, 각종 문화예술사업이나 교육 등을 담당하여 지역문화의 보급과
확대에 기여하고 있다. 문화적 분권과 생활 속 문화활동이 강조되면서 역할이 점차
증대하고 있는 실정이다.

---

10) 2022년에는 '생활문화공동체 활성화 사업'으로 명칭이 변경됨.

요약하면 지역문화정책 초기에는 문화시설의 확충, 지역 고유의 문화적 정체성, 지역의 경쟁력 강화와 지역발전 등에 중점을 두었다면, 최근에는 주민들의 자발적 참여를 통한 삶의 질 향상과 문화의 사회적 가치 및 의식을 증대하고 확산하는 데에 더 많은 관심을 두고 있다고 볼 수 있다.

2. 지역문화 관련 제도

지역문화와 관련하여 중앙과 지방정부는 다양한 제도를 마련하고 있다. 중앙정부 차원에서는 앞서 논의한 문화기본법과 지역문화진흥법이 대표적이고, 지방정부 차원에서는 다양한 조례를 제정하고 있다. 아래에서는 이러한 제도들을 중심으로 살펴본다.

1) 문화기본법: 기본권으로서의 문화권의 보장

우리나라는 일반 국민들의 문화 향유와 문화 격차 해소를 위해 문화를 국민들이 누려야 할 마땅한 권리인 기본권으로서 접근하고 있다. 이를 반영하여 2013년 12월 30일 문화기본법이 제정되었다. 이 법은 문화를 국민의 기본적 권리로서 우리나라의 모든 국민이 차별 없이 문화를 향유할 수 있는 권리로 규정하고 있다.[11] 문화권을 곧 국민의 기본적인 권리 중 하나로 명확하게 인식하고 있는 것이다. 이를 통해 국민의 문화적 권리와 국가의 책무를 명시하고 문화정책의 방향을 제시 및 지원하고 있다.

문화기본법은 기존의 문화 또는 문화예술에 관계된 법률들이 소수의 문화예술 창작자나 사업에 대한 지원, 문화예술 교육, 문화산업 진흥 등에 치우쳐 있고 파편적으로 나눠져 있는 것에 대한 반성에서 비롯되었다. 일반 국민이 주체가 되어 문화를 생산 및 향유하는 것이 아닌 소수의 문화예술 전문가들의 활동 지원이나 문화관련 산업의 진흥에 초점을 둔 기존의 접근에 대한 반성의 일환이었음을 알 수 있

---

11) 문화기본법 제4조.

다.[12] 이러한 인식을 통해 국민들의 문화적 욕구를 특정 계층, 즉 문화예술 창작자나 사업의 종사자에 한정되지 않고 보편적인 문화적 욕구로 인정하고 인식의 확산을 추진하고 있다.

문화기본법 제정의 주요 의의를 지역문화 및 주민 삶의 질의 측면에서 선별하여 정리하면 다음과 같다. 첫째, 문화의 표현과 활동을 국민의 기본적 권리인 문화권으로 인식하고 삶의 질 향상을 주요한 역할로 인식하였다. 둘째, 국민들의 문화권의 행사에 있어 지역 간 문화격차를 해소하고 문화향유의 기회 확대를 위해 중앙정부와 지방자치단체의 역할을 강조하고 있다. 따라서 중앙과 지방정부의 문화진흥정책이 중요하고 지역 간 문화격차의 해소를 위한 노력이 증가되어야 함을 명시하고 있다. 이러한 정부의 문화정책은 문화의 다양성·자율성·창조성의 확산 등과 같은 문화정책의 기본원칙에 근거할 것을 제시하였다. 셋째, 문화유산, 국어, 문화예술, 문화산업에 더하여 문화복지, 여가문화 등 일상 속 생활문화의 강조 및 추진 근거를 마련하였다.

2) 지역문화진흥법: 지역문화진흥의 종합적 제도 마련

(1) 지역문화진흥법의 내용 및 지역문화진흥기본계획

지역문화진흥법은 지역문화에 관한 사항이 '문화예술진흥법', '지방문화원진흥법', '문화예술교육지원법' 등 단편적·개별적으로 규정되어 있어 체계적이고 종합적인 지역문화정책의 추진이 어려운 점을 개선하고자 2014년 1월에 제정되었다. 이를 통해 문화기본법에서 담고 있던 문화권의 보장과 확산의 방안으로서 주민의 문화생활의 향상, 지역 간 문화격차 해소, 지역 고유의 문화자원 활용을 통한 지역경쟁력 제고를 확보하고자 하였다.[13] 지역문화진흥법의 주요 내용으로는 중앙－지방정부의 정책수립과 지원, 지역문화진흥기본계획의 5년 단위 수립, 주민문화예술단체 또

---

12) 이와 관련 김세훈·서순복(2015: 741)은 "문화예술분야의 모법처럼 인식되어 왔던 문화예술진흥법의 한계, 곧 특정 장르 중심의 문화예술활동만을 진흥의 대상으로 삼던 것에서 벗어나 광의의 문화개념을 활용, 문화적 삶에 대한 인식을 확장하였다는 점"에서 문화기본법의 의의를 지적하고 있다.
13) 국가법령정보센터, 지역문화진흥법 제정·개정이유에서 인용.

는 동호회의 활동 지원, 농산어촌 등 문화환경이 취약한 지원의 우선지원, 지역문화
재단 및 지역문화예술위원회 설립·운영, 지역문화진흥기금 설치, 문화지구 등을 담
고 있다.[14]

구체적으로 지역문화진흥법은 목적으로 "지역문화진흥에 필요한 사항을 정하
여 지역 간의 문화격차를 해소하고 지역별로 특색 있는 고유의 문화를 발전시킴으
로써 지역주민의 삶의 질을 향상시키고 문화국가를 실현하는 것"을 규정하였다.[15]
이러한 목적을 달성하기 위해 중앙과 지방정부는 지역문화진흥정책을 추진할 의무를
지며 다음과 같은 지역문화진흥의 기본원칙을 준수하여 진행할 것을 규정하였다.[16]

1. 지역 간의 문화격차 해소와 지역문화 다양성의 균형 있는 조화
2. 지역주민의 삶의 질 향상 추구
3. 생활문화가 활성화될 수 있는 여건 조성
4. 지역문화의 고유한 원형의 우선적 보존

또한, 중앙정부는 지역문화의 진흥을 위해 중장기발전방향을 담은 지역문화진
흥기본계획을 수립하도록 규정하였다.[17] 이에 따라 문화체육관광부(2015)는 처음으
로 2015−2019년도 지역문화진흥 계획안을 담은 '지역문화진흥기본계획2020'을 수
립하여 시행하였다. 기본계획의 비전은 '문화로 행복한 지역 창조'로서 ① 지속가능
한 지역문화 기반구축 ② 지역문화 균형발전 토대 마련 ③ 문화를 통한 지역가치
창출을 추진 목표로 설정하였다(문화체육관광부, 2015: 12). 그리고 세부적인 중점추진 과
제로는 지역문화 역량강화, 지역문화 격차해소, 지역문화 발굴 창조를 포함하였다
(문화체육관광부, 2015: 12). 첫째, 지역문화 역량강화를 위해서는 지역문화 전문인력 양
성, 생활문화 진흥, 지역문화생태계 구축을 추진한다. 둘째, 지역문화 격차해소의 측

---

14) 지역문화진흥법은 목적과 기본원칙에 더하여 세부적으로 생활문화(제2장), 지역문화(제3장, 제5장),
   문화도시·문화지구(제4장) 등의 내용으로 대별된다. 생활문화와 지역문화를 구분하여 초점을 다소
   달리하고 있다. 또한, 문화도시 및 문화지구의 선정을 통해 지역문화발전의 중추 역할을 담당하도록
   하였다.
15) 지역문화진흥법 제1조.
16) 지역문화진흥법 제3조.
17) 지역문화진흥법 제6조와 지역문화진흥법 시행령 제3조.

면에서는 맞춤형 문화기반 조성, 문화접근성 향상, 문화재원 확충 및 다각화를 추진한다. 셋째, 지역문화유산 보존 및 활용, 지역문화 가치 발굴, 지역문화브랜드 세계화 추진한다. 이와 더불어 지역문화 추진체계를 정비하도록 한다.

지역문화진흥기본계획은 5년 단위로 수립되는데 2020년부터 시작된 제2차 지역문화진흥기본계획의 비전은 '포용과 혁신의 지역문화'로서 '내가 만드는 지역문화, 모두가 누리는 지역문화, 사회를 혁신하는 지역문화'를 목표로 두고 있다. 지방자치단체 예산 중 문화예술 재정 비율을 2019년 1.6%에서 2024년 1.8%로 증대하고, 지역규모별 문화향유 격차를 2019년 12.7%p에서 2024년 10%p로 감소하는 구체적인 수치를 설정하였다. 세부적인 추진 전략으로는 '시민참여에 기반한 문화자치 생태계 구축, 포용과 소통으로 생활기반 문화환경 조성, 지역의 개성 있는 문화 발굴·활용, 문화적 가치로 지역의 혁신과 발전 추진'을 설정하였다. 각 추진 전략의 핵심과제는 다음의 〈표 15-2〉와 같이 정리할 수 있다.

표 15-2 추진 전략의 핵심과제

1. 시민의 참여로 문화자치 생태계 구축	2. 포용과 소통으로 생활기반 문화환경 조성
① 지역문화 자치기반 구축 ② 지역문화 재정 확충 ③ 지역문화 협력체계 개선 ④ 지역문화 역량강화	① 생활문화 정책 재정비 ② 계기별 문화참여 기회 확대 ③ 지역 중심의 문화예술교육 추진 ④ 지속 가능한 지역 예술 생태계 구축 ⑤ 문화기반시설의 내실화 및 맞춤형 서비스 확대
3. 지역의 개성 있는 문화 발굴·활용	4. 문화적 가치로 지역의 혁신과 발전
① 지역문화 고유성 발굴 및 보전 ② 특색있는 지역문화의 미래 자산화 ③ 창조적 지역 콘텐츠·관광산업 육성	① 문화적 지역재생·활력 증진 ② 공간기반 문화정책 체계적 추진 ③ 지역문화의 균형적 발전 지원

출처: 문화예술관광부. (2020: 6). 인용.

(2) 문화도시 및 문화지구

문화도시의 개념은 학술적-법률적으로 다양하게 정의된다. 조명래(2000: 118)는 문화경제의 관점에서 문화도시를 "문화의 사회경제적 논리나 그 의미체계에 의해 영향을 받는 도시"로 접근하고 있다. 또한, 인간의 삶의 질과 도시발전의 관점에서 박광무(2013: 463)는 문화도시의 올바른 형태로 "문화적 품격이 갖추어져 그 도시 안에서 품격 높은 문화 향유가 가능하게 되는 도시"를 언급하고 있다. 이와 유사하게 이준엽·최광한(2011: 451)은 "풍부한 문화자원과 시설의 문화적 기반을 구축하여 지역 주민에게 매력과 즐거움을 주며 문화를 바탕으로 커뮤니티를 형성하여 도시발전에 이바지하고 정책지원이 갖춰진 도시"로 접근하고 있다. 또한, 조광호(2016a: 86)의 '문화도시 지정 및 지원방안 연구'에서는 문화도시를 "다양한 문화가 공존하는 도시에서 시민이 공감하고 함께 즐기는 그 도시만의 고유한 문화가 있으며 이를 바탕으로 새로운 사회 현상 및 효과가 창출되어 발전과 성장을 지속하는 도시"로 개념화하였다.[18] 지역문화진흥원에 따르면 문화도시는 "시민이 공감하고 즐기는 도시문화의 고유성과 창조력을 바탕으로 미래지향적 사회성장구조와 지속가능한 도시발전체계를 갖춘 법정 지정도시"를 의미한다.[19] 문화도시는 법률에도 정의되고 있는데, 지역문화진흥법은 문화도시를 "문화예술·문화산업·관광·전통·역사·영상 등 지역별 특색 있는 문화자원을 효과적으로 활용하여 문화 창조력을 강화할 수 있도록 지정된 도시"로 정의하고 있다.[20]

이상의 논의를 정리하면 문화도시는 문화가 살아 숨 쉬는 도시로서 문화적 삶의 가치, 문화자원, 문화활동 등이 포괄적으로 녹아든 도시로 볼 수 있다.[21] 문화도시는 도시 내 문화적 역량 및 창의성을 원천으로 주민의 행복을 증진시키고 도시의 발전 및 경쟁력을 강화하여 지속가능한 발전을 추진하는 지향점을 가진다.

이러한 문화도시의 등장배경은 1970년대 후반 유럽 내 산업도시가 쇠퇴하고 경쟁력이 떨어지면서 지역발전의 대안으로 문화가 강조되면서 비롯되었다.[22] 1984

---

18) 2013년 문화체육관광부의 '문화도시 선정 및 지원방안 연구'는 문화도시의 개념에 대해 광범위하게 연구하였다. 이를 바탕으로 2016년 '문화도시 지정 및 지원방안 연구'는 문화도시의 개념을 인용하고 있다(조광호, 2016a: 86).

19) 지역문화진흥원 웹사이트(http://www.rcda.or.kr/2020/business/index17.asp).

20) 지역문화진흥법 제2조 제6호.

21) 도시의 문화를 활용한 삶의 질 향상과 지역발전을 위한 노력은 다양한 형태로 나타나고 있다. 예를 들어 도시의 문화를 활용한 지역거점문화도시, 문화특화지역조성, 동아시아문화도시, 관광도시, 창의도시, 슬로 시티 등의 명칭으로 다양한 사업들이 중앙정부 및 지자체의 사업으로 추진 중이다(조광호, 2016b: 3).

22) 이하의 문화도시의 변천에 관한 논의는 조광호(2016a; 2017), 문화체육관광부, 지역문화진흥원의 웹

년 유럽장관회의에서 유럽국가 내 문화발전을 강조하며 그리스 장관이 발의하고, 이듬해에 아테네를 '유럽문화도시(European City of Culture)'로 첫 지정을 하면서 시행하게 되었다. 1999년 '유럽문화수도(European Capital of Culture)'로 명칭이 변경되고 오늘날까지 지속되고 있다. 유럽문화수도는 매년 유럽연합 소속국가 중 한 도시를 문화수도로 지정하여 다양한 문화행사 및 프로그램을 진행한다. 이를 통해 유럽연합 내 문화교류 및 협력을 증대하고 상호이해를 증진하는 장을 열고 있다. 유럽문화수도를 통한 효과는 도시 고유의 문화발전 및 문화교류에 그치지 않고 관광객의 증대 및 도시브랜드의 제고 등 경제적 파급효과도 높게 나타난 것으로 평가받는다.

유럽에서 시작한 문화도시의 움직임은 아메리카, 아랍, 동아시아 등에도 확산되었다. 1996년 '아랍 문화수도(Arab Capital of Culture)'와 2000년 '아메리카문화수도(America Capital of Culture)' 프로그램으로 이어졌다(조광호, 2016a: 12). 아시아에서도 한국-중국-일본 3국이 '동아시아문화도시'를 공동으로 추진하는 전형이 되었다.

유럽문화도시(유럽문화수도)는 1990년대 후반과 2000년대 초반을 거치며 우리나라 문화도시정책 도입의 모델이 되었다. 구체적으로, 우리나라에서는 2004년 노무현 정부 당시 '지역거점문화도시조성사업'을 국가 정책 차원에서 추진하여 시작하였다. 지역문화의 특화를 통한 국가균형발전을 추진하기 위한 것으로, 국가의 문화적 이미지 강화와 함께 문화적 다양성을 증진하려는 목적에서 소수의 거점도시를 중심으로 문화발전을 촉진하고자 한 측면이 있다. 2004년 중앙주도형인 '광주아시아문화중심도시조성사업(2004-2023년)'을 시작으로, 지역이 주도하고 중앙이 지원하는 '부산영상문화도시조성사업(2004-2011년)', '전주전통문화도시조성사업(2007-2026년)', '경주역사문화도시조성사업(2006-2035년)', '공주·부여백제역사문화도시조성사업(2009-030년)'이 선정되었다. 가령, '부산영상문화도시조성사업'은 8년 동안 추진되어 완료되었고, '경주역사문화도시조성사업'은 2036년까지 추진기간이 약 30여 년으로 장기적인 조성사업으로 추진 중이다. 하지만 '지역거점문화도시조성사업'은 10여 년의 시간이 흐르면서 인프라 중심의 문화도시 사업의 한계와 시대적 흐름을 반영한 새

사이트 자료를 중심으로 논의를 정리하였음.

로운 문화도시사업의 요구가 증대하였다. 다시 말해, 기존의 '지역거점문화도시조성사업'이 문화적 도시환경, 문화시설 확충 및 문화유산 정비, 문화관광·산업 육성 등 인프라 및 산업 중심의 사업에 대한 비판이 제기되었다.

이에 대한 반성으로 2014년부터 문화도시사업에 더하여 문화마을사업을 추가한 '문화특화지역 조성사업'으로 변경하여 추진하였다. '문화특화지역 조성사업'은 기존의 물적 인프라 조성에 대한 반성으로 문화인력, 콘텐츠운영, 공간조성 통합지원을 주요 사업내용으로 하였다(조광호, 2016a). 우선 문화인력 측면에서는 시민, 전문가, 지자체 등이 참여하는 문화적 거버넌스를 구축하여 지역문화 전문조직을 형성하고 문화 관련 인력을 양성하고자 하였다. 또한, 지역 문화자산의 발굴 및 활용을 통해 콘텐츠화하고 프로그램을 기획하는 콘텐츠 사업을 진행하였고, 하드웨어적인 시설건립을 지양하고 기존 유휴공간의 리모델링을 통한 가치재창조 사업의 지원에 초점을 두었다. 구체적인 사업의 유형으로는 도시 전체 차원의 '문화도시형 사업'과 마을 단위의 '문화마을형 사업'을 추진하였다.[23] 재원으로는 지역균형발전특별회계에서 국비와 지방비 4:6으로 매칭하여 각각 분담하였다. 문화활동, 시민의 참여 및 실질적 향유로 정부와 지방자치단체 사업의 초점이 이동하였다.

문화도시 정책 및 사업은 2019년을 전후하여 또 한 차례 변화를 겪었다. 앞서 논의한 지역거점문화도시사업이나 문화특화지역 조성사업은 제도적 근거가 미비하여 사업의 추진과 관리에 대한 비판이 제기되었다. 2019년 12월 30일 제1차 문화도시를 지정하게 되는데,[24] 이는 처음으로 명확한 법적 근거에 기반하여 문화도시 조성사업을 체계적으로 추진하는 계기가 되었다(조광호, 2017).[25] 또한, 기존의 문화시설 및 자원과 같은 인프라중심과 문화콘텐츠화에 초점을 두었던 사업방식을 지양하고,

---

23) 문화도시형 사업은 2014–2017년 사이에 남원 등 20곳이, 문화마을형 사업은 동일 기간에 수원 등 32곳이 선정되어 추진되었다(조광호, 2016a: 3).

24) 2014년 1월 제정된 지역문화진흥법에는 앞서 언급했듯이 '문화도시'를 정의하고 있으며, 문화도시의 지정 및 지원에 관한 규정을 명문화하고 있다. 이 법에 근거하여 문화도시는 2014년 이후 5년간의 준비단계를 거쳐 2019년 12월 제1차 문화도시가 최초로 지정되면서 실질적인 추진에 들어갔다.

25) 제1차 문화도시로는 총 7개 지역(부천시, 서귀포시, 영도구, 원주시, 천안시, 청주시, 포항시)이 선정되었다. 이후 문화도시는 2021년 1월 제2차 문화도시지정(강릉시, 김해시, 부평구, 완주군, 춘천시) 및 동년 12월 제3차 문화도시지정(공주시, 목포시, 밀양시, 수원시, 영등포구, 익산시)을 완료했다(문화체육관광부, 2022).

도시와 그 속에 거주하는 주민들의 창의력과 문화의식을 제고하고, 도시 전체의 문
화적 가치를 구현하는 데 중점을 두었다.

　　문화도시의 지정은 지역문화진흥법에 따라 문화도시심의원회의 심의를 거쳐
문화체육관광부 장관이 최종적으로 선정한다. 문화체육관광부 장관은 지역의 문화
자원을 활용하여 지역발전을 촉진하기 위하여 문화도시를 지정하고 지원할 수 있도
록 한 규정에 근거하고 있다.[26] 문화도시에 관심이 있는 지방자치단체는 주민, 문화
예술 및 기획 관계자 등으로 구성되는 추진협의체와 거버넌스체제를 구축하고 조성
계획을 준비하여 제출한다. 문화도시심의위원회는 지자체에서 준비한 문화도시 조
성계획을 심의하고 예비사업을 선정한다. 1년간의 예비사업단계 및 평가를 거쳐 문
화체육부장관이 최종적으로 문화도시를 지정한다. 이 과정에서 지역문화진흥원은
'문화도시 지정 및 평가관리'의 지원을 담당하고 있다. 이 사업은 '도시의 문화계획
을 통한 사회발전 프로젝트'로서 "시민이 문화적 삶을 실현하는 사회적 장소로서 문
화도시를 육성하고 지원하기위한 정책사업"이다.[27] 'Every City is Unique'라는 슬
로건하에 모든 지방자치단체를 단위로 한다. 지원 규모는 문화도시 지정 후 5년간
총사업비 기준 최대 200억 원의 규모로 추진·지원할 수 있는 것으로 되어 있다.

　　문화도시와 더불어 지역문화진흥법은 문화지구에 관한 규정을 담고 있다. 문화
지구는 "문화시설과 문화업종의 육성, 특성화된 문화예술 활동의 활성화 또는 문화
자원과 문화적 특성의 보존을 위하여 지정된 지구"를 말한다.[28] 예를 들어, 인사동
(2002년), 대학로(2004년), 파주헤이리(2009년), 인천개항장(2010년), 저지예술인마을(2010
년) 등을 문화지구로 선정하여 이 지역 내에 위치한 권장문화시설, 문화업종과 문화
예술 등을 육성 지원하여 지역의 고유 문화예술자원의 제도적 관리, 보호 및 활성화
를 추진하였다.[29] 이는 지역문화진흥법 제18조와 각 지방자치단체의 문화지구 관리

26) 문화도시 조성사업을 효율적으로 추진하기 위하여 문화체육관광부장관 소속의 문화도시심의위원회
　　를 설치하고 있다. 문화도시의 지원, 지정, 취소, 변경에 관한 사항을 이 위원회에서 담당한다. 문화도
　　시의 지정은 위원회의 심의를 거쳐 문화체육관광부장관이 지정한다(지역문화진흥법 제15조).

27) 지역문화진흥원 웹페이지.

28) 지역문화진흥법 제2조 제7호.

29) 문화지구의 시작은 1990년대 서울시 종로구 인사동의 급격한 개발로 인해 전통문화업소의 보존 및
　　육성의 이슈가 제기됨에 따라 2000년 '문화예술진흥법'의 개정으로 도입되었고 '지역문화진흥법'이

및 육성에 관한 조례에 근거하고 있다.[30]

　이상과 같이 중앙정부의 역할에 더하여 지역문화의 진흥을 위한 지방자치단체의 책무도 구체적으로 담고 있음을 알 수 있다. 즉, 지방자치단체는 지역문화진흥법의 시행을 위해 각종 시책을 적극적으로 추진하여야 하며, 재원의 확보 등이 필요한 경우 지역별 문화실정에 맞는 조례를 제정해야 한다.[31] 이에 따라 지방자치단체는 지역문화나 생활문화 등의 조례제정으로 이어졌다. 이에 대한 구체적인 논의는 다음에서 진행된다.

[문화 메트로폴리탄 경기도를 꿈꾼다] 31개 도시 31가지 매력: 골라 즐기는 재미 있는 경기도 만들자

　'경기도 문화도시 31'은 경기도 31개 시군의 고유성을 인정하는 것을 시작으로 각 시군의 고유성을 기반으로 특성화를 꾀하고 나아가 지역 브랜드화를 통해 문화·관광·예술 분야의 발전을 도모하는 사업이다.

　경기도 문화도시 31 제안에 앞서 문화체육관광부는 2019년부터 '문화도시' 사업을 시행, 3차에 걸쳐 전국 18개 기초 지방자치단체를 문화도시로 선정했다.

　문광부의 문화도시 사업 시행 3년, 경기지역 문화정책 전문가들은 문화도시 사업에 대해 도시 문화경쟁력 제고 부재, 도시의 몰개성화 등 정책 부실점을 지적하고 그 대안으로 경기도 문화도시 31을 제안하고 있다. 문광부의 문화도시 사업은 '모든 도시는 특별하다'라는 슬로건 아래 지역사회 주도의 지역공동체 활성화, 지역고유의 문화가치 증진, 문화적 도시재

생, 문화 창의성 활용을 통한 성장기반 구축 등을 추구한다. 이에 따라 역사전통 중심형, 예술 중심형, 문화산업 중심형, 사회문화 중심형, 지역 자율형 분야의 문화도시를 선정한다. 선정된 문화도시는 5년 동안 국비 100억 원, 지자체 100억 원 등 총 200억 원의 대규모 예산 지원이 약속된다.

하지만 문화정책을 수행하는 일선 문화정책전문기관과 단체에서는 '문화도시' 사업에 대한 의구심과 실효성이 떨어진다는 지적이 일고 있다. 지난 12일 열린 경기문화재단 '경기도 문화정책 포럼-문화자치와 상생발전'에서 ○○○ 의정부문화재단 문화사업본부장은 "문광부의 '문화도시'사업은 사실상 생활문화정책뿐이고 시민주도 거버넌스에만 매몰돼 나머지 가치는 무시되고 있다"며 "시민운동이라는 추상적 가치에 얽매여 도시의 실질적인 경쟁력, 특성화, 도시 브랜드가치 제고는 미흡하다"고 꼬집었다. 특히 문화정책과 문화분야에서 시민 참여를 확대하겠다는 당초의 취지가 무색하게 일부 문화운동가, 문화활동가들이 대다수의 사업을 독점하는 형태로 흘러가 정작 시민들의 참여도 부진하다는 것. 또 '모든 도시가 특별하다'는 슬로건이 민망할 정도로 도시 간 지나친 경쟁을 유발하고 있으며 획일화된 가치로 도시의 몰개성화를 가져오는 역설적 상황도 문제로 제기된다.

이 같은 문제점에도 많은 지자체들이 문화도시 사업에 뛰어들고 있다. 사업 자체 탁월함보다는 '문화도시' 지정이라는 지자체장의 업적 달성과 200억 원에 달하는 대규모 예산지원이 치열한 경쟁률의 이유로 지목된다. 두 가지 매력요소가 사업이 가진 부작용들을 후순위로 밀어냈다는 것은 지역 문화계에서 공공연한 비밀이다.

이에 대해 경기지역 문화기관과 단체들은 '경기도 문화도시 31'을 그 대안으로 제안하고 있다. 경기도 문화도시 31의 핵심은 상위기관에서 지정한 틀에 박힌 가치와 정책을 제시하는 기존 공모의 틀에서 벗어나 시군에서 정책을 제안하고 주도하는 지원방식의 전환이다. 지원방식의 전환은 3가지 축으로 이뤄진다.

첫 번째 광역단위의 경기도와 경기문화재단은 최소한의 방향성만 제시하고 기존사업과 연계, 확대를 모색한다. 두 번째 각 시군에서는 자발적으로 사업을 기획하고 제의하며 광역단위 기관은 예산과 컨설팅 등을 지원한다. 또 심사, 인증, 평가 보다는 정책기획과 지원활동, 광역-지역, 지역-지역의 공유와 협력을 지원하는 방식을 구축한다. (중략)

* 주: 이름은 저자가 ○○○ 처리함.
자료: 안형철. (2022.5.19.). 일부 발췌 및 편집.

3) 지방자치단체의 생활(또는 지역)문화진흥에 관한 조례

지방자치단체 수준에서도 지역문화 진흥을 위한 관련 조례를 다양하게 제정하여 시행하고 있다. 즉, 지역별로 지역문화 또는 생활문화라는 명칭을 사용하여 지역문화진흥조례 또는 생활문화진흥조례를 제정하였다.[32] 명칭의 차이에도 지역문화진흥조례 또는 생활문화진흥조례는 공통적으로 지역적 특색을 일정 부분 반영한 지역문화진흥의 내용을 담고 있다. 이하에서는 생활문화라는 개념으로 논의를 진행한다.

생활문화진흥 관련 조례는 지역문화진흥법 제7조의 생활문화지원의 규정에 근거하고 있다. 이 조례는 통상 시민들의 자발적인 문화활동을 장려하고, 주민들의 삶의 질을 향상하며, 문화사회(문화도시)의 발전을 위해 생활문화 활성화에 필요한 사항을 지원하는 목적으로 제정되었다.[33] 또한, 생활문화시설의 범위 및 확충 – 지원에 관한 내용을 규정하고,[34] 지방자치단체장의 책무를 담고 있다. 세부적으로 지역에 따라 기본 또는 시행계획의 수립과 지원사업의 범위, 문화환경 취약지역 우선지원 등의 내용을 담기도 한다. 생활문화지원사업은 지역주민, 문화예술단체, 생활문화예술 동호회 등을 일반적으로 포함한다. 또한, 관할 지역 내 문화의 균형발전을 강조하여, 문화환경 취약지역 우선지원 규정을 두고 문화소외계층에 대한 문화환경 개

---

32) 국가법령정보센터의 검색에 따르면 2021년 12월 31일 기준 광역지방자치단체 수준에서는 총 9개 지역이 '생활문화진흥(활성화)'의 명칭으로, 총 7개의 지역이 지역문화진흥조례의 명칭으로 생활문화와 관련한 조례를 제정하였다. 생활문화진흥(활성화)조례의 광역지방자치단체로는 경기도 생활문화 진흥에 관한 조례, 광주광역시 생활문화예술 활성화 지원 조례, 대구광역시 생활문화 진흥에 관한 조례, 서울특별시 생활문화 진흥에 관한 조례, 인천광역시 생활문화 진흥 조례, 전라남도 생활문화 진흥에 관한 조례, 제주특별자치도 생활문화 진흥에 관한 조례, 충청북도 생활문화 활성화 지원 조례를 들 수 있다. 지역문화진흥조례의 광역지방자치단체로는 강원도 지역문화진흥 조례, 경상남도 지역문화진흥 조례, 경상북도 지역문화진흥에 관한 조례, 부산광역시 지역문화진흥 조례, 인천광역시 지역문화진흥 조례, 전라북도 지역문화진흥에 관한 조례, 충청남도 지역문화진흥에 관한 조례를 들 수 있다, 울산광역시의 경우 울산광역시 문화예술진흥에 관한 조례, 세종특별자치시의 경우 세종특별자치시 문화예술진흥 조례라는 명칭으로 시행 중이다.
33) 광역과 기초지자체의 생활문화진흥조례의 내용을 분석하여 일반적인 내용을 도출하여 정리하였다.
34) 생활문화시설과 관련해서는 제8조(생활문화시설의 확충 및 지원)의 규정에 근거하여 생활문화시설 또는 센터의 확충 및 지원을 규정하고 있다.

선 및 지원방안 등을 모색하는 규정을 담기도 한다. 추진기구로 생활문화진흥협의회(또는 지역문화위원회)를 두어 생활문화활성화에 관한 사항을 심의하기도 한다. 한편, 지역문화진흥에 관한 조례는 지역문화기반구축을 강조하는 내용도 담고 있다.

　　기초지방자치단체 수준에서 생활문화와 관련한 조례는 다양한 명칭으로 제정되어 시행 중이다. 예를 들어, '생활문화 진흥에 관한 조례', '생활문화 활성화 조례', '생활문화센터 설치 및 운영 조례' 등의 명칭이 가장 일반적으로 사용된다. 또한, '속초시 지역서점의 지원 및 생활문화공간으로서의 기능 확대에 관한 조례', '영등포구 문화예술 및 생활체육 진흥 조례', '무주군 전통생활문화체험과 운영·관리 조례' 등과 같이 지역별 특수한 수요를 반영한 조례 등도 다양하게 제정되었다.

제3절　생활문화 및 생활문화공동체

　　오늘날 문화정책의 논의는 앞서 살펴보았듯이 초창기 정부 주도의 하향식 접근에서 일상생활 속 참여와 삶의 질을 강조하는 생활문화의 강조로 이동하고 있다. 유럽에서는 1970년대 이래 문화영역에서 국가의 역할을 강조하면서 한편으로는 문화정책이 복지적·시혜적 성격을 띠었다. 즉, 문화취약계층이나 저소득층에게 문화 측면의 복지혜택을 하향식으로 제공하는 성격이 강했다. 이러한 경향이 최근에는 생활문화의 개념이 널리 확산되면서 문화를 단순히 시혜적으로 향유하는 차원에 머무는 것이 아니라 주민이 직접 참여하고 만들어가는 점을 강조하는 방향으로 변화하고 있다. 가령, 문재인 정부 당시 국정과제 중 '지역과 일상에서 문화를 누리는 생활문화 시대'는 문화권을 기본권으로 설정하고 지역에 기반한 일상 속 생활문화를 강조하고 있음을 보여준다. 생활문화는 주민 개개인의 삶의 질 향상을 넘어 사회적 관계의 회복과 문화적 연대를 통해 지역공동체와 지역사회가 지속하는 토양으로 작동한다.

1. 생활문화의 개념 및 특성

생활문화는 일반 주민이 일상의 삶에서 희로애락을 표현하고 나누는 방식이다. 일상생활 속 문화를 통해 주민들은 개인과 집단의 신체적‒정신적 활동을 구현하고, 행복을 높이고 불행을 해소하는 방법을 익히게 된다. 따라서 생활문화는 개인이 행복해지고 집합체로서 공동체나 지역사회의 삶이 개선되는 중요한 공적 이슈로서 의미를 지닌다고 볼 수 있다.

생활문화의 개념은 다양하게 제시되고 있다.[35] 강윤주(2012)는 생활문화를 "생활예술로서, 공동체구성원이 일상생활에서 자아를 실현하고 감성적 역량을 발휘하는 행위"로서 보았다. 조광호(2015)는 생활문화를 "일상성, 주체성, 다양성이 속성으로 나타나며, 창작, 참여, 교육이 활동으로 나타나는 문화"로 접근하였다. 정광렬(2016)은 "지역 주민이 문화적 삶을 위해 일상에서 참여하는 문화활동"으로 보았다.

우리나라는 일반 국민의 문화적 기본권리를 인정하면서 생활문화의 수용 및 지원을 제도화하고 있다. 대표적으로, 앞서 언급한 지역문화진흥법에는 생활문화를 구체적으로 정의하면서, 제도적으로 생활문화를 지원하는 근거를 마련하였다. 이 법에는 생활문화를 "지역의 주민이 문화적 욕구 충족을 위하여 자발적이거나 일상적으로 참여하여 행하는 유형·무형의 문화적 활동"으로 정의하고 있다.[36] 일상 속 삶의 활동이란 주민의 거주지, 골목, 학교나 직장과 같은 생활기반시설이 위치한 장소 등을 기반으로 이뤄지는 활동을 포괄한다. 또한, 지역의 생활문화진흥을 독립된 별도의 장으로 명시하여 생활문화 지원, 생활문화시설의 확충 및 지원, 문화환경 취약지역 우선지원 등을 규정하였다.[37] 예를 들어, 생활문화 지원은 주민이 구성한 문화예술단체나 동호회 등을 대상으로 문화활동을 위한 공간이나 관련 비용을 정부나 지

---

35) 정광렬(2016: 17)에 따르면 생활문화라는 개념은 일본에서 유래했다고 지적한다. 서구에서는 생활문화라는 명칭을 사용하지 않으며 생활문화에 가까운 개념으로 "시민문화, 자발적 문화, 비공식예술, 참여예술, 아마튜어 예술" 등을 사용하고 있다고 한다. 이 장에서는 우리나라의 지방에서 일상적으로 쓰고 있는 생활문화라는 개념을 그대로 사용하기로 한다.

36) 지역문화진흥법 제2조 제2호.

37) 지역문화진흥법 제2장 지역의 생활문화진흥.

방자치단체가 제공 또는 지원하여 주민들의 생활문화 활동을 장려한다. 생활문화시설은 생활문화가 직접적·간접적으로 이루어지는 시설[38]로서 생활문화센터 이외에도 지역서점과 미디어센터 등이 포함된다. 이러한 생활문화시설에서는 주민 주도의 프로그램이 운영되도록 하여 주민의 문화적 욕구 및 지역적 특성을 반영한 생활문화정책이 구현될 수 있도록 하고 있다.

이러한 논의를 바탕으로 이 장에서는 생활문화를 "주민이 주체가 되어 일상생활 속에서 누리고 참여하는 유형·무형의 문화활동"으로 접근한다. 이러한 생활문화는 주체성, 자발성, 일상성, 지속성(반복성), 다양성의 속성을 지니게 된다. 우선 생활문화의 주체를 주민이라고 하였으나 여기에는 개별적 주체로서의 개인, 개인이 소속되는 동호회나 단체, 그리고 공동체도 포괄적으로 포함한다. 둘째, 자발성은 주체로서 주민이 문화적 욕구를 느끼고 스스로의 의지나 동기에 의하여 문화활동을 하는 것을 의미한다. 셋째, 일상성은 특수한 문화예술공간이나 시설을 포함하여 일상생활 속에서 포괄적으로 일어나는 문화적 활동이다. 넷째, 지속성 또는 반복성은 앞서 논의한 일상성과도 밀접한 연관을 맺는 개념으로 문화적 활동이 일회성이 아닌 삶의 한 부분으로 지속되고 반복되는 의미를 지닌다. 마지막으로 다양성은 다양한 주체뿐만 아니라 다양한 형태의 문화적 활동, 즉 창작활동, 관람 등의 향수활동, 참여활동, 교육활동, 교류활동 등을 포함하는 것으로 볼 수 있다.[39] 이상의 논의는 '예술이 곧 삶이자, 삶이 곧 예술'이라는 표현으로 압축될 수 있다.

이상의 논의와 관련하여 기존의 문화와 생활문화를 행위자, 장르, 시공간, 활동방식의 관점에서 비교하면 다음의 〈표 15−3〉과 같다.

---

[38] 지역문화진흥법 제2조 제5호. 시설의 범위와 관련하여 대통령령으로 정하는 시설을 포함한다.
[39] 생활문화활동의 유형에 대해서는 일관된 기준이 없다. 조광호(2015)의 연구가 유형에 대해 시도하였고, 활동방식 및 참여수준에 따라 창작, 교육, 참여, 향수로 구분하였다. 이에 대해 지역문화진흥원이 기존 분류의 한계를 지적하며 창작−발표, 실습−실행−실천, 강좌−강습−학습, 관람−참관−청취로 분류하였다(박찬욱, 2021: 33).

표 15-3 생활문화 개념의 변화: 기존문화와 생활문화의 비교		
구분	기존문화	생활문화
행위자관점	전문예술/창작자 중심의 문화 예술	일반시민/아마추어 등 비전문가 중심의 문화활동, 교육, 창작 등
장르관점	예술적·심미적 개념에 초점을 둔 협의의 예술	예술적·심미적 초점에서 다양한 장르로 확장. 즉 전통생활문화, 가정생활문화, 정서적 취미활동 등 다양함
시/공간적 관점	별도의 시간에 별도의 전문문화공간에서의 문화활동	일상생활 속 문화활동
활동방식 관점	문화활동의 수동적 수용	문화활동 기회와 과정에 자발적·능동적 참여

출처: 정광렬(2016: 18)과 박찬원(2021: 27)을 발췌하여 편집.

'난생 처음 그린 그림으로 그림책 '꽃길' 내고 전시회 연 여주시 금사면 할머니들'

꽃과 함께 한 즐거운 놀이가 일상이 된 여주시 금사면 산북면 장흥리 산골마을 할머니들의 이야기가 잔잔한 감동을 주고 있다.

장흥리 할머니들을 처음 만난 것은 지난 1일 경기도 여주시 금사면 이포권역행복센터에서다. 문화·체육시설이 부족한 이포권역 주민들의 문화·복지·체육활동을 위해 만들어진 이곳에서 장흥리 할머니들의 작품 전시회가 열렸다.

더 자세히 설명하자면, 이 전시는 할머니들의 그림과 이야기로 만든 그림책과 함께 할머니들이 그린 그림들을 소개하는 자리다. 유명한 화가나 작가도 아닌 산골마을 할머니들의 전시 멤버는 가장 나이가 어린 78세 이숙현 할머니와 노명식 할머니, 그리고 83세의 이화단 할머니와 84세의 박정숙 할머니, 87세의 홍갑예 할머니 등 다섯 분이다. (중략)

세상에 또 이렇게 순수한 그림이 있을까 싶을 정도로 깨끗한 작품을 보고 보면, 어머니와 옆집 아저씨의 마음도 이러셨구나 하고 느껴진다. 할머니들이 도화지에 그리고 도자기판에 그린 그림은 이날 금사면 이포권역행복센터를 방문한 마을 이장들과 강종희 금사면장 등 많은 사람들로부터 "참 좋다"는 평가를 받았다.

"난생 처음 그림을 그려봤다"는 할머니들은 "애들이, 엄마 잘하셨어요. 축하해요. 멋져요"라는 말에 어깨가 으쓱했다고 한다.

할머니들의 그림책 제목 <꽃길>에 어울리게 꽃 그림이 많은 것은 마을 꽃길 가꾸기를 함께하면서 매일 만나는 꽃을 보며, 꽃 이름과 추억을 떠올리는 생활이 그대로 그려졌기 때문이다. 책을 만들고 전시회를 하는 기분에 대해 "진짜 좋아요. 잘 그린다고 그렸어도 우습지 뭐. 그랬는데 여기까지 왔으니 좋아요"라는 할머니들.

할머니들이 그림책을 만들기까지 함께한 이들이 있었다. 바로 나현수(59) 산촌마을활성화센터 매니저와 어르신 문해교육 강사 강영시씨(63), 또 할머니들의 이야기를 듣고 정리한 여주시 점동면 도리 강마을에 사는 최인혜 동화작가(59) 그리고 노복연 편집기획자(56)까지 4인방의 활약도 곳곳에 묻어 있다.

어르신들과 최인혜 동화작가의 만남을 주선한 이는 문해교육 강사 강영시씨다. 어르신들의 그림과 이야기 뭉치를 버리기 너무 아까워 책으로 만들자고 제안한 것은 노복연 편집기획자다. 나현수 매니저는 "할머니들의 이야기를 들은 면장님이 이곳에서 전시를 하자기에 부랴부랴 남편에게 도자기 그림을 그릴 수 있도록 지원을 요청했다"고. 뿐만 아니라 어르신들의 활동을 지원한 도리생명길협동조합과 여주세종문화재단의 어르신 문화활동에 대한 관심과 공감이 할머니들이 그림책을 출간하고 전시회를 열게 된 힘이 되었다.

자료: 이장호. (2021.11.12.). 일부 발췌 및 편집.

2. 생활문화공동체

생활문화는 주민이 주체가 되는 문화활동으로 개인적 차원뿐만 아니라 집합적 활동 등 다양하게 이뤄진다고 논의하였다. 생활문화활동이 대체로 생활 속 사람들의 관계에서 일어난다고 보았을 때 지역 차원의 생활문화공동체는 일정한 지리적 공간을 토대로 하여 문화 및 문화활동을 매개로 형성되는 사람들의 집단이다. 물론 생활문화는 개인이 개별적·독립적으로 문화생활을 영위하는 것도 중요하지만 마을이나 지역사회 단위에서 형성−발전하는 집합적 문화공동체가 주민자치나 주민참여 측면에서 더욱 관심을 받을 수밖에 없다.

생활문화공동체는 생활문화의 활성화를 통해 일차적으로 주민들의 삶의 질을 개선하는 것에 더하여 주민들의 사회적 결속을 증진하여 지역사회가 직면하고 있는 공동의 문제해결을 지향한다. 이 과정에서 생활문화를 통한 공동체의 형성과 공공가치의 추구는 지역문화의 발전으로 이어지고 지역 전체의 삶의 질의 향상으로 확산되기도 한다.

1) 생활문화공동체란?

생활문화공동체는 일상생활 속 문화나 문화활동을 매개로 한 공동체로 요약된다. 관련하여 지역문화와 생활문화의 활성화를 지원하기 위하여 설립된 문화체육관광부 산하기관인 지역문화진흥원은 생활문화공동체를 "거주지 또는 생활기반 시설(학교, 직장)의 거리, 골목 등 일상적 삶의 활동 장소를 기반으로 생활 속 문화 활동을 통해 보다 나은 마을살이에 대한 공통의 공동체상을 가진 모임"으로 설명하고 있다.[40] 정부와 지방자치단체도 2014년 지역문화진흥법의 제정 이래 생활문화를 통한 공동체 형성과 공공의 문제해결에 적극적인 모습을 보이고 있다. 대표적으로 문화체육관광부의 생활문화공동체만들기 사업을 중심으로 생활문화의 구체적인 내용을 고찰하기로 한다.

2) 생활문화공동체만들기 사업

생활문화공동체만들기 사업은 문화를 통한 마을 내 공동활동의 참여 증대, 공동체적 가치 회복, 일상생활 속 문화적 요소 등을 발굴하여 문화적 가치를 증진하고 일상적 삶의 장소성을 회복하고자 추진되었다. 주민이 주체가 된 생활문화활동을 장려하며, 지역 고유의 삶의 문화를 형성－발전시켜 나가 지역문화의 정체성과 자부심을 증대시켜 나가고자 하였다.[41] 이 사업의 주축은 생활문화공동체 활성화와 확산으로 마을기반의 공동체 형성 및 활성화와 지역협력을 통한 자생력 제고 및 지역사회의 환원이 선순환되도록 사업을 지원한다.

생활문화공동체만들기 사업의 시작은 2009년 생활문화를 통한 공동체의 활성화를 목표로 문화체육관광부의 시범사업으로 실시되었다.[42] 지원대상으로 사업초기에는 예술가와 기획자가 주도하는 문화예술 교육 중심의 사업이었으나 2012년부

---

40) 지역문화진흥원 홈페이지, 2021.6.20. 접속 및 확인
41) 지역문화진흥원 홈페이지, 2021.6.20. 접속 및 확인.
42) 2004년 '생활친화형 문화공간 조성사업'과 2007년 성남문화재단의 '우리동네문화공동체만들기' 사업을 모델로 생활문화공동체만들기 사업을 시작하였다(김세훈, 2021: 13).

표 15-4 생활문화공동체만들기 사업의 목적

생활문화 활성화	공동체 활성화
개인 삶의 문화적·사회적 가치 발견 및 실현 생활과 일상에서 문화적 요소 발굴 지역 고유의 삶의 문화 형성	생활문화 활동을 통한 건강한 지역관계망 형성 민주적 의사결정 과정 구조 마련 공동의 활동 참여 증대 마을의 공적인 삶의 장소 회복

출처: 김세훈(2021: 14). '2020 생활문화공동체만들기 사업 성과분석'. 인용.

터 주민조직의 참여도 가능해졌다. 또한, 사업의 성격도 변화하였다. 초기에는 예술
가와 기획자가 일상 속 문화예술의 제공을 통해 주민들이 향유하는 하향식 또는 문화
의 민주화방식으로 진행되다가 점차 주민들이 문화예술 활동의 주체로 전환하는 문
화민주주의 방식으로 전환되었다. 사업의 수혜대상도 확대되는데, 초기에는 문화소
외지역, 즉 임대아파트단지, 서민단독주택밀집지역, 농산어촌 등에 거주하는 주민을
대상으로 진행하다가 2018년부터 모든 지역으로 확대하여 사업을 진행하고 있다.

사업의 추진기관도 여러 차례 변동을 거쳐 현재는 지역문화진흥원이 담당하고
있다. 다시 말해 2009년 사업 시행 이후 한국문화예술교육진흥원과 한국문화원연합
회가 각각 주관기관으로 번갈아 전환되며 이 사업을 담당하였다. 하지만, 2017년 생
활문화진흥원이 1년간 주관기관으로 역할을 하다가 2018년 지역문화진흥원으로 명
칭이 변경되어 오늘날까지 이 사업을 주관하고 있다(김세훈, 2021: 19). 또한, 재원으로
는 2017년까지 복권기금이 주된 재원이었으나 2018년부터 국민체육진흥기금으로
재원이 전환되었으며, 국고 100% 지원으로 진행되고 있다.

지원사업의 유형은 2020년 기준 생활문화공동체 형성 지원, 생활문화공동체 역
량강화지원 및 네트워크 지원으로 대별된다(김세훈, 2021: 21-22). 우선, 생활문화공동
체 형성 지원사업은 자생적 생활문화공동체 형성과 발전을 목적으로 지원한다. 지
원대상으로는 주민조직, 문화예술단체·기관, 문화예술시설을 대상으로 하여 생활문
화공동체의 단계별 활동을 지원한다. 다음으로 생활문화공동체 역량강화 및 네트워
크 지원사업은 기존 생활문화공동체 활동경험을 바탕으로 인근 마을 내 공동체를
발굴·확산하거나 인근 마을공동체 간 협력 또는 동반성장을 위한 활동을 지원하는

것을 목적으로 한다. 네트워크 지원사업은 교류마을이 2곳 이상 되어야 가능하다. 지원은 최대 3년까지이며, 1년 단위로 매년 신청을 통한 서류 및 면접의 과정을 통과해야 지원을 받는다.

생활문화공동체만들기 사업상 주요 활동으로는 생활문화활동, 마을회의 및 모임, 마을 자생력 확보 및 역량강화 교육, 마을 역사 및 주민 스토리조사 등 지역콘텐츠 개발, 마을 고유 공간 및 환경 개선 활동 등이다(김세훈, 2021: 50-53). 선정 대상 지역별로 2-4개의 활동을 복수로 진행하는 것이 가장 일반적이며, 공동체 활성화를 위한 생활문화활동은 거의 대부분의 사업대상지에서 수행하는 대표적인 활동으로 나타났다.

이 사업의 활동을 통해 마을 단위의 성과는 다양하게 나타나고 있으며, 구체적으로 개인적 측면, 공동체적 측면, 지역사회 측면으로 대별하여 논의할 수 있다.

첫째, 개인적 측면에서는 생활문화공동체 사업이 지난 10여 년 이상 지속되면서 주민 개인의 문화적 욕구를 충족시키고 삶에 긍정적 변화를 이끌며, 이웃 사람들과 교류 및 소통의 계기를 제공한 것으로 나타났다. 즉, 형식적 인사만 주고받던 이웃과 친해지고, 자주 만나 얘기하며, 함께 모일 수 있는 계기가 된 점들이 주민들이 언급하는 이 사업의 개인적 측면의 긍정적인 역할이다(김세훈, 2021: 62).

둘째, 이웃과의 교류와 만남이 확대되면서 공동체 측면에서는 참여 주민들은 친밀감, 소속감 등 공동체성이 형성되고 관심이 커졌음을 보여준다(정보영·정문기, 2022).[43] 공동체 활동은 지역 내 일상의 문제에 보다 적극적으로 참여하는 계기를 마련하고 주민자치의 활성화에도 기여한 것으로 평가된다.

셋째, 지역사회의 측면에서는 마을과 지역에 대한 애정과 관심도가 증대한 것으로 지적되 고 있다(정보영·정문기, 2022). 즉, 마을과 지역에 애정-애착이 생기고, 마을(지역)에 대해 더 잘 알게 되며, 마을에 대한 소속감 등이 생긴 것으로 참여자들은

---

43) 이들은 생활문화공동체만들기 사업의 지원을 받은 경북 상주시 '함창달빛창작소'공동체와 경기도 안산시 '온새미로'공동체를 분석하였다. 분석결과 사업의 실시로 참여 주민들이 느끼는 공동체 의식, 즉 세부적으로 욕구통합 및 충족, 상호작용, 구성원의식, 정서적 친밀감이 높게 나타나는 것으로 제시되었다.

응답하고 있다(김세훈, 2021: 62). 이러한 활동 등을 통해 주민들은 이웃이나 마을(지역) 일에 대한 참여의 정도도 높아지며 지역사회의 공공문제 해결에도 긍정적으로 역할 하는 것으로 나타나고 있다.

이상의 내용은 문화를 매개로 한 문화공동체 활동의 형성 및 활성화는 개인적 삶의 질의 증진뿐만 아니라 공동체의식의 증대 및 지역애착도에도 긍정적인 역할을 하는 것을 보여준다. 더 나아가 문화공동체의 경험과 인식은 개별 주민들의 사적 관심이나 이해관계를 공공적 관심 및 문제해결로 확장하는 밑거름의 역할을 할 수 있음을 보여준다.

참고문헌

국내문헌

■ 연속간행물

강두호. (2013) 도덕 교과서에서 강조된 연대성의 의미. 「도덕윤리과교육」, 16: 167－179.

강명원. (2021). 프랑스의 지방 행정체제와 지방분권: 관계 법령의 주요 내용을 중심으로. 「공법학연구」, 22(4): 59－85.

강문희. (2006). 지방정부간 갈등의 단계별 원인분석: 분석모형의 설정과 사례분석. 「한국행정논집」, 18(1): 149－180.

강인성·박치성. (2008). 지방자치단체 광역행정체제에 대한 인식조사: 현황과 대안을 중심으로. 「지방행정연구」, 22(3): 69－94.

강현수. (2018). 분권과 균형발전을 위한 국가균형발전특별회계 개편 방안. 「충남리포트 304호」.

고광용. (2016). 중앙－지방정부간 사무이양 체계 및 성과에 관한 연구. 「입법과 정책」, 8(1): 57－81.

곽현근. (2011). '공적 가치 관리' 관점에서 바라본 지방정부의 '민주성결핍'과 '전달의 모순'에 관한 탐색적 연구. 「한국행정연구」, 20(1): 3－35.

＿＿＿. (2014). '주민자치회' 시범사업 사례 및 시사점. 「한양대학교 지방자치연구소 국내 세미나 논문집」, 44.

＿＿＿. (2017). 지방자치 원리로서의 '주민자치' 재해석을 통한 생활자치 개념화와 제도모형 구성. 「현대사회와 행정」, 27(2): 1－29.

권경선. (2022). 지방공무원 관련 법상 인사제도 개선에 관한 연구. 「국가법연구」, 18(1): 31－61.

권우덕·김영우. (2018). 지방공무원의 전문성 제고 방안에 관한 연구: 순환보직 관행 개선을 중심으로. 「한국인사행정학회보」, 17(2): 115－142.

권자경. (2016). 주민직접참정제도의 주민주권 강화방안. 「한국지방자치학회보」, 28(2):

135−162.

금창호. (2012). 지방의회의 전문성 제고방안. 「KIRLA Focus 제59호(8월)」.

_____. (2016). 행정복지센터의 도입방안: 부천시 사례를 중심으로. 「정부와 정책」, 8(2): 5−29.

김광호. (2008). 공무원 순환보직에 관한 연구. 「한국개발연구」, 30(2): 61−97.

김권일. (2021). 영국의 지방행정체제 개편. 「국가법연구」, 17(2): 137−156.

김대건. (2011). 지역공동체의식이 협력적 갈등해결행태에 미치는 영향. 「분쟁해결연구」, 9(1): 67−93.

김동욱·한영조. (2010). 제주특별도지사 주민소환사례를 통한 주민소환제 문제점 고찰 및 개선방안. 「한국지방자치학회보」, 22(1): 73−98.

김명수. (2015). 지방자치의 발달과 참여민주주의에서 본 주민참여예산제도. 「공공사회연구」, 5(2): 22−56.

김상봉. (2018). 4행정협의회의 운영 활성화. 「지방행정」, 67(775): 36−39.

김석태. (2010). 지방행정체제개편에 관한 이론적 검토. 「지방행정연구」, 24(4): 1−27.

_____. (2016). 홈룰(Home Rule)의 발전과정 및 모형과 지방자치권 확대방안에 대한 시사점. 「한국지방자치학회보」, 28(4): 1−23.

김성호. (2004a). 지방자치단체 전국 협의체의 국정참여 결과분석. 「한국지방자치학회보」, 16(2): 61−82.

_____. (2004b). 주민투표제도의 운용과 과제: 주민투표 제도와 단체장과 의회의 대응. 「지방행정」, 53(610): 31−37.

김세훈·서순복. (2015). 지역문화진흥조례 제정을 위한 탐색적 연구. 「한국행정논집」, 27(3): 739−761.

김순은. (2001). 영국과 일본의 지방분권 비교 분석. 「한국지방자치학회보」, 13(2): 101−121.

_____. (2016). 지방정부 기관구성의 다양성 확보 방안. 「지방자치단체 기관구성 형태 다양화를 위한 자치현장 토론회 자료」, 11−30.

김애진. (2018). 대통령의 정치적 영향력이 특별교부세 배분에 미치는 영향에 대한 연구. 「한국지방재정논집」, 23(1): 57−99.

김영재. (2000). 지방자치단체간 행정협의회의 효율적인 운영방안. 「한국자치행정학보」, 14(2): 71−98.

김용철. (2021). 우리나라 광역행정협력제도의 비교 고찰과 개선방안. 「한국행정사학지」, 52(0): 155−172.

김종갑. (2012). 지역주의 완화를 위한 선거제도 개혁방안. 「선거연구」, 2: 51-74.

김종성·신원득. (2004). 주민자치센터의 운영체제에 관한 연구. 「행정논총」, 42(2): 195-221.

_____·육동일·신희권. (2004). 지방자치법상 지방자치단체에 대한 국가감독 제도의 개선방안. 「행정논총」, 42(3): 27-52.

김종업·임상규·김형빈. (2012). 기초지방의회 선거에서 선거제도의 효과에 관한 연구: 정당공천제와 중선구제 도입을 중심으로. 「한국지방정부학회 학술대회 논문집」, 1-19.

김지영·정문기. (2021). 도시재생사업에서의 주민 비참여에 관한 연구: 퍼지셋 질적비교분석을 중심으로. 「한국지방자치학회보」, 33(3): 159-185.

김천영. (2001). 정부간 관계의 접근논리와 모형 탐색. 「한국지방자치학회보」, 13(3): 97-120.

김학실. (2018). 지방자치단체 공동체지원조례 확산 효과 분석. 「정책분석평가학회보」, 28(1): 25-46.

김혜정. (2010). 시민의 참여동기와 정치참여. 「한국지방자치학회보」, 22(3): 83-104.

남재걸. (2018). '생활자치'개념 정립을 위한 시론적 고찰. 「지방행정연구」, 32(3): 3-33.

류영아. (2013). 시민참여 활성화 영향요인 연구. 「지방정부연구」, 17(2): 317-338.

문원식·임정빈. (2017). 지방의회의원의 집행부 감시역량 분석 연구: 경기도의회를 중심으로. 「한국정책연구」, 17(4): 125-149.

박경돈·이희태·박인선. (2022). 중앙과 지방의 공무원 인사교류에 관한 실증 분석. 「지방정부연구」, 26(1): 171-193.

박동규·윤창근. (2018). 정당 다양성에 따른 지방의회의 예산심의 차이 분석: 경기도의회와 경상북도의회를 중심으로. 「지방정부연구」, 22(1): 195-225.

박병춘. (2012). 지역발전과 지역공동체: 지역공동체 활성화를 위한 모형 및 기본 정책방향을 중심으로. 「지역사회연구」. 20(2): 1-26.

박인권. (2012). 지역재생을 위한 지역공동체 주도 지역발전전략의 규범적 모형: SAGE 전략. 「한국지역개발학회지」, 24(4): 1-26.

박정민. (2007). 정부간 관계 모형에 관한 고찰. 「NGO 연구」, 6(1): 165-190.

박종관. (2012). 지역공동체 형성전략연구: 천안시를 중심으로. 「한국콘텐츠학회논문지」, 12(7): 183-193.

박해육. (2008). 독일행정체제 개편과 현황. 「지방자치정보」, 166: 35-44.

박희봉. (2006). 시민참여와 로컬 거버넌스. 「한국정책과학학회보」, 10(2): 1-23.

백승구. (2009). 지방행정체제 개편 본격 시동: 與野 이미 90% 합의, 道 폐지 여부가 관건.

「월간조선 4월호」.

복문수. (2014). 지방세 원칙에 입각한 지방세의 적합성 분석에 관한 연구. 「한국거버넌스
학회보」, 21(3): 149−174.

서순복. (2007). 문화의 민주화와 문화 민주주의의 정책적 함의. 「한국지방자치연구」, 8(3):
23−44.

_____ · 함영진. (2008). 협력적 지역문화 거버넌스에 관한 연구: 영국 버밍엄 문화영역 사
례를 중심으로. 「한국거버넌스학회보」, 15(3): 241−268.

서원우. (1994). 조례제정권의 헌법적보장. 「헌법논총」, 5: 99.

서재호. (2013). 주민자치 활동 참여와 공동체의식: 부산광역시 4개 동 주민자치센터 주민
의 인식조사를 토대로. 「한국사회와 행정연구」, 24(2): 437−459.

서정섭. (2007). 지방채 발행제도의 개선방향; 우리나라 지방채 발행제도의 현황과 문제점.
「지방재정」, 2007(5): 53−66.

송광태. (2020). 지방의원 의정비의 결정구조에 관한 연구: K광역자치단체를 중심으로. 「한
국지방자치학회보」, 32(2): 1−29.

송석휘. (2015). 전문성에 대한 지방공무원의 인식 연구: 서울시 공무원을 중심으로. 「한국
지방자치학회보」, 27(2): 249−270.

송용훈 · 정문기. (2018). 정치효능감의 매개효과를 통한 주민참여 활성화의 정부와 시민단
체의 역할에 관한 비교연구. 「한국행정논집」, 30(3): 553−576.

송인엽 · 이환범. (2020). 우리나라 지방자치단체의 조직운영 효율화를 위한 자치조직권 개
선에 관한 연구. 「한국행정논집」, 32(1): 27−49.

안광현. (2021). 미국 · 독일 · 프랑스 지방자치제의 비교. 「사법행정」, 62(2): 44−64.

안승배. (2020). 지역의 문제를 함께 고민하다. 영월 사례. 「농촌미디어연구소사회적협동
조합, 지역문화진흥원 발표자료집」.

안형기. (2007). 지방의 국정참여; 지방4대협의체와 지방의 국정참여. 「지방행정」, 56(643):
35−45.

오영민. (2016). 지방선거에서의 정당공천이 지방정부의 번문욕례 및 관리자의 직무태도에
미치는 영향 분석. 「한국행정학보」, 50(1): 51−75.

왕재선. (2019). 정책참여, 정부신뢰 그리고 정책수용: 원자력 정책 사례. 「한국행정연구」,
28(1): 33−60.

유경문. (2007). 지방세체계의 개편방안에 관한 연구. 「한국지방자치연구」, 9(2): 77−99.

윤견수 · 정민경 · 김영은. (2020). 지방 공무원의 전문성에 대한 연구: 정치화와 계급제 기반
관료제를 중심으로. 「정부학연구」, 26(1): 131−160.

윤혜진·박순종. (2019). 지방의회 청원 처리결과의 영향요인 분석: 제 7 대 ~ 제 9 대 서울
　　시의회를 중심으로. 「한국지방자치학회보」, 31(2): 237−262.

이규영. (2002). 독일연방주의와 지방자치. 「유럽연구」, 16(1): 1−28.

이기우. (2006). 독일 지방행정개혁과 사례연구. 「2006년도 한국행정학회 춘계학술발표논
　　문집」, 1−13.

_____. (2009). 지방자치법 60년 회고와 과제. 「지방행정연구」, 23(3): 25−44.

이달곤. (2004). 지역갈등의 발생과 대응전략; 지방정부 분쟁해소(Dispute Resolution)의
　　다양한 접근법. 「지방행정」, 53(611): 14−23.

이동영. (2020). 2020년 지방의회의 주요 이슈와 과제. 「월간 공공정책」, 171: 30−32.

이성숙·전성훈·김성철. (2017). 지방의회 예산심의의 요인에 대한 의원과 공무원의 인식
　　에 관한 연구: 경기도 연정을 중심으로. 「지방행정연구」, 31(1): 165−189.

이승기. (2006). 지방의회 예산심의의 영향요인에 관한 연구: 충청북도를 중심으로. 「지역
　　정책연구」, 17(2): 49−74.

이승철. (2015). 기초의회의원 지방선거에서 정당공천제의 효과성 분석. 「한국지방자치학
　　회보」, 27(4): 1−21.

이영균·이재영. (2009). 지방의회 행정사무감사의 실태분석. 「지방행정연구」, 23(2): 165−
　　193.

이원희. (2019). 지방채 시장 선진화 방안. 「한국지방재정학회 2019년도 지방재정발전 세
　　미나자료집」, 3−37.

이인숙. (2015). 지역사회 주민참여 결정요인과 사회자본 형성에 미치는 영향. 「한국사회복
　　지학」, 67(2): 237−257.

이재민. (2019). 마을리더의 공동육아공동체 경험에 대한 근거이론적 접근: 경북 칠곡 A아
　　파트 '다정한 이웃공동체'의 사례. 「대구경북연구」, 18(3): 1−24.

이재완. (2014). 서울시 마을공동체 사업의 주민참여 결정요인에 관한 연구. 「지방정부연구」,
　　17(4): 409−437.

이정민·이만형. (2017). 대안적 공동체론과 관련 조례의 공동체 개념화. 「서울도시연구」,
　　18(2): 177−192.

이준엽·최광환. (2011). 지역주민 의식에 기초한 문화예술도시 구축방안: 2012 세계엑스포
　　개최지인 여수를 중심으로. 「한국콘텐츠학회논문지」, 11(6): 449−458.

이청수. (2017). 연간 의회운영 기본일정 수립과 회기(會期) 운영. 「자치발전」, 2017(1):
　　57−61.

이혜인·홍준형. (2013). 정부신뢰와 시민참여. 「한국행정논집」, 25(3): 791−822.

임석회·송주연. (2020). 마산·창원·진해의 행정구역 통합 효과: 도시성장과 균형발전을 중심으로. 「대한지리학회지」, 55(3): 289−312.

임학순. (2009). 우리나라 문화정책 연구 경향 분석(1998~2007). 「문화정책논총」, 21: 25−48.

임현정. (2015). 마을공동체의식과 지역사회 관계 분석: 대전광역시 마을만들기 사업을 중심으로. 「지역사회연구」, 23(4): 103−121.

장미경. (2002). 생활정치와 페미니즘: 생활자치운동 사례분석을 중심으로. 「동향과 전망」, 52: 182−199.

장세길. (2015). 문화민주주의를 넘어: 전라북도 사례로 살펴본 새로운 문화전략 모색. 「지역사회연구」, 23(2): 45−63.

장유미·김영록. (2021). 국고보조금 규모 결정요인 분석: 지방자치단체장의 국회 예산결산특별위원회 네트워크를 중심으로. 「지방정부연구」, 24(4): 249−272.

전대욱·최인수. (2013). 회복가능한 지역공동체 및 안전거버넌스 조성에 관한 연구: 4대악 근절 등 안전분야 국정과제의 성공적 추진을 중심으로. 「한국거버넌스학회보」, 20(2): 49−71.

전지훈·정문기. (2017). 공동체 인식과 행복의 영향관계 분석: 충청남도 마을기업 구성원을 대상으로. 「한국지방자치학회보」, 29(1): 137−166.

_____·최문형·정문기. (2015). 지역의 공동체활동과 문화 및 지역발전과의 관계에 대한 연구: 코인스트리트, 나가하마, 삼덕동의 사례를 중심으로. 「한국행정논집」, 27(1): 87−113.

정문기. (2009). 지역경제개발의 협력거버넌스. 「한국행정학보」, 43(3): 229−250.

정보영·정문기. (2022). 공동체 사업 참여자의 공동체 인식연구: 생활문화공동체만들기 사업을 중심으로. 「2022년도 한국행정학회 하계학술대회 발표자료」.

정상호. (2009). 정치담론으로서 '생활정치'연구의 현황 및 과제. 「시민사회와 NGO」, 7(2): 5−38.

정정화. (2018). 정부간 관계 연구경향 분석 및 향후 연구과제: 한국지방자치학회보 게재논문 (1989−2017)을 중심으로. 「한국지방자치학회보」, 30(4): 1−29.

_____. (2020). 과소군 지방행정체제 개편의 논거와 대안. 「한국지방자치학회보」, 32(2): 145−169.

정창수. (2017). 지역발전특별회계 지역배분 현황과 개선방안. 「충남리포트 267호」.

정치영. (2007). 문화·역사지리학에서 지역문화 연구의 동향과 과제. 「한국학」, 30(3): 63−89.

정 현·정문기. (2019). 사회적 자본이 주민참여에 미치는 영향: 서울특별시 금천구 독산2, 3동을 중심으로. 「지방행정연구」, 33(1): 3-36.

조명래. (2000). 문화경제화와 문화도시계획. 「도시연구」, 6(0): 115-130.

조재욱. (2014). 통합과 갈등의 지방정치: 통합창원시 사례를 중심으로. 「한국과 국제정치」, 30(3): 29-57.

주기완. (2017). 지방의회 예산심의의 개선방안에 대한 인식차이 분석: 경상남도 의원과 집행부 공무원의 인식 중심으로. 「국정관리연구」, 12(2): 81-112.

주용학. (2007). 민선4기 지방선거 결과 분석 및 정책적 함의. 「한국지방자치학회보」, 19(1): 29-51.

주재복. (2000). 지방정부간 분쟁의 조정과 협력 가능성 탐색. 「한국행정학회 비정기학술발표논문집」, 2000(3): 217-236.

최문형·정문기. (2015). 공동체의식이 주민참여에 미치는 영향. 「한국행정학보」, 49(2): 273-306.

최병대. (2003). 공무원의 전문성확보 방안: 서울시 도시계획분야를 중심으로. 「한국지방자치학회보」, 15(3): 125-144.

최예나. (2016). 사회적 자본이 지방정부 신뢰에 미치는 영향 연구. 「지방정부연구」, 20(3): 69-88.

최진혁. (2008). 지방분권(개혁)을 위한 헌법개정에 관한 연구: 프랑스 사례를 중심으로. 「한국지방자치학회보」, 20(2): 77-101.

_____. (2015). 21세기 지방자치의 현대적 경향: 영국과 프랑스의 지방자치의 진화. 「한국지방자치학회보」, 27(3): 1-29.

_____. (2018). 우리나라 지방선거의 과제: 정책선거 강화를 중심으로. 「지방행정연구」, 32(2): 3-32.

최철호. (2020). 국가와 지방자치단체의 관계정립 및 협력을 위한 지방자치법의 개정과 공법적 평가. 「지방자치법연구」, 20(2): 3-36.

최항순. (2006). 광역자치단체장의 바람직한 역할에 관한 연구: 주요단체장들의 성공사례를 중심으로. 「한국공공관리학보」, 20(2): 95-127.

최환용. (2017). 일본 지방분권일괄법의 제정 경위와 추진 성과. 「지방자치법연구」, 17(4): 313-338.

_____. (2020). 일본 지방자치법 연구의 연혁과 발전과정. 「행정법학」, 18: 309-338.

하승우. (2011). 생활정치와 로컬 거버넌스의 민주적 재구성. 「경제와 사회」, 90: 12-38.

하태영·손정혁·오지은. (2021). 전국 지방자치단체의 주민자치회 조례 현황 분석에 관한 연구. 「지방행정연구」, 35(2): 3–41.

하혜수·전성만. (2019). 우리나라의 중앙–지방관계 분석: 제도·조정양식·자원의 관점에서. 「한국지방자치학회보」, 31(2): 263–292.

하혜영. (2020). 지방이양일괄법의 주요 내용과 향후 과제. 「이슈와 논점 제1651호」.

한규호. (2009). 지역발전 모델 정립에 관한 연구: 횡성군의 [미래청정법인 횡성] 실천사례를 중심으로. 「한국행정과 정책연구」, 7(1): 1–33.

한그루·하현상. (2019). 마을공동체 사업의 지속성에 대한 영향요인 분석: 리질리언스 시각을 통한 체계적 접근의 시도. 「지방정부연구」, 23(1): 209–240.

현승숙·이승종. (2007). 주민접촉에 따른 지방정부신뢰 분석. 「한국지방자치학회보」, 19(4): 93–112.

홍정선·방동희. (2019). 지방자치 70년, 회고와 과제: 헌법과 지방자치법의 제정·개정을 중심으로. 「지방자치법연구」, 19(3): 3–71.

_____·최윤영. (2014). 한국의 지방자치단체 분쟁조정위원회. 「지방자치법연구」, 14(3): 41–85.

홍준현. (2021). 2021년 전부개정 지방자치법은 자치분권 2.0 시대의 개막을 의미하는가?. 「한국지방자치학회보」, 33(4): 1–32.

황순조. (2020). 2020년도 지방교부세제도 운용 방향. 「지방재정」, 2020(1): 46–61.

황아란·송광태. (2008). 지방의원 유급제의 도입효과에 관한 연구. 「한국지방자치학회보」, 20(3): 45–63.

황해동. (2021). 지방자치단체장의 부패 실태 분석과 개선방안. 「한국지방자치학회보」, 33(4): 115–147.

■ 도서

강용기. (2021). 「현대지방자치론(4정판)」. 경기: 대영문화사.

강준만. (2008). 「지방은 식민지다」. 강원: 개마고원.

강형기. (2006). 「논어의 자치학」. 서울: 비봉출판.

_____. (2016). 지방자치의 의미와 가치. 지방자치발전위원회 (편), 「한국지방자치 발전과제와 미래」. (pp. 15–31). 서울: 박영사.

김 구. (2007). 「백범일지」. 서울: 하서출판사.

김병준. (2015). 「지방자치론」. 경기: 법문사

_____. (2019). 「지방자치론(제2수정판)」. 경기: 법문사.

김석태. (2019). 「지방자치철학자들 그리고 한국의 지방자치」. 경기: 한국학술정보.

박광무. (2013). 「한국 문화정책론(개정판)」. 경기: 김영사.

손봉숙. (1985). 「지방자치론」. 서울: 삼영사.

손희준·강인재·장노순·최근열. (2008). 「지방재정론」. 경기: 대영문화사.

안용식·김천영. (1995). 「지방정부간 협력관계론」. 경기: 대영문화사.

유민봉·박성민. (2014). 「한국인사행정론(제5판)」. 서울: 박영사.

유재원. (2003). 「한국지방정치론: 이론과실제」. 서울: 박영사.

윤석인. (2022). 「지방자치가 우리 삶을 바꾼다」. 서울: 희망제작소.

이달곤·하혜수·정정화·전주상·김철회. (2012). 「지방자치론」. 서울: 박영사.

이승종·김혜정. (2018). 「시민참여론」. 서울: 박영사.

이시재. (1995). 시민권력의 창출을 위하여. 크리스챤 아카데미 (편), 「주민자치, 삶의 정치」
    (pp. 114 – 125). 서울: 대화출판사.

이원종·유민봉. (2008). 「공공정책과 기업가형 리더십」. 서울: 박영사.

이종수. (2002). 「지방정부이론: 이론화를 위한 비교론적 분석」. 서울: 박영사.

이준구. (1994). 「재정학」. 서울: 다산출판사.

임승빈. (2018). 「지방자치론(제11판)」. 경기: 법문사.

임효선·박지동. (2017). 「미국의 민주주의 I·II」. 경기: 한길사.

정세욱. (2001). 「지방자치학」. 경기: 법문사.

조대엽. (2015). 「생활 민주주의의 시대: 새로운 정치패러다임의 모색」. 경기: 나남출판사.

지방자치발전위원회(편). (2017). 「한국지방자치 발전과제와 미래」. 서울: 박영사.

최봉기. (2011). 「지방자치론」. 경기: 법문사.

최창호·강형기. (2016). 「지방자치학(제3판)」. 서울: 삼영사.

행정자치부. (2015a). 「지방자치 20년사」. 서울: 동진문화사.

_____ ·한국지방행정연구원. (2015). 「지방자치 20년 평가」. 서울: 동진문화사.

홍준영. (2017). 「지방자치법」. 서울: 대명출판사.

■ 보고서 및 정부간행물

강윤주. (2012). 「생활예술 지원정책방안 연구」. 세종: 문화체육관광부.

권경득·박순애·이진구. (2018). 「지방공무원 제도개선 연구용역」. 서울: (사)한국지방자치
    학회.

금창호. (2018). 「지방자치단체간 협약제도 도입방안」. 강원: 한국지방행정연구원.

_____ ·권오철. (2007). 「참여정부의 자치조직권 확대정책의 평가와 과제」. 강원: 한국지
    방행정연구원.

국회예산정책처. (2017). 2017 조세의 이해와 쟁점: ⑦지방세편. 서울: 국회예산정책처 경제분석실 세제분석과.

기획재정부 보조사업평가단. (2020). 「2020년 국고보조사업 연장평가 보고서」. 세종: 기획재정부.

기획재정부. (2020). 「2020년 국가균형발전특별회계 예산안 편성지침」. 세종: 기획재정부.

김선기·이소영. (2007). 「주민주도형 지역만들기 추진모형」. 강원: 한국지방행정연구원.

김세훈. (2021). 「2020생활문화공동체만들기 사업 성과분석」. 서울: 지역문화진흥원.

김종갑. (2018). 「현행 지방선거제도 관련 주요쟁점 및 개편방안: 지방의회선거를 중심으로」. 서울: 국회입법조사처.

김찬동·이정용. (2014). 「지방자치시대 주민참여 제도화방안」. 서울: 서울연구원.

김찬준·송하율·정종석·송우경·이두희·김현우·서정현·조성민. (2019). 「국가균형발전특별회계 개편 연구」. 서울: 국가균형발전위원회.

김필두·류영아. (2008). 「지방자치단체 간 상생을 위한 협력 활성화 방안 연구」. 강원: 한국지방행정연구원.

_____·한부영. (2016). 「생활자치의 개념과 접근방법에 관한 연구」. 강원: 한국지방행정연구원.

김필헌·임상수·김소린·박지혜. (2012). 「지방재정조정제도의 평가와 개선방안」. 서울: 한국지방세연구원.

김현호. (2013). 「지방자치단체 주도의 지역공동체 활성화 방안」. 강원: 한국지방행정연구원.

노영순·정보람. (2019). 「제2차 지역문화진흥기본계획 수립 및 평가연구」. 서울: 한국문화관광연구원.

라도삼. (2017). 「문화지구 활성화를 위한 서울시 제도 개선방안」. 서울: 서울연구원.

문화체육관광부. (2015). 「지역문화진흥기본계획 2020: 지역을 풍요롭게 문화를 다양하게」. 세종: 문화체육관광부.

_____. (2020). 「포용과 혁신의 지역문화: 제2차 지역문화진흥기본계획 2020－2024」. 세종: 문화체육관광부.

_____. (2022). 「2021 문화도시성과」. 세종: 문화체육관광부.

박진경·김상민. (2016). 「지방자치단체간 지역발전사업 갈등관리방안」. 강원: 한국지방행정연구원.

_____·이제연. (2018). 「지방분권형 균형발전정책의 실효적 추진방안: 균특회계를 중심으로」. 강원: 한국지방행정연구원.

박찬원. (2021). 「2020생활문화 실태조사 및 효과성 연구」. 서울: 지역문화진흥원.

박해육. (2013). 「지방자치단체의 조직운영 자율성 강화 방안」. 강원: 한국지방행정연구원.

박해육·하동현·이세진. (2012). 「지방자치단체 부단체장제도의 다양화 방안」. 강원: 한국지방행정연구원.

시도공무원교육원. (2009). 「지방공무원제도」. 전북: 행정안전부 지방자치인재개발원.

윤인숙. (2018). 「주요 외국의 지방자치제도 연구 — 미국」. 세종: 한국법제연구원.

이 효·서정섭·조기현. (2018). 「자치분권에 부합하는 지방재정관리제도 개선방안」. 강원: 한국지방행정연구원.

이병기·김건위. (2008). 「분쟁조정 기능강화에 대한 연구」. 강원: 지방행정연구원.

이상윤. (2018). 「주요 외국의 지방자치제도 연구 — 일본」. 세종: 한국법제연구원.

이상훈·사명철. (2016). 「지방세외수입의 현황과 과제」. 서울: 한국지방세연구원.

이용우. (2013). 「지방자치단체에 대한 국가의 지도·감독제도와 한·일간 비교」. 경기: 한국자치발전연구원.

이현우·가선영. (2020). 「지방채 활용을 위한 제도 개선방안 연구」. 경기: 경기연구원.

임정빈·하동현·명성준·이광원·조윤희. (2018). 「지방분권 친화적인 선거제도 연구」. 경기: 중앙선거관리위원회 선거연수원.

장은혜. (2018). 주요 외국의 지방자치제도 연구 — 영국. 세종: 한국법제연구원.

전 훈. (2018). 주요 외국의 지방자치제도 연구 — 프랑스. 세종: 한국법제연구원.

전대욱·박승규·최인수. (2012). 「지역공동체 주도의 발전전략 연구」. 강원: 한국지방행정연구원.

정광렬. (2016). 「생활문화 활성화를 위한 정책기반구축방안 연구」. 서울: 한국문화관광연구원.

정남철. (2018). 「주요 외국의 지방자치제도 연구 — 독일」. 세종: 한국법제연구원.

조광호. (2015). 「생활문화활동조사를 위한 기초연구」. 서울: 한국문화관광연구원.

_____. (2016a). 「문화도시 지정 및 지원방안 연구」. 서울: 한국문화관광연구원.

_____. (2016b). 「지역문화정책사업 효율화를 위한 기초연구」. 서울: 한국문화관광연구원.

_____. (2018). 「문화도시 지원 및 지원방안 연구」. 세종: 문화체육관광부 지역문화정책과.

주재복. (2013). 「중앙 — 지방간 협력체계 강화방안」. 강원: 한국지방행정연구원.

_____·김건위. (2010). 「자치단체 분쟁·갈등의 해결지원 강화방안」. 강원: 한국지방행정연구원.

중앙선거관리위원회. (2015). 「각국의 선거제도 비교연구」. 경기: 중앙선거관리위원회 선거연수원.

지방행정연수원·시도공무원교육원. (2015). 「지방공무원인사제도」. 전북: 지방행정연수원
　　기획부.

최봉석·조성규·최환용·박재윤·김도승·윤석진·구지선. (2015). 「국가와 지방자치단체간
　　의 사무구분 및 사무조사 연구」. 세종: 행정안전부.

최원구·김진아. (2016). 「지방세외수입 세입예산 과목의 체계적 정비방안」. 서울: 한국지
　　방세연구원.

최인수·전대욱·장인성. (2020). 「주민자치회 시범실시 실태조사 및 성과평가 연구」. 강원:
　　한국지방행정연구원.

하혜수·김철회·박경순. (2018). 「자치분권 실현을 위한 지방자치단체의 국정참여 방안」.
　　서울: 국회입법조사처.

한국지방세연구원. (2016). 「지방재정과 지방세제 가이드」. 서울: 한국지방세연구원.

행정안전부. (2017). 「지역공동체의 이해와 활성화(교재)」. 세종: 행정안전부 지역발전정책
　　관 지역공동체과.

＿＿＿＿＿. (2018a). 「2017 행정안전백서」. 세종: 행정안전부 기획재정담당관실.

＿＿＿＿＿. (2018b). 「2018년 지방자치단체 통합재정 개요(상)」. 서울: 행정자치부 재정
　　정책과.

＿＿＿＿＿. (2019a). 「지방자치단체 협력·갈등관리업무편람」. 세종: 행정안전부 자치분
　　권지원과.

＿＿＿＿＿. (2020a). 「2020 행정안전백서」. 세종: 행정안전부 기획재정담당관실.

＿＿＿＿＿. (2020b). 「2020년 지방자치단체 통합재정 개요(상)」. 세종: 행정안전부 재정
　　정책과.

＿＿＿＿＿. (2020c). 「2020년도 주민자치회 표준조례 개정안」. 세종: 행정안전부.

＿＿＿＿＿. (2020d). 「제7기 지방의회백서(2014.7-2018.6)」. 세종: 행정안전부 선거의회과.

＿＿＿＿＿. (2020e). 「지방자치단체 인사분야 통합지침」. 세종: 행정안전부.

＿＿＿＿＿. (2021a). 「2021년도 예산 사업설명자료」. 세종: 행정안전부 기획재정담당관.

＿＿＿＿＿. (2021b). 「2021년도 지방교부세 산정해설」. 세종: 행정안전부.

＿＿＿＿＿. (2022a). 「2022 마을기업 육성사업 시행지침」. 세종: 행정안전부.

＿＿＿＿＿. (2022b). 「2022년 지방자치단체 통합재정 개요(상)」. 세종: 행정안전부 재정
　　정책과.

＿＿＿＿＿. (2022c: 52). 「지방자치단체 협력·분쟁조정 업무 편람」. 세종: 행정안전부.

행정자치부. (2016). 「지방자치단체협력·갈등관리 업무 편람」. 서울: 행정자치부 자치분권
　　지원과.

_____. (2018). 「2018년도 지방교부세 산정 해설집」. 서울: 행정자치부.

국외문헌

■ 연속간행물

Adams, D., & Hess, M. (2001). Community in Public Policy: Fad or Foundation?. *Australian Journal of Public Administration*, 60(2): 13−23.

Alford, R., & Scoble, H. (1968). Sources of Local Political Involvement. *American Political Science Review*, 62(4): 1192−1206.

Ansell, C., & Gash, A. (2007). Collaborative Governance in Theory and Practice. *Journal of Public Administration and Theory*, 18(4): 543−571.

Aref, F. (2011). Sense of Community and Participation for Tourism Development. *Life Science Journal*, 8(1): 20−25.

Arnstein, S. R. (1969). A Ladder of Citizen Participation. *Journal of the American Institute of Planners*, 35(4): 216−224.

Bachrach, P., & Baratz, M. S. (1963). Decisions and Nondecisions: An Analytical Framework. *American Political Science Review*, 57(3): 632−642.

Brint, S. (2001). Gemeinschaft Revisited: A Critique and Reconstruction of the Community Concept. *Sociological Theory*, 19(1): 1−23.

Casemajor, N., Couture, S., Delfin, M., Goerzen, M., & Delfanti, A. (2015). Non−Participation in Digital Media: toward a Framework of Mediated Political Action. *Media, Culture & Society*, 37(6): 850−866.

Coleman, J. S. (1988). Social Capital in the Creation of Human Capital. *American Journal of Sociology*. 94: 95−120.

Cunningham, J. V. (1972). Citizen Participation in Public Affairs. *Public Administration Review*, 32: 589−602.

Derrett, R. (2003). Making Sense of How Festivals Demonstrate a Communitys Sense of Place. *Event Management*, 8(1): 49−58.

Domhoff, G. W. (2006). Mills's "The Power Elite" 50 Years Later [Review of The Power Elite, by C. W. Mills]. *Contemporary Sociology*, 35(6): 547-550.

_____. (2007). C. Wright Mills, Floyd Hunter, and 50 Years of Power Structure Research. *Michigan Sociological Review*, 21: 1−54.

Emerson, R. M. (1962). Power–Dependence Relations. *American Sociological Review*, 27(1): 31–41.

Feiock, R. C. (2013). The Institutional Collective Action Framework. *Policy Studies Journal*, 41(3): 397–425.

Hillery, G. A. (1955). Definitions of Community: Areas of Agreement. *Rural sociology*, 20(2): 111–123.

Judd, D. R. (2005). Everything is Always Going to Hell: Urban Scholars as End–Times Prophets. *Urban Affairs Review*, 41(2): 119–31.

Langrod, P. G. (1953). Local Government and Democracy. *Public Administration*, 31(1): 25–34.

Langsted, J. (1990). Double Strategies in a Modern Cultural Policy. *Journal of Arts Management & Law*, 19(4): 53–71.

Lyons, W. E., & Lowery, D. (1989). Governmental Fragmental Versus Consolidation. *Public Administration Review*, 49(6): 533.

Mac Ginty, R. (2012). Between Resistance and Compliance: Non–Participation and the Liberal Peace. *Journal of Intervention and Statebuilding*, 6(2): 167–187.

McMillan, D. W., & Chavis, D. M. (1986). Sense of Community: A Definition and Theory. *Journal of Community Psychology*, 14(1): 6–23.

Molotch, H. (1976). The City as a Growth Machine: Toward a Political Economy of Place. *American Journal of Sociology*, 82(2): 309–332.

Perry, J. L., & Katula, M. C. (2001). Does Service Affect Citizenship?. *Administration & Society*, 33(3): 330–365.

Schlozman, K., Verba, S., & Brady, H. (1995). Participation's not a Paradox: The View from American Activists. *British Journal of Political Science*, 25(1): 1–36.

Stone, C. N. (2005). Looking Back to Look Forward: Reflections on Urban Regime Analysis. *Urban Affairs Review*, 40(3): 309–341.

Trounstine, J. (2009). All politics is Local: The Reemergence of the Study of City Politics. *Perspectives on Politics*, 7(3): 611–618.

Walton, J. (1976). Community Power and the Retreat from Politics; Full Circle after Twenty Years?. *Social Problems*, 23(3): 292–303.

William Domhoff, G. (2007). C. Wright Mills, Power Structure Research, and the Failures of Mainstream Political Science: COMMENTARY. New *Political Science*,

29(1): 97-114.

Wright, D. S. (1974). Intergovernmental Relations: An Analytical Overview. *The Annals of the American Academy of Political and Social Science*, 416(1): 1-16.

_____. (1990). Federalism, Intergovernmental Relations, and Intergovernmental Management: Historical Reflections and Conceptual Comparisons. *Public Administration Review*, 50(2): 168-178.

■ 도서

Anderson, W. (1960). *Intergovernmental Relations in Review*. Minneapolis: University of Minnesota Press.

Aristotle. (1984). 「니코마코스 윤리학」 (최명관 역). 서울: 서광사.

Barber, B. R. (1984). *Strong Democracy. Participatory Politics for a New Age*. Berkeley: University of California Press.

Blaug, R., Horner, L., & Lekhi, R. (2006). *Public Value, Politics and Public Management*. London: The Work Foundation.

Bollens J. C., & Schmandt, H. J. (1982). *The Metropolis: its People, Politics, and Economic Life*. New York: Harper & Row.

Chandler, J. (2001). *Local Government Today*. Manchester: Manchester University Press.

Clingermayor, J., & Feiock, R. (2001). *Institutional Constraints and Local Policy Choices: An Exploration of Local Governance*. Albany, NY: State University of New York Press.

Coleman, J. S. (1990). *Foundations of Social Theory*. Cambridge: Harvard University Press.

Collins, K., & Ison, R. (2006, June 4-7). *Dare We Jump off Arnstein's Ladder? Social Learning as a New Policy Paradigm*. PATH(Participatory Approaches in Science & Technology) Conference, Edinburgh, UK.

Dahl, R. A. (1961). *Who Governs?: Democracy and Power in an American City*. New Haven, Connecticut: Yale University Press.

Elcock, H. (1982). *Local Government: Politicians, Professionals and the Public in Local Authorities*. London: Methuen.

Feiock, R. C. (Eds.). (2004). *Metropolitan Governance: Conflict, Competition, and Cooperation*. Washington, DC: Georgetown University Press.

Florida, R. (2005). *Cities and the Creative Class*. New York. NY: Routledge.

Fukuyama, F. (1995). *Trust: The Social Virtues and The Creation of Prosperity*. New York: The Free Press.

Giddens, A. (1997). 「현대성과 자아정체성: 후기 현대의 자아와 사회」 (권기돈 역). 서울: 새물결. (원서출판 1991)

Griffith, J. A. G. (1966). *Central Departments and Local Authorities*. London: Allen & Unwin.

Gusfield, J. R. (1975). *Community: A Critical Response*. New York: Harper & Row.

Harding, A. (2009). The History of Community Power, In J. S. Davies & D. L. Imbroscio (Eds.), *Theories of Urban Politics* (pp. 27－39). London, UK: SAGE Publications, Inc.

Harrigan, J. J. (1989). *Political Change in Metropolis*. Glenview, IL: Scott, Foresman and Company.

Hunter, F. (1953). *Community Power Structure*. Chapel Hill: University of North Carolina Press.

Jacobs, J. (1992). T*he Death and Life of Great American Cities*. New York: Random House Inc.

Kelly, O. (1984). *Community Arts and the State: A Different Prescription*. London: Comedia.

King, C. S., & Stivers, C. (1998). Citizens and Administrators: Roles and Relationships. In C. S. King., C. Stivers., & R. C. Box. (Eds.), *Government is Us: Strategies for an Anti－Government Era* (pp. 49－67). Thousand Oaks, CA: SAGE Publications, Inc.

Landry, C. (2012). *The Creative City: A Toolkit for Urban Innovators*. London: Earthscan.

Logan, J. R., & Molotch, H. L. (1987). *Urban Fortunes*. Berkeley, CA: University of California Press.

MacIntyre, A. C. (1966). *A Short History of Ethics: A History of Moral Philosophy From the Homeric Age to the 20th Century*. New York: Macmillan.

MacIver, R. M. (1917). *Community, a Sociological Study: Being an Attempt to Set Out the Nature and Fundamental Laws of Social Life*. London: Macmillan.

McMillan, D. (1976). *Sense of Community: An Attempt at Definition*. Unpublished Manuscript. George Peabody College for Teachers, Nashville, TN.

Mills, C. W. (1956). *The Power Elite*. New York: Oxford University Press.

O'Leary, R & Bingham, L. B. (Eds.). (2009). *The Collaborative Public Manager: New Ideas for the Twenty−First Century*. Washington, D.C.: Georgetown University Press.

Page, E. C., & Goldsmith, M. J. (1987). *Central and Local Government Relations: A Comparative Analysis of Western European Unitary States*. London, UK: SAGE Publications, Inc.

Peterson, P. E. (1981). *City Limits*. Chicago: University of Chicago Press.

Putnam, R. D. (2000). *Bowling Alone: The Collapse and Revival of American Community*. New York, NY: Simon & Schuster.

Rajan, R. (2019). *The Third Pillar: How Markets and The State Leave The Community Behind*. NY: Penguin.

Rhodes, R. A. W. (1981). *Control and Power in Central−Local Government Relations*. London: Social Sciences Research Council.

Ross, L., & Nisbett, R. E. (2019). 「사람일까 상황일까」 (김호 역). 경기: 푸른숲. (원서출판 2011년)

Savitch, H. V., & Vogel, R. K. (Eds.). (1996). *Regional Politics: America in a Post−City Age*. Thousand Oaks, CA: SAGE Publications, Inc.

Schattschneider, E. E. (1975). *The Semisovereign People: A Realist's View of Democracy in America*. CA: Wadsworth Publishing Company.

Stone, C. N. (1989). *Regime Politics: Governing Atlanta, 1946−1988*. Lawrence: University of Kansas Press.

Thompson, J. D. (1967). *Organizations in Action*. New York: McGraw−Hill.

Veblen, T. B. (2018). 「유한계급론」 (이종인 역). 서울: 현대지성. (원서출판 1899년)

Verba, S., & Nie, N. H. (1972). *Participation in America*. New York, NY: Harper and Row.

Wollmann, H. (2004). The Two Wave of Territorial Reform of Local Government in Germany. In J. Meligrana. (Eds.), *Redrawing Local Government Boundaries: An International Study of Politics, Procedures, and Decisions* (pp. 106−129). Bancouver: USB Press.

Wright, D. S. (1988). *Understanding Intergovernmental Relations*(3rd ed.). Pacific Grove, CA: Brooks Cole Publishing Co..

_____. (2007). Models of Nationals, State, and Local Relationships. In L. O'Toole. (4th Eds.), *American Intergovernmental Relations* (pp. 72−85). Washington, D.C: CQ Press.

Wright, D. S., & Krane, D. (1998). Intergovernmental Management. In J. M. Shafritz. (Eds.), *International Encyclopedia of Public Policy and Administration* (pp. 1162−1168). Boulder, CO: Westview Press.

Zimmerman, J. F. (1986). *Participatory Democracy: Populism Revived*. New York: Praeger.

■ 보고서 및 정부간행물

Baeker, G. (2002). *Beyond Garrets and Silos: Concepts, Trends and Developements in Cultural Planning*. Toronto: Municipal Cultural Planning Project.

Girard, A. (1972). *Cultural Development: Experiences and Policies*. Paris: Unesco.

Gramberger, M. (2001). *Citizens as Partners: OECD Handbook on Information, Consultation and Public Participation in Policy−Making*. Paris: OECD Publications Service.

Matarasso, F., & Landry, C. (1999). *Balancing Act: Twenty−One Strategic Dilemmas in Cultural Policy (Vol. 4)*. Strasbourg: Council of Europe Publishing.

기타자료

■ 언론기사 및 보도자료

강상엽. (2022. 4. 6.). 종부세 폐지땐…서울에 세수 쏠림, 지방곳간은 텅텅. 조세일보. https://m.joseilbo.com/news/view.htm?newsid=451122#_enliple

김기성. (2022. 4. 21.). 지방세 안 내고 해외 명품쇼핑? "공항서 압류당합니다". 한겨레. https://www.hani.co.kr/arti/area/capital/1039799.html

김덕성. (2020. 8. 3.). 용인경전철 사업 관련 1조원대 주민소송 허용하라. 리걸타임즈. https://www.legaltimes.co.kr/news/articleView.html?idxno=54612

김동규. (2022. 4. 14.). '늦둥맘' 이혜경 "마을 바꾸다 출마, 해결하는 정치할 것". 오마이뉴스. http://www.ohmynews.com/NWS_Web/View/at_pg.aspx?CNTN_CD=A0002826195

김생수. (2013. 7. 25.). 용인경전철 주민감사 결과, 일부 위법부당 '적발'. 분당신문. http://m.bundangnews.co.kr/a.html?uid=5848&section=sc1

김아연. (2020. 6. 10.). '베끼기 조례' 대부분. 얼룩진 지방자치. 전주 MBC. https://www.

jmbc.co.kr/news/view/14213

김윤정. (2018. 7. 5.). 유럽 최대 경제 강국 독일의 지방분권－16개 모든 주 경제·재정력 격차 해소…지방재정조정제도 큰 역할. 전북일보. http://www.jjan.kr/news/article－View.html?idxno＝2011374

_____. (2020. 1. 13.). 유럽의 지방정부 관계자에게 듣는 국가균형발전과 지방분권. 전북일보. https://www.jjan.kr/article/20191028750304

김주형. (2022. 10. 5.). [청소년 발언대]청소년 제안을 정책으로 '참여예산제'. 광주드림. https://www.gjdream.com/news/articleView.html?idxno＝618803

김현미. (2022. 1. 13.). 정치개혁경남행동 "도선거구획정위, 밀실 논의 중단하라". 경남신문. http://www.knnews.co.kr/news/articleView.php?idxno＝1367801

김형표. (2020. 3. 22.). 경마 중단으로 1천600억 지방세 감소, 지자체 세수입에 빨간등. 경기일보. https://www.kyeonggi.com/2258889

김효경. (2014. 4. 9.). 지속가능한 지역발전, '지역행복생활권'이란. 도시미래신문. http://m.ufnews.co.kr/main/sub_news_detail.html?wr_id＝839

남성숙. (2022. 5. 25.). 지방선거, 대의민주주의 실종. 광주매일신문. http://www.kjdaily.com/1653477286575368016

대한민국시군구자치구의회의장협의회. (2017. 12. 6.). 기초의원 10명 중 7명 정당공천제 폐지 찬성: 전국시군자치구의회의장협의회, 「기초지방의회 정책과제 설문조사」 결과 발표. 보도자료. http://www.ncac.or.kr/

미주한국일보. (2020. 7. 15.). 가주 소도시 '기본소득 실험' 관심: 인구 30만 스톡턴, 125명에 월 500달러 지급. 미주한국일보. http://dc.koreatimes.com/article/20200714/1319432

박경준. (2018. 3. 21.). 지방분권 개헌…'지방자치단체'를 '지방정부'로. 연합뉴스. https://www.yna.co.kr/view/AKR20180321074351001

박미라. (2022. 8. 29.). '제주도 행정체제 개편' 논의 이번엔 성과낼까. 경향신문. https://www.khan.co.kr/local/Jeju/article/202208291543001

박상수. (2021. 12. 29.). 햇빛·바람·연금으로 청년 유입…신안군, 신재생에너지 조례개정. 뉴시스. https://mobile.newsis.com/view.html?ar_id＝NISX20211229_0001706349

박석호. (2022. 2. 23.). 중앙－지방협력회의 하향식 운영에 전국 시·도지사 뿔났다. 부산일보. http://mobile.busan.com/view/busan/view.php?code＝2022022316353530832

박수혁. (2018. 9. 13.). 지방자치단체냐? 지방정부냐?. 한겨레. https://www.hani.co.kr/arti/area/area_general/861979.html

박영수. (2022. 2. 10.). 경기·인천·광주·울산도 女공무원 비율 50% 넘었다. 문화일보.

http://www.munhwa.com/news/view.html?no＝2022021001071327109001

박우열. (2019. 6. 27.). 재정 규모 46.5% 늘어 전국 시·군·구 중 4위⋯인구·투자도 증가, 농촌 주민 심리적 박탈감 해소, 농산물 도매시장 이전 등 과제. 연합뉴스. https://www. yna.co.kr/view/AKR20190624128300064

박은미. (2021. 8. 10.). 만나면 신문 얘기, 이런 게 지역신문 하는 재미죠. 오마이뉴스. http://www.ohmynews.com/NWS_Web/View/at_pg.aspx?CNTN_CD＝A0002765277

박준환. (2020. 6. 15.). 남양주시 '주민참여포인트제도'. 헤럴드경제. http://news. heraldcorp.com/view.php?ud＝20200611000989

백종국. (2019. 8. 5.). 지방선거 정당공천 폐지해야 풀뿌리 민주주의 산다. 시사경제신문 http://www.sisanews.kr/news/articleView.html?idxno＝41762

심규상. (2021. 4. 7.). 서울로 대학 가면 장학금... 이러니 지방이 소멸하는 것: [인터뷰] 책 〈지방부활시대〉 쓴 장호순 순천향대 교수. 오마이뉴스. http://www.ohmynews. com/NWS_Web/View/at_pg.aspx?CNTN_CD＝A0002732813

안형철. (2022. 5. 19.). [문화 메트로폴리탄 경기도를 꿈꾼다] 31개 도시 31가지 매력⋯ 골라 즐기는 재미있는 경기도 만들자. 중부일보. http://www.joongboo.com/news/ articleView.html?idxno＝363541952

윤여운. (2017. 9. 7.). 충남도, 주민참여형 도시계획 짠다. 내일신문. http://www. naeil.com/ news_view/?id_art＝249998

이상배. (2021. 10. 4.). 기초의회, '조례 베끼기' 멈추고 '창의 의정' 나서라. 부산일보. http://www.busan.com/view/busan/view.php?code＝202110041901335092

이영재. (2020. 7. 6.). 코로나發 고용충격에 수도권 인구유입 2배로 급증⋯20대가 75%. 연합뉴스. https://www.yna.co.kr/view/AKR20200706044600530

이용석. (2021. 1. 5.). [독자기고]지역 불균형 심화, 이러다 다 죽어!. 중도일보. http://m.joongdo.co.kr/view.php?key＝20211226010005736

이유종. (2017. 11. 23.). 청년들 '묻지마 귀농·귀촌' 이제 그만⋯"맞춤형 컨설팅 받으세요"['청년희망뿌리단'이 간다]〈1〉 지방에 정착하는 청년들. 동아일보. https://www. donga.com/news/article/all/20171123/87410703/1

이은지. (2021. 7. 7.). "대한민국은 서울밖에 없나"⋯000 미술관 입지 선정에 지역 반발. 중앙일보. https://www.joongang.co.kr/article/24100257#home

이장호. (2021. 11. 12.). '난생 처음 그린 그림으로 그림책 '꽃길'내고 전시회 연 여주시 금사면 할머니들'. 오마이뉴스. http://www.ohmynews.com/NWS_Web/View/at_ pg.aspx?CNTN_CD＝A0002786951

이종구·강지원. (2022. 10. 7.) 다시 불붙은 한예종 유치전… 고양·송파·과천 등 "우리가 최적지". 한국일보. https://www.hankookilbo.com/News/Read/A2022100614430004141

이지영. (2017. 12. 12.). 오래 살고 싶은 마을이 바로 도시재생. 중앙일보. https://www.joongang.co.kr/article/22195356

장명진. (2020. 8. 31.). 인천시 '온라인 시민청원' 끝에 새봄초등학교 문 열어. 복지TV 경인. http://www.welfarenews.net/news/articleView.html?idxno=74951

장희주. (2015. 7. 3.). 도시의 마을만들기 동향 ③: 지방자치단체의 마을만들기 지원. 도시미래신문. http://www.ufnews.co.kr/detail_20181113.php?wr_id=2061%3E

정양수. (2021. 11. 15.). 수원시, 2022년 예산안 2조8773억원 편성 2년만에 불교부단체 복귀 신고. 열린뉴스 통신. https://www.onews.tv/news/articleView.html?idxno=98312

정유진. (2015. 2. 26.). 브라질 포르투알레그리, 주민참여예산제의 힘. 경향글로벌칼럼. https://world.khan.kr/entry

좌용철. (2021. 11. 19.). 가로등 정비한다고 지방채 발행하나? 해도 너무한다. 제주의소리. http://www.jejusori.net/news/articleView.html?idxno=335651

최현재. (2021. 3. 3.). 20대 공무원들이 꼽은 전문성 향상 걸림돌은. 매일경제. https://www.mk.co.kr/news/society/view/2021/02/173344/

최호영. (2022. 9. 27.). '특별연합' 날린 경남만의 '행정통합'…어그러진 尹 정부 '지방시대'. 경남CBS. https://www.nocutnews.co.kr/news/5823395.

최환용. (2018. 11. 2.). 지방이양일괄법, 지방분권의 시작이다. 대한민국 정책브리핑. https://www.korea.kr/special/policyFocusView.do?newsId=148855239&pkgId=49500703

한귀용. (2010. 9. 25.). 독일 베를린 리히텐베르크구의 참여예산제 현장. 오마이뉴스. http://www.ohmynews.com/NWS_Web/View/at_pg.aspx?CNTN_CD=A0001451176

행정안전부. (2019c. 6. 17.). 청년공동체 활성화 사업 지원자 모집한다: 지역소멸위기 대응 위한 청년활동가 체계적 육성 기대. 보도자료. https://www.mois.go.kr/frt/bbs/type010/commonSelectBoardArticle.do?bbsId=BBSMSTR_000000000008&nttId= 71286

_____. (2019b. 3. 26.). 주민이 만든 조례안, 지방의회에 직접 제출한다: 행안부, 「주민조례발안에 관한 법률안」 국무회의 통과. 보도자료. https://www.mois.go.kr/frt/bbs/type010/commonSelectBoardArticle.do?bbsId=BBSMSTR_000000000008&nttId=69620

_____. (2022c. 1. 4.). 2022년 청년마을 만들기 지원 사업 공모. 보도자료. https://www.mois.go.kr/frt/bbs/type013/commonSelectBoardArticle.do?bbsId=BBS

MSTR_000000000006&nttId＝89743

_____. (2022d. 4. 19.). 국내 첫 특별지자체 '부울경특별연합' 설치, 동북아 8대 메가 시티 도약: 행정안전부, '부산울산경남특별연합' 규약 승인. 보도자료. https://www. mois.go.kr/frt/bbs/type010/commonSelectBoardArticle.do?bbsId＝BBSMSTR_000000 000008&nttId＝91586

행정자치부. (2015b. 2. 4.). '제도자치'에서 '생활자치'로: 지방자치 20년, 住民이 主人되는 자치 혁신의 원년. 보도자료. https://www.mois.go.kr/frt/bbs/type010/commonSelect BoardArticle.do?bbsId＝BBSMSTR_000000000008&nttId＝44952

_____. (2015c. 9. 10.). 지방자치단체 위원회 대폭 정비 추진: 회의실적 저조 위원회 폐지, 유사·중복 위원회 통폐합 등. 보도자료. https://www.mois.go.kr/frt/bbs/ type010/commonSelectBoardArticle.do?bbsId＝BBSMSTR_000000000008&nttId＝46991

황봉규. (2010. 6. 3.). '광역시장급' 초대 통합 창원시장의 권한과 과제. 연합뉴스. https://www.yna.co.kr/view/AKR20100603048300052

KBS. (2021. 4. 4.). 소멸의 땅, 지방은 어떻게 사라지나. 시사기획 창 323회 보도. https://vod.kbs.co.kr/index.html?source＝episode&sname＝vod&stype＝vod&pro－ gram_code＝T2011－1097&program_id＝PS－2021000586－01－000&broad－ cast_complete_yn＝N&local_station_code＝00&section_code＝05&section_ sub_code＝06

■ 웹사이트 및 웹페이지

경기도. (연도미상). 알기 쉬운 경기 자치분권: '주민자치란'. https://www.gg.go.kr/con－ tents/contents.do?ciIdx＝1184&menuId＝2945

법제처 국가법령정보센터 홈페이지. https://www.law.go.kr/.

법제처. (2022. 8. 15.). 찾기 쉬운 생활법령정보: 과태료의 개념. https://easylaw.go.kr/ CSP/CnpClsMain.laf?csmSeq＝618&ccfNo＝1&cciNo＝1&cnpClsNo＝1

국고보조금통합관리시스템(e나라도움). https://www.gosims.go.kr/hg/hg001/ retrieveMain.do

표준국어대사전. https://stdict.korean.go.kr/main/main.do

국민권익위원회. (2021). 지방의회 청렴도 측정결과. https://www.clean.go.kr/ board.es? mid＝a10422010000&bid＝36&act＝view&list_no＝30120463&tag＝&nPage＝1

기획재정부 국민참여예산 홈페이지. https://www.mybudget.go.kr/

대한민국 정책브리핑. www.korea.kr.

대한민국시도지사협의회. (2021). [분권레터] 기관위임사무 지방이향 현황과 향후과제. https://www.gaok.or.kr/gaok/bbs/B0000008/view.do?nttId=13710&menuNo=200088

법제처. (2020). 청원의 개념. https://https://easylaw.go.kr/CSP/CnpClsMain.laf?popMenu=ov&csmSeq=94&ccfNo=2&cciNo=1&cnpClsNo=1

법제처 국가법령정보센터. (2022a). 지방자치법 제·개정 이유. https://www.law.go.kr/LSW/lsRvsRsnListP.do?lsId=001656&chrClsCd=010102

_____. (2022b). 지방자치법. https://www.law.go.kr/%EB%B2%95%EB%A0%B9/%EC%A7%80%EB%B0%A9%EC%9E%90%EC%B9%98%EB%B2%95

_____. (2022c). 지방자치단체별 주민감사청구 조례. https://www.law.go.kr/.

_____. (2022d). 지방자치분권 및 지역균형발전에 관한 특별법 제정법률안 조문별 제·개정이유. https://www.moleg.go.kr/lawinfo/makingInfo.mo?mid=a10104010000&lawSeq=69932&lawCd=0&lawType=TYPE5&currentPage=1&keyField=&keyWord=&stYdFmt=&edYdFmt=&lsClsCd=&cptOfiOrgCd=

서울특별시. (2015). 위례신도시 내 행정구역 경계조정 추진계획(안). https://opengov.seoul.go.kr/sanction/4370009

시도의회의장협의회. (연도미상). 지방의회 돋보기. https://mpccak.or.kr/local/council.php

위키백과. https://ko.wikipedia.org/

임병수. (2009. 1. 1.). 중앙정부와 지방정부간의 권한배분연구. https://www.moleg.go.kr/mpbleg/mpblegInfo.mo?mid=a10402020000&mpb_leg_pst_seq=128854

임병호. (2001). 문예진흥기금 모금 조기 중단. https://www.arko.or.kr/zine/arts-paper2001_01/3.htm

조광호. (2017). 문화도시의 의미 제언. http://webzine.bcf.or.kr/bbs/board.php?bo_table=column&wr_id=218&page=3

지역문화진흥원 홈페이지. http://www.rcda.or.kr/2020/business/index17.asp

창원시. (2020. 5. 6.). 재정인센티브 추가 지원 필요 공감대 형성: 6일, '창원 통합 10년의 평가와 도약을 위한 대토론회' 개최, 통합 시너지 효과 위해 재정적, 제도적 정부 지원 강력 요청. https://www.changwon.go.kr/news/article/view.do?idx=3378&mId=0201000000

통계청 e-나라지표. (2022a. 5. 16.). 지방자치단체 재정자립도. http://www.index.go.kr/potal/main/EachDtlPageDetail.do?idx_cd=2458

_____. (2022b. 5. 16.). 지방자치단체 재정자주도. http://www.index.go.kr/potal/main/EachDtlPageDetail.do?idx_cd=2857

행정안전부 국가기록원. (2015a). 행정협의회. https://www.archives.go.kr/next/search/listSubjectDescription.do?id=009954&pageFlag=&sitePage=1-2-1

_____. (2015b). 지방자치단체 중앙분쟁조정위원회. https://www.archives.go.kr/next/search/listSubjectDescription.do?id=009956&pageFlag=&siteP-age=1-2-1

행정안전부 국가기록원. (연도미상a). 기록으로 보는 지방자치의 발자취. https://theme.archives.go.kr/next/localSelf/viewMain.do

_____. (연도미상b). 일제 강점기 부군면 폐합자료. https://theme.archives.go.kr//next/oldhome/year/yearBinderArchive.do?key=191&archive_id=0001550540

행정안전부 대통령기록관. (연도미상). 노태우대통령 연설집. https://www.pa.go.kr/re-search/contents/speech/index.jsp

행정안전부 감사관실. (연도미상). '정부합동감사에 바란다' 중. https://www.mois.go.kr/frt/sub/a06/b08/govThnk/screen.do

행정안전부. (연도미상). 지방재정365(지방재정통합공개시스템) 재정용어사전: 시·군 조정교부금. https://lofin.mois.go.kr/portal/bbs/bbsListPage.do?bbsCd=FSL1002#ContDiv_0

_____. (2019d). 2020년도 지방자치단체 예산편성 운영기준 및 기금운용계획 수립기준. https://www.mois.go.kr/frt/bbs/type001/commonSelectBoardArticle.do?bbsId=BBSMSTR_000000000016&nttId=71789

_____. (2020f). 2020 청년공동체 활성화 사업 참여자 모집 공고. https://www.mois.go.kr/frt/bbs/type013/commonSelectBoardArticle.do?bbsId=BBSMSTR_000000000006&nttId=75803

_____. (2020g). '20년도 주민자치회 시범실시 표준조례 개정안. https://www.mois.go.kr/frt/bbs/type001/commonSelectBoardArticle.do?bbsId=BBSMSTR_000000000055&nttId=76830

_____. (2021c). 2020년 지방자치단체 조례·규칙 현황. https://www.mois.go.kr/frt/bbs/type001/commonSelectBoardArticle.do;jsessionid=1SjYaO6bAP3NYXpUj0efyYE7.node50?bbsId=BBSMSTR_000000000056&nttId=84389

_____. (2021d). 2021년 지방의회 의정비 결정 결과. https://www.mois.go.kr/frt/bbs/type001/commonSelectBoardArticle.do;jsessionid=BEkCMBX2jbXNl0GSDP60tDr.node10?bbsId＝BBSMSTR_000000000055&nttId＝83024

＿＿＿＿＿. (2021e). 지방자치단체 행정구역 및 인구현황. https://www.mois.go.kr/ frt/bbs/type001/commonSelectBoardArticle.do?bbsId＝BBSMSTR_000000000055&nttId＝85154

＿＿＿＿＿. (2022g). [통계]주민투표, 주민소환, 주민소송 운영 현황(2021년 12월 31일 현재). https://www.mois.go.kr/frt/bbs/type001/commonSelectBoardArticle.do;jses－sionid＝jktV1Jb2ubJ7XP02xw7wU18R.node30?bbsId＝BBSMSTR_000000000050&nttId＝90750

＿＿＿＿＿. (2022e). 2022년 주민자치형 공공서비스 구축사업 주민자치 분야 매뉴얼. https://www.mois.go.kr/frt/bbs/type001/commonSelectBoardArticle.do;jsessio－nid＝UFw9qpgaq3oMigIWSSxDu3YX.node50?bbsId＝BBSMSTR_000000000012&nttId＝90857

＿＿＿＿＿ (2022f). 주민자치회 시범실시 읍면동 현황('21.12월 기준). https:// https://www.mois.go.kr/frt/bbs/type001/commonSelectBoardArticle.do;jsessio－nid＝P7FN5DyOjFjQuhPKaqsvSfRI.node50?bbsId＝BBSMSTR_000000000055&nttId＝89873

Merriam－Webster. (n.d.). Webster's World of Cultural Democracy(WWCD). In Merriam－Websters.com Dictionary. from http://www.wwcd.org/cddef.html

■ 판례

헌법재판소. (1999). 수원, 화성, 성남시 공동 권한쟁의심판 청구서.

찾아보기

[ㄱ]

가상공간   225, 468
가시적인 권력(overt power)   182
간접선출방식   84
간접세   299
갈등   379, 380
갈등의 사회화   182
갈등조정자   155
갑오개혁   82, 233
강시장-약의회   110, 156
개방형 임용   171
개별승인제   162
개별적 배분방식   267, 268
개별적 참여   411
개인의 참여동기   413
거래과세   298
거버넌스   252
거부권   120
거시민주주의   188
거품경제   77
건의안   138
게마인데   14, 72
게마인샤프트   465
게젤샤프트   465
견제와 감시   123
결산안   138

결의안   138
겸직금지의 의무   128
경계변경(경계조정)   233
경력경쟁채용시험   171
경력직공무원   169
경상성(일회성) 지출   322
경상수입   300
계속비   121
계수조정위원회   122
계층구조   221
계층의 단순화   235
고유권설   49
고전적 엘리트론   181
공개경쟁채용시험   171
공공기관의 지방이전   9
공공선택이론   203
공공재   330
공공혁신가   153
공기업 특별회계   319
공동사무   272, 275
공동사회   465
공동체   465, 466
공동체의식   466
공론장   187
공무원 인적자원   171
공법인   46

공식적－비공식적 관계　251

공유수면　381

공유재산　322

공익우선의 의무　129

공직윤리　171

공청회　458

공허한 의식(empty ritual of participation)
　406

과징금　319

과태료　318

관계긍정설　54

관계부정설　54, 55

관료제　25

관습법　66

관치행정　35

관할구역　221

광역권 행정협의회　368

광역사무　275

광역적 사무　277

광역카운티의회　261

광역행정　363

광역화　244

교부단체　337

교육훈련제도　171

구역　225

구역 개편　229

구역변경　233

구역설정　226

국가사무　272

국가의 일선지방행정기관　110

국가재정　298

국가－지방의 동반성장　58

국가직공무원　169

국가직접처리사무　275

국고보조금　341

국민참여예산제도　442

국세　301

국제지방정부연합　31

국지적－지엽적 이익 추구　418

권력의 개방성과 분산성　183

권력의 수직적 통제　7

권력의존모형　258

권력적 관여　289

권력적－비권력적 관계　251

권역별행정협의회　368

권위(authority)의 배분　257

권한위임단계　407

권한쟁의심판　390

귀농·귀촌　505

규약　366

규칙　50

규칙제정권　148

균등할　308

균형발전특별회계　345

근린생활 공간　436

근린자치　430

긍정적 외부효과　253

기관구성　111

기관분립형　104, 105

기관위임사무　110, 272, 274

기관통합형　104

기능별행정협의회　368

기든스　186

기본소득　154

기업도시   92
기업유치경쟁   64
기준보조율   343, 344
기준인건비제도   94, 163
기준재정수요액   335
기준재정수입액   335
기준정원제   162
기초사무   275
기초수요액   335
기초지역권 행정협의회   368

[ㄴ]
나눠먹기식 예산   122
난제(wicked problems)   253
납세의무자   299
납세자   299
내각   107
내포권위형   257
뉴딜정책   69

[ㄷ]
다원론   181
다원주의론   182
다층제   221
단방제   14
단체위임사무   272, 274
단체자치   41
단층제   221, 222
담배소비세   307
담세자   299
당파적 자원 배분   122
대도시 특례   277

대런던의회   67, 261
대리인모형   256
대선거구제   195
대안적분쟁해결   385
대의기관   112
대의민주주의   196
대의민주주의제   25
대집행   285
대처정부   43, 67, 260
데파르망   70
도구적 동기   413
도농복합형태   89, 236
도농분리   234
도도부현   75, 76
도시계획위원회   167
도시한계론(City Limits)   183
도 중심의 자치   44
동등권위형   257
동반자단계   407
동반자모형   256
동사무소   168, 430
동의안   138
동주민센터   168
뒤르케임   465
딜론의 규칙(Dillon's rule)   68, 257

[ㄹ]
레저세   306
레지옹   70
레짐이론   184
로커스   37

[ㅁ]

마름(steward)   260

마을(공동체)만들기 사업   483

마을공동체 위원회   482

마을기업   485

마을기업 육성사업 시행지침   488

마을만들기   482

마을만들기 조례   481

마을만들기 지원센터   483

메르스 사태   253

명부식 비례대표제   196

명성접근법   181

명예직   114

목적세   299

몽테스키외   56

무기명 표결   131

무상급식지원   451

무의사결정론   181

무의사결정이론   182

문화   498

문화권   499

문화기본법   510, 511

문화도시   514

문화도시심의원회   518

문화민주주의(cultural democracy)   500, 501

문화의 민주화(democratization of culture)   500

문화의 양극화   10

문화인력   507

문화적 분권화   504

문화적 소외계층   500

문화전문가주의   500

문화정책의 이중적 전략(a double-strategy cultural policy)   502

문화주체   501

문화콘텐츠   507

문화특화지역 조성사업   517

미래성장동력   58

미시민주주의   188

민간의 자율성 증진의 원칙   270

민간주도형   475

민·관협력체제   483

민원   458

민주성   54

민주시민   411

민주주의 교육   422

[ㅂ]

바이마르공화국 헌법   49, 72

발로 뛰는 투표   231

버로우   66

법령상 사무 총조사   275

법령상 의무설치 위원회   461

법령상 임의위원회   461

법률안 제출권   371

법률유보의 원칙   51

법인격   14, 35

법정수탁사무   78

법정수탁제도   275

별정직지방공무원   134

보유과세   298

보정수요액   335

보조기관   159

보조사업평가단   343

보조율   342

보충성의 원칙   269

보통교부세   334

보통교부세 감액규정   163

보통선거   193

보통세   299

보통지방자치단체   46

보통지방행정기관   34

보편성의 원칙   302

복무감사   287

부단체장   159

부담금   318

부담분임성의 원칙   304

부동산교부세   339

부산울산경남특별지방정부연합   377

부시장   160

부정적 외부효과   253

부처할거주의   106

분쟁   379, 380

분쟁조정위원회   386, 387

분절론   230

불교부단체제도   337

비교다수득표제   195, 209

비대면 디지털관계   470

비례대표의원   196, 210

비선호시설   155, 380

비자발적(수동적) 참여   410

비제도적 참여   410

[ㅅ]

4.19혁명   85

사무기구   134

사무배분방식   267

사무배분의 원칙   269

사무위탁   365

사업별보조금   69

사업본부   165

사업소   164

사업수입   317

사용료   317

사회경제적 지위   414

사회보장위원회   286

사회적 비용   246

사회적 자본   416

3.15부정선거   85

3대무상복지사업   286

상근전문직   115

상임위원회   133

상호 견제와 균형   110

상호작용(social interactions)   466

생활문화   524

생활문화공동체   526, 527

생활문화공동체만들기 사업   527

생활 속 민주주의   55

생활의제   187

생활자치   44, 186

생활정치   180, 186, 187

샤프3원칙   76

서류제출요구권   125

서울민주주의위원회   167

서울 콤플렉스   4

선거구   194

선거구 조정   204

선거구 획정   203
선거구획정위원회   194
선거권   193, 202
선거연령   194
선결처분   148
선결처분권   151
선별적 보상(selective incentives)   414
선별적 보상동기   414
선분권·후보완   92
선심성 예산   122
선호시설   155, 380
성문헌법   66
성미산마을   189
성장기구론   183
성장연합(growth coalition)   184
세계지방자치선언   31
세외수입   314
소득과세   298
소득할   308
소방안전교부세   340
소비과세   298
소선구제   195
소속행정기관   164
수석행정관   105
수수료   317
수요자체노력   336
수익자부담의 원칙   303
수정예산안   121
수직적 권력분립   56
수직적 통제모형   265
수직적 협상(협력)모형   265
수평적 권력분립   56

수평적 대등모형   266
수혜자와 피해자(winners and losers)   155
순계규모   352
순계예산   352
순환보직   172
승자독식   209
시·군조정교부금   347
시·읍·면제   83
시도종합감사   287
시민권능   180
시민권력   404
시민불복종 운동   409
시민사회   157
시민의식   7, 55, 254
시민적 공공성과 성찰성   186
시민주권   399
시민통제단계   407
시정요구   124
시정촌   75, 76
시지배인   109
신뢰   417
신사회운동(New Social Movement)   186
신엘리트론   182
신연방주의(New Federalism)   183
신연방주의   69
신임투표   451
신장성의 원칙   303
신중앙집권화   43
신지방분권화   43
신청주의   342

신행정수도이전   92
실질적 참여   403

[ㅇ]
아날로그적 감성   470
아른스타인   404
안정성의 원칙   303
압축도시   362
엘리트론   181
여비   114
여촌야도   85
역량중심 채용   171
연대감   470
연방정부   14, 47
연방제   14
연서   117
연성예산제약   337
연합   232, 373
엽관제   68
영향력의 특화(specialization of
   influence)   183
예비마을기업   486
예비비   121
예산 끼워넣기   122
예산결산특별위원회   122, 133
예산과정의 민주성   440
예산심의의 형식화   122
예산안   121, 138
예산편성   121
5+2 광역경제권   237
온라인 청원   459
외부효과   330

월권행위금지의 원칙   66
월정수당   114
위기대응역량   158
위대한 사회(Great Society)   69
위원회형   107
위임사무   35, 272
위임행정   35
유급제   128
유대감(common ties)   466
유럽문화도시(European City of Culture)
   516
유럽문화수도(European Capital of Culture)
   516
유럽지방자치헌장   31
유럽평의회   31
유신헌법   86
유화단계   406
6월 시민항쟁   86
6·29선언   86
육성형마을기업   487
윤리심사자문위원회   133
윤리특별위원회   133
읍면동의 기능전환   429
읍면동의 준자치단체화   235
응익성의 원칙   303
의견수렴단계   406
의견제출권   371
의결기관   115
의결정족수   139
의사정족수   139
의안   138
의정비   113

의정비심의원회   114
의정활동비   89, 114
의존재원   300, 301, 328
의회규칙제정권   128
의회제출기한   121
의회 – 지배인형   109
2할 자치   13, 54
이원연방제(Dual Federalism)   69
이익사회   465
이자수입   317
이중행정   224
이행명령   285
인구대표성   194
인사교류   173
일괄삭감   122
일극체제   8
일반정족수   139
일반조정교부금   348
일반직공무원   134
일반행정가   170
일반회계   300
일사부재의의 원칙   141
일선 지방행정기관장   144
일선지방행정기관   265
임명제   85
임시수입   300
임시회   136
임의적 의결사항   115
입법재량   274
입법한계   51

[ㅈ]
자동차세   310
자립형 지역공동체사업   485
자문기관   167, 460
자발적(능동적) 참여   410
자연법사상   49
자율과 책임   62
자율운영권   127
자율통합   239, 244
자주성(자율성)의 원칙   304
자체재원   300, 301
자치경찰제   95, 96
자치계층   15, 242
자치구·시·군선거구획정위원회   203
자치구역   45
자치구조정교부금   347
자치권   48
자치권의 시원   48
자치법규   51
자치사무   272, 273
자치입법권   50
자치재정권   53
자치조직권   53
자치행정   35
자치행정권   51
자치행정역량강화   170
잠재자원   183
재산과세   298
재산매각수입   318
재산세   309
재산임대수입   317
재의요구   148, 150

재의요구권   110, 120

재정격차   328

재정력   350

재정민주주의   438

재정분권   251

재정의 책임성   439

재정의 효율성   439

재정자립도   349

재정자원배분   121

전국시군자치구의회의장협의회   292

전국시도의회의장협의회   292

전국시도지사협의회   292

전국시장군수구청장협의회   292

전래설   49

전문위원   134

전문지원인력   122

전문직공무원제도   172

전문직위제도   172

전속적 권한   121

절제된 정부   56

절충형   104, 108

점진적·기능조정형 광역행정   363

정당   196

정당공천의 폐지   197

정당공천제   100, 197, 206

정당정치   180, 196

정당참여의 긍정론과 부정론   198

정당표방제   197

정례회   136

정무부시장   160

정무부지사   160

정보격차(digital divide)   423

정보비용감소   197

정보의 비대칭성   107

정보제공단계   406

정보통신기술   423

정부간관계   250

정부실패   8, 252

정부업무평가기본법   287

정부주도형 지역공동체   474

정부합동감사   286, 287

정서적 공간   230

정원관리제도   162

정책실험   7, 57

정책지원 전문인력   131, 135

정책지원관   135

정치적 리더십   105

정치적 분권   251

정치적 수사   407

정치적 측면의 효용   55

정치효능감   415

제3자의 조정   385

제도론   417

제도적 보장설   49

제도적-비제도적 관계   251

제도적 집합행동이론   245

제도적 참여   410

제도정치   180, 187

제로섬 게임   64

제척의 원칙   141

제헌국회   82

제헌헌법   82

조례   50

조례베끼기   117

조례상 위원회   461

조례안   138

조례의 발의권   117

조례제정 및 개폐청구제도   91

조례제정개폐청구제도   117

조세법률주의   301

조세저항   306

조작단계   406

조정교부금   347

조직정치   68

종합부동산세   339

종합적·구조조정형 광역행정   363, 365

종합지원센터   478

주민   45

주민감사청구제도   91, 453

주민발의제도   445

주민비참여   398

주민 삶의 자기선택   187

주민세   308

주민센터   430

주민소송   455, 456

주민소환   451

주민의 감시와 통제   456

주민자치   42

주민자치센터   168, 430

주민자치위원   430

주민자치회   431

주민제안사업   443

주민조례발안   446

주민조례발안제   95

주민참여 프로그램   422

주민참여   397

주민참여예산위원회   443

주민참여예산제도   438

주민참여예산학교   443

주민참여의 유형   403

주민참여의 활성화   421

주민참여포인트제   424

주민청구조례안   447

주민총회   42

주민투표   448

주정부   14, 47

주정부의 피조물   68, 257

중간지원조직   423, 483

중복금지의 원칙   270

중선거구제   195

중앙분쟁조정위원회   388

중앙정부 주도형   474

중앙정치   187

중앙지방협력회의   294, 372

중앙-지방협력회의   96

중앙집권   37

중앙행정   34

중재   385

중첩권위형   257

중층제   221, 223

지리적 정체성   225

지방4대협의체   292

지방공기업   319

지방공기업특별회계   300

지방공무원법   171

지방공무원의 정원   161

지방공무원임용령   171

지방공무원제도   170

지방교부세 감액제도　334

지방교부세　333

지방교육세　310

지방법인법　66

지방분권 및 지방행정체제개편에 관한
특별법　38

지방분권　34, 36

지방분권개헌　48

지방분권국가　34

지방분권로드맵　92

지방분권특별법　37

지방분권형 개헌안　95

지방분쟁조정위원회　389

지방비부담　342

지방선거제도　192, 193

지방세　301

지방세 부과의 원칙　302

지방세 세목　305

지방소득세　309

지방소멸　9, 229

지방소비세　308

지방의 가치　6

지방의 제왕　100

지방이양일괄법　271

지방인사위원회　173

지방자치　32

지방자치단체　46

지방자치단체 간 관계　360

지방자치단체 조합　369

지방자치단체 주도형　474

지방자치단체의 행정기구와 정원기준
등에 관한 규정　161

지방자치단체장　144

지방자치단체중앙분쟁조정위원회　387

지방자치단체지방분쟁조정위원회　387

지방자치분권 및 지방행정체제개편에
관한 특별법　38

지방자치에 관한 임시조치법　86

지방자치의 효용　54

지방자치인재개발원　172

지방자치행정　34

지방재정　298

지방재정 개혁안　94

지방재정의 투명성　439

지방재정자주도　349

지방재정조정제도　327

지방정부　47

지방정부 간 협력　363

지방정치　34, 40

지방직공무원　169

지방차치의 한계　59

지방채　321

지방채발행총액한도제도　324

지방채증권　321

지방행정　34

지방행정체제　218

지방행정체제개편에 관한 특별법　37, 38

지방협의체　371

지역 간 빈익빈 부익부　63

지역거점 문화도시　509

지역거점문화도시조성사업　516

지역공동체　468, 470, 471

지역구의원　196, 210

지역 맞춤형 행정　56

지역문화   503, 504
지역문화분권   507
지역문화정책   509
지역문화진흥기본계획   513
지역문화진흥법   510, 512
지역문화진흥원   518
지역발전   472
지역본부   165
지역브랜드   506
지역사회권력구조   180
지역성(locality)   466
지역성(정착성 또는 고착성)의 원칙   304
지역언론   182, 400
지역이기주의   61
지역자원시설세   310
지역자율계정   346
지역정당   214, 215
지역정체성   64
지역주의 투표행태   207
지역주의   13
지역지원계정   346
지역축제   157
지역행복생활권   237
지위접근법   181
지자체   48
직권조정   388
직무이행명령   285
직선개헌   84
직선제   85
직속기관   164
직위남용금지의 의무   129
직접세   299

직접참정제도   445
진보주의운동   68
집합적 보상동기   413, 414
집합적 참여   411
집행위원회   107
집행정지결정   287
징수교부금수입   317
쪽지예산   122

[ㅊ]
차등보조율   343, 344
차입금   322
참여의 사다리   404
참여의 효능감   415
찾아가는 동주민센터   168
찾아가는 행정   168
책임정치   193, 196
천부적 권리   42
청구요건   117, 446
청년수당   286
청년정치   188
청렴 및 품위유지의 의무   129
청원   459
청원권   126
청원수리·처리권   125
초광역행정   244
초광역행정청설치   235
총계규모   352
총액인건비제   163
추가경정예산   121
추세분석   352
출장소   166

충분성의 원칙   303
취득세   306
치유단계   406

[ㅋ]
카운티   14, 66
코로나19   253
코뮌   70
크라이스   14

[ㅌ]
타운   14
타운미팅   68
타운홀 미팅   42
탄력세율   352
통치연합(governing arrangements)   184
통합   232, 373
통합기관   67
통합론   230
통합서비스기관   168
퇴니스   465
특별교부세   338
특별위원회   133
특별정족수   139
특별조정교부금   348
특별지방자치단체   46, 232, 373
특별지방행정기관   34
특별행정구역   228
특별회계   300
특별회계보조금   345
특별회계수입   319
특수경력직공무원   169

특정 사무   46
특정감사   287
티부   231

[ㅍ]
패리쉬   66
패키지 예산   345
편견의 동원(mobilization of bias)   182
평등선거   193
폐치분합   232
포괄보조금   69, 344
포괄적 배분방식   267, 268
포괄적 배분의 원칙   270
포괄적 예시주의   268, 269
포르투알레그레시   439
포커스   37
표준정원제   162
표준조례안   432
표현적 동기   413, 414
프로이센 헌법   49
피선거권   193, 202
필수보직기간   172
필수적 의결사항   115
필치규제   78

[ㅎ]
하버마스   186
하부행정기관   167
하부행정단위   83
합병   232, 373
합의제행정기관   166
해방정치   187

행정계층   242
행정구   167, 242
행정기구   161
행정기구와 정원관리 등에 관한 규정   53
행정복지센터   168
행정복합도시   13
행정부시장·부지사회의   293
행정부지사가   160
행정분권   251
행정사무감사 및 조사권   123
행정소송   390
행정시   239, 242
행정의 전문성   105
행정입법   149
행정적 측면의 효용   56
행정중심복합도시   92, 240
행정책임   107
행정혁신   440
행정협의조정위원회   286, 294
행정협의조정협의회   387

행정협의회   366, 367
헌법기관   112
헌장(charter)   42
혁신도시   92
혁신정책의 확산   57
혁신지자체운동   77
형식적 참여   404
호모폴리티쿠스   183
호화청사건립   157
혼합방식   267
홈룰헌장   68, 69
회계연도   121
회기   137
회기계속의 원칙   140
회기수당   114
회의의 공개원칙   140
회의정족수   139
효율성   54
희망근로 프로젝트   485

저자소개

정문기

성균관대학교 행정학과를 졸업하고, 텍사스 주립대(오스틴)에서 석사와 플로리다 주립대(탈라하시)에서 박사를 각각 취득하였다. 텍사스 주립대(산 안토니오)에서 3년간 조교수로 재직하였고, 2007년부터 성균관대학교 행정학과 및 국정전문대학원에서 재직 중이다. 저서로 〈한국거버넌스 사례집(2016, 공저)〉, 〈한국거버넌스 사례연구(2015, 공저)〉가 있다. 보통 사람들의 일상 속 생활자치와 지역문화의 활성화에 기반한 삶의 질과 지속가능발전을 고민하며 연구하고 있다.

지방자치론

초판발행	2023년 2월 20일
지은이	정문기
펴낸이	안종만 · 안상준
편 집	양수정
기획/마케팅	정연환
디자인	이소연
제 작	고철민 · 조영환
펴낸곳	(주) **박영사**
	서울특별시 금천구 가산디지털2로 53, 210호(가산동, 한라시그마밸리)
	등록 1959. 3. 11. 제300-1959-1호(倫)
전 화	02)733-6771
f a x	02)736-4818
e-mail	pys@pybook.co.kr
homepage	www.pybook.co.kr
ISBN	979-11-303-1657-4 93350

* 파본은 구입하신 곳에서 교환해 드립니다. 본서의 무단복제행위를 금합니다.
* 저자와 협의하여 인지첩부를 생략합니다.

정 가   34,000원